Cooperação Empresarial

Cooperação Empresarial

CONTRATOS HÍBRIDOS E REDES EMPRESARIAIS

2022

Hugo Tubone Yamashita

ALMEDINA

COOPERAÇÃO EMPRESARIAL
CONTRATOS HÍBRIDOS E REDES EMPRESARIAIS

Autor: Hugo Tubone Yamashita

Diretor Almedina Brasil: Rodrigo Mentz
Editora Jurídica: Manuella Santos de Castro
Editor de Desenvolvimento: Aurélio Cesar Nogueira
Assistentes Editoriais: Isabela Leite e Larissa Nogueira
Estagiária de Produção: Laura Roberti

Diagramação: Almedina
Design de Capa: Roberta Bassanetto

ISBN: 9786556274911
Abril, 2022

Dados Internacionais de Catalogação na Publicação (CIP)
(Câmara Brasileira do Livro, SP, Brasil)

Yamashita, Hugo Tubone
Cooperação empresarial : contratos híbridos e
redes empresariais / Hugo Tubone Yamashita.
São Paulo : Almedina, 2022.

Bibliografia
ISBN 978-65-5627-491-1

1. Administração de empresas 2. Empresas – Cooperação 3. Inovações tecnológicas
4. Intercâmbios 5. Organização empresarial 6. Redes empresariais
I. Título.

22-99405 CDD-658.047

Índices para catálogo sistemático:

1. Redes de cooperação empresarial : Administração de empresas 658.047

Maria Alice Ferreira – Bibliotecária – CRB-8/7964

Coleção IDiP
Coordenador Científico: Francisco Paulo De Crescenzo Marino

Este livro segue as regras do novo Acordo Ortográfico da Língua Portuguesa (1990).

Editora: Almedina Brasil
Rua José Maria Lisboa, 860, Conj. 131 e 132, Jardim Paulista | 01423-001 São Paulo | Brasil
editora@almedina.com.br
www.almedina.com.br

Às minhas avós, o leste e o oeste.

AGRADECIMENTOS

Já são 17 anos desde aquele 2005 quando entrei pela primeira vez nas Arcadas. De lá para cá, foram inúmeros tombos, aprendizados, alegrias, histórias vividas. É um ciclo que se fecha, abrindo espaço ao porvir. O novo sempre vem; mas estou certo de que, também nessa nova etapa, poderei contar com aqueles que me trouxeram até aqui.

Sim, sempre eles.

Minha família, a base de tudo. Minha mãe, meus pais (tenho a sorte de ter dois nessa vida), meus irmãos (um deles coincidentemente inicia hoje o ciclo que acabo de encerrar) e meu grande amigo dos tempos juvenis lá do Largo – no presente, cunhado e pai de minha afilhada.

Claro, tive o suporte de diversos amigos nesse caminho. Não me arriscaria a citá-los todos. O espaço é módico (também tenho a sorte de contar com vários nessa vida). Assim, escolho um para representá-los: Luis Fernando Guerrero, que, nesses anos todos, tem sido meu maior incentivador nessa maratona jurídica, tanto na Academia quanto na Advocacia.

Também tive o apoio incondicional do Professor Fernando Campos Scaff em boa parte dessa jornada. Foi ele quem, a despeito de minhas hesitações, fez-me crer que estava pronto para a parte final desse ciclo e foi meu guia até aqui.

Por fim, mas obviamente nunca a menos importante, Mariana. Minha companheira de vida e coautora emocional desse trabalho. Sofreu comigo. Exilou-se comigo. Vibrou comigo. Os dias mais felizes da parte final deste ciclo (sim, lembro-me de cada um deles) foram com ela. Os próximos também certamente serão.

A todos vocês, obrigado. Eu sou mesmo um sujeito de sorte.

São Paulo, 11 de fevereiro de 2022.

PREFÁCIO

No Direito Privado, o estudo dos Contratos mantém a sua fundamental importância.

Nessa disciplina estão inseridos princípios caros à civilização, tais como a proteção à liberdade individual e a sua instrumentalidade, no sentido de conceder regramento a operações econômicas novas e que tenham se tornado socialmente relevantes.

Para isso, é importante à atividade do intérprete e do estudioso da matéria que as classificações dos contratos sejam continuamente repensadas pela doutrina, de modo a permitir tanto a correspondência mais ajustada entre o elemento jurídico como aquele econômico, como também para garantir que a liberdade de disposição patrimonial se faça nas mais amplas e diversas modalidades não obstadas pela lei.

Nesse sentido, o autor, HUGO TUBONE YAMASHITA, decidiu enfrentar essa tarefa, dedicando-se ao estudo de uma nova categoria que passou a existir na classificação dos contratos, qual seja daqueles denominados *híbridos*.

Ao longo do seu texto, fundado em pesquisa qualificada e em reflexões consistentes, justifica o autor, pois, a sua percepção acerca da utilidade da identificação de um terceiro grupo de contratos, o que considera o resultado da insuficiência da classificação binária e que distingue os ditos *contratos de intercâmbio* dos *contratos de associação.*

De fato, a bilateralidade típica e que existe, por exemplo, na compra e venda, deixa sempre clara a contraposição dos interesses da parte que aliena um bem e pretende receber o seu preço e daquela que pretende adquirir a propriedade daquilo pelo que pagou.

Por outro lado, o caráter de comunhão de esforços se vê usualmente nas sociedades, quando se elege, por exemplo, a *affectio societatis* como elemento causal dessa outra categoria de contratos, dotado de tamanha importância que, ao faltar, pode justificar a extinção dos contratos que criam as ditas *sociedades de pessoas,* por exemplo

Ora, as múltiplas espécies de operações econômicas não poderiam mesmo se conformar com essa divisão binária. É exatamente isso que se vê justificado na obra que tenho o privilégio de prefaciar.

É fato, de um lado, que mesmo nos assim denominados, pelo autor, de *contratos de intercâmbio* há, de forma crescente, a tipificação de condutas que impõe às partes comportamentos de lealdade, de informação e de cuidado, inseridos naquilo que se convencionou chamar de *boa-fé objetiva* e, muitas vezes, é contida em cláusulas gerais de contratação que se tornaram comuns no Código Civil, no Código do Consumidor e mesmo no Código de Processo Civil, seja para o bem ou para mal.

Por outro lado, é também verdade que em contratos ditos de *associação,* os interesses das partes não são fundados exclusivamente em interesses comuns, podendo haver mesmo um forte dissenso entre elas, o que ocorre, por exemplo, nos possíveis conflitos entre controladores e minoritários de uma sociedade anônima, o que acaba por criar a necessidade de que regras legais sejam estabelecidas em favor de partes mais vulneráveis, mesmo, portanto, nessa modalidade de contratos.

As reflexões feitas por Hugo Tubone Yamashita, todavia, avançam também para outros campos.

Dizem respeito, na verdade, ao reconhecimento implícito realizado pelo autor no sentido de que novas operações econômicas e outras formas de relacionamento social motivam a criação de também diferentes modelos contratuais que possam atribuir efeitos jurídicos adequados a essas mesmas operações e formas.

Nesse sentido, um inédito tipo contratual surgirá legitimamente não como um fim nele mesmo, mas sim como o resultado de fenômenos extrajurídicos que o precedem e que acabam por moldá-lo de forma aceitável para o direito.

Para tanto, utiliza-se o autor de conceitos valiosos para compreensão dessas formas de contratação híbrida, tais como aqueles das *coligações* e das chamadas *redes contratuais,* procurando relacionar a nova perspectiva que é o tema central do seu trabalho com ideias semelhantes já desenvolvidas pela doutrina, mas dotadas de outros matizes.

A abordagem desenvolvida na obra Análise dos Arranjos Híbridos de Contratação é, ademais, não apenas de caráter dogmático, mas também, por assim dizer, com as feições de *ciência aplicada*, valendo-se Hugo Tubone Yamashita da sua experiência como agente que lida, em sua vida profissional, direta e concretamente com os tipos dos contratos por ele estudados.

É o que permite ser verificado também pela acurada escolha e análise de julgados que permeiam todo o seu texto, fazendo o autor com mérito o exercício de dar um sentido maior de realidade às suas reflexões de caráter teórico, sem vulgarizar a sua obra, mas sim e na verdade, valorizando-a com esforço científico e sistemático elogiável.

O saudoso Professor Alcides Tomasetti Júnior disse-me, certa vez, quando eu iniciava a minha carreira no magistério, ministrando aulas de Direito Civil e, especialmente à época, de Direito Agrário, como era importante para aquele que pretenda ensinar a busca do conhecimento não apenas do Direito, mas também do *negócio*.

Essa lição vale, certamente, para o Direito dos Contratos e, como fez Hugo Tubone Yamashita, para o estudo de uma categoria específica deles, aqueles ditos *híbridos*.

Esta obra – que atingiu plenamente os requisitos para atribuir ao seu autor o título de Doutor pela Faculdade de Direito da Universidade de São Paulo – Largo São Francisco – foi produzida, nos moldes do conselho que recebi do meu Professor, por alguém que não apenas conhece o direito, mas também as nuances econômicas da modalidade dos negócios que se interessou em estudar.

É assim, um trabalho maduro e que merece destaque e reconhecimento dentre aqueles realizados sobre o tema em nosso país. Mais do que isso, representa um novo passo do autor na sua carreira de estudioso sério e dedicado que, com a sua nova obra, traz relevante contribuição para a doutrina jurídica nacional.

Arcadas de São Francisco, janeiro de 2022.

FERNANDO CAMPOS SCAFF
Professor Titular da Faculdade de Direito da Universidade de São Paulo

SUMÁRIO

INTRODUÇÃO

"Direito e economia completam-se, posto que se valham de técnicas diferentes".[1] Tal anotação é da lavra do saudoso professor Caio Mário, em seus valiosos comentários a respeito do direito dos contratos. Segundo o jurista, tanto o fenômeno jurídico quanto o econômico são fatos sociais, na medida em que estão, estreitamente, relacionados aos comportamentos humanos. Diferem entre si, no entanto, quanto aos graus de flexibilidade ("as instituições econômicas são menos tradicionais porque mais suscetíveis de flutuações") e obrigatoriedade (a instituições econômicas "são menos obrigatórias do que as jurídicas, porque seu caráter coercitivo nem sempre é reforçado por uma sanção organizada").[2] A relação de complementariedade, nesse aspecto, residiria, essencialmente, no fato de que ambas as ciências jurídica e econômica "têm em vista que, se os bens existem por sua utilidade econômica, somente adquirem esta utilidade graças aos direitos que o homem exerce sobre eles".[3]

Ao abordar a relação entre o saber jurídico contratual e as formas de organização da atividade econômica, Ronaldo Porto Macedo, sem destoar do mestre civilista, registra que "a prática de troca de mercado de um dado modo de organização industrial é a fonte da imagem do mercado de

[1] Pereira, Caio Mário da Silva. *Instituições de Direito Civil: contratos, declaração unilateral de vontade e responsabilidade civil.* Rio de Janeiro: Forense, 2018, p. 542.

[2] Pereira, Caio Mário da Silva. *Instituições de Direito Civil: contratos...*, pp. 542-543.

[3] Pereira, Caio Mário da Silva. *Instituições de Direito Civil: contratos...*, pp. 542-543.

trocas específicas de uma dada teoria contratual".[4] Afinal, os operadores do direito, ao formularem os princípios jurídicos, fundam-se sobre a existência de uma certa forma modal de troca econômica. Sempre que esta muda, muda também a imagem modal de mercado utilizada pela ciência do Direito.[5] Bem por isso que Ascarelli, há muito, já observava que "é o comerciante e não o jurista quem cria o Direito Comercial".[6]

Nas últimas décadas, a cooperação entre agentes econômicos elevou-se, acentuadamente,[7] com os mais diversos objetivos: **(i)** a repartição do risco econômico de investimentos entre mais de uma entidade (usual em setores de exploração do petróleo, na construção civil, em áreas de pesquisa); **(ii)** criação de entes para atuação em determinada fase do circuito produtivo; **(iii)** ingressos em mercados locais, especialmente no contexto da internacionalização da economia; **(iv)** o compartilhamento de recursos tecnológicos, especialmente com fins de transferência ou complementariedade; e **(v)** o aproveitamento de vantagens financeiras, com a associação de empresas de países diversos, visando às melhores condições de crédito.[8] Para dar azo à estratégia cooperativa, ou os agentes econômicos recorrem à fusão de empresas, com a perda da independência de uma das partes, ou há o estabelecimento de laços de cooperação, por meio de um agrupamento de sociedades, com a formação de uma entidade dotada ou não de personalidade jurídica própria, ou por meio da celebração de instrumentos contratuais.[9]

A despeito dessa intensificação na adoção de modelos cooperativos pelos agentes econômicos, Lima Pinheiro pontua não ter havido, em grau correspondente, um crescimento do interesse dos estudiosos do Direito Privado sobre a matéria.[10] Cevenini, nesse aspecto, observa que a

[4] MACEDO, Ronaldo Porto. *Contratos Relacionais e Defesa do Consumidor*, São Paulo: Revista dos Tribunais, 2006, pp. 84-85.

[5] MACEDO, Ronaldo Porto. *Contratos Relacionais...*, p. 86.

[6] PEREIRA, Caio Mário da Silva. *Instituições de Direito Civil: contratos...*, p. 543.

[7] PINHEIRO, Luís de Lima. *Contrato de Empreendimento Comum (Joint Venture) em Direito Internacional Privado*, Lisboa: Almedina, 2003, p. 39.

[8] PINHEIRO, Luís de Lima. *Contrato de Empreendimento Comum...*, pp. 63-68. De modo semelhante: BRITO, Maria Helena. *O contrato de concessão comercial*. Coimbra: Almedina, 1990, pp. 204-205; TRANCHANT, Laetitia. *La cotraitance*. Aix-en-Provence: PUAM, 2004, p. 246.

[9] BRITO, Maria Helena. *O contrato de concessão comercial...*, pp. 204-205.

[10] PINHEIRO, Luís de Lima. *Contrato de Empreendimento Comum...*, p. 39.

comunidade jurídica, talvez pela ausência de conhecimento técnico dos operadores do Direito em outros campos do saber (ex.: administração, ciência da computação etc.), nem mesmo têm considerado certos arranjos cooperativos, utilizados, amplamente, em determinados segmentos da atividade econômica, como fenômenos merecedores de análise científica.[11] Na opinião de Amstutz, a ciência do Direito Privado, fiel ao axioma "*quod non est in actis non est in mundo*", teria, assim, enclausurando-se em si própria,[12] ignorado a realidade negocial. Por isso, é, para ele, premente que se busque uma forma de colher as observações dos demais ramos do conhecimento, para que aquelas sejam, ato contínuo, e de modo cuidadoso, integradas ao sistema jurídico.[13]

Lorenzetti, ao tratar do que denomina de "*la crisis de la tipicidad*", identifica o fato de que, em função das diversas mutações sociais da pós-modernidade, os tipos contratuais, tão cuidadosa e rigidamente pensados pelo legislador, têm caído em desuso e passaram a ser substituídos por novos modelos contratuais oriundos do costume, das leis especiais e da vontade dos particulares.[14] No entanto, a despeito da miríade de novos arranjos de organização da atividade empresarial, o jurista argentino observa que "*los indivíduos no pueden ser tan originales, de modo de ser absolutamente distintos los unos de los otros, en cuanto a sus interesses económicos*".[15] Assim, ao invés de "*establecer un concepto prévio de origen estatal al que los contratatantes deben ajustarse*", cabe aos operadores do Direito "*observar la conducta de los particulares y extraer de ellos reglas generalizables sobre los propósitos que persiguen y las técnicas que utilizan para obtenerlos*" – tudo de modo a ordenar as novas formas de contratação, segundo as finalidades perseguidas "*dentro de una sociedad determinada y en un tiempo dado*".[16]

[11] CEVENINI, Claudia. *Virtual Enterprises: legal issues of the on-line collaboration between undertakins.* Milano: Giuffrè, 2003, pp. 6-7.

[12] AMSTUTZ, Marc. The Nemesis of European Private Law: Contractual Nexus as a Legislative Conundrum. In: GRUNDMANN, Stefan; CAFFAGI, Fabrizio; VETTORI; Giuseppe (coord.). *The Organizational Contract: From Exchange to Long-Term Cooperation in European Contract Law.* Burlington: Ashgate, 2013, p. 324.

[13] AMSTUTZ, Marc. The Nemesis of European..., p. 324.

[14] LORENZETTI, Ricardo Luis. *Tratado de Los Contratos,* Tomo I, Buenos Aires: Rubinzal Culzoni, 2000, p. 15.

[15] LORENZETTI, Ricardo Luis. *Tratado de Los Contratos...*, p. 21.

[16] LORENZETTI, Ricardo Luis. *Tratado de Los Contratos...*, p. 21.

A classificação de fenômenos diversos, mediante o "estabelecimento de comparações, abstrações e generalizações", é elementar para o raciocínio jurídico, processo pelo qual "o jurista opera (ou deve operar) por via de processos racionais e argumentativos aptos a serem compreendidos e descritos de forma lógica, ainda que os argumentos se apoiem não apenas na lógica formal, mas igualmente na experiência".[17]

É, nesse contexto, que as formas *híbridas* de contratação – descoberta, relativamente, recente dos estudiosos do Direito Privado, como modo de organização da atividade econômica substituta da integração vertical –[18] têm desafiado juristas na exata compreensão do fenômeno cooperativo. Situados, como se verá adiante, no eixo em cujas extremidades estão, de um lado, os contratos de *intercâmbio*, e, de outro, os contratos *associativos*, os *híbridos*, diferentemente de ambos, ainda não foram, totalmente, absorvidos pela dogmática jurídica.[19-20]Para alguns, ainda sem a exata compreensão desse novo modal econômico, haveria a necessidade de refundação da teoria geral dos contratos. Para outros, como Lequette, essa tal refundação seria dispensável; em realidade, ao invés de se buscar a transformação dos modelos, tradicionalmente, considerados pela dogmática jurídica, haveria que se "*proceder à une diversification de ses modèles*".[21] Como exemplos de arranjos de contratação híbrida, podem-se citar os contratos de produção integrada no agronegócio, contratos de distribuição, contratos de franquia, contratos de aliança, entre outros.[22]

A conferir ainda mais complexidade à questão, agrega-se à discussão a organização dessa multiplicidade de novos modelos de contratos, sob a forma de redes contratuais. Teubner, um dos mais proeminentes analistas da matéria, salienta que não apenas a lei, como também os próprios

[17] MARTINS-COSTA, Judith. *A boa-fé no Direito Privado, critérios para sua aplicação*. São Paulo: Marcial Pons, 2015.

[18] WEITZENBOECK, Emily M. *A legal framework for emerging business models: dynamic networks as collaborative contracts*. Northhampton: Edward Elgar, 2012, pp. 296-297.

[19] FORGIONI, Paula Andrea. *Teoria Geral dos Contratos Empresariais*. São Paulo: Revista dos Tribunais, 2 ed., 2016, p. 154.

[20] MÉNARD, Claude. The economics of hybrid organization. *Journal of Institutional and Theoretical* Economics, v.160, 2004, p. 346-347.

[21] LEQUETTE, Suzanne. *Le contrat-coopération: contribuition à la théorie générale du contrat*. Paris: Economica, 2012, pp. 6 e 237.

[22] MÉNARD, Claude. The economics of hybrid..., pp. 348-350.

operadores do Direito, ainda não conferem o tratamento adequado às redes de contratos: "[l]*awyers tend to dismiss networks as merely 'one of numerous new term creating of the more recent legal debate that lay an unfounded claim to novelty*".[23] Essa omissão do meio jurídico – que se mantém preso ao rígido esquema "contrato-associação" – ao fenômeno das redes acaba por contribuir para a ocorrência de diversas falhas de funcionamento nesse já bastante usual esquema de organização empresarial.[24] Surgem, assim, problemas atinentes à coordenação interna das redes, ao permanente conflito de interesses entre os membros da rede, à assimetria das relações de poder, às externalidades negativas geradas pelas atividades dessa coletividade etc. Em demonstração de sua visão, absolutamente, pessimista quanto ao modo como tais questões vêm sendo tratadas pela escolástica, o autor germânico proclama: "[o]*ne is almost tempted to pen the second volume to a provocative book, to be entitled 'The Private Law Against Society*'".[25]

Especialmente no espaço nacional, o cenário é ainda mais grave: a dogmática brasileira é carente de análises mais profundas a respeito dos arranjos híbridos de contratação. Há pouco ou quase nada escrito a respeito da temática, de uma maneira mais abrangente, e visando a identificar os vetores comuns a esses modelos de organização negocial. O mais comum é que sejam analisados, individualmente, cada um dos tipos contratuais que se enquadrariam em referida categoria, o que não permite – ou dificulta – a formulação de uma teoria geral, tencionada a identificar o regime jurídico que lhes seria aplicável. Para Paula Forgioni, o desinteresse dos antigos pela matéria reveste-se, em realidade, pela pouca relevância que os negócios, que denomina "colaborativos", detinham, no passado, frente ao mundo empresarial.[26]

[23] Teubner, Gunther. 'And if by Beelzebub Cast out Devils, ...': An Essay on the Diabolics of Network Failure. In: Grundmann, Stefan; Caffagi, Fabrizio; Vettori; Giuseppe (coord.). *The Organizational Contract: From Exchange to Long-Term Cooperation in European Contract Law*. Burlington: Ashgate, 2013, p. 115.

[24] Como bem destaca Teubner, "[c]*orporate networks have by now assumed a solid place in regulated markets, ranging from energy to telecommunications markets, from bank to networks to transport and air traffic networks*" ('And if by Beelzebub Cast out Devils, ..., p. 115). No entanto, "*the law's answer exhauts itself in the concept of bilateral contracts*" (p. 115).

[25] Teubner, Gunther. 'And if by Beelzebub Cast out Devils, ..., p. 116.

[26] Forgioni, Paula Andrea. *Teoria Geral dos Contratos ...*, pp. 193-195.

A consequência da escassa produção nacional a respeito do tema dificulta que, na prática, soluções adequadas (i.e., compreendidas como razoáveis pelos agentes de mercado) sejam conferidas a esses arranjos negociais, especialmente em situações de crise contratual. Essa ausência de arcabouço jurídico adequado para enfrentar questões relacionadas aos arranjos de contratação híbrida gera um ambiente de insegurança à utilização de referidas estruturas. É exatamente, nesse aspecto, que partilhamos do sentimento de Paula Forgioni, uma das raras estudiosas da questão na doutrina nacional:

> Muitas das questões aqui abordadas estão em aberto, e as conclusões que exsurgem visam mais a pôr em ordem, explicar, enfim, clarificar o que ainda se tem por complicado; não se busca construir uma teoria geral completa sobre o tema. Esta é mais uma função reservada à dogmática comercialista nos próximos anos: erigir a disciplina jurídica dessa categoria contratual, em prol do 'interesse geral do comércio' e do desenvolvimento da economia.[27]

Tal perspectiva somente vem a confirmar a necessidade de se buscar a identificação das características elementares desses arranjos contratuais de natureza híbrida, organizados sob a forma de contratos bilaterais ou redes contratais (por isso, a utilização do termo amplo "arranjo"), a fim de se auxiliar na construção de um eventual arcabouço de regras aplicáveis ao fenômeno – um "tipo mínimo", no linguajar de Lorenzetti,[28] buscando "*estabelecer nociones generales en determinados grupos de contratos, pero dejando un amplio campo a la autonomia privada*".[29] Na tese que se pretendeu desenvolver ao longo do presente trabalho, buscou-se responder às seguintes perguntas: **(i)** houve uma alteração no paradigma econômico que inspirou as regras contratuais de grande parte dos ordenamentos jurídicos?; **(ii)** se sim, quais seriam as principais características desse novo paradigma econômico?; **(iii)** ainda, esse novo paradigma econômico acarreta impactos na aplicação das regras contratuais existentes no ordenamento jurídico brasileiro e de que maneira?; **(iv)** por fim, há a necessidade de positivação

[27] Forgioni, Paula Andrea. *Teoria Geral dos Contratos ...*, p. 154.
[28] Lorenzetti, Ricardo Luis. *Tratado de Los Contratos...*, p. 19.
[29] Lorenzetti, Ricardo Luis. *Tratado de Los Contratos...*, p. 19.

de novas regras contratuais por conta desse eventual novo paradigma econômico?

Sem, contudo, termos a pretensão de construir, nesse singelo trabalho, um regime jurídico aplicável a todos arranjos de contratação híbrida, cremos que a análise ampla do fenômeno pode, porventura, cooperar com a regulação[30] desses fatos econômicos e, assim, auxiliar a prevenir a ocorrência das já destacadas falhas de funcionamento dos arranjos de natureza híbrida.[31]

[30] Como explica Collins, "[t]*he word regulation (...) is a generic term to describe any system of rules intended to govern the behavior of its subjects. Law provides one type of regulation, but it is only one of many types of social regulation such as custom, convention, and organized bureaucracies. The term regulation is often used in a much narrower sense to describe a distinctive set of techniques used by states to control the operations of markets. It this narrow sense, regulation concerns the work of specialized agencies (regulators) vested with the power to control distortions of competition in the market (market failures), to protect participants in markets, and to guard against undesirable external effects of markets such as pollution. I am content to pick up on this resonance of the word regulation, provided it is understood that we should not presuppose that specialized regulatory agencies and codes are the sole type of legal mechanism. The private law of contract enforced by the ordinary courts is equally a form of legal regulation*" (Collins, Hugh. *Regulating contracts*. Oxford: Oxford University Press, 2004, p. 7).

[31] No ambiente externo, já há vozes favoráveis à regulação dos híbridos: "[s]*hould European law reflect the current ways in which matinal legal systems partition the functions of legal instruments or should they take a functional approach to networks and make the juxtaposition organizational versus contractual a relatively minor feature? Should we go back to the determinants of this distinction such as limitation of liability, effects on third parties, governance features and rethink the logics of boundaries? These authors believe that this should be the case and a European approach should build on less rigid boundaries between company and contract laws moving toward hybridization when necessary or toward more radical innovative schemes*" (Caffagi, Fabrizio; Grundman, Stefan. Towards a Legal Framework for Transnational European Networks. In: Grundmann, Stefan; Caffagi, Fabrizio; Vettori; Giuseppe (coord.). *The Organizational Contract: From Exchange to Long-Term Cooperation in European Contract Law*. Burlington: Ashgate, 2013, p. 360).

1.
DA COMPLEXIDADE DOS ARRANJOS CONTRATUAIS ATRAVÉS DOS TEMPOS: RESPOSTAS DO SUBSISTEMA DO DIREITO ÀS NECESSIDADES DO SUBSISTEMA EMPRESARIAL

Paula Forgioni aconselha que o estudo dos arranjos de contratação híbrida seja precedido da análise dos dois extremos do eixo em que se situam, de um lado, os contratos de intercâmbio, e, de outro, os contratos de associação. Para ela, "[o] entendimento desses dois polos é importante para que se tenha a real dimensão dos problemas dos contratos 'de entremeio' e que derivam, principalmente, da ausência de respostas jurídicas a vários impasses que surgem durante a sua execução".[32] Nos itens adiante, portanto, seguiremos a recomendação da doutrinadora, na tentativa de melhor compreender o fenômeno da contratação híbrida.

1. Os contratos de intercâmbio: da clássica visão contratualista

O contrato, de fato, originou-se da troca. Esta, por sua vez, tem suas origens remotas ligadas a práticas de doações e ajudas recíprocas entre as sociedades primitivas. Nestes, que se caracterizavam por grupos de indivíduos reunidos em tribos, clãs, famílias etc., a repartição dos recursos era feita de modo arbitrário, sem que o indivíduo tivesse qualquer poder de disposição sobre os bens pertencentes à comunidade. As trocas, nesses

[32] Forgioni, Paula Andrea. *Teoria Geral dos Contratos...*, p. 178.

primórdios, eram feitas entre os diversos grupos, sem qualquer valor jurídico; o valor agregado a tais permutas tinha cunho, em geral, moral, religioso, político, social e/ou até mesmo mágico.[33]

Com a evolução das sociedades, o indivíduo adquire independência de seu grupo social e, nessa medida, passa a ser responsável por sua própria subsistência. Nesse novo cenário, logo fica claro que ninguém seria capaz de produzir todo o necessário para si e daí, por meio da divisão do trabalho, são divididas as tarefas de produção e de serviços necessários para sobrevivência. A partir de então, os indivíduos, naturalmente, voltam uns aos outros e passam a nutrir relações de troca entre si.[34]

Macneil salienta que a especialização do trabalho e a troca seriam uma das quatro raízes fundamentais do contrato. Sem a presença desta, esclarece o autor, "[t]odos então se tornarão fazendeiros de subsistência não especializados ou, mais provavelmente, pequenos grupos de caçadores-coletores".[35] Na mesma linha, Caio Mário destaca que "[o] mundo moderno é o mundo do contrato. E a vida moderna o é também, e em tão alta escala que, se se fizesse a abstração por um momento do fenômeno contratual na civilização de nosso tempo, a consequência seria a estagnação da vida social".[36]

O contrato, conforme anota Lequette, surge da necessidade de conferir suportes às permutas realizadas pelos indivíduos. Afinal, do cotidiano negocial, passam a surgir diversas questões de natureza prática (como, por exemplo, qual a garantia de que o negócio seria cumprido por ambos? E qual seria a garantia daquele que prestasse primeiro?), cuja solução era

[33] Lequette, Suzanne. *Le contrat-coopération...*, pp. 29-30.

[34] Lequette, Suzanne. *Le contrat-coopération...*, p. 30.

[35] Macneil, Ian. *O Novo Contrato Social: uma análise das relações contratuais modernas.* Trad. de Alvamar Lamparelli. Rio de Janeiro: Elsevier, 2009, p. 4. As outras três raízes do contrato para o autor seriam: sociedade, escolha e consciência do futuro (pp. 1-4).

[36] Pereira, Caio Mário da Silva. *Instituições de Direito Civil: contratos...*, p. 11. E o autor ainda complementa: "[o] *homo economicus* estancaria as suas atividades. É o contrato que proporciona a subsistência de toda a gente. Sem ele, a vida individual regrediria, a atividade do homem limitar-se-ia aos momentos primários. / Mesmo nos regimes socialistas não foi possível abolir o contrato. Na URSS, onde se distinguiam dois setores, público e privado, da economia, os contratos sobreviviam. Neste, a função social do contrato é aproximadamente igual à que o acompanha nos regimes capitalistas. No setor da economia pública, não obstante pertencerem ao Estado os órgãos de produção, adotava-se o contrato como fator psicológico e moral" (pp. 11-12).

necessária para se permitir a regular satisfação das necessidades econômicas dos negociantes. Nas mais diversas ordens jurídicas, a resposta é a mesma: as partes eram forçadas a executar os termos daquilo com o quê haviam concordado.[37]

De fato, o contrato é, fundamentalmente, a veste da troca. Tanto assim o é que a permuta, ulteriormente substituída pela compra e venda (a troca do preço pelo bem),[38] é o paradigma do contrato moderno. Justamente, por conta disso, é comum a referência a tais pactos, como "contratos de permuta" ou "contratos de intercâmbio"[39] – em contraposição aos contratos associativos (tratados a seguir, no item 2).

No Direito Romano, em que a propriedade predominava como conceito central do Direito Privado,[40] a *permutatio* – operação de cessão recíproca de coisas certas – foi a base econômica da noção de contrato.[41] E, a despeito de o conceito moderno de contrato somente vir a se moldar durante a Idade Média, sob a influência do Direito Canônico e da Escola do Direito Natural,[42] fato é que o *Code* – primeira codificação moderna a consagrar a figura do contrato em lei, donde "[o] acordo de vontades

[37] Lequette, Suzanne. *Le contrat-coopération...*, p. 31.

[38] Caio Mário, assim, comenta o histórico: "[n]ão é preciso remontar à origem da compra e venda. No princípio era o roubo que provia às necessidades de cada um, e só mais tarde, já numa fase social de notório polimento, foi que se substituiu a violência pelo entendimento, com técnica de aquisição. Mesmo assim, a permuta antecedeu à venda (Mazeaud et Mazeaud, De Page, Guilliouard, Gasca), pois era mais natural a barganha de uma coisa do que sua alienação mediante a participação de um denominador-comum de valores. Quando este surgiu, no animal de tiro (pecus, donde a palavra pecúnia para designar o dinheiro) e mais tarde no metal, substituiu a troca em espécie, dada a maior facilidade de adoção" (Pereira, Caio Mário da Silva. *Instituições de Direito Civil: contratos...*, p. 171).

[39] Forgioni, Paula. *Teoria Geral dos Contratos...*, p. 180.

[40] Galgano aponta o contrato como conceito central do Direito Privado moderno, mas esclarece que, na sociedade romana do passado, em que eram privilegiadas a segurança, a estabilidade e a fruição das riquezas à produção, era natural que a propriedade assumisse o papel central na esfera privatista. O contrato perfazia, nesse aspecto, tão somente o instrumento, por meio do qual se adquiria ou dispunha de determinado bem, visando-se, essencialmente, à proteção dos interesses do proprietário que dispunha de coisa própria (Galgano, Francesco. *Trattato di Diritto Civile. Volume Secondo. Le obbligazioni in generale. Il contrato in generali. I singoli contratti.* Milão: CEDAM, 2010, p. 132).

[41] Lequette, Suzanne. *Le contrat-coopération...*, p. 32.

[42] Franco, Vera Helena de Mello. *Teoria Geral do Contrato: confronto com o direito europeu futuro.* São Paulo: Revista dos Tribunais, 2011, p. 25. A esse respeito também: Cordeiro, Antonio

representava, em realidade, uma garantia para os burgueses e para as classes proprietárias" –,[43] bebeu das fontes romanas para ser edificado pelas mãos de Domat e Pothier.[44]

Ao tratar especificamente da estrutura do contrato de intercâmbio, Lequette aduz que as relações sinalagmáticas fundadas na troca, não se organizam em um esquema "vai-e-vem" ("aller-retour"), mas, sim, em um "duplo vai, sem vir" ("double aller sans retour"). Isso porque há, na estrutura do negócio, uma dupla transferência de valores de uma parte à outra, com a transferência do inútil para obtenção do útil.[45] Há um jogo de soma nula, em que cada um perde exatamente aquilo que o outro ganhou.[46] Assim, e na medida em que a causa da obrigação de uma parte tem razão de ser na sua correspectiva,[47] os contratos de intercâmbio sempre resolveriam a questão do encontro de interesses antagonistas, conflituosos, opostos, contrários ou contraditórios.[48]

Como não poderia deixar de ser,[49] o conceito de contrato, insculpido no *Code*, cuja influência, ulteriormente, disseminou-se para as diversas codificações ocidentais,[50] adotava a chamada produção manufatureira

Menezes. *Tratado de direito civil 7º v: Direito das Obrigações: Contratos. Negócio unilaterais*. Coimbra: Almedina, 2014, p. 68.

43 Gonçalves, Carlos Roberto. *Direito Civil Brasileiro, volume 3: contratos e atos unilaterais*. São Paulo: Saraiva, 2011, p. 23.

44 Lequette, Suzanne. *Le contrat-coopération...*, pp. 31-32. Nesse aspecto, confira-se também: Cordeiro, Antonio Menezes. *Tratado de direito civil 7º v: Direito das Obrigações...*, 2014, p. 79.

45 Lequette, Suzanne. *Le contrat-coopération...*, p. 48.

46 Lequette, Suzanne. *Le contrat-coopération...*, p. 51.

47 Lequette, Suzanne. *Le contrat-coopération...*, p. 51.

48 Lequette, Suzanne. *Le contrat-coopération...*, p. 56.

49 Nesse aspecto, concordamos, integralmente, com o comentário de Ronaldo Porto Macedo no sentido de que "(...) a história do direito contratual não pode ser vista de maneira distanciada de sua forma de institucionalização na vida social, isto é, da forma pela qual o saber jurídico contratual estabiliza e reforça as organizações sociais existentes e vice-versa, especialmente uma determinada forma geral e formato específico de economia de mercado e sua regulação. Em outras palavras, o enfoque institucional do direito preocupa-se em entender como as formas de organização do saber jurídico interferem na estabilização de dispositivos de poder e vice-versa, vale dizer, como tais dispositivos criam e reproduzem determinadas formas de saber jurídico" (Macedo, Ronaldo Porto. *Contratos Relacionais...*, p. 85).

50 Sob essa perspectiva histórica, não podemos deixar de registrar o entendimento de Menezes de Cordeiro a respeito da existência, em matéria de contratos, de um sistema lusófono, que abrangeria não apenas as antigas leis reais portuguesas, como também, em linha de evolução,

ou artesanal[51] como forma modal de troca econômica.[52] Tal modelo, utilizado, segundo Ronaldo Porto Macedo, pela "doutrina contratual dominante" e pelas "regras de julgamento prevalentes", era baseado em um mercado pequeno, "voltado a ajustes de demanda e entrega a curto prazo, com intervalos temporais irregulares". Esse cenário de imprevisibilidade não só dificultava o estabelecimento de vínculos duradouros, como também, especialmente, exigia soluções rápidas e simples de resolução de conflitos de trocas. É nesse paradigma que se fundam os contratos de intercâmbio da dita teoria clássica, também denominados, nas obras de Macneil de "*discrete contracts*" – tropicalizados para "contratos descontínuos".[53]

O contrato descontínuo tem como característica essencial o fato de constituir ato autônomo, regulando a operação econômica hermética e

as Ordenações, o Código Civil Português de 1867, O Código Civil Brasileiro de 1916, o Código Civil Português de 1966 e o Código Civil Brasileiro de 2002 (*Tratado de direito civil 7º v: Direito das Obrigações...*, 2014, pp. 89-95.

[51] MACEDO, Ronaldo Porto. *Contratos Relacionais...*, pp. 86-87.

[52] Como bem consigna RONALDO PORTO MACEDO, "os operadores do direito ao formularem princípios jurídicos para aplicarem o direito presumem a existência de uma certa forma modal de troca econômica" (MACEDO, Ronaldo Porto. *Contratos...*, p. 86). Inclusive, o autor identifica diferentes formas modais a outrossim diferentes teorias contratuais: "[p]ara analisar tal homologia entre formas de organização da produção industrial e de formas básicas (ou paradigmas) contratuais, distinguirei três tipos ideias de teoria contratual e as três formas básicas da organização da produção industrial que lhe são correspondentes. Distinguirei, acompanhando uma historiografia americana contemporânea sobre o assunto três tipos ideais da teoria contratual: (a) a teoria clássica do contrato, (b) a teoria contratual neoclássica; e (c) a teoria relacional do contrato. A estas três formas teóricas procurarei mostrar a correspondência a três formas básicas de organização da produção e mercados de trocas, a saber: (a) a produção manufatureira, (b) a produção de massa e (c) a especialização flexível" (MACEDO, Ronaldo Porto. *Contratos Relacionais...*, pp. 84-85).

[53] MACEDO, Ronaldo Porto. *Contratos Relacionais...*, pp. 87-88. Sobre a questão GRUNDMANN, CAFFAGI e VETTORI destacam que "*the rules on content, performance and breach are still seen to follow basically that of simple on-the-spot contracts*" (The contractual basis of Long-Term Organization – The Overall Architeture. In: GRUNDMANN, Stefan; CAFFAGI, Fabrizio; VETTORI; Giuseppe (coord.). *The Organizational Contract: From Exchange to Long-Term Cooperation in European Contract Law*. Burlington: Ashgate, 2013 p. 9). No mesmo senso: BROWNSWORD, Roger. Contracts with Network Effects: Is the time Now Right? In: GRUNDMANN, Stefan; CAFFAGI, Fabrizio; VETTORI; Giuseppe (coord.). *The Organizational Contract: From Exchange to Long-Term Cooperation in European Contract Law*. Burlington: Ashgate, 2013, p. 141.

independente de todas outras que, eventualmente, possam ter existido entre as partes. É também, nessa medida, impessoal, por isolar em si todos os elementos necessários para a sua constituição, pouco importando, nesse âmbito, o *status* dos agentes envolvidos. Representa, assim, dentro da perspectiva liberal em que foi insculpido, a formalização de uma barganha voltada ao interesse exclusivo de cada um dos contratantes, que agem racionalmente para obter a maior vantagem possível para si (*homo economicus*).[54] Verifica-se "na troca divergência de objetivos, porquanto cada uma das partes só interessa a sua própria vantagem, aceitando o correlativo sacrifício (que é por sua vez a vantagem da outra) apenas como meio para obter o benefício".[55]

Os contratos descontínuos têm ainda natureza "presentificadora", uma vez que trazem para o momento imediato o regramento preciso de todos os atos de performance futuros. É justamente, nessa toada regulatória, que o Código Civil de 1916 considerava existentes e válidos os contratos que contivessem, já no ato da contratação, além, obviamente, da livre manifestação de vontade, "agente capaz (art. 145, n.º I), objeto lícito e forma prescrita ou não defesa" (artigo 82). Tais elementos, destaque-se, a despeito de, eventualmente, regularem fatos futuros, eram todos trazidos ao presente (momento da celebração do negócio), quando se averiguaria os requisitos de existência e validade da lei. No Direito Brasileiro, o diploma representou a consagração do *pacta sunt servanda* – ideal sobre o qual se estearam os principais códigos e estatutos elaborados sob a ótica do pensamento contratual clássico nas mais diversas tradições.[56]

Dentro desse contexto de lógica liberal e de produção manufatureira, a segurança e a previsibilidade ganham força extrema. Cláusulas contratuais vagas e de determinação imprecisas são indesejadas; até mesmo consideradas nulas em certos casos.[57] A mesma ideia de imutabilidade do

[54] Macedo, Ronaldo Porto. *Contratos Relacionais...*, pp. 89-90.

[55] Almeida, Carlos Ferreira de. *Contratos de troca para a transmissão de direitos* in *Prof. Doutor Inocêncio Galvão Telles: 90 anos. Homenagem da Faculdade de Direito de Lisboa*, Coimbra: Almedina, 2007, p. 200.

[56] Macedo, Ronaldo Porto. *Contratos Relacionais...*, p. 90.

[57] A esse respeito, Ronaldo Porto Macedo cita a nulidade do contrato por indeterminação (*void for indefininess*) presente no Restatement First, secção 32.

convencionado espraia-se também para modificações contratuais no curso do cumprimento do contrato.[58-59]

Os contratos descontínuos, fundados no modal manufatureiro, até mesmo como ficará evidenciado pela distinção com os contratos associativos e os contratos híbridos, são, de fato, os contratos de intercâmbio por excelência. Bem por isso, conforme anota Caio Mário, é que o movimento codificador do século XIX, com expressão máxima no *Code*, não foi, verdadeiramente, inovador, quando comparado ao que havia sido herdado do Direito Romano ("[a]té a onomástica é a mesma"). Segundo o mestre, tal se passou, porque o ambiente de mercancia de então se bastava com o dogmatizado pela fórmula do século VI,[60] a evidenciar a prevalência do modal manufatureiro de troca até aquele momento histórico.

Daí em diante, com a evolução da complexidade nos arranjos comerciais, indissociável ao acentuado desenvolvimento tecnológico, as novas formas contratuais, como se verá, parecem caminhar ao centro do eixo "contratos de intercâmbio – contratos associativos".

2. Os contratos de associação: da necessidade de agrupamento de indivíduos

2.1. Do escorço histórico da formação dos tipos societários

Em paralelo à toda discussão a respeito dos contratos de intercâmbio, a doutrina tradicional desenvolveu um robusto arcabouço teórico a respeito dos contratos de associação, ao qual faremos rápida referência, para fins

[58] Macedo, Ronaldo Porto. *Contratos Relacionais...*, p. 92.

[59] Nesse sentido, confira-se o comentário de Williamson: "[c]lassical contract law applies to the ideal transaction in law and economics- 'sharp in by clear agreement; sharp out by clear performance' (Macneil, 1974: 738) – in which the identity of the parties is irrelevant. 'Thick' markets are ones in which individual buyers and sellers bear no dependency relation to each other. Instead, each party can go its own way at negligible cost to another. If contracts are renewed period by period, that is only because current suppliers are continuously meeting bids in the spot market. Such transactions are monetized in extreme degree; contract law is interpreted in a very legalistic way: more formal terms supercede less formal should disputes arise between formal and less formal features (e.g., written agreements versus oral amendments), and hard bargaining, to which the rules of contract law are strictly applied, characterizes these transactions. Classical contract law is congruent with and supports the autonomous market form of organization (Macneil, 1974, 1978)" (Williamson, Oliver E. Comparative Economic Organization: The Analysis of Discrete Structure Alternatives. *Administrative Science Quarterly*, 36, 1991, p. 271).

[60] Pereira, Caio Mário da Silva. *Instituições de Direito Civil: contratos...*, p. 536.

de sistematização do raciocínio que se pretende desenvolver no presente trabalho. Essa maneira estanque com que os temas foram tratados pelos doutrinadores de antes – contratos de associação, de um lado, e contratos de intercâmbio, de outro – parece recomendar ainda mais a revisitação das questões, sob o enfoque dos arranjos híbridos de contratação, destacando os pontos de relevo de cada um dos polos entre os quais esses modernos arranjos encontram-se situados.

Ao abordar a temática das pessoas jurídicas, Caio Mário bem salienta que "[o] sentimento gregário do homem permite afirmar que a associação é inerente à sua natureza, corrigindo-lhe as fraquezas e suprindo com a sua continuidade a brevidade da vida".[61] E o autor ainda prossegue, destacando que tal caráter associativo, que pode viabilizar tanto um agregado de pessoas quanto um acervo de bens, voltados à consecução de objetivos que não seriam alcançados por um indivíduo isolado, são, de um lado, úteis, mas, de outro, perigosos pelo poder econômico que concentram. Por essa razão, tais coletividades sempre mereceram a atenção do jurista e do direito positivo.[62]

Rachel Sztajn, na sua aguçada percepção, anota também que "[o] fenômeno associativo reflete necessidades humanas que não podem ser satisfeitas sem colaboração; quando o esforço individual não basta para o escopo visado, as pessoas se reúnem para atingi-lo formando-se grupos familiares, clãs, tribos, organizações para defesa mútua, grupos de socorro, enfim, motivos não faltam para que se pense em reunir pessoas para buscar fim de interesse comum". E ainda complementa que "[a]lguns grupos são efêmeros, episódicos, outros estáveis, mas duradouros. Tudo depende do interesse ou da necessidade presente e da força que tenha para induzir a reunião de pessoas para alcançar o objetivo ou finalidade idêntica entre elas divisas. Organizações de pessoas são atos de autonomia privada e, por isso, interessam ao Direito".[63]

[61] Pereira, Caio Mário da Silva. *Instituições de Direito Civil: teoria geral do direito civil.* Rio de Janeiro: Forense, 2009, p. 255.

[62] Pereira, Caio Mário da Silva. *Instituições de Direito Civil: teoria geral do direito civil...*, p. 255. De modo semelhante, Teubner já destacou que "[o]*ne of the great innovations of organizational society was to invent the hierarchy decision making. The invention achieved tremendous gains in consistency of decisions, their security and impact. Yet, it came at a price*" (Teubner, Gunther. 'And if by Beelzebub Cast out Devils, ..., p. 113).

[63] Sztajn, Rachel. *Associações e Sociedades: À luz da noção de contrato plurilateral.* In: Wald, Arnoldo (coord.). *Direito empresarial: direito societário, v. 2.* São Paulo: Revista dos Tribunais, 2011,

De efeito, a origem das sociedades "remonta a priscas era".[64] Formas bastante embrionárias de sociedades puderam ser observadas nos direitos babilônico, fenício, grego, romano, entre outros.[65] Particularmente, no direito romano, houve notável desenvolvimento do instituto, valendo destacar a existência de sociedades de banqueiros (*argentarii*) e dos publicanos[66] cerca de duzentos anos antes de Cristo.[67] Também em Roma, já havia a utilização de formas societárias, semelhantes às sociedades em nome coletivo, em decorrência de necessidades familiares, como, ilustrativamente, a exploração comum, pelos herdeiros, dos bens deixados pelo falecido.[68]A despeito de tanto, e sem pretender diminuir a influência do direito romano sobre a matéria,[69] as bases das sociedades comerciais modernas foram lançadas nos estatutos das cidades comerciantes da Idade Média. Ao fim desse período histórico, à exceção das sociedades limitadas, já existiam, com maior ou menor rigor doutrinário, os germes dos demais tipos societários utilizados na *práxis* atual, que, através dos tempos, viriam a se aperfeiçoar nas sociedades **(i)** em nome coletivo, **(ii)** em comandita simples, **(iii)** em conta de participação e **(iv)** anônima.[70]

No decorrer da Idade Média, foi se formando, lentamente, a ideia de limitação de responsabilidade, inerente aos tipos societários hoje,

p. 212. Em sentido semelhante, Catapani (Catapani, Márcio Ferro. *Os contratos associativos*. In: França, Erasmo Valladão Azevedo e Novaes (coord.). Direito Societário Contemporâneo I. São Paulo: Quartier Latin, 2009, p. 91).

[64] Lucena, José Waldecy. *Das Sociedades Limitadas*. Rio de Janeiro: Renovar, 2005, p. 2.

[65] Pontes de Miranda, Francisco Cavalcante. *Contratos de Sociedade. Sociedade de Pessoas*. São Paulo: Revista dos Tribunais, 2012, p. 60.

[66] Os *publicani* eram cidadãos que prestavam serviços diversos ao Estado, dentre eles o de arrecadação de impostos e a realização de obras públicas. De acordo com Requião, muito embora a atividade nada tivesse de desonrosa, os publicanos eram odiados nas províncias, conforme relatado em diversos episódios dos Evangelhos (Requião, Rubens. *Curso de Direito Comercial*..., p. 332).

[67] Lucena, José Waldecy. *Das Sociedades Limitadas*..., p. 2.

[68] Requião, Rubens. *Curso de Direito Comercial*. São Paulo: Saraiva, 2000, p. 332. O autor destaca que tal aspecto familiar também permeou as associações alemãs antigas, criadas à semelhança das sociedades em nome coletivo.

[69] De acordo com Waldecy Lucena, diversas regras societárias romanas acabaram incorporadas, por influência de Pothier, ao *Code*, texto-base de inspiração para diversas outras legislações (*Das Sociedades Limitadas*..., p. 3).

[70] Lucena, José Waldecy. *Das Sociedades Limitadas*..., pp. 2-4.

comumente, utilizados no tráfico. No início da baixa Idade Média, era bastante difundida a utilização de forma semelhante à comandita simples (*commenda*), especialmente pela possibilidade de ocultação dos que estavam proibidos ou tinham alguma restrição à prática da atividade comercial.[71-72] Foi, no século XVII, com a expansão colonialista voltada ao domínio da Ásia, África e América, que se delineou a conformação das poderosas sociedades por ações, com a conjugação de esforços do Estado e da então incipiente iniciativa privada.[73] Para fazer frente a tais empreendimentos, era necessária a mobilização de grande volume de recursos, cuja viabilidade, à época, dependia, estritamente, da estrutura estatal.[74] A captação de importes de investidores, acentuada, ulteriormente, pela Revolução Industrial,[75] foi ainda o mote para que se passasse a estruturar um tipo societário que limitasse a responsabilidade de perda dos sócios.[76]

O surgimento das sociedades por ações, contudo, não deu cabo às sociedades em nome coletivo e à comandita simples. Tais arranjos continuaram a ser utilizados pelos investidores de menor vulto – até mesmo pela complexidade e instabilidade legislativa atinentes à sociedade por ações.[77] Aqueles tipos societários tiveram seu uso reduzido, substancialmente,

[71] Requião, Rubens. *Curso de Direito Comercial...*, p. 333

[72] Forgioni, Paula. *Teoria Geral dos Contratos...*, p. 184.

[73] Requião, Rubens. *Curso de Direito Comercial...*, p. 335. Bulhões Pedreira e Lamy Filho destacam que a Companhia da Índias Orientais foi a primeira das sociedades por ações (Lamy Filho, Alfredo; Bulhões Pedreira, José Luiz (Coord.). *Direito das companhias*. Rio de Janeiro: Forense, 2009, p. 4).

[74] Coelho, Fábio Ulhoa. *Curso de Direito Comercial, volume 2: direito de empresa*, São Paulo: Saraiva, 2010, pp. 63-64.

[75] Lamy Filho e Bulhões Pedreira bem destacam, nesse sentido, que "[a] origem e difusão da companhia está ligada a dois acontecimentos que marcaram a história da humanidade: – a descoberta do mundo novo e a revolução industrial" (*Direito das companhias...*, p. 4). E tal processo expansionista seguiu crescente nos séculos seguintes, transformando todo o panorama sociocultural de então (Lamy Filho, Alfredo; Bulhões Pedreira, José Luiz (Coord.). *Direito das companhias*. Rio de Janeiro: Forense, 2009, pp. 11/12).

[76] Coelho, Fábio Ulhoa. *Curso de Direito Comercial...*, p. 65.

[77] Bulhões Pedreira e Lamy Filho discorrem acerca das fraudes no uso das sociedades por ações no século XVIII, que resultaram, então, na restrição de sua utilização pelos entes empresariais, bem como na sua ulterior liberação e expansão a partir do século XIX (*Direito das companhias...*, pp. 7-12).

apenas com a concepção da sociedade limitada, no século XIX, que inovou ao autorizar a limitação de responsabilidade de todos os sócios à soma do capital social.[78]

Esse novo tipo de organização societária, como se sabe, surgiu em resposta ao anseio do médio empresariado, que, ao mesmo tempo, visava ao benefício da limitação de responsabilidade das sociedades anônimas, mas sem submissão às complexas formalidades estatais.[79] Nessa esteira, em contraposição à origem costumeira das demais formas de societárias, vieram *ab initio* iniciativas legislativas de simplificação das anônimas, tais como a *limited by shares*, do *Companies Act* inglês de 1862,[80] e a *société à responsabilité limitée* francesa de 1863.[81] Foi, contudo, apenas com a *Gesellschaft mit beschränkter Haftung* alemã que, em 1892, surge, efetivamente, a sociedade limitada como novo tipo societário.[82-83]

Como se percebe, portanto, tal qual se deu com diversos institutos de direito comercial, a iniciativa dos entes de mercado foi a força motriz, para que se desenvolvessem os tipos de organização societária hoje, largamente, utilizados. Na mesma toada, e como se verá adiante, as formas de contratação híbrida também parecem surgir como resposta às necessidades dos empreendedores no contexto de acirramento de competitividade da economia globalizada.

[78] REQUIÃO, Rubens. *Curso de Direito Comercial...*, p. 335.

[79] LUCENA, Waldecy. *Das Sociedades Limitadas...*, p. 4.

[80] WALDECY LUCENA esclarece a anterioridade das *private companies* inglesas frente à futura inovação alemã das GmbH (*Das Sociedades Limitadas...*, pp. 7-8).

[81] O histórico evolutivo das limitadas na França tem interessante relação com a ocupação alemã dos departamentos da Alsácia e da Lorena durante o período que se estendeu entre o fim da Guerra Franco-Alemã de 1870/1871 até o término da Primeira Guerra Mundial, em 1918. A esse respeito, WALDECY LUCENA explica que "nos territórios então devolvidos, haviam sido criadas centenas de sociedades de responsabilidade limitada, segundo a Lei Alemã de 20 de abril de 1892, uma isla legislativa, como anotou Isaac Halperin. / Inexistindo em França lei específica sobre as limitadas, tais sociedades restaram como corpo estranho no sistema jurídico francês, o que levou os comerciantes atingidos a pressionarem o Governo central para que editasse lei idêntica à alemã" (*Das Sociedades Limitadas...*, p. 9).

[82] COELHO, Fábio Ulhoa. *Curso de Direito Comercial...*, p. 376. Para mais informação sobre o histórico: LUCENA, Waldecy. *Das Sociedades Limitadas...*, p. 6.

[83] PAULA FORGIONI aborda o histórico sob a perspectiva da experiência nacional (*Teoria Geral dos Contratos...*, p. 185).

2.2. Da natureza jurídica dos contratos de associação

Muito já se discutiu, no passado, a respeito da natureza jurídica do fenômeno associativo. Já se defendeu seu caráter de ato complexo, ato coletivo, ato colegial,[84-85] instituição,[86] contrato etc. A despeito de tanto, a natureza

[84] De acordo com Rachel Sztajn, "ato complexo é aquele de que participam diferentes sujeitos cujas declarações são de idêntico conteúdo visando ao interesse de apenas uma delas, (caso do curador e curatelado) ou de terceiro, que resulta de órgão plúrimo de pessoa jurídica, que é a única a experimentar seus efeitos". Já "[a]to coletivo é aquele em que vários sujeitos declaram suas vontades com idêntico conteúdo para persecução de interesse comum, resultando daí que todos os declarantes sofrem os efeitos derivados dessas declarações". Por fim, "[a]to colegial é aquele proveniente de declarações de pessoas que integram uma organização, de forma que o ato resulta de declaração coletiva caracterizada pela regra da maioria. São típicos atos colegiais as manifestações em assembléias em que cada membro presente declara seu voto prevalecendo as manifestações majoritárias. Há quem veja nos atos colegiais a expressão de um grupo personificado e que projeta para fora, enquanto os atos coletivos terão projeção interna no que se assemelha a um contrato" (*Associações e Sociedades...*, p. 215).

[85] Coimbra de Souza destaca que "[o] ponto de convergência dessas teorias encontra-se no fato de que todas elas veem, na constituição da sociedade, um ato unilateral. Com efeito, apesar da pluralidade de sujeitos que manifestam suas vontades essas manifestações são animadas por idênticos interesses, de modo que todas elas são agrupadas de um único lado, em uma única parte. Essa é a definição de negócio jurídico unilateral: negócio em que a declaração de vontade ou declarações de vontade são dispostas por apenas uma parte (parte aqui entendida como centro de interesses)". Acerca do ato coletivo, Coimbra de Souza relembra que a teoria teria surgido, no âmbito do Direito Público, justamente, pela compreensão de que a noção de contrato seria insuficiente para explicar determinados fenômenos: J. E. Kuntze desenvolveu tal pensamento, visando a fundamentar a unificação da Alemanha, processo por meio do qual as várias províncias germânicas acabaram por se unir e formar um novo ente. No ato coletivo, portanto, haveria a união de declarações de vontade distintas, sem o antagonismo dos contratos sinalagmáticos, para, mediante o princípio majoritário, vincular todos os declarantes (ex.: deliberações de condôminos). A figura do ato coletivo distinguir-se-ia da do ato complexo, na medida em que, enquanto a primeira representa a união das declarações, a segunda constituir-se-ia em efetiva fusão das declarações de vontade paralelas (homogêneas e convergentes), tais quais se daria no caso da declaração dos administradores de sociedades simples (Código Civil, art. 1.014) ou na declaração de relativamente incapaz e seu tutor. Já, no ato colegial, a declaração de vontade imputada a determinado órgão seria formada a partir da pluralidade de declarações, mesmo divergentes, harmonizadas pelo princípio majoritário (ex.: deliberações do Conselho de Administração ou da Assembleia Geral) (Coimbra de Souza, Paloma R. *Ato Coletivo, Ato Colegial, Ato Complexo, Instituição*, in França, Erasmo Valladão Azevedo e Novaes (Coord.). Direito Societário Contemporâneo I. São Paulo: Quartier Latin, 2009, pp. 34-36).

[86] A teoria institucional vê presentes, nas sociedades, os elementos necessários à formação de uma instituição – compreendida aqui na acepção de organização social corporativa –,

contratual foi a que, por fim, prevaleceu no campo doutrinário, especialmente conforme vislumbrado por Ascarelli, um dos maiores expoentes de tal linha de pensamento.[87]

Referido autor, contudo, não foi o primeiro a aventar a natureza contratual das sociedades. Ripert, no século XIX, já invocava, em linha com o entendimento dos romanos, o contrato como fundamento do fenômeno associativo, harmonizando-o com as teorias da autonomia da vontade e da liberdade contratual.[88] Na França de então, essa linha

quais sejam, (i) agrupamento de indivíduos, (ii) fim comum e (iii) direção. Sob esse viés, e diversamente dos contratos, em que há ampla liberdade de atuação dentro do regime de regras dispositivas, "as partes não têm essa liberdade de modificar o conteúdo das obrigações: elas podem aceitar ou rejeitar globalmente as regras que regem a instituição, não as podendo modificar" (Coimbra de Souza, Paloma R. *Ato Coletivo, Ato Colegial, Ato Complexo...*, p. 38). E, ainda sob a ótica institucional, para além dos interesses dos sócios, seriam também tutelados interesses no âmbito social, tais quais os "interesses dos trabalhadores da sociedade, da comunidade em que ela atua, dos seus investidores, de seus credores e por aí adiante" (Coimbra de Souza, Paloma R. *Ato Coletivo, Ato Colegial, Ato Complexo...*, pp. 38-39).

[87] Lucena, José Waldecy. *Das Sociedades Limitadas...*, p. 71. No mesmo sentido: Sztajn (*Associações e Sociedades...*, p. 215). Em sentido, parcialmente, diverso, Valladão entende que tantos as teorias institucionalistas, quanto as contratualistas permanecem aplicáveis ao fenômeno associativo, variando conforme a perspectiva que se vislumbre o fenômeno. Nesse sentido, comenta: "[é] inegável, de um lado, que os interesses que gravitam em torno das sociedades anônimas não se limitam aos meros interesses particulares dos sócios, dizendo respeito também aos interesses dos trabalhadores, da comunidade e da própria economia como um todo. Não se afigura correto, entretanto, definir o interesse social como o interesse de um ente superior e distinto, como a pessoa jurídica ou a empresa em si. Muito mais coerente, nesse particular, é a teoria institucionalista do 'direito da empresa acionária', que identifica os distintos interesses que confluem em torno da das companhias, procurando harmonizá-los. De outro lado, porém, acatada a figura do contrato plurilateral para explicar a natureza jurídica das sociedades, como sustentou Ascarelli, não há como descartar a aplicação de uma disciplina contratual para regular os interesses relativos aos sócios. / Se fosse lícito utilizar uma imagem, poder-se-ia dizer que o confronto entre os partidários das duas teorias sugere visões dos observadores colocados em pontos distintos: um, o institucionalista, olhando a sociedade anônima de fora (*ab extra*), pelo que ela representa para a comunidade e para a economia, em termos de oferta de trabalho, produção de bens, e assim por diante; outro, o contratualista, vendo-a de dentro (*ab intus*), sob o ângulo exclusivo dos sócios" (França, Eramos Valladão Azevedo e Novaes. *Conflito de interesses nas assembleias de S.A. (e outros escritos sobre conflito de interesses)*. São Paulo: Malheiros, 2014, pp. 57-58).

[88] Ripert, George; Roblot, René. *Traité de Droit Commercial, t. 1*, 16ª ed. Paris: LGDJ, 1996, pp. 516-517.

de pensamento coadunava com a defesa pela liberdade de constituição das sociedades anônimas – restrita à época. Inclusive, a própria lei da época fazia referência a tal natureza contratual (*"loi relative au contrat d'association"*).[89]

Foi, todavia, na mesma França, que passaram a surgir as primeiras críticas à teoria contratual. Duguit entendia equivocada a aplicação das regras da teoria geral dos contratos (de permuta) às associações, pelo fato de que, diversamente destes,[90] em que há interesses contrapostos, e cujo paradigma então era a compra e venda, existe, nas associações, um interesse comum (o fim social). Afinal, segundo argumentava, tivessem todos os contratantes interesses comuns, ambos desejariam comprar ou ambos desejariam vender e, assim, não haveria negócio entre eles.[91]

Ainda no século XIX, e de modo semelhante, os escritos de Jhering, que ulteriormente vieram a influenciar Wieland – fonte de inspiração da doutrina italina do século XX –, iluminavam a distinção dos negócios de troca em relação aos de caráter associativo. Naqueles, dizia Jhering, o deslocamento patrimonial, mediante o contrato, dar-se-ia fundado na crença egoísta de cada parte de que o obtido teria valor maior que o dado. Em contraposição, na associação, haveria a busca por um fim comum, inatingível, individualmente, pela fragilidade do esforço unitário. Esquematicamente, enquanto, na troca, as prestações seriam representadas por vetores contrapostos polarmente (egoísmo), na associação, as prestações estariam paralelas, apontadas para o mesmo fim (solidariedade de interesses). Nesse binômio (troca ou fim comum), deveriam se cingir todas as formas de coordenação econômica.[92]

Wieland complementava o ideário de Jhering, pontuando que, em realidade, haveria, sim, dentro da ótica dos acordos associativos espaço para interesses divergentes entre as partes. Afinal, as necessidades individuais de cada um deles eram, em si, diferentes. Nessa dinâmica, não seria suficiente a contribuição inicial dos associados; cada um deles obrigar-se-ia

[89] Coimbra de Souza, Paloma R. *Ato Coletivo, Ato Colegial, Ato Complexo...*, p. 28.

[90] A esse respeito, há que se recordar que o paradigma da teoria contratual clássica é o contrato de permuta, cujo exemplo modular era, de fato, a compra e venda.

[91] Duguit, Leon. *Traité de Droit Constitutionnel, t. I, 3ª ed.* Paris: Fontemoing, 1927, pp. 399-400.

[92] Pinheiro, Luís de Lima. *Contrato de Empreendimento Comum...*, pp. 130-132.

também a atuar na colaboração ou cooperação para a promoção do fim comum.[93]

No espaço italiano, Ascarelli, no século XX, finalmente reconcilia o direito contratual ao fenômeno associativo, incorporando essa distinção entre os tradicionais contratos de permuta ou de escambo – dos quais a compra e venda é o paradigma – e os contratos plurilaterais – matriz que absorveria os arranjos de natureza associativa –. Segundo ele, o antagonismo de interesses também pode ser verificado nas sociedades em diversas situações, especialmente em sua constituição, quando os sócios visavam a extrair para si o máximo de lucro a partir de suas contribuições. O contrato constituiria, então, "o instrumento jurídico da solução dessa contraposição",[94-95] em que, por sua célebre fórmula, "[c]ada parte, pois, tem obrigações, não para com 'uma' outra, mas para com 'tôdas' as

[93] Pinheiro, Luís de Lima. *Contrato de Empreendimento Comum...*, p. 135. O autor destaca que, na doutrina alemã, seguiu-se, ulteriormente, larga discussão, em torno do fim comum (pp. 136-138), com a predominância do conceito de Wiedemann ("'fim comum' é o objetivo (expressa ou tacitamente) convencionado no contrato, que é em princípio independente da convergência ou divergência concreta dos interesses individuais dos sócios") (p. 138). Em adição, Lima Pinheiro informa ser, até hoje, altamente, controvertido, na literatura germânica, um eventual caráter sinalagmático do contrato associativo.

[94] Ascarelli, Tulio. *O contrato plurilateral. Problemas das sociedades anônimas e direito comparado.* São Paulo: Saraiva, 1945, pp. 258-259.

[95] Em sentido semelhante, criticando, especialmente, o posicionamento de Messineo, Pontes de Miranda defende o caráter contratualista do negócio associativo do seguinte modo: "[t]emos de refusar a alegação de Francesco Messineo (...) de não haver consenso no contrato plurilateral, porque as manifestações de vontade são em sentido paralelo. De início, observamos que o paralelismo, a que o jurista italiano alude, é de flagrante artificiosidade. Se A, B e C querem constituir sociedade, não querem em sentido de linhas paralelas, mas sim de linhas convergentes: há a contactuação das linhas e houve o consenso. Tanto há *in idem placitus consensus* no contrato de compra-e-venda, ou em qualquer outro negócio jurídico bilateral, como há no contrato de sociedade. Não há só o consentir (*cum-sentire*) se dois se acordam, também o há no acordo de três ou mais. No negócio jurídico unilateral, sim, não há *consensus*: só há *sentire* de uma pessoa, e aí, sim, houve êrros crassos de terminologia no Código Civil italiano" (Contratos de Sociedade..., p. 72). A posição do autor, no entanto, não coincide com a de Ascarelli no tocante ao momento de solução da divergência entre as partes, que, para ele, antecederia ao contrato. Com efeito, confira-se: "[n]o contrato de sociedade, o fim comum pré-elimina o antagonismo: há bilateralidade do contrato, porque a separação do patrimônio pelo fim comum impede que o sócio fique em frente do outro sócio, todos miram o fim comum. Há convergência, em vez de divergência prestacional" (*Contratos de Sociedade...*, p. 73).

outras; adquire direitos, não para com 'uma' outra, mas para com 'tôdas' as outras".[96-97]

Nesse contexto, Ascarelli defendia que, diferentemente dos contratos de permuta, em que o fim ou escopo do negócio identificar-se-ia, de forma genérica, com a função típica do contrato (ex.: preço pela coisa, na compra e venda), pouco importando o intento individual das partes, os contratos plurilaterais teriam o seu escopo, intrinsicamente, ligado à atividade específica que se pretenderia desenvolver ulteriormente. Tal especificidade traria para o âmago da contratação interesses que, sob a perspectiva da permuta, ficavam relegados para o espaço dos motivos. O fim ou o escopo comum, nos contratos plurilaterais, seria, assim, juridicamente, relevante,[98] devendo estar presente não apenas na constituição

[96] ASCARELLI, Tulio. *O contrato plurilateral...*, p. 268. A ideia era ainda complementada pelo autor com a seguinte ideia: "(...) no contrato de sociedade e nos contratos plurilaterais em geral, as partes se acham como dispostas em círculo; nos demais contratos, ao contrário, cada uma das (duas) partes se acha num dos extremos de uma linha" (p. 268).

[97] No mesmo sentido, EGBERTO LACERDA comenta que "[n]o contrato, as partes são animadas por interesses antagônicos e o instrumento seria a forma de expressar e resguardar esses interesses. No ato complexo, na convenção, no ato social constitutivo, ao contrário, as partes apresentar-se-iam ligadas pelos mesmos propósitos, vinculadas ao mesmo escopo de modo a excluir o entrechoque de interesse tão característicos nos contratos propriamente ditos. / O contrato, embora em crise, reage" (TEIXEIRA, Egberto Lacerda. *Das Sociedades por Quotas de Responsabilidade Limitada*, 2ª ed., São Paulo: Quartier Latin, 2006, pp. 38-39).

[98] ASCARELLI, Tulio. *O contrato plurilateral...*, pp. 271-272. Nesse sentido, o autor bem explicava que "(...) a função do contrato plurilateral não termina, quando executadas as obrigações das partes (como acontece, ao contrário, nos demais contratos); a execução das obrigações das partes constitui premissa para uma atividade ulterior; a realização desta constitui a finalidade do contrato; este consiste, em substância, na organização das várias partes em relação ao desenvolvimento de uma atividade ulterior. / Concluindo uma sociedade, as partes querem organizar-se para a realização de uma atividade ulterior: esta constitui o objetivo da sociedade, e a sua determinação é, portanto, juridicamente relevante. / Eis porque, em tais contratos, devemos preocupar-nos com o objetivo ou fim do contrato e com a possibilidade e com a legitimidade dêste objetivo. / Os contratos de permuta visam, afinal, uma distribuição dos bens entre os diversos sujeitos de direito, quer êles alcancem diretamente esta distribuição (transferindo direitos reais, como no sistema francês e italiano), quer ao contrário êles estabeleçam apenas um vínculo obrigacional quanto a ela (como no direito romano, no alemão ou no brasileiro). / (...) Os contratos plurilaterais visam, ao contrário, justamente disciplinar a utilização dos bens a que se referem. Os atos que, na hipótese da propriedade individual, constituem apenas manifestações do lícito jurídica, passam, ao contrário, a ser objeto de disciplina jurídica pormenorizada, dada a necessidade de delimitar de um lado os direitos de

do contrato, como também, e especialmente, durante a sua execução.[99] Paula Forgioni, inclusive, destaca o fim comum como *essentiala negotii* nos contratos associativos,[100] no que é seguida por Valladão, segundo o qual "a causa do contrato (...) vem a ser a consecução de um fim comum".[101] Efetivamente, portanto, "[a] vinculação dos sujeitos, partes do contrato societário e/ou associativo, é o fim comum".[102]

No entendimento mais usual, mas não ausente de críticas, o fim ou interesse comum (ou ainda a "convergência de interesses"), no acordos associativos, reside na busca pela obtenção de um mesmo resultado

cada parte no contrato e, de outro lado, os direitos individuais de cada parte e os coletivos de tôdas" (p. 272).

99 Ascarelli, Tulio. *O contrato plurilateral...*, p. 274.

100 Forgioni, Paula Andrea. *Teoria Geral dos Contratos...*, pp. 180-181. A autora ainda complementa a constatação, nos seguintes termos: "[c]omo se percebe, o elemento da colaboração, da reunião de esforços, sempre marcou as sociedades, bem assim a ideia de que os riscos, as áleas do empreendimento cabiam e seriam suportados por todos os sócios. '[O] que realmente caracteriza a sociedade – porque apenas nela se encontra – é [...] a repercussão direta sobre o patrimônio dos sócios pelos atos de gestão social, das obrigações assumidas em nome da sociedade pelo representante desta. Isso não ocorre nas outras relações', esclarece João Eunápio Borges. (...) Esse espírito vinha corporificado no art. 288 do Código Comercial: 'É nula a sociedade ou companhia em que se estipular que a totalidade dos lucros pertença a um só dos associados, ou que algum seja excluído, e a que desonerar de toda a contribuição nas perdas as somas ou efeitos entrados por um ou mais sócios para o fundo social'. O art. 305 do Código Comercial deixava clara a ideia de atuação comum, de colaboração, de reunião de esforços, de pessoalidade das sociedades: 'Art. 305. Presume-se que existe ou existiu sociedade, sempre que alguém exercita atos próprios de sociedade, e que regularmente se não costumam praticar sem a qualidade social. Desta natureza são especialmente: 1. Negociação promíscua e comum. 2. Aquisição, alheação, permutação, ou pagamento comum. 3 – Se um dos associados se confessa sócio, e os outros o não contradizem por uma forma pública. 4 – Se duas ou mais pessoas propõem um administrador ou gerente comum. 5 – A dissolução da associação como sociedade. 6 – O emprego do pronome nós ou nosso nas cartas de correspondência, livros, fatura, contas e mais papéis comerciais. 7 – O fato de receber ou responder cartas endereçadas ao nome ou firma social. 8 – O uso de marca comum nas fazendas ou volumes. 9 – O uso de nome com a adição – e companhia'. O art. 1.372 do Código Civil de1916 estatuía que seria nula a cláusula [e não a sociedade] que atribuísse a todos os lucros a um dos sócios, ou subtraísse o quinhão social de algum deles à comparticipação nos prejuízos. O art. 1.008 do Código atual dispõe no mesmo sentido, estabelecendo a nulidade da cláusula que excluir qualquer sócio de participar dos lucros e das perdas" (pp. 181-182).

101 França, Eramos Valladão Azevedo e Novaes. *"Affectio Societatis"...*, p. 38.

102 Martins-Costa, Judith. *A boa-fé no Direito Privado...*, p. 351.

econômico, com o quê cada uma das partes poderá, em um segundo momento, satisfazer seus interesses próprios.[103] Não há, portanto, uma identidade de necessidades individuais dos sócios (motivos), mas apenas de objetivo (ou fim) do empreendimento: é um "«consensus» não instantâneo, mas continuativo ou prolongado, «a perseverança no mesmo acordo de vontades»".[104] Este fim comum do acordo associativo, é bom que se destaque, não se confunde com o "fim imediato" do negócio jurídico, enquanto a sua função típica. O fim ou interesse comum (resultado econômico da atividade) perfaz um "fim mediato", que é, efetivamente, de todos igualmente, mas a ele está relacionado ainda outros tantos "fins mediatos" individuais: todos perseguem o lucro (fim mediato comum), mas, após o êxito na sua obtenção, cada um busca a distribuição proporcional do que lhe cabe (fim mediato individual).[105] Há, assim, em princípio, uma fusão dos interesses dos associados, em um interesse comum único e idêntico, que se desfaz, em uma segunda fase, em interesses individuais.[106]

Como se vê, não há, efetivamente, correspectividade entre as prestações de cada sócio, mas, sim, um nexo de instrumentalidade e um objetivo comum a cuja realização todas são dirigidas.[107] A determinação do meio para a realização deste objetivo comum deve ainda estar, minimamente, prevista no contrato associativo, conjuntamente à extensão e ao modo como cada parte será beneficiada pelo resultado.[108]

Sobre a questão, Valladão explica ainda que o fim comum, em sentido amplo – "elemento de convergência das manifestações de vontade dos sócios" –, pode tanto se referir à atividade realizada pela organização societária (escopo-meio ou objeto), quanto ao elemento que distingue as sociedades das associações: nas primeiras, a finalidade é a partilha do

[103] Maupa, Ludovic. *L'intérêt commun: une notion conceptuelle et fonctionelle* in *Le droit entre tradition et modernité: Mélanges à la mémoire de Patrick Courbe.* Paris: Dalloz, 2012, p. 434.

[104] Martins-Costa, Judith. *A boa-fé no Direito Privado...*, p. 352.

[105] Pinheiro, Luís de Lima. *Contrato de Empreendimento Comum...*, pp. 133-135. No mesmo sentido: Valladão (França, Eramos Valladão Azevedo e Novaes. *"Affectio Societatis": um conceito jurídico superado no moderno direito societário pelo conceito de "fim social"*. In: *Temas de Direito Societário, Falimentar e Teoria da Empresa*, São Paulo: Malheiros, 2009, p. 44).

[106] Lequette, Suzanne. *Le contrat-coopération...*, p. 70.

[107] Pinheiro, Luís de Lima. *Contrato de Empreendimento Comum...*, pp. 133-135. No mesmo sentido: Lequette (*Le contrat-coopération...*, p. 68).

[108] Pinheiro, Luís de Lima. *Contrato de Empreendimento Comum...*, pp. 145-146.

resultado entre os sócios (CC, art. 981); nas segundas, os fins não são econômicos (escopo-fim). O fim comum, em sentido amplo, teria, nos contratos associativos, função semelhante ao exercido pelo sinalagma nos contratos bilaterais:[109] "[s]ubstituindo o sinalagma em que se cruzam os interesses, coloca-se a identidade de interesses, instrumentalizada na criação da sociedade".[110] Assim, o fim comum serve tanto à eficácia constitutiva ("não há sociedade ou associação sem fim comum próprio") quanto à definição da forma jurídica (sociedade e associação).[111]

No tocante a direitos e a obrigações das partes, os contratos plurilaterais, na ótica de Ascarelli, também se diferenciariam dos contratos de permuta. Isso porque, nos contratos plurilaterais, os direitos das partes jamais poderiam ser, qualitativamente, diferentes; a distinção entre eles poderia ocorrer somente no nível quantitativo – o que, obviamente, não se dá em uma relação de escambo (ex.: enquanto o comprador tem o direito à propriedade da coisa adquirida, o vendedor faz jus ao preço acordado).[112] As obrigações das partes em um contrato plurilateral, a seu turno, poderiam ter naturezas diversas; mas não se encontrariam em uma relação de equivalência entre si, quando, isoladamente, consideradas – situação verificada nos contratos bilaterais. A equivalência de cada obrigação dar-se-ia, nos plurilaterais, em relação as de todas as demais partes.[113] A "contribuição é para a finalidade comum, cada sócio ou a sociedade pode exigir o adimplemento para todos".[114]

Nesse sentido, Pontes de Miranda preleciona que pouco importa se há duas (contrato bilateral) ou mais partes (contrato plurilateral) no contrato; é o elemento do fim comum associativo que retira a intercambialidade do negócio, caráter inerente aos contratos de escambo.

[109] França, Eramos Valladão Azevedo e Novaes. *"Affectio Societatis"...*, pp. 43-44.

[110] Borba, José Edwaldo Tavares. *Direito societário*. Rio de Janeiro: Freitas Bastos, 1986, p. 30.

[111] França, Eramos Valladão Azevedo e Novaes. *"Affectio Societatis"...*, pp. 43-44.

[112] No mesmo sentido, Pontes de Miranda discorre que "[o] interêsse em ser comum o fim faz ser comum o intêresse. O conteúdo do interêsse de cada sócio há de ser qualitativamente idêntico, o que faz elemento essencial, no contrato de sociedade e, pois, na sociedade mesma, que é efeito, a igualitariedade qualitativa (...). Quantitativamente, os interêsses podem ser desiguais (diferenciados pelos valores das quotas, ou da participação nos lucros e perdas)" (Pontes de Miranda, Francisco Cavalcante. *Contratos de Sociedade...*, p. 72).

[113] Ascarelli, Tulio. *O contrato plurilateral...*, pp. 276-277.

[114] Pontes de Miranda, Francisco Cavalcante. *Contratos de Sociedade...*, p. 70.

Nos acordos associativos, "A não presta a B, para que B preste a A, ou a terceiro, C; A presta a B para que as suas prestações tenham o destino que tende o fim comum".[115] Nesse tocante, o autor critica a terminologia "plurilateral" adotada por Ascarelli, dado que não é o número de partícipes deste que confere a natureza associativa ao negócio; um contrato bilateral (A e B) pode também constituir uma sociedade, tanto quanto um contrato plurilateral pode ter natureza bastante diversa da de um vínculo associativo. A "diferença não está na estrutura negocial, mas sim no fim comum".[116]

Essa relação de mutualidade entre todas as obrigações espraia seus efeitos outrossim ao campo da invalidade ou inexecução da prestação pela parte. Enquanto, em matéria de contratos bilaterais, vícios contidos na declaração de vontade de uma das partes ou mesmo o descumprimento do prometido por uma delas poderia conduzir à extinção do vínculo contratual, nos acertos plurilaterais, em mesmas condições, o contrato, mantém-se entre os demais: a invalidade ou impossibilidade da adesão de um dos partícipes não prejudica a existência de todo o arranjo contratual. A exceção a tanto ocorreria nos casos em que a invalidade da adesão de uma das partes ou o descumprimento de sua respectiva prestação torne

[115] Pontes de Miranda, Francisco Cavalcante. *Contratos de Sociedade...*, p. 70.

[116] A esse respeito, Pontes de Miranda comenta: "[o] fim comum, na sociedade, é construtivo, porque põe em comunhão, ou cooperação, o que não estava em tal situação jurídica. O contrato plurilateral, com que se divide o bem comum, é desconstitutivo, razão por que não pode negar a comunidade de interêsses, nem a igualitariedade qualitativa, sem que se possa pensar em sociedade. No plano da comunhão de fim, a sociedade é criadora; a divisão entre condôminos, ou co-herdeiros, ou entre compossuidores, não no é: o resultado é individual, exatamente porque houve a divisão. (Dizer-se que a divisão é antítese perfeita do contrato plurilateral, importa reduzir-se o contrato plurilateral ao contrato de sociedade, que pode ser bilateral ou plurilateral e não é a única subespécie de contra plurilateral. (...) Se o contrato divisão é entre três ou mais pessoas, há contrato plurilateral, como ocorre com o contrato de sociedade: a diferença não está na estrutura negocial, mas sim no fim comum, ali divisório, aqui, societário)" (*Contratos de Sociedade...*, p. 74). De efeito, nas sociedades, "[h]á o fim comum, há duas ou mais pessoas que o querem atingir, mas, para isso, é preciso que o contrato de sociedade surta os efeitos que se quiserem resultantes do contrato, ou que dêles tenham, por lei, de resultar. Assim, não há sòmente a reciprocidade de deveres de prestação, porque o fim comum determina que se crie a comunidade, de jeito que há interêsses que deixaram de ser individuais, para serem, também êles, comuns" (*Contratos de Sociedade...*, p. 74).

impossível a viabilização do objetivo comum dos contratantes.[117-118] Há, entre as partes, assim, um sinalagma indireto: à distinção dos acordos de permuta, em que há uma equivalência (sinalagma) direto e imediato entre as prestações, essa relação, nos associativos, dá-se, de forma mediata e indireta.[119]

Nesse aspecto, Ascarelli faz interessante anotação, a respeito da construção da teoria geral dos contratos, no sentido de que algumas das regras contratuais perfazem, em realidade, uma generalização de normas próprias dos contratos de permuta – ou contratos descontínuos. Desse modo, para ele, e com o que concordamos, algumas dessas normas, a despeito de tidas como gerais, não poderão ser aplicáveis aos contratos plurilaterais.[120] Catapani, nesse sentido, comenta que "[e]sse fenômeno é explicável porque o estudo dos contratos de permuta é, historicamente, anterior e mais desenvolvido que o estudo do contrato de sociedade".[121] Assim, e como evidenciado alhures, as normas da teoria geral dos contratos devem ter sua aplicação coadunadas às especificidades de cada contrato plurilateral.

[117] Ascarelli, Tulio. *O contrato plurilateral...*, pp. 283-290. Em mesmo sentido, Catapani complementa que a resolução não seria viável, dado que seria impossível apagarem-se os efeitos pretéritos dos atos já praticados. Para essa situação, haveria, como remédio, a figura da dissolução do organismo criado (Catapani, Márcio Ferro. *Os contratos associativos...*, p. 101).

[118] A respeito da questão, Lima Pinheiro bem esclarece que "[o] sinalagma é um vínculo que não só torna as obrigações interdependentes no momento da sua constituição como interdependentes as mantém ao longo da sua vida. O sinalagma genético significa que a obrigação contraída por uma das partes represente a razão de ser da obrigação assumida pela outra; o sinalagma funcional significa que as duas obrigações continuam ligadas por um nexo intrínseco, e tanto que, se uma deixa de ser satisfeita, poderá a outra também deixar de o ser. Daí o regime privativo destes contratos que consiste na exceção de não cumprimento do contrato, na rescindibilidade do contrato por falta de cumprimento imputável à outra parte e na caducidade do contrato por uma das prestações se impossibilitar definitivamente. O contrato de sociedade não é contrato bilateral ou sinalagmático: dele nascem obrigações para todas as partes, mas não são caracterizadas pela reciprocidade e interdependência. A dúvida poderia suscitar-se apenas com respeito ao sinalagma genético. Mas também aqui a resposta é negativa: cada obrigação estabelece um nexo com o fim comum e nunca com as outras obrigações" (Pinheiro, Luís de Lima. *Contrato de Empreendimento Comum...*, pp. 140-141). Em sentido semelhante, Tavares Borba indica a inaplicabilidade do remédio da *exceptio* aos contratos associativos (Borba, José Edwaldo Tavares. *Direito societário...*, p. 30).

[119] Ascarelli, Tulio. *O contrato plurilateral...*, p. 290.

[120] Ascarelli, Tulio. *O contrato plurilateral...*, p. 257.

[121] - Catapani, Márcio Ferro. *Os contratos associativos...*, p. 98.

Ferro-Luzzi entende inadequada a aplicação da tecnologia contratual para o fenômeno associativo. Segundo ele, a própria origem da tradicional teoria contratual em momento individualista da experiência jurídica conflitaria com o caráter coletivo do fenômeno associativo. Este diria respeito a uma atividade – compreendida como um conjunto coordenado de atos dirigidos a uma finalidade – e o contrato associativo, a seu turno, seria apenas a veste jurídica pela qual o fenômeno se manifestaria.[122]

Nessa linha, o tradicional esquema de imputação e atribuição de direitos subjetivos, efeitos primordiais dos contratos de escambo, seria relegado para segundo plano nos contratos associativos. No fenômeno associativo, a imputação dar-se-ia em função da atividade, de modo que, conforme aduz Catapani, "é mais adequado trabalhar-se com a noção de organização da imputação".[123] A imputação, nesses casos, mostrar-se-ia

[122] - Catapani, Márcio Ferro. *Os contratos associativos...*, pp. 92-93. Embora discorde da inaplicabilidade das regras dos contratos a negócios plurilaterais voltados "a disciplinar relações jurídicas futuras, de modo abstrato" (acordos normativos), Orlando Gomes registra que "Betti, por exemplo, assim os distingue: a) ao acordo não se aplicam as normas concernentes aos contratos que têm como pressuposto o conflito de interesses das partes, que constitui o substratos destes; b) não são aplicáveis, tampouco, aos acordos as regras que dependem do caráter do contrato como negócio de mera motivação privada; c) as normas atinentes à formação dos contratos, relativas especialmente à proposta e aceitação e não devem ser aplicadas sem cautela aos acordos; d) finalmente, os acordos são disciplinados por importante regra inaplicável aos contratos; a de que não lhes acarreta a invalidade o defeito ou vício que afeta o vínculo de uma só das partes, a menos que a participação desta seja essencial" (Gomes, Orlando. *Introdução ao Direito Civil,* Rio de Janeiro: Forense, 2016, p. 251). Sobre o ponto, o jurista baiano destacava a resistência de alguns privatistas em aceitar a existência dos acordos normativos, mormente frente à sua origem como instituto de Direito Público: "[a] variedade de pontos de vista na caracterização dessa figura jurídica revela que ainda não está perfeitamente definida no Direito Privado, onde penetrou recentemente. Teve primeira aplicação na esfera do Direito Público, especialmente como ato plurilateral destinado a criar, modificar ou extinguir normas entre os Estados. Com esta função, pretendeu-se atraí-lo ao domínio do Direito Privado, em seu setor puramente patrimonial. São notórias as dificuldades da aclimatação, a pontos de alguns privatistas rejeitarem a figura, considerando-a inútil pela sua redutibilidade ao contrato, mas a maioria a aprova sem seguir orientação igual, e dando a impressão de se tratar de categoria heterogênea. Predomina, no entanto, a corrente fiel à concepção dos autores de Direito Público. O acordo em Direito Civil como em Direito Internacional é o ato plurilateral destinado a criar normas. Através de manifestações de vontades justapostas, os sujeitos se propõem a conseguir o mesmo escopo prático, que é o de estatuir regras pelas quais passarão a regular a própria conduta" (p. 250).

[123] - Catapani, Márcio Ferro. *Os contratos associativos...*, p. 95.

presente em hipóteses bastante específicas, a saber, no conferimento, na responsabilização pelos deveres de comportamento e na participação nos resultados. Por tal razão, seria necessária uma revisitação das tradicionais teorias contratualistas a respeito do fenômeno associativo, com a adequação do regime legal aplicado.[124]

Outro traço distintivo dos contratos plurilaterais, segundo Ascarelli, refere-se ao fato de que os contratos plurilaterais funcionam como contratos de organização, "uma espécie particular no âmbito da categoria geral dos contratos",[125] cuja subespécie mais conhecida é o contrato de sociedade, mas não é a única.[126] Ao lado das sociedades e associações, existem ainda, de acordo com Ascarelli, os contratos plurilaterais normativos, por meio dos quais, sem que sejam constituídas entidades como as antes referidas, as partes disciplinam futuros contratos a serem celebrados entre si ou com terceiros.[127] Em tais casos, persiste também – assim como os demais caracteres dos contratos plurilaterais[128] – o fim comum, não com o intuito de obtenção de lucro, mas visando a vantagens individuais consistentes na economia que cada parte obtém a partir do contrato celebrado.[129]

[124] - Catapani, Márcio Ferro. *Os contratos associativos...*, p. 101.

[125] Ascarelli, Tulio. *O contrato plurilateral...*, p. 293.

[126] Ascarelli, Tulio. *O contrato plurilateral...*, pp. 292-293.

[127] Ascarelli, Tulio. *O contrato plurilateral...*, pp. 304-305.

[128] Sobre a questão, confira-se a anotação de Ascarelli: "[n]otamos que, com o contrato plurilateral, as partes podem criar uma organização meramente 'interna', ou, ao contrário, uma organização 'externa', destinada a entrar, como tal, em relação com terceiros. (...) Também nessa hipótese, achamo-nos diante de uma pluralidade de partes que, mediante o contrato, visam alcançar um fim comum e que, ao alcançarem êsse fim, encontram justamente a compensação do sacrifício que cada uma delas fêz de sua própria liberdade de ação. / A disciplina dêsses contratos, na prática contratual, na jurisprudência e na doutrina, corresponde, de fato, aos princípios que vimos desenvolvendo quantos aos contratos plurilaterais. / Assim, em matéria de vícios ou de inexecução de uma das adesões; assim quanto à possibilidade de adesão de novas partes ou da saída de quantos dela participem; quanto à possibilidade de deliberações por maioria e aos limites do poder da maioria perante os elementos 'contratuais' que escapam à sua competência; quanto à distinção de vários órgãos (assembleias, diretores, fiscais), freqüentemente inspirada pelo exemplo das sociedades comerciais" (Ascarelli, Tulio. *O contrato plurilateral...*, pp. 306-307).

[129] Ascarelli, Tulio. *O contrato plurilateral...*, pp. 308-309.

Ascarelli destaca como principais consequências práticas da adoção do modelo dos contatos plurilaterais normativos, em detrimento da escolha pelo de sociedade ou de associação, a ausência de personalidade jurídica e a impossibilidade de se invocar a disciplina jurídica das sociedades. Por essa razão, o autor observa que, em muitos casos, as partes valem-se de determinada estrutura societária, com ulteriores adaptações por oportunas cláusulas estatutárias, mais por conta da segurança decorrente da disciplina jurídica aplicável, do que, efetivamente, por pretenderem alcançar os fins, tipicamente, dela previstos.[130] Sob sua ótica ainda, não haveria sociedade simulada nesses casos, implicando apenas duas ordens de normas: as de sociedades e as conformadas pelas partes para o fim concreto vislumbrado.[131] Frise-se, de logo, que, a nosso ver, Ascarelli, ao identificar tais contratos plurilaterais normativos, embora não os destacando da categoria então recém-inaugurada, sinalizava seu entendimento em direção aos arranjos híbridos, conforme ficará evidente no discorrer do presente trabalho.

A referida função organizativa, ou instrumental, atinente a todos os contratos plurilaterais, poderia ser considerada tanto no tocante aos participantes do contrato (relações internas), quanto no que se refere à atuação do grupo com terceiros (relações externas).[132] Isso implica também que, para além dos direitos e obrigações de caráter patrimonial – existentes outrossim nos contratos de permuta –, há que serem considerados aqueles referentes à gestão da organização comum.[133] Há, assim, "nos vários tipos de contratos plurilaterais, a distinção entre os interêsses 'comuns' e aqueles 'particulares' de cada participante".[134] Dessa distinção entre direitos e obrigações resulta que a multiplicidade de direitos e obrigações dos contratantes é mais elevada nos contratos plurilaterais, em comparação aos de permuta. Tal multiplicidade implica que "a posição de quem participa de um contrato plurilateral se apresenta, pois, bem mais complexa que

[130] Ascarelli, Tulio. *O contrato plurilateral...*, pp. 310-311.

[131] Ascarelli, Tulio. *O contrato plurilateral...*, pp. 310-311.

[132] Ascarelli destaca que o mesmo fenômeno pode ser verificado no mandato (*O contrato plurilateral...*, p. 291-300). E, no mesmo senso, Sztajn, Rachel. *Associações e Sociedades: À luz da noção de contrato plurilateral*, in Wald, Arnoldo (Coord.). *Direito empresarial: direito societário, v. 2*. São Paulo: Revista dos Tribunais, 2011, p. 215).

[133] Ascarelli, Tulio. *O contrato plurilateral...*, p. 291.

[134] Ascarelli, Tulio. *O contrato plurilateral...*, p. 292.

a de que participa de um contrato de permuta",[135] especialmente pelas disciplinas diversas aplicáveis aos diversos direitos e obrigações também de natureza distinta.[136]

A própria natureza organizativa dos contratos plurilaterais também enseja que esses negócios sejam outrossim de execução continuada. Dessa situação decorre não apenas a aplicação das normas de tal categoria contratual, como também o fato de que a alteração de circunstâncias econômicas é um elemento de constante atenção nos contratos plurilaterais.[137] Nesse aspecto, Sztajn observa que o contrato "de sociedade é um tipo de contrato incompleto e, por isso, a regra da maioria é necessária para que, periodicamente, se faça o 'completamento' do negócio segundo as circunstâncias presentes no momento".[138]

Ronaldo Porto Macedo, ao analisar as proposições de Ascarelli, destaca a coincidência de grande parte destas com aspectos que, ulteriormente, seriam "descobertos" pelos teóricos da teria relacional.[139] O autor observa, contudo, que, além de o mestre italiano ter visado a identificar apenas uma nova categorial contratual – e não a reconstrução da teoria contratual –, a colaboração ainda é vislumbrada por ele em termos neoclássicos, ignorando diversos outros aspectos da teoria relacional.[140]

Não divergindo do apontado acima, Lequette bem sintetiza que o contrato associativo organiza a afetação de recursos econômicos a um projeto de interesse comum, a fim de que haja a geração de novos valores a serem repartidos entre os associados. A busca por esse acréscimo patrimonial faz com que haja uma *concentração* de esforços econômicos, visando à geração de uma sinergia negocial benéfica aos envolvidos – tal

[135] Ascarelli, Tulio. *O contrato plurilateral...*, pp. 291-292.

[136] Ascarelli, Tulio. *O contrato plurilateral...*, p. 292.

[137] Ascarelli, Tulio. *O contrato plurilateral...*, p. 274. No mesmo sentido: Catapani, Márcio Ferro. *Os contratos associativos...*, p. 97.

[138] Sztajn, Rachel. *Associações e Sociedades...*, p. 217.

[139] Nesse sentido, Ronaldo Porto Macedo anota que "[d]entre as características relacionais estariam: 1) a existência de várias partes (idem, p. 290); 2) serem contratos de execução continuada (idem, p. 294); 3) existência de cooperação (idem, p. 276-277); 4) serem contratos abertos (idem, p. 302); 5) exigirem replanejamento constantes por terem caráter normativos (idem, p. 322); 6) neles não haver necessário antagonismo entre as partes *(idem, p. 276)*" (*Contratos Relacionais...*, p. 138).

[140] Macedo, Ronaldo Porto. *Contratos Relacionais...*, pp. 138-139.

qual se dá em operações de fusões de empresas.[141] Segundo ela, a própria *affectio societatis* corresponderia a uma operação de *concentração* promovida pelos associados;[142] a causa, por sua vez, seria a obtenção de parte dos lucros obtidos por meio dessa concentração.[143] É, por essa razão, que Lequette confere aos contratos associativos a denominação de "*contrat-concentration*",[144] cuja lógica e estrutura são, profundamente, diversas dos contratos de intercâmbio – que visam à transferência recíproca de bens e/ou serviços entre dois patrimônios distintos.[145] As aguçadas considerações de Lequette parecem-nos bastante pertinentes e retornaremos a ela nos capítulos a seguir.

3. Os arranjos híbridos de contratação: da necessidade de novos arranjos empresariais

3.1. Das alterações no modal econômico: a especialização flexível

O início do século XX trouxe consigo alterações profundas na forma de organização industrial, com a introdução do modelo fordista. A forma de produção manufatureira é substituída pela produção de massa, cujo objetivo primordial residia no fornecimento de larga quantidade de bens

[141] Nas palavras de Lequette: "[e]*n droit, le terme de concentration est principalement utilisé pour designer la concentration d'entreprises qui assure la fusion de deux entités juridiques en une seule ou la concentration de capitaux opérée au sein des sociétés par actions. Mais, il ne s'agit là em réalité que de manifestations particulières d'un phénomène économique plus général. La concentration économique porsuit un but, l'effet de synergie, et emploie pour cela la mécanisme de la fusion, lequel se traduit par la création d'une entité économique au sein de laquelle les partipants renoncent à leur individualité*" (p. 65).

[142] Lequette, Suzanne. *Le contrat-coopération...*, p. 76.

[143] Lequette, Suzanne. *Le contrat-coopération...*, p. 83.

[144] Lequette, Suzanne. *Le contrat-coopération...*, pp. 64-65.

[145] Lequette, Suzanne. *Le contrat-coopération...*, p. 78. Orlando Gomes, de certo modo, também partilhava deste entendimento. Ao tratar das estruturas que denominava "acordos normativos", o saudoso professor destaca: "[c]ontrato e acordo são negócios que devem ser distinguidos pelo modo de constituição. Por este critério, a distinção baseia-se na estrutura do concurso de vontades. No contrato, as partes têm interesses contrapostos, ou pelo menos divergentes, motivo por que procuram harmonizá-los, ajustando as respectivas declarações a uma vontade comum, ou, como esclarece Barbero, o contrato resulta da manifestação de duas partes com intentos recíprocos. No acordo, os sujeitos têm o mesmo intento. Concorrem para a formação do negócio *ex diversis motibus animi in unu consentium*, pelo que constituem uma soma de vontades ligadas entre si. Por outras palavras, no acordo aos diversos móveis correspondem uma causa" (*Introdução ao Direito Civil...*, p. 249).

de mesmo padrão e a baixo custo.[146] Para tanto, eram necessários pesados investimentos iniciais, cuja amortização se dava mediante o contínuo funcionamento das linhas de produção. Planejamento industrial e estabilidade de relações contratuais de maior duração passaram, então, a ser a tônica do direito contratual. De acordo com Ronaldo Porto Macedo, "[u]ma das novas tarefas do direito contratual será, pois, reduzir os custos de transação envolvidos em tais processos".[147]

O contrato, nessa nova fase, passa a abranger uma série de transações descontínuas, que se protraem no tempo. Por conta disso, um ou mais termos do contrato, tais como preço, quantidade, entrega e qualidade, são deixados incompletos, a fim de que sejam preenchidos durante o cumprimento contratual. São criadas novas cláusulas, tencionadas a regular o risco e a imprevisibilidade das relações contratuais de maior duração. Como consequência, há um relaxamento das características de impessoalidade e presentificação do contrato descontínuo, em prol da eficácia das relações contratuais. A dita teoria contratual neoclássica repercute nos mais diversos estatutos, inclusive no Direito Brasileiro, com o reconhecimento de fontes geradoras de obrigações contratuais, para além do expresso no instrumento escrito, tal qual se dá com a cláusula geral de boa-fé objetiva.[148]

Acerca dos diversos impactos sofridos pela teoria contratual no século passado, Caio Mário pontuava quatro fases distintas, a saber: "a primeira, da subsistência da ideia contractualista clássica; a segunda, da decadência ou declínio do contrato; a terceira, da retomada de prestígio; e a quarta, do surgimento de novas figuras, que se enquadrariam na epígrafe deste estudo com a fixação da 'nova tipologia contratual". Em referência à obra de Savatier do final da década de 40, o mestre destacava que, a partir da I Guerra Mundial, o contrato passou a se colocar na "escala da coletividade, na escala da nação, na escala da humanidade inteira".[149]

No decurso da década de 60, conforme informa Lima Pinheiro, houve um desenvolvimento significativo da cooperação econômica, com um crescimento "elevadíssimo de acordos de cooperação celebrados entre

[146] Macedo, Ronaldo Porto. *Contratos Relacionais...*, pp. 86-87.

[147] Macedo, Ronaldo Porto. *Contratos Relacionais...*, pp. 95-96.

[148] Macedo, Ronaldo Porto. *Contratos Relacionais...*, pp. 96-103.

[149] Pereira, Caio Mário da Silva. *Instituições de Direito Civil: contratos...*, p. 539.

empresas".[150] Tal movimento, no entanto, não foi, de início, bem recebido pelas empresas de países mais industrializados, que relutaram, mas acabaram em ceder à "deslocação do centro de gravidade das relações do comércio internacional da exportação de mercadorias para o estabelecimento de centros de produção no estrangeiro".[151] Em geral, as multinacionais foram forçadas a aceitar tais acordos de natureza cooperativa, como condição impostas pelos Estados nacionais para investimento local, o que, outrossim, acabou por revelar traços de dominância nas relações "Norte/Sul". No pós-guerra, houve uma proliferação de arranjos de cooperação, notadamente *joint ventures*, em países em desenvolvimento, cujos governos, carentes de tecnologia e investimentos, e para a execução de seus programas nacionalistas, passaram a impor a associação a parceiros locais.[152]

As alterações no modal de troca econômica, no entanto, não pararam por aí. A partir da década de 1970, especialmente com o reforço à internacionalização dos mercados pela introdução de novas tecnologias de produção e informação,[153] a forma de produção dominante passou por uma nova onda de transformação. O alto grau de especificação de determinados produtos (como, por exemplo, nas indústrias informática, automobilística, farmacêutica, de telecomunicações, aeroespacial) demanda outrossim a constante mudança das linhas de produção, que, desse modo, precisam ser flexíveis para responder à necessidade de inovação. Há uma pressão por inovação, gerada pela diminuição dos ciclos de vidas dos produtos, com a consectária redução do período para amortização de investimentos. Nem mesmo "as grandes empresas podem destemer os riscos do investimento pela investigação e desenvolvimento acelerados".[154] O fenômeno,

[150] Pinheiro, Luís de Lima. *Contrato de Empreendimento Comum...*, p. 50.

[151] Pinheiro, Luís de Lima. *Contrato de Empreendimento Comum...*, p. 51.

[152] Pinheiro, Luís de Lima. *Contrato de Empreendimento Comum...*, pp. 51-52.

[153] Pinheiro, Luís de Lima. *Contrato de Empreendimento Comum...*, pp. 53-54.

[154] Pinheiro, Luís de Lima. *Contrato de Empreendimento Comum...*, p. 55-56. Sobre o ponto, Golobardes e Pomar destacam que "[p]*roducers cannot innovate in cutting-edge technology in every field required for the success of their product, and increasingly companies choose to buy innovation from other companies through contract. But specific investments* ex ante *are significantly high, and collaboration and a long-term relationship between both parties are necessary. This environment is what Gilson et al. characterize as contracting for innovation*" (Golobardes, Mireia Artigot i; Pomar, Fernando Gómez. Dissecting Long-Term Contracts: A Law and Economics Approach. In:

inicialmente observado apenas entre grandes empresas, especialmente do setor de tecnologia, ulteriormente, espraiou-se para pequenas e médias, que, sem recursos para desenvolvimento, buscaram o apoio, em geral, de grandes parceiros.[155] O tradicional modelo de organização corporativa, fundada em integração vertical e gestão hierárquica, estava em crise.[156]

Em consequência, especialmente a partir da década de 1990, verificou-se, simultaneamente, um movimento de fusões de grandes empresas e, em sentido contrário, uma aceleração[157] do processo de desintegração de diversas outras, especialmente, na Europa, América do Norte e Japão,[158] que passaram a se unir, sob formas contratuais, em um processo de "*cuasi*

GRUNDMANN, Stefan; CAFFAGI, Fabrizio; VETTORI, Giuseppe (coord.). *The Organizational Contract: From Exchange to Long-Term Cooperation in European Contract Law*. Burlington: Ashgate, 2013, p. 56).

155 PINHEIRO, Luís de Lima. *Contrato de Empreendimento Comum...*, p. 68.

156 WEITZENBOECK, Emily M. *A legal framework for emerging...*, p. 10. A autora registra, nesse aspecto, como questão recorrente identificada, durante a elaboração de seu trabalho: "*reluctance expressed by a number of businesses to set up dynamic networks by using one of the traditional corporate or partnership forms such as limited liability company or a limited partnership. Dissatisfaction with the traditional, established corporate and partnership forms has also been expressed by some legal scholars as Cevenini and Van Schoubroeck et al, with the main criticism being that the legal formalities required to set up one of these established corporate and partnership forms run counter the need for flexibility and temporariness of certain dynamic networks like virtual enterprises and would, indeed, stifle such collaborative networks*" (p. 13). TEUBNER, igualmente, destaca que "[t]*he last 30 years have seen a network revolution that resulted in a thorough erosion of organizational hierarchies in both the private and public sector. A dramatic decentralization of decision making take place*" ('And if by Beelzebub..., p. 113). E ele ainda atribui à lei a responsabilidade pela crise do modelo hierárquico: "[w]*hile certaing ridigity, the public law of the 'organization society' had supported and immunized the hierarchial coordination mechanisms of immobile large scale organizations against change (Ladeur, 1992, 177)*" (p. 113). Em sentido semelhante: GILSON, SABEL e SCOTT (GILSON, Ronald J.; SABEL, Charles; SCOTT, Robert E. Contract, Uncertainty, and Innovation. In: GRUNDMANN, Stefan; MÖSLEIN, Florian; RIESENHUBER, Karl (cood.). *Contract Governance: Dimensions in Law and Interdisciplinary Research*. Oxford: Oxford University Press, 2015, pp. 156-158). Os três autores indicam que a inovação é inerente à incerteza – conceito diverso de risco, o qual, de acordo com KNIGHT, refere-se a um dado futuro passível de ser, probalisticamente, estimado – e, assim, há, efetivamente, uma tendência à desintegração vertical da indústria, com a redução de investimentos *ex ante* em ativos específicos (p. 157).

157 CEVENINI, Claudia. *Virtual Enterprises...*, p. 1.

158 CEVENINI, Claudia. *Virtual Enterprises...*, p. 26.

integración",[159] ante a constatação de que seria mais barato terceirizar a internalizar partes de seu processo produtivo.[160] O desenvolvimento de tecnologias de informação e comunicação foi fundamental, para tanto, em razão do encarecimento das burocracias.[161] Esse foi o mote para a denominada especialização flexível.[162-163]

Dentro desse novo paradigma produtivo – que não eliminou os demais –,[164] as relações contratuais são também afetadas, com impactos

[159] LORENZETTI, Ricardo Luis. *Tratado de Los Contratos...*, p. 42. COLLINS fala na existência de "*quasi firms*": "[t]*hese complex economic organisations bound together by ties of ownership, contract and authority may in reality comprise some form of team effort, which could easily be integrated within one capital unit, and may therefore be analysed from the point of view of institutional economics as quasi-firm*" (COLLINS, Hugh. Ascription of Legal Responsability to Group in Complex Patterns of Economic Integration. *The Modern Law Review*, vol. 53, n. 6, nov, 1990, p. 734).

[160] WEITZENBOECK, Emily M. *A legal framework for emerging...*, p. 1. Nesse aspecto, o autora bem destaca que "[a]*s explained by the economic theory of transaction costs, when it is cheaper to conduct transactions internally within the boundaries of the company, organizations grow larger, but when it is cheaper to conduct them externally with independent entities in the open market, organizations stay small or shrink*".

[161] Nesse sentido, WEITZENBOECK explica que "[w]*ith the widespread use of ICT* [*information and communications technology*] *and the easy and cheap access to digital communications, information can be shared instantly and inexpensively among many people in diverse locations and thus, the value of centralized decision-making and expensive bureaucracies (both features of the large corporations) decreases*" (*A legal framework for emerging...*, p. 1).

[162] MACEDO, Ronaldo Porto. *Contratos Relacionais...*, pp. 103-104. O mesmo autor esclarece, de forma resumida, as características da especialização flexível: "[e]m termos muito esquemáticos pode-se dizer que a especialização flexível oferece: (1) a redução do trabalho envolvido ('work-in-progress'), à medida que o trabalho qualificado e a inovação tecnológica aumentam a produtividade e diminuem o número de trabalhadores diretamente envolvidos nas tarefas produtivas; (2) a redução do 'lead time', isto é, tempo requerido desde o início da produção até o seu final, pois pelas mesmas razões acima o tempo demandado entre o início do processo produtivo até o seu final torna-se menor; (3) a redução do trabalho direto; e (4) a geração de um produto final de alta qualidade". No mesmo senso: WEITZENBOECK (*A legal framework for emerging...*, p. 9).

[163] PINHEIRO, Luís de Lima. *Contrato de Empreendimento Comum...*, p. 49.

[164] Nesse sentido, RONALDO PORTO MACEDO: "[i]mportante notar que os tipos de produção aqui esquematicamente apresentados não se excluem temporal e espacialmente. Por tal motivo, mesmo durante o apogeu da produção de massa, a produção manufatureira não desaparece por completo. Também durante a especialização flexível a produção de massa e a produção manufatureira subsistem, respondendo por parcela substancial do total da atividade produtiva. O que muda, contudo, é a posição da forma produtiva dominante, que passa a direcionar e coordenar as estratégias de troca e regulação macroeconômicas" (*Contratos Relacionais...*, p. 105).

à teoria contratual neoclássica. A alta competitividade dos mercados de tecnologia, ao impor a necessidade de constante inovação, aumentou também a quantidade de transações contínuas entre os agentes econômicos, exigindo a criação de relações contratuais contínuas e de longa duração.[165] Os participantes do mercado, nesse novo desenho produtivo, evitam, tanto quanto possível, a internalização de atividades em sua cadeia, haja vista o risco de que elas, ulteriormente, convertam-se em rigidez, para o caso de eventual estratégia de adaptação da empresa frente ao surgimento de novas tecnologias.[166] Em vista do sucesso do produto, nessa nova perspectiva, depender da inovação tecnológica em diversos ramos, os mercados de inovação passaram por um movimento de desintegração vertical, com a adoção de modelos híbridos de governança.[167] Prova disso é que, mesmo com a redução nos custos para a internalização de atividades, ainda assim, arranjos híbridos, como a franquia, tiveram sua utilização expandida nos últimos tempos.[168] Nesse novo contexto, nenhuma empresa é autossuficiente e todas dependem umas das competências específicas das outras, em uma "*dimension nouvelle*".[169]

Nesse novo padrão de contrato, não é mais possível especificar todos os termos contratuais (preço, quantidade, qualidade, entrega) tampouco os termos de ajuste para todas as contingências futuras. Os contratos (com altas características relacionais) passam, então, a prever "processos institucionais pelos quais os termos de troca e ajuste serão especificados no curso da performance ou cumprimento contratual",[170] com franco fomento à cooperação entre as partes.[171]

165 Schanze, Erich. Symbiotic Arrangements. *Journal of Institutional and Theoretical Economics (JITE) / Zeitschrift für die gesamte Staatswissenschaft*, v. 149, n. 4, dez., 1993, p. 756). Propersi, sobre a questão, destaca que, embora a cooperação entre empresas possa parecer contra a concorrência, ela é, em realidade, uma decorrência da competição. Receosas dos efeitos danosos advindos de uma concorrência cada vez mais acirrada, as empresas viram na cooperação uma forma de prosperar (Propersi, Adriano. *Le joint ventures. Gli accordi fra imprese. Aspetti economico-aziendali, giuridici e fiscali.* Roma: Buffetti, 1998, pp. 3-4).

166 Lequette, Suzanne. *Le contrat-coopération...*, p. 11.

167 Da Silva, Leonardo Toledo. *Contrato de Aliança: projetos colaborativos em infraestrutura e construção.* São Paulo: Almedina, 2017, pp. 106-107.

168 Schanze, Erich. *Symbiotic Arrangements...*, p. 759.

169 Lequette, Suzanne. *Le contrat-coopération...*, p. 11.

170 Macedo, Ronaldo Porto. *Contratos Relacionais...*, p. 106.

171 Macedo, Ronaldo Porto. *Contratos Relacionais...*, pp. 105-107.

A esse respeito, Ronaldo Porto Macedo bem destaca que, diante do surgimento desses novos padrões de comportamento dos agentes de mercado, passaram a surgir, especialmente no universo jurídico norte-americano, diversos questionamentos ao paradigma contratual neoclássico (a Morte do Contrato, Law and Economics, Relational Contract Theory, Empirical Contract Theory e Critical Contract Theory). Tal percepção, segundo o mesmo autor, também se deu, embora de forma mais comedida, na esfera nacional, especialmente com a promulgação do Código de Defesa do Consumidor e da Lei do CADE (à época, Lei n. 8884/1994), bem como com a valorização dos novos princípios contratuais trazidos pelo Código Civil de 2002.[172]

3.2. Novas formas de contratar: os híbridos entre o mercado e a hierarquia

Todas essas transformações mercadológicas geraram, evidentemente, o surgimento de novos padrões de contratação – ou, ao menos, elevaram a frequência de modelos negociais ainda pouco utilizados. Tais novas formas de contratar, a despeito de conter elementos dos contratos de intercâmbio e dos contratos de associação, não poderiam ser integralmente equiparadas nem a um nem a outro.

De efeito, as duas categorias de contratação, anteriormente, analisadas estão, de acordo com Collins, intimamente, relacionadas com as formas de coordenação da atividade produtiva econômica. Em termos genéricos, tal atividade pode ser orientada por mecanismos de mercado ou por meio de organizações empresariais, correspondentes, respectivamente, aos paradigmas, anteriormente, analisados, dos contratos de intercâmbio e dos contratos de associação.[173]

No jargão dos economistas, tais formas de produção são denominadas de solução "*de mercado*" e de solução "*hierárquica*". A primeira relaciona-se aos contratos de *intercâmbio* e traz como principal vantagem a possibilidade de o agente econômico, rapidamente, alterar sua estratégia empresarial ante a modificação de contexto (basta a denúncia contratual e a substituição de fornecedor). Já a segunda espécie de solução tem ligação com

[172] Macedo, Ronaldo Porto. *Contratos Relacionais...*, pp. 105-107.

[173] Collins, Hugh. *Introduction to Networks as Connected Contracts.* In: Teubner, Gunther. *Networks as Connected Contracts.* Oxford: Hart Publishing, 2011, p. 4.

os contratos de sociedade e, a despeito de engessar as modificações de estratégia, beneficia o agente econômico na organização da atividade produtiva.[174-175-176]A opção por uma ou outra forma dá-se em termos econômicos: em regra, escolher-se-á a solução hierárquica até que os benefícios marginais derivados da internalização de determinada atividade (integração vertical) sejam iguais aos custos marginais dessa mesma internalização; a partir desse ponto, haverá uma constante oscilação entre internalização e terceirização das atividades (desintegração vertical).[177] Alguns teóricos, fundados em uma perspectiva sociológica, anotam que os acordos associativos se prestam a elevar os níveis de confiança entre

[174] FORGIONI, Paula Andrea. *Teoria Geral dos Contratos...*, pp. 182-183. COLLINS, assim, resume a distinção entre referidas formas de produção: "[i]*n the central case of a contractual relation, the parties agree an exchange of property or services through which they both expect to obtain a residual profit or improvement in welfare after costs have been deducted. In a business association, such as company or partnership, the residual profits produced by economic activity co-ordinated by administration or management accrue to the organization itself. In practice, the paradigms intermingle in co-ordinated economic activity: business association, it is necessary to enter into contracts, such as the employment of workers. Even so, the contrast between economic co-ordination by consensual exchange and economic co-ordination by management by agents (or employees) describes the two core patterns in the relations of economic production*" (*Introduction to Networks...*, p. 4).

[175] OLIVER E. WILLIAMSON aborda a questão referindo-se à autonomia atinente à solução de mercado e à cooperação existente na organização hierárquica como capacidade de adaptação ("*adaptability*"). Na sua visão, em ambas as soluções, a questão resume-se, essencialmente, na capacidade de o agente econômico adaptar-se às alterações de contexto (*Comparative Economic Organization...*, p. 278). COLLINS explica que, em termos econômicos, visa-se sempre à eficiência. Assim, a opção por um ou outro tipo dá-se, tradicionalmente, a partir da teoria da firma e, mais recentemente, com base na ideia dos custos de transação (*Introduction to Networks ...*, pp. 4-5).

[176] LEQUETTE vincula mercado e hierarquia, respectivamente, às categorias dos contratos de intercâmbio e associativos da seguinte maneira "[s]*elon la vision bipolaire, on oppose traditionnellement deux sphères d'activités économiques: le marché e la firme. L'opposition a pu être retranscrite au plan de l'analyse juridique et, plus encore, introduite au sein du droit des contrats. C'est ainsi qu'on a pu démontrer l'existence de deux instruments contractuels structurellement conçus chacun pour encadrer un type spécifique de relation économique. Lorsque le contrat-permutation propose un cadre juridique de manière à concilier les intérêts contraíres des parties, le contrat-concentration sert d'envelope juridique aux entreprises sociétaires et donne naissance à un rapport d'obligations conjonctif qui épouse étroitement les formes de l'union des intérêts identique des associes*" (*Le contrat-coopération...*, p. 89).

[177] LORENZETTI, Ricardo Luis. *Tratado de Los Contratos...*, p. 117. No mesmo senso: CEVENINI (*Virtual Enterprises...*, pp. 24-25).

indivíduos a patamares necessários, para o desenvolvimento de projetos de longa duração e com altos valores investidos.[178]

Sob a perspectiva legal, Collins destaca que há diferenças fundamentais entre referidos paradigmas, no tocante à alocação de risco e ao elemento confiança. Segundo o autor, nos contratos de permuta, os riscos são alocados pelas partes no instrumento negociado ou, na ausência de termos expressos, conforme as regras legais estabelecidas para determinada hipótese fática. Já, nos acordos associativos, a organização assume todo o risco da atividade desenvolvida, inclusive a responsabilidade, interna e externa, pelos atos de seus prepostos.[179] Por tais aspectos distintivos entre as duas formas de coordenação econômica, espera-se que, enquanto, nos contratos de intercâmbio, os envolvidos visem sempre a seus próprios interesses, nos contratos de associação, os membros de determinada organização sejam leais aos propósitos da entidade. Na súmula de Collins, "[i]*n short, in law, business organizations differ from contractual methods of co-ordination by the consolidation of risk a single entity and by the duty of loyalty owed by all the participants to the aims of the organization*".[180]

Outro ponto de divergência entre mercado e hierarquia refere-se à intensidade dos incentivos (referente à relação entre o esforço despendido e a recompensa obtida) aos agentes econômicos. Enquanto, no mercado, os incentivos aos participantes são extremamente altos, nas organizações hierárquicas, o sistema de incentivos é baixo ou muito fraco. Segundo Williamson, o objetivo de tanto é justamente o de que os funcionários ou gestores acomodem-se, evitando comportamentos anticooperativos e, por conseguinte, um ambiente interno de alta litigiosidade.[181] Essa distinção entre as soluções de mercado e hierarquia reflete-se também no regime legal que lhes é aplicável. Às relações concretizadas no ambiente de mercado, aplicar-se-iam as rígidas regras clássicas da teoria geral dos contratos ("*classic contract law*"), enquanto que, às relações de

[178] Collins, Hugh. *Introduction to Networks* ..., p. 5. O autor bem destaca que a confiança é elemento presente em qualquer das formas de coordenação econômica, sejam eles contratos de intercâmbio ou de associação. A análise deve ser feita sempre de acordo com o contexto que a atividade está inserida.

[179] Collins, Hugh. *Introduction to Networks* ..., p. 5.

[180] Collins, Hugh. *Introduction to Networks* ..., p. 6.

[181] Williamson, Oliver E. *Comparative Economic*..., p. 275-276.

hierarquia, haveria maior flexibilidade e tolerância ("*forbearance contract law*").[182]

Nada obstante, nem todos os métodos de coordenação da atividade econômica amoldam-se às categorias de soluções de mercado ou de hierarquia. Existem métodos híbridos de coordenação da atividade econômica, classificados, de acordo com Collins, como contratos dotados de características de associação, tais como o dever de lealdade e aspectos distintos de alocação de riscos.[183] "*Indeed, given the variety of types of economic co-ordination through market transactions, the simple paradigm of a contract of sale in which goods are purchased for a price only represents one end of a spectrum, with hybrid contracts that closely resemble business organisations at the other*".[184] Segundo ele, essa característica híbrida poderia ser identificada, nos contratos de agência,[185] em que o agente atua, no seu próprio interesse, visando à maximização de suas comissões, mas que detêm deveres de lealdade intensificados perante o representado. A dinâmica híbrida da relação fica, assim, resumida, nas palavras de Collin:

[182] WILLIAMSON, Oliver E. *Comparative Economic...*, p. 280.

[183] COLLINS exemplifica como outras características de acordos associativos nas contratações híbridas: "*governance or management systems, the sharing of profits, information, technology, and a variety of other devices including shared computer systems to co-ordinate economic activity*" (COLLINS, Hugh. *Introduction to Networks...*, p. 7).

[184] COLLINS, Hugh. *Introduction to Networks...*, p. 6. A esse respeito, COLLINS complementa: "(...) *such intermediate contractual relations are often analogous to contracts of employment within the firm, where the employer holds the right to direct labor as a form of governance structure to ensure adaptation to changing conditions. In a long-term requirements contract, under which one party agrees to meet all the order for supplies of a specified product or commodity from another party, the ordering of goods resembles the periodic instructions of managers of workers within the organisation to produce a quantity of a product, except that the order is directed to a separate business. Such a requirements contract may construct extremely close co-operation between the parties, so that the deliveries of goods must arrive 'just in time', in order to avoid the need to adopt management processes of 'total quality management', so that, though remaining formally separate businesses, the purchaser effectively instructs the supplier on how the supplier's business must be managed, This kind of supply arrangement between two businesses, which is sometimes even called a 'supplier partnership', shares features of a business organisation as a result of the intensive co-operation achieved through governance mechanisms, yet it remains at bottom a contractual relation between independent businesses with opposing interests. On the spectrum of types of contracts that are used for economic co-operation, this kind of just-in-time requirements contract is towards the hybrid end*" (p. 7).

[185] COLLINS, Hugh. *Introduction to Networks...*, p. 6.

> Commercial agency is a hybrid, because for some purposes, such as payment by commission on sales, the relation between principal and agent is a market transaction fitting easily within the legal paradigm of contract, and for other purpose, such as the allocation of risk and a duty of loyalty, the business relation functions like an organization. The law regulates hybrids by classifying them as contracts with special features, such as duties of loyalty and distinctive allocations of risk.[186]

Em linha semelhante, Paula Forgioni destaca que, se, nos contratos de *intercâmbio*, o principal traço que se extrai é a *contraposição de interesses*;[187] e, nos contratos de *sociedade*, é a *reunião de esforços* entre as partes,[188-189] nos contratos *híbridos*, "os empresários, em sua prática diária, trazem à luz contratos que pressupõem esforços conjugados, mantêm áleas distintas, embora interdependentes".[190] Assim fica claro que não está a tratar "nem [de] sociedade, nem [de] intercâmbio, mas [de] uma categoria que se situa entre esses dois pólos".[191]

Tal qual Paula Forgioni, Williamson também compreende que essas novas formas de contratação estão situadas entre os eixos de mercado e de hierarquia.[192] Segundo ele, "*the hybrid is located between market and hierarchy with respect to incentives, adaptability and bureaucratic costs. As compared with hierarchy, the hybrid sacrifices cooperativeness in favor of greater incentive intensity*".[193] Assim, em sua súmula, os arranjos de natureza híbrida caracterizar-se-iam, por "*semi-strong incentives, an intermediate degree of administrative apparatus, displays semi-strong adaptations of both kinds, and workout of semi-legalistic contrac law regime*".[194]

[186] Collins, Hugh. *Introduction to Networks...*, p. 6.

[187] Forgioni, Paula Andrea. *Teoria Geral dos Contratos ...*, p. 156.

[188] Forgioni, Paula Andrea. *Teoria Geral dos Contratos ...*, p. 158.

[189] O Código Civil, em seu artigo 981, bem dispõe que "[c]elebram contrato de sociedade as pessoas que reciprocamente se obrigam a contribuir, com bens ou serviços, para o exercício de atividade econômica e a partilha, entre si, dos resultados".

[190] Forgioni, Paula Andrea. *Teoria Geral dos Contratos ...*p. 173.

[191] Forgioni, Paula Andrea. *Teoria Geral dos Contratos ...*, p. 173.

[192] Williamson, Oliver E. *Comparative Economic...*, p. 281.

[193] Williamson, Oliver E. *Comparative Economic...*, p. 280.

[194] Williamson, Oliver E. *Comparative Economic...*, p. 280.

Lequette, em mesma toada, destaca que esse "*modele économique hybride*", que não coincide nem com o paradigma do mercado tampouco com o da hierarquia, tem fundamento diverso dos conceitos de troca e de integração. Segunda ela, essa nova forma de coordenação econômica estear-se-ia no conceito da cooperação.[195] Sua investigação dá-se, de modo semelhante ao proposto por nós, primeiramente na análise de cada um dos referidos polos ("*contrat-permutation*" e "*contrat-concetration*"), para então se buscar os caracteres específicos dos híbridos.

Nessa nova forma de estratégia econômica, a colaboração surge como uma solução competitiva aos agentes de mercado, sem a necessidade de que, de um lado, sejam feitos enormes investimentos por apenas um indivíduo ou, de outro, haja a necessidade de formação de uma nova entidade voltada ao desenvolvimento da atividade que se pretende desenvolver. Como especial vantagem em relação ao mercado, há o fato de que, nos híbridos, se amparados em um adequado arcabouço contratual, as partes obtêm, parcialmente, as vantagens da estabilidade do vínculo, existente na hierarquia.[196] Nesses termos, a estratégia cooperativa pode trazer aos parceiros uma série de benefícios: **(i)** combinação de habilidades e talentos complementares; **(ii)** união de recursos e consequente geração de efeito de escala; **(iii)** redução da concorrência; **(iv)** compartilhamento de riscos e de conhecimento; **(v)** possibilidade de explorar novas oportunidade; **(vi)** acesso a mercados e a consumidores, antes inacessíveis, pela ausência de alguma habilidade específica; **(vii)** acesso a um melhor canal de distribuição de produtos; **(viii)** possibilidade de explorar uma determinada marca, antes inacessível; **(ix)** facilitação de acesso a determinados materiais e fontes; **(x)** superação do tradicional *trade-off* entre os efeitos sinergéticos da economia de escala e a flexibilidade de atuação. Assim, a opção híbrida torna-se a mais eficiente, em cenários de descontinuidade, tal qual se dá, no contexto da especialização flexível, em que nem as experiências passadas nem os recursos detidos pela parte têm o condão de garantir sua preparação para o cenário futuro.[197]

[195] LEQUETTE, Suzanne. *Le contrat-coopération...*, p. 11.

[196] CEVENINI, Claudia. *Virtual Enterprises...*, pp. 18-19.

[197] CEVENINI, Claudia. *Virtual Enterprises...*, p. 29. Nesse aspecto, a autora explica que "*in an unpredictable environment, a single organization would hardly be able to properly, timely and cost--effectively handle every task, while the flexible co-ordination of resources and competencies towards the*

A colaboração econômica, no contexto dos arranjos híbridos, acarreta que nenhum dos parceiros detém mais o controle sobre todas as etapas do processo produtivo. Cada um passa a ser responsável pela parcela da cadeia que lhe é mais adequada (*"they concentrate on what they can do best and resort to third entities for the tasks or functions which others are able to performe at a more favourable cost/benefit ratio"*)[198] – o que, por conseguinte, gera, mediante um efeito sinergético e uma alocação ótima de recursos, um resultado superior ao que seria obtido pela soma dos esforços individuais.[199]

Essa nova perspectiva híbrida torna aparente uma nova e contraditória ordem, em que os participantes do arranjo são, a um só tempo, premidos a competir e a cooperar.[200] Na lógica competitiva, visa-se à satisfação de interesses próprios ao custo do outro, sem que, necessariamente, tenha havido uma interação anterior entre as partes. Na cooperação, de modo oposto, a intensa interação entre as partes é uma premissa e uma deve coalescer com os interesses da outra. Nada obstante, estudos empíricos já atestam a possibilidade exitosa do surgimento de estruturas híbridas, que convivem mediante a "*co-opetition*", um neologismo criado para representar esses arranjos que cooptam os elementos antagônicos da cooperação ("*co-operation*") e da competição ("*competition*").[201]

3.3. A teoria relacional como antecedente aos arranjos híbridos

A teoria relacional deu os primeiros passos de um movimento de transformação do tradicional conceito de contrato iniciado no século XX e, a partir do qual, uma miríade de novas ideias, dentre as quais também se encontram os arranjos híbridos, desenvolveram-se a respeito dos caracteres e

achievement of a common purpose can provide an effective solution. Participating in a network makes it possible to generate a high performance with limited investments; the growth potential is no longer dependent upon immediately available financial resources; on the other side, the same growth does not imply a heavy, non-modifiable structure but, owing to the very existence of the collaboration, it results upon an agile, flexible and thus more easily manageable one. In this sense, external growth substitutes the internal growth based on direct investments" (p. 30).

198 Cevenini, Claudia. *Virtual Enterprises...*, p. 19.

199 Cevenini, Claudia. *Virtual Enterprises...*, p. 74.

200 Nesse sentido, Teubner bem destaca: "[n]*etwork participants are faced with contradictory instructions: 'Co-operate with each other!', but do not forget, 'Compete with each other!'"* (Teubner, Gunther. *Network as Connected Contracts.* Oxford: Hart Publishing, 2011, p. 211).

201 Teubner, Gunther. *Network as Connected...*, pp. 210-213.

da função do contrato.[202] Seu grande expoente, Ian Macneil,[203] a partir de análises de cunho sociológico, propôs uma abordagem contratual, completamente diversa da, então, predominante no espaço jurídico estadunidense (teoria clássica, fundada no consenso – *promise* –, ulteriormente substituída pela neoclássica, contrária ao formalismo extremado). A inovação teórica de Macneil visava a uma completa ruptura com o tradicional conceito de contrato (baseado em uma perspectiva irreal),[204] buscando

[202] PINTO, Fernando A. Ferreira. *Contratos de distribuição...*, pp. 120.

[203] MACNEIL, como bem se sabe, é o pai da abordagem relacional dos contratos. Com base em análises sociológicas precedentes de STEWART MACAULAY, MACNEIL iniciou um movimento de reação às ditas teorias contratuais clássicas e neoclássicas vigentes no ideário norte-americano do século passado. A respeito da questão, confira-se a anotação de FERREIRA PINTO: "[e]la insere-se no movimento de reacção contra a teoria jurídica dominante formal que do contrato tinham, tanto a teoria jurídica dominante (o denominado «direito contratual clássico») como a económica neoclássica. A referida tendência assentava no paradigma liberal do contrato (o modelo do consenso), exclusivamente centrado num acordo de vontades (e, mais redutoramente ainda, na «promise») que se pretendia fechado e completo, implicando, por isso, uma planificação precisa do comportamento das partes e uma antecipação ou «presenciação» de todos os possíveis eventos futuros que no mesmo pudessem influir. Tratava-se de modelo abstracto e de aplicação geral, que pressupunha uma imagem estilizada das transacções económicas, assente na troca singular entre sujeitos abstractos e com poder negocial sensivelmente idêntico, tendencialmente estática e isolada, quer da conjuntura social circundante, quer da interferência de terceiros. Semelhante modelo tinha subjacente uma ideia ficcional do consenso, que reconduzia todas as obrigações, directas ou indirectamente, à vontade dos contraentes, servindo-lhe de mote a conhecida afirmação «*sharp in by clear agreement; sharp out by clear performance*». / Foi contra esta concepção excessivamente formalista e centrada no acordo de vontades que se rebelou o realismo jurídico americano, dando origem àquilo que se convencionou designar por «direito contratual neoclássico». Este constituiria um mero desenvolvimento da visão tradicional, procurando introduzir-lhe aperfeiçoamentos doutrinais que lhe incutissem maior adesão à realidade. Tais esforços foram, no entanto, considerados insuficientes por Macneil, para o qual se tornava necessário repudiar no seu todo a visão clássica do contrato e substitui-la por uma concepção radicalmente nova – a abordagem relacional – que exigia um tratamento normativo do instituto também ele diverso do tradicional" (PINTO, Fernando A. Ferreira. *Contratos de distribuição. Da tutela do distribuidor integrado em face da cessação do vínculo.* Lisboa: Universidade Católica Editora, 2013, pp. 113-114).

[204] Nesse sentido, confira-se o comentário de LEONARDO TOLEDO DA SILVA: "[a] vertente da teoria dos contratos relacionais de Macneil sugere que a doutrina contratual tradicional (clássica e neoclássica) parte da perspectiva irreal de que as relações contratuais são 'isoladas' (discrete) e devem se pautar eminentemente pela declaração negocial contida nos instrumentos de formalização do contrato, o que se mostraria inadequado ao contexto de contratos com características relacionais" (SILVA, Leonardo Toledo da. *Contrato de Aliança...*, p. 128).

iluminar, para além da operação econômica subjacente ao contrato, todo o contexto social, em que este se encontrava inserido, especialmente, as interações havidas entre os diversos partícipes da relação (o aspecto relacional). Nesse contexto, em que todos os contratos são dotados de maior ou menor caráter relacional,[205] traçou-se a famigerada antinomia entre contratos descontínuos e os contratos relacionais.[206]

As distinções entre os contratos descontínuos e os relacionais dar-se-iam, segundo Ronaldo Porto Macedo, no tocante aos seguintes aspectos: **(i)** relações primárias e não-primárias e número de participantes; **(ii)** medida e especificidade da transação; **(iii)** começo, duração e término; **(iv)** planejamento; **(v)** divisão e compartilhamento de ônus e benefícios (cooperação e solidariedade) e fontes de apoio moral e econômico; **(vi)** poder e **(vii)** visão e expectativa dos participantes.[207] Os contratos híbridos, como veremos adiante, contêm acentuados traços relacionais.

As relações primárias, em contraposição às não-primárias, dão-se no âmbito da integralidade e totalidade e não podem ser transferidas de indivíduo a outro. Isso quer dizer que, na primariedade que permeia os contratos relacionais, a negociação entre as partes ocorre no nível da individualidade, levando-se em conta as caraterísticas específicas do indivíduo (inclusive, o *background*),[208] e em profunda e extensa comunicação. Além da satisfação econômica, entram em jogo também elementos de satisfação pessoal. Exemplo de tal primariedade, seria a contratação de serviços de faxina doméstica, ainda bastante comuns no Brasil, em que “a relação empregada-patroa é algo misto e intermediário entre a antiga ‘criada’ e uma assalariada numa indústria”. Essa relação conta com “fortes elementos de comunicação primária e muitas vezes vínculos de solidariedade como assistência e auxílio não previstos expressamente no momento da contratação”. Todas essas características relacionais tendem

[205] Adar, Yehuda; Gelbard, Moshe. Contract Remedies – A Relational Perspective. In: Grundmann, Stefan; Caffagi, Fabrizio; Vettori; Giuseppe (coord.). *The Organizational Contract: From Exchange to Long-Term Cooperation in European Contract Law*. Burlington: Ashgate, 2013, pp. 278-279.

[206] Pinto, Fernando A. Ferreira. *Contratos de distribuição...*, p. 113-116.

[207] Macedo, Ronaldo Porto. *Contratos Relacionais...*, pp. 127-128.

[208] Nos contratos descontínuos, desconsideram-se “as condições particulares da relação entre as partes, como pertencimento a um grupo social, familiar etc.” (Silva, Leonardo Toledo da. *Contrato de Aliança...*, p. 128).

a se reduzir, na contratação de profissionais de limpeza "diaristas", com relações primárias mais limitadas.[209]

No tocante à medida e à especificidade da operação econômica, há o fato de que os contratos descontínuos tendem a ser, facilmente, monetizados; enquanto que, nos relacionais, essa métrica nem sempre é passível de identificação. Até mesmo porque, em alguns casos, as partes sequer sabem ao certo o que será obtido a partir do resultado da performance contratual. Exemplo disso são os arranjos de cooperação tecnológica, que nem sempre visam à redução de custos e à elevação de lucros; mas, antes, ao exercício de um domínio sobre determinado mercado.[210]

Os contratos descontínuos tendem a ter marcos temporais bem definidos. Em um contrato de compra de venda de refrigerante, há a troca, praticamente, instantânea do produto pelo valor pecuniário. Os contratos relacionais, a seu turno, nem sempre têm esses marcos definidos de forma estanque. Em geral, tanto a sua formação, quanto o seu término ocorrem de forma gradual. A título ilustrativo, pode-se mencionar o caso de *joint ventures*, cujo término se precede de longas tratativas, para se evitar um rompimento traumático, em termos econômicos às empresas envolvidas.[211] Há, conforme veremos adiante, uma verdadeira fase de liquidação em tais contratos.[212]

Em contraposição aos contratos descontínuos, nos relacionais, dá-se grande relevância ao elemento planejamento. Conquanto nos primeiros também se vise à regulação de situação futura (característica presente em todo contrato) – mas como mero mecanismo de alocação de riscos –,[213] nos segundos, o planejamento assume caráter essencial e

[209] MACEDO, Ronaldo Porto. *Contratos Relacionais...*, pp. 130-131.

[210] MACEDO, Ronaldo Porto. *Contratos Relacionais...*, pp. 130-131.

[211] MACEDO, Ronaldo Porto. *Contratos Relacionais...*, pp. 131-132.

[212] V. item IV.3.3.

[213] Nesse sentido, confira-se o comentário de LEONARDO TOLEDO DA SILVA, a respeito do caráter presentificador dos contratos descontínuos: "[é] 'presentificador', uma vez que realiza durante a formação do contrato, mediante mútuo 'consentimento', o planejamento de todas as condições futuras a serem enfrentadas ao longo da relação contratual. A noção de presentificação da relação está, de fato, no centro da crítica de Macneil ao modelo tradicional de direito contratual. Campbell sugere, por sinal, que o 'não uso' do contrato, descrito nos trabalhos de Macaulay, está justamente relacionado com a noção do contrato como um mero mecanismo de alocação de riscos, que busca *ex ante*, prever todos os acontecimentos *ex post*

voltado mais ao processo do que à substância. Em outros termos, para além de regrar a forma como a prestação principal será cumprida, os contratos relacionais trazem acentuada carga de normas de cunho procedimental voltadas a definir formas de resolução de conflitos e de reformulação do planejamento. Ronaldo Porto Macedo destaca que, "[n]este ponto, (...), o contrato relacional se aproxima da ideia de acordo".[214]

Nessa perspectiva relacional, a cooperação exsurge em decorrência da solidariedade, que, conforma explica Ronaldo Porto Macedo, com apoio em Durkheim, é o "elemento de coesão social (de natureza moral) que permite aos homens estabelecerem relações de cooperação, como por exemplo firmarem contratos". Dito de outro modo, "a solidariedade é definida como o elemento moral pressuposto nas relações de cooperação, entendidas como divisão com outrem de uma tarefa comum".Nesse contexto, a cooperação pressupõe a divisão de ônus e benefícios decorrentes do programa contratual, criando vínculos mais estreitos do que na relação descontínua – em que, tais aspectos remetem muito mais a uma ideia de equilíbrio e igualdade formais entre as partes, a garantir, fundamentalmente, a troca dos ônus e benefícios da transação econômica.[215] Assim, nos contratos relacionais, o dever de cooperação deixa de ter caráter acessório, para assumir papel central na convenção firmada: "o dever acessório de cooperação deixa de ser um princípio subsidiário na interpretação dos contratos, que deve ser invocado apenas para preencher lacunas, quando os demais princípios básicos (autonomia da vontade, vinculatividade da obrigação, liberdade contratual etc.) não bastem para resolver o problema,

relevantes ao contrato, ao longo da relação, definindo quem assumirá as consequências de eventual materialização do risco" (Silva, Leonardo Toledo da. *Contrato de Aliança...*, p. 128).

[214] Macedo, Ronaldo Porto. *Contratos Relacionais...*, pp. 132-136. Valendo-se de exemplo de Macneil, Macedo refere-se ao caso de consórcios empresariais: "[u]m exemplo de inter-relação entre planejamento transacional (descontínuo) e relacional pode ser encontrado no planejamento de um consórcio empresarial em vias de ingressar num grande projeto que antecipe alguns projetos futuros. A alocação de ônus e benefícios para o primeiro projeto pode ser planejada com extensivos detalhes transacionais (descontínuo). Todavia, as alocações para projetos futuros substantivos podem ser impossíveis com base no conhecimento hoje disponível. As partes podem lidar com este problema através de uma variedade de técnicas relacionais, entre as quais uma cláusula prevendo arbitragem é apenas uma possibilidade" (p. 133).

[215] Macedo, Ronaldo Porto. *Contratos Relacionais...*, pp. 140-141.

e passa a ser um princípio básico de todos os contratos relacionais, ainda que sua importância varie conforme as circunstâncias moral e legal de agir em conformidade com determinados valores comunitários, e não apenas segundo uma lógica individualista de maximização de interesses de caráter econômico".[216] Ao contrário do que prelecionam os teóricos da Teoria dos Custos de Transação,[217] a teoria relacional de Macneil não entende as relações como fontes geradoras de custos, dificultando a celebração do contrato. As relações seriam, inversamente, facilitadoras da realização de determinada operação econômica, de modo que uma relação de "custo de transação zero" não significaria um relacionamento perfeito (sem ineficiência); mas sim um "nada", haja vista que as relações – entendidas como custos – seriam imprescindíveis para a ocorrência dos negócios.[218] Macneil traça ainda as distinções entre a forma como a cooperação é vislumbrada pela Teoria dos Custos de Transação – e outrossim pela Teoria dos Jogos – e pela Teoria Relacional. Naquelas, de viés econômico, a cooperação é tratada como elemento externo à relação contratual e aceita em patamar

[216] MACEDO, Ronaldo Porto. *Contratos Relacionais*..., pp. 153.

[217] Sobre o ponto, ROBERT COOTER e THOMAS ULEN esclarecem: "[o]s custos de transação são os custos das trocas ou comércio. Uma transação comercial tem três passos. Primeiramente, é preciso localizar um parceiro comercial. Isto implica achar alguém que queira cmrpar o que você está vendendo ou vender o que você está comprando. Em segundo lugar, uma negociação tem de ser fechada entre os parceiros comerciais. Uma negociação é alcançada por uma negociação bem-sucedida, que pode incluir a redação de um acordo. Em terceiro lugar, depois de se ter alcançado uma negociação, é preciso fazer com que ela seja cumprida. O cumprimento implica monitorar o desempenho das partes e punir violações do acordo. Podemos dar os seguintes nomes às três formas de custos de transação: (1) custos da busca para a realização do acordo, (2) custos da negociação e (3) custos do cumprimento do que foi negociado" (DA COSTA, Francisco Araújo; SANDER, Luis Marcos (trad.). COOTER, Robert; ULEN, Thomas. *Direito & Economia*. Bookman, Porto Alegre, 2010, p. 105). A respeito dos teóricos dos custos de transação, RONALDO PORTO MACEDO aponta que estes veem, no Direito positivo, a finalidade "de estabelecer estruturas de regulação (ou governo) das relações contratuais que apresentem o menor custo possível. Isto pode ser obtido, seja através de estruturas horizontais de regulação de mercado, seja através de princípios contratuais. (...) A eliminação dos obstáculos da negociação visa restabelecer ao contrato a sua condição essencial de negociação entre as reais intenções individuais e egoísta das partes. / Neste sentido, a 'transaction cost' visa eliminar os custos da transação para restabelecer o contrato descontínuo em seu lugar natural de igualdade entre as partes, autonomia da vontade e liberdade contratual" (MACEDO, Ronaldo Porto. *Contratos Relacionais*..., p. 190).

[218] MACEDO, Ronaldo Porto. *Contratos Relacionais*..., p. 190.

mínimo, sem qualquer compromisso com os objetivos da outra parte. Segundo ele, o mais relevante, para os seus defensores, seria a racional alocação de recursos, em um contexto de liberdade de mercado. Dentro da ótica relacional, a cooperação assume papel central, como forma básica das relações econômicas, especialmente no contexto da especialização flexível. "O direito, dentro desta perspectiva, 'contribui não apenas fornecendo a estabilidade geral, mas também fornecendo elementos para a realização da cooperação e da continuidade da interdependência'".[219] Em contraposição a tudo isso, no contrato descontínuo, "pressupõe-se que o comportamento, das partes é a do *homo economicus*, cuja racionalidade autointeressada busca exclusivamente maximizar seus ganhos".[220]

No que tange ao equilíbrio de poder entre as partes, é relevante destacar que, enquanto, nos contratos descontínuos, as alterações de poder são vislumbradas de forma estática e excepcional, nos contratos relacionais, o fenômeno é concebido como algo intrínseco à relação.[221] A incorporação desse elemento na análise contratual, contudo, não é fácil. Tal fato, decorre, fundamentalmente, (i) da difusidade e complexidade de muitos poderes unilaterais; (ii) das mudanças do poder unilateral durantes lapsos temporais; (iii) da inter-relação entre poder unilateral e poder bilateral; e (iv) da relação de poder e sua limitação com os valores independentes e conectados.[222]

Por fim, com relação à visão e à expectativa das partes, Ronaldo Porto Macedo destaca que as distinções entre os contratos descontínuos e os relacionais, nesse âmbito, dão-se nos seguintes aspectos: (i) reconhecimento da troca (enquanto nos descontínuos, as motivações econômicas e o reconhecimento de troca são expressos entre as partes, nos relacionais, tais questões muitas vezes quedam-se silentes, até mesmo pelo risco de que sua manifestação possa ser encarada como elemento desagregador e

[219] Macedo, Ronaldo Porto. *Contratos Relacionais...*, p. 192.

[220] Silva, Leonardo Toledo da. *Contrato de Aliança...*, p. 128. Nesse aspecto, o autor bem complementa que "[c]omo ressalta Eisemberg, a figura do contrato isolado é baseada no paradigma de que uma transação é uma troca realizada por estranhos em um mercado de concorrência perfeita. Um exemplo de contrato isolado seria uma compra e venda de mercadoria entre dois estranhos, em um leilão" (Silva, Leonardo Toledo da. *Contrato de Aliança...*, p. 128).

[221] Macedo, Ronaldo Porto. *Contratos Relacionais...*, pp. 155-162.

[222] Macedo, Ronaldo Porto. *Contratos Relacionais...*, pp. 160-161.

prejudicial à relação de confiança entre as partes); (ii) comportamento altruístico (nos contratos descontínuos, nada é "de graça"); (iii) sentimento de tempo (enquanto, nos descontínuos, há a "presentificação"; nos relacionais, há a consciência de que o futuro não pode ser, inteiramente, "presentificado"); e (iv) expectativa de problemas futuros (nos descontínuos, espera-se que não existam problemas em seu cumprimento; nos relacionais, o problema é um dado, que demandará planejamento das partes).[223]

Dentro de tal circunspecto, Macneil entende que, tal como o direito em si, o conceito de contrato não corresponde a nenhuma essência ou estrutura imutável. Seria ele, em realidade, um conjunto de práticas, com determinadas semelhanças, as quais permitiriam agrupá-lo, sob um determinado conceito.[224]

Diversos dos traços acima, como se perceberá ao longo do presente trabalho, podem ser, de fato, identificados, nos arranjos de natureza híbrida. E isso porque, consoante já adiantado, tais contratos contêm alta carga de relacionalidade – que, como bem nota Judith Martins-Costa, perfaz "uma característica (ou agrupamento de características) que, em diversas escalas ou graus está presente em qualquer contrato" e que, portanto, não configura "um tipo ou uma categoria contratual".[225-226] Nada mais normal, dado que todos os vínculos contratuais são constituídos e executados dentros da "tessitura das relações sociais", que podem ser mais ou menos complexas, conforme a operação econômica a ser desenvolvida pelas partes. Assim, contratos, como os de agência, distribuição, fornecimento,

223 Macedo, Ronaldo Porto. *Contratos Relacionais...*, pp. 165-169.

224 Macedo, Ronaldo Porto. *Contratos Relacionais...*, p. 124.

225 Martins-Costa, Judith. *A boa-fé no Direito Privado...*, pp. 368-369. No mesmo senso: Lequette (*Le contrat-coopération...*, p. 242); Adar e Gelbard (Contract Remedies..., p. 288).

226 Nesse sentido, como bem nota Leonardo Toledo da Silva, "[s]eria de fato inadequado, a nosso ver, pensar no contrato relacional como um mero grupo de contratos, embora, obviamente, alguns contratos tenham características altamente relacionais. O próprio Macneil reconhece que o aspecto relacional existe em praticamente qualquer contrato, variando dentro de um espectro, no qual o contrato altamente relacional está em uma extremidade, e o contrato isolado, em outra. Em nosso entendimento, criar a categoria do contrato relacional seria como criar a categoria do contrato complexo ou do contrato incompleto. Complexidade e incompletude são características que podem estar presentes, em maior ou menor grau, em praticamente qualquer contrato" (Silva, Leonardo Toledo da. *Contrato de Aliança...*, pp. 129).

arrendamento, locação, seguro, são, intensamente, mais relacionais do que contratos com prestação única diferida no tempo – os quais, ainda assim, podem conter signos relacionais.[227]

A despeito da abrangência e da grande quantidade de adeptos da teoria relacional, diversos autores opõem ferrenhas críticas tanto à sua complexidade, quanto a seu mero caráter descritivo. Nesse aspecto, Lequette, que define a teoria relacional como "vaga" e de difícil operação, aponta que os critérios sobre os quais ela se baseia, tais como, os relacionados ao comportamento desenvolvido pelas partes em associação à frequência de contatos mantidos são incertos e mostram que a teoria, em realidade, é mais de cunho sociológico ou econômico do que jurídico.[228] A despeito de compreender que a valorização do relacionamento contratual não deva ser descartado, entende seus fundamentos como frágeis, por reunir, sob a categoria dos relacionais, pactos de economias diversas e que, portanto, devem estar submetidos a regimes jurídicos, igualmente, diversos. Nesse jaez, refere-se às distinções entre contratos de intercâmbio de trato sucessivo e contratos de cooperação, os quais, pela teoria criticada, estariam em mesma categoria.[229] Lorenzetti, por sua vez, também identificando a teoria ao campo da sociologia, bem como seu caráter descritivo, critica-a, em razão do fato de que "*no aporta elementos para resolver el problema, ya que no se advierte qué efectos produce esta coopération, más allá de los ya conocidos*".[230] Ferreira Pinto, que também critica o caráter, meramente, descritivo da "complexa teoria social do contrato", aduz que, ao desvalorizar ou mesmo prescindir do papel do consenso como fonte originadora do contrato, a teoria, dificilmente, encontraria seu lugar em ordenamentos onde o consenso se sobreleva nesse aspecto, tal qual o português – e o brasileiro, por via do consectário lógico. Ataca ainda o fato de haver em si uma antinomia, consistente no fato de que, ao se reconhecer que todos os contratos contêm cargas de relacionalidade, não haveria motivo para que cindisse a teoria contratual e se formulasse um regime específico aos relacionais.[231] De toda

[227] Martins-Costa, Judith. *A boa-fé no Direito Privado...*, pp. 368-369.

[228] Lequette, Suzanne. *Le contrat-coopération...*, p. 7. Em sentido semelhante, Weitzenboeck também destaca que a Teoria Relacional "*has not found general application among legal scholars, probably because of its complexity*" (*A legal framework for emerging...*, pp. 60-65).

[229] Lequette, Suzanne. *Le contrat-coopération...*, p. 242.

[230] Lorenzetti, Ricardo Luis. *Tratado de Los Contratos...*, p. 49.

[231] Pinto, Fernando A. Ferreira. *Contratos de distribuição...*, pp. 125-126.

forma, o autor sublinha a importância da teoria, em ter aberto caminho "ao posterior aprofundamento de temas tão importantes como o da relevância da solidariedade e da cooperação dos contratos, da incompletude ontológica dos mesmos, da gestão do risco nas relações duradouras, da eclosão de comportamentos oportunistas no seu seio, do funcionamento de sanções extrajurídicas e da exploração de mecanismos alternativos de composição de litígios".[232] Assim, conclui que "mais do que um quadro conceptual alternativo, o que a teoria relacional verdadeiramente oferece é uma perspectiva complementar, um modelo de análise das relações contratuais, informal e extrajurídico, em que os planos do ser e do dever-ser surgem amplamente sobrepostos e enredados".[233] Adar e Gelbard, a seu turno, apontam para a pouca atenção conferida pelos teóricos relacionalistas aos remédios contratuais do sistema legal ao inadimplemento contratual. Sua principal crítica, nesse aspecto, vai no sentido de que a excessiva importância conferida aos mecanismos informais do contrato acabou por tornar a teoria relacional incompleta, haja vista não se ter analisado a maneira como os remédios legais do inadimplemento deveriam ser aplicados a contratos de natureza relacional.[234] Consoante bem destacam os autores, mesmo em contratos relacionais, amplamente, funcionais, não há como se negar que a atuação das partes são influenciadas pela tão só existência de referidos mecanismos, cuja ameaça de aplicação pode ser de menor intensidade em um acordo financeiro celebrado entre dois cônjuges; mas, não, entre dois parceiros comerciais.[235]

Muito embora grande parte das críticas mereçam procedência, há que se destacar o fato de que talvez não sejam condizentes com o próprio intento de Macneil, ao propor e desenvolver a teoria relacional. Isso porque ele mesmo já reconhecera, como missão da teoria, a compreensão do fenômeno contratual, como um todo – e não a pretensão à criação de regras atinentes a uma nova categoria. Sua crítica, em verdade, recai, principalmente, sobre os pressupostos fáticos adotados pela teoria contratual clássica e neoclássica, para formular sua regulação[236] – o que, a nosso ver,

[232] Pinto, Fernando A. Ferreira. *Contratos de distribuição...*, pp. 117-118.

[233] Pinto, Fernando A. Ferreira. *Contratos de distribuição...*, pp. 125-126.

[234] Adar, Yehuda; Gelbard, Moshe. Contract Remedies..., pp. 269-270.

[235] Adar, Yehuda; Gelbard, Moshe. Contract Remedies..., p. 275.

[236] Da Silva, Leonardo Toledo. *Contrato de Aliança...*, pp. 129-130.

demandam, de fato, uma revisitação à luz das já citadas alterações nos modais econômicos.

3.4. Os arranjos híbridos na dogmática jurídica

Como já referido, diferentemente dos contratos de intercâmbio e dos de *sociedade*, os *híbridos* ainda não foram, completamente, absorvidos pela dogmática jurídica. A reduzida literatura jurídica a respeito, especialmente na doutrina nacional – em comparação aos paradigmas, anteriormente, analisados – decorre, provavelmente, de sua, relativamente, recente disseminação na prática empresarial, bem como da outrossim recente percepção dos analistas jurídicos,[237-238]essencialmente com base nas percepções de economistas.

Lequette salienta que a obra fundadora do ideário em torno dos contratos híbridos teria sido o artigo "The organization of industry", publicado, em 1972, por G. B. Richardson.[239-240] No artigo, Richardson esclarece que a tradicional sistemática "mercado-hierarquia" não é mais suficiente para apreender toda a complexidades das relações interempresariais. Segundo ele, para além de tais soluções, haveria uma complexa rede de cooperação e associação entre empresas, em razão da complementaridade entre as

[237] Forgioni, Paula Andrea. *Teoria Geral dos Contratos ...*, p. 178. Nesse tocante, a autora salienta que "[s]e, no que toca ao intercâmbio e às sociedades, essas soluções foram sendo construídas com o passar do tempo e hoje são conhecidas dos juristas, o mesmo não ocorreu com os 'híbridos' – até porque a disseminação de seu uso é fenômeno recente". Todavia, ela ressalva: "[n]ão estamos a afirmar que esses contratos não existiam, mas seu uso era bastante restrito" (p. 178).

[238] Lequette, em trabalho de 2012, destacava que, até então, no ambiente francês, apenas dois autores haviam explorado a via intermediárias dos contratos híbridos: François-Xavier Licari e Marie-Élodie Ancel (*Le contrat-coopération...*, p. 13).

[239] Lequette, Suzanne. *Le contrat-coopération...*, p. 12. Weitzenboeck, em outro senso, relaciona a origem da discussão à disciplina da Nova Economia Institucional, com seu nascedouro, a partir do famigerado artigo "*The Nature of the Firm*" de Coase, publicado em 1937 (Coase, Ronald. The Nature of the Firm. *Economica, New Series,* vol. 4, n. 16., nov., 1937, pp. 386-405). Em tal artigo, Coase aponta as distinções entre mercado (contratos) e hierarquia (sociedades), como soluções intercambiáveis, variando, conforme os custos de transação envolvidos em um e outro. Segundo ela, teria sido, com base nessas ideias, que, quatro décadas depois, Williamson e outros desenvolveram o conceito de híbridos (*A legal framework for emerging...*, p. 18).

[240] Richardson, G. B. The organization of industry. *The Economic Journal*, vol. 22, n. 327, set.-1972, pp. 883-396.

atividades realizadas, que não poderiam ser internalizadas – em face da dissimilaridade entre elas –,[241] tampouco relegadas ao mercado – haja vista as exigências de fornecimento em quantidade e qualidade específicas.[242] Para Richardson, a essência desses arranjos cooperativos residiria no fato de que as partes assegurariam uma à outra um certo grau de segurança quanto a seu comportamento futuro.[243]

De acordo com Ménard, o grande impulso para que os analistas voltassem a sua atenção às formas híbridas de contratação deu-se, com os estudos empíricos a respeito da teoria dos custos de transação, a partir da metade da década de 1980. O autor esclarece que, a despeito de se ter tangenciado a matéria em anos anteriores, especialmente em alguns poucos trabalhos sobre contratos interempresariais, franquias ou formas de contratação "*non-standard*", a efetiva identificação das formas híbridas de contratação deu-se apenas com artigo apresentado por Williamson em 1991.[244-245]A partir daí, segundo noticia Ménard, o conceito passou a ser largamente analisado, não apenas por economistas, mas, especialmente, por pesquisadores do campo da Sociologia e das Ciências Gerenciais.[246]

Em mesma época, a doutrina alemã esboça também os primeiros passos em direção à identificação dos fenômenos híbridos. Fritz Nicklisch, com esteio na teoria relacional,[247] desenvolve o conceito de "contratos

[241] Richardson, de forma bastante didática, explica a distinção entre complementaridade e similaridade: "[n]*ow it is clear that similarity and complementarity, as I have defined them, are quite distinct; clutch linings are complementary to clutches and to cars but, in that they are best made by firms with a capability in asbestos fabrication, they are similar to drain-pipes and heat-proof suits. Similarly, the production of porcelain insulators is complementary to that of electrical switchgear but similar to other ceramic manufacture. And while the activity of retailing toothbrushes is complementary to their manufacture, it is similar to the activity of retailing soap*" (Richardson, G. B. The organization of industry..., pp. 889-891).

[242] Richardson, G. B. The organization of industry..., p. 892.

[243] Richardson, G. B. The organization of industry..., p. 886.

[244] Williamson, Oliver E. *Comparative Economic Organization*.... Em sentido semelhante, Lima Pinheiro: "seria preciso aguardar até os anos oitenta para ver a cooperação interimpresarial ser reconhecida como fenómeno típico das economias de Mercado ou mistas" (Pinheiro, Luís de Lima. *Contrato de Empreendimento Comum*..., p. 51).

[245] Ménard, Claude. The economics of hybrid organization. *Journal of Institutional and Theoretical* Economics, v.160, 2004, pp. 346-347.

[246] Ménard, Claude. The economics of hybrid..., p. 347.

[247] V. item I.3.3.

complexos de longa duração" ("*complexe Langzeitverträge*"), que se situaria a meio termo entre os contratos descontínuos e os contratos relacionais. Não se trataria de meros contratos de longa duração, na medida em que envolveriam a concretização conjunta de um projeto comum, com larga fase de planejamento e execução, bem como com a participação, em geral, de um grande número de participantes. Já, então, o autor destacava a insuficiência das regras de direito dos contratos a tais pactos, destacando a necessidade do estabelecimento de princípios gerais de direito aplicáveis a esses negócios.[248] Erich Shanze, a seu turno, dá um passo adiante à ideia de contratos complexos de longa duração, identificando a existência dos contratos simbióticos. Segundo ele, não haveria, nesses casos, apenas contratos com complexidade e duração acentuadas, mas, efetivamente, uma nova classe de contratos, que emergiria da tradicional dicotomia entre permuta e associação, com características bastante específicas.[249] Em racional similar, mas tratando, especificamente, dos contratos de franquia, Cristian Joerges relaciona referidos pactos à condição de *status*, na dicotomia "contrato/*status*", uma vez que haveria neles uma ordenação hierárquica próxima a das organizações associativas. Em sua opinião,

[248] Pinto, Fernando A. Ferreira. *Contratos de distribuição...*, pp. 120-121.

[249] Schanze, Erich. *Symbiotic Arrangements...*, p. 691. Weitzenboeck anota que Schanze teria, de fato, identificado uma espécie *sui generis*, que se situaria entre o contrato e as organizações. Esse novo grupo de arranjos teria as seguintes características: **(i)** longa duração, em acordos voluntários e eficientes (ambas as partes teriam benefícios ou ao menos uma delas, sem que a outra fosse prejudicada), **(ii)** usualmente contariam com instrumentos escritos; **(iii)** inexistência de relação societária entre as partes; **(iv)** estreito relacionamento entre os parceiros; **(v)** investimentos em ativos específicos; **(vi)** assimetria de poderes entre as partes; e **(vii)** estipulação de esquema para monitorar, orientar e sancionar comportamentos contratuais. O termo "simbiótico", nesse aspecto, faria alusão ao conceito biológico de simbiose, em que as partes se encontrariam em uma relação estável e de mútuos benefícios. Weitzenboeck destaca ainda que, a despeito de não ter notícias de que a ideia de Schanze tenha sido acolhida na lei e/ou na jurisprudência, ela é bastante útil na identificação de certas estruturas contratuais de longa duração, tais como os arranjos de franquia, os sistemas de fornecimento *just-in-time* e os subcontratos (*A legal framework for emerging...*, pp. 292-293). Por fim, Weitzenboeck comenta que "Schanze sees symbiotic arrangements as hybrid – 'possibly a well defined sub-class of Williamson's hybrid's – not because they are in-between, but because they pick and choose elements from the traditional methods of organization, i.e. market or hierarchy. They are not both contractually based but also have certain corporate elements such as a long-term common objective which is often expressed in strong common symbols, names or trade marks" (p. 298).

portanto, seria necessário o desenvolvimento de princípios próprios ao caráter híbrido dos contratos de franquia. Teubner, no seu trabalho sobre as redes contratuais, também salientou a natureza híbrida destas, com a necessidade de destacá-las das usuais estruturas de permuta e de associação.[250]

Ménard salienta ainda a profusão de termos com que as formas híbridas de contratação vêm sendo tratadas na literatura (*"clusters, networks, symbiotic arrangements, supply-chains systems, administered channels, nonstandard contracts"*),[251] bem como as dúvidas levantadas a respeito da existência ou não de uma categoria específica que abarque a miríade de contratos distintos das soluções de mercado e hierárquica. Para alguns teóricos, as formas de coordenação híbrida deveriam ser estudadas casuisticamente. Ménard, no entanto, entende que, do ponto de vista teórico, uma solução em tais moldes não seria satisfatória. Afinal, "[e]*ither 'hybrid' is a concept extending to a family of forms in need of an explanatory theory, or it is an empty*

[250] PINTO, Fernando A. Ferreira. *Contratos de distribuição...*, pp. 120-124.

[251] MÉNARD, Claude. The economics of hybrid..., p. 348. LEQUETTE faz referência ainda a "*communautés d'organisations, alliances stratégiques, hydres à têntes multiples, menottes dorées, quasi entreprises, quasi-sociétés*" (LEQUETTE, Suzanne. *Le contrat-coopération...*, p. 10). WEITZENBOECK trata como parelhos os termos "hybrids" e "networks" (*A legal framework for emerging...*, p. 17. Na experiência nacional, PAULA FORGIONI registra que os híbridos são tratados, em geral, como contratos de colaboração: "[q]uanto ao grau de integração entre as empresas, ou de vinculação futura das partes, os contratos empresariais classificam-se em imediatos ['spot'], híbridos [muitas vezes identificados com os contratos de colaboração] e societários" (FORGIONI, Paula Andrea. *Teoria Geral dos Contratos...*, p. 48). Há ainda, no espaço jurídico brasileiro, quem se refira aos híbridos, por meio do termo "aliança": "[o] termo contrato de aliança tem sido usado para designar um fenômeno mais amplo, no qual duas ou mais empresas unem esforços, para normalmente por um período indeterminado, cooperarem na busca de um objetivo comum, podendo, inclusive, ser formalizadas por meio de figuras societárias ou de modalidades contratuais associativas diversas. Tais alianças são, em parte da literatura, também denominadas alianças estratégicas, muito se aproximando da designação joint venture, utilizadas usualmente pelo mercado, em sentido não jurídico" (DA SILVA, Leonardo Toledo. Contrato de Aliança..., p. 24). No mesmo sentido: FERNANDES, Wanderley; RODRIGUES, Caio Farah. *Aspectos contratuais da "aliança" em empreendimentos de infraestrutura.* In FERNANDES, Wanderley (org.). Contratos Empresariais. Contratos de Organização da Atividade Econômica. São Paulo: Saraiva, 2011, p. 138. Tais autores, ao tratar do tema, expandem ainda o conceito de híbridos, inclusive, para formas de coordenação estruturadas, sob forma de acordos associativos.

label and the 'cases' it covers must find an explanation in the theory of markets and hierarchies".[252]

Sua conclusão, a esse respeito, é que, de fato, deve ser reconhecida a existência de negócios, celebrados com reduzido suporte no sistema de preços, e com o compartilhamento de tecnologias, capital, produtos e serviços, mas sem a formação de uma entidade única. Seriam, para ele, exemplos de contratação híbrida os contratos de produção integrada no agronegócio, contratos de distribuição, contratos de franquia, cooperativas, contratos de aliança, entre outros.[253] Todos eles estariam dotados de caracteres que permitiriam seu agrupamento, sob a rubrica dos híbridos.[254] Paula Forgioni, a seu turno, assertivamente, já declarou que a coordenação híbrida "(...) não se trata de um novo tipo contratual, mas de uma categoria que busca seu lugar na teoria geral do direito".[255]

Em sentido semelhante, Weitzenboeck aponta que "[i]*n these networks, although some parties may be competitors and although each party would want to obtain maximum advantage for its own business, there is an understanding that the parties will collaborate to achieve the scope for which that dynamic network was set up. In this sense, the competition will be heavily diluted by a heavy dose of collaboration. A different type of contract than the discrete contract is required* – the collaborative contract".[256] A esse respeito, a autora registra que a tradicional teoria do contrato, mais especificamente as ideias de troca entre interesses antagônicos e de relatividade dos contratos, são de difícil aplicação, para os arranjos híbridos. Em adição, destaca também a inadequação dos acordos associativos, para atender às necessidades de agentes econômicos que, em função de oportunidades de mercado, precisem de formas ágeis de organização, sem que, para tanto, precisem recorrer à criação de uma entidade autônoma, para as quais serão transferidos ativos das partes. Conclui, assim, que "[t]*here is therefore a need to re-examine the notion of contract by also looking at modern contract law theory,*

252 MÉNARD, Claude. The economics of hybrid..., pp. 347-348.

253 MÉNARD, Claude. The economics of hybrid..., pp. 348-350. O autor, em tais páginas, faz um apanhado sobre a literatura esparsa publicada, analisando, individualmente, formas específicas de contratação.

254 MÉNARD, Claude. The economics of hybrid..., p. 348.

255 FORGIONI, Paula Andrea. *Teoria Geral dos Contratos* ..., p. 178.

256 WEITZENBOECK, Emily M. *A legal framework for emerging...*, p. 21.

and to acknowledge that the term 'contract' embraces more than just the exchange contract".[257]

A discussão não é, exatamente, nova na doutrina nacional – tampouco na estrangeira – e já foi tratada, anteriormente, ainda que não com um destaque específico da estrutura híbrida. Junqueira, ao analisar a natureza jurídica dos consórcios, identificava-os como "contratos de colaboração, dito às vezes de escopo comum ou com causa associativa", cuja classificação se dava em oposição aos "contratos de interesses conflitantes, por exemplo a troca e a compra e venda".[258] No mesmo escrito, o mestre já destacava a opinião de Galgano, segundo o qual "à doutrina do contrato com comunhão de escopo resta (...) o único mérito de ter sublinhado como o contrato, longe de exaurir a própria função na composição de interesses contrastantes, também é instrumento idôneo para a realização de interesses comuns a diversos sujeitos", dado que não haveria a necessidade de "disciplina normativa diversa daquela aplicável aos chamados contratos de troca".[259]

257 Weitzenboeck, Emily M. *A legal framework for emerging...*, p. 20.

258 Azevedo, Antonio Junqueira. *Natureza jurídica do contrato de consórcio (sinalagma indireto). Onerosidade excessiva em contrato de consórcio. Resolução parcial do contrato* in *Novos Estudos e Pareceres de Direito Privado*, São Paulo: Saraiva, 2010, p. 353.

259 Azevedo, Antonio Junqueira. *Natureza jurídica do contrato de consórcio...*, p. 353. A crítica de Galgano, nesse aspecto, vai no sentido de que os defensores de tal ideia não foram capazes de destacar regras específicas, aplicáveis aos contratos de comunhão de escopo. Tampouco, segundo ele, poderiam se aplicar a todos os contratos, tidos como de escopo comum, as regras dos contratos associativos. Assim, não poderia, segundo o autor, falar-se em uma categoria unitária. "[S]*e la disciplina generale dei contratti non subisce deroghe per il fato, in sé considerato, che i contraenti perseguono il medesimo scopo anziché scopi contrapposti, viene meno la ragione di distinguere, giuridicamente, tra contratti di scambio e contratti con comunione di scopo*" (Galgano, Francesco. *Trattato di Diritto Civile...*, p. 304). A evidenciar a distinção entre os contratos associativos e os demais elencados como de escopo comum, Galgano destaca que a distinção dos primeiros ("assoziazione in senso stretto") em relação aos demais dá-se, especialmente em razão do exercício de atividade externa naqueles – inexistente nestes (pp. 309-310). Acerca da disciplina dos contratos de escopo comum, no Direito Italiano, Gianroberto Villa explica ainda que os dispositivos do *Codice* que fazem referência aos contratos de "*scopo comune*" (artigos 1420, 1446, 1459 e 1466) aplicam-se, em realidade, à ampla categoria dos contratos plurilaterais (*i.e.*, envolvendo múltiplas partes), abrangendo outrossim aqueles em que conste uma contraposição de interesses. O equívoco do legislador, nesse aspecto, decorreu, segundo o autor, do êxito de se haver reconhecido o caráter contratual dos negócios associativos, o que, por conseguinte,

O próprio Junqueira, no entanto, na sequência de tal citação, já destacava que tais observações deveriam ser tomadas "*cum grano salis*". Isso porque haveria contratos que denomina "de colaboração", os quais, segundo ele, contariam com caracteres relacionais e, por conta disso, exigiram uma posição diferente. Nessa toada, complementa ainda que, ao tomar os contratos por objeto, a classificação deveria dar-se não apenas em contratos de troca e de escopo comum, mas, sim, em: "a) contratos que visam transferência de posse ou de propriedade: locação, comodato, *leasing*, compra e venda, troca, doação, etc; b) contrato de fornecimento de atividade, produto ou serviço: trabalho, prestação de serviços, corretagem, depósito, transporte, empreitada, etc.; c) contratos de extinção de lide: compromisso arbitral, transação, partilha; d) contratos de garantia: fiança, penhor, alienação fiduciária; e) finalmente, contratos de colaboração: contrato de sociedade (quando não for 'ato societário'), parceria agrícola ou pecuária, acordo de acionistas (quando seu objeto é a administração da sociedade) e, naturalmente o consórcio".[260] Em mesma análise, ele reconhece ainda que, para além da divergência doutrinária no tocante à classificação de contratos por objeto, há uma grande dificuldade em tal taxinomia, na medida em que há contratos com características de mais de um dos grupos nomeados. Refere-se, assim, aos contratos de franquia e de distribuição, que, por sua classificação, seriam contratos de fornecimento de atividade ou de produto, mas com grande similitude ao que denomina "contratos de colaboração".[261]

Judith Martins-Costa, a seu turno, ao tratar, especificamente, da aplicação da boa-fé aos pactos em que haja um fim comum aos contratantes, reconhece, em adição às relações em que há (i) uma comunhão de escopo *estrutural* – que denomina "associativas em geral (associações e sociedades)" –, a existência de pactos, em que há (ii) um escopo comum *conjuntural* (contratos-aliança, consórcios, *joint ventures*, acordos parassociais), bem como os que contam com (iii) um escopo comum *pontual* ou *estratégica* – nomeados "contratos de colaboração empresária" (comissão mercantil, agência, representação comercial, concessão comercial,

levou a uma generalização deste dado, para toda a categoria dos contratos plurilaterais (Villa, Giancarlo. *Inadempimento e Contratto Plurilaterale*. Milano: Giuffrè, 1999, pp. 33-42).

260 Azevedo, Antonio Junqueira. *Natureza jurídica do contrato de consórcio*..., p. 353.

261 Azevedo, Antonio Junqueira. *Natureza jurídica do contrato de consórcio*..., p. 354.

franquia, distribuição).[262] Segundo a autora, deve haver a relativização da tradicional proposição de Jhering, "entre contratos de intercâmbio e contratos de comunhão de escopo, segundo a qual, nos primeiros: «meu lucro será tua desvantagem, minha desvantagem será o teu lucro», e nos segundos, «meu lucro será teu lucro, tua desvantagem será minha desvantagem». Essa classificação binária, complementa, "obnula os espaços intermédios que ligam os dois polos".[263]

Na doutrina argentina, a questão também não é desconhecida. Lorenzetti, em classificação mais abrangente, com mais de doze funções identificadas aos contratos,[264] reconhece, apenas sob a denominação de contratos "*de colaboración*", os contratos com função de "*colaboración gestoria*", de "*colaboración associativa*" e de "*colaboración associativa en redes*". Entre os primeiros, que envolveriam a coordenação de determinados atos jurídicos, inclui o mandato, a corretagem, a comissão, a agência, a concessão comercial, a franquia, a edição, contratos sobre direitos intelectuais etc. Em relação aos segundos, em que se contrataria para a obtenção de uma finalidade comum, refere-se às parcerias, associações, agrupamentos de colaboração, união transitória de empresas, acordos parassocietários. Por fim, no tocante aos terceiros, cuja união de contratos formaria um sistema conexo, faz menção às redes comerciais formadas por agências, franquias, distribuição, concessão comercial etc.[265]

[262] MARTINS-COSTA, Judith. *A boa-fé no Direito Privado...*, p. 350.

[263] MARTINS-COSTA, Judith. *A boa-fé no Direito Privado...*, p. 324.

[264] Além dos três contratos de "*colaboración*", LORENZETTI identifica mais nove funções, em um total de doze: (i) os contratos com função de troca de titularidade (ex.: compra e venda, permuta, fornecimento, cessão de créditos, cessão de contratos, cessão de direitos hereditários etc.), (ii) contratos com função de transferência para uso (ex.: locação, arrendamento rural, *leasing* etc.), (iii) contratos com função financeira, para aproveitamento econômico do dinheiro (ex.: mútuo, *factoring*, contratos bancários, financiamento de projetos etc.), (iv) contratos com função de garantia (ex.: fiança, *factoring* com finalidade de garantia, fideicomisso em garantia etc.), (v) contratos com função de custódia (ex.: depósito), (vi) contratos com função de previsão de riscos (ex.: renda vitalícia, contratos de seguro em geral), (vii) contratos de função recreativa (ex.: jogos de azar, rifas), (viii) contratos com função extintiva de conflitos de direito (ex.: transação, compromissos arbitrais) e (ix) contratos com função de gratuidade (ex.: doação) (*Tratado de Los Contratos...*, pp. 24-25).

[265] LORENZETTI, Ricardo Luis. *Tratado de Los Contratos...*, p. 25.

Na Itália, Messineo identificava, para além de outras seis funções econômicas,[266] os contratos de colaboração ou cooperação, por meio dos quais uma parte realizava determinada atividade própria, conjuntamente, com a de um terceiro, mas de forma independente. Seriam exemplos desse modo de atuar: o mandato, a agência, a edição etc. Em adição, ele inclui ainda, nessa subcategoria, mas sem precisar, "*pochi contratti di scambio attuano il momento economico della produzione*", bem como os contratos associativos – dentre os quais, inclui as associações em participação, as parcerias agrárias, os consórcios etc. Especificamente em relação ao contrato associativo, destaca-os como "*antitetico, per struttura e funzione, al grupo dei contratti di scambio*".[267] Ainda no espaço italiano, não há que se olvidar outrossim do já referido entendimento de Ascarelli,[268] a respeito dos contratos plurilaterais normativos, que se destacariam dos contratos associativos, por prescindirem da formação de entidades autônomas. A igualmente já enunciada crítica de Galgano ao agrupamento de tais contratos aos associativos (como contratos de escopo comum)[269] também

[266] Além dos contratos de cooperação ou colaboração, haveria ainda: (i) contratos relativos a relações patrimoniais familiares, (ii) contratos de troca (circulação da riqueza), (iii) contratos de prevenção de riscos e previdência, (iv) contratos de prevenção de litígios, (v) contratos de concessão de créditos, (vi) contratos constitutivos de direitos reais (MESSINEO, Francesco. *Dottrina generale del contratto*. Milano: Giuffré, 1948, pp. 19-20).

[267] MESSINEO, Francesco. *Dottrina generale del contrato...*, p. 20.

[268] Vide item I.2.2.

[269] GALGANO, Francesco. *Trattato di Diritto Civile...*, p. 218. O autor destaca adiante as inúmeras diferenças entre os contratos que se pretende encampar, sob uma mesma categoria, que tem o contrato associativo como tipo fundamental. Confira-se seu comentário nesse aspecto: "[l] *e discipline delle diverse figure che si sogliono comprendere nella categoria dei contratti non comunione di scopo, lungi dall'essere riconducibili a principi comuni, appaiono sensibilmente diverse tra loro: esse differiscono in ragione, essenzialmente, delle diverse modalità di quella intermedia utilizzazione delle prestazioni – sucessiva alla loro esecuzione da parte dei contraenti e antecedente al conseguimento del risultato da essi perseguito – nella quase si è individuata una dele note saliente della categoria. Risulta diversa, in particolare, la condizione giuridica nella quale, nel corso dell'attività di esecuzione del contratto, si trovano i beni conferiti dalle parti (ed i loro successivi incrementi). Questi possono dare luogo alla constituzione di un fondo comune o essere, invece, l'oggetto di attribuzione di una parte a favore dell'altra; ed il fondo comune può a sua volta, sottostare al regime della mera comunione o assumere, invece, i caratteri di un patrimonio autônomo, sottratto all'azione esecutiva dei creditori personali delle parti e vincolato al perseguimento dello scopo comune. L'attività di esecuzione del contratto può, d'altro canto, essere esercitata in comune dai contraenti o essere, al contrario, al prerrogativa d'uno solo di essi; e l'esercizio in comune può, a sua volta, manifestarsi nei soli rapporti interni o, oltre che in questi, anche nei rapporti esterni*" (pp. 306-307).

denota a existência de uma categoria distinta e a meio termo entre os polos de permuta e de associação.

Ferreira de Almeida, autor português, crítico da classificação de Messineo, identifica apenas quatro funções básicas, de caráter econômico-social, nos negócios jurídicos. A primeira delas seria a troca, caracterizada pela "bilateralidade da relação custo/benefício, isto é, pela existência de sacrifícios e vantagens para cada uma das pessoas envolvidas". Essa modalidade seria marcada pela divergência de finalidades: "a finalidade global do acto (troca de bens e/ou serviços) e as finalidades pessoais típicas".[270] A segunda seria a função da liberalidade, caracterizada pela "unilateralidade da relação custo/benefício, isto é, pela sujeição ao sacrifício de uma só das pessoas envolvidas, com a correspondente vantagem atribuída exclusivamente à outra pessoa ou parte". Haveria, aqui, a coincidência de finalidades: "a finalidade global do acto (troca de bens e/ou serviços) e as finalidades pessoais típicas".[271] A terceira seria a de imputação de risco, que abrangeria tanto a garantia quanto a aleatoriedade, "em que só uma das pessoas ou partes poderá receber uma vantagem e à outra, em exclusivo, se imputará uma desvantagem correspondente".[272] Finalmente, a quarta seria a da cooperação.[273] Assim, esquematicamente, haveria para ele:[274]

		Número de Sujeitos	**Número de Objetos**	**Custo/Benefício**	**Finalidade Global/ Finalidade Típica do Agente**
I	Troca	2	2	Bilateralidade	Divergência
II	Liberalidade	1	1	Unilateralidade	Coincidência
III	Garantia	1	1	Unilateralidade	Divergência
IV	Cooperação	≥ 2	≥ 2	Bilateralidade	Coincidência

270 Almeida, Carlos Ferreira de. *Texto e enunciado na teoria do negócio jurídico.* Coimbra: Almedina, 1992, pp. 521.

271 Almeida, Carlos Ferreira de. *Texto e enunciado na teoria...*, p. 529.

272 Almeida, Carlos Ferreira de. *Texto e enunciado na teoria...*, p. 537.

273 Almeida, Carlos Ferreira de. *Texto e enunciado na teoria...*, pp. 520-541

274 Almeida, Carlos Ferreira de. *Texto e enunciado na teoria...*, p. 520.

A cooperação, de acordo com Ferreira de Almeida, seria caracterizada pela "bilateralidade da relação custo/benefício, ou seja (e à semelhança da troca) pela coexistência de sacrifícios e vantagens de para cada um dos participantes, e (à semelhança da liberalidade) pela coincidência de finalidades: a finalidade global do acto (cooperação) e as finalidades pessoais típicas, naquilo que têm em comum".[275] Na função de cooperação, duas ou mais pessoas, nas quais coincidiriam as qualidades de sujeitos da atividade e outrossim de beneficiários, haveria uma pluralidade de objetos, por meio dos quais se operariam os sacrifícios em prol do fim comum. Nessa categoria, o autor inclui as formas variadas de cooperação, conforme critérios diversos: fim lucrativo ou não; exercício realizado apenas por uma das partes ou por ambas, em conjunto e separadamente; com o estabelecimento ou não de pessoa jurídica. O ponto nodal, para tal agrupamento, parece consistir no entendimento do autor de que o fim comum estaria presente em todos esses negócios, com a existência de uma "gradação de egoísmo" quanto à comunhão de interesses nesses negócios.[276] Para melhor visualização da questão, confira-se a ilustração a seguir – semelhante à contida na obra de Ferreira de Almeida:[277]

- Fim
  - Lucrativo
    - Exercício da atividade apenas por uma das partes
      - Parceria
      - Associação em participação
    - Exercício da atividade em separado
      - Consórcio
      - Concessão comercial
    - Exercício em comum – sociedades irregulares (e outras sem personalidade coletiva)
    - Criação de uma pessoa coletiva – sociedade com personalidade coletiva
  - Não lucrativo
    - Multualístico – cooperativas
    - Outros interesses – associações

[275] Almeida, Carlos Ferreira de. *Texto e enunciado na teoria...*, p. 537.

[276] "A finalidade, nos negócios de cooperação, instrumentaliza interesses que são diferentes, quanto às pessoas, mas iguais, quanto ao conteúdo, isto é, interesses comuns, no sentido de que neles comungam, de forma mais ou menos egoísta, todos os participantes" (Almeida, Carlos Ferreira de. *Texto e enunciado na teoria...*, p. 535).

[277] Almeida, Carlos Ferreira de. *Texto e enunciado na teoria...*, pp. 535-536.

Por fim, vale o destaque de Ferreira de Almeida de que essas quatros funções básicas identificadas não esgotariam todas as funções econômico-sociais, haja vista não abrangerem as relações familiares e outros negócios de "custo patrimonial neutro", bem como pela possibilidade de que, pela combinação entre si, pudessem surgir funções mistas.[278]

No Direito Francês, o desenvolvimento da ideia dos "contratos de interesse comum" também gerou discussão semelhante às abordadas acima. No decorrer do século XX, a jurisprudência francesa passou a aplicar o conceito de interesse ou o fim comum da esfera societária para a análise de negócios de outras categorias. A pedra de toque, para tanto, foi a figura do "*mandat d'intérêt commun*", um mandato, por meio do qual são conferidos poderes ao representante, para que este cuide de interesses sobre bens que pertencem a ambas as partes (representante e representado). O contrato de agência, segundo Brunet, seria um exemplo dessa modalidade negocial. Por meio desse contrato, o agente vende produtos do mandante, com uma remuneração baseada nos negócios por ele concluídos. Age, portanto, segundo Brunet, no interesse comum das partes, pois estaria a constituir uma clientela em favor de ambas as partes. O agente, no entendimento do autor, não seria motivado apenas pelas comissões recebidas, dado que o fim visado por ele seria, de fato, a clientela: o agente deseja prosseguir com o contrato e dele extrair ganhos continuados, a partir de diversas vendas aos clientes que conquistou.É, justamente, por isso que o legislador teria consagrado o direito à indenização pela clientela conquistada, nos casos de resilição imotivada dos contratos de duração indeterminada – o que é criticado por Brunett, que entende presente tal direito mesmo nos contratos de duração determinada.[279] Ainda de acordo com o autor, seriam também exemplos de contratos de interesse comum a comissão, a concessão comercial, a franquia – em todos, haveria o propósito comum de desenvolver uma clientela comum.[280] A esse respeito, Lequette destaca que, embora a ideia de "*contrat d'intérêt commun*" tenha sido uma reação da doutrina e da jurisprudência francesas aos arranjos híbridos, elas não chegaram a identificar tais negócios, como uma categoria independente:

[278] ALMEIDA, Carlos Ferreira de. *Texto e enunciado na teoria...*, pp. 520-521.

[279] BRUNET, Andrée. *Clientèle commune et contrat d'intérêt commun* in *Études dédiées à Alex Weill.* Dalloz, 1983, p. 87.p. 88-89.

[280] BRUNET, Andrée. *Clientèle commune...*, pp. 91-96.

alguns autores entendiam-no como um contrato sinalagmático com algumas distinções; e outros, simplesmente, como acordos associativos.[281]

A discussão é vasta e não se esgota nesses poucos entendimentos acima colacionados. Não obstante discordemos de parte dessas colocações, especialmente no que toca à identificação dos híbridos aos acordos associativos, fato é que a divergência doutrinária é prova de que os arranjos híbridos ainda não foram, suficientemente, discutidos. A esse respeito, Lima Pinheiro destaca que a noção econômica de cooperação, por meio da qual há "a conjugação de recursos produtivos que continuam integrados nas empresas participantes e a coordenação das suas atividades na realização de projectos económicos", não corresponde ainda a uma conformação jurídica determinada e, nessa esteira, cita a tentativas de alguns autores em categorizar os arranjos de natureza cooperativa.[282] Para além disso, o autor, igualmente, registra a profusão de formas com que já se abordou, em sentido amplo, o termo "acordos de cooperação".[283]

A corroborar essa percepção do autor português, Ménard destaca serem reduzidos os trabalhos que analisem, de forma ampla, os contratos híbridos. De todo modo, reafirma que as poucas publicações existentes nesse sentido, associadas a seu próprio conhecimento a respeito da matéria, permitem concluir pela existência de padrões comuns a todas as formas de contratação híbrida.[284]

[281] Lequette, Suzanne. *Le contrat-coopération...*, pp. 90-91.

[282] Pinheiro, Luís de Lima. *Contrato de Empreendimento Comum...*, p. 76. A esse respeito, Ferreira Pinto bem destaca que os caracterers em torno dos contratos de cooperação "não se encontram perfeitamente definidos, variando de autor para autor, nomeadamente, o conceito e as características dos contratos de cooperação e apresentando-se um tanto ou quanto fluidas as fronteiras entre as diferentes categorias. Acresce-se que os fenómenos de cooperação interempresarial e de concentração económica constituem realidades ubíquas e difusas, pelo que a classe dos contratos de cooperação é muito ampla e está bem longe de constituir uma categoria monolítica" (*Contratos de distribuição...*, p. 137).

[283] Pinheiro, Luís de Lima. *Contrato de Empreendimento Comum...*, pp. 159-173. No mesmo sentido: Ferreira Pinto (Pinto, Fernando A. Ferreira. *Contratos de distribuição...*, p. 126).

[284] Ménard, Claude. The economics of hybrid..., p. 350. Nesse sentido, confira-se o comentário do autor: "*I am not aware of any extensive survey of the literature on hybrid organizations in economics. But at least two quite extensive surveys of papers published in sociology and management journals are available. One, by Grandorj and Soda [1995], has already been mentioned. The other, by Oliver and Ebers [1998], systematically analyzed 158 papers published on networks in four major journals in management sciences and sociology, from 1980 to 1996, Combined with my own knowledge*

A solução híbrida encontrada pelos agentes econômicos decorre da fuga do empresário dos inconvenientes de se celebrar diversos contratos de intercâmbio para viabilizar determinado projeto ou da aversão aos rígidos esquemas das formas societárias típicas.[285-286] "Sem a perda da sua individualidade jurídico-económica, podem as empresas concorrentes combinar os seus recursos na realização de empreendimentos comuns".[287] Assim, valem-se de contratos de longa-duração, cujo objeto primordial visa mais a regular o relacionamento das partes do que a encerrar uma relação de esgotamento imediato de todas as possíveis situações que podem vir a se concretizar no desenrolar do negócio encetado.[288] Os arranjos híbridos, nesse aspecto, têm, efetivamente, como já visto,[289] íntima conexão com a temática dos contratos relacionais.[290]

of the economic literature on hybrids, these studies suggest an underlying pattern beyond the heterogeneity of cases".

285 Forgioni, Paula Andrea. *Teoria Geral dos Contratos ...*, p. 174. Diz expressamente a autora que "os contratos de colaboração surgem da necessidade de evitar os inconvenientes que adviriam da celebração de uma extensa série de contratos de intercâmbio desconectados (custos de transação) e da fuga da rigidez típica dos esquemas societários (hierárquicos)". Ela ainda complementa: "[a] opção dos agentes econômicos pela forma de concretização da associação será influenciada por esses atributos das sociedades comerciais – nos negócios híbridos, muitas vezes abre-se mão das soluções 'tradicionais' oferecidas pelas sociedades mercantis, trocando, de certa forma, a segurança oferecida pelos tipos societários pela preservação de maior mobilidade de atuação no mercado" (p. 183).

286 No mesmo sentido: "[h]*ybrids exist because markets are perceived as unable to adequately bundle the relevant resources and capabilities (Teece and Pisano [1994]), while integration in hierarchy would reduce flexibility by creating irreversibility and wajening incentives*" (Ménard, Claude. The economics of hybrid..., p. 351).

287 Pinheiro, Luís de Lima. *Contrato de Empreendimento Comum (Joint Venture) em Direito Internacional Privado*. Lisboa: Almedina, 2003, p. 50.

288 Forgioni, Paula Andrea. *Teoria Geral dos Contratos ...*, p. 177.

289 Vide item I.3.3.

290 Collins, Hugh. *Introduction to Networks ...*, p. 8. A esse respeito, o Autor comenta que "[t]*hese intermediate contract, lying within the spectrum of contract types ranging from discrete contracts to hybrids, but toward the hybrid end, are frequently labelled 'relational contracts', though this terminology is not used in any precise and consistent way. In such relational contracts, one will find some or all of the following features: governance mechanisms to manage adaptations, dispute resolution mechanism, heightened duties of co-operation such as duties to perform in good faith, ongoing duties of disclosure of information, including technical and confidential knowledge, ongoing monitoring of performance including frequent meetings to assess progress, complex allocation of risks between the parties, and incentive system that redistribute the residual profit between the parties*" (p. 8). E Paula Forgioni segue em

E, de fato, a estrutura da operação econômica subjacente aos modelos híbridos, a despeito de sua diversidade na práxis negocial – e, portanto, dificuldade em sua sistematização –, é bastante diferente das encontradas nos contratos de intercâmbio e de associação. Afinal, nem se busca, simplesmente, a simples transferência de valores entre patrimônios (permuta), tampouco há a afetação de ativos voltados ao desenvolvimento de um projeto comum (pactos associativos). Há, em realidade, uma operação de cooperação, mediante a exploração de ativos complementares das partes – cujos interesses são convergentes; porém não idênticos –, em prol de um projeto comum.[291] Visa-se, ao final, à geração de uma sinergia negocial que aproveite a cada uma das partes.[292] E, de fato, "*on s'éloigne alors du modele contractuel classique*": "[u]*nis par leur intérêt commun, les contractants y sont, davantage que des parties, des partenaires animés d'un animus cooperandi qui œvrent à la réalisation d'un projet commun*".[293]

Para além do aspecto dos contratos de cooperação, individualmente, analisados, não há que se perder de vista ainda o fato de que os arranjos híbridos abrangem uma categoria ainda mais ampla de cooperação, qual seja, a das redes contratuais.[294] Esse fenômeno amorfo, utilizado para

mesma linha (*Teoria Geral dos Contratos Empresariais* ..., p. 183). Williamson, no entanto, relaciona os híbridos à teoria contratual neoclássica (Williamson, Oliver E. Comparative Economic..., p. 271).

291 Lequette, Suzanne. *Le contrat-coopération*..., p. 133. Em sentido semelhante: Weitzenboeck (*A legal framework for emerging*..., p. 181); Zanetti, Ana Carolina Devito Dearo. *Contato de Distribuição: O Inadimplemento Recíproco*. São Paulo: Atlas, 2015, pp. 58-59.

292 Lequette, Suzanne. *Le contrat-coopération*..., p. 137. Em sentido semelhante, Cevenini, ao tratar das distinções entre redes e sociedades de fato, aponta que "*one of the advantages of a Virtual Enterprise is the possibility of merging the effort of structures and entities whose competencies are synergetic and which may be diverse from the legal standpoint*" (*Virtual Enterprises*..., p. 135).

293 Lequette, Suzanne. *Le contrat-coopération*..., p. 240.

294 As redes contratuais são, amplamente, classificadas como arranjos de natureza hibrida. Nesse aspecto, Weitzenboeck registra que "*there is a growing literature on certain types of business relations which do not fit nearly into legal classification of either contract or partnership/company and which have been called 'networks' or 'hybrids'*" (*A legal framework for emerging*..., p. 17). Em sentido semelhante, confira-se o que diz Caffagi: "[e]*l término red incluye tanto los contratos multilaterals como los contratos bilaterales vinculados. Las redes contractuales son formas híbridas de organización situados entre los mercados de contratación general y las organizaciones jerárquicas. Las redes se diferencian del 'market contracting' porque los participantes no son agentes impersonales, sino parte bien identificada elegidas sobre la base de unas capacidades complementarias. Las redes permiten conseguir unos recursos que le mercado de la contratación general no es capaz de lograr. Las redes se diferencian, también, de*

descrever os mais variados tipos de operações econômicas, em que há a união de diversos contratos, em prol de um empreendimento comum, é questão ainda não decantada nem na doutrina nem na jurisprudência e, por conseguinte, traz ainda maiores desafios aos analistas.[295] A própria conceituação das redes, na categoria dos híbridos, seguiu-se a uma longa indecisão de economistas e sociólogos – primeiros a identificar o fenômeno –, sobre a qual forma de produção esses modelos deveriam se enquadrar. Nesse aspecto, Teubner destaca que a doutrina jurídica não deve se respousar sobre a simples fórmula da Economia ("*hybrid between market and hierarchy*") tampouco a da Socialogia ("*trust-based exchange system*"); mas, ao invés, deve buscar uma reconstrução legal do conceito, dentro de sua própria lógica.[296] Segundo ele, a doutrina jurídica dominante, inicialmente, tratou a questão dos híbridos, exclusivamente, sob o aspecto contratual, ignorando os aspectos organizacionais do formato de rede. A despeito de um ensaio inicial, na primeira década do século passado, em direção aos aspectos organizativos dos sistemas de distribuição, comparando-as às estruturas associativas, houve, nos anos subsequentes, uma "recontratualização" da matéria, ignorando uma série de características do modelo de rede contratual. Foi somente, ulteriormente, que, por meio das dificuldades da lei contratual em lidar com os arranjos híbridos, que os aspectos organizacionais da rede retornaram pelas "portas do fundo".[297]

las organizaciones jerárquicas porque sus mimbros son agentes autónomos y legalmente independientes, aúnque puedan ser económicamente dependientes" (Cafaggi, Fabrizio. Redes contractuales y small business act.¿Hacia unos principios europeos? In: Peris, Juan Ignacio Ruiz. *Hacia un derecho para las redes empresariales*. Valencia: Tirant lo Blanch, 2009, pp. 21-22). E Cafagi ainda repisa seu posicionamento, juntamente com Grundmann e Vettori , no artigo publicado em 2013, em que asseveram que "*the network of contracts is indeed a 'hybrid' between contracts and association*" (The contractual basis..., p. 22).

[295] Collins, nesse ponto, destaca que, a despeito das diferenças entre sistemas de *Civil Law* e *Common Law*, que dificultam a construção de conceito, amplamente, aplicável às redes, ambos "*recognise the two basic categories of contract and corporation, as we might expect from co-evolutionary processes between law and the rise of a market capitalista economy*" (Collins, Hugh. *Introduction to Networks*..., p. 27).

[296] Teubner, Gunther. Hybrid Networks Beyond Contract and Organisation. In: Amstutz, Marc; Teubner, Gunther (cood.). *Networks: Legal Issues of Multilateral Co-operation*. Oxford: Hart. 2009, pp. 13-14.

[297] Teubner, Gunther. *Network as Connected Contracts*. Oxford: Hart Publishing, 2011, pp. 115-116.

Ainda, no prefácio de uma outra obra redigido pelo autor, conjuntamente a Amstutz e a Karavas, destaca-se que a fascinação da doutrina, em torno do fenômeno da rede, dá-se menos por sua elevada frequência, na economia moderna, mas mais em função de sua inadequação tanto ao polo do mercado, quanto o da hierarquia.[298]

Por conta das nuances de cada um dos paradigmas de coordenação da atividade econômica, conclui-se que "cada forma de governança (mercados, híbridos e hierarquia, ou, para os juristas, contratos de intercâmbio, de associação e sociedades) possui lógica própria, que há de ser considerada na formação de sua disciplina jurídica".[299] A aplicação uniforme de uma regra contratual única para contratos de intercâmbio, híbridos e de sociedade, certamente, quedar-se-ia problemática e desconexa da realidade de cada um desses modelos.[300]

Essas novas formas de contratação híbrida deixam claro que as categorias e institutos, tradicionalmente, postos à disposição dos operadores do Direito não se encaixam mais de forma tão harmônica à realidade. A partir da análise de referidos arranjos, fica evidenciada a impossibilidade de considerar esses novos modelos de arranjos contratuais de forma estanque e hermética, fazendo-se necessário que ora se valha de institutos de determinada categoria, ora de outra, em relação de complementação, a fim de que melhor se compreenda a operação econômica efetuada. Faz-se mister, pois, que se dê atenção diferenciada a tais arranjos, até mesmo porque, "ao analisar contratos interempresariais, a aplicação literal das normas positivadas, descasadas da importância da eficiência na produção de utilidades, tende a gerar perdas ou custos sociais".[301-302]

[298] Amstutz, Marc; Karavas, Vaios; Teubner, Gunther. Prefácio. In: Amstutz, Marc; Teubner, Gunther (cood.). *Networks: Legal Issues of Multilateral Co-operation*. Oxford: Hart. 2009.

[299] Forgioni, Paula Andrea. *Teoria Geral dos Contratos ...*, p. 185. No mesmo sentido, Williansom: "[f]*irst, I advance the hypothesis that each generic form of governance-market, hybrid, and hierarchy needs to be supported by a different form of contract law*" (Williamson, Oliver E. Comparative Economic..., p. 271).

[300] Williamson, Oliver E. Comparative Economic..., p. 277. Em sentido semelhante: Dubisson (Dubisson, Michael. *Les accords de coopération dans le commerce international.* Paris: Lamy, 1989, p. 16).

[301] Sztajn, Rachel. Direito e Economia dos Contratos. Os conceitos fundamentais. In Verçosa, Haroldo Malheiros Duclerc. Curso de Direito Comercial. vol. IV. São Paulo: Malheiros, 2011,

Parece ser, nessa linha, a proposta de Grundmann, Caffagi e Vettori, para que seja reconhecida uma categoria dos contratos organizacionais. Segundo eles, tal conceito, que, obviamente, não daria azo a um novo tipo contratual, relacionar-se-ia a um fenômeno mais amplo, que distinguiria determinados contratos daqueles que regulam simples operações de troca e outrossim daqueles que organizam complexas atividades econômicas, valendo-se de uma entidade criada para esse fim específico. Não se trataria, ainda, de uma mera diferenciação entre contratos "*spot*" e contratos relacionais, mas, sim, de um conceito maior, com foco, especialmente, nas dimensões organizacionais do contrato e nas suas estruturas de governança. O fenômeno, discorrem, não é novo e contratos dessa natureza têm sido, paulatinamente, utilizados, com maior frequência, na *práxis* empresarial. Há, contudo, e com o que concordamos, a necessidade de que se reconheçam os contratos organizacionais, como "*pole of contract law besides mere exchange contracts*".[303-304]

p. 90. Paula Forgioni, igualmente, recomenda a análise dos contratos híbridos (*Teoria Geral dos Contratos...*, p. 204).

[302] Schanze, em sentido semelhante, ao tratar da influência recíproca entre as inovações híbridas e as regras legais, destaca o fato de que, por vezes, a opção por uma ou outra opção de coordenação da atividade econômica se deve ao arcabouço legal existente (*Symbiotic Arrangements...*, p. 758). Inclusive, o autor, em mesmo texto, questionava se os arranjos híbridos eram resultado, efetivamente, de circunstâncias específicas de mercado ou se era apenas uma estratégia para escapar à aplicação de regras legais, mormente as de caráter trabalhista e societária (p. 759).

[303] Grundmann, Stefan; Caffagi, Fabrizio; Vettori; Giuseppe. The contractual basis..., pp. 3-4. Em uma perspectiva sociológica, os autores destacam que tal distinção ainda não se deu de forma tão marcada, haja vista que os contratos organizacionais, em geral, são utilizados por advogados do ramo de Direito Societário, que, a despeito de se espantarem pela ausência de uma categoria específica para tais negócios, não são profissionais de conhecimento específico da área contratual (The contractual basis..., p. 15). De modo similar, Teubner destaca que "*(...) doctrinal qualifications of networks need be based upon the development of an 'organisational contract law' – the law of 'controrgs', if you like – which recognises their hybrid nature through the inclusion of 'organisational', ie, not only the relational, but also the multi-lateral, elements whithin the contract*" (Hybrid Networks Beyond Contract..., p. 14).

[304] Em artigo ulterior, escrito por Grundmann, em conjunto a Möslein e Riesenhuber, constata-se a necessidade de que os contratos sejam, atualmente, vislumbrados, sob a perspectiva da governança contratual, que, de modo similar à governança corporativa, impor-se-ia face à existência de riscos de oportunismo e ao envolvimento de interesses de terceiros. Assim, "[i]*n contracts, governance becomes relevant whenever the contractual agreement reaches beyond a*

Nos próximos itens, investigaremos a especificidades de tais pactos de natureza híbrida.

mere discrete spot exchange, namely in long-term or network relations and where regulators employ the mechanism of contract to persue regulatory goals" (GRUNDMANN, Stefan; MÖSLEIN, Florian; RIESENHUBER, Karl. Contract Governance: Dimensions in Law and Interdisciplinary Research. In: GRUNDMANN, Stefan; MÖSLEIN, Florian; RIESENHUBER, Karl (cood.). *Contract Governance: Dimensions in Law and Interdisciplinary Research.* Oxford: Oxford University Press, 2015, p. 2).

2.
DA ESTRUTURA ECONÔMICA E JURÍDICA DOS ARRANJOS DE CONTRATAÇÃO HÍBRIDA

1. Das distinções da estrutura econômica subjacentes aos arranjos cooperativos: a relação de instrumentalidade entre as prestações

Como visto, anteriormente, as formas híbridas de contratação não se fundam nem no mercado, com a clássica transferência de valores entre dois patrimônios (permuta), tampouco na hierarquia, com a afetação de ativos para o desenvolvimento de empreendimento comum, visando ao partilhamento de resultados (concentração). Os híbridos estão a meio termo de tais espectros, conformando uma operação de cooperação, por meio da qual, visando à sinergia negocial, há a exploração de ativos complementares das partes, que mantêm interesses, embora convergentes, distintos.

A toda evidência, tal diferença na operação econômica subjacente acarreta outrossim distinções, no que toca à estrutura jurídica dos modelos de contratação híbrida, de que, não obstante a miríade de formatos passível de ser observada na prática negocial, podem ser abstraídos determinados padrões e uma lógica a eles intrínseca. De efeito, em tese vencedora de quatro prêmios acadêmicos,[305] Lequette destaca, a partir da análise

[305] *Prix André Isoré de la Chancellerie des Universités de Paris, Prix Georges Ripert de la Chancellerie des Universités de Paris, Prix de l'Université Panthéon-Assaz (Paris II)* e *Prix de la Revue des contrats.*

empírica das contratações híbridas, que dois tipos diferentes de prestações puderam ser observados no âmago de tais negócios – aos quais, denomina "contrat-coopération" –,[306] a saber, (i) prestação instrumental e (ii) prestação final.[307] A primeira, em semelhança à prestação usual de contratos de intercâmbio, visa à transferência de um determinado valor (bem ou direito) de uma parte à outra. Tal transferência, contudo, não representa um fim em si mesmo, mas se dá, exclusivamente, para o propósito de que a parte receptora se valha dela, para executar a prestação que lhe cabe (prestação final), em busca de um projeto, mutuamente, partilhado. Daí a denominação conferida por Lequette de prestação *instrumental*: determinado bem ou direito é transferido à contraparte, a fim de que lhe sirva de instrumento, para a execução da prestação voltada à promoção do empreendimento comum vislumbrado pelos contratantes. A segunda, a seu turno, dá-se, mediante a exploração daquilo que foi transferido ao contratante, a fim de que este dê cabo à sua prestação e, assim, valendo-se da sinergia negocial gerada, busque aquilo que é, mutuamente, visado pelas partes.[308]

A título ilustrativo, pode ser mencionado o contrato de franquia. Os contratos de franquia, amplamente, disseminados, na *práxis* negocial, em diversos ordenamentos, consistem, de modo sintético, no negócio pelo qual o franqueador cede sinais distintivos do seu comércio (marca, insígnia do estabelecimento etc.) e transmite conhecimentos práticos não patenteados, total ou parcialmente secretos, ao franqueado,[309] que, a seu turno, remunera o primeiro e exerce a atividade comercial nos moldes

[306] Há autores, como Ferreira Pinto, que, como visto, valem-se de classificações distintas no eixo "permuta-associação": "[p]ara além das anteriormente analisadas (por ex.: «contratos simbióticos», «contratos de rede»), propõe-se, ainda, nesta perspectiva, a sua caracterização como «contratos de cooperação», num dos sentidos possíveis desta polissémica designação: aquela que normalmente os situa entre os puros contratos de troca e os contratos organizativos" (*Contratos de distribuição...*, pp. 135). A nós, contudo, até mesmo pela própria descrição feita por Ferreira Pinto, os termos designam o mesmo fenômeno, motivo pelo qual utilizamos, no presente trabalho, contratos de cooperação em igual sentido ao dos contratos híbridos.

[307] Lequette, Suzanne. *Le contrat-coopération...*, pp. 135-136.

[308] Lequette, Suzanne. *Le contrat-coopération...*, pp. 136-137.

[309] Vasconcelos vai além e sublinha que "na franquia o franqueador transmite temporariamente ao franquiado, coloca nas suas mãos, para além da (eventual) licença de marca, para além do saber-fazer, para além do direito de uso de outros sinais distintivos, a própria imagem da sua empresa, o principal factor da angariação de clientela, o seu bem mais valioso, de que os outros, embora também com valor em si, não meros componentes (mas cuja transmissão

definidos no contrato. No mais das vezes, o esquema de remuneração do franqueador consiste no pagamento de um "direito de entrada" ("*front money*") e de uma renda periódica, calculada em função do volume de negócios ("*royalties*").[310]

Pela operação econômica convencionada, o franqueado tem reduzido o seu risco econômico, em função dos signos distintivos já consagrados, das já testadas técnicas industriais e/ou comerciais e ainda pela assistência prestada pelo franqueador. Este, a seu turno, para além da renda periódica recebida, beneficia-se também do controle exercido sobre a distribuição de produtos e/ou realização de serviços, sem a necessidade de investimentos em uma rede própria de distribuição. A despeito da inserção dos franqueados no sistema de organização do franqueador, bem como da aparência de empresa única perante os consumidores, não há a constituição de um contrato associativo nem entre os franqueados e o franqueador, tampouco entre os franqueados. Nessa linha, não obstante o franqueador exerça um certo poder sobre as atividades do franqueado, inexiste qualquer relação de "subordinação da empresa franquiada a um centro de decisão externo".[311] Estes, dentro da ótica dos contratos de distribuição

articulada é necessária à transmissão dessa 'imagem de empresa') (Vasconcelos, L. Miguel Pestana De. *O Contrato de Franquia (Franchising)*. Coimbra: Almedina, 2010, p. 67).

[310] Pinheiro, Luís de Lima. *Contrato de Empreendimento Comum*..., p. 177. O conceito está, em linha, com o que define a norma regulamentadora da atividade, no ordenamento nacional, atualmente vigente, segundo a qual, "a Franquia empresarial é o sistema pelo qual um franqueador cede ao franqueado o direito de uso de marca ou patente, associado ao direito de distribuição exclusiva ou semi-exclusiva de produtos ou serviços e, eventualmente, também ao direito de uso de tecnologia de implantação e administração de negócio ou sistema operacional desenvolvidos ou detidos pelo franqueador, mediante remuneração direta ou indireta, sem que, no entanto, fique caracterizado vínculo empregatício" (Lei n. 8955/1994, art. 1º). A nova Lei de Franquia não diverge, fundamentalmente, nessa qualificação: "[e]sta Lei disciplina o sistema de franquia empresarial, pelo qual um franqueador autoriza por meio de contrato um franqueado a usar marcas e outros objetos de propriedade intelectual, sempre associados ao direito de produção ou distribuição exclusiva ou não exclusiva de produtos ou serviços e também ao direito de uso de métodos e sistemas de implantação e administração de negócio ou sistema operacional desenvolvido ou detido pelo franqueador, mediante remuneração direta ou indireta, sem caracterizar relação de consumo ou vínculo empregatício em relação ao franqueado ou a seus empregados, ainda que durante o período de treinamento" (Lei n. 13.966/2019, art. 1º).

[311] Pinheiro, Luís de Lima. *Contrato de Empreendimento Comum*..., pp. 178-180. O autor menciona ainda casos, que, a despeito de enquadrados como "franquias", aproximar-se-iam,

(em sentido lato), "são autênticos «híbridos», que combinam, em medida muito variável, elementos de integração e delegação, de controlo e de independência".[312-313]

Desse modo, há, na franquia, a transferência do *know-how* de determinada atividade comercial do franqueador ao franqueado (prestação instrumental), a fim de que este explore tal conhecimento e, mediante tal exercício, obtenha rendimentos, que, ulteriormente, serão, em parte, destinados ao franqueador (prestação final). Como se vê, ambos, franqueador e franqueado, têm interesse em um mesmo projeto econômico: a exploração de determinado *know-how* junto à clientela. Todavia, conquanto haja essa convergência de interesses, fato é que a atividade comercial, frente aos consumidores, é exercida apenas e tão somente pelo franqueado, que, nesse particular, assume sozinho o risco dos investimentos realizados na empreitada. Não há, desse modo, como se compreender que haja uma identidade de interesses das partes, tal qual se daria em um contrato associativo; os interesses convergem, mas permanecem diversos.[314] Há, em realidade, uma relação de complementaridade entre os ativos das partes, como expressão do fenômeno cooperativo, que altera o usual esquema sinalagmático, focado, essencialmente, na alocação de riscos.[315] Note-se,

em realidade a cooperativas. Seriam eles os casos de *Trade Association Franchise*, em que os franqueados formam uma associação, a qual passa a atuar como o franqueador, bem como o de *Block-Franchising*, em que há um acordo multilateral, o qual obriga os franqueados na persecução de um fim comum (p. 183).

312 PINTO, Fernando A. Ferreira. *Contratos de distribuição...*, p. 167.

313 RONALDO PORTO MACEDO, igualmente, reconhece o caráter híbrido dos contratos de franquia: "[d]a mesma forma, são os contratos de franquia que formam verdadeiras redes de produção e distribuição, que os permitirá chamá-los de 'contratos simbióticos', em face do alto grau de dependências recíprocas que unem os diversos agentes econômicos articulados por relações assimétricas de poder" (MACEDO, Ronaldo Porto. *Contratos Relacionais...*, p. 48). SCHANZE, um dos primeiros a tratar dos "contratos simbióticos", aponta que, de fato, há pouca diferença entre grupos empresariais descentralizados, em que os respectivos diretores possuem relevante participação nos lucros das entidades ou mesmo parte de seu capital, e redes de franquia com alto grau de controle exercido pelo franqueador (SCHANZE, Erich. *Symbiotic Arrangements...*, p. 757).

314 LEQUETTE, Suzanne. *Le contrat-coopération...*, p. 102.

315 Nesse sentido, confira-se o que é dito por CAFFAGI e GRUNDMAN: "[o]*ften collaboration is undertaken to do things that cannot be done alone or that would require much higher costs. Collaboration entails economies of complementarities embedded into specialization. These complementarities exist at the outset when firms decide to collaborate and they may persist or decline over time after collaboration has*

assim, que a estrutura da operação econômica executada, sob essa ótica, esquematiza-se de forma bastante diversa dos negócios de intercâmbio e de associação.[316] Confira-se abaixo:

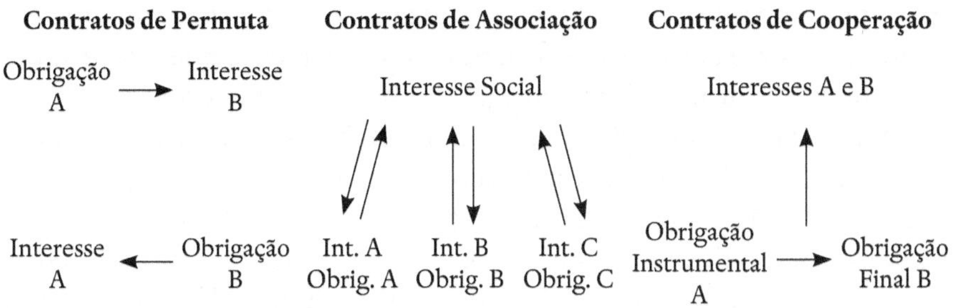

Nesses termos, considerando as especificidades das operações híbridas, Lequette aponta que melhor seria se falar em *co*prestação, no sentido de prestações que se *complementam* ("*rapport d'adequation moyen-fin*"), do que em *contra*prestação, cujo prefixo remonta ao clássico modelo de permuta ("*reciprocité*").[317] A esse respeito, Tranchant esclarece que o prefixo "co", que indica associação, aglutinado ao termo "operação", em "cooperação", aponta, de fato, uma atuação conjunta das partes.[318]

Como se percebe, a transferência de bem ou direito, na estrutura híbrida, é precária e qualificada: ela persiste apenas enquanto servir de instrumento à exploração de uma determinada atividade, ao final da qual, se possível, deverá haver a restituição do bem ao titular original (contratante instrumental). Essa dinâmica é bastante diversa dos negócios de permuta, em que a transferência do bem ou direito é um fim em si

taken place. Cleary the complementarities require forms of risk sharing and an allocation of risk which can hardly be compared with the forms deployed in bilateral contracting where exchange entail risk allocation rather than sharing according to the conventional view" (p. 359).

[316] LORENZETTI, ao se referir a pensamento de JOSEBA A. ECHEBARRÍA SÁENS (*El contrato de franquicia. Definiciòn y conflitos en las relaciones internas*, Madrid: McGraw-Hill, 1995, pp. 161 e seguintes), parece também identificar a distinção dos arranjos híbridos – no excerto os contratos de franquia – das relações de troca: "(...) *se sostiene que la franquicia sería entonces 'un contrato dotado de fin o interés común y ello nos permite su ubicación entre los contratos associativos o de organización en sentido lato, factor de extrema importância, puesto que nos permitirá la traslación analógica de princípios próprios del contrato societário* in genere" (*Tratado de Los Contratos...*, p. 50).

[317] LEQUETTE, Suzanne. *Le contrat-coopération...*, p. 139.

[318] TRANCHANT, Laetitia. *La cotraitance...*, p. 259.

mesmo – ainda que, ulteriormente, possa haver sua restituição (ex: locação ou comodato). No arranjo híbrido, o próprio devedor da prestação instrumental tem interesse econômico, na sua transferência à outra parte, já que esta representa o meio necessário para a realização da prestação final – que é do interesse de ambos – e assim, beneficia-lhe diretamente – o que não ocorre nas relações de troca. Ora, é evidente que, na permuta, há um interesse jurídico em se engajar na obrigação, pois este é o sacrifício necessário para a obtenção da contraprestação. No entanto, no arranjo híbrido, há mais do que este específico interesse jurídico de engajamento; o devedor da obrigação instrumental tem um interesse de maior relevo, na disponibilização dos meios à outra parte, pois somente assim ele poderá obter algum ganho efetivo com a relação[319] – afinal, de nada valeria o instrumento, se não houvesse quem com ele obrasse; as prestações, nesse aspecto, claramente, complementam-se, nos arranjos de natureza híbrida. Isso dito, fica claro que, diversamente da relação de reciprocidade que existe nos contratos de intercâmbio,[320] a relação entre as prestações, nos híbridos, é de meio e fim ("*rapport d'ádequation moyen-fin*").[321] Há uma relação de instrumentabilidade entre as prestações, à semelhança do que se passa nos contratos associativos.

Nada obstante, a estrutura dos híbridos encontra largas diferenças com a dos contratos associativos, especialmente pelo fato de aqueles não contarem com uma afetação de patrimônio a uma pessoa jurídica distinta – tampouco há uma comunhão –,[322] que, por si, executará a

[319] Lequette, Suzanne. *Le contrat-coopération...*, p. 144.

[320] "A reciprocidade, como característica da função económico-social que se designa por troca, consiste portanto numa relação tal entre as pessoas referidas no texto de um mesmo negócio jurídico (ou de negócios jurídicos conexos) que a vantagem planeada por cada uma dela se efectue à custa do sacrifício da outra. O fluxo de custo e benefício e dos objetos que os materializam far-se-á portanto numa mesma direcção e nos dois sentidos contrários" (Almeida, Carlos Ferreira de. *Texto e enunciado na teoria...*, p. 527).

[321] Lequette, Suzanne. *Le contrat-coopération...*, p. 145.

[322] A comunhão caracteriza-se, como uma massa patrimonial, resultando da imbricação de interesses (ex.: bens deixados pelo falecido aos herdeiros) (Maupa, Ludovic. *L'intérêt commun...*, p. 434). Ainda, na comunhão, o bem é o *prius*; não a atividade – "a atividade é aquela necessária para a fruição do bem, não se pode ir além; e, naturalmente, variando o bem, varia a atividade que é requerida para a sua fruição, isto é, para a obtenção daquelas utilidades econômicas que o bem pode oferecer (França, Eramos Valladão Azevedo e Novaes. A natureza jurídica dos fundos de investimento. Conflito de interesses apurado pela própria assembleia de quotistas. Quórum qualificado para destituição de administrador de fundo. In: *Temas de Direito Societário,*

atividade designada à obtenção do fim comum. Nesse ponto, é relevante observar também que inexiste uma fusão de interesses individuais, tal qual se revela nos pactos associativos, em que há um objetivo comum a ser explorado com base em meios, igualmente, comuns. Nos híbridos, de modo diverso, repise-se, os interesses permanecem diferentes, mas convergem em direção a um projeto comum, pois são complementares.[323] Nesse aspecto, como observam Grundmann, Caffagi e Vettori, "*in contract the common objective is instrumental to the individual interests while in company law individual interests are subject to the primacy of the common objective*".[324] Tal convergência de interesses não é também elemento suficiente para configurar um vínculo societário entre as partes; a um elo de tal natureza, seria imprescindível a vontade de ambos os contratantes de se unirem em torno de um interesse econômico comum idêntico (*affectio societatis*),[325] mormente com a aceitação de uma álea comum.[326]

Falimentar e Teoria da Empresa, São Paulo: Malheiros, 2009, p. 190). Nos arranjos híbridos, não há a formação de uma massa patrimonial, de caráter indivisível e de que as partes pretendem usufruir; o que há, como já referido, é a transferência de ativos de um a outro contratante, para o cumprimento da prestação final.

[323] LEQUETTE, Suzanne. *Le contrat-coopération...*, pp. 94-95.

[324] GRUNDMANN, Stefan; CAFFAGI, Fabrizio; VETTORI; Giuseppe. The contractual basis..., p. 36.

[325] LEQUETTE, Suzanne. *Le contrat-coopération...*, pp. 153-155. A esse respeito, não podemos deixar de registrar o entendimento de VALLADÃO, que, após criticar a utilização do "equívoco" e "ultrapassado" conceito de *affectio societatis*, como elemento constitutivo ou genético das sociedades, esclarece que "[o] que se particulariza na sociedade não é o consentimento, mas a causa do contrato, que vem a ser a consecução de um fim comum" (*"Affectio Societatis"...*, p. 38). O conceito de *affectio societatis*, segundo ele, foi forjado para uma realidade há muito superada: prestava-se, no Direito Romano, para distinguir a sociedade da comunhão, especialmente a formada entre os *filii famílias* após a morte do *pater famílias* (p. 30). O elemento subjetivo, normalmente, atribuído ao conceito (intuito de se manter associado), está, igualmente, presente em outros contratos de duração (locação, fornecimento etc.) e não é o que mantém o vínculo associativo. Este, a despeito de eventual desaparecimento do intuito de se associar, permanece, salvo nas hipóteses de (i) impossibilidade de consecução do fim social ou seu atingimento (CC, art. 1.034, II; LSA, art. 206, II, "b"), (ii) exercício de retirada (CC, art. 1.029 e 1.077; LSA, art. 109, V), (iii) fim do prazo de duração da sociedade (CC, art. 1.033) e (iv) consenso dos sócios (CC, art. 1.033, II; LSA, art. 136, X, e 206, I, "c") (p. 40)., Assim, segundo VALLADÃO, o elemento de convergência dos sócios seria o fim comum, a "estrela polar" do moderno direito societário (p. 42).

[326] LEQUETTE, Suzanne. *Le contrat-coopération...*, p. 76. No mesmo sentido, confira-se o entendimento de FERREIRA PINTO: "o reconhecimento de um *animus cooperandi* ou de elementos

Para além disso, a forma de remuneração dos contratantes de arranjos híbridos também a distingue dos associados. Nestes, a remuneração pelo investimento dá-se de modo derivado (*i.é.*, primeiro os ganhos são obtidos pela sociedade, para depois serem repartidos entres os sócios); nos híbridos, os benefícios são recebidos, diretamente, pelos contratantes, sem que haja o "*filtro de la sociedad*".[327] Este conceito, de acordo com Lorenzetti, é fundamental, para "*evitar la imputación de sociedad a toda contratación associativa, (...) como asimismo promover los vínculos asociativos contactuales no societários*".[328]

Vasconcelos ainda distingue os arranjos híbridos – classificados, por ele, como "negócios fiduciários num sentido amplo" – dos negócios associativos ("negócios fiduciários em sentido estrito"), ao apontar o risco ao

organizativos nos contratos de distribuição (pelo menos nos que temos em vista na presente dissertação) não autoriza qualquer confusão com os contratos associativos, ou organizativos, propriamente ditos. Ao contrário do que, nestes, usualmente se sucede, por intermédio daqueles não se constitui uma estrutura permanente de coordenação, nem há, em geral, uma direcção conjunta de recursos que sejam postos em comum. A cooperação não é organizada institucionalmente, antes assenta numa base puramente contratual e é dirigida por um dos signatários do acordo. Ela destina-se, em primeira linha, a viabilizar a troca de prestações programadas pelo contrato, que as partes realizam uma à outra e não a uma terceira entidade. Além disso, parece evidente que os contratantes não têm a mínima intenção de constituir entre si um distinto centro de imputação de interesses, de natureza societária ou outra, nem pretendem submeter-se ao regime jurídico próprio dos entes colectivos (*maxime*, ao direito das sociedades) (pp. 138-139).

[327] Lorenzetti, Ricardo Luis. *Tratado de Los Contratos...*, p. 59. Em sentido semelhante, Luma Pinheiro diferencia os contratos parciários dos contratos associativos, na medida em que "na sociedade há partilha de resultados comuns e não participação nos proventos doutrem" (Pinheiro, Luís de Lima. *Contrato de Empreendimento Comum...*, p. 216). Teubner, ao tratar das redes, também destaca que "[w]*hilst company law first apportions profit to the corporation and then distributes them amongst corporate members according to rules of allocation profits, the profits of networks are simultaneously apportioned to the network center and to the network nodes*" (*Network as Connected...*, p. 155).

[328] Lorenzetti, Ricardo Luis. *Tratado de Los Contratos...*, p. 58. Note-se, nesse aspecto, que, consoante adiantado no item I.3.4, Lorenzetti agrupa os contratos associativos e híbridos, sob a mesma classificação de contratos de "*colaboración associativa*" – com o que discordamos. Os vetores econômicos desses arranjos contratuais, conforme visto acima, são diversos e, por conta disso, geram também incentivos diferentes aos contratantes, que, a nosso ver, devem outrossim ser concebidos de forma, igualmente, diversas, pelo analista jurídico. De todo modo, a despeito da questão taxinômica, o raciocínio do autor argentino se aproxima, em diversos pontos, do defendido ao longo deste trabalho.

fiduciante da "perda do seu direito no seio de uma penhora verificada no âmbito de uma acção executiva interposta pelos credores do fiduciário ou da integração do direito na massa se este for declarado insolvente". De fato, em razão da autonomia mantida pelas partes, especialmente com independência de órgãos da administração, não haverá, nos contratos híbridos, fundamentos, para que o patrimônio de um seja responsabilizado por débitos do outro.[329]

A estrutura ora evidenciada parece também estar acorde com a função econômico-social da cooperação, delineada por Ferreira de Almeida. Segundo o autor, tal função "não prescinde de uma circunstância de finalidade, que especifica a finalidade geral da cooperação e que é geralmente desempenhada por uma circunstância de meio, indicativa do exercício da actividade por uma só das partes, por ambas (separadamente ou em conjunto) ou através de uma pessoa colectiva para o efeito".[330] A par de agrupar os híbridos e os associativos, sob mesma categoria, o esboço por ele traçado, a respeito da dinâmica obrigacional, assemelha-se ao apresentado por Lequette. E, no nosso entender, tal nem seria de se estranhar, na medida em que os híbridos perfazem, como já, reiteradamente, indicado, um meio termo entre a troca e a associação.

A respeito da estrutura dos arranjos híbridos, Lequette destaca que, embora, à primeira vista, a existência de uma cláusula contratual que remunere uma das partes, em função do resultado obtido por meio da efetivação da operação econômica, possa indicar sua natureza híbrida, ela, por si só, não é suficiente para tanto. O fundamental é, de fato, a convergência de interesses, com a complementaridade de ativos, em prol de um projeto comum. Tanto assim o é que, segundo ela, existem arranjos de natureza híbrida, em que não se observa uma cláusula de remuneração em tais moldes (cláusula parciária). Como exemplo, Lequette menciona o contrato de concessão comercial.[331]

[329] Vasconcelos, L. Miguel Pestana De. *O Contrato de Franquia (Franchising)*. Coimbra: Almedina, 2010, p. 66.

[330] Almeida, Carlos Ferreira de. *Texto e enunciado na teoria...*, p. 536.

[331] Lequette, Suzanne. *Le contrat-coopération...*, p. 151. Destaque-se, adicionalmente, que, de acordo com Prosperi, a cláusula parciária não é típica de negócios associativos: "*la clausola parziaria può senz'altro afferire anche a contratti a struttura sicuramente di scambio, a ben vedere la clausola parziaria si rivela un ulteriore índice di prova dell'inssusitenza di una gestione produtiva di tipo «associativo» (cioè comune), derivando altrimenti i risultati dell'attività, in termini di costi e ricavi, dal*

No contrato de concessão comercial, há, usualmente, o estabelecimento de uma relação duradoura, por meio da qual a concessionária se compromete a distribuir, em seu nome e por conta própria, produto fabricado pela concedente, em determinada área, promovendo, além de si, os signos distintivos do fabricante. Trata-se de contrato-quadro, ao qual se sucedem, contratos singulares de compra e venda, já, previamente, regulados em termos genéricos, e outros necessários à atividade de distribuição.[332] Dessa operação, por meio da qual inexiste uma efetiva repartição de lucros, há nítidas vantagens patrimoniais para ambos os lados: à concedente, em similitude à franquia, há o benefício de assegurar uma forma organizada de distribuição de seus produtos; à concessionária, para além dos lucros com a revenda, fica assegurada a posição de abastecimento, com as condições já, previamente, estabelecidas, bem como, em geral, assistência de *marketing* e pós-venda.[333]

Para Lima Pinheiro, não haveria, nesses contratos, verdadeiro aspecto cooperativo, na medida em que o risco econômico da distribuição dos produtos não é assumido por ambos – ele o é apenas pela concessionária. Segundo ele, há, nessa hipótese, tão somente uma coordenação da

processo economico complessivamente inteso, sai pure tenendo conto, in proporzione, dei diversi apporti di ciscun sócio" (Prosperi, Francesco. *I contratti agrari associativi e le loro nuovo forme.* Napoli: Edizioni Scientifiche Italiane, 1988, p. 114).

332 A esse respeito, é válido destacar que "a locução «contratos de distribuição» designa uma genérica categoria doutrinal, cujas principais modalidades são os contratos de agência, concessão comercial e de franquia. Trata-se de conjunto de negócios que têm em comum uma determinada função económica – sendo o espaço intersticial entre eles preenchido pela ideia de promoção negocial – e que partilham, até certo ponto, determinadas características tipológicas. (...) Acrescente-se que, para além das hipóteses de contrato misto (de agência e de concessão, por ex.), se torna possível identificar um contrato de distribuição de factispécies complexas, em que se coligam diversos contratos mas em que o conjunto assume uma função distributiva. Pela sua relevância prática, merecem referência, neste âmbito, os negócios, frequentemente celebrados com vista à comercialização de produtos petrolíferos (mormente, combustíveis), em que as empresas do sector facultam a terceiros a exploração de um posto de abastecimento (ou estação de serviços) que lhes pertence, mediante cessão de exploração ou comodato, e, em simultâneo, celebram um contrato de fornecimento exclusivo dos seus protudos com o locatário ou comodatário do estabelecimento" (Pinto, Fernando A. Ferreira. *Contratos de distribuição...*, pp. 48-49).

333 Pinheiro, Luís de Lima. *Contrato de Empreendimento Comum...*, p. 181. No mesmo senso: Pinto Monteiro (Monteiro, Antônio Pinto. *Denúncia de um contrato de concessão comercial.* Coimbra: Coimbra Editora, 1998, p. 44).

atividade de produção (a cargo da concedente) com a atividade de distribuição (a cargo da concessionária), de modo que existiria, nessa medida, apenas um interesse mediato da concedente (organização da distribuição de seus produtos), que é objeto da prestação da concessionária e que, portanto, "vai dirigida à satisfação deste interesse". Essa organização da distribuição não seria, portanto, o fim imediato do contrato, tampouco um resultado econômico, que possa ser considerado um fim mediato comum.[334] Segundo ele, para que houvesse um fim comum, seria necessário que ambas as partes exercessem a atividade de distribuição, assumindo também o risco econômico, e, ao cabo, partilhassem as receitas das vendas pela concessionária – inexistente na hipótese em tela.[335]

A esse entendimento, Lequette contrapõe que, a despeito da dificuldade de se identificar um empreendimento comum nos casos de concessão comercial, ele é sim existente: por meio de contratos coligados (contrato de concessão com os contratos individuais de compra e venda e outros tantos necessários à atividade de revenda), ambas as partes buscam, comumente, o desenvolvimento de uma clientela, da qual cada um, à sua maneira, esperar obter ganhos. A questão da coligação contratual nos híbridos será abordada no item a seguir, mas, por ora, interessa notar que, de fato, são fornecidos meios pela concedente (prestação instrumental relacionada ao prestígio de sua marca), para que a concessionária explore uma determinada atividade (prestação final de venda dos produtos), em benefício de ambos (ampliação da base de clientela).[336]

De modo similar, Helena Brito também destaca a existência de um efetivo fim comum na concessão comercial, que seria a de "provocar o máximo de vendas".[337] Ela, esclarece que, embora, à primeira vista, possa se pensar em um contrato celebrado, exclusivamente, no interesse da concedente; a realidade é que, de fato, os interesses convergem na concessão comercial. Afinal, além dos benefícios à concedente (eliminação dos riscos econômicos atinentes à distribuição de seus produtos), a concessionária também seria beneficiada com a operação, mediante,

[334] Sobre a distinção entre o fim imediato e fim mediato, confira-se item I.2.2.

[335] PINHEIRO, Luís de Lima. *Contrato de Empreendimento Comum...*, pp. 186-187.

[336] LEQUETTE, Suzanne. *Le contrat-coopération...*, p. 204.

[337] BRITO, Maria Helena. *O contrato de concessão comercial...*, p. 212. No mesmo sentido: BRUNET, Andrée. *Clientèle commune...*, p. 87.

entre outros, a comercialização de produtos de determinado padrão de qualidade, a eliminação de concorrência pelo estabelecimento de zona de exclusividade, a redução de custos com *marketing* e com a assistência à clientela (em geral repartido entre as partes), e, por fim, a obtenção da receita gerada com as vendas.[338]

Lima Pinheiro, no entanto, vai além: não só discorda da caracterização da concessão comercial como um "contrato de cooperação económica", como ainda exclui, desse conjunto, inclusive todos os contratos com estrutura "parciária"[339] – não obstante admita sua especificidade e, inclusive, a existência de um fim comum nesses negócios. Nessa ordem de ideias,

[338] Brito, Maria Helena. *O contrato de concessão comercial...*, p. 213. A respeito da concessão comercial, Pinto Monteiro destaca que, a despeito de o distribuidor estar subordinado às regras da rede que integra, "não pode esquecer-se que o distribuidor retira benefícios vários do facto de passar a pertencer a uma rede organizada" (Monteiro, Antônio Pinto. *Denúncia de um contrato...*, p. 42).

[339] Pinheiro, Luís de Lima. *Contrato de Empreendimento Comum...*, p. 214. Os contratos parciários, para a doutrina portuguesa, seriam aqueles, nos quais "a contrapartida de atribuição patrimonial realizada por uma das partes consiste num crédito sobre os resultados futuros da actividade económica ou de uma operação económica concreta realizada pelo beneficiário da atribuição" (p. 214). Como exemplo de contratos dessa natureza, haveria: o financiamento de uma determinada atividade, sem constituição de vínculo associativo, para remuneração atrelada aos resultados de um empreendimento; contratos de licença de direitos de propriedade intelectual, concessão de direitos de exploração, franquia etc. (p. 214). A respeito da temática, o autor português informa ainda que, fundamentalmente, há três as teses, em torno dessa matéria. A primeira, no espaço alemão, considera os negócios parciários como de natureza comutativa, pois entende inexistir fim comum entre as partes, haja vista que "uma das partes tem [apenas] um interesse próprio na produção de lucros por parte da outra". A despeito desse entendimento, diversos autores tedescos admitem que esses negócios estariam "afim à sociedade", conformando contratos de natureza mista (i.e., com a integração de um ou mais tipos no mesmo negócio). A segunda, no direito português, que classifica os negócios parciários, como subespécie de contrato oneroso, distinto de sociedade, e comutativo. A cláusula parciária, nesse aspecto, não teria o condão de alterar a estrutura comutativa do negócio, tratando-se, simplesmente, de mero "sistema de retribuição" especial, convencionado pelas partes. Finalmente, a terceira tese, defendida por Guilherme Moreira e Menezes Cordeiro, e à qual o próprio Lima Pinheiro se filia, considera "os contratos parciários como formas de transição entre os contratos comutativos e os contratos de cooperação" (p. 217). Por esse entendimento, tais quais os contratos de permuta e os associativos, os parciários seriam também uma subespécie de contrato oneroso, mas sem compor uma categoria específica. Alguns autores os entendem como contratos do tipo misto, abrangendo elementos do contrato de sociedade, com prestação de serviços e locação de coisas. Seriam, efetivamente, formas de

aponta que, nos negócios parciários, haveria "uma atribuição patrimonial para a actividade realizada pela outra" e, em troca, receberia "um crédito sobre os resultados desta actividade". A parte que aporta tal contribuição, prossegue o autor, assume, nessa medida, o risco econômico do empreendimento, mas apenas em caráter parcial. Afinal, a contrapartida à contribuição ficaria atrelada à obtenção de lucros suficientes, com a exclusão dos riscos no tocante à efetiva execução do empreendimento (não há uma participação nas perdas). Esta contribuição "pode ser encarada mais como um investimento num empreendimento de outrem ou mais como um normal negócio de alienação, cessão de uso ou actuação ao serviço ou no interesse doutrem".[340] E, ainda, "ambas as partes estão cientes de que a atribuição patrimonial se destina a realizar um empreendimento e não podem deixar de contar com risco económico envolvido".[341]

Seguindo por essa lógica, Lima Pinheiro, reconhece que, a despeito do interesse do parceiro nos lucros do empreendimento não coincidir com o complexo de fins da empresa, poderia ser reconhecida a existência de um fim comum entre os contraentes de negócios parciários – um juízo que, segundo Lequette, não comporta graus de quantificação.[342] Essa eventual convergência de fins, contudo, em que há, de um lado, uma contribuição ao empreendimento e, de outro, uma cessão parcial dos possíveis lucros do empreendimento, não se prestaria a conformar este negócio em, segundo sua concepção, de "empreendimento comum". Para tanto, e reiterando seus argumentos quanto à concessão comercial, não bastaria uma mera contribuição patrimonial, seria necessário, de fato, que a atividade econômica fosse exercida, conjuntamente, pelas partes. Afinal, se apenas uma das partes exerce a atividade, conservando a direção exclusiva, somente a ela podem ser, juridicamente, imputados tanto a atividade quanto o

transição, "que podem aproximar-se mais dos primeiros ou dos segundos, sem deixarem de conter, sempre, elementos de uns e de outros" (pp. 216-217).

340 Pinheiro, Luís de Lima. *Contrato de Empreendimento Comum...*, p. 217.

341 Pinheiro, Luís de Lima. *Contrato de Empreendimento Comum...*, p. 217. Judith Martins-Costa, igualmente, afasta os negócios parciários dos de colaboração (*A boa-fé no Direito Privado...*, p. 376).

342 Segundo Lequette, não existe qualquer sorte de grau de fim comum: ou ele existe em uma determinada relação ou não. Não é possível, portanto, que se fale em um contrato com "mais ou menos fim comum" do que um outro (Lequette, Suzanne. *Le contrat-coopération...*, p. 142). Nos híbridos, como se verá adiante (item III.1.1), não há também um fim comum entre as partes.

resultado por ela gerado – ainda que com o uso de contribuições do outro.[343] Nessa esteira, atendo-se ao aspecto mais comutativo do que associativo, conclui que deverá ser aplicável aos parciários o regime jurídico do tipo contratual comutativo prevalente; mas, em função do elemento cooperativo (convergência de fins), deverão, igualmente, ser observados um direito limitado de informação e outro de prestação de contas, com aplicação analógica das regras de regime societário.[344]

Da discussão acima, quer-nos parecer que, em realidade, a divergência de Lima Pinheiro dá-se, essencialmente, no nível tipológico, eis que, para ele, haveria a necessidade de execução conjunta da atividade comum, para que se caracterizasse o que denomina de "contrato de cooperação económica". No entanto, tal qual Lequette, ele também identifica uma estrutura de natureza cooperativa (em sentido amplo), com um empreendimento comum às partes, que exsurge a meio termo entre contratos de permuta e associação. O elemento que lhe parece enquadrar tais negócios, como comutativos, é a assunção do risco econômico da atividade, essencialmente, por apenas uma das partes – e não por todos, tal qual se daria em um típico acordo associativo. Contudo, tal aspecto contratual dos arranjos híbridos não é ignorado: um traço característico destes são as áleas diferentes de cada um dos parceiros, mas que permanecem dependentes uma da outra. Lequette, inclusive, aponta-o como característico desses negócios de estrutura intermediária (vide item III.4).

Em se tratando de arranjos híbridos, de naturezas variadas, ora esses negócios terão notas mais próximas dos contratos de troca, ora dos acordos

[343] PINHEIRO, Luís de Lima. *Contrato de Empreendimento Comum...*, p. 219.

[344] PINHEIRO, Luís de Lima. *Contrato de Empreendimento Comum...*, p. 221. No trecho a seguir, LIMA PINHEIRO afasta, por derradeiro, os arranjos ora apostos da categoria que denomina de "cooperação ecónomica": "[c]om certa frequência, a expressão é utilizada simplesmente para contrapor todos os acordos que criam laços estáveis entre as empresas às transacções pontuais de bens e serviços. Cooperação significa então pouco mais do que uma relação de base contratual com carácter duradouro. Com efeito, embora se invoque a comunhão de interesses e o objetivo comum, esta nota não parece assumir significado autónomo na delimitação dessa noção ampla de cooperação de empresas. Por conseguinte, são encarados como formas de cooperação os contratos comutativos de execução continuada em especial aqueles que permitem a utilização por uma empresa de patentes, marcas e outros direitos de propriedade industrial de que outra empresa é titular, bem como de transmissão de informações e conhecimentos não patenteados e os contratos ditos de prestação de serviços de gestão [*management services agréments*]" (PINHEIRO, Luís de Lima. *Contrato de Empreendimento Comum...*, p. 58).

associativos[345] – tal qual se abordará no próximo tópico. A variação parece natural à estrutura cooperativa, mas não parece haver dúvidas de que esta difere, tanto econômica quanto juridicamente, dos contratos de troca e dos vínculos de associação. Em adição, temos ainda a impressão de que Lima Pinheiro, ao tencionar ao afastamento de um empreendimento comum nesses negócios, desconsidera o aspecto global da operação econômica, ignorando a possibilidade de que, eventualmente, possa haver um fim mediato comum recaindo sobre o efeito sinergético da operação visado pelos contratantes (*v.g.*, o projeto comum, na concessão comercial, poderia ser o alargamento da clientela – e, não, somente a organização da distribuição e/ou o resultado com a venda dos produtos –; o projeto comum em uma parceria agrícola poderia ser a exploração da área rural – e, não, apenas a mera transferência de posse pela cessão parcial de lucros, que sequer existiria, caso não houvesse a atividade). Assim, mesmo abordando as estruturas, sob uma perspectiva taxonômica diversa, Lima Pinheiro somente vem a confirmar a existência de uma estrutura jurídica e econômica diversa nos arranjos híbridos, que fica a meio-termo dos modelos de troca e de associação.

O ponto acima revela, para além da identificação de uma estrutura diferente das de permuta e de associação, uma questão, arduamente, discutida em doutrina a respeito da natureza jurídica desse "projeto comum", constante dos arranjos híbridos. Voltaremos a esse aponto adiante, quando tratarmos dos elementos característicos dos contratos cooperativos.[346]

2. Da coligação contratual e o fenômeno cooperativo

A estrutura híbrida, como já, brevemente, referido, não fica restrita a apenas um contrato e pode abranger também um complexo de contratos firmados, entre as mesmas partes, em prol de um empreendimento comum ("*complexe contractuel-coopération*"). De acordo com Lequette, nesses agrupamentos contratuais cooperativos, há, em geral, um

[345] Nesse sentido, Pinto Ferreira esclarece, em relação aos contratos de cooperação, que, "dependendo dos espécimes negociais concretos, eles podem aproximar-se mais de um dos extremos da classificação e, assim, apresentarem características que os afastem do pólo oposto" (*Contratos de distribuição...*, p. 137).

[346] Vide idem III.1.

contrato-quadro,[347] que define as linhas-gerais do projeto de cooperação e prevê a realização de diversos outros contratos, inclusive de permuta, ligados entre si. É, exatamente, essa execução organizada de obrigações contratuais que gera a sinergia necessária à persecução do projeto comum vislumbrado entre as partes.[348] A utilização convencional[349] de múltiplos contratos, combinados entre si,[350] e celebrados, em geral, entre as mesmas

[347] Conforme FERREIRA PINTO, "os contratos-quadro são convenções que instituem a moldura regulamentar genérica de outros negócios (denominados negócios de execução, de aplicação, ou também auxiliares ou complementares), delas resultando geralmente a obrigação de os celebrar no futuro. Mas tratam-se de contratos definitivos (por contraposição aos negócios preliminares ou preparatórios), pois o contrato-quadro integra uma realidade mais ampla, definindo, desde logo, os direitos e deveres (actuais) das partes no que toca à vinculação primária que dele decorre; apenas acontece que, entre esses deveres, se contam os de emitir declarações de vontade determinantes de ulterior conclusão de outros negócios jurídicos, cujo regimento constitucional é antecipadamente definido pelas partes, embora carecendo de posterior especificação ou adequação" (PINTO, Fernando A. Ferreira. *Contratos de distribuição...*, pp. 130-131).

[348] LEQUETTE, Suzanne. *Le contrat-coopération...*, p. 156.

[349] Para além da relação estabelecida, de forma convencional, pelas partes, pode haver ainda uma relação legal entre os contratos, tal qual se dá nas relações de principal e acessório (ex.: fiança de obrigação acordada em contrato principal), nas subcontratações (ex.: sublocação de coisa), na sucessão de contatos (ex: pré-contrato e contrato definitivo) (LORENZETTI, Ricardo Luis. *Tratado de Los Contratos...*, pp. 35-36).

[350] A esse respeito, é importante esclarecer que, conforme destaca GALGANO, não é quantidade de instrumentos que releva para fins de se determinar a existência de conexão contratual. Afinal, tanto um único contrato pode estar contido em diversos instrumentos, quanto, em um único instrumento, pode estar contido mais de um contrato. O critério, segundo ele, passa, em realidade, pela unidade ou pluralidade de causa. Ilustrativamente, menciona o contrato de venda de uma determinada máquina e o contrato para sua manutenção, que, a despeito de estarem inseridos em uma única operação econômica, mantêm preservadas suas respectivas causas, sem se conformarem em contratos mistos (*Trattato di Diritto Civile...*, p. 218). Os contratos mistos – negócios em que mais de um tipo contratual se funde em apenas uma causa (a "causa mista") – perfazem espécie de contratos complexos. Estes são contratos que, mantendo sua unidade contratual, podem contar com **(i)** mais de uma parte em um dos pólos de interesse (subjetivamente complexo), **(ii)** ao menos, uma das partes realizando mais de uma declaração de vontade (volitivamente complexo) e/ou **(iii)** ao menos, uma das partes executando mais de uma prestação ou com prestações diferentes oriundas de tipos diversos (objetivamente complexo). A título exemplificativo de contrato complexo, MARINO destaca as hipóteses de contratos de viagem turística, em que, não obstante haja múltiplas prestações de natureza distinta (transporte, hospedagem, passeios, alimentação etc.), há apenas uma unidade econômica em causa – qual seja, o "pacote turístico" – e, portanto, não seria um

partes,[351] para a persecução de uma determinada finalidade econômica é fenômeno já, amplamente, conhecido.[352] Trata-se, na espécie, da figura dos contratos coligados, em que uma pluralidade de contratos, estruturalmente, distintos, encontram-se ligados, de forma a compor uma única operação econômica.[353] Há, nesses casos, uma finalidade supracontratual,

caso de pluralidade contratual, unida via coligação. Como se depreende da explanação, os contratos mistos são uma hipótese de contratos, objetivamente, complexos. Sobre o ponto, a despeito de considerar a questão da distinção entre unidade e pluralidade contratual bastante delicada, MARINO destaca que, na presença de um dos seguintes critérios, haverá uma hipótese de coligação e, não, de unidade contratual, a saber: **(i)** incongruência ou insuficiência dos tipos contratuais envolvidos, relativamente à operação econômica subjacente (ex.: contrato de franquia coligado a outro de locação); **(ii)** participação de dois ou mais centros de interesses, na relação jurídica (ex.: coligação entre contrato-base e subcontratos); e **(iii)** diversidade temporal, de contraprestação ou de instrumentos (MARINO, Francisco Paulo De Crescenzo. *Contratos Coligados no Direito Brasileiro*. São Paulo: Saraiva, 2010, pp. 110-127).

351 GALGANO explica que nem sempre o fenômeno da coligação será observado em contratos firmados entre as mesmas partes. Como exemplo, cita a fiança, um caso de coligação contratual típica, cujas partes contratantes não são coincidentes (GALGANO, Francesco. *Trattato di Diritto Civile*..., p. 220).

352 LORENZETTI, Ricardo Luis. *Tratado de Los Contratos*..., p. 34.

353 LEONARDO, Rodrigo Xavier. Capítulo X. Os Contratos Coligados, os Contratos Conexos e as Redes Contratuais. In: CARVALHOSA, Modesto. *Tratatado de Direito Empresarial IV. Contratos Mercantis*. São Paulo: Revista dos Tribunais, 2016, p. 4. Segundo RODRIGO LEONARDO, a constatação dessa coligação dá-se, mediante o exercício de "uma função social e econômica, unificada e diferenciada, verificável no conjunto dos contratos". Como bem destaca CARLOS KONDER, contudo, o conceito de operação econômica é extrajurídico e de difícil apreensão. Não há, segundo ele, uma forma segura de o Direito Civil conferir uma maior determinação à configuração do fenômeno, o qual acaba por se revelar, extremamente, abrangente: a coligação contratual dá-se em grupos contratuais bastante heterogêneos e já foi objeto de análise, em diversos ordenamentos, sob a mais variadas teorias. Na Itália, foi analisada, sob a forma de *collegamento negoziale*, com foco, essencialmente, na repercussão da invalidade e/ou ineficácia de um contrato sobre outro. Na França, de modo oposto, as problemáticas suscitadas, em torno do fenômeno dos *groupes de contrats*, vislumbraram, especialmente, questões atinentes à relatividade dos efeitos dos contratos, na coligação entre negócios, envolvendo partes diversas (KONDER, Carlos Nelson. *Contratos conexos: grupos de contratos, redes contratuais e contratos coligados*. São Paulo: Renovar, 2006, pp. 95-125). No Brasil, a doutrina ainda é, relativamente, escarça sobre o tema – a despeito de presente em diversas obras, foram poucos os que dela trataram de forma mais aprofundada – e teve forte influência dos analistas italianos (KONDER, Carlos Nelson. *Contratos conexos*..., pp. 135-148; MARINO, Francisco Paulo De Crescenzo. *Contratos Coligados*..., pp. 93-98). Entretanto, diversamente do que se passou na península itálica, em que a coligação é explicada por meio da noção de causa ("além da causa pertinente

que é distinta e/ou mais ampla do que aquelas, social ou legalmente, tipificadas para os contratos individuais, utilizados como instrumento do todo organizado pelas partes.[354]

Dentro dessa estrutura contratual geral,[355] encontram-se, segundo Marino, as seguintes espécies de coligação: **(i)** *ex lege* (decorrente de determinação legal), **(ii)** natural (verificada, nas relações de acessoriedade entre contrato) e **(iii)** voluntária (oriunda da vontade, explícita ou implícita, das partes).[356] No primeiro caso, a coligação se dá, mediante fonte legal, tal qual se passam com os contratos interligados, para fins de funcionamento da rede de telefonia no Brasil.[357] No segundo, a coligação

a cada um dos contratos, haveria uma causa referente à coligação contratual"), a recepção nacional deu-se, essencialmente, com fundamento na função social do contrato (CC, art. 421) (Leonardo, Rodrigo Xavier Capítulo X. Os Contratos Coligados..., p. 4). No espaço nacional, já se debruçaram sobre a questão, de forma mais detalhada: Rodrigo Leonardo; Carlos Konder; Francisco Marino; Eduardo Kataoka (Kataoka, Eduardo Takemi. *A coligação contratual.* Rio de Janeiro: Lumen Juris, 2008); Samuel Mezzalira (Mezzalira, Samuel. *Conexão Contratual no Direito Civil Brasileiro.* Dissertação de Mestrado apresentada ao Departamento de Direito Civil da Universidade de São Paulo, em 2011).

[354] Lorenzetti, Ricardo Luis. *Tratado de Los Contratos...*, p. 38.

[355] Também denominadas tipos contratuais gerais, as estruturas gerais, assim como os contratos bilaterais, os contratos de adesão etc., perfazem classe de estruturação, que se encontra entre a teoria geral dos contratos e os tipos contratuais (Leonardo, Rodrigo Xavier. Capítulo X. Os Contratos Coligados..., p. 1).

[356] Marino, Francisco Paulo De Crescenzo. *Contratos Coligados...*, pp. 104-108.

[357] Leonardo, Rodrigo Xavier. Capítulo X. Os Contratos Coligados..., pp. 1-10. A coligação contratual, nas telecomunicações, estabeleceu-se a partir da abertura deste mercado, com a imposição legal de operações de interconexão entre as diversas prestadoras de serviços de telefonia, na forma da Lei n. 9.472/1997. Por meio desta, houve "*a ligação entre redes de telecomunicações funcionalmente compatíveis, de modo que os usuários de serviços de uma das redes possam comunicar-se com usuários de serviços de outra ou acessar serviços nela disponíveis*" (art. 146). Assim, por meio de diversos contratos coligados, viabilizou-se que o cliente da operadora de uma determinada rede A pudesse efetuar uma ligação telefônica para o cliente da operadora da rede B, pagando, no mais das vezes, pelos serviços em uma fatura única. Como destaca Rodrigo Leonardo, "[o] conjunto de contratos de interconexão é coligado para possibilitar a operação econômica, supracontratual, de interligação entre todas as operadoras para o atendimento indistinto entre os clientes". A coligação contratual entre as operadoras de telefonia é reconhecida pela jurisprudência pátria. Nesse sentido, o Tribunal de Justiça de São Paulo já decidiu pela responsabilidade solidária de operadora perante cliente de outra: "[a] preliminar de ilegitimidade passiva da corré Brasil Telecom S/A não pode ser acolhida, tendo em vista a relação de coligação existente entre a operadora com a empresa de telefonia,

decorre da natureza acessória típica de um dos contratos, como, por exemplo, nos contratos de subempreitada e de garantia (fiança, hipoteca, penhor, anticrese etc.).[358] Por fim, na coligação voluntária, a relação expressa-se, a partir de cláusulas negociais, que suportam uma operação econômica supracontratual. Como exemplo dessa categoria, podem ser mencionados os diversos contratos celebrados, no bojo de projetos de infraestrutura (*Project Finance*), ou ainda, nas operações de compra e venda de participação societária, em que, por meio de contratos de locação, a parte vendedora aluga à compradora o imóvel onde a sociedade desenvolve a atividade comercial.[359]

Destaque-se, nesse ponto, que a doutrina nacional diverge, quanto à inclusão das redes de contratos, dentro da estrutura contratual geral dos contratos coligados. Enquanto alguns, como Rodrigo Leonardo e Cláudia Lima Marques, entendem que as redes seriam uma subespécie de coligação contratual,[360] outros tratam o fenômeno de maneira distinta.[361] Para Marino, partidário da segunda opinião, existem, ao menos, três razões, pelas quais as redes não se enquadrariam dentro do conceito da coligação. Primeiramente, haveria, para ele, o fato de que as redes se relacionariam, estritamente, às contratações empresariais de massa, conceito dissociado do fenômeno da coligação, que permanece alheio a tais questões. Em segundo lugar, o caráter aberto das redes, estruturadas por uma parte, a

uma vez que ambas atuam em parceria para a concretização de interesses econômicos, o que implica em solidariedade dos participantes da operação, nos termos do artigo 7º, parágrafo único, do Código de Defesa do Consumidor" (TJ-SP, 29ª Câm. Dir. Privado, Apel. n. 0203816-85.2009.8.26.0100, Rel. Des. Hamid Bdine, j. 17.9.2014).

358 Marino, Francisco Paulo De Crescenzo. *Contratos Coligados...*, p. 106.

359 Leonardo, Rodrigo Xavier. Capítulo X. Os Contratos Coligados..., pp. 1-10.

360 Para Rodrigo Leonardo, os casos de coligação contratual dividir-se-iam em **(i)** contratos coligados em sentido estrito (*ex lege*), **(ii)** contratos ligados por cláusula expressa, **(iii)** contratos conexos. Seria, nesta terceira modalidade – em que o vínculo funcional somente poderia ser apreendido, mediante regras de interpretação dos negócios jurídicos, aplicadas aos diversos contratos envolvidos, animados por um propósito comum (aspecto subjetivo), no contexto de uma mesma operação econômica (aspecto objetivo) – que se enquadrariam as redes contratuais (Leonardo, Rodrigo Xavier. Capítulo X. Os Contratos Coligados..., pp. 1-10). Claudia Lima Marques vai em mesmo sentido e também compreende que as redes seriam uma subespécie de conexão contratual (Marques, Cláudia Lima. *Contrato no Código de Defesa do Consumidor*, 4ªed., São Paulo, Revista dos Tribunais, 2002, pp. 94-95).

361 Mezzalira, Samuel. *Conexão Contratual...*, p. 110.

quem os contratos permanecem fungíveis, e com a possibilidade de ser agregada "uma multiplicidade quase infinita de contratos", não seria algo inerente aos contratos coligados. Por fim, o caráter divisível das redes, em que a invalidade e/ou ineficácia de um dos contratos, em regra, não afetaria todo o restante – um dos principais efeitos da coligação –,[362] seria a evidência de que os fenômenos não coincidiriam.[363] Atento às distinções, Samuel Mezzalira, em perspicaz observação, anota ainda que, enquanto a coligação se debruça sobre o ato de contratar, as redes têm como objetivo viabilizar uma atividade, usualmente de cunho empresarial.[364] Lorezentti também segue, em mesma linha, apontando que "[l]*a conexidad es un fenómeno diverso que compreende el estúdio de todas aquellas relaciones en las que los contratos son instrumentos para la realización de una operación económica*".[365] No nosso entender, a razão estaria com esses últimos: ainda que, no interior das redes, o fenômeno da coligação possa estar presente, essa ilação não parece se ampliar a ponto de que os fenômenos sejam tratados de modo idêntico. Como ponto fundamental, para além da perspectiva diversa entre os fenômenos (ato/atividade), há, essencialmente, o fato de que não é possível generalizar a existência de uma relação de dependência, unilateral ou recíproca, entre todos os contratos em rede, para todas as suas formas de configuração. Nesse aspecto, basta se pensar em dois contratos de franquia distintos, no contexto de uma rede, contendo diversos outros. A despeito de, reciprocamente, influenciaram-se, um não tem a sua existência, diretamente, dependente do outro.[366] Tanto assim que um pode

[362] Confira-se o comentário de GALGANO a respeito: "[i]*l collegamento contrattuale ha questa rilevanza: i vari contratti collegati conservano la loro individualità; tuttavia le vicende che investono un contratto – invalidità, inefficacia, risoluzione – possono ripercuotersi sull'altro o sugli altri*" (*Trattato di Diritto Civile...*, p. 219).

[363] MARINO, Francisco Paulo De Crescenzo. *Contratos Coligados...*, pp. 96-97.

[364] MEZZALIRA, Samuel. *Conexão Contratual...*, p. 113. Nesse sentido, RODRIGO LEONARDO, a despeito de enquadrar as redes contratuais, como espécie de contratos coligados, ressalta que "[s]endo um produto de uma realidade econômica bem diversa daquela que iluminou os estudiosos do direito contratual clássico, as redes contratuais inserem-se em um novo paradigma do direito dos contratos, que, por sua vez, reflete uma alteração nas operações de produção e circulação de bens e serviços" (LEONARDO, Rodrigo Xavier. *Redes Contratuais no Mercado Habitacional*. São Paulo: Revista dos Tribunais, 2003, p. 133).

[365] LORENZETTI, Ricardo Luis. *Tratado de Los Contratos...*, p. 43.

[366] Como destaca MARINO, a dependência é elemento essencial para a coligação contratual: "[c]ontratos coligados podem ser conceituados como contratos que, por força de disposição

legal, da natureza acessória de um deles ou do conteúdo contratual (expresso ou implícito), encontram-se em relação de dependência unilateral ou recíproca. / Da noção apresentada podem-se deduzir os dois 'elementos essenciais' da coligação contratual juridicamente relevante: (i) pluralidade de contratos, não necessariamente celebrados entre as mesmas partes; (ii) vínculo de dependência unilateral ou recíproca" (MARINO, Francisco Paulo De Crescenzo. *Contratos Coligados...*, p. 99). Em sentido semelhante, LEQUETTE também reconhece que a coligação se dá, de maneira a gerar dependência unilateral – é o que se dá, nos casos em que há uma relação de acessoriedade de um frente ao outro, tal como, por exemplo, em sublocação, subcontratação em empreitada etc. – ou dependência recíproca – situações em que a realização de uma operação econômica global demanda a celebração de mais de um contrato. Nessas operações, cada um dos contratos encontra sua razão de ser apenas em função da existência dos demais e é, por isso, que se diz que há uma "*interdepéndance contractuelle*" (*Le contrat-coopération...*, pp. 166-167). No mesmo senso, ORLANDO GOMES também explica que "[o]s contratos coligados são queridos pelas partes contratantes como um todo. Um depende do outro de tal modo que cada qual, isoladamente, seria desinteressante. Mas não se fundem. Conservam a individualidade própria, por isso se distinguindo dos contratos mistos. / A dependência pode ser recíproca ou unilateral. / Na primeira forma, dois contratos completos, embora autônomos, condicionam-se reciprocamente, em sua existência e validade. Cada qual é a causa do outro, formando uma unidade econômica. Enfim, a intenção das partes é que um não exista sem o outro. (...) A união com dependência unilateral verifica-se quando não há reciproceidade. Um só dos contratos é que depende do outro. Tal coligação requer a subordinação de um contrato a outro, na sua existência e validade. Os contratos permanecem, no entanto, individualizados" (*Contratos...*, pp. 121-122). O próprio RODRIGO LEONARDO destaca, igualmente, não apenas a relação de dependência entre negócios coligados, como também as consequências jurídicas que a nulidade, anulabilidade e resolução de um gera sobre o outro: "[a] despeito da existência de algumas diferenças entre as abordagens feitas nos diversos sistemas jurídicos citados, verifica-se, porém, uma unidade da apreensão do fenômeno a ser estudado: contratos estruturalmente diferenciados, todavia, unidos por um nexo funcional-econômico que implica consequências jurídicas. / Assim, Giovanni Schizerotto, magistrado italiano autor da obra intitulada *Il collegamento negoziale*, amplamente citada na doutrina europeia, define o coligamento entre negócios: 'quando se fala de coligamento em senso próprio, faz-se referimento àquele nexo teleológico existente entre dois ou mais negócios (...), ocorre o fenômeno do coligamento negocial quando se está na presença de uma pluralidade de contratos coexistentes e, entre eles, se dá um nexo de tal natureza que os torna dependentes ou interdependentes, de modo que a validade e a eficácia de um é condicionada à eficácia e validade do outro'. / Em sentido similar, para Giorgio Lener, 'por coligamento negocial se entende, tradicionalmente, uma pluralidade de negócios distintos em sua estrutura, porém, unilateralmente ou bilateralmente dependentes, de modo que a nulidade, a anulabilidade e a resolução de um repercute sobre o outro ou sobre os outros,

prosseguir válido e eficaz, caso o outro seja extinto. Em adição, há que se destacar ainda que uma mesma rede pode abranger contratos e partes, que não tenham qualquer vinculação direta e, em realidade, estejam bastantes distantes entre si. Nesse aspecto, basta se pensar em uma longa cadeia de fornecimento de alimentos, em que diversos contratos, celebrados por partes, sucessivamente, interligadas, mas diversas, separem o elo entre o varejista final e o fornecedor inicial. As diferenças também se dão ainda no fato de que, consoante se tratará no tópico adiante, as redes contratuais abarcam, como é próprio dos híbridos, uma paradoxal estrutura entre interesses individuais das partes e outro comum à coletividade – algo que também não é, necessariamente, próprio do fenômeno da coligação contratual. Com isso, contudo, não se quer dizer que não haja coligação, no interior das redes – mesmo porque, com frequência, há –; mas apenas que não há coincidência entre os conceitos e tampouco um é pressuposto do outro.[367]

Em uma outra tentativa de unificação, Carlos Konder, após analisar uma diversidade de casos envolvendo a pluralidade de contratos, destaca que todos poderiam ser agrupados, em um só, por conta de um vínculo funcional, tal qual seria apontado pela doutrina italiana. Haveria, para ele, uma função ulterior – diversa das funções individuais de cada contrato –, que somente pode ser alcançada, mediante a união de pactos diversos. Tal função ulterior, contudo, somente poderia ser identificada, mediante um processo de interpretação, a partir de indícios do caso concreto.[368] Essa tentativa também é rechaçada por Marino, que destaca inexistir a tal função ulterior, em alguns casos referidos pela doutrina francesa (por ex., cadeias homogêneas, formadas por vendas ou doações sucessivas ou ainda

provocando a consequente invalidação pelo mesmo título" (LEONARDO, Rodrigo Xavier. *Redes Contratuais...*, pp. 129-130).

[367] Sobre o ponto, CAFAGGI adverte que, na prática, pode ser difícil distinguir uma situação de coligação contratual, em que haja ou não o intento de criar uma rede. No entanto, ele bem salienta que "[h]*ay diferencias entre dos contratos vinculados para la venta donde, por ejemplo, el vendedor de la casa A quiere comprar outra casa, a pagar con el dinero que obtiene del comprador B. Ciertamente, A sólo puede comprar la casa de C si él vende su própria casa a B, pero los dos contratos no constituyen una red contractual*" (Redes contractuales..., p. 48).

[368] KONDER, Carlos Nelson. *Contratos conexos...*, pp. 180-185.

em sublocações), fonte de inspiração de Carlos Konder, na construção do silogismo.[369]

Antes de se prosseguir à análise, faz-se de rigor um esclarecimento adicional: a coligação contratual gera um vínculo entre contratos, para a realização de uma operação econômica única, a qual, contudo, não, necessariamente, abarca um negócio de cunho cooperativo. Apesar de diversos arranjos de natureza híbrida, e isso é bem comum, valerem-se de contratos coligados, para promover a interação entre ativos complementares, na busca de um empreendimento comum às partes, o fenômeno, a toda evidência, não se restringe a negócios de cooperação. A operação econômica mediada pela coligação pode muito bem dar azo a uma relação de troca de ativos. Tal é o que se passa, por exemplo, no âmbito de um contrato de compra e venda de participação societária, coligado à locação dos imóveis onde está sediada a sociedade objeto do negócio. É inequívoco que, nesse caso, a locação fez parte da negociação, para a compra e venda da empresa, em típica relação de intercâmbio. Ainda que as partes mantenham um relacionamento ulterior, com base na locação, não há tampouco nessa hipótese qualquer empreendimento comum entre as partes; o que existe é apenas uma troca de uma "contraprestação em dinheiro (...) pelo uso e gozo de coisa não fungível".[370] Em um outro exemplo, podem-se mencionar também as coligações geradas, por cláusulas de *cross default*, em contratos de mútuo celebrados por um mesmo credor com entidades pertencentes a um mesmo grupo societário. Também, nesse caso, o vínculo entre os negócios não abarca qualquer operação de natureza híbrida; há, meramente, uma relação de intercâmbio, envolvendo a troca de valores pecuniários entre as partes.[371] Ainda, nesse sentido, Gianroberto Villa defende a existência de negócios plurilaterais de escambo, em que, por meio da coligação contratual, mais de duas partes dão cabo a uma operação de troca. Como exemplo, refere-se à hipótese, em que um determinado proprietário de imóvel esteja interessado em vendê-lo a uma construtora, mas não deseje receber, como contraprestação, uma parcela do que será construído, haja vista se tratar de um centro comercial e seu intento seja

369 Marino, Francisco Paulo De Crescenzo. *Contratos Coligados...*, p. 98.

370 Gomes, Orlando. *Contratos*. Rio de Janeiro: Forense, 2008, p. 332.

371 Gomes, Orlando. *Contratos...*, pp. 390-395.

se tornar dono de um bem de caráter residencial. Nada impede, nesse contexto, que a construtora encontre um terceiro interessado em uma unidade comercial e que detenha o imóvel desejado pelo vendedor, de forma que este receba a propriedade residencial, em troca do terreno cedido à construtora, que, por sua vez, concederá ao terceiro direitos sobre uma porção do que construirá. Há aí uma clara operação de troca, envolvendo contratos em coligação.[372] Todos esses exemplos apenas reforçam o fato de que, enquanto a coligação se centra no ato de contratar, as redes voltam-se à organização de uma atividade. Voltaremos a tratar deste fenômeno no tópico a seguir.

Conforme destaca Lima Pinheiro, essa multiplicidade de contratos, em coligação, pode decorrer de uma série de fatores. Primeiramente, a hipótese pode-se dar pela própria dificuldade no processo negocial para a conclusão do negócio, que estabelece acordos sobre pontos, cuja regulamentação relega para momento ulterior, em instrumentos distintos. Em segundo lugar, a pluralidade de instrumentos pode decorrer da necessidade de preservação de confidencialidade de partes do negócio a terceiros que precisem ser envolvidos na execução do empreendimento comum. Por fim, uma terceira razão pode residir na necessidade de que haja a celebração de diversos instrumentos atinentes à constituição de entidade comum.[373]

Ilustrativamente, isso é o que ocorre, nos casos de *joint venture*, que se conforma como um "contrato de companhia ajustado por duas ou mais sociedades empresárias com o fim de exercerem em conjunto a função empresarial em determinado empreendimento econômico".[374] Em tais arranjos, os fatores produtivos específicos das empresas combinam-se, para realização do empreendimento comum.[375] À distinção dos consórcios, as obrigações, nas *joint ventures*, são, por natureza ou convenção das partes, indivisíveis, de forma que os lucros ou perdas seriam repartidos conforme quotas pré-determinadas; nos consórcios, cada uma das

[372] Villa, Giancarlo. *Inadempimento e Contratto Plurilaterale...*, pp. 25-33.

[373] Pinheiro, Luís de Lima. *Contrato de Empreendimento Comum...*, p. 97.

[374] Lamy Filho, Alfredo; Bulhões Pedreira, José Luiz (Coord.). *Direito das companhias...*, p. 157.

[375] Pinheiro, Luís de Lima. *Contrato de Empreendimento Comum...*, pp. 59-60.

consorciadas assume, integralmente, os riscos de sua respectiva prestação.[376] Vale frisar, ainda, que as *joint ventures* se originaram de formas de cooperação interempresarial surgida nos EUA e que, por força do tráfico internacional, espraiaram-se para outras experiências. Há, portanto, um certo grau de tipicidade social de modalidade de organização econômica.[377]

Diversamente do que se dá, usualmente, em contratos associativos, especialmente na forma de sociedades por ações, as *joint ventures* geram "*vínculos de caráter pessoal, que levam os interessados a modificar profundamente o funcionamento da sociedade para adequá-lo ao escopo particular assumido*".[378] A despeito da miríade de formas possíveis de serem organizadas, as *joint ventures*, geralmente, contam com um "contrato-quadro"[379] – a regular

[376] Pinheiro, Luís de Lima. *Contrato de Empreendimento Comum...*, pp. 85-84.

[377] Pinheiro, Luís de Lima. *Contrato de Empreendimento Comum...*, p. 91. Weitzenboeck esclarece que, em realidade, o termo *joint venture* é um diminutivo de "*joint adventure*", cujo primeiro registro remonta ao Direito Escocês do início do século XIX. De todo modo, reconhece que foi, nos EUA, que o moderno conceito de *joint venture* se desenvolveu, especialmente, na jurisprudência daquele país. Ela destaca que, a despeito de, a partir da década de 1980, as cortes estadunidenses terem passado a distinguir as *joint ventures* das *partnerships*, os juristas locais ainda têm dificuldade em apontar as diferenças. Por fim, a autora registra que, conquanto essa forma de organização seja, internacionalmente, utilizada, poucos ordenamentos contêm regulamentos próprios a ela (*A legal framework for emerging...*, pp. 24-35).

[378] Lamy Filho, Alfredo; Bulhões Pedreira, José Luiz (Coord.). *Direito das companhias...*, p. 158.

[379] De acordo com Junqueira, "o contrato-quadro (*contrat-cadre, Rahmenvertrag*) pode ser definido como aquele que busca fixar algumas das principais regras às quais se submeterão os contratos pontuais a serem futuramente celebrados pelas partes; o contrato-quadro visa criar um quadro único para governar o conjunto de relação continuadas entre os contratantes. Os contratos a serem futuramente celebrados podem ser denominados contratos de duração (*contrats d'application*), na medida em que concretizam o contrato-quadro; eles preenchem o 'quadro' previamente delimitado" (Azevedo, Antonio Junqueira. *Contrato-quadro. Impossibilidade superveniente da obrigação de celebração dos contratos de execução (compra e venda) por inexistência de critério consensual para estipulação do preço. Inadmissibilidade de arbitramento judicial do preço. Resolução ex nunc dos Contratos-quadros e restituição do enriquecimento sem causa* in *Novos Estudos e Pareceres de Direito Privado*, São Paulo: Saraiva, 2010, p. 167). Segundo o autor, há, no contrato-quadro, uma *affectio modulus*, consistente na vontade das partes em concluir futuros contratos, sob um regime jurídico predeterminado. Assim, a causa do contrato-quadro seria a "'standardização' dos futuros contratos de execução" (p. 167).

as linhas gerais da operação econômica, definindo as contribuições necessárias e as orientações a serem perseguidas – e com diversos "contratos-satélites" – voltados a viabilizar do objeto da *joint venture*.[380]

[380] Nesse sentido, LIMA PINHEIRO esclarece que "o que há de verdadeiramente característico neste esquema negocial é a união de um contrato-base com uma pluralidade de acordos complementares ou de execução. / Com efeito, é normal que as partes, quando alcançam um consenso sobre os pontos fundamentais da sua cooperação, celebrem negócio jurídico, assiduamente designado acordo de base [*Heads of Agreement, accord de base, Grundvereinbarung*] ou acordo de empreendimento comum [*joint venture agrément*]. Este acordo, como tem sido reconhecido pela jurisprudência arbitral, constitui a matriz da relação global de cooperação. Neste acordo são enunciados os fins e o objeto da cooperação, definidos os principais direitos e obrigações das partes – com respeito às contribuições e aos resultados – os modos de coordenação e formas de organização da cooperação, o Direito aplicável e os modos de resolução de litígios. Tratando-se de cooperação organizada, este acordo contém, por forma mais ou menos explícita e pormenorizada, um estatuto da associação de empresas, que subsiste à constituição de uma filial comum, salvo quanto esta centralizar económica e organizativamente a cooperação" (*Contrato de Empreendimento Comum...*, p. 95). Em sentido semelhante, LAMY FILHO e BULHÕES PEDREIRA lecionam: "[o] instrumental jurídico utilizado na constituição do empreendimento comum – joint venture, 'sociedade de sociedades', 'filial comum', 'associação de empresas', 'co-empresa', ou outra designação que seja dada – é o 'acordo de base', também chamado 'acordo moldura', a que se acrescem um ou vários acordos subsidiários, ou 'acordos satélites', e a constituição de sociedade para realizar o escopo comum. / O acordo de base – já o diz sua designação – é a chave da joint venture. Como observam L.O. Baptista e P. Durand-Barthy (1986, p. 49) – esse acordo é que contém 'a verdade' das relações contratadas, por oposição aos acordos satélites, mais formais, adaptados aos modelos concebidos para situações gerais. 'Mais exatamente o acordo de base permite aclarar os acordos satélites, notadamente os que modelam as estruturas societárias, sob aspectos específicos, muito diferentes dos considerados pelo legislador quando 'inventou' – ou construiu ao longo de anos – essas 'estruturas', dizem aos autores, em observação de toda lúcidas. / Realmente, o acordo de base é a própria 'joint venture': – outros eventuais acordos, o tipo de sociedade a ser escolhido (que pode ser qualquer um) e todo o mais está condicionado por aquele contrato, que é o instrumento matriz de associação. Nele inserem-se todas as estipulações que vão governar a vida do empreendimento, desde o preâmbulo (que explicita certos aspectos da manifestação de vontade não cristalizado em cláusulas), até o modelo legal de sociedade a ser adotado, as contribuições que se obrigam os sócios, as preferências que asseguram, a maneira como serão constituídos os órgãos de direção na realização da gestão conjunta (o 'modo de repartição do poder'), a duração do contrato, o direito de retirada e o regulamento dos conflitos e divergências, como a arbitragem, a política de distribuição de lucros e contratações etc. / Os demais acordos – como, eventualmente, o acordo de subscrição, o acordo de acionistas, o de fornecimento de tecnologia, de prestação de serviços de administração ou comercialização, de empréstimo, inclusive o estatuto da companhia (quando este é o tipo societário adotado)

Em casos tais, os contratos-satélites podem assumir uma função instrumental (ex.: transferência de tecnologia necessária, cessão de licença, financiamento etc.), por forma do qual são fornecidos, pelas partes, os meios necessários ao projeto comum. Em geral, a contrapartida dos contratos-satélites instrumentais encontra-se atrelada aos resultados da própria *joint venture*. Os contratos-satélites podem ainda assumir uma função finalística, instrumentalizando as operações para as quais a *joint venture* foi idealizada (ex.: aquisição e comercialização de bens produzidos pelas partes, fornecimento de substratos aos parceiros).[381]

De se notar que, na espécie, retoma-se a estrutura de prestações instrumentais (contratos satélites, mediante os quais há fornecimento de meios tecnológicos para os propósitos da *joint venture*) e prestações finais (desenvolvimento de uma determinada atividade em prol dos contratantes).[382] A diferença reside no fato de que esses contratos-satélites são, na casuística, firmados com uma entidade central formada pelas partes e, em geral, organizada sob a forma de sociedade. Esta, frisa-se, não conta com o elemento concentrador da *affectio societatis* e é utilizada apenas como um instrumento,[383] para receber os meios contribuídos pelos parceiros e dar cabo ao projeto comum vislumbrado;[384-385] não, para gerar

– terão sempre que se amoldar ao acordo base" (Lamy Filho, Alfredo; Bulhões Pedreira, José Luiz (Coord.). *Direito das companhias...*, pp. 158-195).

381 Lequette, Suzanne. *Le contrat-coopération...*, p. 160.

382 Lequette, Suzanne. *Le contrat-coopération...*, p. 161.

383 De acordo com Lamy Filho e Bulhões Pedreira, esse caráter instrumental, associado ao fato de que as partes são sempre sociedades empresárias, é, inclusive, o que diferencia o contrato de *joint venture* dos de associação (*Direito das companhias...*, p. 157). A situação em tela parece enquadra-se na hipótese de negócio jurídico indireto, em que as partes se valem de determinado negócio, mas para uma finalidade diversa daquela que, usualmente, confere-se a determinado tipo contratual (Lorenzetti, Ricardo Luis. *Tratado de Los Contratos...*, p. 33).

384 Lequette, Suzanne. *Le contrat-coopération...*, p. 162. A esse respeito, Lequette complementa que: "[l]*es partenaires, plutôt que de proceder à une opération de concentration en fusionnant au sein d'une entité commune, choisissent de coopérer. Le contrat de joint venture aurait ainsi pour objet d'organiser «une coopération (...) entre des entreprises indépendantes, et souvent concurrentes», en sorte que «le plus souvent l'entreprise commune présentera un caractere temporaire pour les partenaires dont la volonté est de tirer profit de la coopéraion mais non de s'y complaire et encore moins de s'y enfermer»*" (Lequette, Suzanne. *Le contrat-coopération...*, pp. 108-109).

385 Nesse sentido, Lima Pinheiro comenta que, nas *joint ventures*, "a constituição de uma sociedade comum dotada de personalidade jurídica se revela em muitos casos um aspecto

renda.[386] As partes, nessa operação, mesmo diante do ente criado, mantêm sua individualidade jurídico-econômica, com a manutenção de uma autonomia econômica-organizativa e, nos mais das vezes, com os entes participantes, desenvolvendo outras atividades empresariais.[387] Nesse contexto, os ativos necessários ao empreendimento comum não são, inteiramente, destacados das partes e integrados a uma direção única.[388]

Há, nas *joint ventures*, em geral, a "utilização da estrutura organizativa societária por fenômeno não societário".[389] Desse modo, a entidade instrumental constituída pelas partes permanece destes dependente durante

instrumental, secundário ou até marginal" (*Contrato de Empreendimento Comum*..., p. 80). Como exemplo, cita os contratos "BOT" (*Built-Operate-Transfer*), em que, a despeito de haver uma associação temporária entre o dono-da-obra e o empreiteiro, o caráter comutativo da relação permanece predominante (p. 80).

386 Nesse aspecto, conforme destacam Lamy Filho e Bulhões Pedreira, "[o]s acionistas de *joint venture* associam-se para alcançar objetivos empresariais, tais como criar ou expandir capacidade produtiva, servir a novos mercados, usar tecnologia, recursos humanos, capacidade administrativa e organização social de que disponham, ou desenvolver novos produtos ou tecnologias. Não são aplicadores de capital financeiro orientados exclusivamente ao objetivo de obter renda, nem sócios comanditários, ou silenciosos, que se limitam a receber dividendos e fiscalizar administradores. São sociedades empresárias que exercem profissionalmente a atividade de criar e dirigir empresas, e cuja associação na *joint venture* é modo de exercer em conjunto com essa atividade, em relação a determinado empreendimento econômico" (*Direito das companhias*..., p. 157). Em sentido semelhante, Collins também já esclareceu que "[a] *joint venture resembles a partnership, because the parties contribute their resources and skills towards a common purpose, but there is no common business entity that receives the residual profits*" (Collins, Hugh. *Introduction to Networks* ..., p. 7). E Lima Pinheiro, sobre o ponto, relembra ainda que "a constituição de uma sociedade com personalidade jurídica não é um traço que por si só permita sistematizar as principais modalidades de cooperação" (Pinheiro, Luís de Lima. *Contrato de Empreendimento Comum*..., p. 82).

387 Pinheiro, Luís de Lima. *Contrato de Empreendimento Comum*..., pp. 59-60.

388 Pinheiro, Luís de Lima. *Contrato de Empreendimento Comum*..., p. 61.

389 Lamy Filho, Alfredo; Bulhões Pedreira, José Luiz (Coord.). *Direito das companhias*..., p. 159. Lima Pinheiro, contudo, ao tratar das *joint ventures*, destaca que "o empreendimento comum não consiste necessariamente numa actividade realizada por uma organização comum. Em certas hipóteses, as empresas participantes podem cooperar na realização do empreendimento estabelecendo entre si uma mera relação obrigacional. Noutras hipóteses, a organização comum pode ser uma mera estrutura complementar, de coordenação de actividades empresariais individuais. Empreendimento não implica, portanto, empresa comum" (Pinheiro, Luís de Lima. *Contrato de Empreendimento Comum*..., p. 188).

toda sua vida.[390] Assim, em linha de síntese, "*le complexe contractuel-coopération forme l'engrenage de contrats instrumentaux et finaux, l'interdépendance contractuelle devenant une structure contractuelle complexe conçue pour coordonner les intérêts économiques convergents mais différants des parties*",[391] conformando-se, portanto, em um "*complexe contractuel dont la nature hybride*".[392]

Nos consórcios, não obstante a estrutura seja diversa, o padrão cooperativo repete-se. Nessa operação econômica, há uma partilha entre os parceiros de um determinando empreendimento comum, em geral relacionado a contratos de empreitada para um terceiro. Neste caso, a prestação a ser realizada por cada um tem uma dupla função: ela é instrumental, em relação à(s) outra(s) do(s) parceiro(s) – haja vista que uma prestação somente pode ser cumprida caso a outra também o seja (imaginem-se etapas concatenadas de uma mesma obra civil) –, bem como final – executa-se o projeto comum que se havia vislumbrado. Como se percebe, mediante o consórcio, cada parceiro contribui com um determinado ativo, em prol do empreendimento comum a ser realizado pelas partes.[393] Pelas características desse negócio, Paula Forgioni entende que, nos consórcios, a cooperação atingiria o seu grau máximo, no eixo troca-associação, de forma que não haveria, para estes casos, um arranjo híbrido, mas sim uma sociedade, não-personificada. Argumenta, para tanto, que não apenas a própria exposição de motivos da LSA define o consórcio, como uma "sociedade entre sociedades", como também "[t]odas as partes cooperam para o fim comum e, embora não sejam solidariamente

[390] Pinheiro, Luís de Lima. *Contrato de Empreendimento Comum...*, p. 101. Segundo o autor, "[e]sta dependência traduz-se na coexistência de duas organizações – a organização de coordenação instituída directamente pelo contrato-base e a organização que explora a empresa comum – com subordinação da segunda à primeira" (p. 101). E ele ressalva ainda para o fato de que "[o] tipo de tráfico negocial que assim se esboça não se distingue dos tipos básicos de sociedades de pessoas pelo 'interesse comum' e pelo *intuitus personae*, mas ganha certos contornos próprios graças ao objeto limitado da cooperação e à concertação à actividades das empresas participantes" (p. 102).

[391] Lequette, Suzanne. *Le contrat-coopération...*, p. 170.

[392] Lequette, Suzanne. *Le contrat-coopération...*, p. 112.

[393] Lequette, Suzanne. *Le contrat-coopération...*, pp. 163-166. Nesse sentido, Tranchant esclarece que, nos consórcios, o fim comum das partes consiste na atuação coordenada das partes, para a realização do empreendimento para o qual se obrigaram, frente ao dono da obra (Tranchant, Laetitia. *La cotraitance...*, p. 259).

responsáveis pelas dívidas e obrigações do consórcio, coincidem as áleas suportadas".[394] A adotar o entendimento da autora, não estaria aí presente elemento fundamental dos arranjos híbridos, qual seja, a manutenção de áleas independentes, mas interdependentes.[395]

Todavia, há que se frisar que, conforme consta expresso do artigo 278 da LSA, os consórcios não têm "personalidade jurídica e as consorciadas somente se obrigam nas condições previstas no respectivo contrato, respondendo cada uma por suas obrigações, sem presunção de solidariedade". Como bem destaca Roberto Gomes Júnior, "a despeito da admissão dos consórcios societários em ordenamentos jurídicos como o italiano, a LSA foi clara ao estabelecer que, no sistema jurídico brasileiro, o consórcio não constitui nova pessoa jurídica, tendo natureza eminentemente contratual, fazendo desaparecer a figura do consórcio societário".[396] Os consórcios, nesse aspecto, surgem como técnicas de colaboração, mediante as quais as empresas experimentam as vantagens da concentração, mas sem expandir, fundir-se ou incorporar-se a outras.[397] A "causa ou função do negócio jurídico consorcial reside na colaboração ou cooperação entre empresas consorciadas, as quais unem recursos e esforços para o alcance de um fim comum, mantendo as respectivas autonomias".[398] Não parece haver dúvidas, nesse aspecto, de que tais figuras constituem, desse modo, típicos arranjos de natureza híbrida.

Nos contratos de aliança, "espécie de mescla entre os contratos de empreitada e os de *joint ventures*",[399] as partes, igualmente, sem a obrigatoriedade de constituir uma outra entidade, conjugam ("*mise en commun*") bens e serviços, tencionados à realização de determinada obra civil e partilham as consequências financeiras, conforme o sucesso do empreendimento. Há um objeto comum às partes, que partilham tarefas, riscos, responsabilidades, perdas e vantagens. Nesse contexto, a causa contratual, idêntica para ambos, não é a simples troca do construir pelo pagamento pelo serviço prestado, tal qual se passa na empreitada; a

[394] Forgioni, Paula Andrea. *Teoria Geral dos Contratos*..., p. 195.

[395] Vide item III.4.

[396] Gomes Júnior, Roberto Lincoln de Souza. *Consórcios de Empresas: Fundamentos e Regime de Responsabilidade*. São Paulo: Quartier Latin, 2019, p. 37.

[397] Gomes Júnior, Roberto Lincoln de Souza. *Consórcios de Empresas*..., pp. 40-41.

[398] Gomes Júnior, Roberto Lincoln de Souza. *Consórcios de Empresas*..., p. 44.

[399] Martins-Costa, Judith. *A boa-fé no Direito Privado*..., p. 363.

causa consiste na "comum atividade (inclusos os comuns *onus et bonus*) compartilhada entre os aliados que agregam e atividades, feitas necessariamente no interesse comum".[400]. De tão elevada a integração entre as partes, alguns autores denominam-na "uma sociedade fictícia".[401] Judith Martins-Costa, inclusive, aponta que o "tipo de referência dos contratos-aliança são os contratos de associação".[402] E Lima Pinheiro, por sua vez, indica que os contratos de aliança seriam um passo além das *joint ventures*, dado que estes, em comparação àqueles, diriam "respeito a uma cooperação com objeto limitado, relativamente a formas mais abrangentes de colaboração".[403]

A nós, contudo, parece-nos que o mais correto não seria igualar os contratos de aliança aos de sociedade, mas considerá-los como, no arco dos contratos de troca e dos associativos, arranjos híbridos bastante próximos destes últimos. Nesse aspecto, Leonardo Toledo da Silva bem aponta o caráter comutativo dos contratos de aliança, a despeito da presença de estruturas de governança de caráter associativo: "[n]a prática, os contratos de aliança se enquadram na figura dos híbridos. Há, nos contratos de aliança, estruturas de coordenação compartilhadas típicas de estruturas hierárquicas, embora, por outro lado, haja elementos transacionais claros, já que, ao final do projeto, somente o Dono do Projeto receberá os ativos resultantes. Aos demais participantes (NOPs) caberá a sua remuneração. O contrato de aliança é caracterizado por fornecer uma estrutura de governança que auxilia as partes a lidar com o problema do *hold up*. Essa governança é explicitamente tratada nos contratos".[404]

De efeito, embora não sejam objeto específico de estudo deste trabalho analisar cada uma das possíveis formas de cooperação entre empresas, afigura-nos que os contratos de consórcio e os de aliança perfazem exemplos de arranjos híbridos, que, ainda que bastante próximos do eixo dos associativos, com eles não se igualam. Afinal, caso assim o fosse,

[400] Martins-Costa, Judith. *A boa-fé no Direito Privado...*, p. 365.

[401] Martins-Costa, Judith. *A boa-fé no Direito Privado...*, p. 363.

[402] Martins-Costa, Judith. *A boa-fé no Direito Privado...*, p. 365. E prossegue ainda, destacando que, em função dessa "feição similar à incidente nas relações societárias", há, em tais contratos, "alta intensidade do princípio da boa-fé como regra impositiva de lealdade e disposição para sacrifícios em prol do interesse comum" (p. 365).

[403] Pinheiro, Luís de Lima. *Contrato de Empreendimento Comum...*, p. 94.

[404] Da Silva, Leonardo Toledo. *Contrato de Aliança...*, p. 108.

tais arranjos estariam, integralmente, submetidos ao regime jurídico societário – o que não ocorre. Não se nega, contudo, que, quanto mais próximo do polo associativo, mais se adentra em zona cinzenta, em que direitos e deveres típicos de um regime societário tendem a ser mais e mais aplicáveis aos arranjos de cooperação instituídos. No entanto, mesmo em tais hipóteses, preserva-se a constante tensão entre interesses próprios das partes e aqueles inerentes ao empreendimento comum da cooperação.

Por fim, e a título de nota, é preciso ainda registrar que os contratos de sociedade em conta de participação não se enquadram na categoria dos arranjos híbridos.[405-406] Tais arranjos consistem em efetivas sociedades,

[405] Registramos, a esse respeito, o entendimento contrário de Paula Forgioni, segundo a qual "[a]s próprias sociedades em conta de participação, em muitos de seus aspectos, poderiam ser consideradas no entremeio dessa linha que propomos" (*Teoria Geral dos Contratos...*, p. 178). Acerca das sociedades em conta de participação, Ascarelli também as destaca dos demais tipos de sociedades: "[a] chamada sociedade ou associação em conta de participação constitui um contrato bilateral; de permuta ou escambo no amplo significado dêste termo, adotado nestas páginas; dominus do negócio é, sempre e necessàriamente, o associante que, sòmente êle, assume obrigações e adquire direitos para com os terceiros, ao passo que os associados são responsáveis sòmente perante o associante e têm direitos sòmente perante êle; não se cria uma nova organização, nem externa – essa é a diferença invocada com maior frequência – nem interna; até quando o associante admite mais pessoas a participar dos seus negócios, isso tem lugar através de outras tantos contratos bilaterais distintos. / Na sociedade, ao contrário, achamo-nos em presença de uma nova organização: nenhum dos sócios pode dizer-se, juridicamente, dominus do negócio; se a organização entra em relações com terceiros, é a todos os sócios, coletivamente, que se referem tais relações; se isso não acontece, as relações com terceiros são, individualmente, assumidas por cada sócio por sua conta" (*O contrato plurilateral...*, pp. 299-300).

[406] Na jurisprudência nacional, o caráter societário das sociedades em conta de participação também é objeto de discussão. A 2ª Câmara Reservada de Direito Empresarial do Tribunal de Justiça de São Paulo, ao julgar ação de rescisão de contrato de sociedade em conta de participação, embora tenha registrado entendimento de Sérgio Campinho, segundo o qual "não é tecnicamente falando (...) uma sociedade, mas sim um contrato associativo ou de participação", determinou, ao cabo, a resolução do negócio, sob o fundamento de que "houve a quebra da *affectio societatis*, não havendo mais interesse das partes em continuar na sociedade em conta de participação, mostrando-se como única solução possível a resolução dos contratos" (TJ-SP, 2ª Câm. Res. de Dir. Empresarial, Apel. n. 1107617-66.2018.8.26.0100, Rel. Des. Maurício Pessoa, j. 19.10.2020). Em outros termos, o julgado em questão, embora se refira à ausência de caráter social às sociedades de conta de participação, vale-se de elemento dos contratos associativos (*affectio*) para solucionar a lide que fora carreada ao Poder Judiciário. Em outro

nas quais "um ou mais pessoas fornecem recursos a um empreendedor, que os empregará em determinados negócios, para que, ao final do prazo estipulado ou ao término do empreendimento, repartam os resultados auferidos".[407] Desse modo, em tais acordos associativos, há, efetivamente, a busca por um interesse comum, em reflexo aos interesses individuais dos associados.[408] Aplicam-se a eles, portanto, o regramento dos acordos

excerto jurisprudencial, a 1ª Câmara Reservada de Direito Empresarial do Tribunal de Justiça de São Paulo também reconheceu o caráter societário das sociedades em conta de participação (TJ-SP, 1ª Câm. Res. de Dir. Empresarial, Apel. n. 1050777-70.2017.8.26.0100, Rel. Des. Cesar Ciampolini, j. 6.11.2019). Ao tratar de pedido de resolução do contrato, com reembolso do investimento feito por um dos sócios em determinado empreendimento, o relator destacou que "causas envolvendo a saída de sócio oculto de sociedade em conta de partição não podem ser julgadas como se fossem meras rescisões de contratos bilaterais" e que "a saída do sócio oculto tem a mesma natureza da saída de sócio nas sociedades em geral". Em voto convergente ao do relator, o Des. Azuma Nishi, também reconhecendo o caráter societário das sociedades em conta de participação, apenas assevera que "a prestação de contas é a apuração de haveres para este tipo societário peculiar que são as SCPs, diante da sua natureza não personalizada". Para o julgador, "diante da impossibilidade material de apuração de haveres nas SCPs, uma vez que a especialização patrimonial das sociedades em conta de participação só tem efeitos entre os sócios, não necessariamente tendo o quinhão do sócios participante uma correspondência direta de um percentual de um patrimônio identificável e delimitado no patrimônio de uma pessoa jurídica específica, a prestação de contas é o meio legal para se apurar os haveres do sócio que requer a sua retirada ou a extinção da sociedade em conta de participação".

[407] Scalzilli, João Pedro; Spinelli, Luis Felipe. *Sociedade em Conta de Participação*. São Paulo: Quartier Latin, 2015, p. 30.

[408] Em obra dedica ao tema, João Pedro Scalzilli e Luis Felipe Spinelli, esclarecem o caráter societário de tais arranjos, refutando os argumentos contrários, que se fundam na ausência de personalidade jurídica das sociedades em conta de participação. Para além de esclarecer que a relativamente recente "invenção da personalidade jurídica" não ser elemento essencial da sociedade, lecionam: "por meio de um contrato, as partes combinam recursos e esforços (os sócios contribuem com bens e/ou serviços), originando uma organização destinada ao exercício de uma atividade econômica, cujos resultados, positivos ou negativos, serão partilhados por eles (*gemeisamer Zweck*, ou seja, fim comum). De acordo com o art. 981 do Código Civil, a sociedade (excetuadas as sociedades unipessoais e aquelas constituídas por lei – que, de qualquer forma, não nos interessam no presente trabalho) é formada por um contrato plurilateral por meio do qual duas ou mais pessoas (físicas ou jurídicas) se obrigam reciprocamente a contribuir (com bens ou serviços) para o exercício de uma atividade econômica e a partilhar, entre si, dos resultados. Assim, o contrato de sociedade é um contrato de comunhão de escopo, juntando-se os sócios à satisfação do interesse social, que é o interesse dos sócios enquanto sócios, ou seja, é este fim comum, que abarca tanto o escopo-meio (objeto

associativos, com a vedação, por exemplo, da inclusão de cláusula que impeça a participação dos sócios nos resultados (CC, art. 981, 1.007 e 1.008).[409] Nesse tocante, Lequette comenta que nada impede que os contratos em conta de participação, na ausência de *affectio*, converta-se em um contrato de cooperação, em que as partes detenham interesses convergentes, porém divergentes.[410]

3. Os arranjos híbridos sob a perspectiva das redes de contratos

3.1. Do estado da arte em torno da questão

De acordo com Lequette, as próprias de redes de contratos, em que podem estar inseridas tantos os contratos bilaterais, quanto os esquemas em coligação, também exsurjam, como arranjos de natureza cooperativa.[411] Nas redes contratuais, há, embora de modo diverso, uma gama de contratos, que podem ser tanto de troca, como de cooperação,[412] que se relacionam e produzem, ao final, uma estrutura cooperativa.[413] Como consequência dessa relação, "*surge (...) un vincolo associativo que se superpone con la rélacion de cambio, modificando algunos de sus aspectos*".[414] De

social, isto é, a atividade a qual se destina a sociedade) quanto o escopo-fim (o objetivo, que, nas sociedade, é a obtenção de lucros e a consequente partilha dos resultados), que faz com que os sócios se reúnam e pautem a própria vida do ente coletivo, sendo, por isso, a verdadeira estrela polar do direito societário" (*Sociedade em Conta de Participação...*, pp. 56-57).

409 SCALZILLI, João Pedro; SPINELLI, Luis Felipe. *Sociedade em Conta de Participação...*, p. 181.

410 LEQUETTE, Suzanne. *Le contrat-coopération...*, p. 227.

411 LEQUETTE, Suzanne. *Le contrat-coopération...*, pp. 174-175. No mesmo sentido, LORENZETTI também destaca que as redes "*son un assunto de colaboración; ya no una colaboración associativa que se logra a través de un contrato, sino de varios*" (*Tratado de Los Contratos...*, p. 48)

412 LORENZETTI, Ricardo Luis. *Tratado de Los Contratos...*, p. 61.

413 LEQUETTE, Suzanne. *Le contrat-coopération...*, pp. 174-175.

414 LORENZETTI, Ricardo Luis. *Tratado de Los Contratos...*, p. 44. Sobre essa alteração de estrutura, o autor esclarece: "[s]*i alguien compra un bien habrá una relación de cambio, al igual que si solicita un crédito. Pero la situación cambia si la compra la hace a través de una red de usuários de tarjetas de créditos, o de un sistema de ahorro prévio. Si alguien celebra un contrato médico es una relación de cambio, pero si es integrante de un 'sistema de medicina prepaga', la situación varía. / ¿ Por qué es distinta? Surge un grupo de contratos que puede causar una congestión contractual por la circulación massiva de ellos; puede haber un tráfico desordenado que desequilibre el sistema. Por ejemplo: ¿ qué sucede si un contratante reclama algo justo por él pero excessivamente costoso para el conjunto?, esos costos los soportará permanece el sistema y cada uno de los contratantes. La causa contractual permanece indemne, pero la causa sistemática se desequilibra*".

modo similar às sociedades empresariais, as redes também organizam uma "atividade econômica organizada para a produção ou a circulação de bens ou de serviços" (CC, art. 966), mas sem a existência de uma entidade única; cada um dos membros da rede permanece independente, de modo que os eventuais ganhos auferidos com as atividades realizadas não integram um fundo comum e são, diretamente, repassados às partes.[415] Esse agrupamento de diversos contratos, em prol de um determinado empreendimento, gera, ao cabo, um efeito sinergético, que acaba por beneficiar todos os membros dessa coletividade.[416-417] Esse efeito, que, de início, não se afigura representativo, vai se desenvolvendo, à medida em que são celebrados mais e mais contratos e mais membros vão sendo agregados ao agrupamento.[418] A título de ilustração, podem ser mencionadas as redes geradas por contratos de franquia: os franqueados, após receberem o *know-how* do franqueador, para explorar determinada atividade, aceitam que esse exercício se dê condicionado a uma série de regras (por exemplo, política comercial, limitação de zona territorial, metas de vendas etc.), e, então, ao explorarem a atividade comercial de modo homogêneo e coordenado, os franqueados, de forma cooperativa, geram uma sinergia negocial a toda a rede, com o desenvolvimento da clientela e de outros interesses dos membros da rede.[419]

De forma bastante objetiva, Collins define as redes contratuais do seguinte modo:

> The term 'networks' signifies a grouping of contractual arrangements between more than two parties with productive aim that requires the interaction and co-operation of all the parties. Within networks, many of the parties have contractual links, often of a relational type, but there are also many other economic relations present that have not been constructed through an express contract. (...) The use of the concept of a network

[415] Lorenzetti, Ricardo Luis. *Tratado de Los Contratos...*, p. 52.

[416] Lequette, Suzanne. *Le contrat-coopération...*, pp. 174-175.

[417] Lorenzetti, Ricardo Luis. *Tratado de Los Contratos...*, p. 58.

[418] Nesse aspecto, Brownsword registra que "*what starts out as a non-networked transaction might develop some network characteristics as the relationship between the parties grows. In this way, networks can arise both 'implicitly' and 'dynamically'*" (Brownsword, Roger. Contracts with Network Effects..., p. 158).

[419] Lequette, Suzanne. *Le contrat-coopération...*, p. 174.

signifies that, although some of these participants may not be directly bound together by express contracts, nevertheless their economic interdependence in practice should be recognized and accommodated within legal reasoning.[420]

Para Lequette, as redes distinguir-se-iam da estrutura dos contratos em coligação, à vista que, enquanto, nos últimos, há uma ligação jurídica, com uma finalidade comum estabelecida, de forma voluntária, pelo contrato, nas primeiras, há uma ligação, meramente, econômica, que se estabelece, conforme os contratos individuais vão sendo celebrados.[421] Tais percepções, no entanto, têm contornos um tanto distintos e bem mais complexos, como se verá adiante. Lorezentti, por sua vez, aborda a questão, sob o prisma da relevância da conexidade: para ele, enquanto nas demais estruturas de "*colaboración*", a conexidade seria um elemento essencial dos contratos celebrados, nas redes, ela não se situaria no contrato, mas atuaria antes, como um pressuposto, para o funcionamento de todo o sistema.[422] Sob seu entendimento, a conexidade seria comparável ao éter, pois, tal como esse hipotético fluído que une todos os planetas do universo, a conexidade nas redes também seria um elemento inapreensível

420 Collins, Hugh. *Introduction to Networks* ..., p. 18. Teubner, a seu turno, qualifica as redes contratuais da seguinte maneira: "*(...) modes of organizing economic activities that bind formally independent firms who are more or less economically dependent upon one another through stable relationships and a complex reciprocity that is more co-operative than competitive in form*" (*Network as Connected...*, p. 92). Para Wolf, as redes perfazem "*(...) several contracts that are linked together by a common goal*" (Wolf, Manfred. The protection of contractual networks against interference by third parties. In: Amstutz, Marc; Teubner, Gunther (cood.). *Networks: Legal Issues of Multilateral Co-operation*. Oxford: Hart. 2009, p. 225).

421 Lequette, Suzanne. *Le contrat-coopération...*, pp. 176-177.

422 Lorenzetti, Ricardo Luis. *Tratado de Los Contratos...*, p. 60. O entendimento de Lorenzetti, nesse aspecto, explica-se, pelo fato de que, sob sua classificação, as demais formas de colaboração – para ele, apenas aquelas em que há efetiva associação – implicam uma extrema conexidade – a integração total ou parcial. Assim, consoante expõe, nas redes, "*la conexidad es un presupuesto del funcionamento del sistema de relaciones jurídicas interdependientes. A diferencia de la integración no provoca un vínculo extrecho, asfixiante. / Los vínculos permanecen individuales pero, por efecto de la conexidad, se unifican para ciertos fines. / El interés en la conexidad no es intracontractual, sino supracontractual. Se sitúa más allá del contrato, en el plano de la finalidade perseguida; los contratos son um instrumento para la realización del negocio global o del sistema isolado*" (p. 61).

e invisível, "*pero que aunque no la veamos 'debería' existir porque de lo contrario no se explican los movimentos coordinados*".[423] A compreensão das redes, nesse contexto, não poderia se dar com enfoque em apenas um contrato, mas deveria se dar, assim, na análise "*en la interacción de un grupo de ellos que actúan en forma relacionada, de modo que el contrato es un instrumento para la realización de negocios*".[424] Ferreira Pinto, nesse aspecto, destaca, com apoio em Teubner, que a originalidade do conceito das redes de contratos não estaria na "transição do contrato para o colectivo, mas em uma forma de superação da colectivização e da individualização". Assim, conclui que não haveria uma movimentação entre o eixo contrato e a sociedade, mas, sim, algo para além de ambos.[425]

Ao tratar desse ponto, Teubner afasta essa qualificação das redes no entremeio de contrato e associação, essencialmente, para evitar a sua qualificação no conceito de contratos mistos. Estes, como há

[423] LORENZETTI, Ricardo Luis. *Tratado de Los Contratos...*, p. 60. CEVENINI faz uma cogitação semelhante acerca da natureza do liame entre as redes, arguindo sobre a existência de "*ideal «glue» between legally autonomous subjects*" (*Virtual Enterprises...*, p. 124). Elucidando melhor a ideia, TEUBNER explica: "[n]*et relations create commitments and social bonds out of cooperative actions which connect recursively with each other. Those social ties form the glue that holds networks together – the strength of weak ties (Granovetter, 1973) – and work effectively against the centrifugal tendencies of autonomized profit centers – as long as those ties are sufficiently supported by social and legal institutions*" ('And if by Beelzebub..., p. 118).

[424] LORENZETTI, Ricardo Luis. *Tratado de Los Contratos...*, p. 54.

[425] PINTO, Fernando A. Ferreira. *Contratos de distribuição...*, p. 140. Há quem diga que, na realidade, esse formato de organização produtiva não é, verdadeiramente, novo. De acordo com DEAKIN, embora não de modo idêntico às redes, as guildas presentes na Europa Ocidental e nos Estados Unidos colonial combinavam elementos de cooperação e competição, conformando-se em modelos associativos entre artesãos independentes. Seu declínio deu-se, exatamente, com a ascensão dos modelos associativos de organização (DEAKIN, Simon. Network Relations in Historical Perspective. In: AMSTUTZ, Marc; TEUBNER, Gunther (cood.). *Networks: Legal Issues of Multilateral Co-operation.* Oxford: Hart. 2009, p. 54). Em sentido contrário, KJAER detalha, com viés sociológico, as distinções entre o papel das guildas, no ambiente medieval e de formação dos Estados Nacionais, e o das redes, no mundo contemporâneo (KJAER, Poul F. Post-Hegelian Networks. Comments on the Chapter by Simon Deakin. In: AMSTUTZ, Marc; TEUBNER, Gunther (cood.). *Networks: Legal Issues of Multilateral Co-operation.* Oxford: Hart. 2009, pp. 75-83). HELDT, por sua vez, pontua que, à distinção das guildas, as redes não determinam a comunidade relevante, em razão de profissão ou de *status*, mas, sim, em função de sua integração a um determinado projeto, que é comum a todos os participantes (*The Case of Franchising...*, p. 146).

muito se sabe, são expressão do fenômeno da atipicidade contratual[426] e conformam-se, a partir da "combinação de elementos de diferentes contatos, formando nova espécie contratual não esquematizada na lei".[427] Nas redes, de outro modo, inclusive por suas próprias contradições internas, em que se contrapõem, simultaneamente, interesses próprios e coletivos, não há uma efetiva conciliação entre troca e associação, de modo a se formar um contrato misto. Nesse sentido, Teubner destaca que "[n]*etworks do not seek a compromise between contradictory expectations – between competition and co-operation, independence and hierarchy, individual and collective perspectives – within such reconciliatiory mixed forms. Rather, they seek to retain the tension between distinct expectations, such that neither individual nor collective orientation is compromised, but rather mutually intensified*".[428]

Consoante aponta Weitzenboeck, a doutrina, ao analisar essa estrutura, aparentemente, contraditória, em que interesses próprios e comuns se entremeiam e, nas quais, por vezes são inseridas estruturas de controle, ainda têm enormes dificuldades em compreendê-la.[429] Teubner, a seu turno, inicia a obra – que, até o momento, tratou, a nosso ver, de modo mais abrangente a questão –[430] a partir da constatação de Richard Buxbaum de

[426] A esse propósito, ORLANDO GOMES explica que "[n]*o direito moderno, é facultado ao sujeito de direito criar, mediante vínculo contratual, quaisquer obrigações. As pessoas que querem obrigar-se não estão adstritas, com efeito, a usar os tipos contratuais definidos na lei. Desfrutam, numa palavra, a liberdade de contratar ou obrigar-se. / As relações econômicas habituais travam-se sob as formas jurídicas que, por sua frequência, adquirem tipicidade*" (GOMES, Orlando. *Contratos...*, p. 119).

[427] GOMES, Orlando. *Contratos...*, p. 121.

[428] TEUBNER, Gunther. *Network as Connected...*, pp. 131-133.

[429] WEITZENBOECK, Emily M. *A legal framework for emerging...*, p. 299-300. No mesmo sentido, COLLINS, na introdução à obra de TEUBNER, pontua que "*since 'network' is not an established legal concept and these inter-business arrangements do not fit easily into the existing legal categories of contracts or business associations, the law experiences difficulty in understanding and regulating their practices*" (*Introduction to Networks...*, pp. 20-21).

[430] A partilhar de mesma opinião: MICKLITZ (MICKLITZ, Hans-W. Herd Behaviour and Third Party Impact as a Legal Concept. In: GRUNDMANN, Stefan; MÖSLEIN, Florian; RIESENHUBER, Karl. Contract Governance: Dimensions in Law and Interdisciplinary Research. In: GRUNDMANN, Stefan; MÖSLEIN, Florian; RIESENHUBER, Karl (cood.). *Contract Governance: Dimensions in Law and Interdisciplinary Research.* Oxford: Oxford University Press, 2015, p. 127).

que "[n]*etwork is not a legal concept*".[431-432] Já se tentou, assim, qualificar as redes de contratos, como um tipo de "master" contrato, ao qual todos os demais membros, implicitamente, haveriam dado seu consenso,[433-434]

431 E, assim, a atestar a enorme complexidade da matéria, prossegue: "[s]*uch networks are extraordinarily confusing phenomena of private co-ordination, since they fit neither within the market category nor within the concept of organization. After much hesitation, sociologists and economists have responded with theories that conceive of networks as 'independent institutions', differing starkly from traditional forms of economic co-ordination. But how should the law react when they give rise to conflicts about internal responsibility, or when they produce negative externalities that impact on outsiders? The concept of 'network' itself is clearly inappropriate as a technical legal term since networks cut across the conceptual framework of private law doctrine. In legal terms, networks can take the form either of partnerships, corporate groups, relational contracts or of special tort/contractual relationships. For this reason alone, the autonomy of legal doctrine precludes the immediate adoption of the social science concept of 'network' as a legal category. / But this is only the start of the difficulties*" (Teubner, Gunther. *Network as Connected...*, pp. 73-74). Rodrigo Leonardo parece seguir pelo mesmo caminho, ao assinalar que: "[o] estudo das redes contratuais, assim, situa-se no que pode se chamar de novas perspectivas do direito dos contratos. / Um primeiro passo para a superação do referido enfoque estruturalista, por assim dizer, pode ser alcançado ao se reconhecer que, invariavelmente, todos os contratos engendram operações econômicas. (...) O econômico e o jurídico não podem ser separados, sobretudo na crescente medida em que o direito não mais se limita a disciplinar as regras do jogo de troca, passando a eleger e vincular os jogadores a objetivos previamente estabelecidos. (...) Mesmo que não bastasse a sensatez da reflexão teórica citada, o novo Código Civil brasileiro (Lei 10.406/2002), ao inscrever o princípio da função social do contrato (art. 421), conduz o estudo do direito dos contratos por caminhos que, necessariamente, transbordam à leitura estrutural do negócio jurídico" (*Redes Contratuais...*, pp. 19-21).

432 No mesmo senso: Druey, Jean Nicolas. The difficult Legal Access of Networks. In: Amstutz, Marc; Teubner, Gunther (cood.). *Networks: Legal Issues of Multilateral Co-operation.* Oxford: Hart. 2009, p. 90.

433 Segundo Teubner, teorias, nesse sentido, atribuídas a Möschel e Rohe, foram as mais ambiciosas respostas doutrinárias à questão das redes contratuais. Essencialmente, as teorias esteavam-se, na existência de uma implícita representação concedida pelos demais membros da rede àquele membro que contratasse com qualquer indivíduo que estivesse fora dessa coletividade fosse ele um cliente ou um novo ingressante. Esse modelo de contratação estaria presente já na celebração do primeiro contrato bilateral e repetir-se-ia, sucessivamente, conforme outros fossem formados, na rede. Diante dessa implícita representação, todos os contratos bilaterais formados estariam relacionados entre si, de modo que surgiria entre todos limitados deveres fiduciários. Teubner, contudo, aponta a teoria como uma "*grandiose fiction*", haja vista a inexistência de referidos mandatos concedidos entre os membros da rede. Segundo ele, para que a teoria fosse levada a sério, o único caminho seria a celebração de uma superestrutura contratual, abrangendo todos os participantes da rede – o que seria, na sua visão, contraproducente. Não bastasse isso, ele destaca ainda que a teoria cairia por terra,

e já se pretendeu também aplicar às redes o regime dos grupos societários.[435] Outros ainda, como Teubner[436] e Amstutz,[437] propuseram a criação

caso um dos contratos fosse inválido e, por conseguinte, retirado da rede. De qualquer modo, TEUBNER aponta que, da teoria, deve-se manter a ideia de que os contratos bilaterais, em rede, podem dar azo a uma relação entre os demais membros (TEUBNER, Gunther. *Network as Connected...*, pp. 139-144).

[434] Nesse aspecto, BROWNSWORD narra julgado dos Tribunais Ingleses, acerca de um acidente ocorrido entre dois veleiros, que participavam de uma regata, organizada por entidade de que os donos – e participantes da competição – eram membros e que, como tal, haviam assinado termos específicos para aderir às regras do conclave. Tais termos haviam sido assinados somente entre cada um dos participantes e a entidade organizadora. Nesse tocante, para que se pudesse considerar existente um liame direto entre os competidores envolvidos no acidente – e, assim, conceder-se uma indenização, de acordo com as regras da competição –, construiu-se uma ficção jurídica, por meio da qual se considerou que o primeiro participante, ao se inscrever no evento, fazia uma oferta para todos os subsequentes inscrito e aceitava a que lhe seria feita por eles. O segundo ingressante repetia o procedimento e, simultaneamente, faria uma oferta a todos os próximos competidores inscritos e aceitaria a que estes fizessem a ele e assim por diante. Essa estrutura, segunda ele, visava a satisfazer os "*contract purists*". Todavia, ao cabo, BROWNSWORD conclui que o entendimento era, absolutamente, despropositado: "*this somewhat monstrous construct disregards the social peculiarities of networks and therefore imposes greatly exaggerated requirements on the legal formation of networks*" (BROWNSWORD, Roger. Contracts with Network Effects..., p. 141).

[435] De acordo, CAFFAGI e GRUNDMAN, à ausência de arcabouço legal específico, as partes valem, com alguma constância, das regras de Direito Societário: "*practices and empirical research shows that frequently the models, especially multiparty contracts, borrow from company law*" (CAFFAGI, Fabrizio; GRUNDMAN, Stefan. Towards a Legal Framework..., p. 359). HEERMAN é um dos que entende aplicável dispositivos de caráter societário, para algumas das hipóteses de rede, classificadas por ele como "*connected contracts without thoroughly synallagmatic structures*" (HEERMANN, Peter W. Multilateral Synallagmas in the Law of Connected Contracts. In: AMSTUTZ, Marc; TEUBNER, Gunther (cood.). *Networks: Legal Issues of Multilateral Co-operation*. Oxford: Hart. 2009, p. 113).

[436] Nas palavras de TEUBNER, "[l]*egal categories must be carefully adapted to the productive possibilities and potential risks of new social phenomena. 'Socially adequate' legal concepts are a 'corollary of the autonomy of legal doctrine'. Law is therefore obliged to develop an independent and, at the same time, 'network appropriate' categorization, which is responsive to the network's logic of action. Whilst legislation and the judiciary may be satisfied with isolated instances of regulation of networks, legal doctrine needs to develop a fully fledged 'social model' of networks, which highlights their considerable social risks and presents us with a normative perspective within which they may be combated*" (TEUBNER, Gunther. *Network as Connected...*, pp. 73-74)

[437] De acordo com AMSTUTZ, a proposta mais bem sucedida, para lidar com as redes, até o momento é a de TEUBNER, que desenvolveu um técnica específica de atribuição de deveres e direitos, envolvendo **(i)** uma intensificação dos deveres de lealdade, **(ii)** a definição de padrões

de um regime próprio, para as redes contratuais. A bem da verdade, o fato é que o estado da arte, em que se encontra a temática das redes contratuais ainda é, relativamente, precoce ("[d]*octrinal discussion is still in its infancy here*").[438]

De acordo com Amstutz, o surgimento das redes está, intimamente, relacionado ao complexo processo de transformação da sociedade atual, que, entre outros, tensionou a teoria contratual a seus limites. O contrato, sob a ótica da teoria dos sistemas, perfaz uma estrutura de acoplação entre diversos sistemas (econômico, jurídico, educacional, científico, artístico etc.) e, dentro de um determinado repertório já existente, presta-se a informar, reciprocamente, a funcionalidade dos demais. Por meio dessa intermediação do instrumento contratual, cada um dos sistemas continua a funcionar dentro de sua própria lógica. Nesses termos, no interior do sistema econômico, organiza-se um procedimento para alocação de recursos; no sistema jurídico, cria-se uma estrutura de governança; nos demais sistemas envolvidos (científico, artístico, educacional etc.), o contrato altera a forma como cada um dos resultados visados são produzidos (respectivamente, a produção de conhecimento, um valor estético, melhoramento de habilidades técnicas e sociais etc.). Cada contrato, portanto,

de responsabilidade, a depender da área envolvida (competição ou cooperação) e entre participantes que não têm relacionamento contratual e **(iii)** a compreensão de que a rede opera, simultaneamente, na contratação individual das partes e de forma global. Com base nessas premissas, Teubner aponta que seria necessário o desenvolvimento de um regime específico para a redes (Amstutz, Marc. The Nemesis of European..., p. 350). Amstutz, no entanto, defende que, assim como se passa em um conflito entre leis materiais de ordenamentos diversos, uma eventual disputa oriunda, no contexto de rede de contratos, em que as partes não tenham relacionamento direto, dê-se com base na seleção do contrato que melhor se coadune à lógica da rede. Este contrato seria alçado à condição de estatuto de toda a rede e, com base nele, deveria ser dirimido o possível litígio. Elabora, assim, sua proposta na seguinte súmula: "*a conflict arising in a contractual network is governed by the provisions of that individual contract whose terms, in the case at hand, ensure the ability of the overall network to continue functioning*". Essa, segundo ele, já teria sido a lógica adotada pelo Corte Suprema Alemã, em um caso em que se privilegiou o aspecto prático e a funcionalidade do sistema de rede, em detrimento de rigor técnico, no tocante às tradicionais regras da teoria geral do contrato (Amstutz, Marc. The Nemesis of European..., p. 352. Vide item IV.4 (caso envolvendo rede de operadora telefônica e a provedora do serviço de telefonema gratuito).

[438] Grundmann, Stefan; Caffagi, Fabrizio; Vettori; Giuseppe. The contractual basis..., p. 19.

é, socialmente, multidimensional e, quando se liga a tantos outros, em forma de rede, cria uma complexidade tal que não é mais compreendida pela teoria contratual existente. Esta, segundo Amstutz, tende a analisar os contratos, em unidades individuais, e, não, dentro do contexto de interligação existente. Entretanto, o autor destaca que, em alguns casos, o nível de interdependência entre os contratos atinge um grau tão elevado que a densidade organizacional bloqueia os reflexos sinalagmáticos da tradicional teoria contratual e as obrigações das partes somente podem ser compreendidas, analisando-se o contexto de rede.[439] Para Amstutz, qualquer um que decida se dedicar ao estudo das redes contratuais descobrirá, rapidamente, que a doutrina tradicional não responderá, adequadamente, às novas ordens de expectativas geradas por esse contexto. "*Traditional law of contracts is blind to these new expectations*".[440] Nada obstante, o autor conclui, de outro lado, que, no atual cenário de desenvolvimento da tecnologia jurídica, a noção de rede contratual (*contractual nexus*) é útil para "dar um nome" ao problema (o diagnóstico); mas não traz consigo a solução.[441]

Para Collins, a despeito de a teoria geral dos contratos estar apta a analisar os contratos individuais que fazem parte das redes, ela não responde, adequadamente, a problemas, envolvendo relações existentes entre pontas distantes de uma mesma rede. Como exemplo, o autor vale-se de uma cadeia de fornecimento ("*supply chain*"), em que um determinado varejista disponibiliza acesso a seu sistema interno de controle de inventário àqueles que se encontram, em fase antecedentes da cadeia (seu fornecedor, o fornecedor de seu fornecedor e assim por diante).[442] Na microeconomia, as *supply chains* são descritas como rotas, por meio das quais bens ou serviços movem-se desde o originador até chegar ao consumidor final. Essas rotas são intermediadas por uma série de sucessivas operações econômicas que se iniciam, a partir de um ou diversos fornecedores de determinada matéria-prima, passando por, igualmente, um ou diversos fornecedores e/ou distribuidores, até ser escolhido pelo consumidor final, em razão do preço e/ou qualidade. Em cada uma das diversas trocas

[439] Amstutz, Marc. The Nemesis of European..., pp. 346-349.

[440] Amstutz, Marc. The Constitution of Contractual Networks. In: Amstutz, Marc; Teubner, Gunther (cood.). *Networks: Legal Issues of Multilateral Co-operation*. Oxford: Hart. 2009, p. 309.

[441] Amstutz, Marc. The Nemesis of European..., pp. 346-349.

[442] Collins, Hugh. *Introduction to Networks...*, pp. 13-14.

realizadas, no avançar da cadeia, há, em tese, um incremento no valor do preço cobrado. Decerto, todas essas transações são instrumentalizadas por contratos bilaterais individuais. Todavia, na *práxis* atual, determinadas características dessas cadeias de fornecimento fazem com que elas hoje não possam ser vislumbradas tão somente como meras relações contratuais, absolutamente, desconectadas entre si. De efeito, especialmente, no setor de varejo de bens de consumo, como, por exemplo, nos grandes hipermercados, é bastante comum que estes centros comerciais detenham, em sistemas informatizados de controle de estoque, enormes bases de dados, a respeito do padrão de comportamento dos consumidores. Os fabricantes e distribuidores, interessados em tais informações, passam a compartilhar de tais sistemas informatizados, mantidos pelos hipermercados, de modo que, mediante um processo automatizado, os produtos são repostos tão logo sejam retirados das prateleiras – e, assim, estas nunca ficam esvaziadas.[443]

Esse compartilhamento "*up-to-the-minute*" de informações, antes mantidas como segredo de negócio, integra toda a cadeia, permitindo que fabricantes utilizem as informações coletadas, para programar a produção; e distribuidores, para reorganizar a remessa de produtos, para outros pontos de revenda, que nem mesmo estejam localizados na mesma região geográfica.[444] Para evitar comportamentos oportunistas decorrentes dessa situação, não é incomum que os fornecedores assumam os riscos inerentes ao controle de estoque, arcando, por exemplo, com os custos de fornecimento emergencial ou ainda com a obrigação de recompra de produtos excedentes. Há aí uma alteração no padrão de contratação, em que não é mais o comprador quem toma a decisão de quando os bens serão fornecidos; mas, sim, o vendedor, que, inclusive, assume os riscos relativos aos estoques.[445] As alterações da tradicional estrutura da compra e venda

[443] Collins, Hugh. The Network Architecture of Supply Chains. In: Amstutz, Marc; Teubner, Gunther (cood.). *Networks: Legal Issues of Multilateral Co-operation*. Oxford: Hart. 2009, pp. 192-194.

[444] Collins, Hugh. The Network Architecture of..., pp. 195-197. Collins menciona, a esse propósito, cadeias de fornecimento de vestuário que se valem de dados coletados em Londres, para identificar determinados padrões de consumo, sinalizadores das tendências de moda, e, assim, praticamente em tempo real, reorganizar a distribuição de produtos em cidades chinesas.

[445] Collins, Hugh. The Network Architecture of..., pp. 192-194.

descontínua não param por aí. Valendo-se dos dados coletados a partir de tais sistemas informatizados, fabricantes e distribuidores passam a interferir na forma como seus produtos são, fisicamente, alocados, nas lojas, quase transformando a relação de fornecimento em uma de "locação de espaço na prateleira". Para além disso, em diversos casos, as próprias interações entre os membros da cadeia não se dão mais de modo consciente: os algoritmos instalados nos *softwares* que interligam, desde os fornecedores de matéria-prima até os varejistas, determinam os volumes de produção e de fornecimento.[446] Essa integração entre diversos entes empresariais, de um lado, aumenta, em efeito sinergético, as margens de lucros e reduz os riscos da atividade empresarial – especialmente, relativos aos volumes de produção e inventário –; mas, de outro, gera riscos atinentes a posturas oportunistas, especialmente face a investimentos realizados (ex.: despesas com Tecnologia da Informação) e à dependência econômica constituída. Os participantes da rede mantêm sua autonomia e independência, sem que haja a coordenação por um ente, hierarquicamente, superior.[447] Segundo Collins, a tradicional técnica jurídica ignora esses mecanismos de governança estabelecidos entre as pontas mais distantes dessa cadeia – que, a despeito de não terem qualquer relação contratual, cooperam entre si, mediante integração em sistemas informatizados –[448] e, assim, diante de um eventual dano por problema de abastecimento, o varejista teria uma pretensão indenizatória contra o seu fornecedor, que, por sua vez, voltar-se-ia, em regresso, contra o seu fornecedor direto – e assim por diante, até que, efetivamente, o dano fosse imputado ao real causador do problema.[449]

[446] Collins, Hugh. The Network Architecture of..., pp. 196-197. O autor destaca que, em função dessa interação entre os membros da cadeia de fornecimento, as lojas Seven-Eleven, no Japão, são reorganizadas até três vezes ao dia, para atender melhor atender às demandas de consumo, nos diferentes horários da jornada.

[447] Collins, Hugh. The Network Architecture of..., pp. 197-200.

[448] Segundo Collins, "*(...) the retailer sends information down the ordering system so that its suppliers, and their suppliers, know as soon as possible what the requirements of the retailer will be, and can respond to them appropriately in good time. The architecture of this supply chain is only partly comprised of market relationships; the crucial operational process involves the transmission of data throughout the chain. What requires explanation is the governance structure or co-ordination mechanism that handles efficiency problems of the network as whole*" (Collins, Hugh. The Network Architecture of..., p. 200).

[449] Collins, Hugh. *Introduction to Networks...*, pp. 13-14.

Teubner, a seu turno, entende que o dominante paradigma do contrato impediu a adequada análise de outras formas de vínculos organizacionais que extrapolassem as barreiras do mercado e da hierarquia.[450] Ele discorre, nesse aspecto, que a adequada apreensão do fenômeno de rede não pode partir da simples análise jurisprudencial – haja vista que as decisões refletem tão somente a síntese de argumentos expostos por partes interessadas –, tampouco do estudo das legislações já implementadas – estas também decorreriam do balanceamento de determinados interesses oriundos de grupos específicos, que, em muitos casos, exercem sua influência, mediante a atividade de *lobby*. O que deve haver, segundo sua opinião, é uma reconstrução legal de novas orientações sociais, sem recair nos dogmas já firmados, na própria ciência jurídica.[451] Ele destaca, no entanto, que o Direito Privado, há algum tempo, vem dando importantes passos em direção à criação de um regime específico, para tais formas de organização. O início desse movimento teria se dado, com as lições de Ihering, ainda no século XIX (1861), a respeito da *culpa in contrahendo*, em que se estabelecia um vínculo legal, sem a necessidade de um contrato, mas, meramente, a partir da coordenação social. A fórmula por ele encontrada foi, de acordo com Teubner, abusivamente, utilizada para a análise de situações diversas decorrentes dos contextos redes de contrato, que também encontraram respaldo em casos de responsabilidade de terceiros e coligação contratual. Todos esses esparsos institutos teriam como base comum a criação de laços obrigacionais fundados não no contrato, mas, sim, no comportamento factual, por meio do contato social. Nada obstante, Teubner destaca que

[450] Teubner, Gunther.'And if by Beelzebub..., p. 120.

[451] Teubner, Gunther. Hybrid Networks Beyond Contract..., pp. 7-10. Especificamente sobre o caráter autorreflexivo da ciência jurídica, Teubner expõe: "[l]*egal doctrine itself, and the mother of all dogmas, theology, are both organized as academic disciplines, but are, of course, not social sciences in the strictest sense. They represent social practices of law and religion which reflect upon themselves. The same holds true for other academic disciplines, such as business management, economics and political science (or, at least, for some of their sub-disciplines), which do not, as such, form a part of the desinterested, value-neutral social-scientific search for truth. Instead, they are social sectors. They make part of David Schiulli calls 'colegial formations', that is, the specific organizational forms of professions and other norm-producing and deliberative institutions within society. It is social practices in the worlds of business, economy and politics that each create their own self-descriptions, which, in turn, inform and guide the underlying social practices. In each discipline, an integral distinction must be made, at least, between scientific discourse and reflexive social practice*" (pp. 9-10).

nem todo contato social seria relevante, para tais fins, mas tão somente aqueles que atendam à dupla condição, advinda da Sociologia, a qual exige que **(i)** a relação social exsurja da expectativa de reciprocidade generalizada e **(ii)** o ingresso na rede dê-se, mediante a celebração de contratos bilaterais. O conceito modelar-se-ia sobre a ideia do *amici degli amici degli amici*. Segundo o autor, ainda, a já referida reforma do BGB, em 2002, na parte das Obrigações, especialmente nos §§ 311 III (sobre a obrigação de terceiros que tenham participado das negociações)[452] e o 358 III (sobre a coligação contratual entre negócios de venda de bens e de mútuo),[453] representaria um passo importante, em relação à matéria; mas ainda seria preciso ir além, na construção de um regime das redes contratuais. Sua consideração final a esse respeito é a de que, por ora, o Direito Privado se mantém assaz cauteloso: "*even the most daring networkers in this field hold a particular legal regime for networks to be 'decisionist', and regard it to be either 'in conflict with existing law' or, at best, to be 'visionary'*".[454]

O § 358 III do BGB estabelece, legalmente, uma coligação entre contratos de compra e venda e contratos de financiamento, quando o consumidor se servir deste, para a aquisição do bem objeto daquele. Haveria, nesse contexto, segundo Amstutz, uma rede formada[455] entre

[452] "*(3) An obligation with duties under section 241 (2) may also come into existence in relation to persons who are not themselves intended to be parties to the contract. Such an obligation comes into existence in particular if the third party, by laying claim to being given a particularly high degree of trust, substantially influences the pre-contract negotiations or the entering into of the contract*".

[453] "*(3) A contract for the supply of goods or for the provision of some other performance and a loan contract pursuant to subsections (1) or (2) are linked if the loan fully or partially serves to finance the other contract and both contracts constitute an economic unit. An economic unit is to be assumed in particular if the trader himself finances the consideration of the consumer or, in the case of financing by a third party, if the lender in preparation for or for entering into the loan contract uses the services of the trader. In the case of a financed acquisition of a plot of land or of an equivalent right, an economic unit is only to be assumed if the lender himself provides the plot of land or the equivalent right to the consumer, or if he, beyond the provision of the loan, promotes acquisition of the plot of land or the equivalent right in cooperation with the trader, by making the interest of the trader in its disposal his own, in full or in part, by assuming functions of the disposing party in planning, advertising or carrying out the project, or by unilaterally favoring the disposing party*".

[454] Teubner, Gunther.'And if by Beelzebub..., p. 120.

[455] A nós, contudo, não há aí, efetivamente, uma rede de contratos. Foca-se, em realidade, em apenas uma única e individual operação econômica, envolvendo a coligação de contratos. Tal operação, no entanto, encontra-se inseria em uma outra operação mais ampla, de cadeia de

(i) o contrato de compra e venda entre o estabelecimento comercial e o consumidor, **(ii)** o contrato de mútuo feneratício entre o agente financeiro e o consumidor e **(iii)** o contrato celebrado entre o estabelecimento comercial e o agente financeiro, para que aquele ofereça os produtos deste à sua clientela. Por efeito dessa conexão funcional, legalmente estabelecida, a resolução de um pode implicar, igualmente, a resolução do outro. Mais especificamente, o item 4 do § 358 determina que, nos casos em que o consumidor desejar restituir o bem adquirido, após o agente financeiro já haver repassado o preço ao estabelecimento comercial, aquele deverá, então, receber a mercadoria no lugar deste e, então, buscar o eventual regresso. Amstutz critica o mecanismo, entre outros, por repassar diversos riscos do consumidor ao agente financeiro, tais como, o risco de perecimento da coisa e o risco de insolvência do estabelecimento comercial. Conclui, entretanto, que, para além da tutela do consumidor, a previsão legal do § 358 é a que permite o funcionamento da rede, pelo tempo necessário para o exercício do direito à restituição. Com isso, segundo ele, fica consagrado o princípio da funcionalidade da rede, em linha com a sua proposta de tratamento para as questões envolvendo a matéria.[456] Em semelhança a esse dispositivo do BGB, a União Europeia, a Espanha, a Itália e a França já editaram normas, para regular, especificamente, a questão do crédito ao consumo, em que há uma coligação entre a compra e venda e o contrato de mútuo feneratício.[457]

No Direito Italiano, de modo mais amplo, as redes contratuais foram objeto de legislação específica,[458] no ano de 2009, a qual, segundo Campobasso, teve como objetivo criar um instrumento jurídico, passível de ser utilizado, por quase todas as formas de cooperação entre empresas, sem a rigidez de outros modelos semelhantes, tal como, por exemplo, dá-se no consórcio. Pela norma italiana, o contrato de rede teria o condão de, dentro de um programa predeterminado, elevar a capacidade inovativa ou competitiva das empresas participantes da rede em mercado. Sua estrutura e função seria bastante semelhante à figura do consórcio, no

fornecimento – esta, sim, organizada sob a forma de rede contratual. Repare-se, uma vez mais, nesse aspecto, a distinção entre ato e atividade.

456 Amstutz, Marc. The Nemesis of European..., p. 355.

457 Lorenzetti, Ricardo Luis. *Tratado de Los Contratos...*, pp. 94-99.

458 *Decreto-Legge* de 10.2.2009, art. 3, § 4.

direito italiano, com a diferença de que, à distinção daquele, a rede não demandaria, necessariamente, a formação de uma organização comum entre as partes. Do ponto de vista formal, a rede somente se constitui, a partir do devido registro, junto ao órgão competente, de instrumento escrito, detalhando o seu programa. Neste, deve constar **(i)** os objetivos estratégicos da inovação e a forma como haverá a elevação da capacidade competitiva da rede, **(ii)** a modalidade de realização do empreendimento comum e **(iii)** os direitos e obrigações dos participantes. O contrato poderá ser celebrado por tempo determinado ou indeterminado: no primeiro caso, o recesso de um dos membros, antes do termo avençado, somente será permitido, em caso de justa causa (por ex., com a ausência de realização do programa da rede e/ou incumprimento de obrigações pelo membro); e, no segundo, a qualquer momento, desde que se conceda um prazo de aviso prévio. Não há na lei qualquer previsão, a respeito de uma eventual liquidação de participação do membro que exerce o recesso, o qual, segundo Campobasso, deverá ocorrer, nos casos em que houver a formação de um fundo patrimonial comum entre as partes. O contrato de rede admite ainda, mesmo após sua celebração, a adesão de novos membros, cujo ingresso estará condicionado, caso inexista qualquer previsão contratual específica, à concordância unânime de todos os participantes (regra geral de deliberação). É ainda facultativa a criação de um órgão de gestão para a rede, a qual poderá ainda, no instrumento de constituição, determinar os poderes de gestão e representação do órgão, bem como a forma com que seus membros serão escolhidos. Há ainda regras específicas, muito similares a de acordos associativos, no que toca à representação externa, gestão, afetação de patrimônio etc., para as redes que se valham de órgãos de gestão e constituam entidade com personalidade jurídica própria.[459]

Em que pese a louvável iniciativa do legislador italiano, em tentar regular esse fenômeno amorfo das redes contratuais, parece-nos que o conceito constante da lei peninsular é bastante restrito e deixa de lado uma série de modelos organizacionais que se formam, muitas vezes, espontaneamente, no cotidiano negocial. Em inúmeras situações, como se verá adiante, o número de partes envolvidas em determinada rede de contratos é tão elevado que os custos de transação envolvidos, em uma formalização,

[459] Campobasso, Gian Franco. *Diritto Commerciale*, UTET, pp. 293-299.

em um único instrumento, são, absolutamente, proibitivos. Basta se pensar, por exemplo, nas redes de cartões de créditos – agrupamentos que, necessariamente, contam com a participação de múltiplas partes, para funcionar – ou ainda nas redes de franquia de grande capilaridade. Adicionalmente, a formalização instrumental proposta pela lei italiana parece ainda dar cabo à flexibilidade e possibilidade de ágil adaptação das redes de contratos às alterações das condições de mercado (vantagem do modelo híbrido sobre o associativo).[460] Assim, em realidade, o que parece ter havido foi tão somente a criação de uma nova forma associativa, sem os rigores legais que incidem sobre os demais modelos e com maior liberdade, para que os participante da rede amoldem a estrutura organizativa às suas necessidades. Não bastasse tudo isso, há, especialmente, o fato de que há ainda a possibilidade de que as redes, e isso é bastante comum, estabeleçam-se entre empresas de nacionalidades diferentes, com atividade em seus respectivos países, que, deste modo, via de regra, não estarão submetidas às leis italianas. Pense-se, a título de ilustração, nas redes de distribuição de produtos, elaboradas, para a revenda de produtos de uma marca internacional em determinado país.

No Direito Brasileiro, conquanto não haja norma de teor específico, visando a regular as organizações em forma de rede, existem leis que, de certo modo, reconhecem a existência das redes contratuais. A título de ilustração, destaque-se que tanto a Lei de Concessão Comercial (Lei n. 6729/1979), quanto as antigas e novas Leis de Franquia (Lei n. 8.955/1994 e Lei n. 13.966/2019) fazem referências expressas ao termo "rede". Na norma mais antiga, há ainda – em disposição que nos parece (artigo 16),[461] surpreendentemente, moderna à época –, menção ao fato

[460] O comentário de Collins segue em mesmo sentido: "[t]*o think of networks as just a new species of business association will place an institutional framework on them that will damage the inherent flexibility achieved in networks through their shifting patterns of bilateral contracts*" (Collins, Hugh. *Introduction to Networks...*, p. 30). Quanto ao ponto, Grundmann, Caffagi e Vettori registram o fato de que, graças à ausência de limitação de responsabilidade existente nos acordos associativos, há, nas redes, maior flexibilidade na retirada dos membros. Afinal, inexistindo a restituição de capital investido aos retirantes (como se passaria em uma liquidação de haveres, por exemplo), não haveria impactos à estabilidade da rede e, por conseguinte, aos interesses dos credores (The contractual basis of..., pp. 22-23).

[461] "Art. 16. A concessão compreende ainda o resguardo de integridade da marca e dos interesses coletivos do concedente e da rede de distribuição, ficando vedadas:

de que "[a] concessão compreende (...) o resguardo de integridade da marca e dos interesses coletivos do concedente e da rede de distribuição, ficando vedadas: (...) prática de atos pelos quais o concedente vincule o concessionário a condições de subordinação econômica, jurídica ou administrativa ou estabeleça interferência na gestão de seus negócios". Em tempos mais recentes, a Lei n. 13.288/2016 veio a regular os contratos de integração vertical,[462] nas atividades agrossilvilpastoris. Tais contratos, hoje dominantes no setor agroindustrial,[463] têm feições, nitidamente, híbridas, não apenas do ponto de vista da contratação bilateral,[464] como

I – prática de atos pelos quais o concedente vincule o concessionário a condições de subordinação econômica, jurídica ou administrativa ou estabeleça interferência na gestão de seus negócios;
II – exigência entre concedente e concessionário de obrigação que não tenha sido constituída por escrito ou de garantias acima do valor e duração das obrigações contraídas;
III – diferenciação de tratamento entre concedente e concessionário quanto a encargos financeiros e quanto a prazo de obrigações que se possam equiparar".

[462] Nos termos da lei, os contratos de integração vertical são definidos como a "relação contratual entre produtores integrados e integradores que visa a planejar e a realizar a produção e a industrialização ou comercialização de matéria-prima, bens intermediários ou bens de consumo final, com responsabilidades e obrigações recíprocas" (art. 2º, inc. I). De acordo com Renato Buranello, tais contratos – que se multiplicaram, na atividade agroindustrial brasileiras, na última década – visam à "articulação de unidades de produção familiar com uma unidade central de processamento, exportação ou compra que regula, antecipadamente, mediante contrato, o preço, a forma de produção, a qualidade e quantidade do produto e o crédito" (Buranello, Renato. Sistemas agroindustriais e contratos de integração vertical. Disponível em http://agriforum.agr.br/sistemas-agroindustrias-e-contratos-de-integracao-vertical/. Data de acesso em 14.10.2019, p. 8). De modo similar aos demais arranjos de natureza híbrida, tais contratos resultam, igualmente, da constante pressão por inovação tecnológica, especialmente para que, no âmbito pecuário, sejam criadas "condições adequadas para que esses animais possam se desenvolver de forma rápida e lucrativa, fugindo muitas vezes à realidade dos produtores independentes, principalmente os pequenos" (Sistemas agroindustriais..., p. 8).

[463] Buranello, Renato. Sistemas agroindustriais..., p. 9.

[464] Como bem destaca Renato Buranello, "esses contratos não são meramente de entrega e de venda, mas se constituem em 'contratos de transferência administrativa ou empresarial' em que as empresas contratantes são responsáveis por muitas ou todas as tomadas de decisão, ou pela execução de atividades do processo de produção agrícola, incluindo oferta de insumos, determinação das épocas de plantio e tratamento, e até mesmo realizando a colheita e o transporte" (Sistemas agroindustriais..., p. 9). Nada obstante, "embora exista realmente a perda da autonomia econômica do integrado (o produtor agrícola), a grande

ingerência da indústria no processo produtivo utilizado pelo produtor e a superioridade do poder contratual do integrador sobre o integrado, não há a mesma subordinação que existe no contrato de trabalho. Nessa a sujeição é econômica e jurídica, enquanto que naquele o integrado mantém sua independência jurídica e pode aumentar seu poder contratual através de formas associativas. No contrato de integração, o que se coloca à disposição é a organização dos fatores produtivos e não o trabalho do integrado" (Sistemas agroindustriais..., p. 10). Desse modo, é mais que evidente, em tais arranjos contratuais, o entremeio de aspecto associativos, em um negócio de caráter sinalagmático, característicos das contratações de natureza híbrida. Em sentido semelhante, Kassia Watanabe, Nunziata Paiva e Ana Lourenzani destacam como uma das formas de organização existente nos Sistemas Agroindustriais: "[h]*ybrids – The agro-industry/distributor performs prior agreements (written or oral contracts) with farmers to purchase the entire output at a predetermined price, for example, establishing agreement on various obligations, such as the anticipation of inputs, provision of technical assistance, rigorous monitoring for producing mode. Farmers and agro-industry/distributor are autonomous companies, but interdependent along the AGS for better control of the entire agri-food chain to match consumer demand for products with quality – this phenomenon is called quasi-integration or partial integration or integration contract*" (Watanabe, Kassia; Paiva, Nunziata Stefania; Lourenzani, Ana Elisa Bressan Smith. Contract Farming in Brazil – an approach to Law and Economics. *Revista de Direito GV*, vol. 13, n. 1, jan-abr, 2017, p. 99). E as autoras ainda prosseguem: "[c]*ontracts are a typical hybrid governance structure to coordinate the production (MÉNARD, 1996; WILLIAMSON; MASTEN, 1999). The main aspect of this mode of governance lies on the fact that even though the agents involved in the production system are legally independent, there is a relation of interdependence between them (TRAISCI, 1992; PRÉVAULT, 1996). Contract farming is the relation between farmers and buyers. Farmers usually provide land and human resources, grow and supply the raw agricultural commodity to the buyer who monitors the farmer production (PULTRONE, 2012). Under contract farming arrangement, the farmer is autonomous and the downstream agro-industry/distributor does not appropriate farm assets, but they specify the use of these assets (JIA; BIJMAN, 2013). / Within contract farming, different types of arrangements, contract provisions, and different services that may or may not be included in the arrangement are observed. Ménard (1996) analyzed hybrid form in the poultry sector and concluded that there are different levels of dependence among the parts engaged in the contract. He observed that coordination is stronger in long-term contracts than in short-term contracts; the contracts are incomplete and price is mostly established through negotiation. Martinez (1999) studied the hog and poultry sector and named the contract as contractual agriculture. He observed the use of interprofessional agreement to reach better equilibrium among the participants. Worley and MaCluskey (2000) researched wheat industry and they observed three types of contracts with different levels of control by the contractor: market contract; production management contract; and production contract. Jannarelli (2012, p. 250-251) presented three different contracts related to contract farming: market specification contract; resource providing contracts; management and income guaranteeing contract. / From an economic standpoint, the activity regulated by contract farming generates technological and organizational changes, and characterizes the integrated farmers as a differentiated set of farmers. In fact, integrator companies expect the integrated farmers to act as entrepreneurs and*

também no aspecto macro, se considerada toda a cadeia produtiva formada.[465] Embora, diferentemente das outras normas referidas, tal lei não faça

have willingness to invest, thereby seeking to ensure the steady supply of raw material and its regularity. Considering contract farming as an hybrid form, it can be observed that firms are moving away from discrete transactions and focusing more on relational exchanges (ZUURBIER; TRIENEKENS, 2000). Relational exchanges are based on longer-term interactions that involve repeated transactions. Although contracts can be short-term, related to specific projects, the contractual relationships are durable, with general contractors doing business with essentially the same partners (MÉNARD, 2004)" (Watanabe, Kassia; Paiva, Nunziata Stefania; Lourenzani, Ana Elisa Bressan Smith. Contract Farming..., p. 100). A evidenciar os aspectos híbridos desse modelo de contratação, o artigo 8º da Lei n. 13.288/2016 aborda, especificamente, a questão do compartilhamento de ativos específicos entre as partes.

[465] A respeito do histórico do setor, Renato Buranello conta que "[a]lém das atividades de produção, quase sempre bastantes diversificadas, eram também criados animais de tração, produzidos e adaptados os implementos, ferramentas, equipamentos de transporte e insumos básicos, tais como fertilizantes, sementes etc. O armazenamento e a comercialização também estavam incorporados às fazendas. As famílias formavam unidades de produção, nas antigas 'colônias'. Quando se referia ao termo 'agricultura', todas essas atividades estavam inclusas, sendo um termo abrangente o suficiente para todo o setor. Os produtores, por sua vez, não eram especializados, executavam todo o processo, ao nível de especificidade e desenvolvimento tecnológicos padrões da época. / Começou-se, então, a ganhar grande importância a chamada visão sistêmica englobando no sistema os setores denominados de 'antes da porteira', que são os fornecedores de insumos (máquinas, implementos, defensivos, fertilizantes, sementes, tecnologia, etc.) o setor 'dentro da porteira', com as atividades agropecuárias propriamente ditas, e o setor 'pós porteira', incluindo o armazenamento, beneficiamento, industrialização, embalagem, distribuição, consumo de produtos alimentares, fibras e produtos energéticos provenientes da biomassa. Significa que os produtores e todos os demais integrantes do sistema, ou seja, os tomadores de decisão, seja das empresas de insumos, processamento ou distribuição, passam a olhar não só os seus clientes/consumidores próximos (os seguintes do sistema, para quem vendem), mas também os consumidores finais, com suas novas tendências, dentro de um mercado em evolução. A idéia básica da visão sistêmica é que o todo é maior que a soma das partes individualizadas. Não adianta ser extremamente eficiente em sua atividade dentro do sistema se o sistema como um todo não está sendo eficiente, mostrando falhas dentro do enfrentamento de certas externalidades" (Sistemas agroindustriais..., pp. 1-2). Assim, diante dessa alteração nas perspectivas do setor agroindustrial, o autor pontua: "[v]emos na necessidade do mercado de manter um fluxo contínuo de produção para atender a demanda presente e conquistar novos mercados, o viéz econômico dessa forma contratual. Para manter essa produção constante as empresas necessitam de um fornecimento de matéria-prima em quantidade pré-determinada, e algumas vezes com qualidade e características específicas para atender a especificidades do mercado consumidor cada vez mais diversificado e exigente. Uma das formas para as empresas atingirem esse objetivo é integrar sua atividade a atividade

menção expressa ao termo "rede", ela traz, em seu bojo, interessante previsão sobre a mandatória formação da Comissão para Acompanhamento, Desenvolvimento e Conciliação da Integração (CADEC), entre cada unidade da integradora e os produtores a ela integrados (art. 6º). Entre outras funções, a CADEC deverá elaborar estudos técnicos sobre a cadeia produtiva, monitorar os padrões de qualidade dos insumos recebidos pelos produtores e dos produtos fornecidos ao integrador, estabelecer um sistema de acompanhamento das mútuas obrigações entre os contratantes, dirimir conflitos entre produtores e a integradora, garantir o pagamento de um determinado valor de remuneração dos integrados (valor de referência) etc. É inequívoco, nesse aspecto, que, por meio da CADEC, há, pelos termos da lei, a formação de uma efetiva rede de contratos entre os negócios concluídos entre todos os integrados e a integradora, em evidente efeito sinergético a todos os participantes.[466]

produtiva por meio de uma quase-integração, de forma a manter a independência jurídica dessas entidades, e com a segurança que o instrumento contratual oferece. Contudo, muitas vezes o negócio agroindustrial necessita ainda maior seqüenciamento das fases dos SAG's [Sistemas Agroindustriais]" (Sistemas agroindustriais..., p. 10).

466 Nesse aspecto, Kassia Watanabe, Nunziata Paiva e Ana Lourenzani bem salientam os aspectos positivos advindos das estruturas de governança formadas pela CADEC: "[t]*he main objective of Cadec is to expedite transactions between the integrated agricultural producer and the integrator agro-industry, providing a forum for conciliation and settlement of disputes amid them. The normative rules of the State do not replace the specific regulations of each private agricultural sector, but can complement them. / Economic agents can employ these associations to facilitate the adoption of actions. The interest of the agent for collective action emanates from its superior efficiency at achieving coordinated solutions as compared to the agreements performed individually. Individual negotiations can be costly compared to collective agreements. These common agreements would be conducted by private norms, i.e., private rules determined by Cadec. (...) Institutional arrangements are structured based on relational contracts, for example, when the informal institutional norms prevail; the parts make agreements internally through Cadec. The parts involved in Cadec may hold informational advantages over the bodies of the Judiciary. Therefore, according to Ulen (1984), the parts already have all the knowledge of trading, while the judge would have to take knowledge of the contractual terms, the object traded, the market, and a lot of information that can be quite complex to no anyone not involved in the relationship. Therefore, it is expected that the transaction costs of settlement of disputes are resolved internally when smaller, because of informational advantages of contractors in relation to the Courts. According to the analogy of Williamson (1996; 2005), Cadec could be the Court of first instance, where different types of disputes are resolved. / Another aspect to be taken into account when it comes to the reduction of transaction costs is the increased level of confidence that the contractual relationship inspire to the parts, which integrates the reputation for the contract performance. The relational development has long-term implications, since the parts,*

De todo modo, assim como a iniciativa italiana, o regramento normativo para o setor agroindustrial não está também isento de críticas, por parte dos analistas.[467]

even with latent conflict, develop informal negotiation mechanisms of great complexity" (Watanabe, Kassia; Paiva, Nunziata Stefania; Lourenzani, Ana Elisa Bressan Smith. Contract Farming..., pp. 112-113).

[467] Nesse aspecto, Antônio Augusto de Souza Coelho crítica a instituição do valor de referência ao setor, com a utilização das mandatórias estruturas de governança para sua implementação: "[a] parte mais relevante de suas disposições, porém, é a instituição de uma estrutura extracontratual de controle dos contratos de integração vertical, estrutura esta constituída por um Fórum Nacional de Integração – FONIAGRO por cada ramo e várias Comissões de Acompanhamento, Desenvolvimento e Conciliação da Integração – CADECs, que existirão em grande quantidade, uma para cada operação em que haja integração vertical. Dentre outras atribuições, o FONIAGRO criará uma fórmula de referência com o preço a ser pago para o produtor integrado. Esse preço será efetivado e fiscalizado em cada operação pelas CADECs. / Essas entidades trazidas pela lei n. 13.288/2016 não vieram do nada. Há no Brasil diversas entidades ligadas a certas atividades do agronegócio que assessoram os contratantes a obterem bons resultados. Essas entidades, representativas de um ou outro lado dos contratos, ou ainda se apresentando como neutras aos contratantes, assumem forma vária: são sindicatos, cooperativas, associações, conselhos, federações, confederações, instituições de ensino e pesquisa, entre outras. Assim, o agronegócio movimenta, além de tudo, uma grande máquina jurídico-administrativa de entidades voltadas para o desenvolvimento de atividades agrárias. Esse quadro não surpreende; aliás, era até esperado, dada a importância do agronegócio para o país. (...) Como se percebe, a legislação federal acabou por passar por cima de um fator relevante para o sucesso daquela entidade que é justamente o fato de que seu *preço de referência* não é obrigatório para o mercado. Ele serve, como o nome diz, como uma *referência*. Isso permite que o mercado se sirva de um índice de preço confiável ao mesmo tempo em que mantém sua autonomia e flexibilidade para uma margem de flutuação que acompanhe as idiossincrasias de cada área e de cada tempo, mantendo a competitividade do mercado no ponto máximo segundo os preceitos da *Nova Economia Institucional* no que tange a lei da demanda e oferta. Essa constatação é importante para perceber o retrocesso da precificação forçada trazida pela lei e traz um elemento para sustentar sua inconstitucionalidade, dado que a livre iniciativa é norma constitucional (CF, art. 1º, inc. IV). / O tabelamento de preços e a fixação forçada de preços mínimos lesa o mercado inteiro e até mesmo prejudica aqueles a quem a tabela foi pensada para beneficiar, porque ignora uma lei maior que as legisladas, que a da oferta e da demanda" (Coelho, Antônio Augusto de Souza. A nova era dos contratos de integração vertical no agronegócio brasileiro. Disponível em https://www.editorajc.com.br/nova-era-dos-contratos-de-integracao-vertical-no-agronegocio-brasileiro/. Data de acesso em 15.10.2019). Para maior detalhamento sobre o entendimento do autor, vide ainda Coelho, Antônio Augusto de Souza. Da inconstitucionalidade da precificação forçada no novo regime

Nesses termos, parece fazer ainda mais sentido o alerta de Amstutz, segundo o qual, a despeito de sua análise e proposta, e sinalizando a já referida imaturidade doutrinária sobre a temática, defende que, antes de se passar a uma fase de elaboração de leis, é necessária uma fase preliminar de reflexão acerca das principais questões, em torno da matéria.[468] De acordo com o autor, os princípios contratuais vigentes no espaço europeu foram baseados em modelos sociais oriundos da realidade socioeconômica dos séculos XIX e XX, que, como tal, não espelharam as formas mais recentes de organização econômica. Sintomático, nesse aspecto, é o fato de que, à exceção das supracitadas, a maior parte das legislações nacionais sequer aborda, minimamente, a problemática ora tratada. O *Draft Common Frame of Reference* ("DCFR"), projeto de unificação do Direito Privado europeu, não traz qualquer menção às redes de contratos, tampouco os textos de *softlaw* produzidos pelo Instituto Internacional para a Unificação do Direito Privado – UNIDROIT[469] – o que é objeto de severa crítica por parte da doutrina.[470]

De efeito, Collins, a esse propósito, ressalta que, conquanto o DCFR não contenha qualquer referência às redes, aos híbridos e/ou aos contratos

jurídico do contrato de integração vertical no agronegócio. Tese de Doutorado apresentada ao Departamento de Direito Civil da Universidade de São Paulo em 2017).

[468] Amstutz, Marc. The Nemesis of European..., p. 356.

[469] Cafaggi, Fabrizio. Redes contractuales..., p. 26.

[470] Amstutz, Marc. The Nemesis of European..., p. 319. De acordo com Cafaggi, "*(...) el reconocimiento de las redes contractuales debería implicar su integración en el processo de armonización del Derecho contractual europeo, actualmente en el DCFR, aunque su especificidad puede requerir la definición de un conjunto individualizado de princípios que deben ser posteriormente coordinados con los principios generales del Derecho contractual*" (Cafaggi, Fabrizio. Redes contractuales..., p. 26). E, em outro trecho, ele ainda prossegue: "[l]*a inclusion de un desarollo completo para los contratos multilaterals y vinculados dentro de la perspectiva más amplia de la coordinación contractual en el DCFR parece necesaria para proporcionar un conjunto común de principios europeos para la creación de redes contractuales transnacionales. Esta inclusión proprocionará un major marco para la coordinación contractual y un vínculo más cercano entre políticas industriales y dispositivos de gobierno contractual*" (pp. 78-79). Em sentido semelhante, Abegg anota que "*(...) the law is not prepared with categories of its own*", para esse novo fenômeno, ao que denomina "*the organizational form of network*', em que há a mudança de "*market-related organisational structures on the one hand, and hierarchical ones on the other (reflected in law as contract and corporations) to* network-type structures" (Abegg, Andreas. Regulation of Hybrid Networks. In: Amstutz, Marc; Teubner, Gunther (cood.). *Networks: Legal Issues of Multilateral Co-operation*. Oxford: Hart. 2009, pp. 258-258).

relacionais, o projeto incorpora alguns princípios que, eventualmente, podem ser úteis na análise de questões envolvendo as redes.[471] Menciona, assim, a referência feita aos deveres de atuação em conformidade com padrões de boa-fé, aos deveres de cooperação frente a determinadas expectativas e à possibilidade de terceiros executarem, em contratos de que não são partes, obrigações que lhes beneficiem. Ele destaca ainda que, especificamente na parte em que trata da agência, da franquia e da distribuição, o DCFR impõe a obrigação de que, na fase pré-contratual, sejam prestadas informações, em quantidade razoável, para que as partes decidam sobre a celebração ou não de determinado contrato. Como único ponto de aproximação às redes, o projeto impõe, ao franqueador, o dever de promover e manter a reputação da rede de franquia e, ao franqueado, o dever de não causar danos à coletividade.[472]

Não obstante tais observações, Collins, assim como Amstutz, assume posição de bastante cautela, quanto à positivação das redes contratuais. Em primeiro lugar, ele destaca que o mundo concreto é sempre mais complexo do que aquilo que é vislumbrado pela legislação. As leis, nesse sentido, possuem mecanismos, para responder a tal diversidade do mundo fático, como, por exemplo, por meio de princípios, cláusulas gerais e conceitos indeterminados. Em segundo lugar, há, para ele, problemas inerentes ao

[471] Essa impressão de Collins parece estar, fundamentalmente, relacionada à previsão de deveres decorrentes da boa-fé, em um projeto de unificação do direito privado europeu – algo de que os sistemas de *Common Law*, em geral, não partilham e que, portanto, dificulta a análise de questões relacionadas às redes contratuais. Confira-se, assim, seu comentário a respeito: "[t]*he most obvious source of divergences and communication problems between legal systems stems from differences in the substantive law. For instance, whereas a German legal scholar can manipulate such doctrines as good faith in contracts, contracts with protective effects for a third party, and 'culpa in contrahendo' to solve the problems of risk and liability that may arise in network contracts, these handly tools are not readily available to the common lawyers. The existence of a duty to perform a contract in good faith, for instance, is much contested in most common law jurisdictions, whereas, in contrast, in German law it is accepted as a general principle, albeit one whose application to particular circumstances can prove controversial. (...) In the context of network, performance in good faith could be understood as requiring performance that supports the aims of the network or at least does not subvert them for self-interested purposes. If the relevant legal system lacks the requirements in its rules that contracts should be performed in good faith, however, as in many jurisdictions of the common law, this stepping stone towards an adequate legal framework will be missing, thereby making this endeavor much harder, and perhaps impossible*" (pp. 26-28).

[472] Collins, Hugh. *Introduction to Networks...*, pp. 28-30.

modo como o Direito Privado deverá tratar as externalidades geradas, no contexto de rede, a terceiros *vis-à-vis* à relatividade dos efeitos dos contratos. De regra, para ele, questões desse tipo deveriam ser tratadas à luz de intervenções regulatórias de caráter público. Como terceiro ponto, persiste, segundo seu entendimento, o fato de inexistem relações contratuais entre diversos membros da rede, que, para tutelar seus interesses, já recorrem a sanções de caráter informal e talvez nem mesmo desejem que a dinâmica se altere. Ao cabo, ele reconhece que não há um caminho fácil para que se compreenda se o fenômeno, efetivamente, deve ser traduzido em um conceito legal, mas que, caso assim o seja, uma eventual legislação deverá buscar proteger os envolvidos, nessa forma de organização, sem distorcer ou subverter as suas qualidades.[473]

As redes contratuais, portanto, como fenômeno bastante recente, pressionam o Direito Privado por inovação,[474] especialmente, porque, em determinados setores produtivos, não há uma outra forma de organização, exceto pelo modelo de rede contratual.[475] Brownsword, ao destacar a intensificação dos deveres de cooperação entre as partes, nos esquemas de rede, alerta: "[i]*f rigid and dogmatic doctrinal barriers stand in the way of what are perceived, in network settings, to be commercially sensible results, there will be a pressure from the new realists for change*".[476] Há, de fato, uma discussão acerca da efetiva necessidade de se elaborar um regime específico para as redes contratuais. De acordo com Grundmann, Caffagi e Vettori, a escolástica, em torno da necessidade de regulamentação da matéria, divide-se, essencialmente, em três posicionamentos: **(i)** alguns creem que a tradicional teoria do contrato deveria ser aplicada, sem qualquer tipo de modificação, às redes contratuais, **(ii)** outros defendem a criação de um regime específico para as redes contratuais, no entremeio entre os regimes associativos e de troca, e, por fim, **(iii)** há os que acreditam que a análise deveria ser feita, preliminarmente, sobre cada uma das contratações individuais, com uma adequação dos conceitos da teoria do contrato às questões específicas pertinentes às redes. Eles informam que, enquanto a maior parte da doutrina, tacitamente, segue a primeira posição, Teubner

[473] COLLINS, Hugh. The Network Architecture of..., pp. 206-207.

[474] AMSTUTZ, Marc. The Nemesis of European..., p. 356.

[475] AMSTUTZ, Marc. The Nemesis of European..., p. 346.

[476] BROWNSWORD, Roger. Contracts with Network Effects..., p. 157.

defende a segunda; e os três, a terceira.[477] Voltaremos à questão adiante, no presente trabalho.[478]

Na jurisprudência estatal nacional, a temática, embora não desconhecida, é aplicada sem grande precisão e, em geral, como mero argumento de reforço. Em uma busca nos julgados do Superior Tribunal de Justiça, com os termos "redes de contratos" e "rede contratual",[479] apenas um acórdão é identificado.[480] Na hipótese, a Corte Superior analisou o cumprimento pelo Judiciário de uma carta arbitral, conferindo acesso ao recorrido a uma mina de propriedade do recorrente, a fim de que aquele pudesse acompanhar as pesagens de minério de ferro que adquirira deste. De modo bastante sintético, e no ponto que nos interessa, a discussão cingia-se à extensão da cláusula compromissória a sujeitos que não foram partes de contrato, submetido à jurisdição arbitral. Segundo narra o *decisum*, recorrente e recorrido celebraram negócio, por meio do qual este teria a opção de adquirir minério de ferro daquele. Em um dado momento, após o exercício de referida prerrogativa, foi celebrado um contrato de compra e venda entre a recorrente e uma sociedade constituída pelo recorrido. Ulteriormente, esta nova sociedade teve suas contas cedidas a um terceiro, que passou a efetuar os pagamentos pelo produto adquirido, mediante a criação de uma segunda sociedade de propósito específico. Suspensos os pagamentos, por dado não noticiado no julgado, os recorridos deixam de ter acesso à mina, episódio que deu azo a pedidos de urgência, os quais acabaram por desaguar na ordem constante da carta arbitral. Ao cabo, o acórdão, que mantém a determinação de acesso à localidade de extração do minério, vale-se, sem grandes elocubrações,[481] das redes contratuais,

[477] GRUNDMANN, Stefan; CAFFAGI, Fabrizio; VETTORI; Giuseppe. The contractual basis..., p. 20. Nesse aspecto, MICKLITZ registra que "[w]*hile there is no agreement on whether networks should be regarded as new entities which will develop their own rules and maybe even turn into a new legal concept, there is agreement that networks contain elements which cut across the distinction of firms and markets*" (Herd Behaviour..., p. 126).

[478] Vide item IV.4.3.

[479] Pesquisa realizada em 16.10.2019.

[480] STJ, 3ª T., REsp n. 1.798.089-MG, Rel.ª Min.ª NANCY ANDRIGHI, j. 20.8.2019.

[481] Na única referência às redes contratuais, constou-se o seguinte: "[a]demais, percebe-se a existência de uma complexa rede contratual, com diversas empresas e pessoas jurídicas distintas envolvidas no negócio comercial que originou o litígio. E, de fato, apenas a recorrente – que opera diretamente a mina – não participa do compromisso arbitral".

para justificar a eficácia da cláusula compromissória à recorrente, a despeito de esta não ser parte de contrato específico em que se situava uma tal disposição.

Não obstante a referência às redes contratuais, temos alguma dúvida se o precedente, efetivamente, envolve o fenômeno. De plano, nota-se a existência de múltiplos contratos, que, por efeito de sucessão de partes, acabam por envolver, essencialmente, dois grupos empresariais, de polos opostos, em torno de uma operação econômica de compra e venda de minério de ferro. Há, nesse tocante, uma evidente coligação de negócios jurídicos, mas sem que se qualifique uma efetiva rede de contratos, contendo inúmeras partes, atuando em prol de um empreendimento comum. Para além disso, a verdadeira *quaestio juris* que se coloca, diante de um tal quadro fático, é a desconsideração de personalidade jurídica, para sujeitos de um mesmo grupo econômico, com a consectária extensão subjetiva da convenção de arbitragem;[482] sem qualquer pertinência temática verdadeira com o fenômeno das redes de contratos.

Para além de referido acórdão, há ainda outras tantas decisões monocráticas, envolvendo, essencialmente, questões relativas à responsabilidade solidária de empresas, consideradas ou não incluídas dentro de uma mesma cadeia de consumo, nos mais variados contextos. Nesses moldes, já se afastou a responsabilidade solidária de instituição financeira à de uma empresa vendedora de veículo automotor, por evicção do bem, determinada por um Tribunal de segunda instância, em função da existência de rede contratual. O ministro relator do caso fundou-se em jurisprudência consolidada da corte, segundo a qual não haveria "relação de assessoriedade entre o contrato de compra e venda de bem

[482] Conforme bem destaca Dinamarco, nesse aspecto, "[e]m princípio o negócio jurídico caracterizado como convenção de arbitragem vincula todos os sujeitos que dele participaram e *somente* os que participaram – e essa é uma imposição da *autonomia da vontade*, que constitui fundamento da própria opção pela arbitragem (vontade de optar, vontade de não optar). Ocorrem porém situações em que se cogita de levar mais longe essa vinculação, para incluir certos terceiros. / Isso ocorre com boa frequência em *matéria societária*, vendo-se uma tendência dos painéis arbitrais a atrair à arbitragem sociedades integrantes do mesmo *grupo econômico* do qual participa uma das signatárias. A *confusão patrimonial* eventualmente existente nesses casos seria fator legitimante da *desconsideração da personalidade jurídica*, legitimando a extensão subjetiva da convenção" (Dinamarco, Cândido Rangel. A Arbitragem na Teoria Geral do Processo. São Paulo: Malheiros, 2013, pp. 101-102).

de consumo e o de financiamento bancário com alienação fiduciária destinado a viabilizar a aquisição, excetuando-se as hipóteses em que a instituição financeira esteja vinculada diretamente à concessionária".[483] Em outro caso, compreendeu-se existir solidariedade de obrigações entre sociedades de saúde locais, que, a despeito de diversas e independentes, exploram, no âmbito nacional, uma mesma marca e se dizem pertencer a um mesmo "sistema".[484] Ainda no âmbito médico, já foi, de outro lado, afastada a responsabilidade solidária de um hospital à de um plano de saúde, determinada pela instância *a quo*, ao fundamento de que haveria uma "[a]tuação coligada de fornecedores de serviços no atendimento à saúde envolvendo redes contratuais".[485] No segmento imobiliário, já se manteve a extensão de responsabilidade por atraso na conclusão da obra a todas as empresas envolvidas no empreendimento, sob o argumento de que seriam "titulares/integrantes da mesma cadeia produtiva, parceiras de negócios coligados por certo vínculo de reciprocidade econômica, numa autêntica rede contratual (unitária e monolítica)".[486] Um mesmo vínculo de solidariedade também já foi mantido entre empresas atuantes no mesmo empreendimento, para determinar a restituição de taxa SATI, sob o argumento de que as entidades "são empresas que atuam como titulares da mesma cadeia produtiva, lídimas parceiras de negócios coligados por certo vínculo de reciprocidade econômica, numa autêntica rede contratual unitária e monolítica, agindo como se fosse uma só".[487] A corte também entende que a Caixa Econômica Federal tem responsabilidade solidária à construtora, por vícios de construção, quando atuar "como agente executor de políticas federais para a promoção de moradia para pessoas de baixa ou baixíssima renda", mormente na hipótese de haver "placa indicativa, em local visível, durante as obras, de que a construção está sendo executada com financiamento da CEF".[488] A rede contratual foi utilizada ainda, como fundamento para responsabilizar, solidariamente, a Petrobrás, a DERSA e uma construtora, por um vazamento de

483 STJ, 4ª T., AREsp n. 634.152-SP, Rel. Min. Marco Buzzi, j. 25.4.2019. No mesmo sentido: STJ, 4ª T., AREsp n. 814.991-SP, Rel. Min. Raul Araújo, j. 12.9.2019.

484 STJ, 3ª T., REsp n. 866.448-RN, Rel.ª Min.ª Nancy Andrighi, j. 11.5.2017.

485 STJ, 3ª T., REsp n. 1.698.742-SP, Rel. Min. Paulo de Tarso Sanseverino, j. 26.2.2019.

486 STJ, 3ª T., REsp n. 995.070-SP, Rel. Min. Paulo de Tarso Sanseverino, j. 11.5.2017.

487 STJ, 3ª T., REsp n. 1.729.512-SP, Rel. Min. Moura Ribeiro, j. 21.3.2018.

488 STJ, 4ª T., REsp n. 1.202.688-RJ, Rel. Min. Luis Felipe Salomão, j. 21.10.2015.

gás acarretado por ato praticado por esta última. Aplicou-se à hipótese a legislação específica às relações de consumo.[489] Como se percebe, referidas decisões, que se ocupam, essencialmente, de questões referentes ao relacionamento externo das redes, e embora reconheçam a existência do fenômeno, valem-se deste, meramente, como argumento de retórica e sem uma delimitação precisa e segura do conceito. Em diversas situações, inclusive, as redes contratuais são equiparadas, sem qualquer grau de distinção, ao fenômeno da coligação contratual.

Ainda no âmbito do Superior Tribunal de Justiça, Rodrigo Leonardo destaca que a edição da súmula n. 308 representaria o reconhecimento da teoria das redes contratuais pela Corte.[490] De acordo com o texto do enunciado, "[a] hipoteca firmada entre a construtora e o agente financeiro, anterior ou posterior à celebração da promessa de compra e venda, não tem eficácia perante os adquirentes do imóvel". Dentre os *leading cases* que deram origem ao entendimento sumulado, Rodrigo Leonardo chama atenção para um de relatoria de Ruy Rosado de Aguiar Júnior,[491] que tratou, em síntese, de embargos de terceiro opostos por promitentes--compradores, em face de execução hipotecária movida por instituição financeira, que buscava a satisfação de um crédito devido por incorporadora insolvente. No *decisum*, o saudoso ministro-professor, destacando a necessidade de que "[a] causa deve ser examinada e julgada nas circunstâncias do negócio realizado", explicava que "o financiamento concedido à empresa construtora tinha o fim único de permitir a construção de um prédio destinado à venda. Os terceiros adquirentes fariam o pagamento das suas prestações com recursos próprios diretamente à construtora, ou obteria, um financiamento pessoal junto à mesma ou a outra instituição financeira, hipótese em que tocaria a esta saldar o débito do promissário comprador perante a compradora, ficando o imóvel hipotecado em favor da instituição que financiou o promissário comprador, adquirente final (mutuário)". Nesse contexto, que, segundo Rodrigo Leonardo, aponta o reconhecimento da "unicidade da operação econômica que denuncia

[489] STJ, 4ª T., REsp n. 1.251.137-RJ, Rel. Min. Marco Buzzi, j. 14.11.2014.

[490] Leonardo, Rodrigo Xavier. A súmula nº 308 e a Adoção da Teoria das Redes Contratuais pelo STJ. In: Pereira Júnior, Antonio Jorge; Haddad Junior, Gilberto (coord.). *Direito dos Contratos*. São Paulo: Quartier Latin, 2006, pp. 435-449.

[491] STJ, 4ª T., REsp n. 187.940-SP, Rel. Min. Ruy Rosado de Aguiar Júnior, j. 18.2.1999.

a existência de uma rede contratual",[492] o ministro afastou a eficácia da garantia real, por compreender que "[a]s regras gerais sobre a hipoteca não se aplicam no caso de edificações financiadas por agentes imobiliários integrantes do sistema financeiros da habitação, porquanto estes sabem que as unidades a serem construídas serão alienadas a terceiros, que responderão apenas pela dívida que assumiram com o seu negócio, e não pela eventual inadimplência do construtora". E, no que parece ser o fundamento jurídico central do acórdão, o voto sacramenta: "[o] princípio da boa-fé objetiva impõe ao financiador de edificação de unidades destinadas à venda aprecatar-se para receber o seu crédito da sua devedora ou sobre o pagamento a ela efetuados pelos terceiros adquirentes".

Na esfera das cortes estaduais, a temática também é abordada, mas, igualmente, sem grande sistemática. O Tribunal de Justiça do Estado de São Paulo, por exemplo, em sentido diverso ao entendimento do Superior Tribunal de Justiça, afastou a exceção do contrato não cumprido de obrigação constante de negócio de concessão, aduzida por uma concessionária de veículo da marca Mercedes-Benz, como fundamento para deixar de quitar dívida de empréstimo concedido por instituição financeira do mesmo grupo econômico da montadora, para financiar a atividade mercantil.[493] Segundo a corte local, "o fato de a empresa 'Mercedes-Benz do Brasil Ltda.' e o 'Banco Mercedes-Benz do Brasil S.A.' pertencerem ao mesmo grupo econômico, por si só, não induz à conclusão de que os aludidos contratos formavam um 'negócio complexo ou rede contratual'" e, assim, considerou cada um dos negócios autônomos e sem impactos da eficácia de um em outro. A nós, mais do que uma questão de rede, a problemática enfrentada pelo Tribunal paulista envolvia hipótese inequívoca de coligação contratual, cuja solução, se demonstrada a efetiva coordenação de atos entre o credor e o concedente, poderia, segundo alguns,[494] justificar a inexigibilidade do débito.

De modo oposto, o Tribunal de Justiça do Estado do Paraná,[495] em caso envolvendo uma verdadeira rede de contratos empresariais, valeu-se

[492] Leonardo, Rodrigo Xavier. A súmula nº 308 e..., p. 444.

[493] TJ-SP, 23ª Câm. Dir. Privado, Apel. n. 1075348-47.2013.8.26.0100, Rel. Des. José Marcos Marrone, j. 13.7.2016.

[494] Vide item IV.2.

[495] TJ-PR, 12ª Câm. Cível, Apel. n. 0028243-66.2015.8.26.0014, Rel.ª Des.ª Denise Krüger Pereira, j. 16.3.2017.

dos contratos coligados, para justificar a extensão de responsabilidade da entidade central por atos praticados por um participante de sua cadeia de industrialização. De modo bastante sintético, o caso envolvia uma empresa (ré), industrializadora de elevadores, que, durante certo lapso temporal, adquiriu determinadas peças, necessárias à montagem do veículo, de uma empresa brasileira (autora), mediante contratação verbal. Em um dado momento, a empresa-ré optou por terceirizar a montagem dos elevadores a uma terceira entidade (corré, na demanda), que, por sua vez, passou a adquirir, diretamente, as peças fornecidas pela autora. Todo o litígio originou-se, ao cabo, da decisão da terceirizada em, alegadamente, ter denunciado, abruptamente, e sem qualquer motivo, o contrato de fornecimento havido, para, ato contínuo, passar a adquirir as peças de uma empresa chinesa. Não obstante, ao final, a Corte tenha compreendido pela licitude da denúncia do contrato de fornecimento, é relevante destacar, para os fins que nos interessam, o entendimento de que haveria uma "relação jurídica fundada em contratos coligados", "uma relação subjacente, mas não menos implícita (...) e que acaba por dar sentido à operação econômica travada", a justificar "a natureza solidária da responsabilidade de ambas as Requeridas em relação aos supostos prejuízos decorrentes do alegado inadimplemento contratual". Como índices da existência de referida relação jurídica, os desembargadores destacaram, na casuística, os fatos de que **(i)** a corré montadora servia de intermediária dos interesses entre a autora e a outra corré, **(ii)** a autora era a única fornecedora das peças, em questão, homologada, no Brasil, pela industrializadora de elevadores, **(ii)** a corré industrializadora participava, ativamente, das discussões financeiras, a respeito da execução do contrato de fornecimento de peças, assumindo, por vezes, os custos de produção destas repassados à corré montadora, e, por fim, **(iv)** a industrializadora era "beneficiária final de referida produção, possuindo poder de controle e gerência sobre toda a operação econômica". Embora não qualifique, expressamente, o fenômeno organizativo analisado, como uma rede contratual, o Tribunal paranaense parece, de fato, reconhecer sua existência, a partir dos elementos fáticos destacados e da fundamentação apresentada.

De fato, o tema das redes é assaz complexo e há grande dificuldade, na análise da miríade de operações econômicas organizadas, sob esse modelo. Face ao ímpeto criativo dos agentes econômicos, no exercício da autonomia privada, as redes contratuais assumem formas bastante variadas (*"a tapestry of contractual networks"*)[496-497] e, logo, pode ser difícil buscar uma definição ampla que abarque todos os formatos. Como bem anota Collins, o próprio termo *network* tem sido utilizado, de forma "promíscua", para abarcar as mais distintas formas de organização entre empresas, e agrupa uma série de outras denominações utilizadas (*"quasi-organisations or quasi--firms, virtual enterprises, multi-party hybrid business arrangements, or complex economic organisations"*), em, igualmente, diversos ambientes das Ciências Humanas. Originalmente, credita-se a adoção da denominação *network*, a partir da associação da temática às redes de telecomunicações.[498] Jean Nicolas Druey segue em mesmo toada, asseverando que nem mesmo as diversas análises já realizadas serviram para esclarecer, adequadamente, o conceito. Para ele, o termo "rede" permanece vago, o que dificulta sua incorporação no ambiente jurídico – avesso a essa imprecisão conceitual. Demonstrando alguma esperança, o autor relembra que o fenômeno da "*societas*" também percorreu um longo caminho evolucionário até que se estabelecesse uma definição legal para ele.[499]

Apesar dessa profusão de formas e denominações, temos a impressão de que as redes contratuais, essencialmente, sejam, em realidade, uma expressão do fenômeno cooperativo, vislumbrado sob um outro foco, mais abrangente do que a perspectiva individual das contratações individuais.

[496] De acordo com Weitzenboeck, "[t]*he parties take advantage of the flexibility and creativity allowed by contractual mechanisms, naturally to the extent permitted by law*", o que resultaria em tal "*tapestry*" (*A legal framework for emerging...*, pp. 286-287). Em mesmo sentido, Amstutz: "[i]*t is safe to assume that reality produces an enourmous number of contractual network types, each of which fulfils a different function in its own particular ways*" (The Nemesis of European..., p. 352).

[497] A respeito dessa abragência/flexibilidade das redes, confira-se o registro de Teubener: "[t]*he chameleon-like of hybrid networks allows them to operate within environments that would be closed to them were they either simple contractual relationships or simple collectives. Viewed from the outside, hybrid networks are a confusing* unitas multiplex; *a form facilitative of opportunistic external appearances in line with changing interests*" (Teubner, Gunther. *Networks as Connected...*, p. 109).

[498] Collins, Hugh. *Introduction to Networks...*, p. 10.

[499] Druey, Jean Nicolas. The difficult Legal..., pp. 94-96. Nesse sentido, o autor destaca que "[o]*ur times somewhat lack patience in this respect, I am afraid. The network, maybe now at the peak of its terminological best-seller-career, has grown in awareness in a very short time, if one compares it, for example, with the term* societas *and its unfolding in a long series of centuries. Undoubtedly, pressure to do something legally about it is legitimate, simply on function to provide an order for factual concepts. It would seem to be necessary to wait until the dust has settled. Patience is also asked for in legal science. We all know the long route of the concept of* societas *into the law*".

Nesses termos, as relações de franquia, por exemplo, são tanto expressão de cooperação entre o franqueador e o franqueado, como já apontado alhures, como outrossim entre todos os membros da rede (franqueador e franqueados). Analogamente, do ponto de vista de dogmatização daquilo que é observado no mundo fático, parece-nos que a rede está para os contratos bilaterais, da mesma maneira que estes já estiverem para as obrigações.[500] Há uma relação de continência do maior para o menor: a rede abrange um grupo de contratos, em geral, coligados, em que diversos feixes de obrigações são estabelecidos entre os membros da rede. Esse também parece ser o entendimento de Collins, segundo o qual "[a]*s a first approximation to an understanding of the concept of networks, they can be described as a combination of relational contracts close to the hybrid end of the spectrum together with co-operative elements found in multilateral associations linked through bilateral contracts*".[501]

De qualquer modo, e para os fins que relevam no presente trabalho (identificação e análise dos aspectos gerais dos arranjos híbridos),[502] parece-nos que as redes contratuais também têm por efeito colocar agentes econômicos autônomos, em colaboração – e, portanto, em ambiente

[500] Embora de forma crítica, Amstutz, ao tratar da maneira como os contratos foram, inicialmente, teorizados pela escolástica, registrou essa tendência do cientista jurídico de simplificar a análise de questões fáticas: "*the core of the problem lies in the (historically conditioned) tendency to reduce all complex contractual relations to their simplest form by interpreting them as a series of individual and independent legal transactions*" (Amstutz, Marc. The Nemesis of European..., p. 346).

[501] Collins, Hugh. *Introduction to Networks...*, p. 10. No mesmo sentido, Rodrigo Leonardo destaca que "[o]lhando-se para um contrato de colaboração empresarial entre dois fornecedores, pode-se vislumbrar um contrato relacional. Um conjunto de contratos de colaboração empresarial voltados, por exemplo, para o fornecimento de um produto ou de um serviço forma uma rede de contratos. Dito isso, parece perfeitamente possível, assim, imaginar uma rede de contratos relacionais" (*Redes Contratuais...*, pp. 136-137).

[502] - Weitzenboeck também parece concordar que, a despeito da dificuldade em determinar, com precisão, a natureza das redes contratuais, a maior utilidade em sua análise é jogar luz às suas especificidades, especialmente em contraposição ao conceito tradicional de contrato. Confira-se: "*Caffagi's suggestion, I submit, does not help to clarify the status of such hybrid networks. What is 'a hybrid form of contractual relationship'? It is far more useful, I hold, that the courts distinguish collaborative contractual networks from discrete exchange contracts, as discussed in previous chapter. The consequence of making that distinction means that one recognizes that different types of contract (discrete vs. collaborative) imply different goals and scope of a contract, and different expectations of how parties should act and behave*" (*A legal framework for emerging...*, p. 303).

diverso do da troca –, para que todos sejam beneficiados por um efeito sinergético decorrente da atuação conjunta.[503] Nesses termos, valendo-se da lógica de Lequette, poder-se-ia pensar em cada um dos contratos bilaterais, como instrumentos, para a realização de uma prestação ulterior (final), que são colocados, para interagir conjuntamente, em prol desse empreendimento comum.[504] Inclusive, consoante se demonstrará nos itens que se seguem, há um partilhar de características similares entre os arranjos de natureza híbrida, com destaque especial à intensificada exigência de boa-fé das partes.

3.2. As redes de contratos na casuística

As redes contratuais podem, como já referido, surgir a partir das formas mais variadas. A cooperação entre diversas empresas, nesse tocante, dá-se, frequentemente, quando os recursos e capacidades próprios das entidades não são suficientes, para a realização de determinado projeto, e a fusão e/ou aquisição de sociedades é estratégia indesejada face a questões burocráticas que implicariam a perda das vantagens decorrentes de uma tal operação econômica. Desse modo, as empresas decidem elevar os níveis de coordenação e interdependência entre si, dando azo a agrupamentos que, segundo Caffagi, contam com os seguintes elementos: **(i)** interdependência entre os contratos bilaterais, de forma que todos perseguem um fim comum, e, quanto ao rendimento econômico, uma relação de dependência unilateral ou recíproca entre os negócios; **(ii)** estabilidade do conjunto, como um todo, independentemente do elevado grau de

[503] TEUBNER considera a existência de um gênero maior ("*business networks*"), em que estariam enquadradas as diversas formas de cooperação: "[b]*usiness networks cannot be reduced to one or other of these two elements. They are neither simple bilaterally established frameworks for legal relations, nor do they merely encompass a process of spontaneous networking between social positions, which might then be legally characterized with the aid of the notion of 'special relations'. In this regard, a distinction must be then drawn between simple networks and hybrid networks. The former can be given legal recognition, either by means of the notion of extra-contractual special relations, or by imposition of mutual duties of good faith that extend beyond the usual tort obligations. The latter are either organizational networks (corporate groups) that entail a combination of organization and connectivity or, market networks (co-operative contracts) that entwine contractual characteristics with connectivity*" (*Networks as Connected*..., p. 168)

[504] Inclusive, em teorização bem semelhante a de LEQUETTE, TEUBNER destaca que, nas redes, é esperado que "*individual members rigorously to persue their own individual goals, but also to remain true to the contradictory demand for co-operation and the persuit of the common interest*" (TEUBNER, Gunther. *Networks as Connected*..., p. 129).

entrada e saída de participantes; **(iii)** larga duração de relacionamento entre os membros – embora, para ele, este não seja um traço determinante –; **(iv)** multiplicidade de participantes; e, por fim, **(v)** combinação entre elementos de competição e cooperação.[505]

Dentre as infinitas possibilidades geométricas de arranjos que podem surgir dessa configuração, há, segundo Collins, essencialmente, três formatos: **(i)** estrelar (*"'hub and spokes' or star pattern"*), em que haveria uma organização central, com diversos membros, tal qual se dá em uma rede de franquias; **(ii)** cadeia de contratos bilaterais, cujo exemplo mais usual é o da rede de distribuição de alimentos;[506] e **(iii)** estrelar combinado

[505] Cafaggi, Fabrizio. Redes contractuales..., pp. 23-25.

[506] Especialmente no campo da distribuição, é bastante comum que se estabeleçam grupos de cooperação de integração vertical, cuja denominação se dá em oposição às formas horizontais de integração – organizações entre iguais, com vistas a contrabalancear o poder industrial de outros participantes de mercado. Na integração vertical de distribuição, são, em geral, celebrados diversos contratos bilaterais entre o produtor/fornecedor, que se encontra um nível acima de cada distribuidor, em uma estrutura, em forma de pirâmide ou circular, exercendo, unilateralmente, certo poder de gestão na rede (Martinek, Michael. Networks of Contracts and Competition Law. In: Grundmann, Stefan; Caffagi, Fabrizio; Vettori; Giuseppe (coord.). *The Organizational Contract: From Exchange to Long-Term Cooperation in European Contract Law*. Burlington: Ashgate, 2013, p. 166). No mesmo senso: Lorenzetti (*Tratado de Los Contratos...*, p. 77). Segundo o autor argentino, a concentração horizontal, em que todos os membros se encontram em situação de paridade, sem o predomínio do poder de qualquer um deles, é bastante raro de ocorrer. A respeito da integração vertical e horizontal, observe-se ainda o comentário de Renato Buranello: "[o] conceito de integração é um conceito bastante genérico, *podendo ser caracterizado como a combinação de processos dentro das fronteiras de uma mesma empresa*, ou seja, sob um mesmo comando decisório (seja um indivíduo, empresa, conglomerado, instituição ou outra forma), e envolvendo a propriedade total dos ativos. É chamada de integração vertical quando esses processos são tecnologicamente distintos (ex: produção, processamento, distribuição, vendas) e integração horizontal quando não são distintos tecnologicamente. Pode ser nacional, quando está limitada aos limites do país, ou internacional ou geográfica, quando a empresa integra-se em mais de um país. Quando o processamento é feito em único estabelecimento ou as etapas de produção e industrialização são realizadas por uma só empresa, agregando valor ao produto, que é valorizado na primeira oferta após a etapa de industrialização, criando com isso melhores oportunidades de mercado, dá-se o nome de *integração vertical*. Por outro lado, quando as etapas de produção se relacionam entre si sem a intervenção industrial centralizada, mas na correlação das etapas, de forma a racionalizar a produção e maximizar a utilização dos recursos disponíveis, reduzindo os custos da etapa de produção, temos a *integração horizontal*. As integrações agroindustriais mais comuns são as coordenadas por uma só empresa, que executa todas as etapas, mantendo vínculos contratuais

com cadeia de contratos ("*hub and lengthy spokes*"), em que a partir de um centro, propagam-se diversas outras cadeias, em geral, de subcontratação, exatamente como se dá em projetos de construção.[507] Cafaggi acresce a essa lista **(iv)** os contratos plurilaterais, em que não há a formação de uma pessoa jurídica, mas persiste um fim comum, ao qual cada um dos contratantes, cujas prestações são interdependentes, perseguem, em relação de complementariedade.[508]

Teubner, por sua vez, adota uma classificação das redes, de acordo com o tipo de atividade desenvolvida. Assim, distribui-as entre os seguintes grupos: **(i)** redes de inovação, voltadas, essencialmente, à criação de novas tecnologias e para facilitar o desenvolvimento de pesquisas científicas; **(ii)** redes de fornecimento, conformadas em relações verticais, envolvendo determinadas empresas locais (*network centres*) e aquelas que lhes fornecem componentes (ex.: redes *just-in-time*); **(iii)** redes de produção, por meio das quais os membros combinam suas capacidades produtivas, em um processo produtivo horizontal (ex.: *virtual enterprises*); **(iv)** redes de distribuição, em que se estabelece uma relação vertical entre fornecedores, distribuidores, canais de *marketing*, lojistas e consumidores

com os demais participantes, dentre eles os arrendatários e parceiros. As empresas que lideram as atividades podem ser constituídas na forma de sociedade cooperativa, sociedade limitada ou anônima, constando do objeto social autorização para integração na parceria empresarial. / A integração tem por base a utilização de transações internas em relação a transações externas ou de mercado. Acredita ser mais barato, mais fácil e menos arriscado desenvolver atividades administrativas, produtivas, de distribuição ou marketing internamente do que ter que recorres ao mercado. A integração vertical implica maiores margens sobre a organização de mercado à medida que cresce a especificidade de ativos. Dado o poder de gestão da integração vertical, os custos de adaptação vão baixar à medida que as mudanças são implementadas sob alta especificidade de ativos. Contudo, da mesma forma que a solução integrada é melhor que o mercado em termos de adaptabilidade às mudanças, tem a desvantagem de adicionar os custos burocráticos, além da redução ou perda dos fortes incentivos providos pelos mercados. As explicações para integração vertical podem ser divididas em dois grandes grupos: os que a consideram como obtenção de poder de monopólio, e os que a consideram como estratégia de minimização de custos de transação gerando então maior eficiência" (Buranello, Renato. Sistemas agroindustriais..., p. 3).

[507] Collins, Hugh. *Introduction to Networks...*, pp. 9-10. Wellenhofer também faz referência às estruturas de rede em forma estrelar e em forma de cadeia de contratos bilaterais (Wellenhofer, Marina. Third Party Effects..., pp. 119-120).

[508] Cafaggi, Fabrizio. Redes contractuales..., pp. 41-46.

(ex.: franquias); **(v)** redes de clientes, criadas para incorporar a clientela ao processo produtivo; e **(vi)** rede de criação de riquezas, formadas por empresas, em fase diversas da produção, com integração bastante próxima e com caráter expansionista.[509]

Quanto ao caráter temporal do vínculo estabelecido, as redes contratuais podem ainda se caracterizar, por arranjos de natureza **(i)** estável (*stable networks*) ou **(ii)** dinâmica (*dynamic networks*). Na primeira forma, diversas empresas, detentoras de ativos próprios, dedicam-se a apenas uma operação econômica, geralmente, centralizada em uma grande empresa ("*large core firm*"). Se, de um lado, tal conformação tem como benefício o rígido controle de qualidade e programação, de outro, há menor flexibilidade e questões relativas à mutual dependência entre parceiros. Na forma dinâmica, empresas de tamanhos variados agrupam-se, ocasionalmente, para, de forma ágil, responder às oportunidades de mercado e, tão logo o negócio alvo da organização é finalizado, a rede é desfeita.[510] Nesta configuração, as redes podem se formar de **(ii.1)** modo espontâneo e temporário (ex.: a reunião de diversas empresas, para a realização dos jogos Olímpicos de Atlanta, em 1996),[511] **(ii.2)** a partir de um agrupamento de empresas pré-existente, que se organizam, a partir do surgimento de oportunidades específicas de mercado (ex.: Virtuelle Fabrik, uma rede suíço-germânico de diversas pequenas e médias empresas do setor eletromecânico, que se agrupam em subgrupos, conforme as exigências de determinada ordem de compra), e **(ii.3)** a partir da terceirização de partes das cadeia produtiva de grandes empresas (*lead firm*), que mantêm, para si, as funções mais relevantes do negócio (ex.: as compras *online* efetuadas junto à Dell Computadores são, automaticamente, recebidas por vários de seus fornecedores, que, em conjunto, processam a ordem e remetem

[509] Teubner, Gunther. *Network as Connected...*, pp. 99-100.

[510] Weitzenboeck, Emily M. *A legal framework for emerging...*, pp. 1-2.

[511] Neste interessante caso, todos os Jogos Olímpicos foram estruturados pela iniciativa privada, sem a participação do Poder Público local. Toda a atividade foi financiada por bancos privados e pelo patrocínio de grandes empresas, como a Coca-Cola, Home Depot, UPS e Delta Airlines. Os direitos de transmissão dos Jogos foram cedidos para a NBC, pelo valor de US$ 456 milhões, bem como foram vendidos tijolos com inscrições específicas, ao público, no valor de US$ 35 cada um. Quando os Jogos se iniciaram, o comitê local supervisionava 88.209 funcionários. Com o término do evento, toda a estrutura montada, assim como a rede formada, desapareceu por completo (Weitzenboeck, Emily M. *A legal framework for emerging...*, p. 6).

o produto, diretamente, ao consumidor).[512] De todo modo, dentro de um espectro que vai desde um simples agrupamento de empresas (*clusters*) até organizações pré-existentes (*enterprise pools*),[513] a realidade é que, como já referido, as redes de colaboração entre empresas podem, efetivamente, assumir formas bastante variadas.[514]

De efeito, para além dos já referidos casos de franquia e *supply chain*, as redes contratuais são utilizadas, como forma de organização da atividade produtiva, em diversos outros setores da economia. A seguir, abordaremos alguns outros exemplos de atuação coordenada dos agentes econômicos, que, a despeito de competidores, cooperam entre si, sem a constituição de vínculo de caráter associativo.

A título de ilustração, Weitzenboeck faz referência a experiências bastantes distintas observadas, no espaço italiano. A primeira delas, deu-se, na região de Prato, situada a cerca de 20 quilômetros de distância de Florença. Nela, desenvolveu-se uma interessante rede para a produção têxtil, entre pequenas e médias empresas, com fundamento, essencialmente, na confiança entre seus membros. A região, tipicamente produtora de lã, desde o século XIII, contava com diversos produtores de pequeno e médio porte até o período das Grandes Guerras do século XX, momento em que houve uma concentração do mercado, em cerca de 30 grandes empresas. Na década de 1970, o mercado regional passava por uma profunda transformação, quando um de seus principais produtores, em dificuldades financeiras, resolveu fracionar sua empresa em oito entidades diferentes e, em troca de uma participação nas respectivas receitas, vendeu-as a determinados funcionários. Em pouco tempo, essas

[512] Weitzenboeck, Emily M. *A legal framework for emerging...*, pp. 5-9.

[513] Esse termo é cunhado por Weitzenboeck, para descrever *"a closely-knit network of different firms, usually SMEs, whose main aim is to facilitate the quick formation of a virtual enterprise form a select group of its members as soon as a business opportunity is identified. To join the enterprise pool, a firm would usually need to undergo some preliminary vetting to ensure its good standing, following which the firm would adhere to some sort of pre-defined set of 'rules of the game' or membership rules which set out a framework for the interaction, and function as a trust-building mechanism, between the members"* (*A legal framework for emerging...*, p. 24).

[514] Weitzenboeck, Emily M. *A legal framework for emerging...*, p. 24. Apenas tratando das "*dynamic networks*", a autora destaca que "*some cluster networks are organized as an association, others merely require firms to fill in a membership application form, while yet others are based purely on close-knit trust relationships*" (p. 85).

oito novas empresas conseguiram recuperar sua saúde financeira e esse modelo organizacional espalhou-se para os demais concorrentes, criando uma forma organizacional de rede típica dessa região. Nesse modelo, cada uma dessas pequenas e médias empresas são responsáveis por uma parte do processo produtivo, agrupando-se e desagrupando-se, conforme recebem ordens de produção de um intermediário (*broker*), detentor de uma carteira de clientes. A coordenação dessa cadeia dá-se, mediante a comunicação entre as partes adjacentes dela e, de certo modo, pelo fluxo de informações repassadas pelo intermediário. A confiança exerce papel fundamental, nesse relacionamento, haja vista que, em se tratando de pequenas comunidades, grande parte dos trabalhadores dessas empresas tem estreito vínculo social entre si – até mesmo familiares. No início da década de 2000, essa rede passou, valendo-se da tecnologia da informação e da comunicação, implementou um *marketplace* denominado *Pagine Tessili*.[515] Com conformação bastante distinta da do Prato, há, de outro lado, o exemplo da Promosedia, uma rede constituída para divulgação dos produtores de cadeiras da região de Friuli. A Promosedia é uma entidade constituída entre a Câmara de Comércio de Údine e os produtores locais e, além de promover a Exibição de Cadeiras de Údine, é quem certifica, desde 2005, as cadeiras da região com um selo de qualidade e de origem (*Marchio collettivo di Qualitá e Provenienza*). Para além disso, a entidade promove, constantemente, a troca de informações entre seus membros e outros eventos relacionados ao seu mercado de atuação. Trata-se de uma forma de colaboração, com finalidade específica ao *marketing* das empresas locais,[516-517]em que os diversos produtores, a despeito de concorrentes, atuam de modo coordenado entre si.A despeito de se tratar de modelos distintos de organização, parece ficar evidente que, em ambas as estruturas, a atuação conjunta de múltiplas partes, em colaboração, gerou um efeito sinergético favorável aos envolvidos.

Gillette relata um outro modelo de rede contratual, absolutamente, diverso dos anteriores, e que se refere às operações para uso de cartão de crédito. Embora à primeira vista, possa parecer uma simples compra e

515 Weitzenboeck, Emily M. *A legal framework for emerging...*, pp. 60-65.

516 Weitzenboeck, Emily M. *A legal framework for emerging...*, pp. 65-67.

517 Para outros exemplos, confira-se: Weitzenboeck, Emily M. *A legal framework for emerging...*, pp. 39-73.

venda entre um vendedor e um consumidor, com intermédio de terceiro, o uso dessa hoje tão disseminada ferramenta envolve uma complexa rede de contratos bilaterais, todos correlacionados entre si. As operadoras de cartão de crédito (tais como, a Visa e MasterCard) organizam uma rede de contratos, que envolve vendedores, bancos emissores dos cartões, adquirentes e, por fim, os portadores dos cartões. Quando ocorre uma operação de compra, a dinâmica entre os membros da rede dá-se, em geral, do seguinte modo: **(i)** o estabelecimento-vendedor, mediante solicitação do portador do cartão, comunica a operação de compra e venda à operadora; **(ii)** esta, por sua vez, encaminha um pedido de aprovação ao banco emissor, que checa a existência de crédito em nome do portador do cartão; **(iii)** aprovada, a operação é comunicada pela operadora ao adquirente;[518] **(iv)** este, então, repassa a informação ao estabelecimento-vendedor, que, por fim, **(v)** conclui o negócio com o portador do cartão. As operadoras, ainda, oferecem plataformas, para a liquidação de todos os negócios concluídos com os cartões. Nessa operação, os adquirentes recebem uma taxa sobre os negócios concluídos pelo estabelecimento com o uso do cartão; os bancos emissores recebem com eventuais encargos pagos pelos portadores do cartão; os estabelecimentos têm suas vendas elevadas, a partir da facilidade de pagamento oferecida; os portadores, além de se valer do benefício de ter à mão essa modalidade de pagamento, auferem outras vantagens concedidas pela operadora; e esta, por fim, é remunerada pelas taxas de utilização do cartão e outros serviços financeiros prestados. De acordo com Gillete, toda essa operação econômica não poderia ser realizada, por apenas um contrato, não só pela extrema dificuldade prática de reunir todos os agentes em um mesmo instrumento, mas, especialmente, porque cada um dos contratos bilaterais gera a cooperação necessária, para que se evitem comportamentos oportunistas. A prova disso dá-se, na prevenção contra o uso fraudulento do cartão. Com a operação dividida em diversos contratos bilaterais, cada uma das partes atua, em sua específica atividade, no monitoramento de atos ilícitos, que, possivelmente, venham a ser praticados. Assim, por exemplo, os emissores fiscalizam as informações pessoais relativas àqueles que solicitam o cartão, os estabelecimentos checam a identidade do indivíduo que pretende realizar um

[518] No Brasil, atuam, como adquirentes, empresas, como a Cielo, a Rede, a Stone, a Safra Pay etc.

determinado negócio, a adquirente monitora eventuais estabelecimentos com alto índice de estornos de pagamentos etc. Estivessem todos abarcados por um mesmo contrato, não haveria incentivos, para que um agente despendesse, individualmente, recursos para monitorar os potenciais atos fraudulentos e, por conseguinte, haveria um volume maior de infrações, a prejudicar todos os membros da rede. Afinal, o maior grau de segurança da rede atrai um maior número de consumidores interessados, na utilização desse serviço financeiro e na aquisição de bens, por meio dele.[519]

Em outro campo de atuação, as grandes firmas de auditorias internacionais também organizam suas atividades, por meio do modelo de redes contratuais. De acordo com Druey, as diversas entidades nacionais mantêm-se independentes, sem que haja qualquer laço societário entre si, mas, não obstante essa autonomia, utilizam a mesma denominação empresarial, partilham de programas educacionais e ainda contam com um órgão central que define um regramento geral a ser aplicado a cada uma das empresas locais. Dentro desse modelo organizacional em rede, os contratos são celebrados, diretamente, entre os clientes e cada um dos respectivos membros e eventuais "mandatos internacionais" são partilhados em outros tantos mandatos individuais, conforme os serviços a serem prestados.[520]

Conforme relata Heldt, as redes contratuais podem ainda se formar, no âmbito dos modernos projetos de construção. Dada a complexidade técnica e econômica das estruturas empreendidas, é bastante usual uma extensa divisão do trabalho entre diversos atores do setor da construção, dentre os quais, empresas de arquitetura, consultorias de diferentes áreas da engenharia, empreiteiros etc. Sem a atuação conjunta desses diversos indivíduos, não haveria a possibilidade de atingimento do resultado econômico vislumbrado. Forma-se, assim, uma rede, envolvendo **(i)** o(s) contrato(s) celebrado(s) entre o dono-da-obra e a(s) empresa(s), individuais ou organizadas em consórcios, que assume(m) a responsabilidade pela execução do empreendimento, **(ii)** os contratos celebrados entre esse(s) contratado(s) e os diversos subcontratados, para atuação em parcelas específicas, e **(iii)** eventuais outros contratos celebrados pelos subcontratados com outros agentes econômicos. Em geral, o(s)

[519] Gillette, Clayton P. Contractual Networks..., pp. 80-86.

[520] Druey, Jean Nicolas. The difficult Legal Access..., p. 96.

contratado(s) pelo dono-da-obra assume(m) o papel de coordenação de toda a rede, mas não há, necessariamente, um padrão hierárquico, na organização, com a possibilidade de que as decisões sejam tomadas por diversos de seus membros. É necessária uma intensa cooperação e comunicação entre todos, a fim de que haja a constante adaptação do planejado às divergências das realidades encontradas no canteiro de obras.[521]

Callies aponta ainda que as academias de ginástica também podem ser consideradas redes de contratos, formados pelos diversos pactos celebrados entre cada um dos usuários e o ente empresarial detentor do estabelecimento. Segundo ele, a incerteza relativa à frequência de cada um dos usuários e a autorregulação espontânea de utilização do espaço *fitness* daria contornos de rede contratual a essa coletividade: todos os usuários têm o ambiente à sua disposição para uso durante todo o período de funcionamento, mas, de forma espontânea, pautam sua frequência, de forma que a utilização da área nunca ficará inviabilizada, por excesso de indivíduos. Ainda, nesse contexto, ele aponta que o pagamento efetuado por aqueles usuários de reduzida frequência custeia o uso daqueles que, intensivamente, praticam esporte, nas instalações de ginástica.[522] A nosso ver, no entanto, esse não é um verdadeiro caso de rede contratual – ao menos, não na acepção que adotamos no presente trabalho. Em primeiro lugar, há que se destacar que nenhuma atividade de cunho empresarial é realizada pela pretensa rede formada entre os usuários e aquele que gere o estabelecimento comercial em comento. Relacionado a tal aspecto, mas não necessariamente dele decorrente, não vislumbramos qualquer propósito uniforme entre os participantes desta suposta rede – para além de, individualmente, buscarem melhor forma física, bem-estar ou algo que o valha, não há uma cooperação entre os diversos usuários, a fim de que seja alcançado um efeito sinergético, a beneficiar a todos. Nem há que se dizer que há um intento de mútuo financiamento, como defende Callies: é de se duvidar que os usuários ingressem, nas academias, acreditando fazer parte de algum negócio de natureza mutualista, como o existente em entidades

[521] Heldt, Cordula. The Case of Franchising and Construction Contracts. In: Amstutz, Marc; Teubner, Gunther (cood.). *Networks: Legal Issues of Multilateral Co-operation*. Oxford: Hart. 2009, pp. 138-141.

[522] Calliess, Gralf-Peter. Consumer Protection between Contract and Association. In: Amstutz, Marc; Teubner, Gunther (cood.). *Networks: Legal Issues of Multilateral Co-operation*. Oxford: Hart. 2009, pp. 241-254.

securitárias ou em consórcios para financiamento de bens. O que existe, no caso comentado, é, simplesmente, uma relação de mercado entre um ente empresário e uma coletividade de consumidores. Nada além disso. Extremado o pensamento de Callies, todo o mercado consumidor poderia ser considerado uma gigantesca rede de contratos – o que, obviamente, não se coaduna com o conceito ora analisado.

Em todos os casos referidos anteriormente, nota-se que a união entre as empresas potencializou as competências e recursos, individualmente, detidos pelos parceiros, de modo que o resultado final, conjuntamente, obtido superou a soma daquilo que seria, individualmente, auferido por cada um dos agentes econômicos. Esse efeito sinergético transforma a estrutura de contratos, mesmo daqueles, meramente, sinalagmáticos, colocando-os em interação de cooperação. É o que se passa, por exemplo, nas cadeias de fornecimento, em que se criam estruturas de governança, para impor uma determinada regulamentação, cujo cumprimento leva à certificação de um certo padrão de qualidade. Nesse formato, cada membro assume não apenas uma obrigação de atender a um determinado padrão de qualidade perante todos os demais, como também um dever de exigir o cumprimento daquele em relação à coletividade.[523]

Como efeito sinergético da rede, é possível ainda que, a depender da forma organizacional, promova-se um ambiente mais propenso à cooperação e, assim, reduzam-se os custos de transação entre seus membros. Nesse aspecto, Weitzenboeck refere-se, ilustrativamente, às redes, organizadas sob a forma de *enterprise pools*, em que, por meio delas, sejam promovidos eventos para o estabelecimento de contato entre os membros, como treinamentos, seminários, simpósios ou ainda encontros de caráter, puramente, social. Segundo ela, esta dinâmica promove a cooperação entre os membros, na medida em que há uma tendência a se confiar em pessoas, nas quais já se estabeleceu, anteriormente, algum tipo de interação social positiva. Esses encontros físicos entre os membros

[523] Cafaggi, Fabrizio; Iamiceli, Paola. Private Regulation and Industrial Organization. In: Grundmann, Stefan; Möslein, Florian; Riesenhuber, Karl (cood.). *Contract Governance: Dimensions in Law and Interdisciplinary Research.* Oxford: Oxford University Press, 2015, p. 373. Nesse aspecto, os autores destacam que "[a]*s in other collaboration contracts, characterized by high interdependence among performances by different parties along the chain, information exchange, error detection practices, and performance adjustments play an important role within the contractual relation along the chain*" (p. 373).

(*facework*), reforçam os laços sociais existentes. Para além disso, há ainda o fato de que diversos desses agrupamentos de empresas fazem uma triagem prévia de seus membros, conferindo, por exemplo, sua reputação junto ao mercado e a agências de crédito, o que, igualmente, facilita o contrato e a aproximação entre as empresas. Por fim, e consoante já abordado, há, como efeito sinergético mais evidente, o fato de que a própria rede pode construir uma reputação positiva perante o mercado, eventualmente, com a utilização de uma marca própria – o que, obviamente, beneficia a todos os seus membros.[524]

O ambiente de rede, especialmente quando comparado à solução de mercado, é ainda benéfico à circulação de informação entre as partes. De acordo com Gobbato, além de a estrutura reduzir os custos envolvidos na troca de dados, o fato é que, enquanto no mercado, a difusão da informação gera a redução de seu valor, na rede, o mesmo ato tem efeito contrário: o partilhamento de dados entre diversos membros, atuando em complementariedade, promove uma valorização do conhecimento. A título de ilustração, há que se mencionar a rede de franquias, em que quanto mais é divulgado o seu *know how*, maior é o valor de seus ativos intangíveis, tais como, a marca e a reputação.[525]

Teubner, nesse sentido, destaca que há, nas redes, uma combinação entre as vantagens da solução de mercado – especialmente a flexibilidade – com o elemento da previsibilidade, existente nas estruturas hierárquicas. Nesse processo, denominado pela teoria organizacional de "*detotalisation*", posições antagonistas entre os interesses individuais e o compartilhado, são cultivados, pelas partes, dentro de um mesmo sistema e, ao invés de repelidos por ele, passam a ser institucionalizados. Segundo Teubner, estudos empíricos atestam a efetiva e exitosas possibilidade dessa combinação entre elementos de troca e cooperação, no ambiente das redes contratuais[526] – o que somente comprova a geração de referido efeito sinergético.

524 Weitzenboeck, Emily M. *A legal framework for emerging...*, pp. 81-82.

525 Gobatto, Marco. Long-Term Relationships, Networks and Exchange of Knowledge. In: Grundmann, Stefan; Caffagi, Fabrizio; Vettori; Giuseppe (coord.). *The Organizational Contract: From Exchange to Long-Term Cooperation in European Contract Law*. Burlington: Ashgate, 2013, p. 258.

526 Teubner, Gunther. *Network as Connected...*, pp. 183-184.

Esse elemento de sinergia negocial, originado da cooperação entre partes, é, portanto, elemento fundamental, para que um determinado agrupamento contratual assuma a forma de rede contratual. Nesses termos, Teubner denuncia a existência de falsos casos de sistemas *just-in-time*, nas áreas automotivas, elétricas e químicas, em que, travestidas de redes, encontram-se tão somente estratégias de redução de preço dos fabricantes. Nestes casos, o fabricante, sem, efetivamente, promover qualquer tipo de integração técnica e/ou racionalizar a produção, de forma cooperativa, com os fornecedores, serve-se, dos pretensos sistemas *just-in-time*, para apenas economizar custos, para si, com o armazenamento de matéria-prima e para agilizar seus canais de fornecimento. Sua conclusão, nesse aspecto, é a de que "[s]*uch cost strategies do not actually transform the exchange contract into a hybrid business network*".[527]

Como já abordado,[528] o relativamente recente fenômeno de desintegração empresarial levou os agentes econômicos a reorganizarem a atividade produtiva, em formas diversas das antes, predominantemente, concentradas próximas aos polos das soluções de mercado ou hierarquia. O desenvolvimento de ferramentas eficientes de comunicação e de partilhamento de informação, especialmente com o advento da Internet e o desenvolvimento da Tecnologia da Informação, contribuiu, profundamente, para que formas híbridas de cooperação fossem adotadas pelos atores de mercado, mormente em face do cada vez mais acirrado cenário de competição por inovação. É natural, nesses moldes, que as redes contratuais sejam observadas, nos mais variados segmentos da atividade econômica, conforme demonstrado acima. Nada obstante, especialmente em razão da ausência de um conceito de rede consolidado na doutrina e na jurisprudência, persiste ainda uma indefinição a respeito do fenômeno fático abarcado por essa categoria. Assim, entendemos relevante, apresentarmos, na tentativa de contribuir para o desenvolvimento da matéria, nosso entendimento quanto ao conceito de rede contratual. Para nós, as redes representam um fenômeno da realidade empresarial, em que uma multiplicidade de partes, sem qualquer vínculo associativo, atua, de modo estável, coordenado e cooperativo, para organizar uma determinada atividade produtiva (propósito comum), por meio de diversos contratos,

[527] Teubner, Gunther. *Network as Connected...*, p. 202.

[528] Vide item I.3.1.

relacionados, direta ou indiretamente, entre si, gerando, em consequência, um efeito sinergético benéfico a todos.[529]

[529] Em sentido não muito diverso, DAINTITH destaca que, nas redes, "*(...) exemplified by such phenomena as franchise agreements, just-in-time manufacturing schemes, complex building projects, or money transmission schemes – the participants share a common business goal involving co-ordinated activity. The contracts link them, whether or not strictly synallagmatic in character, require of all parties some active contribution to the realization of the collective project, whether in terms of funds, advice, representation, services or goods. This notions of co-ordinate business activity underpins the definitions of 'network' used in this study*" (DAINTITH, Terrence. *Vehicles for Regulations Policy*. In: AMSTUTZ, Marc; Teubner, Gunther (cood.). *Networks: Legal Issues of Multilateral Co-operation*. Oxford: Hart. 2009, p. 299).

3.
DAS PRINCIPAIS CARACTERÍSTICAS DO ARRANJOS DE NATUREZA HÍBRIDA

Como visto anteriormente, os arranjos híbridos abarcam uma vasta gama de modos de organização da atividade produtiva que se expressam como resultado do fenômeno da cooperação empresarial. Muito além dos contratos de cooperação,[530] as redes contratuais também perfazem uma expressão de referido fenômeno, o que dificulta, enormemente, a identificação de caracteres presentes em todos as possíveis estruturas utilizadas pelos agentes econômicos, na *práxis* negocial. De qualquer modo, na tentativa de se construir um tipo contratual geral[531] dos já referidos

[530] Na doutrina nacional, Paula Forgioni é uma das poucas autoras com trata, expressamente, dos arranjos de natureza híbrida, identificando-os, essencialmente, com os contratos de cooperação. Para ela, estariam presentes em tais negócios as seguintes características: **(i)** contratos, em geral, de prazo indeterminado; **(ii)** inclusão de regras voltadas para a disciplina de questões futuras, lançando-se as bases para um comportamento colaborativo; e **(iii)** áleas interdependentes, mas não comuns (*Teoria Geral dos Contratos...*, pp. 196-197). Tranchant, a seu turno, anota que "*le contrat de coopération (...) ont-ils pour particularités communes, d'une part, l'existence d'un objectif commun aux parties, qu'elles réalisent de concert (A), d'autre parte, une étonnante faculté d'adaptation des prévisions contractuelles initiales au contexte contractuel (B), par ailleurs, l'exécution du contrat sur un même pied d'égalité (C) et enfin, un très fort instuitus personae (D)*" (Tranchant, Laetitia. *La cotraitance...*, p. 246).

[531] De acordo com Rodrigo Leonardo, os tipos contratuais gerais perfazem "uma classe de estruturação de contratos mais ampla, que se insere mediatamente entre a teoria geral dos contratos e os contratos típicos" (Capítulo X. Os Contratos Coligados..., p. 1).

contratos organizacionais, arriscaremos, nos itens seguintes, buscar elementos que, em maior ou menor grau, sejam partilhados por todos esses arranjos.

1. O empreendimento comum nos arranjos híbridos

1.1. A natureza jurídica do empreendimento comum

O fim ou interesse comum, como visto anteriormente,[532] é elemento essencial dos contratos associativos e reside, de modo bastante sintético, no fim mediato comungado por todos os associados, consistente na busca por um determinado resultado. Esta busca compõe a causa do negócio jurídico, que têm suas prestações individuais conjugadas, em nexo de instrumentalidade, em direção ao fim comum.[533] De modo similar, o empreendimento comum buscado nos arranjos híbridos, com a complementaridade de ativos específicos, é a nota associativa que altera a estrutura jurídico-econômica da troca e confere a esses contratos contornos bastante específicos. A existência de um intento comum às partes é, como já visto, elemento essencial dos arranjos híbridos.[534] Resta, portanto, definir qual é a natureza jurídica desse projeto comum[535] e quais os seus efeitos para os arranjos de natureza híbrida.

De acordo com Lequette, nos contratos de cooperação, "*la cause de l'engagement du prestaire instrumental reside dans le droit d'exiger la prestation final, et la cause de l'engagement du prestataire final, dans le droit d'exiger la*

[532] Vide item I.2.

[533] Vale o destaque de que, na dicção *pontiana*, fim é um conceito que "abrange causa e motivo" (Pontes de Miranda, Francisco Cavalcante. *Negócios Jurídicos...*, pp. 138). Marino, a seu turno, com apoio em diversos excertos doutrinários, pontua que o fim ou o escopo representaria o efeito prático almejado pelas partes, a partir da consecução de uma determinada função típica do negócio jurídico. A função, nesse aspecto, representaria o "meio para a consecução de um fim ulterior". Ilustrativamente, em um compra e venda fraudulenta, a função seria a troca do preço pela titularidade da propriedade, enquanto que o fim representaria o prejuízo dos credores do vendedor (*Contratos Coligados...*, pp. 132-133). Na súmula de Rodrigo Cogo, "[o] motivo é o porquê da contratação, enquanto a finalidade é para o que ela se presta, o resultado almejado" (Cogo, Rodrigo Barreto. *A frustração do fim do contrato. O impacto dos fatos supervenientes sobre o programa contratual.* Rio de Janeiro: Renovar, 2012, p. 213).

[534] Tranchant, Laetitia. *La cotraitance...*, p. 246.

[535] Sobre a questão, Lima Pinheiro aponta ser usual que se identifique o interesse comum, nos contratos de colaboração empresarial, mas sem que haja uma delimitação precisa sobre o conceito (*Contrato de Empreendimento Comum...*, p. 92-93).

prestation instrumental".[536] Assim, na prestação instrumental, o fim imediato é o direito de se exigir a exploração do meio conferido pela outra parte, de forma que haja uma geração de valor (prestação final), e o fim mediato é o direito da parte que recebe o meio de obter ganhos a partir do que recebeu. Na prestação final, o fim imediato é a exploração da atividade pela parte, no seu interesse próprio de geração de valor, e o fim mediato é a satisfação de um interesse econômico da parte contrária. Nesse contexto, as partes cumprem as suas respectivas obrigações, como meios para a realização de um empreendimento comum (um interesse econômico), que as beneficiará mutuamente. As obrigações, assim, são coordenadas, de forma que seu cumprimento atenderá aos interesses individuais de cada um dos contratantes.[537]

Tranchant, em outra linha de entendimento, destaca que a causa, nos contratos de cooperação, é idêntica às partes e confunde-se com o objeto do contrato: uma tem como causa a cooperação da outra. A esse respeito, observa que, embora, à primeira vista, as causas sejam diversas – uma só se engaja, porque a outra se comprometeu à sua respectiva prestação de cooperação –, tal conclusão não procede. Segundo ele, a causa é, de fato, a cooperação em tão amplo senso que se possa compreender: "*la contre-prestation escomptée ne peut être que la coopération elle-même*".[538] Isso porque, no momento da celebração do negócio, as partes não têm a capacidade de estipular, detalhadamente, as modalidades da cooperação, que podem se alterar, conforme a execução do contrato.[539] Assim, o fim comum permite que se investigue, apenas e tão somente, a respeito dos meios escolhidos para se atingir o que se deseja: a cooperação. Nessa medida, segundo o autor, o objeto das prestações das partes, no negócio cooperativo, é indissociável do fim comum – não obstante não se confundam.[540]

Cada uma das partes, segundo Tranchant, espera, com o cumprimento da prestação principal, a cooperação da outra parte. O objeto da prestação consiste na execução de um empreendimento comum, mediante atos

536 Lequette, Suzanne. *Le contrat-coopération*..., p. 139.

537 Lequette, Suzanne. *Le contrat-coopération*..., pp. 94-95.

538 Tranchant, Laetitia. *La cotraitance*..., p. 252.

539 Em sentido semelhante, confira-se o comentário de Teubner ('And if by Beelzebub..., p. 124).

540 Tranchant, Laetitia. *La cotraitance*..., pp. 252-253.

coordenados entre as partes, de forma que cada uma se obriga a realizar os atos necessários ao desenvolvimento do empreendimento comum. Nessa esteira, destaca que, nos contratos de cooperação, uma parte não poderá realizar sua prestação, sem que a outra, igualmente, cumpra a sua. Este seria um traço fundamental de diferença dos arranjos híbridos com os contratos de permuta.[541] Para exemplificar, refere-se à possibilidade de que, em uma compra e venda, o vendedor transfira a titularidade do bem, ainda que o preço não tenha sido pago; de modo diverso, aponta que, em um contrato de cooperação para o desenvolvimento de um novo produto, o objetivo perseguido pelos agentes econômicos somente poderia ser obtido com a cooperação de ambos os envolvidos ("[l]*'inéxecution de l'un bloque le processus contractuel de la coopération*").[542] Nesse contexto, as partes do negócio cooperativo estariam sempre à mesma distância do objeto do contrato: cada uma, a despeito de eventuais prestações específicas diversas (ex.: transferência de *know-how*, concessão de licença etc.), é, ao mesmo tempo, credora e devedora da cooperação (ex: desenvolvimento de determinada tecnologia industrial).[543]

Em que pese as linhas gerais do racional desenvolvido por Tranchant soar, em princípio, adequado – especialmente, no que toca à identificação da relação de instrumentalidade entre as prestações –, parece-nos, salvo melhor juízo, carecer de rigor técnico. A causa, enquanto elemento objetivo do negócio – *i.e.*, como justificativa das atribuições feitas pelos contratantes[544] (meios para exploração da atividade e compartilhamento

[541] Tranchant, Laetitia. *La cotraitance...*, pp. 254-256.

[542] Tranchant, Laetitia. *La cotraitance...*, p. 252.

[543] Tranchant, Laetitia. *La cotraitance...*, pp. 256-257.

[544] Pontes de Miranda, Francisco Cavalcante. *Negócios Jurídicos, representação, conteúdo, forma, prova*. São Paulo: Revista dos Tribunais, pp. 138. Em mesmo sentido, Junqueira explica que "[a] causa, no sentido fundamental (*causa naturalis*) é o deslocamento patrimonial que justifica outro deslocamento patrimonial. Uma obrigação é, então, causa da outra; por exemplo, na compra e venda, a obrigação de pagar o preço justifica a obrigação de entrega da coisa" (Azevedo, Antonio Junqueira. *Natureza jurídica do contrato de consórcio...*, p. 363). E na sempre lúcida lição de Caio Mário: "[h]á uma corrente de motivos, todos tendentes a um mesmo fim, ligados por uma causação subjetiva, de que a declaração de vontade é o desfecho. Quando o jurista focaliza o negócio jurídico – *compra e venda* – e empreende investigar a sua causa, onde irá situá-lo? Naquele motivo primário, constitutivo do primeiro elo da cadeia? Evidentemente que não. Mas porquê? Na pesquisa das razões determinantes do negócio jurídico é necessário fazer uma distinção fundamental, que consiste em destacar a causa do ato, dos motivos que levaram

do resultado obtido) –, não parece encerrar-se, nos híbridos, apenas e tão somente, no dever de cooperar da contraparte. Tais deveres, como se verá no tópico adiante, são intensificados, nos híbridos e, nesse contexto, estão incluídos no objeto do negócio.[545] Desse modo, ainda que se espere a cooperação, em nível elevado, da contraparte, ela não encerra, em si, a integralidade do contratado entre as partes e, assim, não poderá ser a causa do negócio.

Com efeito, considerando o aspecto objetivo da causa,[546] em que "causa é a função, que o sistema jurídico reconhece a determinado tipo de ato

o agente a praticá-lo. Tais *motivos* se apresentam como uma razão ocasional ou acidental do negócio, e nunca faltam como impulso originário, mas não têm nenhuma importância jurídica. Por isso, o jurista deve relegá-lo para o plano psicológico, a que seria então afeta a indagação da deliberação consciente. E detém-se apenas na investigação da causa propriamente dita, que se deve caracterizar na última das razões determinantes do ato" (Pereira, Caio Mário da Silva. *Instituições de Direito Civil: teoria geral do direito civil...*, p. 434).

545 Acerca da distinção entre o objeto e a causa: "[d]a distinção entre elemento categorial inderrogável do tipo objetivo e causa, segue-se a seguinte importantíssima conseqüência: é o elemento categorial, e não a causa, que fixa o regime jurídico a que o negócio obedece. / Se tomarmos como objeto de reflexão a compra e venda e se aceitarmos que ela se caracteriza pelo consenso em trocar uma coisa por certo preço, verificaremos que, em princípio, isto é, nas hipóteses normais, não há necessidade da distinção que fizemos, entre elemento categorial, a integrar o objeto, e causa, definida, conforme geralmente se faz, como função prático-social do negócio, ou como função econômico-social; pois haverá total correspondência entre ambos. Todavia, nada impede que se use a compra e venda, já não mais com a finalidade de circulação de bens, mas com função diversa, por exemplo, com escopo de garantia, como acontece na compra e venda com pacto de retrovenda. Aí muda a função, e se realmente fosse esta que determinasse diretamente o tipo do negócio e respectivo regime jurídico, estes também mudariam. Tal, porém, não ocorre, nem nesse caso (o negócio, ainda que a função seja outra, continua a ser compra e venda), nem em todas as outras hipóteses de negócio indireto, justamente porque é o elemento categorial inderrogável, e não a função, que fixa o tipo e o regime jurídico de cada negócio" (Azevedo, Antonio Junqueira. *Negócio jurídico, existência, validade e eficácia.* 4 ed. São Paulo: Saraiva, 2002, p. 150). Acerca da distinção entre objeto e causa, Pontes de Miranda esclarece que "[n]as obrigações, o objeto é o devido: o que se vê, do lado do devedor; a causa é o que se vê olhando, de face, todo o negócio jurídico" (Pontes de Miranda, Francisco Cavalcante. *Negócios Jurídicos...*, 2012, p. 162). E Francisco Amaral complementa que "[a] causa é o porquê, a razão última e determinante; o conteúdo, ou objeto jurídico, é o quê" (Amaral, Francisco. *Direito Civil: introdução.* Rio de Janeiro: Renovar, 2014, p. 471).

546 Bem se sabe das inúmeras divergências no âmbito doutrinário acerca da concepção de causa. Todavia, no presente trabalho, para fins de adequada delimitação, adota-se a concepação objetiva de causa como fim econômico e social de determinado negócio jurídico.

jurídico, função, que o situa no mundo jurídico, traçando-lhe e precisando--lhe a eficácia",[547] parece correto o raciocínio de Lequette. Às atribuições efetuadas pelo contratante instrumental (transferência de meios para a exploração da atividade) e pelo contratante final (transferência de parte do resultado obtido), correspondem, respectivamente, a causas[548] voltadas à atribuição de direitos ("*causa constituendi*"),[549] tal qual, regularmente, passa-se, em negócios sinalagmáticos. De se notar, nesse aspecto, que tal não é, exatamente, o que se sucede, nos associativos, em que há um sinalagma indireto: a causa neles consiste no fato de que "um sócio se obriga porque o outro também se obriga, ainda que seus interesses não sejam opostos – não há troca –, e haja escopo comum".[550]

Nada obstante, como já referido, de modo similar aos associativos, a despeito de não haver a atribuição de valores a uma pessoa jurídica determinada, as partes, efetivamente, partilham de um empreendimento comum, introduzindo na relação uma nota que altera a estrutura, meramente, sinalagmática. Nessa ordem de ideias, resta saber – e, conforme registra Ferreira Pinto, é questão de ávido debate doutrinário – se o intento comum buscado, nos arranjos híbridos, pode ser igualado ao fim comum de natureza societária, com a efetiva persecução de interesse único ou se há apenas "uma conjugação de interesses paralelos e identicamente direccionados".[551]

[547] Pontes de Miranda, Francisco Cavalcante. *Negócios Jurídicos, representação, conteúdo, forma, prova.* São Paulo: Revista dos Tribunais, 2012, pp. 138.

[548] Nesse aspecto, Pontes de Miranda bem esclarece que, à cada atribuição patrimonial, há uma causa: "[a] causa refere-se à atribuição. Tantos tipos de atribuições, tanta as causas" (Pontes de Miranda, Francisco Cavalcante. *Negócios Jurídicos...*, p. 138). E, a esse respeito, o mestre prossegue ainda: "[p]ense-se no que é atribuição, no que é comum à operação de transferir, pessoal ou realmente, de um patrimônio a outro. Quando se fala de negócio jurídico causal, alude-se a êsse substrato de que se pode, se a lei o permite, abstrair, ou de que se abstrai, se a lei o estatui. Elevar-se o motivo, relevante por lei ou pela convenção, à categoria de causa, é misturar-se ao que concerne à natureza das coisas o que só deriva da vontade humana" (p. 138).

[549] A esse respeito, Pontes de Miranda bem esclarece que "apenas há três possíveis atribuições: constituir direitos, onerosamente (causa credendi, ou constituendi), constituir direitos gratuitamente (= doar) (causa donandi) e adimplir obrigações (causa solvendi)" (*Negócios Jurídicos...*, p. 142).

[550] Azevedo, Antonio Junqueira. *Natureza jurídica do contrato de consórcio...*, p. 363.

[551] Pinto, Fernando A. Ferreira. *Contratos de distribuição...*, p. 139.

A questão é, de fato, bastante espinhosa e difícil de ser respondida com precisão.[552] Desse modo, preliminarmente, parece-nos importante retomar o conceito de fim ou interesse comum, na esfera societária, para, então, confrontar a posição das partes em ambos os contextos e daí aferir se há ou não identidade entre as situações.

De acordo com Valladão, com apoio em Carnelutti, os fatos jurídicos, como "fatos materiais que produzem efeitos jurídicos", são, em contraposição à situação jurídica, o aspecto dinâmico do objeto jurídico.[553] Enquanto na situação, tal qual em "um fotograma da película cinematográfica", só são passíveis de identificação os elementos visíveis do objeto (ilustrativamente, o comprador, o vendedor e a *res vendita*, em uma relação de compra e venda; ou ainda o ladrão, a vítima e a *res furtiva*, em um delito), no fato, revelam-se relações (de caráter econômico) entre as pessoas e a coisa, a quais, na ótica *carneluttiana*, denominam-se interesses.[554] Ou, na súmula de Valladão, "[p]or interesse pode-se entender a relação existente entre um sujeito que possui uma necessidade, e o bem apto a satisfazê-la".[555]

[552] Nesse aspecto, ao tratar das redes, Caffagi e Grundman alertam para o fato de que "[d]*istinguinshing between a network of firms that collaborate through a multiparty contract and one that decides to create a 'newco' (new company) among enterprises that want to pursue a common project is not an easy task and differences across legal systems on how to draw these boundaries are relevant*" (Caffagi, Fabrizio; Grundman, Stefan. Towards a Legal Framework..., p. 360).

[553] De acordo com Valladão, "objeto, em geral, é o resultado do que se observa" e "é jurídico quando aquilo que se observa corresponde ao conceito que se forma do direito. Exemplificando: é objeto jurídico o parlamento que legisla, o juiz que julga, o mercador que vende, o ladrão que rouba" (*Conflito de interesses...*, p. 21).

[554] Os interesses seriam ainda distintos dos motivos, que consistiriam na valoração do interesse, pelo próprio interessado, e, desse modo, determinantes para sua atuação. Seria também diferente do escopo, que denota a satisfação da necessidade (França, Erasmo Valladão Azevedo e Novaes. *Conflito de interesses...*, p. 22).

[555] França, Erasmo Valladão Azevedo e Novaes. *Conflito de interesses...*, p. 22. A esse respeito, Comparato informa que "[n]a linguagem jurídica romana, o verbo interesse apresentava um significado nuclear de relação de valor (*interest rei publicae; religionis, salutis et securitatis interest*); é nesta acepção básica que o termo – já agora substantivado – passou a integrar a linguagem jurídica moderna" (Comparato, Fábio Konder. *Controle conjunto, abuso no exercício de voto acionário e alienação indireta de controle empresarial* in *Direito Empresarial: Estudos e Pareceres*. São Paulo: Saraiva, 1990, p. 85). Em sentido semelhante, Lorezentti, ao tratar de interesse, expõe que "[c]*uando se lo identifica con el domínio es la relación de disfrute con la cosa y el titular del interés es el proprietário. / Utilizando esta base se lo ha aplicado analógicamente al mandato, de modo tal que el mandante es una suerte de* dominus *que delega en otro la ejecución. El titular del interés es aquel sobre cuyo*

Os interesses, por sua vez, podem relacionar-se entre si, de modo conflituoso (ou incompatível) ou ainda de forma solidária (ou instrumental). O primeiro cenário ocorre, nos casos em que a necessidade de um sujeito por determinado bem não puder ser satisfeita sem o sacrifício da necessidade de outro sobre o mesmo bem. O segundo, a seu turno, dá-se, quando a necessidade de um não puder ser satisfeita, sem que, igualmente, haja a satisfação da necessidade alheia. Nesta hipótese, é a colaboração dos interessados que permitirá se alcançar o bem desejado, com a satisfação da necessidade de cada um – em se tratando de interesses individuais – ou de uma pluralidade – se se tratar de interesse comum ou coletivo.[556] São esses interesses comuns ou coletivos que perfazem o interesse social, a que nos referimos no ponto em tela.

Há vastíssima literatura em torno da abrangência do interesse social. Para os fins do presente trabalho, no entanto, em que se busca comparar os interesses em causa nos arranjos híbridos com o interesse social, parece-nos suficiente o destaque de que, em linhas gerais, as teorias a respeito da matéria se dividem, resumidamente, em institucionalistas e contratualistas. Para os partidários das primeiras, o interesse social, para além dos interesses dos sócios, abarcaria também diversos outros, que confluiriam em direção à sociedade (tais como, os dos trabalhadores, os da comunidade em que está inserida, o dos credores etc.)[557] ou seriam, exclusivamente, delas, desprendendo-se dos interesses dos sócios. Para os defensores da segunda, a seu turno, o interesse social coincidiria com os interesses dos sócios.[558] Sob esta perspectiva, vale o destaque, o que releva são os interesses comuns dos sócios, decorrentes do seu *status socii* (a repartição dos lucros sociais)[559] – afinal, é possível que os sócios,

patrimônio repercuten los efectos del acto para cuya obtención se procura la colaboración de outro. El interés es una guia para quien cumple el encargo. La desviación del mandato es legítima cuando es de un modo más vantajoso para el titular del interés" (Lorenzetti, Ricardo Luis. *Tratado de Los Contratos...*, p. 64).

[556] França, Erasmo Valladão Azevedo e Novaes. *Conflito de interesses...*, pp. 23-24.

[557] Coimbra de Souza, Paloma R. *Ato Coletivo, Ato Colegial, Ato Complexo...*, pp. 38-39.

[558] França, Erasmo Valladão Azevedo e Novaes. *Conflito de interesses...*, pp. 27-28. Para maiores detalhes a respeito de cada uma das teorias, conferir: Valladão (*Conflito de interesses...*, pp. 28-53).

[559] Na teoria de Ascarelli, "o interesse social seria o interesse dos sócios depurado de qualquer interesse extrasocial" (França, Erasmo Valladão Azevedo e Novaes. *Conflito de interesses...*, p. 46). Haveria, nessa medida, um interesse instrumental (escopo-meio), referente à máxima

especialmente, em se tratando de sociedade familiar, tenham outros interesses comuns, mas não afeitos à sociedade.[560] De qualquer modo, conforme leciona Valladão, não deverá haver um tratamento uniforme ao fenômeno associativo,[561] permanecendo ambas as correntes aplicáveis, conforme o viés pelo que aquele seja vislumbrado.

Ainda sobre o interesse comum nos acordos associativos, há que se recordar também o fato de que, enquanto, nos acordos de troca, o contrato termina com a execução das respectivas prestações, que se dirigem à satisfação dos interesses contrapostos, pouco importando ao negócio os fins mediatos de cada parte (motivos), nos acordos associativos, o cumprimento das prestações individuais são premissas para uma atividade ulterior.[562] A realização das respectivas prestações pelos sócios, nesse aspecto, não gera qualquer benefício imediato a eles, que somente auferem vantagens indiretas, a partir da sucessiva utilização dos bens atribuídos à sociedade.[563] Nessa ordem de ideias, fica perceptível que, em um primeiro momento, os interesses dos sócios unem-se, na busca por um determinado resultado, a ser obtido a partir da realização da atividade social, para, em um momento subsequente, dividirem-se em tantos quantos forem os interesses individuais (partilhamento do resultado).[564]

De modo diverso, no tocante aos híbridos, como já destacado, e com o que concordamos, os interesses das partes permanecem, em grande parte, durante toda a execução contratual, divergentes e não se unem.[565]

eficiência da empresa, voltado a um interesse final (escopo-fim), consistente na distribuição de lucros (França, Erasmo Valladão Azevedo e Novaes. *Conflito de interesses...*, p. 46)

560 França, Erasmo Valladão Azevedo e Novaes. *Conflito de interesses...*, p. 43.

561 Nesse aspecto, Valladão esclarece que não como se ignorar a diferença entre uma sociedade familiar, de capital fechado, com reduzido número de trabalhadores, de uma macrocompanhia, de capital aberto, com patrimônio líquido de milhões de dólares e da qual depende a subsistência de milhares de funcionários. Às realidades diversas de cada uma delas, correspondem outrossim, com maior predomínio, os aspectos contratualista e institucionalista, respectivamente (*Conflito de interesses...*, p. 55).

562 Ascarelli, Tulio. *O contrato plurilateral...*, p. 271.

563 Galgano, Francesco. *Trattato di Diritto Civile...*, p. 304.

564 Vide item I.2.2.

565 Lequette, Suzanne. *Le contrat-coopération...*, p. 233. De modo semelhante, ao tratar das concessões comercias, "[y] *a este respecto hay que comenzar diciendo que en la red de distribuición existe un interés común que és fruto de la imbricación de interesses particulares. Ello no pressupone la unidad de los intereses de fabricante y distribuidor (cada uno de ellos conserva su interés individual), sino*

Há, em realidade, a realização de uma atividade comum, que se constituí como um meio para a realização dos interesses individuais de cada um dos contratantes.[566] Confira-se o entendimento na súmula de Lequette abaixo:

> La copération est un modele économique intermédiare qui se situe à michemin entre l'óperation d'échange et l'opération sociétaire. L'échange organise un permutation et concilie des intérêts contraíres. La concentration, à l'opposé opère l'affectation de valeurs à une entreprise commune afin de produire un effet de synergie dans l'intérêt collectif des parties. Empruntant ses traits aussi bien à l'echange qu'à la concentration, la coopération associe étroitement à un transfer reciproque de valeurs la production d'un effet de synergie. L'opération organise la mise em relation d'actifs complémentaires dans le cadre d'un projet commun, coordonnant ainsi les intérêts convergentes mais différents des parties.[567]

Pense-se, nesse aspecto, nos contratos de franquia. A despeito de conformarem um vínculo de longa duração, não há, neles, uma relação de sociedade, com um ente jurídico independente e uma distribuição de resultado econômico comum.[568] Cada parte prossegue, auferindo seus ganhos individualmente: o franqueado, a partir da venda aos clientes,

que implica que 'la correcta satisfacción de estos intereses individuales requiere la satisfación del interés del otro'" (Castilla, Francisco González. La aplicación del principio de relatividade de los contratos a las redes de distribución. In: Peris, Juan Ignacio Ruiz. *Hacia un derecho para las redes empresariales.* Valencia: Tirant lo Blanch, 2009, p. 106).

566 Prosperi, Francesco. *I contratti agrari associativi...*, p. 106.

567 Lequette, Suzanne. *Le contrat-coopération...*, p. 233.

568 Embora trate de contratos agrários, a argumentação de Prosperi para distinguir os contratos de parceria dos vínculos de associação parecem, inteiramente, aplicáveis à discussão em tela. Confira-se: "[i]*nnanzi tutto, va sottolineato che i contratti in esame sono inidonei a constituire un centro unitário di imputazione giuridica dell'attività econômica, mancando un patrimônio autônomo o un fundo comune destinato a rispondere delle obbligazioni contrate nell'esercizio dell'impresa e essendo completamente assente ogni forma di rappresentanza orgânica. Ciò sarebbe di per sé giá sufficiente ad escludere la possibilitá di assimilare i contratti agrari «associativi» ai contratti di società e agli altri negozi associativi quando si convenga che la peculiarità di tali contratti risiede appunto nella constituzione di un centro unitário di imputazione giuridica con rilevanza externa, ovvero si ritenga che i contratti associativi siano caratterizzati dal perseguimento di un risultato comune costituito dalla «organizzazione della produzione dell'azione e organizzazione della imputazione»* (Prosperi, Francesco. *I contratti agrari associativi...*, p. 105).

e o franqueador, a partir da remuneração paga pelo primeiro. Ambos, no entanto, como informa Lorenzetti, querem a continuação e o êxito do negócio. Afinal, como bem explica o civilista argentino, a despeito da estrutura, primordialmente, sinalagmática do contrato, é inequívoco que as prestações somente poderão ser adimplidas, mediante a conduta concorrente e complementar das partes: "[a]*mbos dependem del éxito del negocio para el cumplimento del contrato*".[569] Dentro dessa perspectiva, embora haja uma unidade do ponto de vista econômico, essa uniformização não se dá, no nível legal, conservando cada qual sua individualidade jurídica.[570]

Paula Forgioni, em detida obra sobre os contratos de distribuição, é assertiva no sentido de que a celebração destes, "embora envolva colaboração e um certo escopo comum das partes, não caracteriza um contrato de sociedade".[571] A autora, nessa toada, destaca existir uma interdependência do sucesso empresarial das partes contratantes – algo inerente aos pactos de cooperação –; mas que, de modo algum, conduzirá à formação de uma sociedade, face à inexistência de uma *affectio* de cunho societário. Cada um dos agentes econômicos aufere ganhos com a atividade própria, de forma que "a vantagem de cada participante reflete, diretamente, na sua economia individual e não na consecução de um lucro a ser distribuído entre os que têm parte no contrato".[572] De efeito, há, na distribuição, de um lado, um interesse convergente, consistente na busca pelo "sucesso da colocação do produto junto ao mercado consumidor";[573] mas, de outro, interesses conflitantes, traduzidos na fórmula geral, segundo a qual "quando a margem de ganho do fornecedor aumenta, aquela do distribuidor tende a diminuir e vice-versa".[574]

[569] LORENZETTI, Ricardo Luis. *Tratado de Los Contratos...*, p. 695.

[570] CEVENINI, Claudia. *Virtual Enterprises...*, p. 71.

[571] FORGIONI, Paula Andrea. *Contrato de Distribuição*. São Paulo: Revista dos Tribunais, 2008, p. 99.

[572] FORGIONI, Paula Andrea. *Contrato de Distribuição...*, p. 101.

[573] FORGIONI, Paula Andrea. *Contrato de Distribuição...*, p. 122. Sobre o ponto, a autora complementa: "[e]m regra, quanto maiores as vendas, maiores o escoamente da produção e os possíveis lucros de ambas as partes. Obviamente, fabricar e revender mercadoria com aceitação do público é bem mais proveitoso do que comercializar algo que, por um motivo ou por outro, encalha nas prateleiras. Fornecedor e distribuidor mantêm uma clientela comum e esse fato faz nascer a identidade de escopos" (p. 122).

[574] FORGIONI, Paula Andrea. *Contrato de Distribuição...*, p. 123.

Ao tratar das redes contratuais, Teubner aponta que, a despeito de, na prática ser bastante difícil a separação entre interesses individuais e o interesse comum da rede, dada a constante oscilação de força entre vínculos fortes e fracos, o fato é que este não se iguala, absolutamente, distinto de um interesse de natureza social.[575] Segundo ele, a tão só presença simultânea de interesses individuais e comuns, em uma mesma estrutura, já afasta a conformação associativa[576] – em que sempre se deve privilegiar o fim comum da sociedade.[577] "*The purpose of a network differs markedly both from the 'contractual purpose' of the exchange relation and from the 'corporate purpose' of private associations*".[578] Assim, sua conclusão vai no sentido de que, independentemente do grau de integração entre os membros da rede, não há formação de uma sociedade.[579] Grundmann, Caffagi e Vettori destacam, em mesmo senso, que "*given the lack of a joint purpose no firm structure is created*".[580] No que são, igualmente, seguidos por Lorenzetti, segundo o qual, nas redes, "*el elemento unificador es la conexidad que debemos diferenciar claramente de la integración total o parcial, de naturaleza societaria*".[581] O autor argentino aponta, como principal elemento de diferenciação, o fato de que, nas redes, em distinção da associação, inexiste uma integração total ou parcial entre os membros, por meio de um único contrato, de

[575] Teubner, Gunther. *Networks as Connected...*, p. 121-129. Teubner, Gunther. 'And if by Beelzebub Cast out Devils, ...', p. 122 e 125. No mesmo senso: Weitzenboeck, Emily M. *A legal framework for emerging...*, pp. 300-301.

[576] Teubner, Gunther. *Networks as Connected...*, p. 122.

[577] Teubner, Gunther. *Networks as Connected...*, p. 128. O autor chega a pontuar que, nas sociedades, há até espaço para os interesses individuais, mas desde que estes nunca violem o interesse social.

[578] Teubner, Gunther. *Networks as Connected...*, p. 184.

[579] Teubner, Gunther. *Networks as Connected...*, pp. 121-129. Inclusive, ele bem destaca que, a dificuldade em apreender as características das redes, a partir dos conceitos da lei societária ('And if by Beelzebub..., p. 126). No mesmo senso: Weitzenboeck, Emily M. *A legal framework for emerging...*, pp. 300-301.

[580] Grundmann, Stefan; Caffagi, Fabrizio; Vettori; Giuseppe. The contractual basis..., p. 22.

[581] Lorenzetti, Ricardo Luis. *Tratado de Los Contratos...*, p. 65. O autor ainda esclarece que a conexidade (elemento unificador das redes) entre os membros, esteada na colaboração, é o que fundamenta a existência, entre outros, da finalidade supracontratual e da reciprocidadade sistemática entre as obrigações das partes. Não tem, contudo, qualquer relação com uma integração total ou parcial de viés societário.

determinada tipologia; há, meramente, uma conexão entre contratos celebrados por partes diversas e de tipos, igualmente, diferentes. Por isso, a ligação entre as partes não se encontra, no âmbito intracontratual, mas atua de modo supracontratual.[582] Para Wellenhofer, diversamente do que se passa no âmbito societário, os interesses comuns, nas redes, são apenas secundários, havendo a preponderância dos interesses individuais.[583]

De fato, há, nas redes, uma confusa tensão interna, entre os interesses partilhados, pois, ao mesmo tempo que um membro da rede persegue interesses próprios (pode, inclusive, haver a competição entre ele e os demais integrantes da rede, por um determinado negócio), ele também, ao realizá-los, acaba por cooperar com o desenvolvimento da rede (a despeito da competição, qualquer negócio celebrado, no contexto da rede, é favorável ao grupo formado).[584] É, nesse sentido que, Weitzenboeck destaca que há, nas redes, "*a sharing of interests between the network's goals and the goals of its components*".[585] Como metáfora, a relação existente pode ser capturada pela imagem dos pássaros que, arriscadamente, alimentam-se nos dentes de crocodilos e, de forma incidental, acabam por limpar e preserver o fio desses potentes instrumentos de caça.[586] Nesses termos, fica bastante claro que "[m]*embers of the network are neither friends nor strangers, but both at the same time*".[587] Embora esse aspecto contraditório seja, em

582 Lorenzetti, Ricardo Luis. *Tratado de Los Contratos...*, pp. 62-63.

583 Wellenhofer, Marina. Third Party Effects..., p. 120.

584 Weitzenboeck, Emily M. *A legal framework for emerging...*, p. 299-300.

585 Weitzenboeck, Emily M. *A legal framework for emerging...*, p. 13. A esse respeito, Grundmann, Caffagi e Vettori destacam que mesmo nos modelos de redes de contrato, em que um conjunto de contratos bilaterais estejam ligados em cadeia, há o partilhamento de interesses. Explicam que, não obstante inexista, em geral, disposição expressa, nesse sentido, nos instrumentos firmados, o partilhamento de interesses justificar-se-ia, no fato de que os ganhos de cada uma delas dependeriam da efetivação de toda a operação econômica e na intenção das partes de se conectar a uma rede. A título de ilustração de tal intento, referem-se aos casos, em que um distribuidor de produtos, evidenciando sua vontade de se unir a uma rede, adota os padrões de qualidade e de segurança de produtos exigidos para se tornar parte desta (The contractual basis..., p. 22).

586 Collins, Hugh. *Introduction to Networks...*, p. 23.

587 Collins, Hugh. *Introduction to Networks...*, p. 22. Em sentido semelhante: Mouzas, Stefanos. Legal Aspects of Network Architeture of Supply Chains. In: Amstutz, Marc; Teubner, Gunther (cood.). *Networks: Legal Issues of Multilateral Co-operation*. Oxford: Hart. 2009, p. 210.

geral, indesejado no ambiente jurídico,[588] Teubner destaca que o Direito Privado precisa desenvolver-se, de modo a "*on the one hand, normalising and stabilising network contradictions and, on the other, compensanting for their unwanted consequences*".[589]

O entendimento, contudo, não é unânime. Dubisson, em oposição aos demais acima referidos, entende pela existência de um interesse único entre os partícipes de uma estrutura cooperativa. Na sua opinião, diversamente do que se passa em negócios de intercâmbio, em que cada parte preserva seu intento pessoal,[590] há às partes, na cooperação, "*un même objectif immédiat dont la realization leur permmettrait de mieux assurer leurs politiques de développement respectives*". Como exemplo, refere-se a negócios cooperativos celebrados entre empresas distintas, para o desenvolvimento de uma determinada tecnologia ou ainda para a produção de uma certa gama de produtos.[591] Nada obstante, conforme já anotado, uma estrutura em tais moldes, sem que haja a efetiva associação, continua a conter em seu bojo interesses diversos e individuais das partes, que, em momento algum, e apesar do caráter instrumental, fundir-se-ão em apenas um.

No nosso entender, não há, portanto, como se reconhecer que as partes em arranjos híbridos persigam o mesmo objetivo, consolidando um único interesse, tal qual se passa, ilustrativamente, em uma sociedade, em que todos, após as devidas contribuições, buscam um resultado econômico, a ser, ulteriormente, partilhado. Cada uma delas atua, individualmente, sem, em regra, compartilharem entre si a integralidade dos riscos do empreendimento, tal qual se dá nos acordos associativos. Note-se: com isso não se pretende dizer que inexiste um fim no negócio jurídico realizado; mas apenas que não há um fim comum de cunho societário. Haverá um fim consistente na realização do projeto econômico engendrado pelas partes. Subsistem, nessa medida, interesses próprios na operação econômica, mas que se coordenam, em uma relação de instrumentalidade, a fim de que ambas sejam beneficiadas, com uma utilidade que, por vezes, supera aquilo

588 Teubner, Gunther. *Networks as Connected...*, p. 122.

589 Teubner, Gunther. *Networks as Connected...*, p. 123.

590 Dubisson, Michael. *Les accords de coopération...*, p. 14.

591 Dubisson, Michael. *Les accords de coopération...*, pp. 14-15.

que é auferido, diretamente, pelo cumprimento da contraprestação.[592] Ilustrativamente, basta se pensar, no alargamento de clientela, obtido a partir da exploração de determinada marca, em um contrato de franquia; há aí evidente vantagem comercial, que não se conecta, diretamente, à remuneração paga pelo *know-how* transferido.

Assim, a inerradável conclusão é a de que inexiste, nos híbridos, um fim comum idêntico aos contratos de natureza societária. Conforme assevera Ferreira Pinto, e em linha com o apontado acima por alguns *networkers*, há, nos arranjos de natureza híbrida, a "presença simultânea de (e uma constante tensão entre) interesses individuais e interesses colectivos e uma permanente sobreposição de elementos cooperativos e competitivos".[593] Essa característica – conforme salienta Weitzenboeck, em comentários sobre as redes, mas que nos parece extensível a todos os híbridos – talvez seja a glória de tais arranjos (*"networks thrives on such 'contraditions'"*): seria

[592] Nesse sentido, bem aponta Lorenzetti que os acordos de cooperação contêm um aspecto associativo, sem que haja a constituição de uma sociedade entre as partes. Esse caráter associativo existiria, em função de um empreendimento comum entre as partes, por meio do qual "*los contratantes obtienne satisfacciones indirectas a través de la prestación que realiza a la otra, sin que exista un vínculo de cambio*". E, desse modo, conclui que "[d]*e esa actuación concertada deviene una utilidad que excede la noción de contraprestación*" (*Tratado de Los Contratos...*, p. 50). Helena Brito, a seu turno, já declarou que, a despeito de os arranjos híbridos não contarem com todos os elementos dos contratos associativos, notadamente o exercício em comum de uma certa atividade, há, efetivamente, "uma concertação de actividades para a realização do fim comum" (*O contrato de concessão comercial...*, p. 207).

[593] Pinto, Fernando A. Ferreira. *Contratos de distribuição...*, p. 140. O autor, inclusive, destaca que as "conformações negociais autenticamente híbridas", diante de sua complexidade, estariam "para além das conjugações tradicionais de interesses" (*Contratos de distribuição...*, p. 140). E arremata, comentando que: "importa atender, também, ao facto de estes não deixarem de constituir o palco para um confronto de egoísmos, uma vez que envolvem, simultaneamente, elementos de cooperação e de competição, cada uma das partes almejando a satisfação de interesses próprios, para além de eventuais finalidades comuns" (*Contratos de distribuição...*, p. 143). Judith Martins-Costa, igualmente, identifica essa questão nos arranjos híbridos – denominados por ela de "contratos de colaboração empresária". Segundo a autora, haveria, nesses casos, "elementos dos contratos de comunhão de escopo (ou «aliança») que se incrustam (...) em uma estrutura sinalagmática, seja ela relacional ou não". Por conta disso, diz haver, nesses pactos, uma "tensão imanente", pois "há um objetivo comum a unir os vários agentes, seus interesses são convergentes, idealmente, mas pode haver situações de disjunção entre esses mesmos interesses". Assim, conclui que "[a]o *nostra res agitur* imiscui-se o *mea res agitur*" (*A boa-fé no Direito Privado...*, pp. 365-366).

por meio dessa tensão característica dos híbridos que se elevaria a lucratividade da operação econômica a todos os envolvidos.[594]

Nessa toada, inexistindo uma efetiva comunhão de interesses, entre as partes, haverá sempre interesses, que permanecerão, exclusivamente, individuais, no decorrer da execução do contrato. Assim, a título de exemplo, na franquia, o franqueado sempre estará interessado em pagar menos pelo *know-how* transferido, enquanto, o franqueador, de outro lado, buscará sempre aumentar a sua remuneração. Parece-nos, deste modo, que a intensidade desses interesses, meramente, individuais ou coletivos parece se elevar, conforme se avance, respectivamente, em direção ao eixo dos contratos de permuta ou ao dos acordos associativos, alargando e reduzindo o denominador comum existente entre as partes. Nada obstante, consoante ficará demonstrado adiante, a existência de tal intento comum, ainda que em menor intensidade dos que nos acordos associativos, gera efeitos relevantes aos negócios de natureza híbrida,[595] primordialmente quanto à intensificação dos deveres de cooperação.[596]

1.2. Da intensificação dos deveres de cooperação em face do projeto comum

Como há muito já se descobriu, a relação obrigacional, a despeito de polarizada, não pode ser encarada, simplesmente, sob as perspectivas atomística e estática.[597] O fenômeno deve ser, necessariamente, vislumbrado sob seu caráter complexo,[598] englobando "a totalidade dos direitos, deveres, estados de sujeição, direitos formativos, direitos de exceção, pretensões, exceções e ônus jurídicos resultantes de um mesmo fato jurídico obrigacional".[599] Em adição a essa perspectiva complexa, sabe-se ainda do

594 Weitzenboeck, Emily M. *A legal framework for emerging...*, p. 302. Em sentido semelhante: Teubner, Gunther. *Networks as Connected...*, pp. 126-127.

595 Nesse sentido, Grundmann, Caffagi e Vettori bem apontam que "*the core question is which modifications to general contract law are needed because all members nevertheless have the shared objective that the network works successfully*" (The contractual basis..., p. 22).

596 Teubner, Gunther. *Network as Connected...*, p. 186. Como bem destaca o autor, nesse aspecto, "[n]*etwork purpose becomes the yardstick, according to which the intensified duties of loyalty that arise out of multilateral networking of bilateral contracts can be identified and constituted*".

597 Martins-Costa, Judith. *A boa-fé no Direito Privado...*, p. 212.

598 Martins-Costa, Judith. *A boa-fé no Direito Privado...*, p. 211.

599 Martins-Costa, Judith. *A boa-fé no Direito Privado...*, p. 212.

dinamismo da relação obrigacional,[600] que, compreendida como processo que é,[601] tem como *iter* finalístico o adimplemento, com a liberação do vínculo entre as partes.[602] Disso decorre que, para além dos direitos e deveres, diretamente, ligados ao objetivo principal de determinada transação econômica, outros tantos podem – e devem – ser abstraídos diante da circunstância concreta.[603] São deveres, no linguajar de Betti, decorrentes do momento subjetivo da obrigação – a conduta de cooperação.[604]

Tradicionalmente, falam-se em três modalidades de deveres que exsurgem do vínculo obrigacional: **(i)** deveres de prestação, principais ou secundários; **(ii)** deveres anexos ou instrumentais aos deveres de prestação; e **(iii)** deveres de proteção que podem advir do negócio jurídico.[605] Estes últimos podem ser subdivididos ainda em **(iii.1)** deveres de proteção e cuidado com a pessoa e o patrimônio da contraparte, **(iii.2)** deveres de omissão e de segredo e **(iii.3)** deveres referente ao resguardo da esfera jurídica de terceiros eventualmente atingidos pelo contrato.[606] Enquanto os dois primeiros visam à tutela da prestação, os últimos têm como objetivo a tutela dos interesses de proteção à esfera jurídica passível de ser afetada pelo negócio. Esta modalidade obrigacional tem como intuito a manutenção do estado pessoal e patrimonial das partes da relação, com fundamento no vínculo de confiança presente em todo e qualquer negócio.[607]

Os deveres de prestação primários referem-se ao núcleo do contrato, isto é, ao objetivo principal do negócio celebrado entre as partes (ex.: a

[600] Martins-Costa, Judith. *A boa-fé no Direito Privado...*, p. 213.

[601] Martins-Costa, Judith. *A boa-fé no Direito Privado...*, p. 215.

[602] Martins-Costa, Judith. *A boa-fé no Direito Privado...*, pp. 213-214.

[603] Martins-Costa, Judith. *A boa-fé no Direito Privado...*, pp. 212-2013.

[604] Martins-Costa explica a lição de Betti, nos seguintes termos: "[a] utilidade, momento subjetivo, diz respeito ao «programa econômico contratual», isto é, à relação econômica de base que se apresenta como a causa objetiva do ajuste. Já a cooperação, momento subjetivo porque ligada à conduta dos sujeitos, não está reduzida ao cumprimento do dever principal de prestação, antes se espraiando pela totalidade dos deveres exsurgentes da relação. Quando não expressa em cláusula contratual derivada da autonomia privada, ou em dispositivo legal específico, se entende devida a conduta cooperativa por concreção ao princípio da boa-fé" (*A boa-fé no Direito Privado...*, p. 216).

[605] Martins-Costa, Judith. *A boa-fé no Direito Privado...*, p. 220.

[606] Martins-Costa, Judith. *A boa-fé no Direito Privado...*, p.546.

[607] Martins-Costa, Judith. *A boa-fé no Direito Privado...*, p. 690.

obrigação de transferir a propriedade do bem negociado, na compra e venda). Os secundários, por sua vez, estão atrelados ou à garantia de cumprimento da obrigação principal (ex.: dever de acondicionamento do bem até a transação) – dever secundário meramente acessório – ou a servir como substitutos desta nas hipóteses de descumprimento contratual (ex.: dever de indenizar) – dever secundário com prestação autônoma.[608-609]

Os deveres anexos ou instrumentais decorrem da cláusula geral de boa-fé objetiva, não dependendo, portanto, da convenção expressa entre as partes.[610] Visam, assim como os deveres de prestação primários e secundários, ao adimplemento satisfativo da obrigação e estão, portanto, imediatamente, relacionados a ele. Como exemplo, pode-se mencionar a obrigação de informações a respeito das qualidades da coisa prometida à venda.[611-612]

Os deveres de proteção, a seu turno, decorrem, igualmente, da boa-fé objetiva, mas estão apenas, mediatamente, relacionados à prestação. Eles têm a função de evitar danos à contraparte, com viés, não, ao *status ad quem*

[608] A respeito dos deveres secundários, Oliveira bem esclarece que "a par das obrigações principais, que dão corpo ao contrato, traçando-lhe, é certo, as características básicas, há também as obrigações secundárias, previstas no próprio instrumento contratual, na lei ou decorrentes dos usos e costumes, que visam a preparar o cumprimento, garantir a prestação principal, ou mesmo substituir-lhes, nos casos em que esse cumprimento não vem por fato imputável ao devedor" (Oliveira, Rafael Alexandria de. *A exceção do contrato não cumprido.* Salvador: Juspodivm, 2012, p. 123).

[609] Martins-Costa, Judith. *A boa-fé no Direito Privado...*, pp. 221-222.

[610] Oliveira, Rafael Alexandria de. *A exceção do contrato...*, pp. 120-121.

[611] Martins-Costa, Judith. *A boa-fé no Direito Privado...*, pp. 222-223.

[612] Oliveira fala ainda em deveres de esclarecimento, que seriam "aqueles por meio dos quais as partes se obrigam a manter a outra informada acerca de todos os fatos que sejam atinentes ao vínculo contratual, bem como de todos os efeitos que podem advir da execução das obrigações assumidas" (Oliveira, Rafael Alexandria de. A exceção do contrato..., p. 130). E ainda dos deveres de lealdade, que "impõem às partes a abstenção de comportamentos que possam frustrar a finalidade do negócio ou desequilibrar as prestações assumidas, bem assim a adoção, se for o caso, de condutas positivas que visem a facilitar a obtenção dos objetivos almejados por cada um dos contratantes. Exemplos de deveres de lealdade são os de não-concorrência do trabalhador em relação à atividade produtiva desenvolvida por seu empregador, de não adoção de comportamento incompatível com o contrato firmado, de sigilo quanto aos dados obtidos em razão do vínculo contratual, e os de não utilizar, de modo desproporcional, as defesas fundadas na exceção do contrato não cumprido e na resolução contratual" (Oliveira, Rafael Alexandria de. *A exceção do contrato...*, p. 131).

(objetivo do adimplemento da obrigação), mas, sim, na manutenção do *status quo*. Desse modo, abrangem uma série diversa de situações jurídicas tanto na fase pré-negocial, quanto após o término da relação obrigacional, variando em intensidade conforme a relevância do dever infringido.[613-614] Ilustrativamente, cita-se o caso do pintor que, para prestar o serviço contratado, tem acesso à privacidade do lar do contratante e, em violação aos deveres de proteção, acaba por divulgar informações de caráter privativo. Nessa situação, os danos acarretados em nada se relacionam com o *praestare*, mas sim com uma obrigação que está *a latere* dela.[615-616] A essas hipóteses, em que, a despeito de haver o cumprimento do contrato, a conduta de uma das partes, no adimplemento do negócio, acabou por acarretar danos à contraparte, com o inadimplemento da cláusula geral de boa-fé objetiva, convencionou-se denominar de *violação positiva do contrato*.[617-618]

Tanto os deveres anexos quanto os deveres de proteção são, genericamente, agrupados como deveres de cooperação, em sentido amplo. Os deveres de cooperação, em sentido mais estrito, são uma das muitas variantes da cláusula geral de boa-fé objetiva, dentre as quais podem ser mencionados, exemplificativamente, os deveres de informar, os deveres de proteger contra danos etc.[619] O dever de cooperar, em sentido estrito,

613 Martins-Costa, Judith. *A boa-fé no Direito Privado...*, pp. 223-228.

614 Nesse sentido, Oliveira explica que "em razão dos deveres de proteção, as partes se obrigam a adotar comportamentos no sentido de evitar que, no âmbito da relação contratual travada, sejam infligidos danos recíprocos à pessoa ou ao patrimônio do outro contratante, ou no sentido de, ao menos, minimizá-los. Exemplo disso está no dever do empregador de assegurar ao seu empregado condições dignas e seguras de trabalho, bem assim no dever da transportadora de contratar seguro integral para indenização da carga eventualmente avariada em decorrência de acidente, e ainda no dever de vigilância de veículo estacionado em local especificamente destinado a essa finalidade por estabelecimento comercial" (Oliveira, Rafael Alexandria de. *A exceção do contrato...*, p. 130).

615 Martins-Costa, Judith. *A boa-fé no Direito Privado...*, p. 226.

616 De acordo com Menezes Cordeiro, um dos críticos de Staub, Heinrich Stoll, foi o responsável por delinear essa distinção, conferindo à teoria da violação positiva do contrato seus contornos modernos (*Da boa-fé no Direito Civil*, Coimbra: Almedina, 2015, p. 598).

617 Oliveira, Rafael Alexandria de. *A exceção do contrato...*, p. 179.

618 Martins-Costa, Judith. *A boa-fé no Direito Privado...*, pp. 226-227.

619 Martins-Costa, Judith. *A boa-fé no Direito Privado...*, p. 522. No mesmo sentido: Lequette (*Le contrat-coopération...*, p. 339).

traduz-se, sinteticamente, na correção de conduta, que, por sua vez, conforma-se no dever de lealdade ("ser correto é ser leal");[620] lealdade à contraparte ou ao fim comum estabelecido, visando ao adimplemento satisfatório. Não se trata, portanto, de uma cooperação qualquer ("uma cooperação sentimental"), mas sim de uma cooperação útil, em quantidade variável, conforme a natureza do vínculo estabelecido. É a cooperação necessária para alcançar um fim determinado: o adimplemento satisfatório. Frise-se, de logo, que os deveres de lealdade encontram sua importância máxima nos contratos associativos.[621]

Os deveres exsurgentes da cláusula geral da boa-fé objetiva, abstratamente considerados acima, demandam a imprescindível contextualização,[622] a fim de que possam ser concretizados e, desse modo, impor determinada conduta prescritiva.[623-624] Tal contextualização – que pode se dar em diversos setores do ordenamento jurídico, mas que incidem, principalmente, nas relações obrigacionais –, deve se dar ainda em mais um nível na escala da concretização: a boa-fé deve ser considerada, de acordo com o campo específico em que a relação obrigacional está inserida (apenas se

[620] Martins-Costa, Judith. *A boa-fé no Direito Privado...*, p. 523.

[621] Martins-Costa, Judith. *A boa-fé no Direito Privado...*, pp. 522-524.

[622] Tal necessidade de contextualização decorre do princípio da materialização da situação jurídica subjacente, segundo o qual a "boa-fé exige que a conduta individual ou coletiva – quer em Juízo, quer fora dele – seja examinada no conjunto concreto das circunstâncias de cada caso" (Martins-Costa, Judith. *A boa-fé no Direito Privado...*, p. 322). Nesses termos, "para além dos sujeitos, hão de ser consideradas as espécies e categorias de atos praticados, o seu regime, e a disciplina da atividade em que inseridos os sujetiso e os atos" (p. 322).

[623] Nesse sentido, Judith Martins-Costa bem esclarece que "[o]s modelos jurídicos – também ditos «institutos» – constituem estruturas normativas referidas às fontes de produção jurídica" e que "[a] boa-fé configura um modelo jurídico complexo e prescrito" (*A boa-fé no Direito Privado...*, pp. 265-266). Nesse aspecto, complementa que a boa-fé "trata-se de um modelo porque o significado e as eficácias do «comportamento segundo a boa-fé» não resultam de uma norma isolada, mas de uma estrutura normativa que articula, finalisticamente, normas provindas de mais de uma das fontes (lei e jurisprudência; ou lei, costume e negócio jurídico; ou lei, jurisprudência e doutrina, quando a jurisprudência acolhe um modelo hermenêutico sedimentado na doutrina para suprir lacuna do sistema normativo prescritivo porque, é dotado da possibilidade de impor ações, condutas, vedações, sanções – e não apenas «recomendações» ao aplicador do Direito" (p. 266).

[624] Martins-Costa, Judith. *A boa-fé no Direito Privado...*, pp. 271-272.

tratando do Direito Civil e Comercial,[625] podem haver relações de Direito Civil "comum", de família, de permuta, de associação, de consumo etc.), de modo a ser matizada, "em razão da atuação conjugada com os demais institutos, princípios e regras incidentes do setor específico".[626]

Nesse contexto, não é inútil o escrutínio dos deveres de cooperação, em cada um dos paradigmas, anteriormente, delineados: contratos de intercâmbio, contratos associativos e arranjos de contratação híbrida. De efeito, considerando que cada um desses modelos corresponde a uma forma de organização econômica distinta, com finalidades diversas, é de se esperar que os deveres de cooperação assumam perfis, igualmente, distintos. E, de fato, assumem.

Sob a ótica da permuta (*mea regis atur*), em que as convenções cuidam apenas de interesses interindividuais,[627] é suficiente que cada parte cumpra com aquilo com o qual se comprometeu, nos termos da avença. Essa lógica do intercâmbio, prevalecente no Direito,[628] deixa pouco espaço para que se demande atos comissivos do devedor nesse âmbito, de forma que a cooperação, em tais arranjos, traduz-se, em regra, em um comportamento negativo – *i.e.*, em uma obrigação de não fazer: o devedor, dentro de um padrão de lealdade, deve se abster de praticar todo e qualquer ato que, de algum modo, possa comprometer a utilidade do contrato celebrado[629] (o adimplemento satisfatório). É, nesse contexto, que, usualmente, a ilustração se dá no dever de não enganar a contraparte, de não escamotear defeitos da coisa objeto da obrigação, de não agir contra o implemento de condição etc. Não se exige o sacrifício da parte; mas tão somente sua correção (probidade).[630]

625 A boa-fé pode incidir ainda nos Direitos Internacional Privado, Trabalhista, Administrativo, Tributário, Previdenciário etc. (Martins-Costa, Judith. *A boa-fé no Direito Privado...*, p. 272).

626 Martins-Costa, Judith. *A boa-fé no Direito Privado...*, p. 272.

627 Martins-Costa, Judith. *A boa-fé no Direito Privado...*, p. 324.

628 Esse é o registro de Ascarelli, ao apontar que, pela relevância do direito de propriedade, prevaleceram, no curso do tempo, normas jurídicas voltadas à "reparação de bens", ao invés de regras para "uma 'cooperação' na utilização deles". De qualquer modo, destaca que "[o] segundo aspecto, que, de modo geral, poder-se-ia chamar de 'cooperativo', não é, no entanto, de escassa importância" (Ascarelli, Tulio. *O contrato plurilateral...*, p. 257).

629 Lequette, Suzanne. *Le contrat-coopération...*, pp. 340-341.

630 Martins-Costa, Judith. *A boa-fé no Direito Privado...*, p. 325. No mesmo sentido: Lequette (*Le contrat-coopération...*, pp. 339).

Ainda, no contexto, da relação de troca, vale o registro de que, em determinadas hipóteses, a cooperação pode se externar como um ônus jurídico[631] ao credor. Tal é o que se passa, exemplificativamente, nos contratos de empreitada, em que o dono da obra tem como ônus repassar ao construtor todas as informações necessárias, para que este dê cumprimento à sua prestação. Afinal, um eventual mau cumprimento da obrigação pelo construtor, devido à ausência das informações necessárias não repassadas pelo dono da obra, prejudicará, apenas e tão somente, os interesses deste último. Não haverá, nesse específico aspecto da relação contratual, um verdadeiro dever de cooperação, apto a originar obrigações de parte a parte.[632]

Na outra ponta da escala, e conforme adiantado alhures, encontram-se os deveres de cooperação inseridos na relação associativa (*nostra res agitur*). Aqui, "a boa-fé se manifesta em sua plenitude": não há mais o dever de mera consideração em relação ao interesse da contraparte, mas, ao invés, o dever de um sacrifício, em torno do fim comum vislumbrado por todos. As associações (associações em sentido estrito e as sociedades) caracterizam-se, efetivamente, "pelo fenômeno da cooperação entre dois ou mais sujeitos para a consecução de certos fins comuns".[633] Nas palavras de Lima Pinheiro, "[o] paradigma dos contratos de cooperação

[631] Confira-se a distinção entre ônus e dever, traçada por Pontes de Miranda: "[a] diferença entre dever e ônus está em que (a) o dever é em relação a alguém, ainda que seja a sociedade; há relação entre dois sujeitos, um dos quais é o que deve: a satisfação é do interêsse do sujeito ativo; ao passo que (b) o ônus é em relação a si-mesmo; não há relação entre sujeitos: satisfazer é do interêsse do próprio onerado. Não há sujeição do onerado: êle escolhe entre satisfazer, ou não ter a tutela do próprio interesse" (Pontes de Miranda. *Negócios jurídicos*..., p. 530).

[632] Lequette, Suzanne. *Le contrat-coopération*..., pp. 349-350. Sobre a questão, a despeito dele discordarmos, especialmente face ao exemplo em tela, registramos o posicionamento de Schunk, acerca da impossibilidade de a cooperação traduzir-se, em determinadas hipóteses, em ônus jurídico: "[n]ão se pode compreender a colaboração do credor, tratada por essa corrente de forma mais ampla e genérica, a repercutir na relação contratual como um todo. Isso porque, se analisada a contratação de forma geral, como relação dinâmica, concordar que a cooperação é um mero ônus do credor e sua ausência implica apenas consequências ao credor no que toca aos riscos da mora, parece-nos um pouco simplista demais" (Schunk, Giuliana Bonanno. *Contratos de longa duração e dever de cooperação*. Tese de Doutorado apresentada ao Departamento de Direito Civil da Universidade de São Paulo em 2013, p. 134).

[633] França, Eramos Valladão Azevedo e. Novaes. *"Affectio Societatis"*..., p. 43.

económica é o contrato de sociedade".[634] Assim, "nos contratos comutativos os deveres de cooperação são acessórios, ao passo que no contrato de fim comum a cooperação das partes na prossecução do fim caracteriza o conteúdo obrigacional do contrato; os próprios deveres principais de prestação são modalidades ou concretizações do dever de cooperação".[635] É, nesse aspecto, que Weitzenboeck, assertivamente, declara que "*the purpose of partnership is cooperation with one common business objective; that is not the purpose in an exchange contract where one, for example, buys a car*".[636] Ao tratar do partilhamento de benefícios de uma parte à outra, Teubner também destaca que o § 242 do BGB nunca imporia um tal dever, no âmbito de troca, mas que este, em oposição, dar-se-ia, em um vínculo de caráter associativo.[637] Os sócios, assim, devem cooperar, lealmente, para promover o fim social, abstendo-se de, individualmente, valer-se de sua participação social, para obter vantagens indevidas, ao custo da sociedade e/ou de seus sócios.[638] Nessa linha, há, inequivocamente, nas relações de cunho associativo, uma "boa-fé acendrada", "um *plus*, em relação aos demais contratos".[639] Em realidade, complementa a autora, "[a]ssociação é a qualificação dada pelo Direito ao fenômeno da cooperação entre dois ou mais sujeitos para a consecução de uma específica e determinada finalidade em certo ramo de atividade, estando «no cerne do Direito Societário, do qual descende a ideia de cooperação»".[640] A conduta cooperativa encontra-se, assim, no âmago da relação associativa e, embora haja um escalonamento nos deveres de lealdade, faz parte de sua estrutura.[641]

Diversamente do que se dá nos contratos de intercâmbio, portanto, nas relações associativas, não basta a mera honestidade. Os deveres

[634] PINHEIRO, Luís de Lima. *Contrato de Empreendimento...*, p. 38.

[635] PINHEIRO, Luís de Lima. *Contrato de Empreendimento...*, p. 161.

[636] WEITZENBOECK, Emily M. *A legal framework for emerging...*, p. 232.

[637] TEUBNER, Gunther. *Network as Connected...*, pp. 182-183.

[638] WEITZENBOECK, Emily M. *A legal framework for emerging...*, p. 232.

[639] MARTINS-COSTA, Judith. *A boa-fé no Direito Privado...*, p. 352. No mesmo sentido: LEQUETTE (*Le contrat-coopération...*, pp. 342).

[640] MARTINS-COSTA, Judith. *A boa-fé no Direito Privado...*, p. 292. A respeito do aspecto estrutural dos deveres de cooperação, na relação associativa, a autora bem complementa que a *affectio societatis* é "compreendida, porém, não como um sentimento pessoal, mas como um feixe de deveres deduzidos finalisticamente, sintetizados na *affectio bona fides societatis*, expressão maior da *bona fides* como fidelidade e confiança" (p. 294).

[641] MARTINS-COSTA, Judith. *A boa-fé no Direito Privado...*, p. 294.

de cooperação desdobram-se, não apenas em condutas negativas, mas também positivas, em prol do fim comum. Esses deveres de conduta, negativos e positivos, contudo, variam, conforme esteja a se tratar de sociedade de pessoas e de capitais. Naquelas, exigem-se, por evidente, atos de natureza comissiva em maior grau do que nestes.[642] A esse respeito, merece destaque a diferenciação da doutrina francesa, quanto aos termos "colaboração" e "cooperação", indistintamente utilizados em doutrina e jurisprudência,[643] de forma sinonímia. Nesse sentido, explica Tranchant que, enquanto o termo colaboração seria, em geral, utilizado para exprimir o cumprimento dos deveres exsurgentes da boa-fé, a cooperação demandaria um comportamento comissivo das partes, em um contexto de contrato de cooperação econômica.[644] Sob essa ótica, enquanto a colaboração estaria afeita aos contratos de troca, eis que objetivaria tão somente a execução da obrigação ("[e]*lle ne fait en cela que prolonger l'un des termes de l'échange*"),[645] a cooperação, a seu turno, relacionar-se-ia à busca pelo fim comum e, portanto, teria caráter abrangente. Assim, embora haja colaboração, nos contratos em que o fim comum esteja presente, ela se expressa apenas de maneira lateral.[646]

Nos arranjos híbridos, em que o "*nostra res agitur* imiscui-se no *mea res agitur*",[647] haverá, como não poderia deixar de ser, uma "forte dose de mútua" cooperação, a despeito da estrutura sinalagmática da contratação. Tal se dá, exatamente, em função da presença de elementos da comunhão de escopo (*nostra res agitur*), em uma operação onde ainda estão presentes interesses individuais (*mea res agitur*), os quais deverão ser preservados, desde que, licitamente, exercidos.[648] Em tal contexto, a carga de cooperação

642 Martins-Costa, Judith. *A boa-fé no Direito Privado...*, p. 294. No mesmo sentido: Lequette (*Le contrat-coopération...*, p. 343).

643 Lequette, Suzanne. *Le contrat-coopération...*, p. 207. Isso é verdadeiro também na experiência nacional, tal qual se pôde observar em diversos excertos analisados na produção deste trabalho. Diversos deles encontram-se reproduzidos ao longo do texto.

644 Tranchant, Laetitia. *La cotraitance*. Aix-en-Provence: PUAM, 2004, p. 245.

645 Lequette, Suzanne. *Le contrat-coopération...*, p. 344.

646 Lequette, Suzanne. *Le contrat-coopération...*, p. 208.

647 Martins-Costa, Judith. *A boa-fé no Direito Privado...*, p. 366.

648 Martins-Costa, Judith. *A boa-fé no Direito Privado...*, p. 367. No mesmo sentido, Vasconcelos já apontou que "em certos contratos que não se limitam a uma mera troca, considerando o seu conteúdo e à relação de colaboração que constituem, e, como veremos, a

entre as partes variará, conforme o arranjo híbrido esteja mais próximo do eixo dos contratos de troca (menor cooperação) ou dos acordos associativos (maior cooperação).[649] Uma aproximação deste ponto poderá, inclusive, trazer elementos fiduciários, tipicamente, societários à relação, impondo às partes, em rol não taxativo, deveres, ainda que limitados, **(i)** de não competir com o parceiro, em oportunidades de negócios geradas, em função do relacionamento,[650] **(ii)** de tratamento igualitário entre membros de uma rede[651] e/ou **(iii)** outrossim de não se valer de

abertura da esfera de interesses de um sujeito ao outro, é exigido um nível mais elevado de confiança" (Vasconcelos, L. Miguel Pestana De. *O Contrato de Franquia...*, p. 64). Relativamente às redes, Caffagi e Grundman também destacam que "*even if one emphasizes the cooperative aspects of exchange contracts, networks generally go well beyond the level of cooperation required in exchange contracts*" (Towards a Legal Framework..., p. 359). No mesmo sentido, é o comentário de Teubner, que inclusive destaca a distinção dos interesses, nos arranjos híbridos, dos de caráter de representação (*tua res agitur*): "[n]*etworks do not in any case fall within the adversarial interest constellation of exchange, in which each party retains their advantage and are liable only to the good faith stipulations of § 242 BGB (*mea res agitur*). However, the interest constellation present within fiduciary relations within which the interests of one party are subordinated to those of the other and which give rise to intense fiduciary regulations and duties (*tua res a me quasi mea agitur*), is equally inadequate for networks, because it neglects collective ones. And finally, as demonstrated above, interest constellations that co-operatively bind individual interests together, direct them to a common goal within corporate law relationships and subject them to typically intensified 'corporate law' fiduciary duties (*nostra, ergo e mea res agitur*), are similarly ill-suited to networks. As we have seen, the network is a contradictory combination of conflicting individual and common interests (*et mea et nostra rea agitur*)" (Teubner, Gunther. *Networks as Connected...*, p. 140).

649 Nesse aspecto, confira-se o entendimento de Paula Forgioni: "[d]ispuséssemos as formas jurídicas das relações entre empresas ao longo de uma linha imaginária, teríamos, em um extremo, os contratos de intercâmbio e, no outro, as sociedades. No entremeio, os mais variados tipos de contratos híbridos, que conjugam o elemento de intercâmbio com o de colaboração. Quanto mais próximo o contrato híbrido estiver daquele de intercâmbio, maior o grau de independência das partes e menor a colaboração futura entre elas. Ao nos deslocarmos na direção das sociedades, maior será o grau de estabilidade do vínculo e da colaboração" (Forgioni, Paula Andrea. *Teoria Geral dos Contratos...*, p. 50). Em sentido semelhante: Dubisson (Dubisson, Michael. *Les accords de coopération...*, p. 13).

650 Weitzenboeck, Emily M. *A legal framework for emerging...*, pp. 212-218.

651 Nesse aspecto, Wellenhofer bem esclarece que "*(...) the principle of equal treatment is looked upon as a counterweight to the directive authority of the head office or centre of the network. Indeed, a duty of equal treatment may arise from the general fiduciary duties ('Treupflicht'). The justification for the assumption of fiduciary duties – for employment relations as well as for just-in-time contracts – lies in the fact that one party is deeply integrated into the organizational structure of the other party,*

informações confidenciais, partilhadas em função do arranjo híbrido, para obter vantagens indevidas a si, com prejuízo ao parceiro e/ou à operação econômica, como um todo.[652] Adicionalmente, para fins de uma tal aferição acerca do nível de cooperação existente, Lequette aponta que, em geral, quanto mais complexa a natureza da relação, mais intensa será a cooperação.[653] Ela indica também que a exigência de cooperação tende a cair, conforme haja a amortização dos eventuais investimentos efetuados na relação.[654]

Nessa medida, nos arranjos de natureza híbrida, não será bastante um comportamento negativo, simplesmente, voltado a não prejudicar os interesses da contraparte; os contratantes, nesses modelos simbióticos, deverão agir, positivamente, em prol do projeto comum, atendo-se outrossim aos interesses da contraparte.[655] Entre tais deveres positivos,

and is thus subject to the influence and domination of that party. In correspondence to these possibilities of influence over the legal interests of the other party, the fiduciary duty serves as a compensating and restricting element. / Fiduciary duties require that the dependence and inferiority of the other party, both of which are consequences of integration, be taken into account. And fiduciary duties set limits to the arbitrary exercise of rights. (...) If the fiduciary duty thus set limits to the arbitrary exercise of rights, it also prohibits the head office from arbitrary unequal treatment" (Third Party Effects..., p. 124). No mesmo senso: Weitzenboeck (*A legal framework for emerging...*, p. 322); Lorenzetti (*Tratado de Los Contratos...*, pp. 80-81). Segundo o autor argentino, "*(...) debe considerarse implícita una cláusula no discriminatoria: el organizador debe comunicar a todos los integrantes de la red las novidades y no discriminar a algunos membros. Por ejemplo, si en una red de franquicias sale una nueva tecnología y no se la proveen a uno de los franquiciados, ello afectaría la igualdad y sería un trato discriminatório*" (*Tratado de Los Contratos...*, p. 82). Em sentido semelhante, Collins diz que poderia ser considerado ato contrário aos interesses da rede o fato de um determinado fornecedor, em uma hipótese de escassez de mercadorias, vir a privilegiar alguns poucos distribuidores, em detrimento de outros (Collins, Hugh. *Introduction to networks...*, pp. 42-43). Em sentido semelhante: Teubner (*Network as Connected...*, p. 188).

652 Lequette, Suzanne. *Le contrat-coopération...*, pp. 352-353. Em mesmo senso: Teubner (*Network as Connected...*, pp. 188-189).

653 Lequette, Suzanne. *Le contrat-coopération...*, pp. 352-353. Em sentido semelhante: Azevedo, Antonio Junqueira. *Natureza jurídica da renúncia no quadro dos negócios jurídicos. A renúncia a direitos contratuais. Coligação por dependência entre a renúncia a direitos contratuais e o contrato, fonte desses direitos* in *Novos Estudos e Pareceres de Direito Privado*, São Paulo: Saraiva, 2010, p. 100; Weitzenboeck, Emily M. *A legal framework for emerging...*, p. 207).

654 Lequette, Suzanne. *Le contrat-coopération...*, pp. 352-353.

655 Lequette, Suzanne. *Le contrat-coopération...*, pp. 343-345. Em sentido semelhante: Weitzenboeck (*A legal framework for emerging...*, p. 207).

podem-se mencionar, entre outros, o dever de prestar informações (referentes à prestação instrumental, a riscos de determinado equipamento, à alteração de circunstâncias, a novas oportunidades de negócios etc.),[656] o dever de utilizar adequadamente as informações confidenciais recebidas do parceiro (ex.: segredo de negócio, *know how* etc.).[657] No contexto de rede, o elemento associativo impõe, adicionalmente, um dever de contribuir para a manutenção do grupo.[658] Ora, e nem poderia ser diferente: dada a alta relacionalidade de tais contratos, neles, perpetram-se negócios, destinados, em geral, a viger por longos anos, em que o sucesso de um importa no sucesso de outro, e envolvem, em geral, elevados riscos de imagem empresarial às partes envolvidas.[659] Tome-se de exemplo, nesse aspecto, os contratos de franquia, em que há comercialização de produtos do franqueador, com a utilização de sua marca; é inegável a elevada necessidade de cooperação entre as partes, sem que qualquer delas possa promover atos contrários ao interesse comum dos contratantes no êxito em tal operação econômica.[660] E, mesmo em operações econômicas de menor duração, a confiança ainda assim é fundamental. Basta se pensar, nesses termos, na necessidade de coordenação de diversas empresas, nas redes dinâmicas, em que inexiste qualquer tipo de controle hierárquico.[661] De fato, é o comportamento cooperativo, expressão, nesse contexto, da

[656] Teubner, Gunther. *Network as Connected...*, pp. 187-188. No mesmo senso: Weitzenboeck (*A legal framework for emerging...*, p. 210).

[657] Weitzenboeck, Emily M. *A legal framework for emerging...*, p. 210. No mesmo senso: Teubner (*Network as Connected...*, pp. 189).

[658] Lorenzetti, Ricardo Luis. *Tratado de Los Contratos...*, p. 82. No mesmo senso: Wellenhofer (Third Party Effects..., p. 124).

[659] Martins-Costa, Judith. *A boa-fé no Direito Privado...*, pp. 375-376. Em sentido semelhante: Azevedo, Antonio Junqueira. *Natureza jurídica da renúncia no quadro...*, p. 101).

[660] Lorenzetti, Ricardo Luis. *Tratado de Los Contratos...*, p. 695. Nesse aspecto, Vasconcelos destaca que a confiança extremada, nos contratos de franquia, traduz-se no fato de que o franqueador confere ao franqueado os elementos necessários à retransmissão da imagem de sua empresa. Nesse sentido, por se tratar de um negócio de confiança, o descumprimento de medidas estabelecidas para preservar a imagem do franqueador, deverá, necessariamente, conduzir a um inadimplemento grave, "gerando a aquisição pelo franqueador do direito de resolução do contrato com justa causa (quando tal não esteja previsto em cláusula resolutiva expressa do contrato)" (Vasconcelos, L. Miguel Pestana De. *O Contrato de Franquia...*, p. 67).

[661] Cevenini, Claudia. *Virtual Enterprises...*, p. 221.

força obrigatória dos contratos,[662] que viabiliza o prosseguimento de uma relação de longo prazo[663] e/ou da própria existência de uma rede.[664]

Diante dessa alta carga relacional dos contratos híbridos,[665] em que a boa-fé ganha especial destaque,[666] as partes confiam-se, reciprocamente, esperando que "nenhuma parte irá explorar a vulnerabilidade da outra".[667] É a crença de que de que, em um dado sistema, o parceiro agirá de modo cooperativo em relação a si e ao empreendimento comum, quando lhe for dada a chance de agir de modo prejudicial ou benéfico a ambos.[668]

[662] Da Silva, Leonardo Toledo. *Contrato de Aliança...*, p. 237. Nesse aspecto, Weitzenboeck bem aponta que "[i]*ndeed, in collaborative contracts, the parties need to collaborate in order to perform the contract – it is thus out of commercial interest, not some altruistic motive that the parties collaborate*" (*A legal framework for emerging...*, p. 181).

[663] Macedo, Ronaldo Porto. *Contratos Relacionais...*, p. 188.

[664] Martinek, Michael. Networks of Contracts..., p. 167. Em mesmo senso, Lorenzetti, Ricardo Luis. *Tratado de Los Contratos...*, p. 51.

[665] Weitzenboeck, Emily M. *A legal framework for emerging...*, p. 183). No mesmo sentido: Collins (Introduction: The Research Agenda..., p. 18).

[666] A esse respeito, confiram-se os esclarecimentos de Ronaldo Porto Macedo: "[h]á elementos que evidenciam a importância da boa-fé dentro da perspectiva relacional, notadamente o fato de que, em primeiro lugar, ela lembra a incompletude dos contratos, os limites da capacidade de previsão humana, os custos e ameaças à solidariedade, as barreiras insuperáveis para a comunicação perfeita e sem ruídos. Em segundo lugar, ela enfatiza, valoriza e torna juridicamente protegido o elemento de confiança ('*trust*'), sem o qual nenhum contrato pode operar. Em terceiro lugar, ela evidencia a natureza participatória do contrato, que envolve comunidades de significados e práticas sociais, linguagem, normas sociais e elementos de vinculação não-promissórios (não-contratuais). Assim, a boa-fé realça o elemento moral das relações contratuais. Por fim, a boa-fé contratual envolve uma concepção moral de fazer algo corretamente e, neste sentido, reporta-se a uma concepção de Justiça Social, a Justiça enquanto normalidade, desenvolvida, nos capítulos iniciais deste trabalho" (Macedo, Ronaldo Porto. *Contratos Relacionais...*, p. 185).

[667] Macedo, Ronaldo Porto. *Contratos Relacionais...*, p. 146.

[668] Nesse sentido, confira-se a definição de Gambetta: "[t]*rust (or symmetracally, distrust) is a particular level of the subjective probability with which an agent assesses that another agent or group of agents will perform a particular action, both* before *he can monitor such action (or independently of his capacity ever to be able to monitor it)* and *in a context in which it affects* his own *action. When we say we trust someone or that someone is trustworthy, we implicitly mean that the probability that he will perform an action that is beneficial or at least not detrimental to us is high enough for us to consider engaging in some form of cooperation with him*" (Gambetta, Diego. Can we trust trust? In: Gambetta, Diego. *Trust: Making and Breaking Cooperative Relations*, Cambridge: Basil Blackwell, 1990, p. 217). No mesmo senso: Da Silva (*Contrato de Aliança...*, p. 97); Cevenini (*Virtual Enterprises...*, p. 221).

Tal crença persiste mesmo, nos casos de redes dinâmicas, de prazo de vigência reduzida. Nesses casos, o modelo de confiança (*swift trust*) constrói-se, inicialmente, com a transferência de confiança baseada em estereótipos e experiências passadas das partes, e, em um segundo momento, progressivamente, a partir do cumprimento das respectivas obrigações.[669]

A confiança, nesse cenário, assume relevância primordial,[670] garantindo a manutenção de coesão do vínculo e a coordenação da atividade desenvolvida,[671] especialmente para situações, em que determinado ponto não houver sido, expressamente, tratado em contrato ou ainda, no limite, nos casos em que a relação sequer for regulada por instrumento escrito.[672] É ela quem impede, por exemplo, que "uma parte atraia um colaborador a um projeto comum e posteriormente deixe de dedicar os

Ainda dentro dessa perspectiva, Weitzenboeck aponta que a confiança se esteia sobre os seguintes pilares: **(i)** a dependência em relação à outra parte, **(ii)** a liberdade de atuação dela, **(iii)** o desconhecimento acerca do seu comportamento e **(iv)** a segurança depositada sobre a sua atuação (*A legal framework for emerging*..., pp. 77-81).

[669] Cevenini, Claudia. *Virtual Enterprises*..., p. 221. A autora, nesse ponto, explica que a confiança pode se dar, de modo impessoal (ex.: confiança em sistemas legais nacionais, normas institucionais, crenças populares), ou pessoal (ex.: confiança entre parceiros de negócios). Nesse último modelo, a confiança ainda pode surgir a partir do **(i)** do receio de punição (*deterrence-based trust*), **(ii)** da habilidade de prever o comportamento da parte ("*knowledge-based trust*") e/ou **(iii)** de valores e objetos, comumente, partilhados ("*identification-based trust*"). O modelo de *swift trust* seria algo próximo do modelo pessoal, mas a ele não equivaleria.

[670] Ronaldo Porto Macedo chega a consagrá-la como um pacto democrático, de caráter constitucional (*Contratos Relacionais*..., p. 146). O autor ainda explica que, com a ampliação do caráter relacional dos contratos, a confiança ganhou, mais e mais, prevalência, inclusive sobre a autonomia privada. A confiança, assim, assumiu condição de fonte de responsabilidade. Tal é o que se dá, no âmbito do direito dos seguros, da representação legal, de responsabilidade pelo produto, nos casos de negligência etc. (pp. 181-182). Teubner, sobre o ponto, bem assevera que "[o]*pportunistic behaviour that could be expected is countered with threat or judicial control of duties to negotiate in good faith*" ('And if by Beelzebub..., p. 124).

[671] Ménard, Claude. The economics of hybrid..., p. 367. Especificamente com relação às redes, Lorezentti destaca que "*essa confianza o cooperación el elemento que une las redes*", uma vez que estas se tratam "*de vínculos múltiplos basados en la confianza entre los agentes para lograr una metodología de producción flexible, que es lo que exige la economía actual*" (*Tratado de Los Contratos*..., p. 49).

[672] Nesse aspecto, Cevenini bem destaca a relevância da confiança, para a proteção de dados sensíveis trocados entre parceiros, no contexto de uma rede formada sem a existência de um contrato escrito (*Virtual Enterprises*..., p. 107).

recursos complementares necessários até que os termos do acordo sejam negociados em seu favor".[673] Tal confiança, contudo, alerta Ronaldo Porto Macedo, não implicará uma corresponsabilidade de uma parte pelos ônus e vantagens da outra[674] – o que, a nosso ver, é até mesmo uma decorrência lógica da permanência de interesses individuais na estrutura dos arranjos híbridos.

Com efeito, o *animus cooperandi*, nos arranjos híbridos, não poderá se confundir com o *affectio societatis*, presente nos acordos associativos, em que se impõe uma identidade de tratamento aos sujeitos que perseguem o fim comum e, desse modo, sujeitam-se a um mesmo regime societário. Repise-se: a exigência de cooperação elevada dos híbridos não suprime a divergência e os conflitos de interesses entre as partes, mas, conforme anota Lequette, cria as condições para que as partes os superem[675] (a boa-fé se apresenta como um "*complément indispensable de la force obligatoire du contrat*").[676] Nessa esteira, o *animus cooperandi*, em tela, é, a um só tempo, mais estreito e mais largo do que a *affectio*: mais estreito, porque não pode tomar a forma da cooperação existente, no seio de uma sociedade; mais largo, porque pode se manifestar em um espectro bem maior de formas de contratações, para além dos acordos associativos.[677]

Ainda a respeito do conteúdo do dever de cooperação, é interessante destacar sua distinção quanto ao conceito de solidariedade. Este, além de mais amplo e complexo do que aquele, relaciona-se a obrigações de natureza moral, existentes dentro de um determinado *ethos* comunitário, que pode, inclusive, revelar-se na seara empresarial (ex.: empresas familiares e determinadas formas de organização empresarial existentes no Japão). Para ilustrar as diferenças, Ronaldo Porto Macedo menciona a hipótese dos planos de saúde, em que há tanto um aspecto cooperativo (viabilização econômica de um mecanismo de proteção a riscos), quanto um outro solidarístico (socialização de prejuízos que atingem os menos afortunados).[678] "*Solidariety (...) requires parties to share and make sacrifices on*

[673] MACEDO, Ronaldo Porto. *Contratos Relacionais*..., p. 146.

[674] MACEDO, Ronaldo Porto. *Contratos Relacionais*..., p. 146.

[675] LEQUETTE, Suzanne. *Le contrat-coopération*..., p. 345.

[676] LEQUETTE, Suzanne. *Le contrat-coopération*..., p. 377.

[677] LEQUETTE, Suzanne. *Le contrat-coopération*..., p. 345.

[678] MACEDO, Ronaldo Porto. *Contratos Relacionais*..., pp. 142-145.

behalf of their contract partners".[679] Nos híbridos, contudo, não é esse espírito de solidariedade que prevalece. Nesse contexto, por exemplo, não será, necessariamente, desleal a conduta de um franqueador que, ao identificar que o custo de expansão da rede é maior do que os benefícios que poderá auferir dela, opte por não prosseguir com esse movimento empresarial.[680] A sua obrigação de promoção da rede não poderá chegar ao ponto de lhe impor prejuízos, contrariando seus interesses próprios, em favor dos interesses unitários dos franqueados.

A bem da verdade, o que se passa é que o projeto comum reforça o sentimento egoísta (ou de autonomia)[681] dos contratantes, na medida em que só há cooperação, porque cada parte apenas poderá se beneficiar do empreendimento mútuo, caso permita que seu parceiro tenha a chance de obter ganhos com a operação econômica.[682] "*Parties would be induced to act only to the extent they can appropriate gains from the activity*".[683] Em adição, o comportamento cooperativo exsurge também, na consideração dos contraentes a respeito de sua própria reputação (quando tal elemento for relevante, em determinado mercado), bem como a partir dos prejuízos

[679] MAK, Chantal. The Lion, the Fox and the Worklace: Fundamental Rights and the Politics of Long-Term Contractual Relationships. In: GRUNDMANN, Stefan; CAFFAGI, Fabrizio; VETTORI; Giuseppe (coord.). *The Organizational Contract: From Exchange to Long-Term Cooperation in European Contract Law*. Burlington: Ashgate, 2013, p. 105.

[680] COLLINS, Hugh. *Introduction to networks...*, pp. 14-15.

[681] MAK, a esse respeito, diferencia o egoísmo da autonomia. Esta, segundo ela, referir-se-ia a uma autossuficiência e ao fato de que as partes perseguem interesses próprios, quando se engajam em uma contratação. Não se trata, contudo, de um puro egoísmo, uma vez que os interesses próprios da outra parte ainda devem ser respeitados (MAK, Chantal. The Lion, the Fox..., p. 105). Nesse sentido, talvez seja mais correto falar-se em autonomia, ao invés de puro egoísmo, nas contratações de natureza híbrida, especialmente diante da intensificação dos deveres de cooperação.

[682] LEQUETTE, Suzanne. *Le contrat-coopération...*, p. 346. Em sentido semelhante: PAULA FORGIONI (*Teoria Geral dos Contratos...*, pp. 195-197); WEITZENBOECK (*A legal framework for emerging...*, p. 181). Especificamente no contexto de rede, RODRIGO XAVIER LEONARDO destaca que "[a]s redes de contrato, indiscutivelmente, não foram criadas por puro altruísmo ou desejo de colaboração interempresarial. Se a partir das redes contratuais desenvolvem-se princípios de solidariedade empresarial, isso se deve às necessidades econômicas e às situações de mercado, que impulsionaram a criação de sistemas de produção e circulação de produtos e serviços" (LEONARDO, Rodrigo Xavier. *Redes Contratuais...*, p. 153).

[683] GRUNDMANN, Stefan; CAFFAGI, Fabrizio; VETTORI; Giuseppe. The contractual basis..., p. 37.

que as partes vislumbram com o fim de uma relação contratual, em que tenham sido efetuados investimentos específicos, impossíveis de serem transferidos para um outro negócio.[684] Adar e Gelbard, nessa toada, destacam que, em diversos casos, a cooperação é induzida a partir do medo que cada parte tem da reação indesejada da outra, com a busca pela tutela de remédios contratuais.[685] A cooperação nos híbridos, portanto, cinge-se a contribuir para o desenvolvimento do projeto comum, não frustrando as possibilidades de ganhos das partes, sem qualquer obrigação de que uma parte partilhe, solidaristicamente, prejuízos inerentes ao risco econômico assumido pelas demais.

Tal abrangência do dever de cooperação implica que – conforme a lição, já abordada, de Tranchant – as partes, dificilmente, conseguirão precisar todas as obrigações do relacionamento, na assinatura do instrumento.[686] A extensão da cooperação, inclusive, variará, conforme as especificidades do caso concreto. É, assim, dado inafastável dos arranjos híbridos uma "*relative incertitude*", quanto ao conteúdo da obrigação das partes, mas que, como já referido, deverão ser guiados pelo projeto comum buscado pelas partes.[687] De acordo com Teubner, é a interação entre as partes que vai, passo a passo, especificando as obrigações, de segunda ordem, dentro do contexto do paradoxo "*formally binding law without substantive obligations*".[688] Cada alteração no contexto externo e interno modificam também essas obrigações e, assim, as expectativas são estabilizadas, "*in the expectation that expectactions will change*".[689] Especificamente no caso das redes, um membro aceita as decisões dos outros e, com base nelas, toma a sua própria decisão, mas sem, em regra, desafiar as premissas adotadas – em moldes similares ao que se passa em sistemas jurídicos não-hierárquicos, em que, mesmo no nível horizontal, o precedente de uma corte somente

[684] Forgioni, Paula Andrea. *Teoria Geral dos Contratos...*, pp. 195-197.

[685] Adar, Yehuda; Gelbard, Moshe. Contract Remedies..., p. 273.

[686] Vide item III.1.1.

[687] Lequette, Suzanne. *Le contrat-coopération...*, p. 350.

[688] Teubner, Gunther. 'And if by Beelzebub..., p. 123. O autor, nesse sentido, bem destaca que, para a tradicional teoria contratual, essas "*unspecified obligations that can be specified only after a certain period of time*" são conhecidas "*as secondary obligations opposed to the primary obligation that was expressly defined at the contractual conclusion*" (p. 123).

[689] Teubner, Gunther. 'And if by Beelzebub..., p. 123.

pode desafiado, mediante relevante fundamentação.[690] As estruturas, em rede, contêm em si uma combinação entre relações de vínculos fortes (contratos bilaterais) com outras de vínculos fracos (relação de rede entre os contratos). Dentro dessa dualidade, encontra-se uma relevante distinção, no que toca aos tipos de obrigações existentes, no contexto da rede: enquanto nos contratos bilaterais, devem ser cumpridas obrigações específicas, no da interconexidade, as obrigações devidas nem sempre têm contornos bem delineados (cooperação e informação).[691]

Quanto à vagueza do conteúdo da cooperação e eventuais condutas oportunistas, Lequette aponta-a como uma questão de risco reduzido. Isso porque, segundo a autora, em razão da premissa de que as partes somente podem auferir ganhos, a partir do empreendimento comum, elas sempre se engajarão, para que este seja implementado.[692] Trata-se aqui de um poderoso mecanismo de garantia de cumprimento do contrato (*self-enforcing mechanism*), por meio do qual se afasta um comportamento anticooperativo, mediante a concessão de um benefício (*quasi-rent*) atrelado ao prosseguimento da relação. Como exemplo, podem-se mencionar os mecanismos de incentivos existentes, em negócios de distribuição de produtos.[693] Por todos esses aspectos, são bastante usuais as cláusulas de "*best efforts*" ou de "*reasonable care*", em arranjos de natureza híbrida.[694]

Com efeito, para além do egoísmo referido alhures, os estudos econômicos demonstram que, em contratos de longa duração – tal qual, usualmente, passa-se, em arranjos híbridos –, a conduta reiterada das partes tende a, efetivamente, gerar um comportamento cooperativo entre os participantes.[695] É assim que, em redes contratuais organizadas, sob a

[690] Teubner, Gunther. 'And if by Beelzebub..., p. 124.

[691] Teubner, Gunther. 'And if by Beelzebub Cast out Devils, ...', pp. 120-121.

[692] Lequette, Suzanne. *Le contrat-coopération...*, p. 350.

[693] Golobardes, Mireia Artigot i; Pomar, Fernando Gómez. Dissecting Long-Term..., p. 65. Os autores, nesse aspecto, bem asseveram que: "*if the contract terms are adjusted so that one of the parties is able to earn quasi-rents on its investments only if the contractual relationship continues, that party has great incentives to remain in the contract and hence avoid any kind of behavior that could amount to a breach of contract*" (p. 65).

[694] Lequette, Suzanne. *Le contrat-coopération...*, p. 350.

[695] Da Costa, Francisco Araújo; Sander, Luis Marcos (trad.). Cooter, Robert, Ulen, Thomas. *Direito & Economia...*, p. 59. No mesmo sentido, Collins destaca que "[i]*n the language of 'game theory', contractual relations usually form part of repeated non-cooperative game, where the risk*

forma de *enterprise pools*, gera-se um ambiente de confiança: os membros da rede já se conhecem, por interações prévias, não apenas contratuais, como também de caráter social, estando, portanto, propícios à cooperação entre si.[696] Nesse contexto, o "fatiamento dos comportamentos cooperativos" permite que cada parte, gradativamente, observe o comportamento da contraparte e, a partir da sinalização de cooperação, tencione à reciprocidade, estabelecendo as bases para a confiança.[697]

Questão relevante a esse respeito, refere-se ao caráter sancionatório do direito contratual (na perspectiva da troca) – que perfaz "um óbvio mecanismo de punição a comportamentos que representam um desvio do contrato acordado".[698] Na manipulação dos mecanismos contratuais, é de rigor que as partes se atenham ao fato de que "em certas circunstâncias, ferramentas de punição podem ter efeitos indesejados sobre outros elementos de fomento à cooperação".[699] Isso porque, conforme atesta a economia comportamental, a introdução do elemento sancionatório (contratual-formal), com recurso a procedimentos adjudicatórios,[700] conduz a uma alteração da percepção cognitiva da parte, quanto à relação, tornando-a menos propensa à cooperação e, inversamente, mais tendente à maximização de ganhos próprios.[701] Ilustrativamente, Gilson, Sabel e Scott fazem referência a um estudo comportamental, em que se impôs uma multa, como forma de coibir os pais a buscarem seus filhos na escola, em determinado horário. A imposição da penalidade, no entanto, teve o efeito inverso, afastando a preocupação com o elemento reputacional e alterando a percepção dos pais, relativamente a seu dever perante aquela

of cheating of defection is successfully countered not by the threat of legal sanction but by the incentive provided by the benefits accruing from long-term cooperation and adaptation" (Collins, Hugh. Introduction: The Research Agenda of Implicit Dimensions of Contracts. In: Campbell, David; Collins, Hugh; Wightman, John (eds.). *The implicit dimensions of contract: discrete, relational and network contracts.* Oxford: Hart, 2003, p. 7).

696 Weitzenboeck, Emily M. *A legal framework for emerging...*, p. 81.

697 Da Silva, Leonardo Toledo. *Contrato de Aliança...*, p. 97.

698 Da Silva, Leonardo Toledo. *Contrato de Aliança...*, p. 104.

699 Da Silva, Leonardo Toledo. *Contrato de Aliança...*, p. 104.

700 Gilson, Ronald J.; Sabel, Charles; Scott, Robert E. Contract, Uncertainty, and Innovation..., 2015, pp. 169-161.

701 Da Silva, Leonardo Toledo. *Contrato de Aliança...*, p. 104. Nesse aspecto, Gilson, Ronald J.; Sabel, Charles; Scott, Robert E. Contract, Uncertainty, and Innovation..., 2015, p. 165.

determinada comunidade – bastava-lhes arcar com o custo financeiro adicional, para justificar o atraso. De acordo com os autores, resultados similares foram observados, em contextos empresariais, com a indicação de que, em relacionamentos baseados somente na confiança, as partes tencionam a despender maiores recursos, em prol do cumprimento, do que naqueles em que há a introdução de uma sanção punitiva pecuniária, caso haja o descumprimento. A inclusão de um mecanismo sancionador impõe-se como ameaça às partes, sinalizando uma carga menor reciprocidade[702] entre si e, por conseguinte, um maior risco de oportunismo de lado a lado.[703]

Nesse sentido, percebe-se que, como alternativa aos mecanismos formais, as partes têm à disposição sanções não-jurídicas (informais) – referentes ao próprio relacionamento, à sua reputação, a seu risco de crédito, à intenção de prosseguir em outros negócios com a contraparte –,[704] das quais, inclusive, fazem uso com maior constância, até mesmo

[702] Testes de economia comportamental já indicaram que há aversão dos indivíduos à iniquidade entre as partes. Nesse sentido, em um famoso teste realizado, no âmbito da Teoria dos Jogos, já se constatou que os indivíduos tendem a recusar uma proposta para receber dois de dez euros, com o restante permanecendo com a outra parte. Os especialistas apontam que a decisão da parte, nesse sentido, leva em conta não apenas a utilidade positiva de receber o importe proposto, mas também a utilidade negativa em deixar de receber seis euros a menos do que o outro jogador. A conclusão, assim, é a de que os indivíduos, em geral, em testes realizados em diversas partes do mundo, rejeitam a ideia de distribuição iníqua de valores – o que se estende não apenas para o campo das desvantagens, como também para o das vantagens injustas. Desse modelo, extraiu-se a teoria da reciprocidade, segundo a qual, pela aversão ao tratamento iníquo, os indivíduos tendem a tratar bem as pessoas que as tratam bem; e, mal as que as tratam mal (MAGEN, Stefan. Fairness and Reciprocity in Contract Governance. In: GRUNDMANN, Stefan; MÖSLEIN, Florian; RIESENHUBER, Karl (cood.). *Contract Governance: Dimensions in Law and Interdisciplinary Research.* Oxford: Oxford University Press, 2015, pp. 245-247).

[703] GILSON, Ronald J.; SABEL, Charles; SCOTT, Robert E. Contract, Uncertainty, and Innovation..., 2015, pp. 165-166.

[704] Exemplificativamente, é possível que um fornecedor de peças, diante da possibilidade de reduzir a qualidade dos produtos comercializados a um parceiro, com a consectária diminuição de custos e elevação de margens de lucro, deixe, mesmo em um cenário de baixa probabilidade de detecção, optar por esse caminho, em vista de outras futuras negociações, com a mesma parte. Conquanto haja reduzida chance de identificação dessa conduta, há um grande risco de arruinar a parceria com outra parte e, assim, deixa-se de descumprir os padrões de qualidade contratual (MAGEN, Stefan. Fairness and Reciprocity..., p. 244).

por questões de custos: a busca pelo viés adjudicatório contratual gera não só o dispêndio com o próprio procedimento, como também a queda de produtividade de pessoas-chaves dentro da organização, que têm seu foco de trabalho desviado, por conta da disputa;[705] ao uso dos mecanismos informais, basta o dispêndio com custos para observar o comportamento do parceiro.[706] Soma-se a isso o fato de que, como bem destaca Collins, é bastante comum que o texto expresso do contrato nem mesmo reflita a exata vontade dos homens de negócios.[707] Seria, em realidade, de acordo com estudos específicos, o entrelaçamento (*braiding*) entre mecanismos formais e informais, que, em um ambiente de alta incerteza, produziria o melhor resultado, na criação de uma confiança endógena entre as partes.[708] Nessa ordem de ideias, soa-nos, absolutamente, correto, o entendimento de Ménard, no sentido de que o bom sucesso do relacionamento depende

[705] Da Silva, Leonardo Toledo. *Contrato de Aliança...*, p. 111. Grundmann, Caffagi e Vettori também destacam que, nos arranjos de natureza híbrida, "*each party may have additional tools beyond legal sanctions for reacting to ('punishing') poor performance by the other party*" (The contractual basis..., p. 5). No mesmo senso: Gilson, Sabel e Scott (Contract, Uncertainty, and Innovation..., 2015, pp. 161-164. Esse tipo de ferramenta, em geral, passa despercebido por operadores do Direito, que, segundo Mouzas, estão mais acostumadas a lidar com a lógica de deveres, do que com o princípio da utilidade marginal. E isso se deve ao fato de que "[l]*aw does not condemn actor for failing to embrace the existing business opportunities, but it does condemn actors for failing to respect their duties*" (Legal Aspects of Network..., pp. 221-222).

[706] Gilson, Ronald J.; Sabel, Charles; Scott, Robert E. Contract, Uncertainty, and Innovation..., 2015, p. 164.

[707] Nesse sentido, Collins alerta ao fato de que "*that enforcement of the express terms of the contract may at least in some instances produce results that surprise and disconcert the parties. Their intentions were not completely expressed in the contract, and so to enforce the terms without modification may take the law produce unpredicted outcomes. So the question becomes whose calculability really matters: the lawyers or the businessmen? Lawyers may take pride in the comprehensive and detailed planning documents that comprise written contracts, but it is surely the value of calculability to businesses and consumers that really matters to help to establish trust in markets, and these documents, when they defeat expectations and causa surprises, only serve to increase wariness of transactions*" (Collins, Hugh. Introduction: The Research Agenda..., p. 10).

[708] Da Silva, Leonardo Toledo. *Contrato de Aliança...*, p. 123. A respeito do *braiding*, Gilson, Sabel e Scott bem observam o seguinte: "*(...) braiding is used to achieve these outcomes by relying on formal contracting to establish processes that make behaviour observable enough to support informal contracting over the substance of the (uncertain) collaboration. Braiding uses* formal *contracts to create governance processes that support iterative joint effort through low-powered enforcement techniques that specify only the commitment to collaborate, without controlling the course or the outcome of the collaboration*" (Contract, Uncertainty, and Innovation..., p. 159).

do estabelecimento de um sistema de troca de informações adequado entre os contratantes.[709] De efeito, como bem destacam Gilson, Sabel e Scott, especialmente em contextos de inovação, é a mútua troca de informações entre as partes que lhes permite não apenas avaliar a viabilidade do projeto conjunto, como outrossim implementá-lo. No surgimento das incertezas inerentes ao processo de inovação, os parceiros baseiam-se, nessa troca mútua de informações, bem como em mecanismos contratuais de tomada de decisões, para, de forma unânime, deliberar, a respeito de algo que não lhes era conhecido (dado incerto). A partir desse processo, e conforme os problemas vão se resolvendo, os contratantes elevam o grau de conhecimento sobre as habilidades recíprocas de cada um – o que, a um só tempo, aumenta os custos para substituição de parceiro e reduz os riscos de comportamento oportunista.[710]

De todo modo, a despeito dessa tendência ao cumprimento das normas de cooperação, não se olvida da dificuldade[711] – e da relevância –[712] de determiná-las, quando, efetivamente, constatar-se o inadimplemento

[709] MÉNARD, Claude. The economics of hybrid..., p. 352. No mesmo sentido: "[o] elemento comunicação desempenha um papel importante na literatura sobre cooperação. A criação de adequadas rotinas de comunicação é um dos principais – senão o principal – elementos de mudança necessários à criação de modelos organizacionais colaborativos" (DA SILVA, Leonardo Toledo. *Contrato de Aliança...*, p. 95). O próprio contrato é um importante fator, na constituição de um sistema de comunicação próprio das partes: ao estabelecer o que é ou não é uma violação contratual, o instrumento acabar por evitar o descumprimento contratual (DA SILVA, Leonardo Toledo. *Contrato de Aliança...*, p. 120).

[710] GILSON, Ronald J.; SABEL, Charles; SCOTT, Robert E. Contract, Uncertainty..., p. 159.

[711] Sobre o ponto, veja o que dizem GOLOBARDES e POMAR: "*sometimes determining breach is not observable or clear. There is a wide range of non-cooperative behaviors within the contractual relationship that presents insurmountable measurement problems, especially when these behaviors are multidimensional. In these cases, the chances that contracting parties may be able to show before a court or a third party adjudicator that the other party has breached the contract is very low*" (Dissecting Long-Term..., p. 65).

[712] Isso porque, a despeito de, em geral, "as partes, de fato, não teriam interesse em utilizar mecanismos contratuais de cumprimento contratual, preferindo valer-se de mecanismos informais, como confiança, reputação e relacionamento", "essa confiança nas sanções informais não importaria em atribuir um papel irrelevante, na relação, à negociação contratual, ao documento firmado e às recomendações de caráter jurídico" (DA SILVA, Leonardo Toledo. *Contrato de Aliança...*, p. 119). Afinal, é reconhecido que, a despeito dos custos envolvidos, as sanções jurídicas formais continuam a ser mais eficazes dos que as informais (DA SILVA, Leonardo Toledo. *Contrato de Aliança...*, p. 120).

por uma delas. Considerando a variação da intensidade de cooperação, conforme o arranjo híbrido em conta, o grau de dificuldade para a caracterização de uma eventual violação também variará. Quanto mais acentuado o dever de cooperação, mais, facilmente, evidenciar-se-á um inadimplemento contratual; ao inverso, quanto mais fraca a exigência de cooperação, mais difícil será a demonstração da violação.[713] Contudo, essa relativa incerteza, quanto ao conteúdo dos deveres de cooperação, não significa que não possam ser traçados critérios objetivos para o seu preenchimento. A esse propósito, Lequette refere-se aos seguintes parâmetros: **(i)** subjetivo, por meio do qual deverá se averiguar a respeito da ligação pessoal que une os contratantes, atendo-se aos fatos de que **(i.1)** quanto maior o grau de confiança entre as partes, maior será a exigência de cooperação, bem como **(i.2)** a regra de cooperação tende a restaurar a igualdade de poderes entre as partes; e **(ii)** objetivo, em que se observarão as especificidades da operação econômica em si e as circunstâncias em que o contrato foi celebrado.[714] Quanto a esse último aspecto, vale o destaque de que os padrões de comportamento cooperativo tendem a variar de cultura à cultura.[715]

Na estrutura da operação econômica híbrida, o dever de cooperação, em geral, impõe-se com maior vigor sobre o contratante instrumental. Afinal, é ele quem fornece os meios necessários para o desenvolvimento do projeto comum, incumbindo-lhe, assim, assistir ao contratante final na utilização de tais meios, para fins da exploração da atividade comercial pactuada. Desse modo, se se tomar de exemplo o caso da franquia, o dever de cooperação corresponderá à assistência do franqueado pelo franqueador, durante toda a vida contratual, na aplicação do *know-how* que lhe fora transferido, para a exploração da marca deste. Mais especificamente, o franqueador deverá fornecer, entre outros, assistência técnica e comercial, para a implantação e operação da franquia, bem como as informações indispensáveis para a exploração útil da empreitada, abstendo-se, ainda,

[713] Nesse aspecto, Lequette bem observa que "[l]*a dfficulté est cependant réelle lorsqu'il s'agit de déterminer si l'une des parties a commis une faute susceptible d'engager sa responsabilité contractuelle*" (Lequette, Suzanne. *Le contrat-coopération...*, p. 351).

[714] Lequette, Suzanne. *Le contrat-coopération...*, pp. 351-352.

[715] Da Silva, Leonardo Toledo. *Contrato de Aliança...*, p. 94. A esse respeito, o autor constata que os contratos de aliança "parecem oferecer maiores dificuldades implementação em regiões cuja cultura de desconfiança e falta de transparência é fortemente arraigada" (p. 94).

de concorrer com o franqueado. Não obstante todas essas obrigações decorram do dever de cooperação, é, obviamente, recomendável, que, para evitar ambiguidades, elas sejam reguladas no instrumento negocial[716] – o qual, obviamente, poderá derrogar parte delas.

Não obstante a maior incidência sobre a esfera jurídica do contratante instrumental, o dever de cooperação também incide sobre o contratante final, que deverá sempre explorar a atividade comercial, tendo em vista também os interesses individuais da contraparte. Naturalmente, a prestação final deverá ser executada, conforme as limitações e orientações do contratante instrumental. A respeito do polo final da relação ainda, há que se observar que a cooperação se exprime, fortemente, no dever de que o contratante instrumental seja, constantemente, informado, a respeito do curso dos negócios, de forma que possa exercer o devido controle sobre o projeto comum,[717] quando este for aplicável.

Como não poderia deixar de ser, em se tratando de arranjos híbridos estruturados com o uso da coligação contratual,[718] a cooperação exprime-se sobre todas as obrigações que vierem a se constituir, sob a luz do contrato-quadro firmado entre as partes. Todos os contratantes devem cooperar entre si, em prol do projeto comum.[719] É relevante notar, nesse tocante, que mesmo nos casos, em que, eventualmente, as partes venham a formar uma entidade específica (ex.: sociedade criada para uma *joint venture*), o dever de cooperação funda-se, ainda assim no já referido *animus cooperandi*; não em um (inexistente) *affectio societatis*. Para ilustrar a questão, Lequette, em referência a uma determinada sentença arbitral, aponta que posições tomadas pelo parceiro com participação majoritária, nos órgãos comuns da entidade formada, deverão ser analisadas, com vistas a uma violação ao dever de cooperação exsurgente da boa-fé – e não com as balizas de um abuso de maioria, de viés societário.[720]

Diante de sua relevância para a operação econômica híbrida, o dever de cooperação conecta-se, umbilicalmente, às demais obrigações, contratualmente, estabelecidas. Nessa junção, assume a função de harmonizá-las

[716] LEQUETTE, Suzanne. *Le contrat-coopération...*, pp. 355-356.

[717] LEQUETTE, Suzanne. *Le contrat-coopération...*, pp. 356-367.

[718] Vide item II.2.

[719] LEQUETTE, Suzanne. *Le contrat-coopération...*, pp. 357-362.

[720] LEQUETTE, Suzanne. *Le contrat-coopération...*, pp. 357-362.

ao projeto comum estabelecido, garantindo a efetividade da relação de complementaridade entre as prestações e, assim, dos próprios interesses envolvidos na contratação.[721] A intensidade dos deveres de cooperação, nos arranjos híbridos, é de tal sorte que a violação a eles podem inclusive, a depender de sua gravidade, dar azo ao direito de resolução do contato.[722] Sobre a questão, sublinhe-se que, conquanto existam vozes dissonantes, há quem defenda que o sinalagma contratual não se formaria apenas entre os deveres primários, abrangendo outrossim os deveres secundários e os instrumentais. O fundamento para tanto residiria, essencialmente, no fato de que o descumprimento de ambos os tipos de obrigações pode ensejar o inadimplemento – ou o cumprimento imperfeito – do contrato.[723] Esse entendimento também parece já ter sido esboçado pelo Superior Tribunal de Justiça, em decisão que admitiu a oposição da exceção do contrato não cumprido por uma parte em face do descumprimento de obrigação secundária pela contraparte.[724] A nós, parece acurada a constatação,

[721] Lequette, Suzanne. *Le contrat-coopération...*, pp. 347-348.

[722] Martins-Costa, Judith. *A boa-fé no Direito Privado...*, p. 372.

[723] Oliveira, Rafael Alexandria de. *A exceção do contrato...*, pp. 124-125 e p. 133.

[724] No caso em questão, afastou-se a obrigação do lojista de *shopping center* de arcar com o preço da promessa de compra e venda de loja, em razão de o incorporador-administrador do centro comercial ter desrespeitado dever secundário de garantia de exclusividade de determinado produto pelo contratante. Nesse sentido, confira-se a emenda do *decisum*: "COMERCIAL. SHOPPING CENTER. CLÁUSULA DE EXCLUSIVIDADE NA COMERCIALIZAÇÃO DE PRODUTO PELO LOJISTA (MIX). DESRESPEITO PELO INCORPORADOR--ADMINISTRADOR. DESVIRTUAMENTO DO OBJETO DO CONTRATO (RES SPERATA). PAGAMENTO PARCIAL DO PREÇO DE COMPRA DA LOJA. EXCEÇÃO DE CONTRATO NÃO CUMPRIDO ALEGADA PELO LOJISTA. POSSIBILIDADE. ART. 1.092 DO CÓDIGO CIVIL/1916 E ART. 476, DO CÓDIGO CIVIL/2002. – O lojista pode deixar de efetuar o pagamento total do preço do contrato de promessa de compra e venda de loja situada em shopping center, se o incorporador-administrador descumpre sua obrigação de respeitar a cláusula de exclusividade na comercialização de determinado produto pelo lojista (mix), permitindo que loja âncora venda o mesmo produto vendido pelo lojista. Trata-se de aplicação do art. 1.092 do Código Civil/1916 (art. 476, do Código Civil atual). – Tratando-se de shopping center, o incorporador-administrador, além de ter a obrigação de entregar a loja num ambiente com características comerciais pré-determinadas no contrato assinado com o lojista (tenant mix), não pode alterar tais características depois de instalado o shopping, isto é, durante todo o período de vigência do contrato entre lojista e empreendedor, sob pena de desvirtuamento do objeto do contrato (res sperata). Recurso especial conhecido e negado provimento" (STJ, 3ª T., REsp 764901 – RJ, Relª. Minª. Nancy Andrighi, j. 10.10.2006).

especialmente em contratos com exigência elevada de boa-fé, tal qual os arranjos de natureza híbrida.

Como se vê, portanto, os elementos associativos que se introduzem, na estrutura sinalagmática dos arranjos híbridos, intensificam os deveres de cooperação, exsurgentes da boa-fé, demandando dos participantes da relação contratual um comportamento comissivo, em prol do projeto comum vislumbrado. Tal comportamento, no entanto, não é esperado ao extremo de se exigir que uma parte, efetivamente, assuma responsabilidade pelos riscos, individualmente, tomados por sua parceira. Essa dinâmica cooperativa é chave fundamental para a análise das alterações que se introduzem no panorama comutativo.

2. Negócios firmados em caráter de pessoalidade: a confiança ainda mais reforçada

O caráter pessoal (*intuito personae*) é exceção em matéria de contratos de intercâmbio, tal qual confirma a regra do artigo 139, inciso II, do Código Civil, segundo o qual, somente haverá erro substancial, no que "concerne à identidade ou à qualidade essencial da pessoa a quem se refira a declaração de vontade, desde que tenha influído nesta de modo relevante". Os contratos *intuito personae* são aqueles firmados, "tendo em consideração a identidade e as qualidades que um dos contratantes atribui ao outro, ou que nele pressupõe".[725] Enquadram-se, assim, dentro da categoria dos negócios de confiança – ou fiduciários em sentido amplo –, que implicam "uma relação especial de confiança entre as partes".[726] Nos contratos associativos, a seu turno, as características pessoais da parte terão relevância, apenas e tão somente, para as denominadas sociedades de pessoas – "aquelas em que a realização do objeto social depende mais dos atributos individuais dos sócios que da contribuição material que eles dão" –,[727] sem maior importância nas de capital – caraterizadas por serem "as sociedades em que essa contribuição material é mais importante que as características subjetivas dos sócios".[728-729]

[725] Pinto, Fernando A. Ferreira. *Contratos de distribuição...*, p. 142.

[726] Pinto, Fernando A. Ferreira. *Contratos de distribuição...*, pp. 141-142.

[727] Coelho, Fábio Ulhoa. *Curso de Direito Comercial...*, p. 25.

[728] Coelho, Fábio Ulhoa. *Curso de Direito Comercial...*, p. 25.

[729] Lequette, Suzanne. *Le contrat-coopération...*, p. 255.

Nessa toada, é indiscutível que a pessoalidade e a confiança, nos contratos de natureza *intuitu personae*, são atributos indissociáveis. Afinal, deposita-se a confiança em determinada pessoa de que ela deterá as qualidades desejadas para a contratação. "O que faz com que essas qualidades sejam determinantes da decisão de contratar e a sua permanência constitua um pressuposto da manutenção do vínculo".[730]

Nos arranjos contratuais híbridos, o caráter pessoal dos contratantes é de extrema importância, haja vista a necessidade de que as partes se confiem reciprocamente, a fim de que possam desenvolver o projeto comum ("[l]*a «personnalité» du cocontractant est primordiale*").[731] E tal confiança não reside na capacidade patrimonial dos contratantes – tal qual se daria em uma sociedade de capital –, mas, sim, no fato de que a contraparte tenha as habilidades e qualidades necessárias, para que sejam possíveis a coordenação de ativos complementares e a obtenção de um resultado positivo com a exploração do projeto comum. Bem por isso, Ménard destaca que a escolha do parceiro contratual é elementar (*key issue*), para o bom funcionamento do arranjo híbrido.[732] É necessário, portanto, que o caráter *intuito personae* se traduza, no *animus cooperandi* entre as partes envolvidas.[733] "*C'est l'existence de cet élément qui va transformer les parties en véritable partenaires occupé à réaliser une tâche commune*".[734]

Esse elemento pessoal, invocando a confiança entre os contratantes, deve estar presente não apenas na celebração do contrato, mas também, e principalmente, durante toda a fase de execução. É isso que mantém a cooperação entre as partes, de modo que as características determinantes para a escolha de um determinado parceiro devem se manter ao longo da vida contratual ("*intuito personae perseverans*").[735] A relevância desse aspecto de pessoalidade é cardial aos híbridos. Em razão dele, há "uma obrigação

[730] PINTO, Fernando A. Ferreira. *Contratos de distribuição...*, p. 142.

[731] TRANCHANT, Laetitia. *La cotraitance...*, p. 284.

[732] MÉNARD, Claude. The economics of hybrid..., p. 351-352.

[733] LEQUETTE, Suzanne. *Le contrat-coopération...*, pp. 255-256. No mesmo senso: TRANCHANT (*La cotraitance...*, p. 285); VASCONCELOS (*O Contrato de Franquia...*, p. 65).

[734] LEQUETTE, Suzanne. *Le contrat-coopération...*, p. 256. A esse respeito, a autora comenta que "*l'élément d'intuitus personae dans le contrats de coopération qui n'est pas l'affectio societatis (...) mais une sorte d'animus cooperandi, est absolument essentiel*".

[735] TRANCHANT, Laetitia. *La cotraitance...*, p. 286.

de 'conteúdo mais amplo: uma obrigação de abstenção de qualquer comportamento, que faça desaparecer aquela relação de confiança, um dever genérico de cooperação, lealdade e boa fé a que, dado o seu carácter de meio indispensável à consecução do fim do contrato, podemos conferir o valor de uma obrigação principal".[736] O caráter pessoal, portanto, "exalta o papel da boa fé na criação e conformação dos deveres que impendem sobre as respectivas partes".

Por conta de tal nuance dos arranjos híbridos, mesmo uma obrigação de aparente menor relevância no texto contratual poderá ser causa, para a resolução do negócio, caso acarrete o rompimento de confiança entre os parceiros.[737] Nesse contexto, há que se ter em mente que a disciplina decorrente do caráter pessoal do negócio variará de contrato a contrato, conforme a intensidade com que tal aspecto se verifique. Bem por isso, Pinto Ferreira esclarece ser "imprescindível uma apreciação casuística, não só para testar a qualificação, como também para confirmar a aplicabilidade de cada uma das disposições que integram referida disciplina".[738]

Lima Pinheiro, ao também destacar a pessoalidade dos vínculos cooperativos, sublinha que, com frequência, esses arranjos negociais são firmados por apenas duas partes. Noticia, entretanto, que, na *práxis* negocial, não são desconhecidos modelos de negócios firmados, com um elevado número de participantes (consórcios para a construção de centrais hidroelétricas e de energia solar), em que o caráter *intuito personae* da relação fica mitigado, frente aos que contam com número reduzido de participantes. Tal mitigação dar-se-ia, em vista da improbabilidade de que, nos modelos contratuais de diversos participantes, um indivíduo, dificilmente, assumirá uma posição preponderante sobre os demais.[739] Caffagi, a seu turno, não contrariando, integralmente, Lima Pinheiro, aponta a possibilidade de que. mesmo no âmbito das redes contratuais, persista o elemento da pessoalidade entre os membros – o que, inclusive, eleva os graus de interdependência entre elas.[740]

[736] Vasconcelos, L. Miguel Pestana De. *O Contrato de Franquia...*, p. 120.

[737] Vasconcelos, L. Miguel Pestana De. *O Contrato de Franquia...*, p. 119.

[738] Pinto, Fernando A. Ferreira. *Contratos de distribuição...*, p. 142.

[739] Pinheiro, Luís de Lima. *Contrato de Empreendimento Comum...*, p. 94.

[740] Cafaggi, Fabrizio. Redes contractuales..., p. 35.

Como se vê, portanto, a confiança, reciprocamente, depositada entre os parceiros de arranjos híbridos vem ainda reforçada pelo caráter *intuito personae* que recai sobre grande parte de tais esquemas negociais. Para além dos deveres decorrentes do *animus cooperandi* oriundo da existência do empreendimento comum, persiste, assim, o elemento fiduciário decorrente das nuances pessoais das partes, a ensejar que se mantenham, durante toda a vida do programa contratual, as qualidades que inspiraram o depósito de fé sobre a capacidade e/ou a habilidade do parceiro.

3. O aspecto evolutivo dos arranjos contratuais de natureza híbrida: a relevância do elemento temporal

Como já referido anteriormente, o modelo utilizado pelas codificações da maior parte dos países ocidentais, incluindo nosso Código vigente, esteou-se, essencialmente, no modelo econômico do contrato de intercâmbio. Justamente por esse aspecto, a norma abarca de modo insatisfatório os efeitos dos contratos no tempo.

A doutrina, usualmente, classifica os contratos, em termos de tempo, da seguinte maneira: **(i)** contratos de execução imediata, **(ii)** contratos de execução diferida, **(iii)** contratos de trato sucessivo e **(iv)** contratos de execução continuada. Na primeira modalidade, cujo exemplo clássico é a compra e venda à vista, a relação obrigacional soluciona-se em apenas um momento, extinguindo-se no ato contínuo.[741] Na segunda, as partes valem-se do tempo apenas, como um fator delimitador da sede temporal, marcando a distância entre o momento de formação do ato jurídico e o do adimplemento. O exemplo mais evidente dessa hipótese é a compra e venda, com pagamento futuro. Na terceira classe, as prestações similares se sucedem no tempo, como se fossem vários pequenos contratos firmados pelas partes. Ilustrativamente, isso é o que se dá nos contratos de fornecimento de mercadoria. Por fim, na quarta hipótese, a execução do contrato se protrai, efetivamente, no tempo, como se dá nos contratos de trabalho, nos contratos de sociedade etc.[742]

[741] Pereira, Caio Mário da Silva. *Instituições de Direito Civil: contratos...*, p. 245.

[742] Azevedo, Antonio Junqueira. *Contrato atípico...*, pp. 149-150. Essa classificação, segundo Lequette, tem como base o paradigma do contrato de intercâmbio e desconsidera aspectos relevantes dos contratos de natureza híbrida. Exemplifica, assim, que mesmo a ideia de contrato de trato sucessivo suscita uma relação de permuta que é executada repetidamente. Tal

Enquanto, nos contratos de execução diferida, o tempo é apenas suportado pelas partes (elemento acidental),[743] em vista da impossibilidade de cumprimento imediato, nas hipóteses de trato sucessivo e de execução continuada, o elemento tempo é do efetivo interesse das partes e, por conseguinte, compõe a causa final do negócio jurídico.[744] Este não desempenhará a função econômica preordenada, se a sua execução não se protrair no tempo.[745] Assim, em casos tais, "[o] elemento «duração» é reportado não apenas ao fluir do tempo, mas ao modo de adimplemento das prestações".[746]

Há, nesses negócios, o estabelecimento de uma relação contratual duradoura, em que "a persistência temporal da obrigação é decisiva para a conformação global da prestação, na medida em que o seu objeto é exclusivamente determinável ou quantificável em função do período de tempo em que deva ser realizada". O apaziguamento de interesses dá-se apenas, a partir de um cumprimento contínuo ou repetido, eis que se dirigem a necessidades permanentes ou continuadas do credor. Há uma vocação ao indefinido, mas é, plenamente, possível – e desejável – a aposição de um termo, pelas partes.[747] Inclusive, o prazo é relevante para o equalizamento de expectativas das partes: quanto mais curto o prazo, maior é a confiança da contraente de que o contrato chegará a seu termo. A situação é, igualmente, aguda, na presença de um prazo mínimo.[748] Em razão da especificidade do elemento temporal a tais pactos,

classificação, para ela, reflete uma "presentificação" do acordo, com a planificação de toda a relação futura para o momento presente. Essa rigidez de forma encontraria eco, justamente, no modelo intercambista, que tem o contrato, como elemento pacificador de duas vontades antagonistas, e, desse modo, é o instrumento de estabilização da relação entre as partes no tempo (*"si les permutations s'opèrent demain, c'est aujourd'hui qu'elles sont décidées"*) (*Le contrat-coopération...*, pp. 244-245).

[743] Nas palavras de Lorenzetti, "el tiempo es un elemento accidental de la obligación que subordina su eficácia a un plazo o condición" (*Tratado de Los Contratos...*, p. 118).

[744] Azevedo, Antonio Junqueira. *Contrato atípico...*, pp. 149-150. No mesmo sentido: Lorenzetti (*Tratado de Los Contratos...*, p. 119); Ferreira Pinto (Pinto, Fernando A. Ferreira. *Contratos de distribuição...*, p. 108).

[745] Azevedo, Antonio Junqueira. *Contrato atípico...*, pp. 149-150. No mesmo senso: Lorenzetti (*Tratado de Los Contratos...*, p. 119).

[746] Martins-Costa, Judith. *A boa-fé no Direito Privado...*, pp. 367-368.

[747] Pinto, Fernando A. Ferreira. *Contratos de distribuição...*, pp. 107-109.

[748] Azevedo, Antonio Junqueira. *Contrato atípico...*, p. 150.

convencionou-se denominá-los de contratos de longa duração.[749-750] Essa perspectiva, que, segundo Schunk, ainda é pouco explorada no cenário nacional,[751] não deve ser encarada como uma nova matriz contratual, na opinião de Lequette, haja vista a ausência de um critério preciso de identificação. Sua relevância, no entanto, estaria, de acordo com a autora francesa, em apontar o esgotamento do paradigma contratual clássico (troca instantânea).[752] Golobardes e Pomar registram, nesse tocante, que "[u]*p to now, long-term contracts seem to share in most legal systems the same basic regulatory framework as short-term contracts*".[753]

Nos contratos de longa duração, há uma permanente relação de tensão entre estabilidade e flexibilidade, especialmente face à necessidade de adaptação do vínculo contratual às circunstâncias supervenientes à celebração do negócio. A isso se agrega uma acrescida boa-fé entre as partes contraentes, impondo "deveres de intensificada cooperação, lealdade e informação e a renúncia ao exercício arbitrário da respectiva liberdade, mesmo nos espaços deixados abertos pelas estipulações contratuais".[754]

749 Azevedo, Antonio Junqueira. *Contrato atípico...*, pp. 149-150.

750 O fenômeno dos contratos de longa duração permaneceu durante muito tempo à margem das grandes codificações. Sua identificação e ulterior sedimentação como categoria contratual deu-se, lentamente, na jurisprudência de alguns países europeus, especialmente Itália e Alemanha. De todo modo, conforme noticia Ferreira Pinto, ainda não se logrou êxito em "adquirir um critério seguro de identificação da figura que torne o seu conceito plena e imediatamente operativo, ou que se mostrem totalmente incontroversos os desvios que a sua recepção no panorama jurídico impõe ao regime geral das obrigações civis" (Pinto, Fernando A. Ferreira. *Contratos de distribuição...*, pp. 104-105).

751 Schunk, Giuliana Bonanno. *Contratos de longa duração...*, p. 16.

752 Lequette, Suzanne. *Le contrat-coopération...*, p. 7.

753 Golobardes, Mireia Artigot i; Pomar, Fernando Gómez. Dissecting Long-Term..., p. 43.

754 Pinto, Fernando A. Ferreira. *Contratos de distribuição...*, p. 109. A respeito desse ponto, Ana Carolina Zanetti disserta: "[u]ma vez que o negócio foi concebido para se estender no tempo, as partes necessariamente irão conviver por certo período. Em vista disso, a consecução plena da finalidade do contrato e a consequente satisfação dos interesses das partes exigem e, de fato, dependem da cooperação e colaboração existente entre as partes. Por outras palavras, significa dizer que o comportamento colaborativo emerge, em certa medida, do próprio contrato de duração. / A duração da avença produz ainda reflexos no próprio conteúdo do negócio. Como é impossível prever, no momento da formação do contrato, todos os eventos que podem ocorrer no futuro, os usos e a boa-fé, tomados em sua função integrativa, assumem destacado papel na definição do conteúdo do negócio ao longo de todo *iter* contratual, preenchendo o que falta na estrutura contratual e adaptando o negócio às novas realidades. Ademais, os contratos

Segundo Ferreira Pinto, dessa triangulação "estabilidade, flexibilidade e confiança" derivam problemas de regulamentação dos pactos de longa duração, associados aos riscos atinentes a qualquer relação jurídica que se protraia no tempo, especialmente os relativos à imprevisão, renegociação, dependência recíproca, cessação do vínculo etc.[755]

Os arranjos híbridos, tais como os contratos associativos, são, naturalmente, negócios de longa duração,[756] mas com eles não se confundem. Há contratos de longa duração, em que as partes não partilham de interesses comuns (ex.: contrato de seguro).[757] Nos híbridos, a reunião dos parceiros dá-se, em geral, em função de uma oportunidade de mercado, que, assim poderá perdurar por curto, médio ou longo prazo.[758] Assim, é possível que um determinado arranjo híbrido não seja firmado, com prazo de vigência de longa duração.[759] A respeito de sua dimensão temporal, a vida contratual dos híbridos, assim como nos contratos associativos, conta com dois momentos bastante distintos: **(i)** em primeiro lugar, há o compartilhamento dos ativos complementares necessários ao projeto comum (prestação instrumentária nos modelos híbridos) – nos associativos, há a afetação de um patrimônio –, para que só então, **(ii)** mediante a execução de tal projeto, as partes aufiram os eventuais resultados positivos do empreendimento comum (prestação final). Portanto, o tempo, nesses contratos, diversamente do que se dá, nos modelos de intercâmbio, não exprime sucessivas trocas de valores entre patrimônios, mas, sim, um elemento necessário à coordenação dos ativos complementares postos à disposição do projeto comum.[760]

de duração estão sujeitos à aplicação da resolução por onerosidade excessiva, desde que observados os pressupostos legalmente exigidos para tanto e as particularidades de sua aplicação aos contratos empresariais" (ZANETTI, Ana Carolina Devito Dearo. *Contato de Distribuição...*, p. 56).

[755] PINTO, Fernando A. Ferreira. *Contratos de distribuição...*, pp. 109-110. No mesmo senso: GOLOBARDES e POMAR (Dissecting Long-Term..., p. 43).

[756] LEQUETTE, Suzanne. *Le contrat-coopération...*, pp. 245-246. Em sentido semelhante: GRUNDMANN, CAFFAGI e VETTORI (The contractual basis..., p. 5); DUBISSON (*Les accords de coopération...*, p. 14).

[757] MARTINS-COSTA, Judith. *A boa-fé no Direito Privado...*, pp. 367-368.

[758] CEVENINI, Claudia. *Virtual Enterprises...*, p. 70.

[759] Como exemplo, podem ser mencionadas as redes de cooperação, de caráter dinâmico, que se formam apenas, em função de um projeto específico (vide item II.3.2).

[760] LEQUETTE, Suzanne. *Le contrat-coopération...*, pp. 245-246.

Nessa medida, e considerando, especialmente, que, nos híbridos, as obrigações são dispostas visando sempre à execução do projeto comum, é de rigor, segundo Lequette, que se reconheça o caráter evolutivo desses contratos. Conforme o decorrer da vida contratual, as obrigações das partes vão se transformando e se adaptando ao cotidiano negocial, sempre, porém, com norte nos eixos pactuados para o projeto comum.[761] O fim comum, como já visto, não permite, à diferença dos contratos de permuta, o detalhamento das obrigações a serem prestadas pelas partes.[762] Nesse medida, Tranchant destaca que seria em vão a tentativa de fixar, logo de início, as modalidades das obrigações devidas, haja vista que é da natureza dos arranjos híbridos a adaptação daquelas em função do fim comum: "[c]*'est dans ce perpétuel mouvement que reside l'action concertée de chacun pour atteindre l'objectif commun à tous*".[763] Sobre o ponto, Paula Forgioni aduz que eventuais impasses contratuais até poderiam ser superados, por uma disciplina, de antemão, das contingências futuras, mas, em seguida, reconhece, de igual modo, a eficácia limitada desse mecanismo.[764] O objeto das prestações deve ser delimitado, mas, ao mesmo tempo, há que se deixar espaço para que o contrato abarque novas atividades.[765] Portanto, fica bastante evidente que os híbridos são executados, em contexto bastante diverso dos contratos de intercâmbio – especialmente, no aspecto temporal –, de forma que "*on ne peut appliquer au contrat-coopération le mode opératoire du contrat-permutation*".[766]

[761] Nesse aspecto, Tranchant bem observa que "[l]*a réussite de l'opération à laquelle ils participent étant perçue comme un but, elles ne peuvet que s'engager à employer tout les moyens qui sont en leur possession pour y parvenir, quitte à modifier les obligations initialement définies*" (*La cotraitance...*, p. 261). No caso das redes, Amstutz anota que sua viabilidade é estabelecida, no decurso do tempo, conforme elas se adaptam, competitivamente, às alterações de circunstâncias do ambiente (The Nemesis of European..., p. 342)

[762] Tranchant, Laetitia. *La cotraitance...*, p. 263. Em referência a J. P. Desideri, Tranchant anota que "*ce qui est essentiel dans un contrat classique est rélégué au deuxième plans dans les contrats de coopération*" (p. 263).

[763] Tranchant, Laetitia. *La cotraitance...*, p. 283. Em sentido semelhante, Grundmann, Caffagie Vettori: "*contrary to what is the case in simple exchange contracts ('discrete contracts'), core objects cannot be defined in advance, not even the object of performance itself, or only very vaguely*" (The contractual basis..., p. 5).

[764] Forgioni, Paula Andrea. *Teoria Geral dos Contratos...*, p. 200.

[765] Lequette, Suzanne. *Le contrat-coopération...*, pp. 326-327.

[766] Lequette, Suzanne. *Le contrat-coopération...*, p. 246.

Em face dessa dimensão temporal específica, há ainda uma constante ambiguidade entre os desígnios das partes: se, de um lado, visam a garantir a vigência do contrato, por um período suficiente, para que seus objetivos, de longo prazo, sejam atendidos, de outro, é usual que pretendam também ter uma "porta de saída" do negócio, caso este caminhe em direção a um ponto de desequilíbrio entre sacrifícios e vantagens. Para lidar com esses dois objetivos antagônicos, é comum que, nos híbridos, sejam incluídas, simultaneamente, cláusulas de renovação automática e de denúncia contratual.[767]

Esse aspecto evolutivo dos contratos híbridos é ainda mais acentuado em negócios de alta complexidade, em que as partes vão adquirindo maiores conhecimentos, a respeito do projeto comum, conforme as prestações vão sendo executadas. Por esse aspecto, os híbridos contam com uma acentuada lacunosidade intencional (incompletude contratual),[768] o que significa dizer que as partes, de forma proposital, deixam pontos, para serem negociados no futuro – em geral, por meio de cláusula de dever de renegociar, em caso de alteração de circunstâncias econômicas e/ou outros fatores, previamente, negociados.[769-770] Essa abertura do texto

[767] Lequette, Suzanne. *Le contrat-coopération...*, p. 329-330.

[768] É bom lembrar, nesse ponto, que incompletude contratual é fenômeno presente, na elaboração de todo e qualquer contrato, haja vista a dificuldade de se prever *ex ante* todas as questões conflituosas que poderão surgir no decorrer da execução do programa contratual. "*Incompleteness characterizes all contracts, not solely long-term contracts, but is especially critical in the context of long-term contracts*" (Golobardes, Mireia Artigot i; Pomar, Fernando Gómez. Dissecting Long-Term..., p. 42). No mesmo senso: Grundmann, Möslein e Riesenhuber (Contract Governance: Dimensions in Law..., pp. 16-17).

[769] Martins-Costa, Judith. *A boa-fé no Direito Privado*..., pp. 369-370. Em sentido semelhante, Paula Forgioni destaca que é a impossibilidade de prever de antemão (*ex ante*) todos os problemas, que poderão decorrer do contrato celebrado, perfaz característica peculiar e presente em quase todos os vínculos de colaboração (*híbridos*). Segundo a autora, os agentes econômicos têm noção dessa impossibilidade e tratam-na como risco (Forgioni, Paula Andrea. *Teoria Geral dos Contratos* ..., p. 186-187).

[770] Luciano Camargo Penteado, em outra orientação, destaca que a voluntariedade, na lacuna contratual, dar-se-ia, nos casos em que uma parte, detentora de certa informação, deixa, propositadamente, de incluir disposição a respeito dela, no contrato, para, ulteriormente, valer-se dessa vantagem. Seria, para ele, involuntária, toda a incompletude decorrente da racionalidade limitada dos agentes econômicos. De qualquer modo, ao que releva para o ponto em questão, o fato é que, nos híbridos, as partes têm consciência de que, exatamente em função de tal limitação de racionalidade (ou de custos), não terão como esgotar a regulação

contratual, contudo, não é irrelevante e pode se traduzir, no decorrer da execução do negócio, em um desequilíbrio entre as prestações das partes ou mesmo na frustração da finalidade do programa contratual.[771]

Nessa medida, do ponto de vista de racionalidade econômica, a larga vigência temporal acarreta consequências negativas e positivas às partes envolvidas na negociação. Isso porque, se, de um lado, há uma exposição aos riscos inerentes à amortização de eventuais investimentos realizados no negócio e altos custos de renegociação dos termos do contrato; de outro, como consequência, há uma maior tendência à flexibilidade adaptativa e à eficiência da atividade exercida.[772] Ainda sob o viés econômico, cumpre anotar que a incompletude intencional se justifica, com base no fato de que um texto contratual, que abrangesse, em detalhes, todos os aspectos de um relacionamento, de natureza híbrida, seria, extremamente, custoso e geraria inúmeras rigidezes ao negócio. Um contrato, extremamente, completo (*over-completeness*), além de rígido, poderia resultar em uma relação de caráter duradouro, que, a depender do tempo decorrido desde a celebração, teria seu texto reinterpretado por órgãos de caráter jurisdicional, de modo, completamente, diversos do que intentavam as partes, no momento original. Não há, de fato, um contrato, perfeitamente, completo e os custos envolvidos, na redação do instrumento, serão tão mais elevados, quanto menor for a quantidade de informações detidas pelas partes em torno dos detalhes do programa contratual.[773] Assim, em regra, opta-se

da operação econômica (PENTEADO, Luciano Camargo. *Integração de contratos incompletos*. Tese de Livre-Docência apresentada ao Departamento de Direito Privado e de Processo Civil da Faculdade de Direito de Ribeirão Preto da Universidade de São Paulo, em 2013, p. 296).

[771] LORENZETTI, Ricardo Luis. *Tratado de Los Contratos...*, p. 122.

[772] PINTO, Fernando A. Ferreira. *Contratos de distribuição...*, p. 228. Nesse aspecto, PAULA FORGIONI destaca que, usualmente, os contratos híbridos buscarão: "[i] a possibilidade de adaptação eficiente às novas necessidades e às circunstâncias futuras; [ii] restringir as chances de inadimplemento; as partes sabem que o processo de execução contratual costuma ser lento e penoso, além de normalmente não garantir compensação adequada aos prejuízos causados pelo descumprimento da avença; [iii] gerir da melhor forma possível o risco do oportunismo contratual, especialmente na presença de investimento idiossincráticos; [iv] acordar mecanismos de gestão de eventos extraordinários que afetem a economia contratual" (*Teoria Geral dos Contratos...*, p. 203).

[773] GOLOBARDES, Mireia Artigot i; POMAR, Fernando Gómez. Dissecting Long-Term..., pp. 56-57.

em conformar um contrato mais abrangente (*framework*),[774] no qual serão previstos mecanismos, que, em vista das características da operação econômica suportada, preencherão os espaços contratuais e monitorarão a execução do arranjo. Tais mecanismos visam, em última instância, à solução de problemas da relação, sem que haja a necessidade de, constantemente, buscar-se a renegociação do instrumento pactuado.[775] A comunicação, nesse aspecto, é primordial para o bom funcionamento do arranjo.[776]

Nesse aspecto, Judith Martins-Costa destaca que a incompletude intencional e o subsequente dever de renegociar têm, resumidamente, quatro funções: **(i)** preservar o equilíbrio do contrato e permitir seu prosseguimento; **(ii)** repartir custos extraordinários, entre as partes, seja em negociação ou arbitramento por terceiro; **(iii)** minimizar risco de resolução por onerosidade excessiva; e **(iv)** viabilizar às partes a chance de encontrar um novo regime contratual.[777]

Por conta dessa incompletude, é usual que, nos arranjos híbridos, haja a previsão de estruturas de tomadas de decisão, para fazer frente às necessidades de adaptação das prestações.[778] Trata-se de normas de caráter processual – em contraposição às substantivas, voltadas a garantir a substância da troca –, cujo intuito, de modo semelhante às disposições societárias,[779] seria o de fornecer um sistema de auxílio para tomada de

[774] Em sentido semelhante, Lorenzetti já aponto que "[e]*n los contratos de larga duración, el objeto es una envoltura, un cálculo probabilístico, un sistema de relaciones que se modifica constantemente en su interior com finalidades adaptativas. Esta cualidad deve ser preservada puesto que, de lo contrario, toda fijación produce la inadaptabilidad del contrato*" (*Tratado de Los Contratos...*, p. 125). Em sentido semelhante: Golobardes e Pomar (Dissecting Long-Term..., p. 44).

[775] Ménard, Claude. The economics of hybrid..., p. 352. Em sentido semelhante: Paula Forgioni (*Teoria Geral dos Contratos ...*, pp. 186-187); Pinheiro (*Contrato de Empreendimento Comum...*, pp. 388-389); Cevenini (*Virtual Enterprises...*, pp. 90-91).

[776] Weitzenboeck, Emily M. *A legal framework for emerging...*, p. 13. Cevenini, inclusive, aponta a informação e a tecnologia da comunicação, como elementos essenciais de negócios de natureza híbrida. A razão, para tanto, reside no fato de que, em geral, os parceiros encontram-se, geograficamente, distantes uns dos outros e, assim, dependem de adequados meios de troca de informações, para a realização do empreendimento comum (*Virtual Enterprises...*, p. 73).

[777] Martins-Costa, Judith. *A boa-fé no Direito Privado...*, pp. 369-370.

[778] Lequette, Suzanne. *Le contrat-coopération...*, p. 248. Em sentido semelhante: Lorenzetti (*Tratado de Los Contratos...*, p. 122).

[779] Cevenini, nesse sentido, já apontou que "*the framework agreement can play a role similar to the articles of association of a structure with legal personality, with the additional peculiarity that the procedure*

decisão, com sanções aos desvios de conduta – tudo visando, ao cabo, à eliminação dos espaços contratuais. O foco estaria no "como prestar", ao invés de "o que prestar",[780] tutelando-se não deveres contrapostos, mas, sim, o procedimento delineado para o atingimento do projeto comum,[781] evitando-se condutas oportunistas.[782] Neste mister, é relevante destacar

to amend it will be simpler" (*Virtual Enterprises...*, p. 91). Nesse aspecto, GRUNDMANN, MÖSLEIN e RIESENHUBER destacam o aspecto procedimental de todos os instrumentos disponíveis para que as partes lidem com a questão da incompletude contratual. Entre tais instrumentos, o modelo da representação é o de maior relevo: em estruturas hierárquicas, os administradores devem sempre pautar seus atos em atenção a seus deveres fiduciários aos interesses da sociedade e de seus sócios (Contract Governance: Dimensions in Law..., p. 17). Em outro artigo, de lavra individual, MÖSLEIN ressalta que, em contratos de longa duração e em redes contratuais, há, frequentemente, o recurso a estruturas hierárquicas de tomada de decisão. Segundo ele, "[i]*n these cases, alternative governance structures may be required, which are contractual in nature, but feature, depending on their specific design, more or less similarity to corporate governance*" (MÖSLEIN, Florian. Contract Governance within Corporate Governance. In: GRUNDMANN, Stefan; CAFFAGI, Fabrizio; VETTORI; Giuseppe (coord.). *The Organizational Contract: From Exchange to Long-Term Cooperation in European Contract Law*. Burlington: Ashgate, 2013, pp. 308-309). KLAUSNER, a seu turno, explica que os mecanismos de governança societária existem, essencialmente, em razão da dificuldade dos sócios em observar e avaliar os atos da gestão da entidade, bem como dos óbices inerentes à redação e à execução de normas contratuais voltadas ao regramento dos administradores. Os mecanismos de governança – como, por exemplo, a remuneração com base no desempenho das ações da empresa, auditoria de demonstrações financeiras, reuniões de diretoria/conselho, possibilidade de substituição dos administradores etc. – prestam-se, assim, a alinhar os interesses dos gestores com os dos sócios da sociedade (KLAUSER, Michael. Governance Mechanism in Long-term Contracts. In: GRUNDMANN, Stefan; MÖSLEIN, Florian; RIESENHUBER, Karl (cood.). *Contract Governance: Dimensions in Law and Interdisciplinary Research*. Oxford: Oxford University Press, 2015, pp. 218-220).

780 DA SILVA, Leonardo Toledo. *Contrato de Aliança...*, p. 135. De acordo com o autor, essas normas processuais "não exercem a função imediata de proteção a interesses, mas organizam as relações sociais com base em princípios e valores adequados" (p. 135).

781 DA SILVA, Leonardo Toledo. *Contrato de Aliança...*, p. 30. Nesse aspecto, GRUNDMANN, CAFFAGI e VETTORI destacam que "[w]*hen facing unanticipated contingencies the contract design may simply trigger renegotiation or need a governance architecture beyond renegotiation which would approach organizational contracts*" (The contractual basis..., p. 10). Sobre o ponto ainda, TEUBNER destaca que "[t]*rough proceduralization, it manages to defuse the paradox of non-binding obligation by the mere lapse of time*" ('And if by Beelzebub..., p. 124).

782 KLAUSER, Michael. Governance Mechanism in Long-term..., p. 222. Para além da criação de mecanismos de tomada de decisões, o autor destaca ainda, como formas de combate ao oportunismo, a inclusão de cláusulas de pagamento escalonado de valores atreladas à amortização de eventual investimento realizado, bem como outras que impeçam as partes de competir e

que, do mesmo modo que as regras materiais de um contrato de compra e venda não eliminam o dever de agir com boa-fé, as normas processuais e substantivas de um arranjo híbrido não são também incompatíveis entre si.[783]

Tais estruturas de governança, segundo Williamson, conformam-se, nos meios "*by which to infuse order, thereby to mitigate conflict and to realize 'the most fundamental of all understandings in economics', mutual gain from voluntary exchange*".[784] Quando possível, tais normas de conduta, de forma análoga à gestão de caráter associativo, impõem a criação de comitês entre profissionais das partes, visando à adaptação da execução contratual às incertezas inerentes a negócios de longo duração. A título de ilustração de um tal mecanismo, Klausner faz referência a um projeto cooperativo, para a produção de determinados compostos químicos, a Pharmacopeia. Este empreendimento, segundo ele, conta com um comitê diretivo de pesquisas, responsável não apenas por coletar, periodicamente, o resultado das diversas áreas de desenvolvimento, como também por dirimir eventuais disputas internas, mediante consulta dos respectivos vice-presidentes e presidentes das partes. Ainda segundo Klausner, esses mecanismos de governança acabam por coordenar o processo de transferência de informações entre as partes, o que, conforme já destacado,[785] favorece a mútua observância e, por conseguinte, os níveis de cooperação na relação.[786]

A esse propósito, não é irrelevante destacar as diferenças entre as formas de tomada de decisão, diante da necessidade de adaptação, nos acordos de troca e nos associativos. Conforme anota Paula Forgioni, nos

negociar com terceiros, no âmbito do já contratado (pp. 225-227). De modo similar, MAGEN também aponta que os mecanismos de governança contratual devem lidar com problemas de cooperação ou comportamento oportunista – "*i.e. situations in which it is difficult to realize mutually beneficial outcomes because actors have an incentive to deviate from cooperation*" (MAGEN, Stefan. Fairness and Reciprocity..., p. 243).

[783] DA SILVA, Leonardo Toledo. *Contrato de Aliança...*, pp. 135-136.

[784] WILLIAMSON, Oliver. *Contract, government and transaction cost economics*. New Jersey: World Scientific, 2017, p. 95. Em sentido semelhante, KLAUSNER assevera que "[l]*ong-term contracts, and the governance provisions that many contain, must accomplish what is already accomplished within a Corporation; they must facilitate the integration of the parties' businesses to the degree necessary to accomplish the parties' objectives*" (Governance Mechanism in Long-term..., pp. 220-221).

[785] Vide item III.1.2.

[786] KLAUSER, Michael. Governance Mechanism in Long-term..., pp. 226-227.

contratos de sociedade (*formas hierárquicas*), as divergências entre as partes envolvidas (sócios) tendem a ser mais, facilmente, solucionadas do que, nos contratos de intercâmbio (*solução de mercado*). Afinal, enquanto, em geral, as divergências, em sociedades, resolvem-se por regras de maioria, nos contratos de troca, não há como, efetivamente, obrigar-se o consenso da contraparte. Para ilustrar a distinção, a autora refere-se, ao exemplo de quatro agentes econômicos que se reúnem para desenvolver determinado projeto e dividem as respectivas responsabilidades de forma igualitária. Na casuística, havendo divergências entre os sócios e, caso três deles defendam idêntica posição, o dissidente, no caso de uma sociedade limitada, teria apenas duas opções: aceitar a deliberação da maioria ou exercer o seu direito de retirada. De outro lado, se, para uma mesma operação econômica, as partes houvessem se organizado, sob a forma de um contrato de intercâmbio, todos eles deveriam acordar na solução para divergência, não podendo exigir o simples consenso por maioria.[787]

Ainda, sobre as distinções entre esses polos, Williamson argumenta que a discricionariedade existente, no seio dessas organizações, impediria que questões internas (ex.: atos regulares de gestão dos administradores) fossem avaliadas pelo Poder Judiciário ("*forbearance law*")[788-789]– o que não ocorre nas relações formadas no âmbito do mercado. Ilustrativamente, o prêmio Nobel, ao tratar da "*business judgement rule*",[790] explica que há uma

[787] Forgioni, Paula Andrea. *Teoria Geral dos Contratos*..., pp. 188-189.

[788] Nesse sentido, é possível traçar paralelos com a jurisprudência brasileira. A despeito de vacilações de algumas Cortes, já é bem conhecida a posição dos tribunais nacionais de que: "[o] *Poder Judiciário deve evitar, quanto possível, interferir na administração a deliberações dessas pessoas jurídicas, salvo em casos excepcionais*" (TJ-SP, 1ª Câm. Dir. Privado, AI n. 203386-4/5, Rel. Des. Gildo dos Santos, j. 18.9.2001); "*ANULAÇÃO DE ASSEMBLÉIA GERAL EXTRAORDINÁRIA – Sociedade anônima – Pretendida anulação da deliberação de alienação da totalidade das ações que compõem o capital social da subsidiária, por ser contrária ao interesse da apelada, da qual são acionistas minoritários – Presentes as condições da ação – Julgamento imediato da lide (CPC, 515, § 3º) – Questão política, situada no âmbito de discricionariedade da sociedade – Não pode o Judiciário adentrar tal questão – Pedido julgado improcedente, mantido o ônus da sucumbência fixado na sentença – Recurso improvido, alterado o dispositivo da sentença*" (TJ-SP, 7ª Câm. Dir. Privado, Apel. n. 1654944/2-00, Rel. Des. Paulo Eduardo Razuk, j. 30.1.2006).

[789] Williamson, Oliver E. Comparative Economic Organization..., p. 274.

[790] "*What is known as the 'business judgment rule' holds that 'Absent bad faith or some other corrupt motive, directors are normally not liable to the corporation for mistakes of judgment, whether those*

barreira "*quasi-jurisdictional*", que obsta o Judiciário de exercer a jurisdição sobre a atividade dos administradores. Para ele, a revisão judicial de erros de gestão ou de questões internas das sociedades (ex.: problemas relativos a atrasos de entrega, defeitos de qualidade de produtos etc.) minaria a eficácia da hierarquia das organizações.[791] De efeito, conforme anota Valladão, tende-se, efetivamente, a preservar a autonomia das sociedades, na determinação de sua política econômica, haja vista que, do contrário, aquelas perderiam sua própria razão de ser em uma economia de mercado. A tal aspecto, soma-se ainda a crença de que "o juiz, inclusive por falta de específico preparo técnico não é a pessoa adequada para realizar tal avaliação, sobretudo no campo dos negócios, onde as opções, para lá do conhecimento técnico, são por vezes produtos de corajosas intuições".[792] Nesses termos, um eventual controle meritório judicial estaria, no limite, cingido às "circunstância de que determinada deliberação pareça aos olhos de qualquer pessoa razoável como inútil para a sociedade".[793] Fica evidenciado, deste modo, que a hierarquia detém uma autoridade de que o mercado não conta[794] e que este nunca poderia replicar as condições criadas, no bojo daquele.[795]

Obviamente, nesse contexto, que a incompletude contratual se reflete, de forma mais desvantajosa nos híbridos, quando em comparação com os associativos. Nestes, os custos envolvidos com a adaptação a circunstâncias inesperadas seriam menos elevados do que naqueles. Afinal, entre outros, dentro de uma estrutura hierárquico-associativa, **(i)** as propostas de alteração demandam um amparo documental menor do que, nos híbridos, **(ii)** há menos custos envolvidos na resolução interna de disputas, com base no elemento fiduciário, ao invés da eventual busca por mecanismos adjudicatórios, **(iii)** as partes, em uma associação, detêm fácil acesso às informações que podem impactar a negociação e sua respectiva avaliação

mistakes are classified as mistakes or fact or mistakes of law' (...). The business judgment rule, which applies to the relation between shareholders and directors, can be interpreted as a particular manifestation of forbearance doctrine, which applies to the management of the firm more generally" (Williamson, Oliver E. Comparative Economic Organization..., p. 274-275).

791 Williamson, Oliver E. Comparative Economic Organization..., p. 275.

792 França, Erasmo Valladão Azevedo e Novaes. *Conflito de interesses*..., p. 52.

793 França, Erasmo Valladão Azevedo e Novaes. *Conflito de interesses*..., p. 53.

794 Williamson, Oliver E. Comparative Economic Organization..., p. 276.

795 Williamson, Oliver E. Comparative Economic Organization..., pp. 274-275.

de cenário – o que nem sempre se dá, em arranjos híbridos –, **(iv)** há incentivos internos e mecanismos informais, na hierarquia – tais quais, avanço de carreira e participação de lucros –, que tencionam os envolvidos à resolução de questões de adaptação,[796] **(v)** enquanto, para a hierarquia, o regime legal da relação de agência já está definido em lei, nos híbridos, as partes precisam prevê-lo antecipadamente, se houver delegação de poderes.[797]

Nos arranjos híbridos, conforme anota Lequette, as estruturas decisórias, eventualmente, previstas pelas partes têm funcionamento similar, mas não idêntico, aos órgãos sociais nos contratos de associação. Isso porque, enquanto os órgãos sociais decidem as orientações a serem seguidas pela empresa, as estruturas de tomada de decisão, nos híbridos, apenas reajustam, dia a dia, as prestações contratuais, de forma que se coordenem os interesses comuns, voltados à realização dos objetivos da cooperação.[798] Especialmente, nos híbridos, formados, pela técnica da coligação, tal qual as *joint ventures*, não é raro que as partes prevejam comitês ou comissões, formados por representantes das partes, que, embora nem sempre tenham sua competência, previamente, definida, emitam "preceitos, instruções, directrizes genéricas ou meras recomendações dirigidas aos seus membros".[799] Face às características dos híbridos, em que não há uma efetiva associação, essas decisões, frequentemente, precisam ser tomadas por unanimidade e necessitam da administração das partes para serem executadas.[800] Referidas estruturas de organização variam de arranjo a arranjo e podem, inclusive, eventualmente, ser dotadas de poderes restritos de representação externa. Assim, as partes podem prever desde simples comissões ou comitês (ou mesmo nenhum)[801] até

[796] Williamson, Oliver E. Comparative Economic Organization..., p. 280.

[797] Grundmann, Stefan; Caffagi, Fabrizio; Vettori; Giuseppe. The contractual basis..., p. 34.

[798] Lequette, Suzanne. *Le contrat-coopération*..., p. 248. Em sentido semelhante: Lorenzetti (*Tratado de Los Contratos*..., p. 122).

[799] Pinheiro, Luís de Lima. *Contrato de Empreendimento Comum*..., p. 98.

[800] Pinheiro, Luís de Lima. *Contrato de Empreendimento Comum*..., pp. 98-99.

[801] Pinheiro, Luís de Lima. *Contrato de Empreendimento Comum*..., p. 388. Nesse aspecto, o autor destaca que "podem desenvolver-se laços estreitos de interdependência organizativa, de comunicação e negociação a vários níveis, sem no entanto se formar um órgão de qualquer natureza".

estruturas orgânicas, semelhantes às existentes em entidades associativas.[802] Nesses casos, a estrutura de controle, frente à autonomia mantida pelas partes, dá lugar, em regra, a associações de caráter, meramente, interno.[803]

O elemento incerteza, nesse tocante, é fator determinante, na definição dos mecanismos a serem adotados para regular o acordo híbrido. Quanto maiores os riscos pertinentes ao negócio celebrado, maiores as chances de haver problemas de ausência de coordenação, com ruídos para a relação. Assim, em casos de operações econômicas de alto grau de risco, a tendência, segundo Ménard, é que os mecanismos de governança se aproximem mais da extremidade dos associativos, com a imposição de instrumentos de controle, que limitem em maior grau a autonomia das partes.[804]

De modo, relativamente, semelhante ao que se passa, nos associativos, a intervenção de órgãos de caráter jurisdicional (Judiciário e/ou Tribunal Arbitral) também deve ser vista com cautela, nos espaços contratuais existentes nos híbridos.[805] Afinal, para além de, em geral, a longa duração contratual dificultar a avaliação sobre incumprimentos e respectivos

[802] PINHEIRO, Luís de Lima. *Contrato de Empreendimento Comum...*, p. 101. Sobre este ponto, GRUNDMANN, CAFFAGI e VETTORI destacam que "[c]*ontractual governance will differ in bilateral, linked contracts and multiparty contracts. The latter will be closer to the corporate models whereas the former will probably adopt ligther coordination mechanisms beyond connecting contractual clauses*" (The contractual basis..., p. 20).

[803] GALGANO, Francesco. *Trattato di Diritto Civile...*, p. 218. Sobre o ponto, GALGANO explica a tradicional distinção entre relação interna e externa, no âmbito de acordos associativos: "*l'esercizio in commune può, a sua volta, manifestarsi nei soli rapporti interni o, oltre che in questi, anche nei rapporti esterni. Si parla, nel primo caso, di «associazioni con efficacia esterna»: il vincolo associativo non ha rilevenza per i terzi, i quali acquistano diritti ed assumono obbligazioni nei confronti di quella sola delle parti che abbia com essi contrattato. Si parla, nel secondo caso, di «associazioni con eficácia esterna»: le parti si presentano, di fronte ai terzi, come un grupo unitário, nel nome del quale vengono posti in essere gli atti inerenti all'attività di esecuzione del contratto*" (p. 307).

[804] MÉNARD, Claude. *The economics of hybrid...*, p. 358-360. No mesmo sentido, GRUNDMANN, CAFFAGI e VETTORI: "[u]*ncertainty leads to incompleteness and requires procedures to complete the contract after it becomes enforceable. Incompleteness can lead to higher and different opportunism than that typically considered in spot contracts*" (The contractual basis..., p. 10).

[805] GRUNDMANN, Stefan; CAFFAGI, Fabrizio; VETTORI; Giuseppe. The contractual basis..., p. 25.

efeitos,[806] especialmente no contexto de rede,[807] a eventual aplicação de sanções contratuais de rigor extremado prejudicará o entrelaçamento entre mecanismos formais e informais do arranjo híbrido, com possíveis consequências negativas para os níveis de confiança do relacionamento. Nessa medida, o recomendável, segundo alguns, seria que, em regra, os juízes, ao analisar casos de natureza híbrida, tencionassem, quando necessário, a buscar a aplicação de sanções formais de menor impacto ou de "baixa potência" (*low-powered*).[808] Parece fazer sentido ainda que, conforme defende Leonardo Toledo da Silva, tais sanções, no campo dos híbridos, sejam voltadas mais a uma perspectiva processual, com foco na penalização de comportamentos que descumpram o procedimento acordado, para o desenvolvimento do projeto comum.[809]

[806] É, nesse sentido, o comentário de Golobardes e Pomar: "[d]*ue to long duration of the interaction, the multiplicity of types and events of relevant contractual conduct, the proliferation of instances of potential shading and shirking by the parties, the chances that these non-complying contractual behaviors can be shown, in a sufficiently convincing manner, to a court or other external adjudicator, is significantly lower than in a spot contract with a smaller range of contractually relevant behaviors. Further, typical remedies such as specific performance and damages are more difficult to assess and enforce in long-term contract*" (Golobardes, Mireia Artigot i; Pomar, Fernando Gómez. Dissecting Long-Term..., pp. 41-42).

[807] Lorenzetti destaca, nesse aspecto, que, em certos casos, tal como em caso de seguros de saúde, a imposição de uma determinação judicial pode gerar um ônus que afete todo o sistema: "[s]*i estas cargas públicas que exceden el riesgo asegurado se imponen a la empresa, si estos desequilíbrios son superiores al cálculo probabilístico, se produce una crisis del sistema y en el ámbito jurídico, una afectación de la causa sistemática*" (p. 73).

[808] Da Silva, Leonardo Toledo. *Contrato de Aliança...*, pp. 124-125.

[809] Da Silva, Leonardo Toledo. *Contrato de Aliança...*, p. 30. Sobre o ponto, Möslein pontua que o contrato, vislumbrado sob a ótica do mecanismo de governança, deixa de ser encarado apenas como um instrumento de resolução de disputas (*ex post*), para ser utilizado como uma ferramenta que baliza e coordena o comportamento humano (*ex ante*). Segundo ele, essa perspectiva não é nova no Direito Privado, mas a doutrina dela tem se valido de forma assistemática e com foco, essencialmente, em questões atinentes à responsabilidade civil (Möslein, Florian. Contract Governance within Corporate Governance. In: Grundmann, Stefan; Caffagi, Fabrizio; Vettori; Giuseppe (coord.). *The Organizational Contract: From Exchange to Long-Term...*, pp. 304-305). Na suas palavras ainda: "[c]*ontract governance can be an eye-opener for 'softer' steering instruments and for mechanisms of self-control. It can, for example, assess whether default rules or non-binding standards can be taken into consideration as an effective alternative to mandatory law. Contract governance may thus help in preserving individual freedom and contribute to smarter, less intrusive regulation – a contribution that seems particularly important in times of crisis, given the danger of over-regulation*" (p. 308).

Tudo isso somente vem a confirmar a constatação de Williamson de que "*the hybrid form of organization is not a loose amalgam of market and hierarchy but possesses its own disciplined rationale*".[810] No que é seguido por Paula Forgioni, segundo a qual, "cada forma de governança [mercado, híbridos ou hierarquia ou, para os juristas, contratos de intercâmbio, de associação e sociedades] possui lógica própria, que há de ser considerada na formatação de sua disciplina jurídica". Assim, "[o]s contratos de colaboração não podem ser disciplinados como se fossem meros intercâmbios e muito menos receber o tratamento reservado às sociedades".[811] Seu regime, como visto, deve valorizar o procedimento voltado ao cumprimento do projeto comum, partilhado pelas partes, com a utilização simultânea de mecanismos formais e informais do contrato, evitando-se a imposição de sanções que diminuam o elemento cooperativo entre as partes.

4. A repartição do risco nos contratos híbridos: áleas individuais, mas interdependentes

Via de regra, tal como os contratos de intercâmbio, os híbridos também são contrato comutativos, no senso de que ambas as partes conhecem de antemão as prestações a serem realizadas e a extensão das vantagens a serem auferidas diante da execução do programa contratual.[812] Isso não quer dizer, contudo, que tais negócios não possam ser aleatórios, mas o serão apenas quando não se souber qual das partes terá a vantagem ou a perda com o negócio e/ou houver incerteza quanto à extensão das vantagens visadas pelos contratantes.[813] Nos híbridos, é usual que se saiba, desde o acordo de vontades, o percentual de eventual resultado positivo do empreendimento comum a ser recebido por cada uma das partes.

[810] Williamson, Oliver. *The mechanisms of governance*. Oxford: Oxford University Press, 1996, p. 119.

[811] Forgioni, Paula Andrea. *Teoria Geral dos Contratos...*, p. 200

[812] Consoante a lição de Orlando Gomes, há, nos contratos comutativos, "a certeza objetiva das prestações, obtida no ato de conclusão do negócio jurídico. Assim, ao celebrar, por exemplo, um contrato de compra e venda, o vendedor sabe que deverá receber o preço ajustado na medida de sua conveniência, e o comprador, que lhe será transferida a propriedade do bem que quis adquirir" (*Contratos...*, pp. 88-89).

[813] Gomes, Orlando. *Contrato...*, pp. 88-90.

O caráter aleatório dos híbridos, nessa esteira, não se liga ao definido nos artigos 458 e seguintes do Código Civil,[814] tampouco aos riscos inerentes à execução de uma determinada prestação (ex.: perecimento do objeto da prestação);[815] mas, sim, à álea de natureza comercial do empreendimento comum.[816] Não se trata, portanto, de uma questão de imputação de riscos da prestação; há a repartição, entre as partes, dos riscos comerciais, incorridos por cada uma delas na persecução de um projeto comum. Nessa medida, tanto o contratante instrumental, quanto o final estão submetidos a esse risco, haja vista o fato de ambos serem empreendedores[817] e, assim, estarem submetidos às consequências negativas de eventual erro de cálculo da jogada comercial.[818] Afinal, como sói ocorre tanto nos contratos associativos, quanto nos arranjos híbridos, o resultado positivo ou negativo do projeto comum é sempre desconhecido das partes, no momento, em que o contrato é celebrado. Todavia, à distinção do que se passa, nos vínculos de natureza societária – em que os partícipes suportam, de igual maneira, sempre proporcional à sua participação, o risco relacionado à atividade a ser desenvolvida – a álea comercial, nos híbridos, é partilhada, em geral, de forma diversa entre as partes.[819]

De efeito, como já visto, os recursos, nos arranjos híbridos, complementam-se, a fim de que o projeto comum possa ser executado; as partes, contudo, mesmo, eventualmente, apresentando-se como única perante terceiros (ex.: consumidores), preservam sua individualidade – o que quer dizer que, a despeito dos objetivos similares e projeto comum, não há associação entre elas. Assim, em regra, os ativos tangíveis e intangíveis utilizados no empreendimento não são conferidos a uma entidade específica e permanecem na propriedade de cada um dos parceiros, os funcionários de cada um dos destes também permanecem vinculados a seus respectivos empregadores, não há órgãos de caráter diretivo, as contabilidades de cada um dos parceiros mantêm-se apartadas e não há a necessidade de consolidação de uma em outra (como haveria, se se tratasse

[814] Lequette, Suzanne. *Le contrat-coopération...*, pp. 251-252.

[815] Lequette, Suzanne. *Le contrat-coopération...*, p. 212.

[816] Lequette, Suzanne. *Le contrat-coopération...*, pp. 251-252.

[817] Lequette, Suzanne. *Le contrat-coopération...*, p. 212.

[818] Grau, Eros Roberto; Forgioni, Paula A. *O Estado, a Empresa e o Contrato*, São Paulo, Malheiros, 2005, pp. 112-113.

[819] Lequette, Suzanne. *Le contrat-coopération...*, pp. 251-252.

de grupo econômico) etc.[820] É justamente essa separação de identidade e patrimônio que "implica uma continuada coordenação de actividades realizadas pelas empresas participantes",[821] o que revela existir um único processo produtivo, mas, não, o exercício de uma mesma atividade e, por conseguinte, tampouco uma comunhão de riscos – elemento de caráter associativo.[822]

De acordo com Lequette, nos mais das vezes, a maior parte da álea comercial recairia sobre o contratante final, que é quem, em geral, faz os investimentos necessários, para a execução do projeto comum. A contraparte (o contratante instrumental), nessa dinâmica, uma vez frustrado o projeto comum delineado, teria seu risco delimitado, em regra, à parte acordada sobre eventual resultado positivo do empreendimento.[823] Assim, refere-se, ilustrativamente, ao caso da franquia, em que o franqueado despenderia os valores necessários, para a distribuição dos produtos do franqueador, enquanto este teria seu risco reduzido à possibilidade de não auferir os ganhos esperados com a atividade comercial a ser realizada.[824] Contrariamente à tal visão, Pinto Ferreira destaca que, embora haja por parte dos contratantes finais, de fato, largos investimentos iniciais, a maior parcela dos riscos, especialmente em contratos de franquia e de concessão comercial, ficaria, em realidade, por conta da concedente e do franqueador. Sob sua argumentação, haveria, para eles, altos riscos relativos à reputação de seus produtos, bem como à sua própria imagem, que seria colocada nas mãos dos distribuidores.[825] Independentemente da posição que se tome, fato é que, do exemplo em questão, o que se denota é que, diversamente do que se passa em acordos de natureza associativa, os riscos de cada um dos contratantes, a despeito de se relacionarem, permanecem

[820] Cevenini, Claudia. *Virtual Enterprises...*, pp. 72-73.

[821] Pinheiro, Luís de Lima. *Contrato de Empreendimento Comum...*, p. 95. Em sentido semelhante: Grundmann, Caffagi e Vettori (The contractual basis..., p. 37).

[822] Prosperi, Francesco. *I contratti agrari associativi...*, p. 107. Ao tratar do contrato de parceria rural, o autor destaca que "*mentre il concedente corre il rischio della mancata redditività del fondo e delle spese sostenute per la produzione, il mezzadro corre il rischio della mancata retribuzione del lavoro próprio e della propria famiglia, nonché delle spese affrontate per la mano d'opera e la conduzione del fondo*" (p. 110). E, assim, conclui: "[l]*a diversità con il regime societário è notevole*" (p. 111).

[823] Lequette, Suzanne. *Le contrat-coopération...*, pp. 251-252.

[824] Lequette, Suzanne. *Le contrat-coopération...*, pp. 251-252.

[825] Pinto, Fernando A. Ferreira. *Contratos de distribuição...*, p. 146.

independentes, mas interdependentes. Não há, nos híbridos, uma coincidência de áleas, como haveria no regime societário.

O entendimento de Paula Forgioni, nesse aspecto, não é diverso. Ao tratar da matéria, ela faz referência à hipótese de fabricante de artigos de couro de alto valor agregado, com um interesse em explorar o mercado brasileiro. Nessa situação, menciona ser factível que não seja eficiente à fabricante instalar uma filial e/ou constituir uma nova sociedade controlada em território nacional, em decorrência dos altos custos envolvidos para tanto. A melhor solução, assim, poderia ser buscar uma sociedade que, por meio de um contrato de distribuição, comercializaria os produtos da fabricante, no mercado brasileiro.[826] No exemplo em tela, ela, igualmente, aduz que as áleas de cada um dos contratantes são, simultaneamente, independentes e interdependentes. Isso porque, esclarece, a despeito de manterem centros de custos e fontes de receita diversas (a fabricante aufere ganhos, com a venda dos produtos à distribuidora; e esta, com a revenda aos consumidores finais), os ganhos de uma estão, intrinsecamente, relacionados aos da outra, na medida em que quanto maior for o volume de vendas da distribuidora maior será, por conseguinte, o da fabricante. Seria, justamente, por essa razão que a fabricante investiria no treinamento de funcionários da distribuidora, abertura de lojas, estratégia de mercado etc.[827]

Nesse aspecto, Ménard afirma que, a despeito das características específicas de cada contrato, todos os arranjos híbridos têm como elemento comum o fato de os parceiros manterem seus direitos de propriedade individuais e permanecerem, de certo modo, independentes quanto a suas pretensões.[828] Essas formas de contratação emergiriam, segundo ele, em mercados competitivos, onde há a necessidade de se reunir investimentos de partes diversas (*pooling resources*), como maneira de lidar com as incertezas e não sucumbir frente à competição de mercado.[829] Nesse aspecto, o

[826] FORGIONI, Paula Andrea. *Teoria Geral dos Contratos ...*, p. 194.

[827] FORGIONI, Paula Andrea. *Teoria Geral dos Contratos ...*p. 194.

[828] MÉNARD, Claude. The economics of hybrid..., p. 351.

[829] MÉNARD, Claude. The economics of hybrid..., p. 353. Nesse sentido, CAFFAGI explica que "[m]*ientras que la forma de red pued estar caracterizad por un significativo nivel de estabilidad, el regimen legal está dirigido a lograr un equilibiro entre estabilidad y flexibilidad, en particular respecto a la entrada (el derecho a unirse a la red) y salida (el derecho a cesar) de la red. Las redes contractuales, en ocasiones, surgen como respuesta a situaciones de incertidumbre, mostrando las ventajas comparativas respecto de*

autor explica que, em geral, há dois tipos de estratégia, a serem adotados, nos modelos de contratação híbrida. Ou ambas as partes desenvolvem ativos específicos e o vínculo entre elas se baseia, exclusivamente, na ulterior utilização conjunta de tais ativos. Ou elas reúnem recursos e fazem investimentos, em um determinado ativo. Enquanto a primeira estratégia possibilita que se estabeleça um vínculo de caráter menos associativo, na segunda, isso já surge de plano, em concomitância à mútua dependência entre as partes.[830] De qualquer modo, independentemente da estratégia a ser seguida, o fato é que, pela dinâmica dos arranjos híbridos, cria-se uma situação de dependência mútua entre os contratantes[831] e, com isso, abrem-se as portas a posturas oportunistas de ambos os lados.[832] O bom funcionamento da relação, segundo Ménard, depende do desenvolvimento de mecanismos adequados, que assegurem os investimentos em ativos específicos e afastem o oportunismo.[833]

Segundo Paula Forgioni, as próprias nuances econômicas da operação travestida pelo contrato híbrido tendem ao afastamento do comportamento oportunista das partes. Ela destaca, assim, que a própria interdependência entre as áleas, com os investimentos específicos realizados, por cada parte, no relacionamento, gera à cada uma delas a expectativa de que a parceira se empenhará, para o sucesso do negócio ("o naufrágio do negócio seria desastroso para ambas"), o que leva a um comportamento cooperativo, ao invés de oportunismo.[834] Retomando ainda a questão dos mecanismos

los contratos bilaterales de intercambio. Éstas pueden permitir gestionar major la incertidumbre tanto ex ante, *cuando las partes no estan informadas sobre la naturaleza de la ejecución y la necesidad de definir el contenido, calidad y cantidad durante la relación, como* ex post, *donde las partes tienen que renegociar. Pero la incertidumbre puede afectar tambiém a la anchura de la red. Las redes tambiém pueden ser una de las mejores herramientes para choque de dirección exógenos, determinados por las variaciones del mercado, al permitir una más eficiente identificación de los mejores aseguradores por pérdidas inesperadas. Esta ventaja suele estar asociada con un diseño contractual adequado*" (Redes contractuales..., p. 36).

830 Ménard, Claude. The economics of hybrid..., p. 355.

831 Ménard, Claude. The economics of hybrid..., p. 355. No mesmo senso: Mouzas, Stefanos. Legal Aspects of Network..., p. 221. Segundo Mouzas, "[n]*etworks links pre-suppose the existence of complementarity in information, resources and activities. Complementarity can lead to network links, but this has its price: mutual dependence*".

832 Ménard, Claude. The economics of hybrid..., p. 355.

833 Ménard, Claude. The economics of hybrid..., p. 357.

834 Forgioni, Paula Andrea. *Teoria Geral dos Contratos* ..., p. 179.

informais referidos alhures,[835] Paula Forgioni ressalta que o oportunismo tende à mitigação, diante das eventuais perdas que uma conduta imediatista possa gerar, no contexto da relação híbrida, à parte desleal (a "*sombra do futuro*"),[836] bem como pelos riscos de prejuízo ao elemento reputacional, em determinado mercado.[837]

Conforme aponta Lima Pinheiro, essa dinâmica de limitação do relacionamento aos ativos complementares, sem a concentração das empresas, relaciona-se também ao risco econômico de divulgação de informações, entre parceiros, para um determinado empreendimento comum a ser realizado. Assim, ilustrativamente, refere-se ao fato de que, em acordos para desenvolvimento de produtos, menores serão os riscos da parte, quanto menor for a necessidade de integração e, consequentemente, de divulgação à contraparte de um determinado *know-how* que lhe é próprio.[838]

5. O aspecto igualitário entre os participantes dos contratos híbridos

Fundada na classificação de Aristóteles, Lequette explica que existem, essencialmente, três maneiras de se pensar a respeito da forma justa de se repartir bens e obrigações entre os membros de uma comunidade: **(i)** a justiça corretiva, **(ii)** a justiça distributiva e **(iii)** a justiça cooperativa. Segundo ela, a cada uma dessas formas de justiça corresponderia outrossim uma das formas de organização econômica.[839]

A primeira delas, a justiça corretiva, teria como função manter o equilíbrio entre os patrimônios, caracterizando-se por uma igualdade do tipo aritmético. Por essa lógica, a cada sacrifício sofrido, o patrimônio do onerado deveria ser, igualmente, acrescido. A toda evidência, essa forma de pensar se conecta aos contratos de intercâmbio, no senso de que se deve preservar, tanto quanto possível, a comutatividade do negócio encetado pelas partes – *i.é.*, o equilíbrio entre prestação e contraprestação presente no sinalagma contratual. Não se olvida que esse caráter liberal do direito dos contratos foi atenuado através dos tempos, visando, especialmente, à proteção de partes hipossuficientes; todavia, o principal viés da lógica do

[835] Vide item III.2.

[836] Forgioni, Paula Andrea. *Teoria Geral dos Contratos* ..., p. 180.

[837] Forgioni, Paula Andrea. *Teoria Geral dos Contratos* ..., p. 181.

[838] Pinheiro, Luís de Lima. *Contrato de Empreendimento Comum*..., p. 96.

[839] Lequette, Suzanne. *Le contrat-coopération*..., pp. 257-258.

contrato de intercâmbio é, efetivamente, o de garantir os termos da troca tal qual avençado, originalmente, pelas partes.[840]

A justiça distributiva, a seu turno, tem como fundamento garantir uma justa repartição de recursos e obrigações, de acordo com o mérito individual. Funda-se, nesse aspecto, em uma lógica geométrica relacionada aos contratos associativos, mormente no que toca à distribuição proporcional – não necessariamente conforme a participação, mas de acordo com o, previamente, acordado – dos resultados da sociedade.[841]

A terceira maneira de justiça vislumbrada por Aristóteles estaria a meio caminho entre as outras duas. Por meio de uma lógica de reciprocidade proporcional, haveria a exigência do cumprimento das obrigações de ambas as partes, de acordo com a lógica comutativa, mas se atentando à proporcionalidade na distribuição dos termos da avença. Segundo Lequette, tal lógica de justiça estaria relacionada aos arranjos cooperativos, nos quais, embora não haja igualdade entre as partes, no que toca aos riscos econômicos do empreendimento comum (suportados, em regra, pelo prestador final),[842] há, em diversos casos, uma igualdade jurídica na gestão do contrato: em geral, as estruturas híbridas de contratação exigem unanimidade, nos mecanismos de tomada de decisões. Assim, muito embora as partes não estejam em pé de igualdade, em relação aos termos econômicos, são-lhes conferidos meios iguais, para que protejam os interesses individuais, no programa contratual[843] e também dentro do sistema de rede.[844]

Ao contrário do que a intuição possa sugerir, essa igualdade jurídica, nos acordos híbridos, não conduz, em caso de discordância, à resolução do negócio; a igualdade de posições, em realidade, facilita o consenso entre os contratantes, uma vez que evita condutas oportunistas fundadas em disposições contratuais iníquas. A esse propósito, aponta Tranchant que uma empresa tende a aceitar o sacrifício de um determinado benefício, na condição de que se mantenha a igualdade entre as partes contratantes.[845]

840 LEQUETTE, Suzanne. *Le contrat-coopération...*, pp. 258-259.

841 LEQUETTE, Suzanne. *Le contrat-coopération...*, pp. 259-260.

842 Conforme indicado no item III.4 *supra*.

843 LEQUETTE, Suzanne. *Le contrat-coopération...*, pp. 261-262. No mesmo sentido: TRANCHANT (*La cotraitance...*, p. 278); CEVENINI (*Virtual Enterprises...*, p. 71).

844 LORENZETTI, Ricardo Luis. *Tratado de Los Contratos...*, pp. 64-65.

845 TRANCHANT, Laetitia. *La cotraitance...*, pp. 279-280.

Lequette, a seu turno, menciona que, nos casos, em que houver a exigência de unanimidade, as partes não terão outra opção, exceto harmonizarem seu entendimento, de modo a viabilizar o prosseguimento do projeto comum.[846] Nessa linha, as decisões, por consenso, fomentariam um ambiente de confiança, reciprocidade e comunicação entre os partícipes da relação,[847] a revelar a importância da paridade jurídica, para o relacionamento. Pela relevância do princípio da igualdade, Tranchant bem destaca que sua inobservância, por qualquer das partes, deverá ser compreendida como uma deslealdade contratual, passível de ser qualificada, como um inadimplemento contratual.[848] É interessante notar, nesse sentido, que, conforme destaque de Dubisson, a igualdade jurídica entre as partes liga-se às origens da utilização do termo cooperação, no ambiente jurígeno, em meados do século XX. Usado, inicialmente, em relações econômicas internacionais entre países, a cooperação pressupunha uma igualdade jurídica entre os países partícipes de determinado acordo, a despeito da diferença de poder econômico entre eles. Ulteriormente, disseminou-se a utilização do termo, para abarcar contratos celebrados entre Estados e empresas ou envolvendo apenas empresas.[849]

Tal aspecto dos híbridos ainda lhes apõe mais uma distinção fundamental, em relação aos contratos de permuta: enquanto, em regra, nas relações de troca, a igualdade de posição manifesta-se apenas, no momento de ruptura do negócio – quando qualquer das partes pode buscar, jurisdicionalmente, a resolução do contrato –, a igualdade, nos híbridos, teria efetiva expressão, durante todo o curso da execução das prestações. Seria, ao longo da execução contratual, que as partes, na expressão tanto do princípio igualitário, quanto do caráter evolutivo dos híbridos,[850] teriam de, ao surgimento de dificuldades, na implementação do projeto comum, reunir-se e, conjuntamente, encontrar uma maneira de solucionar o obstáculo superveniente. O caminho, segundo Tranchant, não seria similar, no intercâmbio, que, em casos similares, desaguaria em uma resolução do

[846] Lequette, Suzanne. *Le contrat-coopération...*, p. 377.

[847] Da Silva, Leonardo Toledo. *Contrato de Aliança...*, pp. 108-109.

[848] Tranchant, Laetitia. *La cotraitance...*, p. 279.

[849] Dubisson, Michael. *Les accords de coopération...*, 1989, p. 13. Nesse sentido, o autor define cooperar da seguinte maneira: "[c]*oopérer, c'est en effet à la fois agir pour réaliser un projet, c'est-à-dire mettre en œvre avec d'autres sur un pied d'égalité pour atteindre cet objectif*".

[850] Tal fato é uma evidência do aspecto evolutivo dos contratos híbridos (vide item III.2).

negócio, a ser implementado via procedimento adjudicativo.[851] Nesse contexto, nos híbridos, "*plutôt que de les isoler, la difficulté contractuelle les amène à se rencontrer pour trouver ensemble une solution adaptée à l'objectif défini*".[852]

Em se tratando de redes contratuais, Lorenzetti bem pontua que, ainda que um determinado interesse inicial, de caráter subjetivo, possa ter dado início à rede, tal interesse logo se destaca do indivíduo e, conforme haja o desenvolvimento da coletividade, aquele assume um caráter sistemático, objetivo e independente.[853] Em decorrência desse interesse inerente a um sistema composto por um agrupamento de indivíduos e de contratos, perfaz elementar recorrer-se a regras de convivência democrática.[854] Tais formas democráticas – as mais usuais na práxis negocial, segundo notícia de Lorezentti – caracterizam-se por uma maior descentralização das decisões, com uma fluída comunicação e alta participação dos membros, no processo criativo e de tomada de decisões. Em contraposição a esse modelo, que, segundo o autor argentino, seria o mais adequado à economia competitiva, haveria também os modelos autocráticos, em que "*una empresa central que planifica la conducta de todos los demás y la controla de modo similar a la dependencia*".[855]

Com efeito, a despeito da independência jurídica entre as partes, não há que se olvidar que, em vista da coordenação de atividades, é, igualmente, usual a concessão de determinadas prerrogativas entre as partes, com vistas ao cumprimento do projeto comum. Dá-se, nesses casos, o "estreitamento da liberdade futura das partes em decorrência da contratação".[856] Sobre

[851] TRANCHANT, Laetitia. *La cotraitance...*, p. 279.

[852] TRANCHANT, Laetitia. *La cotraitance...*, pp. 279-280.

[853] Esse aspecto também é pontuado por HELDT, para quem, nas redes, "*the common project is developed by spontaneity and brings order to the network. This is not directly about the purpose of the costumer or of the franchisor. At best, the objective is to be attributed to the bilateral contracts and here the parties are equal. 'It would be ridiculous to say that I am obeying another's will in fulfilling a contract'*" (*The Case of Franchising...*, p. 146).

[854] LORENZETTI, Ricardo Luis. *Tratado de Los Contratos...*, pp. 64-65.

[855] LORENZETTI, Ricardo Luis. *Tratado de Los Contratos...*, p. 74.

[856] FORGIONI, Paula Andrea. *Teoria Geral dos Contratos...*, pp. 48-50. Em mesmo sentido, CEVENINI, ao comentar sobre a igualdade jurídica entre os parceiros, anota que: "[d]*ifferences may therefore only arise from* de facto *economic balances or imbalances or from the provisions of contractual agreements; these later, in any case, only have effect between the signatories. / No hierarchical structure is formally created and there is no «owner» or chief executive officer of the VE. However, it is possible that the partners decide upon granting particular roles or tasks to one or more partners or even to*

o ponto, é relevante, em caráter antecedente, o esclarecimento de Judith Martins-Costa a respeito da assimetria contratual entre as partes. Segundo ela, a assimetria pode assumir contornos diversos, dentre os quais, cita a assimetria **(i)** de posições contratuais, tal qual se passa nas relações empregatícias, **(ii)** de poderes para influir no conteúdo contratual, que, em geral, relaciona-se à referida diferença de posições, **(iii)** entre prestações contratuais, como ocorre nos negócios aleatórios, **(iv)** técnica, que se liga, na forma mais usual, à diferença de informações sobre alguma fase específica do processo obrigacional. Essas assimetrias, tomadas em suas diversas formas, são assimetrias fáticas, que, em alguns casos, tornam-se normativas, quando, por força de lei, são impostas, como presunções de determinada relação obrigacional. Diante dessas assimetrias contratuais, surge a uma das partes um poder jurídico (ex.: poder do empregador de mandar no empregado) ou um poder, puramente, fático (ex.: poder de determinar o conteúdo do contrato, em negócios de adesão ou ainda por ausência de informação).[857] Essa perspectiva liga-se às relações de troca, em que as prerrogativas inerentes aos direitos subjetivos são, em regra, exercidas, livremente, e no interesse exclusivo de seu titular.[858] A lei, nesse aspecto, cuida, para que esse poder (lícito) não se torne arbítrio (ilícito), seja por meio de dispositivos específicos, seja com afinco no artigo 187 do Código Civil.[859]

third parties, but this would always happen in a «bottom up», commonly agreed upon direction, whenever the renunciation of part of their autonomy enabled them to achieve a better co-ordination of their activities" (*Virtual Enterprises...*, pp. 71-72).

857 Martins-Costa, Judith. *A boa-fé no Direito Privado...*, pp. 299-300.

858 Lequette, Suzanne. *Le contrat-coopération...*, pp. 381-383

859 Martins-Costa, Judith. *A boa-fé no Direito Privado...*, pp. 299-300. De acordo com Ronaldo Porto Macedo, os direitos contratuais clássico e neoclássico deram, inicialmente, pouca atenção à questão da diferença de poder entre as partes. De início, as poucas disposições a respeito trataram de "questões relativas à capacidade das partes (maioridade, surdo-mudez, higidez mental e prodigalidade) e a vedação de cláusulas leoninas". Ele cita ainda que, especificamente, no direito de tradição romano-germânica, houve ainda o desenvolvimento de mecanismos para coibir o desequilíbrio das prestações, tais como, a inversão do ônus da prova, em contratos de adesão, e os conceitos de abuso de direito e coação. Foi somente, ulteriormente, que o direito contratual veio a incorporar "o elemento de desigualdade de poder entre as partes antes e depois da troca, através de institutos como a vulnerabilidade, hipossuficiência, onerosidade excessiva e desequilíbrio das contraprestações". Nesse sentido, anota que "historicamente o reconhecimento das desigualdades de poder no momento de

Nos acordos associativos, de modo diferente, os poderes conferidos às partes visam à persecução de um interesse, que, ainda que parcialmente, difere dos de seu titular[860] e seu exercício, assim, "repercute na esfera de outrem".[861] Nessa medida, esses poderes não podem ser exercidos, livremente; mas, somente, em prol do interesse social.[862] Ilustrativamente, tal é o que se passa com o direito de voto, que é um poder (ou um *droit-fonction*), "outorgado pelo ordenamento jurídico tendo em vista determinada finalidade", de modo que "não pode ser livre no seu exercício, mas deve dirigir-se precipuamente àquela finalidade determinada pela lei".[863] Portanto, sob a ótica do Direito Societário, cuja tarefa "é a de desenvolver regras de condutas justas e adequadas" a uma "comunidade de pessoas que se associaram para atingir um fim comum", a "regra de fundo é a da correlação ética entre poder e responsabilidade: «nenhuma responsabilidade sem poder» e «nenhum poder sem responsabilidade»".[864]

De acordo com Lequette, essa dinâmica dos poderes sociais merece ser revisitada, à luz dos arranjos híbridos.[865] Nestes, os eventuais poderes contratuais concedidos às partes contratantes, à semelhança do que se

troca antecederam o reconhecimento das desigualdades de poder depois da efetivação da troca" (*Contratos Relacionais...*, pp. 154-155).

860 Lequette, Suzanne. *Le contrat-coopération...*, pp. 381-383.

861 França, Erasmo Valladão Azevedo e Novaes. *Conflito de interesses...*, p. 49.

862 Lequette, Suzanne. *Le contrat-coopération...*, pp. 384-385.

863 França, Erasmo Valladão Azevedo e Novaes. *Conflito de interesses...*, p. 49.

864 Martins-Costa, Judith. *A boa-fé no Direito Privado...*, p. 293.

865 Lequette, Suzanne. *Le contrat-coopération...*, pp. 384-385. Tal revisitação se faz necessária ainda, frente ao caráter relacional dos contratos híbridos. Confira-se o comentário de Ronaldo Porto Macedo, a esse respeito: "[a]doto aqui a definição weberiana de poder segundo a qual este é a 'capacidade de impor sobre o desejo alheio a sua própria vontade'. A partir desta definição é possível definir o poder unilateral como 'a capacidade de alguém subjugar a outra sem o consentimento desta' e o poder bilateral como 'a possibilidade de troca existente pela qual duas partes podem aliviar a outra de alguns constrangimentos impostos pelos seus respectivos poderes unilaterais'. Assim, o poder bilateral é exercido através da troca atual ou compensação de poder. / (...) O que cabe enfatizar, contudo, é que a teoria clássica e a teoria neoclássica fundam-se numa concepção de igualdade que pressupõe a bilateralidade das relações de poder, entendendo as mudanças de poder como sendo episódicas ou claramente delimitadas. / (...) Os contratos relacionais envolvem necessariamente mudanças no equilíbrio de poder, o que é raramente previsto pelo contrato descontínuo e nem sempre é reconhecido pela teoria neoclássica, que prefere tratar os casos onde isto é admitido como anômalos ou excepcionais" (Macedo, Ronaldo Porto. *Contratos Relacionais...*, pp. 158-159).

passa, nos acordos associativos, devem ser sempre exercidos, com vistas ao desenvolvimento do projeto comum. À distinção da associação, no entanto, referidos poderes, nos híbridos, não serão exercidos, com norte em um interesse único, partilhado pelas partes; mas, sim, mediante a consideração aos interesses (convergentes) de seu parceiro na relação. Nesse contexto, Lequette aponta que o exercício de poderes contratuais estará condicionado ao fornecimento de elementos que permitam ao parceiro avaliar, se tal exercício se deu em conformidade com o projeto comum delineado.[866] Assim, exemplificativamente, um eventual poder contratual do franqueador de determinar o preço das mercadorias vendidas pelo franqueado não poderá ser, livremente, pactuado, mas deverá, antes, ater-se a um valor que permita ao segundo manter a operação de sua empresa.[867-868] Para além da observância aos interesses da contraparte, é de rigor observar que um eventual descumprimento contratual pelo titular de um determinado poder poderá levar à perda dessa mesma prerrogativa.[869]

Ainda no que se refere ao poder, é importante sublinhar que há hipóteses em que uma determinada prerrogativa é conferida, com vistas a tutelar os meios que foram, precariamente, cedidos pelo contratante instrumental ao final, para que este atue, no projeto comum. Assim, tais poderes visariam à proteção, ilustrativamente, do *know-how* transferido,

866 Lequette, Suzanne. *Le contrat-coopération...*, pp. 385-387. A autora refere-se, assim, às hipóteses de "rupture avant terme, de la modification unilatérale, du refus d'agrément, de la cession lorsque le contrat est cessible, du refus de renouvellement lorsqu'il exist un droit de renouvellement".

867 Lequette, Suzanne. *Le contrat-coopération...*, p. 391-395.

868 Os casos de redes de distribuição são, especialmente, ricos, em exemplos de restrição (vertical) de atuação do distribuidor, em sentido lato. Martinek destaca que as cláusulas de controle do preço de revenda são, de fato, as mais comuns, mas aponta ainda outros exemplos: aquisição de mercadorias somente de fornecedores, previamente, aprovados; proibição de revenda de produtos que concorram os escoados, por meio do contrato celebrado; restrição territorial de atuação do distribuidor, em sentido lato; impossibilidade de negociação com determinados tipos de consumidores (ex.: Administração Pública); entre outros. Essa limitação imposta ao distribuidor, em sentido lato, no entanto, dá-se, no exclusivo intuito de que a rede persiga os objetivos do projeto comum. Ao cabo, '[t]*he distributor gets what he wants only if he also takes what he does not want*" (Martinek, Michael. Networks of Contracts..., pp. 169-170). E, de acordo com Gobatto, "[t]*hese provisions promote the parties' cooperation and specific investments*" (Gobatto, Marco. Long-Term Relationships..., p. 255).

869 Macedo, Ronaldo Porto. *Contratos Relacionais...*, p. 175.

da marca licenciada etc. Há, no mais das vezes, uma preocupação com o resguardo de elementos intangíveis do contratante instrumental, os quais, do contrário, poderiam ser, facilmente, copiados[870] e/ou, de modo mais amplo, utilizados indevidamente.[871] Nesse aspecto, Gobatto bem aponta que, nas contratações, em que, para a execução do objeto do contrato, é necessário transferir à outra parte uma determinada informação, haverá sempre ao proprietário desta o risco de que seu valor de mercado seja reduzido. Como exemplo, refere-se à situação em que um determinado subcontratante repasse ao concorrente do contratante principal uma informação tecnológica crucial, para a produção de um determinado bem. É inequívoco que a tão só transmissão do dado já elimina a vantagem da parte.[872] A esse respeito, Lorezentti bem alerta que deve haver um equilíbrio "*entre democracia interna y protección de los bienes del organizador*".[873]

Adicionalmente, há casos ainda, em que a liberdade de atuação da parte é limitada por órgãos de controle instituídos, contratualmente. Como exemplo, pode-se citar a criação de estruturas de governança elaboradas, para fiscalizar restrições verticais impostas no mercado de alimentos, com vistas a garantir determinado padrão de qualidade de produto em redes contratuais. Nesse aspecto, já se noticiou a criação de entidades especiais, para coordenar as atividades dos fornecedores de farinha de trigo às padarias francesas, bem como a organização de produtores agrícolas, em comitês, para o fornecimento de vegetais a grandes companhias de produtos enlatados.[874] O objetivo de tais órgãos parece ser bastante evidente: impõem-se padrões mínimos de excelência,

[870] Nesse sentido, é ilustrativo observar a comparação de LORENZETTI, a respeito dos elementos de controle dos contratos de franquia e de concessão comercial: "[e]*n la concesión también hay fuertes controles, aunque menos intensos que en la franquia, porque los elementos en juego em la concesión son tangibles (por ej.: automotores, marcas) y más fáciles de proteger que el inasible know-how, muy fácil de copiar y reproducir. En la concesión suele haber obligaciones de compra, vendas mínimas, obligación de promoción, de no concurrencia, de diseño de los locales, supervisión contable, prestamos financeiros contínuos que ejercen un controle muy flerte sobre el concesionario*" (LORENZETTI, Ricardo Luis. *Tratado de Los Contratos*..., p. 78).

[871] GOBATTO, Marco. Long-Term Relationships..., p. 238. No mesmo senso: LORENZETTI (*Tratado de Los Contratos*..., p. 74).

[872] GOBATTO, Marco. Long-Term Relationships..., p. 238.

[873] LORENZETTI, Ricardo Luis. *Tratado de Los Contratos*..., p. 74.

[874] MÉNARD, Claude. The economics of hybrid..., p. 365-366.

a serem respeitados pelos contratantes, evitando-se que uns, em conduta oportunista (*free riding*),[875] aproveitem-se dos benefícios gerados pela rede (ex.: notoriedade da marca), sem contribuir, adequadamente, para seu desenvolvimento (ex.: usando produtos de menor qualidade e, logo, de custo inferior). Tais restrições são impostas, com base na premissa de que a satisfação individual dar-se-á tão somente a partir da satisfação dos interesses de cada um dos demais membros da rede. Há uma renúncia de parte da liberdade individual, em prol da estabilidade de todo o sistema criado – um projeto comum, que, por vezes, inclusive, conflita com os intentos particulares.[876]

[875] Robert Cooter e Thomas Ulen esclarecem o conceito do seguinte modo: "[a]s pessoas que não pagam por seu consumo de um bem público são chamadas de 'caroneiras' (*free riders*'. Para entender esse conceito, imagine que um bonde tenha um medido elétrico e que, para fazer o bonde andar, seus passageiros precisem colocar dinheiro no medidor. Os usuários se darão conta de que qualquer pessoa que pague dá uma viagem de graça às demais pessoas. Talvez alguns passageiros coloquem, ainda assim, o valor correspondente à passagem toda no medidor; alguns venham a colocar algum dinheiro no medidor, mas menos do que o valor da passagem; e alguns não coloquem dinheiro algum" (*Direito & Economia...*, p. 121). Segundo Paula Forgioni, seria um *free rider* aquele "que se vale do aviamento do outro para angariar clientela para si" (*Contrato de Distribuição...*, p. 324). No âmbito da distribuição, "o fenômeno do *free rider* ocorre quando um adquirente recebe sem qualquer custo indicações ou serviços de um distribuidor (i.e., é estimulado ao consumo por um distribuidor diligente), mas compra, por preço inferior, o bem desejado de outro que não lhe proporciona iguais facilidades. Isso é possível porque o segundo distribuidor não incorre nos mesmos dispêndios do primeiro" (p. 324).

[876] Amstutz, Marc. The Nemesis of European..., pp. 341-342. Nesse aspecto, Teubner comenta que: [t]*ypically within hierarchical networks (especially in the case of franchising and just-in-time systems), the network centre possess structural advantages over other networks actors. Within business networks, and even more so within technologically driven business co-operation amongst independent firms, the individual firm can no longer be identified as the economic center of power, 'rather, its dominance is usurped by the power of production networks, whose focal companies function as new centers of power and domination'. This result in new conflict of interests, problems of co-ordination, and power and information asymmetries*" (*Networks as Connected...*, p. 106). E Caffagi bem complementa que "[c]*uando las redes contractuales combinan la coordinación y el intercambio entre sus membros demuestran un mayor nível de complejidad. En este caso, las redes suelen incluir alguna forma de gobierno y requieren de mayores gastos administrativos que en los contratos bilaterales de intercambio. Este gobierno suele estar asociado como funciones de supervisión y de regulación. (...) La supervisión de la ejecución de cada parte individual es también uma función relevante en las redes contractuales. La interdepencia contractual implica la necesidad de una supervisión colectiva de la ejecución de los membros de la red para garantizar que se consiga el resultado final. Esta supervisión concierne a la ejecución individual, cuando por*

Os poderes contratuais podem implicar controles mais brandos ou mais fortes sobre as atividades das partes. Nessa última hipótese, em geral, relacionada aos casos em que há um mútuo feneratício, na operação econômica delineada, podem ser concedidos poderes, para a realização de auditorias, para a exigência de determinados deveres de comportamento empresarial, para a fixação de objetivos etc. O controle da atividade do parceiro, mediante os poderes, contratualmente, concedidos, pode implicar, tal qual é característico da franquia, uma direção técnica e comercial das atividades, inclusive com a possibilidade de delimitação de política financeira, de gestão de pessoas etc.[877]

É, nessa linha, que Ménard aponta haver, nos arranjos híbridos, uma combinação entre contratos (mercado) e estruturas administrativas (hierarquia), para que, mediante a coordenação de atividades, os parceiros, em mútua dependência, elevem seus ganhos, mas preservem mecanismos de controle, para evitar oportunismos.[878] Esse, inclusive, é, segundo ele, justamente, um dos maiores desafios, nos arranjos híbridos: faz-se de rigor a harmonização entre a coordenação da atividade desenvolvida, em prol do projeto comum, nos moldes dos acordos associativos (hierarquia), com a preservação das vantagens da tomada de decisões descentralizada, com a autonomia e flexibilidade, características da solução de mercado (contratos de troca).[879] O foco não deve ser "o do controlo de uma empresa, (...) mas sim o da articulação eficaz de competências individuais e de competências colectivas mediante a comunicação e o esforço de cooperação exigido para a realização do fim comum".[880]

Tudo isso, há que se lembrar, dá-se, em razão da integração das atividades dos parceiros[881] e em prol do projeto comum vislumbrado. Mais

ejemplo la calidad y el control de seguridad implican a cada fase de la cadena de suministro, pero tambiém puede implicar la atención a evoluciones de mercado, o la eficaz adaptación de la red a los câmbios de mercado. La coordinación en la supervisión puede permitir la detección de errores anteriores y su correción. A menudo las ejecuciones contractuales complejas necessitan ajustes en el tiempo que implican câmbios que deben ser comunicados entre las partes" (Redes contractuales..., pp. 32-33).

[877] Lorenzetti, Ricardo Luis. *Tratado de Los Contratos...*, pp. 77-78.

[878] Ménard, Claude. The economics of hybrid..., p. 367.

[879] Ménard, Claude. The economics of hybrid..., p. 352. No mesmo senso: Golobardes e Pomar (Dissecting Long-Term..., p. 55); Lorenzetti (*Tratado de Los Contratos...*, p. 74).

[880] Pinheiro, Luís de Lima. *Contrato de Empreendimento Comum...*, p. 62.

[881] Lorenzetti, Ricardo Luis. *Tratado de Los Contratos...*, pp. 77-78.

do que meros acessórios, esses mecanismos de controle da autonomia das partes (*"private governments"*) são, efetivamente, elementos essenciais, na conformação dos modelos híbridos,[882] haja vista exercerem um papel fundamental, na coordenação das atividades realizadas. Portanto, inexiste qualquer ilegalidade, nessa distribuição de poderes contratuais, os quais, consoante já destacado, devem ser exercidos, com vistas sempre à execução do projeto comum. A toda evidência, eventuais abusos cometidos, no exercício de tais prerrogativas, especialmente, em desconformidade à função, para a qual foram estabelecidas,[883] deverão ser coibidas, com esteio no artigo 187 do Código Civil. Nesses termos, ilustrativamente, Lorenzetti refere-se ao controle exercido pelo fornecedor sobre determinada rede de concessionários. Este poder, conferido com a finalidade de manutenção da rede e de redução de custos a seus membros, poderia se estender a pautas relativas aos estoques, aos serviços prestados aos consumidores, ao uso de signos distintivos, a políticas tributárias etc. Caso este poder de direção venha a ser utilizado para transferir custos e riscos indevidos aos concessionários, estar-se-á diante de uma utilização abusiva dele.[884]

Questão de relevo para a matéria da dinâmica dos poderes contratuais refere-se à dependência econômica estabelecida de uma parte em relação à outra. É usual que, conforme já, previamente, abordado,[885] a dependência econômica instale-se, no seio do arranjo híbrido uma relação de dependência de uma parte frente à outra – em geral, do contratante final, em relação ao contratante instrumental. Tal pode se dar, ilustrativamente, nos casos de exclusividade de distribuição ou de franquia, após apenas uma das partes ter feito investimentos relevantes na parceria, ou mesmo

[882] Ménard, Claude. The economics of hybrid..., p. 366. No mesmo senso, Lequette (*Le contrat-coopération...*, p. 397). Lorenzetti, nesse aspecto, destaca o "controle significativo" como elemento do tipo contratual da franquia e, embora com menos rigor, do contrato de concessão (*Tratado de Los Contratos...*, pp. 79-80).

[883] Lorenzetti, Ricardo Luis. *Tratado de Los Contratos...*, pp. 78-80. Nesse sentido, o autor comenta que "[e]*l limite a estas conductas está dado por una desviación de la finalidade. Si la causa sistemática es el mantenimiento de la red o la diminuición de los costos, todas las conductas del concedente pueden examinarse conforme a ese estándar. / Si el poder de dirección se usa para una finalidad desviada, como por ejemplo para trasladar costos o riesgos a los concessionários, es un supuesto de uso abusivo*" (p. 80).

[884] Lorenzetti, Ricardo Luis. *Tratado de Los Contratos...*, pp. 80-81.

[885] Vide item III.4.

nos casos de *joint venture*, em que um dos contratantes depende de material produzido, com a execução do contrato ou da tecnologia desenvolvida por meio dele.[886] Especificamente no campo da distribuição, Ferreira Pinto observa que, dada a possibilidade de que esta atividade seja realizada pelo fornecedor com apoio de entidades, juridicamente, dependentes a ele (no limite, trabalhadores subordinados), há uma "tentação de querer uma coisa e seu contrário", aplanando a tênue linha entre o parceiro autônomo e o interno.[887] Este aspecto, de acordo com Tranchant, seria mitigado, em híbridos, com múltiplas partes (mais de duas), dado que, nesse contexto, seria improvável que uma contratante, com superioridade econômica, tentasse se impor perante as demais.[888]

Especificamente, na esfera empresarial (ótica de análise do presente trabalho), o fenômeno da dependência econômica já foi, cuidadosamente, analisado na doutrina francesa. Nesta, já se reconheceu a existência de contratos, em que há a conjugação da independência jurídica do subjugado, com a sua subordinação profissional, estabelecida mediante estipulações contratuais. Advoga-se, nesse aspecto, por uma categoria distinta para vínculos de tal natureza, o que implicaria a criação de regras específicas para tais contratos, relativas, por exemplo, à estabilização do vínculo, ao pagamento de indenização na extinção do contrato etc. Tal visão, que encontrou ressonância para além do espaço gaulês, não foi

[886] LEQUETTE, Suzanne. *Le contrat-coopération...*, pp. 264-265.

[887] PINTO, Fernando A. Ferreira. *Contratos de distribuição...*, p. 147. Esse alerta também é repetido por LORENZETTI, para os casos em que há um controle da prestação de uma parte sobre a outra. No entanto, tal controle nem sempre traduzir-se-á em uma relação laboral, especialmente, quando a ingerência sobre o parceiro não atingir o elemento pessoal, com o controle sobre o modo de prestar (definição de horários, lugares, meios técnicos empregados, ritmo de execução etc.) Ele distingue os cenários da seguinte maneira: "[a]*l contrario de la regla general, no es el colaborador quien está en relación con el tercero. Es el titular del interés (patrón) quien se vincula con otros, y de ahí que el obrero colabora de un modo 'instrumental'. Por eso la dependencia es más fuerte que la injerencia. El contrato de trabajo es un negocio de colaboración dependiente. / De manero que pude decirse que en muchos contratos hay control de una de las partes sobre la prestación de la outra. En aquellos vínculos en que se alcanza la conducta de la persona física involucrada de modo que tiene un carácter instrumental respecto de la prestación principal que compromete el empleador, es laboral. / En los casos en que el control forma parte de un vínculo de colaboración, en los que el titular del interés delega en outro la relación con los terceiros y no la presta él mismo, no es laboral*" (LORENZETTI, Ricardo Luis. *Tratado de Los Contratos...*, pp. 77-78).

[888] TRANCHANT, Laetitia. *La cotraitance...*, p. 279.

recebida, integralmente, por outros autores, especialmente no que toca às suas consequências.[889]

Nesse sentido, Ferreira Pinto bem reconhece que o caráter de subordinação econômica está presente em "qualquer forma de cooperação económica".[890] Argumenta, entretanto, que as ilações da doutrina francesa não são sólidas o suficiente, para que se gere qualquer sorte de presunção de tutela em favor da uma das partes, especialmente tendo em conta que o fenômeno da dependência econômica pode ter causas e intensidade variadas. A dependência econômica, segundo ele, revela-se na incapacidade da parte de satisfazer seus interesses econômicos, com integral autonomia, por ausência de absoluto controle sobre os fatores necessários ao apaziguamento de suas necessidades. Há, em uma tal situação, uma sujeição ao domínio de outrem, que pode advir tanto da disparidade econômica das partes, quanto da vigência – em geral, longa – do acordo entre as partes. Está última causa tende a gerar o isolamento do mercado à parte dependente (normalmente, o contratante final), com a vinculação do destino econômico da empresa desta à atividade realizada em prol do projeto comum. Em casos extremados, pode haver uma "dependência vital" de uma parte em relação à outra.[891]

[889] PINTO, Fernando A. Ferreira. *Contratos de distribuição...*, pp. 160-161.

[890] PINTO, Fernando A. Ferreira. *Contratos de distribuição...*, p. 161.

[891] PINTO, Fernando A. Ferreira. *Contratos de distribuição...*, pp. 163-164. Em adição às críticas de FERREIRA PINTO, parece pertinente a observação de RONALDO PORTO MACEDO acerca do vício metodológico, para a tentativa de incorporação de desigualdade de poderes, que, por si, acabam por gerar novas desigualdades: "[é] importante notar, contudo, que muitas vezes os mecanismos jurídicos de incorporação das diferenças de poder entre as duas partes, por operar com categorias jurídicas que reconhecem as desigualdades de maneira estática, pressupondo uma vulnerabilidade jurídica e 'universal dentro do mesmo grupo ao qual se aplica', repetem, de algum modo, os mesmos vícios do pensamento clássico que procurava diluir as diferenças através da categoria ainda mais geral e abstrata de sujeito de direito. Isto ocorre porque há fortes e importantes desigualdades de poder entre membros de uma mesma categoria especialmente protegida ou reconhecida como vulnerável. O próprio movimento sindical que nasce juntamente com a demanda por uma reequilibração das relações de poder nos contratos de trabalho cria um novo tipo de desigualdade entre os setores dos trabalhadores organizados e os setores desorganizados. Tais diferenças de organização de trabalho dualista têm levado à intensificação de uma estrutura de trabalho dualista, resultado de uma estrutura de produção e distribuição de riqueza também dualista. Nela se reconhece um setor organizado, voltado à vanguarda produtiva, capaz de gerar benefícios em seu favor, e um setor desorganizado,

Lequette, a seu turno, aponta que a identificação de uma situação de dependência econômica dá-se a partir da análise de três critérios objetivos: **(i)** a existência de um vínculo contratual entre as partes, **(ii)** a relevância de tal vínculo para a existência ou sobrevivência da parte e **(iii)** a frequência das relações contratuais. Estaria, assim, identificada uma tal hipótese de dependência, nos casos, em que, mediante a análise da relação por tais critérios, conclui-se pela ausência de alternativa suficiente ou suportável por um dos parceiros econômicos. Ilustrativamente, aponta que, em um contrato de distribuição, deveriam ser analisadas a relevância dos produtos fornecidos para a receita do revendedor, a notoriedade da marca do fornecedor e a impossibilidade de o distribuidor obter produtos equivalentes de outros fornecedores. Estaria, desse modo, qualificada uma relação de dependência, caso se concluísse que o distribuidor dependesse "*quasi-exclusivement*" de seu fornecedor, para perseguir sua atividade comercial.[892]

Há que se ter em conta, nesse jaez, que essa situação de dependência econômica é, repise-se, normal para contratos de natureza híbrida.[893] Consoante destacado anteriormente, faz parte do jogo de diversos negócios celebrados, nesse âmbito, a efetiva subtração de parte da direção econômica, com a conservação da autonomia jurídica, a fim de que possa ser explorada a atividade comercial, com os meios fornecidos pelo contratante instrumental ao contratante final. O projeto comum, não se deve esquecer, beneficia a ambos.[894] Collins, inclusive, bem relembra que a dependência econômica se dá em duas mãos: o contratante instrumental

ligado aos setores mais tradicionais do sistema produtivo (retaguarda), incapaz de canalizar suas demandas e organizar seus membros" (Macedo, Ronaldo Porto. *Contratos Relacionais...*, p. 157).

[892] Lequette, Suzanne. *Le contrat-coopération...*, pp. 294-298.

[893] Lequette, Suzanne. *Le contrat-coopération...*, pp. 264-265. No mesmo sentido: Ferreira Pinto (*Contratos de distribuição...*, p. 164).

[894] De modo semelhante ao que pensamos, Ferreira Pinto, ao tratar dos contratos de distribuição (em sentido lato), bem observa que "contitui um princípio elementar da lógica económica que o produtor deva estar em condições de oferecer aos seus distribuidores possibilidade de ganho que se mostrem suficientes para contrabalançar (e, até, superar) as desvantagens que para eles resultam da circunstância de abdicarem da sua pela liberdade de actuação" (p. 165). O autor ainda complementa que "os distribuidores não podem, naturalmente, pretender uma coisa – as vantagens acrescidas que o contrato lhe proporciona, *maxime*, pela participação no «poder de mercado» do fornecedor – sem a outra – os riscos que para

também pode ter sua reputação, gravemente, ferida, caso seu parceiro faça mau uso dos meios ofertados.[895] De todo modo, essa natural dependência econômica não se traduz, de regra, em uma subordinação jurídica:[896] as partes mantêm-se independentes nesse aspecto e encontram-se ambas em pé de igualdade na gestão do projeto comum.[897] Nessa ordem de ideias, "ao contrário do que muitos pretendem fazer crer, subordinação e dependência económica não são sinónimos de exploração e espoliação (...) e estão intimamente relacionadas com o ambiente concorrencial em que os contraentes se movem".[898] Assim, há que se repudiar qualquer "visão maniqueísta e simplista" em torno das relações, em que esteja presente a assimetria, na repartição de deveres e poderes,[899] afastando-se também quaisquer "intervenções doutrinais ou pretorianas".[900]

Portanto, ao invés de se buscar a instituição de um "regime garantístico",[901] com o estabelecimento de qualquer sorte de presunção de viés protetivo, eventuais casos de abuso,[902] em relação de dependência econômica, devem ser combatidos, por referência ao direito da concorrência

eles decorrem da necessidade de se conformarem com uma política comercial definida pela contraparte" (p. 165).

[895] Collins, Hugh. *Introduction to Networks...*, p. 30.

[896] Como se daria, por exemplo, em uma relação de trabalho.

[897] Lequette, Suzanne. *Le contrat-coopération...*, p. 212.

[898] Pinto, Fernando A. Ferreira. *Contratos de distribuição...*, pp. 165-166.

[899] Pinto, Fernando A. Ferreira. *Contratos de distribuição...*, p. 164.

[900] Pinto, Fernando A. Ferreira. *Contratos de distribuição...*, p. 819.

[901] Pinto, Fernando A. Ferreira. *Contratos de distribuição...*, p. 167. Collins, nesse aspecto, chama atenção ao fato de que, a despeito de, em alguns casos, a parte de maior poder econômico valer-se dele, para transferir riscos à parceira, isso nem sempre é verdadeiro. Como exemplo, refere-se às hipóteses, em que o franqueado é uma empresa de grande porte, que, dentro de uma mesma rede, possui diversas franquias espalhadas pelo país. Sobre a questão, o autor inglês ainda ressalva que essa visão protetiva, descolada da realidade empresarial, pode decorrer de *lobby* efetuado por determinados grupos de interesse, tal qual se passou nos EUA, com as franquias do mercado de automóveis e de combustíveis (Collins, Hugh. *Introduction to Networks...*, p. 31).

[902] Ao tratar das redes, Lorenzetti bem destaca que "[e]*s claro que puende existir grados de conexidad; pueden existir cláusulas que la acentúen, poniendo en duda si se está ante relaciones conexas o una dependencia má acentuada. Hay una zona gris: la conexidad pude transformarse en dominación, en integración vertical, en la que desaparece la autonomía negocial, la jenidad de riesgos. Naturalmente, la línea de separación depende de cuestiones de hecho que deben ser definidas juridicialmente*" (*Tratado de Los Contratos...*, p. 65).

(abuso de posição dominante).[903-904] Martinek, inclusive, destaca que a análise de estruturas híbridas, especificamente as redes de contratos de longa duração, são de especial interesse de tal ramo do Direito. Isso porque, consoante bem esclarece o autor, os contratos perfazem instrumentos legais, cuja negociação e conclusão dão forma à competição entre os agentes econômicos. Quanto maior o número de contratos negociados, executados e, por conseguinte, resilidos, mais vívida será a competição. Nessa ordem de ideias, o estabelecimento de vínculos contratuais de longa duração é, naturalmente, contrário ao ato de competir e, por conta disso, merece atenção especial daqueles que se dedicam ao estudo da concorrência,[905] coibindo-se, quando for o caso, situações de abuso de poder dominante.[906]

Os casos de abuso poderão ainda, eventualmente, segundo Lequette, serem combatidos, com recurso a técnicas do direito de consumo – que, embora inaplicável às avenças cooperativas, podem ser úteis, especialmente com relação ao dever de informação.[907] Não se pode olvidar, por fim, especialmente nos casos de distribuição, da possibilidade de requalificação da relação – para laboral –, nas situações em que não estiver configurada uma atividade, juridicamente, autônoma[908] – nota característica dos híbridos.

[903] Pinto, Fernando A. Ferreira. *Contratos de distribuição...*, p. 168.

[904] Acerca do abuso de poder dominante, Calixto Salomão destaca que "[a] expressão 'abuso do poder econômico', entendida como desvio da função do poder, sem dúvida significa conduta estratégica, visando à obtenção dos efeitos anticoncorrenciais (dominação dos mercados, eliminação da concorrência e aumento arbitrário dos lucros" (*Direito Concorrencial – As condutas*. São Paulo: Malheiros, 2007, p. 111). Nada obstante, como bem ressalva Paula Forgioni, "eventual situação de dependência econômica não autoriza a pressuposição de hipossuficiência, apenas ilumina a compreensão do contexto contratual e a interpretação da avença" (Forgioni, Paula Andrea. *Teoria Geral dos Contratos...*, pp. 420-421).

[905] Martinek, Michael. Networks of Contracts..., pp. 163-164.

[906] Martinek, Michael. Networks of Contracts..., pp. 176-177.

[907] Lequette, Suzanne. *Le contrat-coopération...*, pp. 264-265.

[908] Pinto, Fernando A. Ferreira. *Contratos de distribuição...*, p. 150. Sobre o ponto, o autor bem alerta que "uma coisa é admitir a possibilidade de requalificação e, outra, bem diferente, é negar que na determinação dos elementos conceptuais definitórios dos contratos de concessão e de franquia deva entrar a autonomia (jurídica) do distribuidor" (p. 150).

6. Estabelecimento de regras alternativas de resolução de disputas

Diante do forte aspecto cooperativo dos contratos híbridos, há, neles, uma forte tendência a evitar que a relação contratual desague, em um procedimento contencioso. Privilegia-se, em regra, a permanência do vínculo e a execução contratual ao egoísmo e ao conflito.[909] Todavia, é inegável que os híbridos perfazem terreno fértil, para o oportunismo e, por conseguinte, para o surgimento de disputas. Tal pode-se dar, em função de inúmeros fatores, como, por exemplo, a eventual multiplicidade de partes envolvidas, a ausência de relacionamento anterior entre os contratantes, o próprio aspecto temporário da cooperação, a possível concorrência entre a operação comum e a atividade individual de um dos parceiros,[910] a ausência de regulação adequada a respeito de demandas de terceiros,[911] a utilização indevida de informações sigilosas,[912] entre outros.

De fato, consoante observa Ménard, não é fácil o desenvolvimento de mecanismos adequados, para o monitoramento da execução dos acordos de natureza híbrida. A boa execução destes depende, em suma, da preservação de sua estabilidade, o que pode se dar tanto *ex ante*, com a escolha adequada do parceiro, ou *ex post*, com a criação de estruturas de governança, que afastem as partes das forças de mercado aptas a gerar ruídos no relacionamento. Em adição, ele observa que a estabilidade do relacionamento depende ainda, fundamentalmente, da criação de mecanismos de solução de disputas adequados ao relacionamento dos contratantes.[913]

De efeito, a escolha por um ou outro mecanismo pode ter impactos substanciais, para o regular cumprimento das obrigações contidas, nos arranjos híbridos. Como já se sabe, a cooperação aumenta, conforme se eleva o grau de conhecimento dos participantes sobre o comportamento do parceiro, mais, especificamente, a respeito de sua propensão à prática de condutas oportunistas. Dessarte, é relevante que o mecanismo de disputa escolhido pelas partes dê suporte a esse processo de conhecimento,

[909] Tranchant, Laetitia. *La cotraitance...*, p. 246.
[910] Cevenini, Claudia. *Virtual Enterprises...*, p. 96.
[911] Cevenini, Claudia. *Virtual Enterprises...*, p. 101.
[912] Cevenini, Claudia. *Virtual Enterprises...*, p. 107.
[913] Ménard, Claude. The economics of hybrid..., p. 357.

a fim de que, efetivamente, permita-se a construção de uma sólida relação de confiança entre os parceiros.[914]

Cevenini, a seu turno, é assertiva, no sentido de que a opção pela solução de disputas via Judiciário é inadequada às contratações de natureza híbrida. A excessiva morosidade dos procedimentos judiciais poderia, segundo ela, não apenas favorecer, indevidamente, a parte inadimplente, como também agravar os problemas de relacionamento dos contratantes, a ponto de levar à ruptura do contrato, por impossibilidade de realização do empreendimento comum. A arbitragem, de outro lado, mostrar-se-ia, na sua opinião, mais adequada aos modelos cooperativos, na medida em que, para além de as partes poderem contar com profissionais especializados em determinadas matérias, haveria a especial vantagem de o procedimento poder ser moldado, conforme as especificidades do projeto comum em execução.[915] Nada impede também que, em prol de uma agilidade ainda maior ao procedimento, as partes busquem outros métodos de solução de conflito (ex.: mediação) ou, caso assim permita a jurisdição aplicável, desenvolvam um procedimento *online* dedicado, exclusivamente, ao seu negócio.[916] Por trás dessa fuga ao Judiciário, revela-se a importância que, em regra, dá-se ao sigilo, na maior parte das contratações híbridas, o que, inclusive, na *práxis* jurídica, já lhes conferiu a alcunha de "*Shadow Agreement*".[917]

7. Caráter eminentemente empresarial

De tudo o que se viu até este momento, não há dúvidas de que os arranjos de contratação de natureza híbrida estão, naturalmente, inseridos no

[914] Golobardes, Mireia Artigot i; Pomar, Fernando Gómez. Dissecting Long-Term..., p. 42.

[915] Cevenini, Claudia. *Virtual Enterprises...*, p. 96.

[916] Cevenini, Claudia. *Virtual Enterprises...*, p. 99.

[917] Tranchant, Laetitia. *La cotraitance...*, p. 246. Para além do sigilo, Luis Fernando Guerrero, tratando de modo amplo a respeito das formas de solução de disputas, destaca que "[i]números são os motivos que incentivam a busca pelos métodos adequados de solução de conflitos, especialmente a longa duração dos processos judiciais e os custos envolvidos na sua utilização, com o objetivo de analisar diversos requisitos, especificamente celeridade, racionalidade e economia na sistemática dos interesses em jogo" (Guerrero, Luis Fernando. *Os Métodos de Solução de Conflitos e o Processo Civil.* São Paulo: Atlas, 2014, p. 11).

âmbito dos contratos empresariais.[918] Em se tratando de uma operação de cooperação, por meio da qual, visando à sinergia negocial, há a exploração de ativos complementares das partes, que mantêm interesses, embora convergentes, distintos, é induvidoso o intento de lucro com a atividade desenvolvida conjuntamente.[919] Nesse contexto, o contrato – ou a pluralidade destes, se se tratar de rede contratual – é utilizado como um instrumento para organizar a circulação de bens e serviços, com fim último na busca pela geração de ganhos (lucros) às partes envolvidas[920] – elemento objetivo inderrogável dos pactos empresariais.[921]

Para além desse **(i)** perfil objetivo inerente aos negócios de tal categoria, são ainda signos dos negócios de cunho empresarial: **(ii)** a assunção do risco pelo agente econômico, consistente na eventualidade de este vir a perder, total ou parcialmente, o capital destacado para o exercício da atividade desenvolvida; **(iii)** a profissionalidade do empresário, implicando-lhe o ônus jurídico de se informar, adequadamente, a respeito do empreendimento que pretende realizar; **(iv)** a demanda por um grau mais

[918] Tanto assim o é que PAULA FORGIONI aborda os arranjos híbridos em obra dedicada, exclusivamente, aos contratos empresariais (FORGIONI, Paula Andrea. *Teoria Geral dos Contratos...*).

[919] Retome-se aqui a conhecida distinção traçada por JUNQUEIRA entre contratos existenciais e empresariais: "[p]or contrato empresarial há que de se entender o contrato entre empresários, pessoas físicas ou jurídicas, ou, ainda, o contrato entre um empresário e um não-empresário que, porém, naquele contrato, visa obter lucro. O contrato existencial, por sua vez, é aquele entre pessoas não-empresárias, ou, como é freqüente, em que somente uma parte é não-empresária, desde que esta naturalmente não pretenda transferir, com intuito de lucro, os efeitos do contrato para terceiros. O critério da distinção é exclusivamente subjetivo, se possível, ou, se não, subjetivo-objetivo. São existenciais, por exemplo, todos os contratos de consumo (consumidor é o destinatário final das vantagens contratuais ou não visa obter lucro), o contrato de trabalho, o de aquisição da casa própria, o de locação da casa própria, o de conta corrente bancária e assim por diante" (AZEVEDO, Antonio Junqueira. Relatório Brasileiro sobre a revisão contratual apresentado para as Jornadas Brasileiras da Associação Henri Capitant. In AZEVEDO, Antonio Junqueira. *Novos Estudos e Pareceres de Direito Privado*. São Paulo: Saraiva, 2004, p. 185).

[920] FORGIONI, Paula Andrea. *Teoria Geral dos Contratos...*, p. 60.

[921] Essa ideia foi defendida em nossa Dissertação de Mestrado, apresentada ao Departamento de Direito Civil da Faculdade de Direito da Universidade de São Paulo, em 2014 (*A Alteração das Circunstâncias Fáticas nos Contratos Interempresariais*). O trabalho foi, ulteriormente publicado, sob a denominação de *Contratos Interempresariais - Alteração Superveniente das Circunstâncias Fáticas e Revisão Contratual*. Curitiba: Juruá, 2015.

elevado de segurança jurídica, com a revalorização da força obrigatória dos contratos, visando à geração de um ambiente de previsibilidade; **(v)** a acentuada relevância aos usos e costumes, como fonte de regras geradas a partir de práticas consolidadas no mercado, cuja observância é, assim, esperada pelo contratantes; **(vi)** a flexibilidade e a agilidade, decorrentes da dinamicidade do mercado, com a consectária redução do formalismo na instrumentalização das obrigações; e **(vii)** a modulação da cláusula de boa-fé objetiva, com afinco na limitação de condutas oportunistas.[922]

Todos esses aspectos estão presentes, nos arranjos de contratação híbrida, que, deste modo, perfazem, no nosso entender, uma espécie do gênero mais amplos dos contratos empresariais.

[922] *Os Contratos Interempresariais: A alteração das circunstâncias fáticas e a Revisão Contratual.* Curitiba: Juruá, 2015, pp. 46-89.

4.
DO REGRAMENTO APLICÁVEL AOS ARRANJOS DE NATUREZA HÍBRIDA

1. Do processo de formação dos contratos híbridos

Nos híbridos, a fase que antecede à celebração do instrumento contratual é de extrema relevância. É, nesse momento de formação da relação obrigacional, marcado pelo antagonismo de posições ("*une «lutte coopérationniste», (...) une «coopération antagoniste»*"), que as partes deverão avaliar, em que medida os ativos de cada uma delas se complementam e de que forma poderão gerar a sinergia negocial necessária ao projeto comum desejado. Tanto quanto possível, e a despeito do caráter evolutivo dos híbridos e de sua abertura de texto contratual (em comparação com os negócios de intercâmbio), as partes deverão buscar o delineamento das obrigações de cada qual. Conquanto não seja possível nem a definição integral do conteúdo das obrigações, em um "*un seul instant, brutal et lumineux*", como se dá na troca, tampouco a elaboração de um estatuto de comportamento, ao qual, ulteriormente, terceiros virão a aderir, tal como ocorre, nos acordos associativos, as partes, nos arranjos cooperativos, deverão, de boa-fé, negociar, amplamente, a forma como haverá a coordenação das atividades individuais em jogo, de modo a permitir a maturação do projeto de empreendimento comum.[923] A fase de formação

[923] LEQUETTE, Suzanne. *Le contrat-coopération...*, p. 274.

dos híbridos, nesse tocante, "*may be a complex, time-consuming, involving the investment of resources and expenses*".[924]

Dentro desse contexto, não é incomum que as partes se valham de instrumentos pré-contratuais para regular esse momento,[925] o que, usualmente, é feito, por meio de carta de intenções (*letter of intent*) ou de pré-contrato. A primeira, originada da tradição Anglo-Americana, mas já popularizada nos países da família Romano-Germânica, pode variar tanto em tamanho, forma ou mesmo nas denominações que lhes são atribuídas (são utilizadas também *heads of agreements* ou *memorandum of understanding*). Em geral, na perspectiva da *Common law*, ela não vincula as partes à celebração do negócio futuro, mas apenas indica a alta probabilidade de que ele venha a ser celebrado. A obrigatoriedade do conteúdo da carta variará de negócio a negócio, mas, em regra, relaciona-se à tutela de direitos das partes, caso o contrato definitivo não venha a ser celebrado (usualmente, regulam-se questões atinentes à confidencialidade de informações).[926] Sob a forma do pré-contrato, as partes, efetivamente, vinculam-se aos termos, preliminarmente, acordados, assumindo o compromisso de celebração do contrato principal. Esse diferimento de atos, no tempo, pode dever-se tanto a questões técnicas (ex.: definição de local da execução) quanto jurídicas (ex.: pendência na concessão de licença necessária). Face a seu caráter vinculante, o documento, em geral, já contém os principais pontos da operação econômica a ser celebrada entre as partes.[927] Seja sob uma forma ou outra, esses instrumentos preliminares visam, essencialmente, a regular eventual responsabilidade, por possíveis danos decorrentes da ruptura de negociações. Assim, é comum que referidos instrumentos contem com **(i)** cláusulas de não-concorrência, impedindo que um mesmo negócio venha a ser efetivado por apenas uma das partes, sozinha ou com terceiros, **(ii)** cláusulas de confidencialidade, para que se mantenham sigilos sobre informações trocadas na fase de negociações, **(iii)** cláusulas de partilhamento de custos, para a celebração do negócio e **(iv)** cláusulas de resolução de disputas.[928]

[924] Weitzenboeck, Emily M. *A legal framework for emerging...*, p. 103.

[925] Weitzenboeck, Emily M. *A legal framework for emerging...*, p. 95.

[926] Weitzenboeck, Emily M. *A legal framework for emerging...*, pp. 95-99.

[927] Weitzenboeck, Emily M. *A legal framework for emerging...*, pp. 100-103.

[928] Weitzenboeck, Emily M. *A legal framework for emerging...*, pp. 103-108.

É inequívoco ainda que, a despeito de eventuais instrumentos preliminares que venham a ser produzidos, as partes estão obrigadas a negociar de boa-fé, inclusive, por força de lei (CC, art. 422). E, como não poderia deixar de ser, a intensificada confiança, característica dos negócios híbridos, exerce papel fundamental, desde esse momento.[929] Afinal, uma eventual disposição que, de largada, já introduza um elemento prejudicial a uma das partes (ex.: valor de remuneração, excessivamente, baixo) poderá ser determinante, para o (in)sucesso do empreendimento comum.[930] Tal qual sublinhado anteriormente,[931] a boa-fé, nos híbridos, demanda, para além de um comportamento omissivo (não prejudicar), uma postura ativa, em prol do projeto comum. Essa postura é, igualmente, exigida, durante a fase de negociação: as partes deverão esforçar-se, mutuamente, para compreender se, de fato, há uma relação de complementaridade entre os ativos que detêm. A título ilustrativo, esse comportamento leal poderá exigir das partes que, ainda durante as negociações, divulguem informações confidenciais entre si e mesmo que transmitam parte de determinado *know-how* ao futuro parceiro.[932]

Os deveres de informar compõem grupo polimorfo, podendo abarcar, dentro da relação obrigacional, **(i)** a própria obrigação principal (ex.: informações técnicas, em contrato de assistência de investimento financeiro), **(ii)** um dever anexo ao principal (ex.: informações, em manual de

[929] LEQUETTE, Suzanne. *Le contrat-coopération...*, p. 274. Em sentido semelhante, tratando das *dynamic networks*, WEITZENBOECK aponta que "by the fact of having joined an enterprise pool, adhered to its pre-qualification agreements, and then entered into a preliminary agreement with the other prospective virtual enterprise members to continue negotiations in good faith, certain enhanced good faith duties or quasi-fiduciary duties arise between the negotiating members. These negotiating parties, bolstered by pre-qualification agreements and trust-base set up of enterprise pool, as well as by the obligations set out in the preliminary agreement, rely on each other's good will and honest conduct – in short, that the other network member will continue to negotiate in good faith and fair dealing with them. Some of these network pools have in fact inserted 'good faith'-like duties like disclosure duties in their network rules or in their preliminary agreement templates" (*A legal framework for emerging...*, pp. 142-143). Ela ainda destaca que sua conclusão segue, em mesma linha, inclusive, sob o manto do direito estadunidense, em que há certa resistência na aplicação da boa-fé, para a fase de negociações (p. 143).

[930] LEQUETTE, Suzanne. *Le contrat-coopération...*, p. 274.

[931] Vide item III.1.2.

[932] LEQUETTE, Suzanne. *Le contrat-coopération...*, pp. 275-276.

instruções de equipamento vendido), **(iii)** um dever de proteção (ex.: informar de piso molhado, em supermercado) ou ainda **(iv)** um ônus de se informar (ex.: profissionais sobre o estado da arte de sua profissão). Na fase pré-negocial, o dever de informar configura-se um dever de proteção[933] – e, como tal, decorre do princípio da boa-fé –, variando, conforme o tipo de relação estabelecida entre as partes.[934] Sua intensidade será diversa, por exemplo, se se tratar de relação de intercâmbio interindividual ou se envolver interesses transindividuais, se estiver inserida em uma relação paritária ou assimétrica, entre outros.[935] O que nunca se altera, entretanto, é o dever à informação verdadeira.[936]

Em se tratando de negócios de cooperação, em que se estabelecerá, como já visto, uma relação, em geral, de longa duração,[937] com um vínculo de confiança extremada, o dever de informar, na fase de puntuação, assumirá considerável relevo. Nessa fase, deverá haver a superação do "*déficit* de

[933] MARTINS-COSTA, Judith. *A boa-fé no Direito Privado...*, pp. 526-528.

[934] VASCONCELOS, L. Miguel Pestana De. *O Contrato de Franquia...*, p. 81.

[935] MARTINS-COSTA, Judith. *A boa-fé no Direito Privado...*, p. 537.

[936] Nesse aspecto, JUDITH MARTINS-COSTA destaca que "[s]eja qual for o grau em que a informação é devida, o dever é à informação verdadeira. Como registra Grisi, o dever de informar encontra substância no empenho a fornecer exato conhecimento –logo, o dever de informar coincide e se especifica no dever de informar corretamente. Considerado o tipo da relação contratual visada, observa-se que numa relação de troca, com interesses contraditórios, o nível de exigência quanto ao grau (mas não quanto à veracidade) tem de ser menor do que quando a informação é tida em vista de uma atividade no interesse alheio (*v.g.*, tratamento médico) ou a colaboração num fim comum (sociedade), conquanto, em qualquer caso, a informação prestada, além de ser verdadeira, deva ser suficientemente clara, consideradas as circunstâncias, isto é, se a relação entre profissional e leigo ou dois profissionais, ou dois leigos. Quando há interesses transindividuais envolvidos, o dever é ampliado, como ocorre nas relações societárias, em que há um dever de informação e transparência relativo ao mercado (escopo: confiabilidade) e aos acionistas (escopo: redução da assimetria informativa entre as diversas classes de acionistas e igualdade perante a informação)" (Um aspecto da obrigação de indenizar: notas para uma sistematização dos deveres pré-negociais de proteção no direito civil brasileiro. *Revista dos Tribunais*, vol. 867, 2008, p. 22).

[937] Nesses termos, MASSIMO BIANCA: "[t]*he problem of duty of disclosure claims particular attention in the field of long-term contracts, where the parties need to know which factors may affect the future development of their relationship in order to value the affair properly*" (Good Faith Related Duties of Disclosure. In: GRUNDMANN, Stefan; CAFFAGI, Fabrizio; VETTORI; Giuseppe (coord.). *The Organizational Contract: From Exchange to Long-Term Cooperation in European Contract Law*. Burlington: Ashgate, 2013, p. 190).

informação entre as partes, no âmbito de gestão, que a cada um cabe fazer, da sua esfera de interesses".[938] Todavia, não é toda e qualquer informação que deverá ser partilhada. Até porque "não há dever jurídico de dação de informação ilimitada",[939] especialmente sobre questões de conveniência econômica do potencial negócio a ser celebrado.[940] Deverão ser repassadas as informações úteis, para a definição da forma como as prestações complementares das partes coordenar-se-ão.[941] Ilustrativamente, no contrato de franquia, deverão ser partilhadas pelo franqueador ao franqueado informações, quanto aos aspectos financeiros do negócio e às perspectivas de lucro do negócio.[942] Nesse ponto, entretanto, divergem os estudiosos quanto ao conteúdo de tais informações: enquanto uns defendem que a obrigação de informar do contratante instrumental não deverá se estender às condições gerais de mercado,[943] outros defendem a necessidade de que se transmita uma previsão global do mercado, com uma análise macroeconômica do projeto.[944] O argumento, para este segundo entendimento, residiria, no fato de que o contratante instrumental teria maiores condições de reunir as informações de cunho mercadológico.[945] A nós, contudo, esse argumento é incompatível com o caráter empresarial do

[938] Vasconcelos, L. Miguel Pestana De. *O Contrato de Franquia...*, p. 81.

[939] Martins-Costa, Judith. *A boa-fé no Direito Privado...*, p. 537.

[940] Bianca, Massimo. Good Faith Related..., p. 189. Sobre o dever de informar, o autor assevera: "*good faith requires the party to disclose causes for invalidity of the contract, defects of goods or services, the absence or presence of atributes which render the goods or services non-compliant with the legitimate expactations of the other party. It does not require the disclosure of elements concerning the economic convenience of the affair*".

[941] Lequette, Suzanne. *Le contrat-coopération...*, pp. 286-287. É, nessa medida, que autora conclui que "*le contrat-coopération semble constituer un cadre juridique propice à l'épanouissement de l'obligation d'information*".

[942] Vasconcelos, L. Miguel Pestana De. *O Contrato de Franquia...*, p. 81.

[943] Vasconcelos, L. Miguel Pestana De. *O Contrato de Franquia...*, p. 81. No mesmo senso: Massimo Bianca (Good Faith Related..., p. 190). Segundo este, "[t]*his information is directly related to evalutations of market chances which should fall into the realm of responsability of each contracting party. (...) This imposition of a duty of disclosure regarding economic convenience of the affair would more openly conflict with commercial practice. Even in the presence of an information asymmetry each party has to autonomously valeu the economic risks of the transaction, according to a fundamental rule of the free market*" (pp. 191-193).

[944] Lequette, Suzanne. *Le contrat-coopération...*, pp. 282-283

[945] Lequette, Suzanne. *Le contrat-coopération...*, pp. 282-283

relacionamento e oblitera o ônus de se informar do agente econômico. Em se tratando de dados de natureza macroeconômica – portanto, disponível e de fácil acesso –, faz parte do cálculo da álea comercial do empresário avaliar o cenário, conjuntamente a dados específicos do negócio (histórico de faturamento, perspectiva de lucratividade etc.) – estes, sim, mantidos, na posse exclusiva do contratante instrumental – e, então, decidir qual será seu próximo movimento no jogo econômico. Afinal, é de se esperar que os entes empresariais "detêm – ou deveriam ter negligenciado para deter – as informações relevantes à contratação passíveis de serem obtidos a um custo razoável".[946]

De qualquer modo, e isso é um grande alento, não se disputa o fato de que, ainda que sejam disponibilizadas informações a respeito de determinado mercado, tais dados não poderão ser utilizados, como meio para que a contraparte se furte ao risco que a atividade comercial, necessariamente, implica.[947] Assim, essas informações, que deverão apenas auxiliar na avaliação do projeto pelo contratante final, não poderão ser utilizadas, ulteriormente, como prova de garantia de um rendimento mínimo do projeto.[948] Tal é a tônica das relações empresariais, em que o dever de informar de uma parte convive, necessariamente, com o ônus de se informar da outra.[949]

Do que se viu, portanto, fica perceptível que, na dinâmica dos contratos híbridos, o dever de informar, em geral, recairá, com maior peso, sobre o contratante instrumental. Afinal, sendo ele o sujeito que transfere os meios necessários, para que o contratante final exerça uma determinada atividade, será, igualmente, ele o indivíduo que deterá a maior quantidade de informações úteis sobre a prestação instrumental. Tais informações deverão ser repassadas ao contratante final, de forma a lhe permitir a execução da prestação final.[950] Lequette, nesse aspecto, sublinha que essa acentuada intensidade do dever de informar não se lastreia, em qualquer sorte de altruísmo: beneficiado pela boa execução da prestação final, como

946 Forgioni, Paula Andrea. *Teoria Geral dos Contratos...*, pp. 139-140.

947 Vasconcelos, L. Miguel Pestana De. *O Contrato de Franquia...*, p. 81. No mesmo senso: Lequette (*Le contrat-coopération...*, pp. 282-283).

948 Lequette, Suzanne. *Le contrat-coopération...*, pp. 282-283.

949 Martins-Costa, Judith. *A boa-fé no Direito Privado...*, p. 537.

950 Lequette, Suzanne. *Le contrat-coopération...*, p. 287.

parte do projeto comum das partes, o contratante instrumental estará sempre inclinado a fornecer as informações necessárias à sua execução. Assim, para ela, recai sobre o contratante instrumental um dever de aconselhar e/ou advertir o contratante final, acerca dos riscos da atividade a ser explorada.[951]

Sob nossa perspectiva, embora, de um lado, concordemos com a intensificação do dever de informar, nas relações híbridas – mormente diante do interesse do contratante final, no bom sucesso do empreendimento –, compreendemos, de outro, que jamais pode se olvidar do aspecto empresarial da relação e, por conseguinte, do ônus do contratante final de se informar. A pedra de toque, nesse aspecto, talvez esteja em um binômio de "disponibilidade-relevância". Se a informação puder ser apreendida pelo contratante – *i.e.*, não se tratar de informação detida somente pela contraparte – e ela possa ser obtida sem um dispêndio excessivo de valores, caberá ao interessado buscá-la. Do contrário, se a informação não estiver disponível ao contratante final, caberá, então, ao contratante instrumental repassá-la, desde que seja, efetivamente, relevante, para o regular cumprimento da prestação final e/ou para o cálculo do risco comercial.[952] Quanto a esse último critério, no entanto, para além de informações, usualmente, transmitidas, em determinado tipo contratual, temos a impressão de que ele somente poderá ser aferido, em retrospectiva – *i.e.*, apenas será considerada relevante uma informação, cuja ausência ou má prestação seja causa direta de um ulterior dano ao contratante final. Pelo critério proposto, busca-se uma objetivação do julgamento de questões envolvendo a falha na prestação de informações durante a fase de pontuação.

Por fim, ainda na fase de negociação, há que se destacar a necessidade de atenção das partes quanto à forma como o negócio será, efetivamente, organizado e como será(ão) redigido(s) o(s) instrumento(s) que regulará(ão) a relação. Isso porque, a depender da forma como tal se dê, há o risco de que o negócio venha a ser enquadrado, sob a forma de modelo societário – o que, em geral, é indesejado pelas partes, dado que,

[951] LEQUETTE, Suzanne. *Le contrat-coopération...*, pp. 282-283.

[952] Em certo sentido, essa também é a conclusão de WEITZENBOECK, segundo a qual "[e]*ach party is bound to disclose such matters as are clearly of importance for the other party's decision, provided the latter is unable to procure the information himself and the non-disclosing party is aware of the fact*" (*A legal framework for emerging...*, pp. 103-108).

se assim não o fosse, certamente teria feito uso daquele. Apenas a título de referência, vale o destaque de que um eventual enquadramento, no regime societário, poderá ter repercussões relevantes, no tocante, entre outros, à responsabilidade das partes perante terceiros, ao nível de deveres (fiduciários) existentes entre si, às limitações para resilição do negócio (dissolução parcial) e eventual adesão de novo parceiro.[953]

2. Dos efeitos da coligação contratual

Não obstante não perfaça objeto da presente investigação, a questão da coligação contratual, como já visto, tem pontos de contatos com os arranjos híbridos, seja com relação às estruturas complexas de cooperação, seja no tocante às redes contratuais. Especialmente para estas, o fenômeno da coligação, conquanto, como já referido, não seja essencial para a formação da rede,[954] é, no mais das vezes, elemento presente, em tais agrupamentos de contratos, motivo pelo qual entendemos pertinente, ainda que de modo bastante sintético, analisar as suas principais implicações às tradicionais regras da teoria contratual.

De efeito, as consequências jurídicas[955] que podem advir do fenômeno variam, conforme os fatores de intensidade do vínculo (coincidência de partes, coexistência temporal dos contratos, existência de contrato de natureza existencial) e não podem ser conhecidas de antemão. Nesses termos, as consequências jurídicas passíveis de exsurgir no caso concreto atinem à **(i)** interpretação, **(ii)** qualificação, **(iii)** derrogação do regime jurídico, **(iv)** validade e **(v)** eficácia.[956] Abaixo, discorreremos, resumidamente, acerca de cada um desses pontos.

Quanto à primeira consequência jurídica elencada,[957] destaca-se a necessidade de que – especialmente face ao cânone hermenêutico,

[953] Weitzenboeck, Emily M. *A legal framework for emerging...*, pp. 268-269. No mesmo senso: Cevenini (*Virtual Enterprises...*, p.175).

[954] Vide itens II.2 e II.3.

[955] Marino esclarece ser preferível o termo "consequências jurídicas" a "efeitos jurídicos", haja vista que o sentido técnico deste abarca somente a criação, modificação ou extinção de relações jurídicas (*Contratos Coligados...*, pp. 141-145).

[956] Marino, Francisco Paulo De Crescenzo. *Contratos Coligados...*, pp. 141-145.

[957] Frise-se, como bem observa Samuel Mezzalira, que a questão da interpretação de negócios coligados demanda dois momentos lógicos distintos: **(i)** em primeiro lugar, há grande esforço hermenêutico, no sentido de identificar se há ou não verdadeiro caso de coligação

segundo o qual há que se considerar o contexto verbal da linguagem[958] – as cláusulas em contratos coligados sejam interpretadas sempre se atendo não apenas à redação literal dos dispositivos, mas também à redação conjunta dos instrumentos relacionados. Assim, ilustrativamente, já foi possível se liquidar a quantidade de determinada mistura de café torrado em um negócio de fornecimento, sem prazo e quantidade predeterminadas, coligado a um outro de mútuo de valores, por meio do qual se estabeleceu que os importes emprestados de uma parte à outra seriam pagos, mediante a entrega de porções da mistura desta àquela. A partir da divisão aritmética do valor mutuado pelo critério de desconto estabelecido ("X" em valores equivalentes a "Y" em produtos), foi possível às Cortes Italianas interpretar o contrato de fornecimento e, por conseguinte, encontrar tanto a quantidade de produto devida como o seu prazo de vigência (o termo final dar-se-ia, com a entrega do volume identificado). Para além da análise textual global, deverão ainda ser considerados, conjuntamente, as circunstâncias em que os contratos coligados foram firmados (tempo e lugar da celebração e da execução, qualidade e eventual relação das partes envolvidas, comportamento das partes nas tratativas, celebração e conclusão dos negócios, qualidade do bem objeto do negócio etc.). Desse modo, e ainda à guisa de ilustração jurisprudencial, um contrato de compra e venda de uma residência e uma promessa de compra e venda de terrenos contíguos à casa foram considerados coligados, à luz de terem sido firmados em mesma data e pelo fato de formarem, na prática, apenas uma área (os terrenos contíguos abarcavam a área de lazer do imóvel). Nesses termos, à vista das circunstâncias em que foram celebrados, o inadimplemento de um poderia acarretar, igualmente, a resolução do outro.[959]

contratual, para só, então, – e aí é que nos parece haver uma efetiva consequência jurídica decorrente desse fenômeno – **(ii)** buscar-se a conformação entre a aparente incongruência existente entre cláusulas contratuais de textos, literalmente, contraditórios, contidos nos contratos em coligação, de forma a adequar o dispositivo incompatível à operação econômica (*Conexão Contratual...*, p. 75).

[958] Como bem se sabe, a interpretação dá-se, essencialmente, pela análise (i) do sentido literal das palavras; (ii) do contexto verbal em que as palavras estão inseridas e (iii) do contexto situacional dos negócios (as denominadas "circunstâncias") (Marino, Francisco Paulo De Crescenzo. *Contratos Coligados...*, p. 146).

[959] Marino, Francisco Paulo De Crescenzo. *Contratos Coligados...*, pp. 145-156.

A coligação contratual pode gerar efeitos também quanto à qualificação individual de cada um dos negócios envolvidos. A coligação, nesse aspecto, atua como um índice do tipo contratual,[960] que pode, portanto, **(i)** influenciar o processo de subsunção do contrato, no caso concreto, ao tipo abstrato do modelo legal, com a eventual adaptação das regras atinentes ao regime típico, **(ii)** mudar a qualificação do contrato, no caso concreto (ex.: contratos de depósito em coligação a outros, prestando função de garantia, já foram considerados atípicos, para afastar as penalidades do depositário infiel; um comodato coligado a uma franquia pode ser considerado oneroso e, por conseguinte, ser requalificado, como uma locação ou um outro negócio)[961] ou **(iii)** dar lugar, em si, a uma forma típica de relacionamento de contratos.[962] Os tribunais brasileiros, reiteradamente, já enfrentaram questões relativas à qualificação de contratos coligados, nos casos envolvendo a locação de imóvel e/ou comodato de equipamentos frente à coligação com contratos de distribuição de combustíveis, bem como nos casos de locação coligados a contratos de franquias de restaurantes. Há, para esses casos, decisões nos sentidos mais variados, compreendendo-se tanto pela preservação do tipo contratual e respectivas regras, quanto pela alteração de sua qualificação diante da coligação.[963]

[960] Os índices de tipos perfazem as qualidades e/ou características que se prestam à identificação de determinado tipo legal. Dentre os mais comuns, encontram-se "(...) a causa, o fim, o objeto, a contrapartida, a configuração, o sentido, a qualidade das partes e a forma do contrato" (Mezzalira, Samuel. *Conexão Contratual...*, p. 181).

[961] Mezzalira, Samuel. *Conexão Contratual...*, pp. 179-187.

[962] Confira-se a observação de Galgano a respeito: "[a]*nche in matéria di contratti collegati si può distinguere tra tipicità e atipicità. Tavolta il collegatmento fra contratti diversi risulta legislativamente fissato ed è, dunque, típico: cosí sono tra loro collegati contratto e subcontratto (sublocazione, supappalto, submandato), ed altranto suole dirsi per il contratto constitutivo dell'obbligazione principale quello constitutivo dell'obligazione fideissuoria (...). Collegamento atípico è, invece, quello che fra più contratti si instaura in forza della autonomia contrattuale, in applicazione cioè dell'art. 1322, comma 2º, e che prende vita da una atípica clausola – expressa o anche tácita – di più contratti, la quale rende un contratto dependente da un altro (cosidetto colegamento unilaterale o per accessorietà) o rende piú contratti fra loro interdipendenti (collegamento con influenza reciproca). La causa che giustifica la validità di questa clausola sta, secondo la giurisprudenza, nella unità della oprezione econômica che più contratti sono chiamati a realizzare*" (*Trattato di Diritto Civile...*, pp. 219-220).

[963] Marino, Francisco Paulo De Crescenzo. *Contratos Coligados...*, pp. 163-181.

É também um dos efeitos da coligação, e, de certo modo, relacionado à questão da qualificação, a derrogação total ou parcial de regras de determinado tipo jurídico a que um contrato esteja subsumido, em vista da relação com outro contrato que venha a diferenciá-lo "(...) do tipo empírico subjacente à regulação legislativa".[964] A título de ilustração, sublinhe-se que, nos contratos de sublocação coligados à franquia, há o afastamento das regras dos artigos 21 e 43, I, da Lei de Locações (Lei n. 8245/1991), que limitam o valor cobrado pelas sublocações ao que é exigido no contrato de locação. Segundo Marino, a derrogação dessas regras *in casu* justificar-se-ia "(...) em razão da alteração substancial realizada no imóvel e, mediatamente, à própria circunstância de sublocação encontrar-se coligada ao contrato de franquia, a derrogar o regime jurídico típico da sublocação".[965]

Usualmente, diz-se que, na coligação contratual, a invalidade e a ineficácia de um contrato acarretam efeitos de ordem similar ao outro ("*simul stabunt, simul cadent*"). Marino, contudo, destaca que "(...) essa 'regra geral', tal como formulada, é de pouca ou nenhuma prestabilidade, pois destituída de fundamentação dogmática aparente, excessivamente genérica e (...) equivocada quanto à solução apontada".[966] Para ele, a despeito da invalidade total ou parcial de um determinado contrato, o outro permanecerá válido, desde que não seja afetado o fim concreto do negócio, compreendido como a "(...) parcela relevante do conteúdo contratual". Tal fim concreto "(...) deve ser determinado mediante interpretação objetiva, atenta à 'racionalidade interna' do contrato (economia do contrato) e conduzida à luz dos parâmetros previstos na lei (art. 113 do Código Civil)", cabendo à parte que defende a manutenção dos termos contratuais o ônus de demonstrar a ausência de afetação.[967] Afinal, "[v]ia de regra a invalidade de um dos contratos afetará o equilíbrio das prestações",[968] levando à ineficácia superveniente do outro negócio,[969]

[964] Marino, Francisco Paulo De Crescenzo. *Contratos Coligados...*, p. 182.

[965] Marino, Francisco Paulo De Crescenzo. *Contratos Coligados...*, p. 182.

[966] Marino, Francisco Paulo De Crescenzo. *Contratos Coligados...*, p. 190.

[967] Marino, Francisco Paulo De Crescenzo. *Contratos Coligados...*, p. 193.

[968] Marino, Francisco Paulo De Crescenzo. *Contratos Coligados...*, p. 194.

[969] Nesse sentido, Marino esclarece que "[a] validade do contrato coligado funciona como condição de permanência de eficácia para o contrato a ele coligado. Ou, inversamente, a invalidade do contrato é condição resolutiva de eficácia do contrato a ele coligado. Esta ineficácia

com a impossibilidade de realização da operação econômico-jurídica visada pelas partes (objeto do contrato) ou perda de função social. Em casos específicos, a invalidade de um implicará a invalidade do outro (ex.: a locação inválida acarreta a invalidade da sublocação).[970]

No plano da eficácia, o ponto primordial a ser considerado refere-se aos efeitos da mora e/ou inadimplemento absoluto de um contrato sobre aquele a ele coligado. Segundo Marino, o critério a se considerar, à exceção dos casos óbvios de *cross default*, nesse aspecto, é o da utilidade da operação ao credor, frente ao incumprimento havido em um dos negócios. Nesse aspecto, e a título de ilustração, vale destacar que de nada vale a uma distribuidora de combustíveis que uma revendedora cumpra o contrato de comodato de equipamentos e/ou arque com o pagamento da locação do imóvel onde o posto de serviços está instalado, caso deixe de adquirir e comercializar os produtos da bandeira. Verificada a inutilidade da operação, viabiliza-se, assim, ao credor os remédios sinalagmáticos, a saber, a exceção do contrato não cumprido (CC, art. 476) e a resolução do contrato por incumprimento (CC, art. 475).[971] Assim, as cortes nacionais, em coligação contratual, envolvendo um contrato de financiamento, um de fornecimento e um de comodato de equipamentos, celebrados entre uma distribuidora de combustíveis e uma revendedora, já entenderam que um descumprimento no negócio de fornecimento obstaria a exigibilidade dos valores mutuados.[972] Da mesma forma que se passa na invalidade, a ineficácia total ou parcial de um pacto poderá gerar a ineficácia superveniente do coligado, caso a parte que tenha interesse na manutenção da operação não logre êxito em demonstrar que o fim concreto não foi afetado.[973]

superveniente operará, normal mas não necessariamente, *ex nunc*" (*Contratos Coligados...*, p. 195).

970 MARINO, Francisco Paulo De Crescenzo. *Contratos Coligados...*, pp. 189-197.

971 O vínculo sinalagmático entre contratos deve ainda ser considerado, para fins de aferição do equilíbrio material entre as prestações das partes (MEZZALIRA, Samuel. *Conexão Contratual...*, pp. 197-200).

972 MARINO, Francisco Paulo De Crescenzo. *Contratos Coligados...*, pp. 198-202.

973 MARINO, Francisco Paulo De Crescenzo. *Contratos Coligados...*, pp. 204-205. Em mesmo senso, RUY ROSADO destaca que "[n]os contratos coligados, a resolução de um atua sobre o outro, resolvendo-o. Para isso, é preciso verificar, em primeiro lugar, se um contrato está para o outro assim como o principal está para o acessório; nesse caso, o incimprimento da obrigação

Questão mais complexa, mas ainda no plano da ineficácia, dá-se, nos casos de incumprimento, em contratos coligados envolvendo partes diversas. A oponibilidade de inadimplemento de terceiro, em tais situações, dependerá, de acordo com Marino, tanto do já referido critério da utilidade da operação ao credor, quanto da comunhão de interesses entre o terceiro e a parte a quem se opõe o inadimplemento. Tal comunhão, aferível, mediante a interpretação dos contratos, com afinco na boa-fé e nos usos (CC, art. 113), dar-se-ia, segundo o autor, nas hipóteses em que houver uma atuação coordenada entre o terceiro[974] e a parte contra quem

do contrato principal leva à sua resolução e, também, à do acessório. Se o descumprimento é deste, a resolução concomitante do principal somente ocorrerá se impossibilitada a sua prestação, ou tornada extremamente onerosa – a exigir sacrifício anormal e desproporcionado ao devedor –, ou se eliminado o interesse do credor. Se os contratos coligados tiverem a mesma importância, a resolução de um atingirá o outro, se demonstrado que um não teria sido firmado sem o outro (sinalagma genético), ou que a impossibilidade de um determina a do outro, ou que o incumprimento de um afeta o interesse que o credor poderia ter no cumprimento do outro (sinalagma funcional). Pode acontecer que a prestação onerosa assumida em um contrato seja correspondente à vantagem garantida em outro, de tal sorte que a falta d eum poderá abalar o equilíbrio que o conjunto dos contratos garantia" (AGUIAR, Ruy Rosado. *Extinção dos Contratos...*, p. 90).

[974] Terceiros são todos aqueles que não participaram da formação da relação contratual (MARINO, Francisco Paulo De Crescenzo. *Contratos Coligados...*, p. 209). MARINO esclarece, de modo sintético, que os terceiros podem ainda se subdividir entre **(i)** aqueles, completamente, alheios ao contrato e à relação contratual ("*penitus extraneus*"), **(ii)** os que, embora não participem da formação, são, efetivamente, partes do contrato (ex.: estipulação em favor de terceiro) e, por fim, **(iii)** os terceiros interessados, que, conquanto não sejam partes do negócio, têm posição jurídica afim das partes ou podem sofrer prejuízos com os acontecimentos decorrentes do que se suceder no interior da relação contratual. Na coligação contratual, seria somente a atuação de terceiros interessados que geraria efeitos de contrato a outro (*Contratos Coligados...*, pp. 208-209). Sobre o ponto, OTÁVIO RODRIGUES explica "[o] conceito de terceiro entremostra-se ambíguo, quase sempre tomado a partir de seus elementos negativos, formulados pelos que estão ausentes em sua gênese. Assim, considera-se terceiro todo aquele que 'não participou da formação da obrigação, ou do contrato, ou que não foi validamente representado, nem por seu antecessor, a quem sucede, nem por um mandatário nem por um gesto de negócios'. A posição jurídica do terceiro assenta-se em um alheamento material e formal a determinada e particular relação jurídica. Essa distância, essa polarização pode ser comparada às órbitas, com uma maior ou menor proximidade dos corpos celestes à estrela solar. Tal metáfora serve para ilustrar que o terceiro encontra-se numa situação dinâmica em face do contrato, cingindo-se ou apartando-se daquele, conforme seu status, o que dá ensejo a que se altere sua qualificação em face de sua distância do vínculo. O sucessor, o credor quirografário, o accipiens hipotecário

o incumprimento é arguido. Assim, em uma operação de manufatura de sofá, em que um fabricante, por meio de dois contratos diversos de fornecimento, recebe a estrutura de madeira de um fornecedor e as estruturas de metal de outro, a possível falha do primeiro, que impeça a produção dos móveis, poderá ser justificativa para que não se leve a cabo a execução do contrato firmado com o segundo. A solução, nesse caso, dependerá da eventual interação entre os fornecedores: se os fornecedores tinham apenas mero conhecimento de que ambos estavam inseridos dentro de uma mesma operação econômica ou mesmo se um houvesse sido apresentado ao fabricante pelo outro, não haveria uma coordenação de atividades entre si e, por conseguinte, seria inexistente uma comunhão de interesses; de outro lado, caso ambos os fornecedores, habituais parceiros comerciais, atuassem, conjuntamente, de forma concertada, e entregassem a estrutura já montada ao fabricante, haveria então a referida comunhão de interesses. Nessa segunda hipótese, a falha de um poderia ser oposta pelo fabricante, como óbice ao cumprimento do contrato celebrado com o outro.[975] Frise-se, a esse respeito, que Marino deixa em aberto se, para além de servir como exceção ao cumprimento de determinada obrigação, os outros efeitos atinentes a um determinado regime contratual (ex.: execução específica, cláusulas de limitação de responsabilidade etc.) poderiam ser impostos a terceiros participantes de contratos coligados.

A respeito dessa posição de terceiros interessados em contratos coligados, e em senso contrário ao exposto por Marino, Samuel Mezzalira destaca que, conquanto haja certa simpatia jurisprudencial e doutrinária, em diversos ordenamentos, favoravelmente a permitir que indivíduos,

diante do devedor que aliena a coisa dada em garantia, o terceiro a favor de quem se constituiu estipulação, o locador em face do locatário que subloca o imóvel, o fiador superveniente, o cedido na cessão de crédito, o devedor ante o terceiro sub-rogado e, por derradeiro, o gestor de negócios são exemplos de pessoas que normalmente figurariam como terceiros, muitos até recebem essa denominação, entretanto ostentam um tal nexo com a relação jurídica específica que mais se assemelham a satélites em derredor aos planetas: não se encontram na atmosfera destes, mas gravitam com tal proximidade a sua órbita, que não podem deixar de influir ou de ser influenciados por aquela. (Rodrigues Júnior, Otavio Luiz. A doutrina do Terceiro Cúmplice: Autonomia da Vontade, o Princípio *res inter alios acta,* Função Social do Contrato e a Interferência Alheia na Execução dos Negócios Jurídicos. *Revista dos Tribunais,* vol. 821, mar/2004, p. 83).

975 Marino, Francisco Paulo De Crescenzo. *Contratos Coligados...*, pp. 205-209.

que não sejam partes de um mesmo contrato, pleiteiem entre si a responsabilização direta por violações contratuais, tal, para além de hipóteses já positivadas em lei (ex.: cadeia de consumo) como exceção à relatividade dos efeitos dos contratos, não perfaz um efeito da coligação contratual. Até mesmo porque, argumenta, caso assim o fosse, estar-se-ia, de modo ilógico, a transformar uma exceção em princípio geral do direito. Para ele, isso não quer dizer, contudo, que o terceiro, eventualmente, não poderá ser responsabilizado por eventuais impactos que venha a causar à relação contratual de que não é parte. Essa responsabilização ocorrerá desde que haja nexo causal entre sua atuação e os prejuízos acarretados, inexistindo aí uma decorrência da coligação contratual. Afora os casos de substituição ao contratante (ex.: subempreitada autorizada pelo dono da obra) ou a colaboração do terceiro ao incumprimento (teoria do terceiro cúmplice), a responsabilização, nesse tocante, será de natureza extracontratual.[976]

Carlos Konder, a seu turno, após abordar diversas hipóteses discutidas na jurisprudência e doutrina francesas, sob o viés dos *groupes de contracts*, destaca que a questão ainda é bastante insipiente no Tribunais estatais nacionais. Em sua exposição, faz referência a apenas um caso analisado, no espaço brasileiro, cujo posicionamento final adotado pelo Superior Tribunal de Justiça foi no sentido de privilegiar a relatividade dos efeitos dos contratos, impedindo que uma parte suscitasse, em defesa, uma cláusula limitadora de responsabilidade de negócio do qual não foi parte. Assim, sem defender qualquer posicionamento específico, ele apenas sublinha que questões envolvendo a coligação contratual entre partes diversas "*demandam (...) não o desprezo do conceito como um todo, mas, ao contrário, estudos mais aprofundados acerca de suas consequências*".[977]

A questão, de fato, suscita relevantes implicações de ordem prática, haja vista envolver a possibilidade de se aplicar ou não o regime contratual a partes que não constaram de um determinado negócio. Todavia, não obstante a relevância da matéria – e, inclusive, nosso interesse em estudá-la

[976] Mezzalira, Samuel. *Conexão Contratual...*, pp. 200-205. Nesse aspecto, o autor bem destaca que, ainda que o terceiro venha a discutir questões atinentes à validade do contrato descumprido, isso não quer dizer que a natureza da responsabilidade seja contratual. Questionamentos de tal ordem, na verdade, relacionar-se-iam à efetiva existência de um dano, sem o qual inexistiria qualquer dever de indenizar (pp. 205-206).

[977] Konder, Carlos Nelson. *Contratos conexos...*, pp. 257-271.

–, uma análise mais percuciente deste ponto refoge aos limites objetivos do presente trabalho e, certamente, demandaria a produção de uma outra tese científica voltada à investigação deste interessante fenômeno.

3. Do término dos contratos de natureza híbrida

Como bem se sabe, a obrigação é um processo, dirigido a um determinado fim, que, desse modo, é uma relação temporária, destinada, desde a sua gênese, à extinção. Havendo o comportamento esperado dos partícipes da relação, a solução da *obligatio* dar-se-á, mediante o adimplemento. Essa normalidade programada para a extinção do vínculo contratual pode ser frustrada por fatores negativos **(i)** contemporâneos ou **(ii)** supervenientes ao nascedouro da obrigação. Entre os primeiros, podem ser mencionadas **(i.1)** as causas de nulidade (impossibilidade absoluta da prestação - CC, art. 166, II), **(i.2)** anulabilidade (vícios de consentimento - CC, art. 138 e seguintes) ou **(i.3)** invalidade por vício redibitório (CC, art. 441). Em todos esses casos, o ato existiu, mas é inválido, com ineficácia ampla (atos nulos) ou mera ineficácia (atos anuláveis). Entre os segundos, que se operam após a eficácia da relação obrigacional, e seguindo a classificação de Ruy Rosado, encontram-se **(ii.1)** as formas de extinção do crédito, que podem se dar com ou sem a satisfação do credor (dação em pagamento, consignação em pagamento, compensação, novação, remissão e confusão - CC, art. 334),[978] **(ii.2)** os derivados da vontade (condição resolutiva - CC, art. 127; cláusula resolutiva expressa - CC, art. 474; cláusula de arrependimento com arras penitenciais - CC, art. 420; distrato - CC, art. 472; denúncia - CC, art. 473; arrependimento - CDC, art. 49) e **(ii.3)** os derivados da lei. Estes últimos podem ainda ser subdivididos em **(ii.3.a)** extinção por impossibilidade de cumprimento, por fato inimputável ao devedor (pela perda da coisa - CC, arts. 234, 1ª parte, e 238; da prestação de fazer - CC, art. 248, 1ª parte; da obrigação de não fazer - CC, art. 250; das obrigações alternativas - CC, art. 256), **(ii.3.b)** extinção optativa,

[978] Nesse particular, Ruy Rosado muito bem recorda que, conquanto a extinção de todos os créditos de uma relação obrigacional acabe também por extingui-la, o inverso não é verdadeiro. Afinal, é, plenamente, possível que a relação obrigacional tenha sido extinta, persistindo os direitos de créditos dela decorrentes. Tal é o que se passa, por exemplo, na hipótese de extinção de uma relação locatícia, à qual sobrevivem os direitos de créditos referentes aos pagamentos dos alugueres (Aguiar, Ruy Rosado. *Extinção dos Contratos...*, pp. 22-23).

com abatimento de preço do que se deteriorou, por fato inimputável ao devedor (CC, art. 235); **(ii.3.c)** extinção optativa, por fato imputável ao devedor, com a exigência da prestação (CC, arts. 234, 2ª parte, 236, 239, 240, 2ª parte, 248, 2ª parte, e 255), ou resolução (CC, art. 475), **(ii.3.d)** resolução por incumprimento do devedor de prestação ainda possível (CC, art. 475), **(ii.3.e)** onerosidade excessiva (CC, art. 478 e seguintes) e **(ii.3.f)** prescrição. Os acontecimentos supervenientes ao surgimento da obrigação podem ter efeito **(i)** imediato, com extinção automática do vínculo (condição resolutiva, cláusula resolutiva expressa e impossibilidade total), **(ii)** por manifestação de vontade (resolução convencional por notificação e cláusula de arrependimento) e **(iii)** mediante manifestação de vontade em procedimento jurisdicional (resolução por inadimplemento ou onerosidade excessiva).[979]

Como se vê, portanto, há, no ordenamento, um intrincado sistema de extinção da relação obrigacional, que, consoante buscará se demonstrar adiante, conta com especificidades, em determinados pontos, por conta das características específicas dos arranjos de natureza híbrida, consoante, anteriormente, abordado.

De efeito, a cessação dos vínculos de natureza híbrida é elemento de inequívoca relevância, com fortes impactos na condição econômica das partes, especialmente, no mais usual, ao contratante final. Este término, que já significa uma ruptura de uma relação duradoura e que, por conseguinte, demanda uma liquidação, é tanto mais traumática, caso se dê subitamente e de modo patológico. Afinal, nos arranjos híbridos, há, em geral, uma integração entre as empresas das partes e a necessidade de redirecionamento dos ativos coligados à atividade empreendida, emergindo daí inúmeras problemáticas, especialmente naquilo que foi, conjuntamente, conquistado (ex.: ampliação de clientela). É, nesse momento, que, no mais das vezes, o paralelismo de interesses, que por tão longo tempo perdurou, converte-se em franco antagonismo, trazendo à tona a especificidade da dinâmica híbrida.[980]

Nessa medida, como assevera Ferreira Pinto, a "duração ótima" do contrato é um dos aspectos mais relevantes da celebração do negócio, uma

[979] AGUIAR, Ruy Rosado. *Extinção dos Contratos...*, pp. 22-25.

[980] PINTO, Fernando A. Ferreira. *Contratos de distribuição...*, p. 225. No mesmo senso: LEQUETTE, Suzanne. *Le contrat-coopération...*, pp. 399-401.

vez que "envolve um balanceamento («trade-off») entre os benefícios e os custos potenciais dos negócios com prazo mais e menos dilatado, opção que implica a consideração de numerosas variáveis".[981]

Com isso, perceba-se, não se quer dizer que as relações de troca, de caráter duradouro, não sejam também impactadas pelo rompimento do vínculo contratual. Todavia, é inegável que, por se tratar de operações de intercâmbio, em que há uma mera repetição de trocas ("*un bégaiement de l'échange*"), os acordos de mercado não serão impactados, tal qual os de natureza híbrida, em que há uma coordenação e interação de recursos complementares. Em geral, a operação econômica realizada, por meio da estrutura de natureza híbrida, necessita de tempo para se desenvolver e uma resilição repentina poderá arruinar a economia do negócio. Tal risco é ainda maior, quando, conforme se evidenciará adiante, uma ou ambas as partes houverem feito investimento, na operação econômica, sem que tenha transcorrido tempo suficiente para que haja a respectiva remuneração daquilo que foi aplicado. Em adição, a situação poderá ser agravada, nos casos em que o acordo de cooperação for decisivo para o prosseguimento da atividade empresarial de uma das partes.[982]

3.1. Da extinção do vínculo contratual por fatos contemporâneos ao seu surgimento: os vícios de consentimento

Retomando a discussão abordada no processo de formação dos contratos híbridos, vale o destaque de que a falha no dever pré-contratual de informar, doloso ou por negligência (*misrepresentation*), poderá dar azo não apenas à responsabilidade da parte, caso um dano, efetivamente, concretize-se em razão dela, como também a um pleito de anulação, por vício de consentimento.[983-984] Nessa medida, os deveres de informação, na

[981] PINTO, Fernando A. Ferreira. *Contratos de distribuição...*, p. 229.

[982] LEQUETTE, Suzanne. *Le contrat-coopération...*, pp. 399-401.

[983] VASCONCELOS, L. Miguel Pestana De. *O Contrato de Franquia...*, p. 81. No mesmo sentido: LEQUETTE (*Le contrat-coopération...*, pp. 288-289).

[984] Ao tratar do dolo do atual enquadramento do dolo, em nosso sistema, JUNQUEIRA bem demonstra, como um mesmo ato pode, de fato, dar azo tanto a uma hipótese de responsabilização, quanto de anulação por vício de consentimento. Nesse sentido, confira-se: "[o] fato de o dolo nos negócios jurídicos encontrar, hoje, sua *sedes materiae* entre os vícios de consentimento leva muitas vezes o jurista prático a esquecer seu caráter ilícito. No entanto, (...) o dolo (...), além de 'vício do consentimento', configura ato ilícito, e é por isso que tanto o dolo principal

fase pré-negocial, em conjunto com a teoria dos vícios de consentimento, conformam um poderoso instrumento de proteção do consentimento. De acordo com Lequette, a vantagem dos primeiros, em relação à segunda, consistiria no fato de que a pretensão de anulação, atinente à teoria dos vícios, representaria "*un mécanisme trop lourd et au rendement social medíocre*".[985] Os deveres de informação, na fase pré-contratual, operam-se, assim, como uma prevenção a declarações de vontade inquinadas de invalidade.[986]

Ainda durante a fase de formação do contrato, é possível que algumas situações acarretem a formação viciada da declaração de vontade das partes. A mais evidente, consoante já destacado, é a hipótese de erro decorrente das informações obtidas, na fase pré-negocial, por uma das partes. Nesse aspecto, Lequette indica que um eventual erro sobre a rentabilidade do negócio deverá ser encarado de forma diversa, caso esteja a se tratar de uma relação de troca ou de um acordo de cooperação. Para demonstrar seu ponto, a autora refere-se a um excerto da jurisprudência francesa, em que um determinado locatário de fitas cassetes ajuizou uma demanda de anulação do contrato locação, com base no fundamento de que teria incidido em erro quanto às circunstâncias do mercado local, que, por se tratar de área pouco povoada, não lhe permitiria exercer, plenamente, a atividade de sublocação das fitas. Ela crítica a tutela constitutiva negativa concedida pelo Judiciário Francês ao locatário, haja vista que, por se tratar de erro sobre motivo, não deveria ter se anulado o negócio. Em outro viés, contudo, ela aponta que, sob a ótica da cooperação, a solução deveria ser outra. Considerando o fato de que a rentabilidade do negócio estaria ligada ao empreendimento comum, uma declaração construída, sob a premissa de um mercado, que, ulteriormente, mostrou-se inexistente,

(*dans causam negotii*, dolo que leva o agente a realizar o negócio; art. 145 do Código Civil) quanto o acidental (dolo a respeito do qual o agente teria realizado o negócio, porém de outro modo; art. 46 do Código Civil) acarretam consequências jurídicas. (...) Antes de prosseguir, cumpre dizer que, hoje, não há mais qualquer objeção à existência de dolo entre pessoas jurídicas. A ciência jurídica moderna já assentou a noção de que as pessoas jurídicas também podem ser responsabilizadas por condutas dolosas, inclusive na esfera criminal" (AZEVEDO, Antonio Junqueira. *Natureza jurídica da renúncia...*, pp. 97-98).

[985] LEQUETTE, Suzanne. *Le contrat-coopération...*, pp. 278-279.

[986] GALLO, Paolo. *Il contratto*. Giappichelli, 2017, p. 680.

seria um erro sobre motivo determinante ao negócio e, assim, deveria conduzir à sua anulação, por falsa causa.[987]

A solução, no Direito Brasileiro, dificilmente, seria a mesma. Como bem se sabe, não é qualquer erro que conduz a uma anulação do negócio jurídico. O erro, conforme leciona Francisco Amaral, consiste em uma "falsa representação de realidade" que "o agente tem de qualquer dos elementos do ato jurídico ou negócio". Há, nessa hipótese, uma "divergência, não entre a vontade e a declaração, mas entre a vontade realmente declarada e uma vontade hipotética, a que existiria no agente se não estivesse em erro".[988] Somente são considerados vícios de consentimento, aptos a conduzir a uma anulação do negócio, os erros essenciais (ou substanciais), isto é, um erro de fato sobre as "qualidades essenciais da pessoa a quem se refira a declaração de vontade, ao objeto principal da declaração ou a alguma de suas qualidades essenciais, ou ainda à própria natureza do ato" ou um erro de direito, "quando [este] tenha sido a razão principal ou única do negócio" (CC, art. 139). Assim, por exemplo, poderá ser considerado essencial um erro que recaia sobre as qualidades da pessoa, em negócios jurídicos, como o casamento, a doação, o testamento, os fundados em determinada atividade técnica, os baseados na confiança etc. Poderá também, ilustrativamente, haver um erro sobre o objeto principal da declaração, quando se desejar comprar um determinado imóvel, mas, ao invés, acabar por se adquirir um outro, ou quando se pensar estar emprestando algo a alguém, mas este o receber como doação. Em todas essas hipóteses, contudo, o erro deve ser escusável, o que significa dizer que não pode decorrer de culpa daquele que o alega, "para o que concorrem diversas condições, como idade, a profissão e a experiência do agente". Quando se tratar de erro sobre motivos, só implicará anulação o falso motivo, nos casos em que vier expresso como razão determinante (CC, art. 140). Em outros termos, para que seja considerado determinante, o motivo deverá constar do texto contratual, como condição resolutiva ou suspensiva.[989]

Nessa ordem de ideias, parece ficar claro que, na ausência de um dispositivo expresso, condicionando o negócio à efetiva existência de um

[987] Lequette, Suzanne. *Le contrat-coopération...*, p. 293.

[988] Amaral, Francisco. *Direito Civil: introdução...*, p. 536.

[989] Amaral, Francisco. *Direito Civil: introdução...*, pp. 537-539.

mercado para a exploração rentável da atividade comercial, não haveria hipótese de anulação do negócio. Para além disso, há ainda o fato de que, considerando que a prestação final será executada pelo contratante final, individualmente, com os meios disponibilizados pelo contratante instrumental, o risco dessa específica atividade é, exclusivamente, seu e, assim, cabe somente a ele analisar, adequadamente, o mercado em que pretende se inserir. É bem, por isso, que, como, inclusive, a própria Lequette defende, embora haja a convergência de interesses em uma mesma direção, eles permanecem distintos e individuais. Recorde-se, ainda, nesse ponto, que, entre nós, é apenas o erro escusável, "que poderia ser percebido por pessoa de diligência normal, em face das circunstâncias do negócio" (CC, art. 138), que pode dar ensejo à anulação. E, assim, não parece ser justificável que um empreendedor, com o intuito de operar um negócio de sublocação em determinada localidade, equivoque-se quanto à existência ou não de um mercado local para a exploração da atividade comercial.

A posição da autora francesa, em prol do reconhecimento da invalidade, deu-se, possivelmente, pelo fato, destacado por Junqueira, de que "*no direito francês, a noção de erro, que pode levar à anulação, foi 'inchada' (gonflé) e abrange todo e qualquer caso de erro que leve a parte à realização do negócio, inclusive e especialmente, portanto, o caso de erro sobre motivo determinante*".[990] No Direito Brasileiro, como bem destaca o saudoso mestre, vige o princípio da irrelevância dos motivos, que, afora dos casos prescritos em lei (simulação e fraude contra credores), não invalidam o negócio nem mesmo por imoralidade ou ilicitude.[991] Note-se, contudo, que isso não significa impedir que as partes, frente a negócios cooperativos deficitários, desvinculem-se; mas tão somente que inexistirá, entre nós, uma hipótese de anulação, nos moldes defendidos por Lequette. A desvinculação, dessarte, deverá operar-se, por outras formas legais (distrato, denúncia etc.).

Considerando o aspecto *intuito personae* dos contratos híbridos,[992] é possível ainda que um erro sobre a personalidade econômica do parceiro também seja uma hipótese de anulação do negócio.[993] De acordo com

[990] Azevedo, Antonio Junqueira. *Negócio jurídico...*, p. 113.

[991] Azevedo, Antonio Junqueira. *Negócio jurídico...*, pp. 105-106.

[992] Vide item III.2.

[993] Lequette, Suzanne. *Le contrat-coopération...*, p. 290.

Lequette, tal hipótese, inclusive, distingue os negócios de cooperação, em que há uma alta carga relacional, dos acordos de troca: nestes, a maior partes dos erros substancias recai sobre o objeto da proteção; já, naqueles, haja vista que a prestação consiste no fornecimento dos meios adequados, para a exploração da atividade comercial e/ou realização da atividade final, o erro substancial recairá, com maior frequência, sobre as habilidades técnicas das partes envolvidas. Como exemplo, pode-se destacar um franqueador que não detenha o conhecimento (*know how*) esperado, para que uma determinada atividade comercial seja desenvolvida pelo franqueado. É possível também que um erro sobre as qualidades pessoais da parte se agregue a uma hipótese de impossibilidade de cumprimento da prestação. Esta seria a situação, caso, em um eventual contrato, em que uma parte oferecesse o imóvel, para que a outra nele edificasse um prédio, cujos alugueres gerados seriam repartidos, descobrisse-se que nada poderia ser construído, por conta de regras de urbanismo.[994]

Ainda com relação a um eventual erro sobre a rentabilidade econômica do projeto comum, Lequette destaca que pode ser considerado hipótese de dolo um caso, em que o contratante instrumental transmita informações, deliberadamente, falsas ao contratante final, a respeito do estado do mercado e das perspectivas de desenvolvimento do negócio. Assim, refere-se a uma decisão judicial das cortes francesas, em que se entendeu dolosa a entrega a um franqueado de um estudo de viabilidade, do qual aquele se serviu para aderir ao contrato, contendo números inexatos e com uma previsão de rentabilidade, evidentemente, inverificável. O aspecto doloso, segundo o julgado noticiado, residiria, nos fatos de que a informação contida no estudo de viabilidade era essencial, para a avaliação de rentabilidade do empreendimento, bem como de que os equívocos eram, previamente, conhecidos pelo franqueador. Esse segundo aspecto, segundo Lequette, foi determinante, para se configurar uma hipótese de dolo.[995]

Diversamente da primeira hipótese, havemos de concordar com a autora francesa, no exemplo colacionado. No dolo, há um artifício astucioso empregado para induzir alguém à prática de ato que o prejudica, mas que é favorável ao agente ou a terceiro. O dolo é a provocação intencional

[994] LEQUETTE, Suzanne. *Le contrat-coopération...*, pp. 290-291.

[995] LEQUETTE, Suzanne. *Le contrat-coopération...*, pp. 293-294.

do erro e pode tanto se dar de forma comissiva, com uma ação enganadora, quanto omissiva, mediante o silêncio de algo que, sabidamente, deveria ser elucidado. Embora sempre gere o dever de indenizar, o dolo somente é anulável, nos casos em que o estratagema for determinante, para que o negócio tenha sido concluído (CC, arts. 145 a 150).[996]

A despeito de entendermos pela existência do ônus de se informar, não cremos que deveria se chegar ao limite de exigir que todas as informações constantes de estudo de viabilidade preparado pelo franqueador seja, novamente, checado pelo franqueado. Em favor deste, à exceção de equívocos que, efetivamente, saltem aos olhos, parece se operar uma justa expectativa de que se possa confiar, especialmente no âmbito formativo de um negócio cooperativo, que o franqueador não mascarará os números da operação econômica e do mercado. Seria até mesmo, absolutamente, ineficiente que se despendesse valores adicionais, para se refazer um estudo de viabilidade já preparado pelo franqueador. Não se pretende com isso afastar a responsabilidade do franqueado, em avaliar os riscos da atividade comercial que exercerá, mas parece ser, especialmente, necessário que não se premie a conduta de um franqueador, que, conforme destacado alhures, tinha plena consciência de que os números estavam equivocados. Como bem destaca Junqueira, com base em Ripert, mesmo uma preocupação com a segurança do comércio jurídico não pode "fazer perder de vista o fundamento moral de toda a teoria dos vícios de consentimento", qual seja, "se manterem 'as regras do jogo', evitando que um contratante se beneficie de sua superioridade sobre o outro, em virtude de uma 'inferioridade temporária' deste último ('inferioridade temporária' semelhante às 'inferioridades permanentes' das incapacidades)". Inclusive, porque, "no mais das vezes, fará com que se beneficie o que procura obter um lucro, em prejuízo do que procura evitar um dano".[997]

Não há ainda que se olvidar da possibilidade de que a formação de vontade esteja viciada, em razão de um abuso, decorrente de uma relação de dependência econômica de uma parte frente à outra.[998] A título de ilustração, tal é o que pode ocorrer, nos casos de concessão comercial, em que a disparidade de poder entre concedente e concessionário impede

996 AMARAL, Francisco. *Direito Civil: introdução...*, pp. 540-543.

997 AZEVEDO, Antonio Junqueira. *Negócio jurídico...*, pp. 115-116.

998 LEQUETTE, Suzanne. *Le contrat-coopération...*, p. 273.

que este, efetivamente, negocie o conteúdo do contratado. Em um tal cenário, especialmente se o concessionário houver realizado investimentos específicos na relação,[999] aquele sentir-se-á "forçado a subscrever cláusulas fixadas exclusivamente em benefício do contraente 'forte', geralmente o concedente".[1000] Pode ocorrer ainda que, valendo-se de seu poder econômico, uma parte tente impor à outra os custos subsequentes a um desequilíbrio da relação de equivalência, que decorra da alteração de circunstâncias (ex.: elevação de preço de fornecimento, pela introdução de novas tecnologias no processo produtivo do fornecedor).[1001] Obviamente, nesse contexto, que, se o exercício do poder econômico, na relação híbrida, não é em si condenável, o abuso deste, certamente, é-lo. A esse respeito, Lequette identifica uma hipótese de coação econômica, nos casos em que estiver configurado um desequilíbrio contratual significativo (lesão) gerado, por um abuso da dependência econômica de uma parte frente à outra. Esse desequilíbrio seria diverso para cada um dos contratantes: ao instrumental, poderia significar a inclusão de uma cláusula de remuneração irrisória; e, ao final, a cessão de meios que não lhe permitisse obter ganhos com a operação econômica.[1002]

De acordo com Calixto Salomão, do ponto de vista concorrencial – cujas balizas, como tratado alhures,[1003] deveriam se aplicar à casuística – a própria relação de dependência já gera uma presunção de coerção, na conclusão do negócio. Tal coerção[1004] decorreria de um abuso do poder

[999] Nesse sentido, GOLOBARDES e POMAR destacam que "*drafting a contract after the specific investment is made may distort the power structure of the relationship between contracting parties given that one of them, the one that has invested specifically, will not be able to freely decide, because the specific investment is already sunk in the contract*" (Dissecting Long-Term..., p. 57).

[1000] BRITO, Maria Helena. *O contrato de concessão comercial...*, p. 236. Em sentido semelhante: LEQUETTE (*Le contrat-coopération...*, P. 273).

[1001] LORENZETTI, Ricardo Luis. *Tratado de Los Contratos...*, pp. 126-128.

[1002] LEQUETTE, Suzanne. *Le contrat-coopération...*, pp. 294-298.

[1003] Vide item III.5.

[1004] Embora haja pontos de contato e, em determinadas situações, possam tutelar situações parelhas, a coerção decorrente do abuso de poder econômico (figura de direito concorrencial) é diferente da ideia de coação econômica (*economic duress*). Este último é conceito advindo da *common law* e, segundo JOSÉ MEDINA, teria sido recepcionado, no Direito Brasileiro, com âncora no boa-fé. Para ele, "[d]á-se a coação econômica quando uma parte ameaça quebrar o contrato, a não ser que a outra parte ceda, ou exerce pressão a fim de que a outra parte não tenha alternativa a não ser concordar com uma modificação contratual. Tal concepção

econômico de uma parte frente à outra, forçando-a à conclusão de um determinado negócio jurídico. O caráter, presumidamente, ilícito da conduta somente seria afastado, mediante a demonstração de que o negócio não fora celebrado, tão apenas pela falta de alternativas à parte.[1005] Na lição de Paolo Gallo, os casos de dependência econômica, expressão de um abuso de poder econômico, na relação entre empresas, revelar-se-iam, em realidade, uma das hipóteses dos "*nuovo vizi del consenso*", que, a despeito de ainda indefinida, aproximar-se-ia do conceito de lesão enorme.[1006] Assim, explica com base em pertinente legislação italiana sobre contratos de fornecimento, em contexto de rede,[1007] que a dependência econômica se configura, nos casos em que uma empresa se encontra na posição de impor à outra uma relação, excessivamente, desequilibrada de obrigações e direitos. Como consequência, além de pleito indenizatório, caberia à

surgiu porque a ideia tradicional de coação revelou-se antiquada e ineficiente, tendo em vista as situações que emergem do direito contratual moderno. / Trata-se, hoje, de orientação tranquila: sempre que o beneficiário de uma declaração aplica uma pressão imprópria para induzir a outra parte a, por exemplo, pagar mais, há o que a doutrina emergente nos países de *common law* denomina de *economic duress*" (Medina, José Miguel Garcia. Coação Econômica (*Economic Duress*). *Revista dos Tribunais*, vol. 902, dez., 2010, p. 94). Considerando as dúvidas que podem ser suscitadas, em torno da efetiva recepção do instituto, no ordenamento nacional, parece-nos mais adequado pautar os casos de dependência econômica, em torno da matéria de direito concorrencial.

1005 Salomão Filho, Calixto *Direito Concorrencial – As condutas*. São Paulo: Malheiros, pp. 204-206.

1006 A lesão enorme é figura conhecida do Direito Romano, por meio da qual se previa a ação de rescisão daquele que vendesse imóvel, recebendo menos da metade do valor justo do bem. Como vício de consentimento, portanto, a lesão se dá quando alguém, por premente necessidade ou inexperiência, obriga-se de modo desproporcional, auferindo, com isso, prejuízos econômicos (Amaral, Francisco. *Direito Civil: introdução...*, pp. 545-547).

1007 Nesse sentido: "[p]*roblemi di abuso di posizione dominante e di squilibrio tra potere contrattuale dei contraenti si pongono, como è ovvio, non solo nei raporti tra operatori professionali e consumatori, ma anche nei rapporti tra imprese. Il legislatore è recentemente intervenuto in quest'area di problemi disciplinando il contratto di subfornitura (l. 18 giugno 1998, n. 192). / Nonstante il nome, non si trata di un subcontrato. La legge disciplina i contratti in virtù dei quali un inpreditore si impega ad effetuare per conto di un'impresa committente medesima, o si impegna a fornire all'impresa prodotti o servizi destinati ad essere utilizzati nell'ambito dell'attività econômica della committente (art. 1). Si trata in buona sostanza dell'attribuzione ad altra impresa dell'incarico di realizzare singole fasi della lavorazione, che in assenza di disciplina specifica ricadrebbero nell schema dell'appalto, o di fornire prodotti semilavoratti, che parimenti in assenza di disciplina specifica ricadrebbero nello schema della vendita*" (Gallo, Paolo. *Il contratto...*, p. 812).

parte lesada pleitear, em procedimento jurisdicional, a invalidade da cláusula imposta, mediante a imposição ilícita. De qualquer modo, o autor, de modo bastante consciente, atenta à necessidade de coordenação da disciplina de referida norma à legislação concorrencial[1008] – o que, no nosso entendimento, é, plenamente, acertado, haja vista se tratar de franco caso de competição.

Repisamos, nesse aspecto, que, diante do atual estado da legislação civilista, o direito concorrencial parece oferecer as balizas mais seguras, para o adequado tratamento de questões de abuso de dependência econômica. Construída sob a égide da ótica intercambista, a teoria dos vícios de consentimento pode não abarcar as vicissitudes e complexidades das formas organizacionais praticadas hoje, em mercado, mormente em contratações de natureza híbrida. Sintomático, nesse aspecto, é a tentativa de introduzir conceitos, como o da coação econômica (*economic duress*), em nosso ordenamento,[1009] mas que, ao menos até o momento de elaboração deste trabalho, não parece ainda gozar de ampla aceitação doutrinária e jurisprudencial. De outro lado, a aproximação da problemática ao vício da lesão, intrinsicamente ligado à ideia de troca (desproporção entre o valor de prestações), pode não refletir as adequadas condições dos acordos de cooperação, especialmente por seu aspecto empresarial.

Por fim, no que toca às redes contratuais, é importante recordar, como já referido ao longo do presente trabalho,[1010] que, assim como se passa nos contratos associativos, eventual anulação de um dos negócios, à exceção de este ser crucial à toda coletividade, não conduzirá à invalidade/ineficácia de todo o grupo. A despeito de se coordenarem, dentro de uma mesma operação econômica, e se influenciarem, reciprocamente, os negócios perseguem interesses individuais, promovidos pelo empreendimento comum da rede, a qual se mantém ativa e funcional mesmo com a extinção dos negócios nela contidos – exceção feita a um que seja fundamental para a execução de todos os demais.

[1008] Gallo, Paolo. *Il contratto...*, pp. 811-814.

[1009] Medina, José Miguel Garcia. Coação Econômica..., pp. 87-110.

[1010] Vide itens I.2.2 e I.3.

3.2. Da extinção do vínculo contratual por fatos supervenientes ao seu surgimento

3.2.1. Do término contratual por vontade das partes

Como já pontuado, o adequado dimensionamento temporal dos contratos cooperativos é questão de extrema relevância. É sabido que a eficácia contratual se encontra sempre subordinada a acontecimentos futuros, certos ou incertos, aos quais, respectivamente, ligam-se as cláusulas que apõem termos ou condições aos negócios. Em se tratando de início dos efeitos, fala-se de termos iniciais ou condições suspensivas; e, para a cessação da eficácia, termos finais ou condições resolutivas. Na presença desses últimos elementos, o contrato vige, sob a limitação de um prazo determinado, cuja data exata pode ser conhecida ou não das partes; já, na sua ausência, contrato tem vigência por prazo indeterminado e seu término fica condicionado à denúncia – um negócio jurídico unilateral, procedente de um direito potestativo e consistente em uma declaração receptícia de efeito extintivo do vínculo contratual, para o futuro (*ex nunc*).[1011] Esse direito à resilição unilateral de negócios de prazo indeterminado encontra guarida no princípio da proibição de que as partes permaneçam, perpetuamente, contratadas e é medida indispensável de salvaguarda da liberdade individual das partes. Seu exercício, contudo, deverá ser coibido, nos casos de abuso e, nesse jaez, a concessão de um período de aviso prévio surge como mecanismo de relevo.[1012]

O aviso prévio perfaz um termo suspensivo à eficácia extintiva da declaração de resilição, com a dissolução do vínculo contratual se operando apenas após o decurso de certo lapso temporal.[1013] A denúncia tem, nesse contexto, sua eficácia condicionada aos deveres corretivos da boa-fé e, ante os deveres de lealdade entre as partes, não poderá ser exercida, de forma a, abruptamente, pôr fim a uma relação de longa duração, com prejuízos gratuitos a uma das partes.[1014] Trata-se de "*un instrument permettant de «moraliser la fin des relations contractuelles»*". Como não poderia

[1011] Pinto, Fernando A. Ferreira. *Contratos de distribuição...*, p. 339. No mesmo sentido: Vasconcelos (*O Contrato de Franquia...*, p. 114); Gomes (*Contratos...*, pp. 151-155).

[1012] Lequette, Suzanne. *Le contrat-coopération...*, p. 404. No mesmo sentido: Pinto, Fernando A. Ferreira. *Contratos de distribuição...*, p. 364

[1013] Pinto, Fernando A. Ferreira. *Contratos de distribuição...*, p. 363.

[1014] Pinto, Fernando A. Ferreira. *Contratos de distribuição...*, p. 364.

deixar de ser, especialmente face à intensificação da conduta de lealdade, essa limitação impõe-se, de forma ainda mais rigorosa, nos arranjos de natureza híbrida.[1015] Afinal, a complexa e profunda interação entre as partes e seus ativos, nos arranjos cooperativos, demanda uma atenção especial a essa fase, a fim de que se evitem prejuízos desnecessários, como decorrência de rupturas abruptas. Há, por isso, em atenção à legítima expectativa da parte por uma estabilidade mínima da relação contratual, um efetivo dever de concessão de aviso prévio à denúncia de contratos de cooperação.[1016-1017]

Em termos práticos, o período em questão prestar-se-á, para que as partes programem e adotem as providências necessárias, para o término de um, em geral, longo relacionamento contratual ("*cooling-off period*"). Durante esse lapso temporal – que não deverá ser "muito dilatado", nem tampouco se confunde, em termos de função, com o prazo mínimo necessário para a amortização de investimentos[1018] –, as partes deverão, a título ilustrativo, dedicar-se ao escoamento dos estoques, à ultimação dos negócios pendentes entre si e com terceiros, liquidação de dívidas recíprocas etc. Nesse mesmo prazo, cada um dos contratantes, se o caso, deverá reprogramar suas atividades empresariais, em face da nova situação em que se encontrará, após o fim da relação contratual.[1019] Teubner

[1015] Lequette, Suzanne. *Le contrat-coopération...*, pp. 404-410. De acordo com Junqueira, "[v]igora o princípio de que os contratos com prazo indeterminado podem ser denunciados a qualquer tempo, independentemente de justa causa – sempre mediante aviso prévio à contraparte e com respeito à boa-fé" (*Contrato atípico...*, p. 151). Em sentido semelhante: Teubner (*Network as Connected...*, pp. 189-190).

[1016] Pinto, Fernando A. Ferreira. *Contratos de distribuição...*, p. 364. No mesmo sentido: Lequette (*Le contrat-coopération...*, pp. 404-410); Junqueira (*Contrato atípico...*, p. 151); Helena Brito (*O contrato de concessão comercial...*, p. 238); Vasconcelos (*O Contrato de Franquia...*, p. 114); Lorenzetti, (*Tratado de Los Contratos...*, pp. 84-85).

[1017] Nesse aspecto ainda, Teubner anota uma intensificação no dever de concessão de aviso prévio, no contexto de rede contratual, mormente considerando um potencial dano a toda a coletividade de membros (Teubner, Gunther. *Networks as Connected...*, p. 190).

[1018] - Em outro senso, Junqueira parece atrelar, diretamente, o aviso prévio à questão da amortização de investimentos, ao fundamentar a existência desse dever no artigo 473 do Código Civil.

[1019] Pinto, Fernando A. Ferreira. *Contratos de distribuição...*, pp. 365-366. No mesmo sentido: Lequette, Suzanne. *Le contrat-coopération...*, pp. 404-410. De acordo com a autora francesa, "[l]*e délai de préavis doit, en effet, permettre au contractant qui subit le jeu de la résilition unilatérale, d'en*

relembra ainda que o prazo de aviso prévio "*is to be assessed in relation to the entire network*".[1020]

É usual que o dever de concessão de aviso prévio já esteja convencionado, no instrumento contratual. Todavia, se este não for o caso, ele deverá ser fixado, em prazo razoável (*i.e.*, suficiente), para que todas as referidas providências sejam adotadas, o que variará, a partir de diversos aspectos, tais como, o tipo de atividade desenvolvida, a antiguidade do relacionamento a ser resilido, o valor dos investimentos efetuados, a especificidade da operação de cooperação, entre outros.[1021] Como bem anota Vasconcelos, os deveres de lealdade inerentes a tais pactos impõe, inclusive, um dever de repactuação de prazo, nos casos em que o termo, originalmente, convencionado vier a se mostrar insuficiente, no momento de encerramento da relação.[1022] E, ainda, segundo Ferreira Pinto, após a definição do aviso prévio, nem mesmo o beneficiário poderá, unilateralmente, renunciar a ele. Isso porque, a partir do momento em que há a fixação desse lapso temporal, ambas as partes farão jus a ele, de modo que uma delas não poderá introduzir, sem a anuência da outra, uma modificação no negócio. Obviamente que o período poderá ser reduzido ou extinto, nos casos em que o beneficiado estiver se valendo dele para prejudicar a outra parte (por exemplo, promovendo o desvio de clientela).[1023]

Como de rigor, o descumprimento ao dever de concessão de aviso prévio dará ensejo a uma pretensão indenizatória pela parte prejudicada, a qual outrossim terá o ônus de provar o caráter abusivo da denúncia contratual. A indenização será, nesses casos, o único remédio possível, aos contratos de natureza híbrida, face ao caráter *intuito personae* das obrigações e, por conseguinte, a impossibilidade de obrigar a permanência do vínculo.[1024] O montante indenizatório a ser fixado, que, como já dito, não se confunde com o dos eventuais investimentos não amortizados, deverá abarcar, exclusivamente, os danos que exsurjam da falta de aviso prévio, tais como, os custos de imobilização temporária de ativos, eventuais

«amortir» les conséquence économiques et financières et de préparer sa «reconversion», afin de limiter au maximum les préjudices qui découlent de l'extinction du contrat".

1020 TEUBNER, Gunther. *Networks as Connected...*, p. 190.

1021 LEQUETTE, Suzanne. *Le contrat-coopération...*, pp. 404-410.

1022 VASCONCELOS, L. Miguel Pestana De. *O Contrato de Franquia...*, p. 116.

1023 PINTO, Fernando A. Ferreira. *Contratos de distribuição...*, p. 386-387.

1024 LEQUETTE, Suzanne. *Le contrat-coopération...*, pp. 404-410.

despesas adicionais para rápida desmobilização de pertences, os ganhos que seriam obtidos com o período de aviso prévio etc.[1025]

Como já referido, o direito potestativo de denúncia é ainda limitado à recuperação de eventuais investimentos que tenham sido feitos pela parte no relacionamento e não tenham sido amortizados pela atividade conduzida. Em realidade, em qualquer relacionamento contratual, não apenas nos híbridos, as partes precisam investir uma determinada quantidade de ativos, a fim de viabilizar a possibilidade de ganhos com a operação econômica. No que toca aos riscos assumidos pelos agentes econômicos com relação a tais investimentos, há que se destacar que esses poderão ter um caráter **(i)** geral (*i.e.*, com a possibilidade de reutilização em outros relacionamentos) ou **(ii)** específico (*i.e.*, atrelados à operação econômica para a qual foram destinados, com pouca ou nenhuma chance de reaproveitamento, em outro contexto contratual). Esta segunda modalidade de investimento subdivide-se em **(ii.1)** investimentos específicos egoístas, cujos benefícios favorecem apenas ao investidor, e **(ii.2)** investimentos específicos cooperativos, em que as vantagens do investimento se convertem em favor da parte não-investidora.[1026] Os investimentos específicos correlacionam-se, diretamente, a contratos de longa duração e, como, facilmente, intui-se, podem ser fonte de possível conduta oportunista de uma parte frente à outra.[1027]

Nessa linha, há larga discussão na doutrina estrangeira a respeito da necessidade de que o contrato seja executado, durante um prazo mínimo, de modo a garantir uma possibilidade de ganho aos contratantes – em especial, o contratante final –, com a amortização dos investimentos específicos realizados.[1028] Para os que advogam em favor de tanto, argumenta-se pela ilicitude da denúncia precipitada, com âncora na contrariedade à boa fé.[1029]

Entre nós, contudo, a questão equaliza-se, com base na tutela conferida pelo artigo 473 do Código Civil, que, em princípio, suspende os efeitos do

[1025] Pinto, Fernando A. Ferreira. *Contratos de distribuição...*, p. 812.

[1026] Golobardes, Mireia Artigot i; Pomar, Fernando Gómez. Dissecting Long-Term..., p. 66.

[1027] Golobardes, Mireia Artigot i; Pomar, Fernando Gómez. Dissecting Long-Term..., pp. 52-53.

[1028] Pinto, Fernando A. Ferreira. *Contratos de distribuição...*, p. 240.

[1029] Pinto, Fernando A. Ferreira. *Contratos de distribuição...*, p. 359. No mesmo sentido: Helena Brito (*O contrato de concessão comercial...*, pp. 239-241).

exercício ao direito de denúncia, enquanto houver investimentos a serem amortizados, e permite o prosseguimento do contrato durante um prazo a ser assinalado jurisdicionalmente. Diz-se "em princípio", pois, como já abordado acima, em se tratando de relação de caráter pessoal, com "fundamento na relação de confiança entre as partes", o prosseguimento da execução contratual não parece se aplicar aos arranjos híbridos. Nestes, restaria à parte lesada perseguir o substituto indenizatório à continuidade do vínculo contratual.[1030] Estarão abrangidos, por referida proteção legal, todos os investimentos realizados tanto em bens de capital fixo (imóveis, bens de consumo duráveis, equipamentos etc.) ou circulante (estoque de produtos, fatores de produção etc.), quanto em ativos de natureza financeira.[1031] Eventual indenização devida, nesse tocante, deverá abranger apenas o que não puder ser reutilizado pela parte, em eventual reorientação da atividade produtiva,[1032] e, de acordo com Ferreira Pinto, deverá considerar o estado dos investimentos realizados, ao fim do relacionamento, inclusive abarcando um eventual período de aviso prévio, que tenha sido desconsiderado.[1033] Afinal, a contabilização de ativos amortizados deverá encerrar-se, na data em que o contrato deveria ter se encerrado, sob pena de se conceder indenização em valor superior (*i.e.*, sem o desconto de parcela de amortização, referente ao período de aviso prévio indenizado). Em última linha sobre a questão, vale o destaque de que, como bem ressalta Vasconcelos, nada impede que haja uma renúncia ao direito de ter os investimentos específicos amortizados.[1034]

A evidenciar a relevância do aspecto temporal nos contratos de cooperação, é importante destacar, de outro lado, que, naqueles acordos celebrados com prazo determinado, especialmente em razão de sua, em geral, longa duração, vigora, com ainda mais rigor, o princípio da idenunciabilidade. Há, nesses casos, a justa expectativa das partes de que no negócio somente se encerrará no termo, previamente, estabelecido[1035] – o que perfaz elemento de estabilidade da relação contratual.[1036] Ainda,

[1030] Pereira, Caio Mário da Silva. *Contratos...*, pp. 133-134.

[1031] Pinto, Fernando A. Ferreira. *Contratos de distribuição...*, p. 791.

[1032] Pinto, Fernando A. Ferreira. *Contratos de distribuição...*, p. 809.

[1033] Pinto, Fernando A. Ferreira. *Contratos de distribuição...*, p. 812.

[1034] Vasconcelos, L. Miguel Pestana De. *O Contrato de Franquia...*, p. 111.

[1035] Azevedo, Antonio Junqueira. *Contrato atípico...*, p. 151.

[1036] Lequette, Suzanne. *Le contrat-coopération...*, pp. 410-411.

no tocante às contratações com prazo determinado, vale sublinhar que inexiste, em tais pactos, um direito à renovação do negócio, excetuados, a toda evidência, os casos em que as partes houverem convencionado de modo diverso. Lequette destaca, contudo, que, aproximando-se do termo contratual, as partes que não tenham interesse, na renovação, deverão deixar a outra contratante, previamente, ciente de sua intenção. Poderá ser abusivo, nesse aspecto, um eventual comportamento que induza a parceira a acreditar, que, após o termo final, haverá o prosseguimento da vigência do negócio (por ex., promovendo ou exigindo investimentos adicionais, na relação, quando esta já estiver próxima de seu fim).[1037]

É frequente, ainda, que os contratos de natureza híbrida, com prazo determinado, prevejam, em seu bojo, cláusulas de "renovação" ou "prorrogação automática" do contrato, por igual ou diferente período, salvo oposição de qualquer delas, em comunicação realizada com certa antecedência.[1038] A despeito da nomenclatura utilizada, e caso não haja qualquer disposição específica, Ferreira Pinto aponta que, nesses casos, deve-se presumir a intenção das partes em prosseguir com o vínculo contratual – e não a de operar sucessivas contratações, em especial, por conta dos eventuais inconvenientes do término do contrato. A prorrogação dá-se, assim, pelo valor declarativo do silêncio (CC, art. 111).[1039] Nesse jaez, é

[1037] LEQUETTE, Suzanne. *Le contrat-coopération...*, pp. 412-413. No mesmo sentido é o comentário de VASCONCELOS: "o contrato cessa uma vez decorrido o prazo por que foi celebrado, sem qualquer necessidade do pré-aviso. Porém tal não implica que o comportamento das partes seja irrelevante. Na verdade, em virtude das especiais relações de colaboração e confiança que faz nascer entre as partes, este contrato gera um dever acrescido de boa-fé, o que significa que qualquer dos contraentes que preveja a possibilidade de opor à prorrogação do contrato deve abster-se de todo o comportamento que possa levar a outra parte a convencer-se do contrário" (*O Contrato de Franquia...*, p. 109). Nesse ponto, JUDITH MARTINS-COSTA, inclusive, destaca ser usual a existência de uma expectativa de que o contrato será renovado. (MARTINS-COSTA, Judith. *A boa-fé no Direito Privado...*, p. 375).

[1038] LEQUETTE, Suzanne. *Le contrat-coopération...*, p. 416. No mesmo sentido: VASCONCELOS (*O Contrato de Franquia...*, p. 116).

[1039] Esse seria, na lição de FRANCISCO AMARAL, o silêncio circunstanciado: "[n]ão se aplica ao direito o conhecido provérbio 'quem cala consente' (*qui tacet, consentire videtur*). Na verdade, quem cala não diz nada (*qui tacet neque negat, non utique facetur*). Excepcionalmente, porém, o silêncio pode corresponder a uma declaração de vontade que assim se qualifica quando as circunstâncias ou os usos o autorizarem, e não for necessária a declaração de vontade expressa (CC, art. 111)" (*Direito Civil: introdução...*, p. 443).

de se observar que as cláusulas de prorrogação automática visam à maior estabilidade futura da relação, dado que oportunizam às partes janelas temporais específicas para a cessação do vínculo contratual, que, caso não aproveitadas, conduzem à continuidade do vínculo. Tal disposição conduz o contrato a um *tertium genus*, entre os de prazo determinado e indeterminado: garante-se, assim, um mínimo de estabilidade do primeiro gênero, com a possibilidade de cessação em períodos, previamente, determinados.[1040]

Tal qual a denúncia, a oposição à prorrogação também é negócio jurídico unilateral receptício, mas com efeitos e natureza diversos. Enquanto a denúncia delimita as obrigações das partes no tempo, a oposição impede o prosseguimento do vínculo. A situação em um é oposta a em outro, dado que, ao contrário da primeira, as partes sabem, desde o início da relação contratual, que, em marco temporal específico, poderá haver a cessação do vínculo, caso haja a oposição à prorrogação.[1041] Nada obstante, em semelhança à concessão de aviso prévio, a oposição à prorrogação, que, em geral, deve ser comunicada, em prazo pré-estabelecido, antes do termo convencionado, presta-se a iniciar uma fase de pré-liquidação do relacionamento.[1042] Muito embora seja bastante evidente, vale registrar que "o direito potestativo extintivo de oposição à prorrogação automática do contrato com pré-aviso caduca se não for exercido dentro do prazo negocialmente previsto".[1043]

Para Lequette, em linha de inovação, propõe que, nos contratos de natureza híbrida, essa oposição à prorrogação – ou mesmo a própria denúncia – deverá sempre vir justificada por aquele que declara a resilição unilateral. Não seria, desse modo, mais ônus daquele que sofre com a ruptura do contrato demonstrar o seu caráter abusivo, mas, sim, daquele que a promove motivá-la adequadamente. Segundo seu entendimento, calcado no fato de que, em algumas situações, a resilição dá-se, com o intuito abusivo de se apropriar da clientela angariada pelo contratante final,[1044] essa seria uma técnica de limitação dos poderes concedidos a uma

[1040] Pinto, Fernando A. Ferreira. *Contratos de distribuição...*, pp. 275-279.

[1041] Pinto, Fernando A. Ferreira. *Contratos de distribuição...*, pp. 389-391.

[1042] Pinto, Fernando A. Ferreira. *Contratos de distribuição...*, pp. 389-391.

[1043] Vasconcelos, L. Miguel Pestana De. *O Contrato de Franquia...*, p. 109.

[1044] Lequette, Suzanne. *Le contrat-coopération...*, pp. 412-413.

das partes. E ainda argumenta que, nos contratos de cooperação, mesmo após a amortização dos investimentos realizados, o efeito sinergético da interação entre ativos complementares gera benesses a ambas as partes, que, após a resilição, não poderão ser aproveitados por uma das partes (por exemplo, a clientela formada, a partir da atividade comercial executada pelo contratante final). Bem por isso, na hipótese de resilição imotivada, o que for privado de continuar usufruindo do que foi, comumente, construído, deverá ser indenizado, à exceção de haver um justo motivo para a resilição unilateral.[1045]

O defendido por Lequette assemelha-se à bem conhecida mecânica de denúncia prevista na Lei de Representação Comercial (Lei n. 4.886/1965), modalidade especial da agência.[1046] Consta de seu artigo 34 que, exceto se houver uma justa causa, a denúncia de contrato de prazo indeterminado, que tenha vigorado por mais de seis meses, obriga o denunciante, salvo outra garantia contratual, à concessão de aviso prévio de, no mínimo, trinta dias.[1047] Em se tratando denúncia solicitada pelo representado, a

[1045] LEQUETTE, Suzanne. *Le contrat-coopération...*, p. 417.

[1046] Nesse sentido, ORLANDO GOMES explica que a representação comercial "tem por objeto a promoção de negócios *mercantis*, de modo a constituir um *subtipo* do contrato de agência" (*Contratos...*, p. 450). Por conta desses negócios, "uma das partes obriga-se, contra retribuição, a promover habitualmente a realização de certos negócios, por conta de outra, em determinada zona, de operações mercantis, agenciamento a pedidos para esta e, eventualmente, representando-a na conclusão dos contratos" (*Contratos...*, p. 449).

[1047] Registre-se, nesse ponto, que ORLANDO GOMES defende que, em vista do artigo 720 do Código Civil, o artigo 34 foi revogado, no tocante ao prazo do aviso prévio, que passou, com lei mais nova, a ser de noventa dias (*Contratos...*, pp. 450-451). A jurisprudência estatal nacional, contudo, prossegue aplicando, em diversos casos, o aviso prévio constante da lei antiga, sem qualquer referência ao dispositivo do diploma substantivo. A título de ilustração, confira-se: "[c]obrança – Representação comercial de fato – Contrato verbal – Possibilidade – Ausência de registro – Art. 2º da Lei nº 4.886/65 – Superação – Comissões pendentes, indenização e aviso prévio – Comprovação dos fatos constitutivos do seu direito – Atendimento pelo autor – Art. 373, I, CPC – Fatos modificativos, extintivos ou impeditivos do direito do autor – Ônus das rés – Artigo 373, II do Código de Processo Civil – Indenização e Aviso prévio – Reconhecimento do vínculo contratual e efetiva prestação dos serviços – Rescisão unilateral do contrato – Ausência de comprovação da realização dos pagamentos devidos – Indenização de 1/12 devida ao prejudicado – Inteligência do artigo 27, j, da Lei nº 4.886/65 – Aviso-prévio de 1/3 devido – Responsabilidade solidária entre as rés, a partir de janeiro de 2011 – Artigo 942 do CC – Montantes devidos nos termos da r. sentença recorrida – Parcial procedência da demanda – Honorários advocatícios – Sucumbência recíproca – 86, caput, e art. 85, § 14 do

ausência de motivação implicar-lhe-á o pagamento de um importe equivalente à média mensal daquilo que o representante houver auferido nos três meses anteriores à denúncia, bem como à cláusula penal, que, nos termos do artigo 27, "j", não poderá ser inferior a um doze avos do total de retribuição auferida, durante o período em que o contrato vigorou. Como facilmente se depreende da lei, o representante, nessa dinâmica, a partir de seis meses de vigência contratual, terá sempre garantida uma parcela **(i)** fixa de remuneração, referente a dois meses de atividade (aviso prévio e importe do artigo 34), e **(ii)** outra variável, referente à cláusula penal, que se eleva, paulatinamente, conforme é estendido o período de atividade. Nesses termos, e em linhas gerais, após um ano de vigência da relação, o representante receberá o equivalente a três meses de remuneração; após dois anos, quatro; após três, cinco – e, assim, sucessivamente. Essa parcela variável, segundo Gomes, é que o Direito Italiano denomina "indenização de antiguidade".[1048]

No nosso entender, contudo, nem o defendido por Lequette, tampouco a mecânica acima deveria se estender à integralidade dos contratos de cooperação. Em primeiro lugar, como já demonstrado, o espectro de negócios abarcado pelas contratações cooperativas é, extremamente, abrangente, pouco homogêneo e, portanto, não se restringe apenas a atividades mercantis. O próprio tipo da representação comercial, cuja lei, em nosso ordenamento, contém um modelo similar ao proposto pela autora francesa, é específico em relação ao tipo mais genérico da agência. Nessa linha, abstrair-se uma regra geral sobre resilição unilateral, a partir de um dado factual assaz específico, não nos parece adequado. Não bastasse isso, a inversão do ônus pretendida por Lequette depõe contra a lógica natural de qualquer obrigação, que tem, por fim último, a efetiva desvinculação das partes.[1049] A imposição de uma dificuldade para

CPC – Fixação de honorários recursais – Majoração de verba honorária prevista no artigo 85, § 11, do CPC – Acréscimo indevido por ausente justa causa – Sentença mantida – RITJ/SP, artigo 252 – Assento Regimental nº 562/2017, art. 23. Recursos não providos" (TJ-SP, 18ª Câm. de Dir. Privado, Apel. n. 0018053-85.2012.8.26.0009, Rel. Des. Henrique Rodriguero Clavisio, j. 11.6.2019).

[1048] Gomes, Orlando. *Contratos...*, p. 461.

[1049] Martins-Costa, Judith. *A boa-fé no Direito Privado...*, pp. 213-214. Nesse aspecto, Ruy Rosado Aguiar, logo ao início de sua obra, já relembra: "[a] obrigação é um processo dirigido à realização de um fim – que é a satisfação dos interesses manifestados no contrato –, a ser

desvinculação seria ainda atentatória à competição, pois dificultaria o retorno das partes ao mercado,[1050] reduzindo a flexibilidade por elas visada, ao deixar de buscar a solução hierárquica. Por fim, há que se destacar que um eventual direito a uma parcela dos tais benefícios gerados pela parceria – a questão da clientela será tratada adiante[1051] – não deveria ser motivo para se obstar a denúncia ou a oposição à prorrogação. Ainda que se admitisse existente um direito a uma parcela do que se gerou a partir da operação econômica, uma eventual justa causa, especialmente se fundada em algum tipo de incumprimento da parceira, não poderia ser fundamento para que ela se desvinculasse da relação obrigacional. E tanto assim o é que mesmo Vasconcelos, defensor do pagamento de uma indenização pela clientela angariada em negócios de franquia, ao analisar a necessidade de que aquele que se opõe à renovação apresente uma justa causa, aponta inexistir "limitações legais com fundamentos de ordem social à cessação do contrato".[1052]

Por fim, ponto a se destacar, nessa fase descendente da relação contratual, é o eventual "efeito de horizonte", que poderá se instalar no seio do negócio, com estímulos para que as partes, já cientes da data para o fim do empreendimento, adotem comportamento oportunistas e busquem obter para si ganhos indevidos.[1053] Por óbvio, qualquer ato que importe em uma conduta nesse jaez deverá ser coibido e rechaçado. Todavia,

obtido mediante a adoção, pelas partes, do comportamento contratualmente esperado, pelo qual respondem. Logo, por sua própria natureza, a obrigação é uma relação temporária, marcada desde o início para se extinguir" (*Extinção dos Contratos...*, p. 21).

1050 Martinek, Michael. Networks of Contracts..., p. 167.

1051 Vide item IV.3.2.3.

1052 Vasconcelos, L. Miguel Pestana De. *O Contrato de Franquia...*, pp. 112-113. Sobre a questão, ele ainda comenta que "(...) grande parte dos Statutes federais sobre a franquia (p. ex., Nova Jersey, Virginia, Delaware, Wisconsin) só permitem que o franqueador faça cessar o contrato no fim do prazo sempre que exista uma 'good cause'. (...) Sempre que se analisa o *franchising* nos Estados Unidos, convém ter presente a importância sociológica do fenómeno uma vez que permite a um número cada vez mais importante de pessoas a realização do denominado sonho americano, fulcral no imaginário colectivo desta nação: ter uma empresa própria viável" (p. 112).

1053 Pinto, Fernando A. Ferreira. *Contratos de distribuição...*, p. 382. Em mesmo sentido, Adar e Gelbard comentam: "[h]*owever, as the carrying out of a long-term relationship approaches its final stages, the fear of counter reaction in future 'rounds' of the relational game is naturally diminished. At this stage one would expect an increase in opportunistic or manipulative conduct on some contracting parties.*

conforme salienta Ferreira Pinto, é inegável que o dado temporal, a partir do momento em que é estabelecido, altera a natureza do vínculo entre as partes e, por conseguinte, reduz também os deveres entre as partes. Assim, deve haver, segundo ele, uma "acomodação teleológica", frente a esse estado de "proto-extinção" ou "pré-liquidação". Nessa linha, não poderá, a título de exemplo, exigir-se, com o mesmo grau de intensidade de antes, a obediência à eventual pacto de não concorrência, a manutenção de determinado volume de estoque, a realização de investimentos adicionais na atividade, a obrigação de manter o fornecimento etc. De outro lado, perseverariam os deveres de cooperação entre as partes, objetivando à cessação das atividades, com o menor impacto possível. Ilustrativamente, o autor português destaca a necessidade de cooperação entre as partes, na forma como informar a clientela mútua, a respeito do término do projeto comum.[1054]

3.2.2. Da alteração de circunstâncias durante a vida do contrato: a onerosidade excessiva

Como já visto neste trabalho, a nota associativa introduzida, nos arranjos híbridos, altera sua estrutura e intensifica os deveres decorrente da boa-fé objetiva. As partes, então, deixam de estar, meramente, atreladas a um dever de não prejudicar a contraparte (*mea regis agitur*); passando a, efetivamente, ter o dever de cooperar em prol do projeto comum delineado, no contrato (*nostra regis agitur*).[1055] Diante do caráter evolutivo dos híbridos, esse acentuado dever de cooperar assume relevante função, durante a execução das prestações contratuais.[1056] Há quem defenda, nesse aspecto, existir às partes um dever de adaptação dos termos do negócio.[1057]

De acordo com Lequette, o projeto comum delineado, nos arranjos híbridos, demanda que as partes adotem, de um lado, as precauções necessárias para o seu bom cumprimento e, de outro, acompanhem a evolução

This in turn would naturally invite reciprocal reaction, thus eventually leading to a 'classic' legal dispute" (Contract Remedies..., p. 273).

1054 Pinto, Fernando A. Ferreira. *Contratos de distribuição...*, pp. 382-385.

1055 Vide item III.1.2.

1056 Vide item III.2.

1057 Lequette, Suzanne. *Le contrat-coopération...*, pp. 336-337. No mesmo sentido: Tranchant (*La cotraitance...*, pp. 264-266).

da relação contratual, em função da flutuação dos eventos.[1058] Argumenta que, nos híbridos, diversamente do que se dá nos acordos de troca – em que há apenas um desequilíbrio entre prestações –, a inesperada alteração de circunstâncias atenta, efetivamente, contra o encadeamento das prestações das partes e, por conseguinte, contra o prosseguimento do projeto comum. Nessa medida, o dever de cooperação exsurgente da boa-fé – que, nos arranjos híbridos, exige uma atuação comissiva das partes – imporia um dever de adaptação dos termos da avença, especialmente ao contratante instrumental. Para ilustrar seu entendimento, aduz que, em um contrato de distribuição, caso o preço das mercadorias revendidas se torne, excessivamente, oneroso ao distribuidor, impedindo-lhe a exploração rentável da prestação instrumental, o fornecedor deverá engajar-se na adaptação do negócio.[1059] Tal dever, segundo ela, impor-se-ia não apenas, na situação de ruína da parte; seria de rigor, ao longo da vida contratual, a manutenção de uma certa utilidade econômica aos envolvidos.[1060] Esse dever de adaptar expressar-se-ia, mediante a efetiva readequação da avença por uma das partes, apenas e tão somente, nos casos, em que lhe fosse conferido um poder contratual, para tanto. Na ausência de uma tal disposição, o dever de adaptação transmutar-se-ia em um dever de renegociação. O descumprimento e/ou o exercício abusivo deste poder-dever implicaria a responsabilização por eventuais danos causados, bem como a resolução do pactuado. Afinal, para ela, e com o que concordamos, a revisão forçada dos negócios seria vedada.[1061] Assim, conclui Lequette que, se, nos acordos de intercâmbio, a revisão do negócio estaria descartada, nos híbridos, "*l'adaptation aux changement des circonstances est indispensable*".[1062]

Em linha semelhante, Tranchant, ao tratar do contrato de consórcio, defende que, dada a existência de um projeto comum, as partes, desde o início, já estariam preparadas para enfrentar a alteração de circunstâncias, que viesse a comprometer o equilíbrio da relação. Segundo ele, ao se integrar a um acordo de cooperação, as partes obrigaram-se a adaptar o acordo aos eventos inesperados, de modo que negar tal adaptabilidade implicaria

[1058] Lequette, Suzanne. *Le contrat-coopération*..., pp. 336-337.

[1059] Lequette, Suzanne. *Le contrat-coopération*..., pp. 366-369.

[1060] Lequette, Suzanne. *Le contrat-coopération*..., p. 373.

[1061] Lequette, Suzanne. *Le contrat-coopération*..., p. 376.

[1062] Lequette, Suzanne. *Le contrat-coopération*..., pp. 366-369.

negar o próprio caráter cooperativo do negócio e, por conseguinte, fragilizar a própria operação econômica. Sob essa linha, argumenta que, ainda que não haja previsão expressa,[1063] caberia às partes a adaptação do negócio, frente a eventos que possam comprometer a realização da operação.[1064]

Em uma outra linha de entendimento, Judith Martins-Costa defende, especialmente pelo caráter relacional,[1065] a existência de um dever, meramente, de renegociar, fundado outrossim na boa-fé; mas apenas "se assim previsto".[1066] Nesse caso, as partes estariam obrigadas a, ante uma situação de alteração de circunstâncias, renegociar os termos da contratação, apresentando propostas sérias, "relativas ao contrato, às suas bases originárias, às circunstâncias atuais e à economia contratual globalmente considerada".[1067] Tais propostas, nessa linha, não poderiam ser "nem derrisórias nem desproporcionadas". A falha no cumprimento dessa obrigação, por quem não foi atingido, negativamente, pelo desequilíbrio, ensejaria inadimplemento contratual, com a possível incidência de seus consectários (pretensão indenizatória e resolução). De outro lado, uma efetiva negociação, de resultado infrutífero, conduziria à resolução, sem os efeitos do inadimplemento. A hipótese, nesse cenário, assemelhar-se-ia à impossibilidade de cumprimento de obrigação de fazer, na forma do artigo 248, primeira parte, do Código Civil.[1068]

[1063] Tranchant, Laetitia. *La cotraitance*..., p. 275.

[1064] Tranchant, Laetitia. *La cotraitance*..., pp. 264-266.

[1065] Em tema de contratos relacionais, Ronaldo Porto Macedo, assim, já se pronunciou: "[n]ão se trata, pois, no caso da onerosidade excessiva, apenas da atualização de um mesmo montante preestabelecido no contrato original que se viu alterado por razões imprevistas. Não é tampouco a mera garantia da equivalência pretendida no momento da celebração da transação, mas sim o direito a um padrão mínimo de equivalência real entre os diversos elementos do contrato (econômicos, não-econômicos, promissórios e não-promissórios) no momento da execução ou performance contratual. / (...) Por fim, o interesse da expectativa passa a incluir cada vez mais não apenas a expectativa gerada pela promessa, o que o tornava praticamente idêntico ao princípio da executoriedade dos contratos ou da vinculatividade dos contratos (pacta sunt servanda), mas também outros valores formados no interior dos processos de interação entre os agentes contratantes, as comunidades a que pertencem e ao jogo institucional a que estão submetidos" (Macedo, Ronaldo Porto. *Contratos Relacionais*..., pp. 180-181).

[1066] Martins-Costa, Judith. *A boa-fé no Direito Privado*..., p. 371.

[1067] Martins-Costa, Judith. *A boa-fé no Direito Privado*..., p. 371.

[1068] Martins-Costa, Judith. *A boa-fé no Direito Privado*..., p. 371.

Antes mesmo de expressarmos qualquer posicionamento a respeito, parece-nos relevante destacar alguns pontos acerca da alteração de circunstâncias fáticas, no espectro nacional. Para lidar com a problemática, vige, no Direito Brasileiro, o modelo da onerosidade excessiva,[1069] ancorado nos artigos 478 a 480 do Código Civil. A aplicação de tal modelo, dar-se-ia, na presença dos seguintes elementos: **(i)** contrato de execução continuada ou diferida, **(ii)** ônus excessivo para uma das partes, **(iii)** extrema vantagem à outra e **(iv)** superveniência de acontecimentos imprevisíveis e extraordinários. Tais elementos, como já tivemos a oportunidade de defender,[1070] ganhariam contornos específicos, em se tratando de relações interimpresariais. Tal coloração diferenciada dar-se-ia, especialmente, nos conceitos indeterminados previsto na norma, de modo, que, resumidamente, defendemos, à ocasião, que: o conceito jurídico indeterminado "acontecimentos extraordinários e imprevisíveis", referido no artigo 478 do Código Civil, deveria ser preenchido a partir da verificação do ônus jurídico de se informar pela parte lesado, com a superveniência de circunstâncias inesperadas; tal análise dar-se-ia, a partir de um exame com base no padrão de conduta do homem ativo e probo, conforme exigências de um determinado segmento de mercado; os outros dois conceitos, "excessivamente onerosa" e "extrema vantagem", configurar-se-iam, nas hipóteses em que, diante da alteração dos fatos subjacentes ao negócio, uma das partes passasse a ter efetivos prejuízos com a contratação – e não mera redução de lucros –, enquanto a outra ainda mantivesse as vantagens da operação econômica.[1071] Tais critérios, no nosso entender, são aplicáveis aos arranjos híbridos, dado

[1069] Ao tratar da questão, Judith Martins-Costa bem apontou para a existência de um "modelo jurídico da revisão contratual". O conceito de modelo jurídico consistiria em estrutura normativa, dotada de prescritividade e provinda das fontes de produção jurídica (lei, decisões jurídicas, costume e negócio jurídico). Esse conceito estaria ligado ao de "«projeto normativo», de «planificação lógica» e de «representação lógica e antecipada dos resultados a serem alcançados por meio de uma sequência ordenada de medidas ou prescrições»" (Martins-Costa, Judith. A Revisão dos Contratos no Direito Brasileiro. *Rivista Dell'Integrazione e Unificazione del diritto in Europa e in América Latina*, n. 16, 2003, p. 140).

[1070] *Contratos Interempresariais - Alteração Superveniente das Circunstâncias Fáticas e Revisão Contratual.* Curitiba: Juruá, 2015.

[1071] *Os Contratos Interempresariais: A alteração das circunstâncias fáticas e a Revisão Contratual.* Curitiba: Juruá, 2015, pp. 196-224.

que se enquadrarem dentro da categoria mais ampla dos negócios interempresariais. Uma vez preenchidos os requisitos legais, mormente para negócios firmados entre partes empresárias, a única solução possível, como defendemos, seria a resolução do negócio, sem qualquer possibilidade de intervenção jurisdicional no conteúdo contratual. Até mesmo porque, consoante bem destaca Lorezentti, seria bastante difícil, ante a constante alteração das relações de força no contrato, as variações de competitividade no mercado etc., que uma tal intervenção tivesse a aptidão de manter a mesma equação econômica, conforme vislumbrado, pelas partes, no nascimento do contrato.[1072] Embora essa seja, de fato, a posição prevalente na doutrina nacional, em especial a que se dedica à matéria dos contratos empresariais,[1073] há vozes dissonantes, como a de Anderson Schreiber, para quem é imprescindível o reconhecimento de um dever de renegociação, nas hipóteses de ônus excessivo a uma das partes.[1074]

Ainda a respeito desse modelo, é válido destacar que, usualmente, pensa-se, na sua aplicação, para os contratos de troca, em razão de seu evidente caráter sinalagmático. Sinalagma, como bem se sabe, está, intimamente, relacionado à ideia de troca: na Grécia, ligava-se ao conceito de equivalência; e, em Roma, ao de reciprocidade. No entanto, consoante já apontado,[1075] os contratos associativos, igualmente, contam com um sinalagma de natureza indireta – um só se obriga, em razão de que o outro

[1072] Lorenzetti, Ricardo Luis. *Tratado de Los Contratos...*, p. 127.

[1073] Schreiber, Anderson. *Equilíbrio Contratual e Dever de Renegociar*. São Paulo: Saraiva, 2018, pp. 284-285. Segundo o autor, persiste, nesse âmbito, "uma fidelidade excessiva ao *pacta sunt servanda*". Em crítica, registra ainda que "[h]á enorme resistência, no campo da doutrina empresarial brasileira, às inúmeras transformações pelas quais passou o direito contratual contemporâneo. (...) Basta recordar que tramita no Congresso Nacional um Projeto de Código Comercial cujo texto afirma expressamente sua imunidade à influência de princípios explícitos ou implícitos da ordem jurídica brasileira, criando uma espécie de 'mundo à parte' no sistema jurídico nacional" (pp. 284-285).

[1074] O autor, após registrar que o Código Civil brasileiro prevê apenas a resolução do negócio ante a ofera de requilíbrio pelo favorecido (CC, arts. 157, § 2º, e 479), destaca a insuficiência da legislação, que deixa à parte "o ônus de pleitear a anulação ou resolução do contrato e 'torcer' pela oferta da contraparte". Sob sua ótica, "na literalidade do Código Civil brasileiro, há uma valorização do reequilíbrio contratual *ma non tropo*: sua obtenção é sempre indireta, dependente que fica da iniciativa do contratante favorecido" (Schreiber, Anderson. *Equilíbrio Contratual...*, pp. 275-276).

[1075] Vide item I.2.2.

também o fez. Há, assim, reciprocidade entre as obrigações, ainda que indiretamente. Não obstante isso, a bem da verdade, conforme relembra Junqueira, o que, efetivamente, releva para a análise é o caráter oneroso dos contratos – característica, inequivocamente, presente tanto nos acordos de troca, quanto nos associativos. Em ambos, há uma causa onerosa, com sacrifícios impostos a todos os contratantes; nenhum dos contratantes está motivado por um intento de liberalidade. Nem mesmo, nos contratos associativos. Nestes, há uma contribuição patrimonial dos associados, em troca de uma participação social.[1076] E esta específica operação econômica, caso seja diferida no tempo, pode, igualmente, estar submetida às intempéries de eventos extraordinários e imprevisíveis. Frise-se que o modelo da onerosidade não se aplica a atos posteriores, praticados sob a égide do contrato associativo, tais como, por exemplo, a repartição de lucros e a emissão de ações, pois estes são avaliados "segundo parâmetros que impedem tal ocorrência".[1077] De qualquer modo, a conclusão, nesse sentido, é a de que o modelo da onerosidade excessiva se aplica a todos os contratos onerosos, nos quais, por evidente, estão incluídos também os acordos híbridos.

Para os híbridos, no entanto, especificamente no caso das redes, Lorezentti pontua que, além de uma correspectividade bilateral – que deverá ser analisada também sob o aspecto temporal –, há que se ter em conta uma outra, de natureza sistemática. Como exemplo, o autor refere-se a um caso de seguro de saúde, em que um determinado paciente convalesça de uma doença crônica e, assim, passe a necessitar, por um longuíssimo período, de cuidados, onerando, por conseguinte, toda a coletividade. O usual, prossegue o autor, é que um novo segurado, inicialmente, despenda grande quantidade de valores à seguradora, sem muito utilizar dos serviços médicos. Do ponto de vista, estritamente, bilateral, essa seria a fase mais rentável à empresa. Do ponto de vista sistemático, é possível que a maior parte dos valores recebidos seja utilizado para custear o tratamento daqueles que se encontram adoecidos. Contudo, passados alguns anos, essa curva inverter-se-ia e, conforme o segurado envelhece, ele passará a fazer uso constantes de serviços de natureza médica. Nesses termos, Lorenzetti aponta que, se considerado o aspecto temporal, não

[1076] AZEVEDO, Antonio Junqueira. *Natureza jurídica do contrato de consórcio...*, p. 363.
[1077] AZEVEDO, Antonio Junqueira. *Natureza jurídica do contrato de consórcio...*, p. 363.

haveria qualquer sorte de desequilíbrio entre as prestações, haja vista que deveria ser considerado todo o período da contratação do seguro saúde. Em termos sistemáticos, de outro lado, alguém que adoeça, de modo crônico, por diversos anos, ocasionará o desequilíbrio das prestações.[1078]

Feitas tais considerações, a primeira conclusão que nos parece inescapável é a de que, no Direito Brasileiro, não estaria admitida a intervenção jurisdicional, no conteúdo dos acordos de natureza híbrida. Tal entendimento é corroborado não apenas pela própria solução contida no modelo da onerosidade excessiva – que, na ausência de consenso, admite apenas a resolução –, como, especialmente, pelo já referido efeito negativo que uma indevida intervenção de terceiros pode acarretar à cooperação existente no acordo.[1079] Nesse aspecto, retomamos o posicionamento de Leonardo Toledo da Silva, do qual partilhamos, no sentido de que, no campo dos híbridos, eventuais sanções impostas às partes penalizem comportamentos contrários ao desenvolvimento do projeto comum.[1080] Sob essa ótica, parece-nos que não existe um efetivo dever de adaptar, enquanto uma obrigação de resultado, mas, sim, uma obrigação de renegociar, como obrigação de meio, esteada sobre um intensificado dever de cooperar que permeia as relações híbridas.[1081-1082] Inclusive, esse acentuado caráter

[1078] Lorenzetti, Ricardo Luis. *Tratado de Los Contratos...*, pp. 66-70.

[1079] Vide item III.2.

[1080] Da Silva, Leonardo Toledo. *Contrato de Aliança...*, p. 30.

[1081] Vide item III.1.2. Registramos que, em nossa dissertação de mestrado (*Os Contratos Interempresariais: A alteração das circunstâncias fáticas e a Revisão Contratual.* Curitiba: Juruá, 2015), indicamos nosso entendimento de que o modelo brasileiro da onerosidade excessiva não impunha, sobre as partes, em um contexto de relação empresarial, um dever de renegociar (pp. 224-235). Nos híbridos, no entanto, espécie de um gênero mais amplo (o dos contratos empresariais), parece-nos que a intensificada cooperação, decorrente de elementos da *nostra regis agitur*, é o que especializa aqueles arranjos e justifica o dever de renegociar.

[1082] Vale o registro, nesse ponto, de que Anderson Schreiber, embora em entendimento mais amplo que o nosso sobre a abrangência do dever de renegociar, como já apontado no texto, também destaca o fundamento normativo deste na cláusula de boa-fé objetiva (Schreiber, Anderson. *Equilíbrio Contratual...*, pp. 293-297). Em mesmo sentido, Mariana Fontes da Costa destaca que "o reconhecimento de uma obrigação legal de renegociar em casos de alteração superveniente das circunstâncias como manifestação de um dever legal de colaboração entre as partes contratantes constitui, parece-nos, um sinal que não deve ser ignorado na revelação de uma orientação tendencial futura em matéria de contratos de longa duração". Segundo ela, evidencia-se, na atualidade, o "poder expansivo que o princípio da

cooperativo parece ensejar que tal obrigação se dê, independentemente de haver ou não previsão contratual a respeito.

De efeito, consoante já anotado, é usual nos híbridos a previsão expressa de estruturas normativas para lidar, entre outras questões, com as intempéries do fator tempo.[1083] Inclusive, se forem celebrados, em ambiente transnacional, é bem provável que os arranjos contem com cláusulas específicas, para a adaptação dos negócios, haja vista o costume do comércio internacional.[1084] Tais cláusulas que, em regra, visam a assegurar o equilíbrio de toda a operação contatual,[1085] dispensam, para concretização, o elemento da imprevisibilidade. Afinal, como não poderia deixar de ser, perdem tal característica os eventos que as partes houverem, ainda que, de forma pouco precisa, previsto no instrumento negociado.[1086] De acordo com Judith Martins-Costa, essas cláusulas podem ainda prever uma adaptação **(i)** automática, como se dá, por exemplo, nas de reajuste de preço em função de um índice, **(ii)** semi-automática, tal qual, em "cláusulas de cliente mais favorecido", em que o fornecedor iguala o preço contratual ao fornecido para um outro cliente, e **(iii)** não automáticas, que demandam a efetiva renegociação entre as partes, para que se busque o reequilíbrio contratual, como, por exemplo, a famigeradas cláusulas de *hardship*.[1087] Por óbvio que tais cláusulas não afastam a aplicação do modelo legal da onerosidade excessiva,[1088] que, pelas modificações recentes da lei (CC, arts. 421-A), ater-se-á a eventuais critérios fixados pelas partes. Na ausência de um pactuado escrito nesse tocante, tal modelo será, plenamente, aplicável, conforme destacado, e, adicionalmente, haverá, no nosso entendimento, acima referido, a imposição de um dever de negociar. Nesse último ponto,

boa fé continua a ter nos ordenamentos jurídicos de raiz romano-germânica, no que arriscaríamos (talvez precocemente) a designar como uma nova vaga de densificação das exigências inerentes à adoção de um comportamento correto, honesto e leal, ora centrado sobretudo nas relações comerciais de longa duração e no efeito pernicioso que sobre elas pode ter o decurso de tempo (Da Costa, Mariana Fontes. *Da Alteração Superveniente das Circunstâncias*. Coimbra: Almedina, 2017, pp. 481-482).

[1083] Vide item III.3.

[1084] Lequette, Suzanne. *Le contrat-coopération...*, p. 366.

[1085] Tranchant, Laetitia. *La cotraitance...*, p. 383.

[1086] Martins-Costa, Judith. *A boa-fé no Direito Privado...*, p. 596.

[1087] Martins-Costa, Judith. *A boa-fé no Direito Privado...*, p. 597.

[1088] Martins-Costa, Judith. *A boa-fé no Direito Privado...*, pp. 597-598.

a confiança, como bem destaca Ménard, fará as vezes de uma estrutura de governança, mas de menor intensidade[1089] – o que parece fazer sentido, na medida em que elemento formal (escrito), certamente, traz consigo um grau de certeza superior ao informal (confiança).

Portanto, diante desse cenário de ausência de convenção específica entre as partes, e havendo a identificação dos elementos do modelo da onerosidade excessiva (acontecimento extraordinário e imprevisível, ônus excessivo a uma parte e extrema vantagem à outra), faz-se de rigor, em razão da intensidade do dever de cooperação, o engajamento das partes na renegociação dos termos contratuais. Essa é, de fato, não apenas "o melhor modo de manter o pactuado, revendo o que deve ser revisto diante da alteração de circunstâncias", como também "a solução dotada de maior grau de eficiência, visto que é pouco custosa e pode arranjar novamente e realocar riscos, com as partes integrando por si próprias, com base nos parâmetros com os quais concordem trabalhar, para a integração do contrato incompleto diante de uma determinada vicissitude".[1090] Por meio dela, coaduna-se a necessidade de preservação da cooperação dos arranjos híbridos, com os imperativos da norma legal – que, como visto, e no nosso entender, impede a intervenção heterônoma jurisdicional. Ademais, em função da complementaridade de prestações, em que uma

1089 Ménard, Claude. The economics of hybrid..., p. 367. Nesse aspecto, é bem oportuno destacar o comentário de Cevenini, segundo a qual "*where trust between the partners is extremely high, the need for a strict regulation is least felt, and* vice versa" (*Virtual Enterprise...*, p. 221). E, nesse aspecto, Golobardes e Pomar também bem destacam que "[w]*hen firms learn and gain experience from the other, they are able to assess the risk of opportunistic behavior of the other, and learn to design more complete contracts. Hence, they do not need to anticipate and contract* ex ante *over such contingencies but may cooperate and solve the situation when it appears. Thus, by cooperating and learning from each other, parties gain experience to identify risks involved in the relationship and how to efficiently address such risks when they occur. This may be particularly relevant in industries with high investment cost and high innovation elements*" (Dissecting Long-Term..., p. 55).

1090 Penteado, Luciano Camargo. *Integração de contratos incompletos...*, p. 334. Nesse aspecto, Weitzenboeck destaca que "[i]*n complex contracts requiring cooperation between the parties (such as virtual enterprise agreements), there is a usually need for mechanisms to adjust the contract with the changing needs and circumstances of the parties, that is, need for 'dynamic contract law'*" (*A legal framework for emerging...*, pp. 184-185). E, consoante Teubner, nas redes contratuais, "[t]*he duty to renegotiate thrives because it is made exactly for such a temporal interaction*" ('And if by Beelzebub..., p. 124). Essa perspectiva temporal, por ele referida, é, justamente, aquela apontada, no item III.1.2, acerca da concretização paulatina dos deveres de cooperação.

parte depende da outra, para auferir ganhos com a operação econômica, tal deverá, provavelmente, ser a solução buscada por elas.[1091]

Nesse contexto, uma vez identificada por qualquer das partes uma potencial situação de desequilíbrio contratual, é de rigor, diante da atuação comissiva exsurgente da boa-fé, nos híbridos, a imediata cientificação do parceiro,[1092] o qual, de igual modo, não poderá, simplesmente, silenciar quanto a tal notícia.[1093] Tais atos visam a evitar, por meio de uma ágil adaptação de estratégia, que uma determinada dificuldade perdure e evolua, a ponto de levar à ruptura do relacionamento contratual – resultado que, a todo custo, deve ser evitado, em um arranjo de natureza cooperativa.[1094] Já se referiu, nesse sentido, que um adequado e eficiente canal de comunicação é ferramenta fundamental, para o bom andamento de um contrato híbrido.[1095]

Cientificada a intempérie, abre-se, então, um processo de negociação, que, usualmente, divide-se em duas partes. A primeira delas, consiste, no efetivo início das tratativas, com as partes engajando-se nesse

1091 - Também abordando a utilidade econômica do reconhecimento do dever de renegociar, Anderson Schreiber aponta ser esta uma "resposta idônea ao problema da 'racionalidade limitada'" e que impõe redução aos custos de transação, eis que consagra, na lei, prática já, usualmente, adotada pelos contratantes. Destaca ainda a eficiência da solução extrajudicial (de renegociação) frente à tortuosa, custosa e morosa via da disputa judicial (da resolução e, para ele, da revisão), que, no limite extremo, poderá, inclusive, desaguar em um procedimento de recuperação judicial, com a imposição do dever de renegociar a toda comunidade de credores (*Equilíbrio Contratual...*, p. 301-305).

1092 Tranchant, Laetitia. *La cotraitance...*, p. 270. Em sentido semelhante: Weitzenboeck (*A legal framework for emerging...*, p. 210); Schreiber (*Equilíbrio Contratual...*, p. 296). Anderson Schreiber alerta, nesse ponto, que não se admite que "um dos contratantes guarde para si, tal qual 'carta na manga', eventual desequilíbrio do contrato, esperando para invocá-lo tardiamente, em sede de defesa em ação judicial proposta diante do seu inadimplemento" (p. 296).

1093 Schreiber, Anderson. *Equilíbrio Contratual...*, p. 296. O autor destaca que ser contrário à boa-fé que a parte notificada "simplesmente silencie, deixando o contratante prejudicado em situação de insegurança que se prolonga na exata medida em que se agrava o seu prejuízo. Ninguém é obrigado a aceitar propostas de renegociação, mas a boa-fé objetiva impõe que tal proposta seja respondida, em tempo razoável, para que aquele que pleiteia o reequilíbrio possa, eventualmente, recorrer à jurisdição arbitral ou estatal, a fim de corrigir a excessiva onerosidade excessiva que o atinge".

1094 Tranchant, Laetitia. *La cotraitance...*, p. 270.

1095 Vide item III.2.

procedimento. Trata-se de obrigação de resultado, cujo descumprimento acarretaria a condenação em perdas e danos, na forma de perda de uma chance,[1096] visto à inutilidade de se coagir um determinado comportamento de alguma das partes. A segunda parte refere-se a uma obrigação de discutir, seriamente, os pontos apresentados e, de boa-fé, buscar uma solução à questão, sem a apresentação de propostas de modificação abusivas e/ou, evidentemente, irreais. As partes não poderão ainda se olvidar de responder às contrapropostas que lhe sejam apresentadas.[1097] Há, não, um "dever de revisar", mas, sim, um "dever de ingressar em renegociação".[1098] Essa segunda obrigação – inequivocamente, de meio –[1099] tem seu regular adimplemento avaliado de forma bem mais sensível, inclusive, porque, como bem destaca Mariana Fontes da Costa, "não será difícil a um operador comercial experiente criar a aparência de respeito" aos comportamentos havidos como necessários para o cumprimento da

[1096] Essa é a proposição de Luis Fernando Guerrero, para os casos em que uma das partes se negue a participar de uma determinada etapa de um método de solução de controvérsias – e que, no nosso entender, seria, igualmente, aplicável ao que ora se propõe. Segundo o autor, "[n]o caso dos MASCs, (...) o valor da indenização total em métodos consensuais não poderá ser o mesmo daquele indicado em um processo arbitral ou judicial. Isso porque, nos métodos consensuais, há um outro ingrediente a ser levado em conta, que é a necessidade de concessões mútuas entre as partes, via de regra, para a obtenção de um acordo. / Essa necessidade de conceder uma parte daquilo que se pretende logicamente já faz reduzir aquele valor total pretendido, de modo que essa nuance típica dos métodos de solução de controvérsias consensuais, como a mediação e a conciliação, não pode ser desconsiderada. / De qualquer modo, é importante mencionar que a perda de uma chance não tem qualquer relação direta com a possibilidade de se vencer o litígio, sendo esse apenas um dos itens a serem reputados na quantificação dos benefícios que devem ser atribuídos para se compensar a perda de uma chance" (Guerrero, Luis Fernando. *Os Métodos de Solução...*, pp. 130-131). Quanto à liquidação das perdas, ele ainda complementa que "[a]o que parece razoável, o valor da chance de uma transação deve corresponder a algo inferior à metade da chance de êxito de uma demanda judicial em termos monetários para cálculo de uma indenização. Entre o piso e a metade para se chegar até o teto que uma demanda judicial pode envolver, será necessária a análise casuística" (p. 131).

[1097] Lequette, Suzanne. *Le contrat-coopération...*, p. 374. Nesse aspecto, a autora bem destaca que "[d]*ans le contrat-coopération, l'exigence renforcée de bonne foi impose aux parties d'adopter, lors de la renégotiation, une attitude positive. La communauté d'intérêts qui preside à l'exécution du rapport contractuel exige, en effet, des partenaires qu'ils se prêtent à une veritable discussion*" (p. 374).

[1098] Schreiber, Anderson. *Equilíbrio Contratual...*, pp. 297-298.

[1099] Schreiber, Anderson. *Equilíbrio Contratual...*, pp. 297-301.

obrigação, mas "sem qualquer intenção de efetivamente chegar a um acordo".[1100]

A razoabilidade e seriedade das propostas, nesse aspecto, talvez possa ser avaliada, por um critério relativo ao *standard* do agente econômico do segmento de mercado de atuação das partes,[1101] com recurso, quando necessário, a um *expert*.[1102] A esse respeito, Lorenzetti explica que a relação

1100 Da Costa, Mariana Fontes. *Da Alteração Superveniente...*, p. 480.

1101 Neste ponto, estamos absolutamente de acordo com as ponderações de Mariana Fontes da Costa, segundo a qual "[a]o contrário das relações de consumo, nas relações comerciais puras assume-se que ambos os contratantes são dotados da argúcia e prudência necessárias à compreensão dos riscos que assumem com a celebração do contrato, tendo a capacidade de fazer juízos adequados acerca da margem de prejuízo que estes podem envolver. Não é função do instituto da alteração superveniente das circunstâncias corrigir erros de gestão comercial, mas apenas atuar sobre perturbações que, pelo seu caráter anormal, excedem o âmbito razoável de previsibilidade de um operador comercial sagaz e probo no exercício da sua atividade. / Ora, o grau de diligência exigido na previsibilidade da ocorrência e na ação de medidas de acautelamento contra os efeitos nefastos por esta gerados sobre o contrato tem contornos específicos quando o contraente lesado é um operador comercial no exercício da sua atividade: a natureza profissional do sujeito, a competência e a especialização que lhe são exigidas impões um maior rigor à sua conduta, tornando mais exigente a apreciação da adequação do esforço e diligência adotados. / Releva, neste juízo, não apenas a falta de cuidado derivada de incúria ou ligeireza, mas também a falta de cuidado derivada da incompetência. Assim, a densificação do critério do bom pai de família na aferição da anormalidade concreta da ocorrência perante o contraente lesado aproxima-se, na contratação comercial, dos contornos do critério do 'gestor criterioso e ordenado'" (Da Costa, Mariana Fontes. *Da Alteração Superveniente...*, p. 524).

1102 Anderson Schreiber, igualmente, considera que o cumprimento do dever de renegociar também só poderá ser avaliado à luz das circunstâncias concretas. De qualquer modo, ilustrativamente, arrola alguns comportamentos que podem servir ao exame do julgador: "(a) pronta e detalhadamente comunicação à contraparte sobre o desequilíbrio contratual, indicando fundamentadamente a presença dos seus pressupostos; (b) resposta da contraparte em tempo razoável a essa comunicação, informando pronta e fundamentadamente se não considerar presentes aqueles pressupostos; (c) qualquer resposta, bem como contraproposta de revisão extrajudicial do contrato deve ser apresentada de modo detalhado e justificado, evitando-se a lógica do 'pegar ou largar'; (d) no curso da renegociação cada parte deve fornecer à outra todas as informações úteis para avaliar a oportunidade e o conteúdo de uma eventual revisão extrajudicial do contrato; (e) as partes devem igualmente manter reserva sobre dados e informações obtidos no curso da renegociação, evitando sua divulgação a terceiros; (f) nenhuma das partes deve se recusar injustificadamente a manter renegociações ou interrompê-las de modo abrupto e imotivado; e (g) o insucesso da renegociação não deve ser considerado por qualquer das partes como razão para se recusar a analisar propostas de solução consensual no âmbito de eventual processo judicial ou arbitral subsequente" (*Equilíbrio Contratual...*, p. 300). Mariana

de equilíbrio entre as prestações é, constantemente, modificada. Assim, ilustra o ponto, indicando que, se se poupa um determinado importe, visando a um carro específico, é provável que, após diversos anos, quando o valor total for atingido, o veículo pretendido, em sua versão mais atual, já estará, completamente, modificado. Nessa linha, o comprador não mais aceitaria receber um veículo idêntico ao que vislumbrava, quando iniciou essa poupança. Ainda a exemplificar o ponto, o autor argentino refere-se a um contrato de fornecimento, em que, durante a execução do negócio, o fornecedor pretenda introduzir uma nova tecnologia em seu processo produtivo e, por conta disso, elevar o preço do material fornecido. Segundo ele, em uma tal situação, cada uma das partes, obviamente, tenderá a resolver a relação de equivalência de modo mais favorável a si, expurgando para o outro os custos dessa alteração. Assim, propõe que eventual abuso seja aferido pelo seguinte teste: as partes deveriam **(i)** descrever, detalhadamente, o objeto e o conteúdo das obrigações principais do contrato, no momento em que este foi celebrado; e ato contínuo, **(ii)** especificar as modificações decorrentes da alteração de circunstâncias e em que medida modificariam o, originalmente, pactuado. Caso **(iii)** se conclua que as modificações introduzidas, na relação, seriam aceitas por um contratante médio, na atualidade, não haveria, então, qualquer abusividade na pretendida alteração.[1103] Essa relação de equivalência, em híbridos de natureza complexa, deverá, por evidente, considerar a operação econômica, em global, abrangendo todos os contratos coligados.[1104]

Fontes da Costa, a seu turno, salienta que, "[n]este juízo [de averiguação acerca do dever de renegociar], terá especial relevância averiguar se a parte lesada disponibilizou à contraparte todas as informações necessárias para que esta pudesse concluir, com relativa segurança, pela existência de uma alteração superveniente das circunstâncias (...). / Igualmente, deverá ser ponderado se a modificação do contrato era possível e adequada à salvaguarda do interesse da parte lesada, assegurando do mesmo modo a manutenção" (Da Costa, Mariana Fontes. *Da Alteração Superveniente...*, p. 483).

1103 Lorenzetti, Ricardo Luis. *Tratado de Los Contratos...*, pp. 126-128.

1104 Lequette, Suzanne. *Le contrat-coopération...*, p. 373. A esse respeito, observe a explanação de Lequette: "[o]*bservons enfin que, dans les contrats-coopération de type complexe, le seuil d'adaptation des différents contrats composant le montage doit être apprécié à l'aune de l'économie générale du contrat-cadre de coopération. Ainsi, dans la joint venture, il arrive souvent que des contrats satellites soient volotairement déséquilibrés mais qu'en raison de la fonction instrumentale ou finale qu'ils remplissent, ils participent à l'equilibre général de l'opération de coopération. De sorte qu'une partie, alors même qu'elle ne retire aucune utilité de l'un des contrats satellites, peut obtenir une contrepartie en vertu d'un*

Alcançado um acordo, o negócio, então, tem suas obrigações alteradas e a vida contratual prossegue, regularmente. Caso, entretanto, a negociação seja malsucedida, não se deverá impor qualquer revisão ao conteúdo contratual. No limite, haverá, no nosso entender, apenas a responsabilização de um eventual abuso, durante as negociações, com a condenação de indenização pela perda da chance de se atingir um resultado consensual, que permitisse o prosseguimento da vida contratual, em adição aos dispêndios com a tentativa frustrada de renegociação.[1105] A impossibilidade de acordo entre as partes, conduz à resolução do negócio, especialmente, pela ruptura da relação de instrumentalidade entre as prestações,[1106] e tal qual, inclusive, suceder-se-ia, na aplicação do modelo da onerosidade excessiva.[1107]

autre contrat satellite ou tirer profit corrélatif auprès de la filiale commune. Dans cette hypothèse, il faut prendre garde de ne pas laisser les parties, sous couvert adaptation, rééqulibrer en leur faveur des contrats dont l'économie était voulue déséquilirée" (p. 373).

1105 Anderson Schreiber, após abordar as diferentes formas com que a imposição da renegociação é tratada nos panoramas mais diversos (para alguns, é ônus ao pedido de revisão e/ou de resolução; para outros, é um efetivo dever, mas se discute se tem caráter contratual ou extracontratual, com a adicional polêmica, em torno, dos efeitos daí decorrentes), conclui pelo reconhecimento, no ordenamento brasileiro, da tutela reparatória pelo descumprimento do dever de renegociar imposto pela boa-fé objetiva (*Equilíbrio Contratual...*, pp. 305-313). Destaca, contudo, que "não se afigura simples a questão da liquidação do dano sofrido em decorrência do descumprimento do dever de renegociar" (p. 313).

1106 Nesse sentido, Lequette bem destaca que "[d]*ans l'hypothèse où l'échec n'est pas imputable à la faute de l'une ou l'autre des parties et, à raisonner au regard de la théorie classique, le contrat, bien que déséquilibré, doit être maintenu. (...) Si une telle solution, bien qu'excessivement rigoureuse, est admissible dans le contrat-permutation, elle est difficilement concevable dans le contrat-coopération. La rupture du rapport d'adéquation moyen-fin rend en effet difficile la réalisation de la coopération, la poursuite de la relation contractuelle ne pouvant que maillaisément s'operer en l'état. De sorte qu'il apparaît nécessaire, dans le cadre du contrat-coopération, de reconnaître à chacune des parties le droit de résilier le contrat*" (*Le contrat-coopération...*, p. 376).

1107 Ao tratar de um determinado contrato de consórcio, Junqueira admitiu a possibilidade de sua resolução pelo modelo da onerosidade excessiva. Pelo contrato, "El Paso, Enron e MPX obrigaram-se, pois, a financiar, construir, operar e manter as citadas usinas [termoelétricas]; obrigaram-se ainda a comercializar a energia por elas produzida, controlar os recebimentos e distribuir os resultados entre as consorciadas. Por seu turno, a Petrobrás obrigou-se a garantir o fornecimento de gás para a operação das usinas e, paralelamente, a realizar a chamada contribuição de contingência. Esta contribuição, questão central da consulta, consistia no seguinte: se a receita mensal auferida pelo consórcio com a venda de energia produzida pelas usinas não fosse suficiente para cobrir determinados custos, a Petrobrás efetuaria o

3.2.3. Do término contratual decorrente de incumprimento de uma das partes

O incumprimento contratual é fato grave, que afeta a relação contratual, seja mediante mora (retardo, lugar e modo), seja por meio de inadimplemento definitivo, quando a obrigação perder a utilidade ao credor. Diante de uma tal atuação do devedor, abrem-se as seguintes possibilidades à contraparte: **(i)** quando a obrigação ainda for possível e útil ao credor (mora), exigir a realização coativa desta; quando, de outro lado, houver uma hipótese de inadimplemento definitivo, demandar tanto **(ii)** a execução pelo equivalente, com a substituição da prestação original por uma outra, de natureza pecuniária, ou ainda **(iii)** a resolução da relação contratual.

Também à semelhança da denúncia, a resolução é negócio jurídico unilateral receptício, geralmente irrevogável e incondicionável, procedente de um direito potestativo, que leva à extinção do vínculo contratual.[1108] Ela pode constar de cláusula contratual (resolução convencional - CC, art. 474) ou, ainda que inexista, incidirá, nos contratos de intercâmbio, a partir da regra geral constante do artigo 475 do Código Civil (resolução legal).[1109] Todavia, em oposição à liberalidade coligada à denúncia, é imprescindível à resolução a existência de um motivo, para a exoneração das obrigações,[1110] com a restituição das partes, no mais das vezes, ao

pagamento do valor necessário para compensar esses custos. Por conta de políticas governamentais pós-celebração do negócio, tais custos passaram a ser altíssimos e permanentes" (*Natureza jurídica do contrato de consórcio...*, p. 347). Nesses termos, concluiu que "[e]xaminada a questão sob o ângulo dos riscos, percebe-se que todas as consequências onerosas dos fatos extraordinários e imprevisíveis estão com a Petrobrás, onerosidade excessiva, e nenhuma com suas parceiras, extrema vantagem. A expectativa razoável das partes não era que a Petrobrás viesse a desembolsar montante superior ao próprio valor posto pelas parceiras na construção das termoelétricas. Assim, ressalvado o que diremos na última linha desse parecer, impõe-se reconhecer o desequilíbrio contratual causado por fatos extraordinários e imprevisíveis, com excessiva onerosidade de um lado e, consequentemente, extrema vantagem de outro, para o fim de resolver, possível, na forma da lei, os contratos de consórcio (art. 478 do CC. de 2002) ou, se possível, adequá-los, equitativamente (art. 479 do CC. de 2002)" (*Natureza jurídica do contrato de consórcio...*, p. 366).

[1108] PINTO, Fernando A. Ferreira. *Contratos de distribuição...*, pp. 393-394.

[1109] AGUIAR, Ruy Rosado. *Extinção dos Contratos...*, p. 12.

[1110] Nesse sentido, "[a] resolução carece, geralmente, de ser motivada, o que significa que tem que ter um condicionalismo justificativo (previsto na lei ou no próprio contrato) que gere o

status quo ante (i.é., os efeitos são *ex tunc*). A resolução, portanto, dá-se, em momentos de crise da relação contratual,[1111] gerando uma eficácia de natureza liberatória; e, outra, de caráter restituitório.[1112]

Nas relações de caráter duradouro, tal qual a maior parte dos híbridos, os efeitos restitutórios da resolução sofrem limitações. Um deles refere-se, justamente, ao momento de início da eficácia restituitória, que, dada a natureza de tais negócios, dá-se de modo irretroativo (*ex nunc*), com aplicação analógica do artigo 128 do Código Civil, a fim de que se preservem as prestações já executadas.[1113] Não há impedimentos, contudo, para que as partes, no exercício da autonomia negocial, regulem o modo como se dará a eficácia restituitória.[1114] Não bastasse isso, há ainda como limitação, o fato de que o fundamento para o término deve residir na identificação de uma "justa causa". Esta pode advir tanto do incumprimento de obrigações das partes, como também de circunstâncias objetivas não imputáveis a qualquer uma delas, mas que inviabilizem o prosseguimento do vínculo contratual.[1115] Tal distinção dá-se, em função do prolongamento do cumprimento das obrigações no tempo – em contrariedade ao que se passa nos negócios de execução instantânea –, bem como da base de confiança que se estabelece, a partir da duração do contrato.[1116] Nesses termos, a justa causa deve configurar-se uma "razão séria" ou "motivo importante",[1117] a ser vislumbrada não apenas do ponto de vista do sinalagma entre duas obrigações específicas ou, meramente, do interesse do credor no cumprimento de determinada prestação, mas, sim, considerando o aspecto

nascimento deste direito potestativo extintivo, fundamento que deve ser comunicado à outra parte" (Vasconcelos, L. Miguel Pestana De. *O Contrato de Franquia*..., p. 118).

1111 Pinto, Fernando A. Ferreira. *Contratos de distribuição*..., pp. 393-394.

1112 Aguiar, Ruy Rosado. *Extinção dos Contratos*..., pp. 48-49. No mesmo sentido: Zanetti, Ana Carolina Devito Dearo. *Contato de Distribuição*..., p. 122.

1113 Zanetti, Ana Carolina Devito Dearo. *Contato de Distribuição*..., pp. 122-123.

1114 Zanetti, Ana Carolina Devito Dearo. *Contato de Distribuição*..., p. 124.

1115 Nesse aspecto, Ferreira Pinto comenta que "[a] resolução pode (...) alicerçar-se, quer em situações de inadimplemento (geralmente, grave e culposo) do programa obrigacional (justa causa subjetiva), quer em factos supervenientes, de natureza objectiva, que afectem o equilíbrio sinalagmático do contrato (justa causa objectiva). Imprescindível é apenas, em ambos os casos, que a ocorrência de tais eventos conduza à destruição da base de subsistência da relação, suportando o juízo de inexigilidade" (*Contratos de distribuição*..., p. 400).

1116 Pinto, Fernando A. Ferreira. *Contratos de distribuição*..., pp. 394-395.

1117 Pinto, Fernando A. Ferreira. *Contratos de distribuição*..., p. 395.

global da operação desenhada pelas partes. A inexigibilidade do pacto está condicionada, portanto, a um "juízo prudencial-concreto", que avalie a "proporcionalidade e adequação" entre um determinado incumprimento (ou uma série de atos nesse sentido) e o direito à resolução.[1118]

A gravidade da conduta passível de ser configurada como justa causa deve ser aferida, com base, entre outros critérios, na natureza dos deveres violados, na relevância dos interesses atingidos, na extensão dos danos causados, na duração do inadimplemento, no grau de culpa do agente,[1119] no comportamento anterior das partes, no período de vigência contratual,[1120] na proporção em que o empreendimento comum já foi executado.[1121] De modo diverso ao que se passaria, em um contrato de troca, em que há a necessidade de indicar, pontualmente, as obrigações contratuais violadas, nos híbridos, essa individualização de incumprimento pode ser dispensada, desde que se evidencie, concretamente, o descumprimento da relação de cooperação em si; e, diante dela, a impossibilidade de se prosseguir com a contratação.[1122] As violações contratuais em causa, há que se ter em mente, podem residir não apenas em eventual contrato-quadro firmado entre as partes, mas também nos demais pactos necessários à efetivação do empreendimento comum.[1123]

Tomados todos esses critérios, deve-se ter em conta, fundamentalmente, a repercussão que determinada violação gera na relação de confiança entre as partes.[1124] Isso porque, em um tal cenário, é bem possível que

[1118] Pinto, Fernando A. Ferreira. *Contratos de distribuição...*, pp. 396-397.

[1119] Pinto, Fernando A. Ferreira. *Contratos de distribuição...*, p. 397. No mesmo senso: Helena Brito (*O contrato de concessão comercial...*, p. 226).

[1120] Brito, Maria Helena. *O contrato de concessão comercial...*, p. 226.

[1121] Lequette, Suzanne. *Le contrat-coopération...*, p. 436. Acerca da relevância das obrigações atingidas, Ana Carolina Zanetti propõe que tal critério seja dimensionado, mediante uma escala gradativa, partindo das obrigações relacionadas aos elementos categoriais inderrogáveis do negócio (mais relevantes) a outras obrigações ligadas a elementos particulares (de menor relevância). Assim, no contexto de um contrato de distribuição, seria de extrema importância uma obrigação relativa à revenda dos bens; mas, de possível menor relevância, alguma outra referente à obrigação de, periodicamente, informar a respeito de determinadas condições de mercado (*Contato de Distribuição...*, pp. 130-131).

[1122] Lequette, Suzanne. *Le contrat-coopération...*, pp. 442-444.

[1123] Brito, Maria Helena. *O contrato de concessão comercial...*, p. 229.

[1124] Pinto, Fernando A. Ferreira. *Contratos de distribuição...*, p. 397. A esse respeito, confira-se o entendimento de Helena Brito acerca dos contratos de concessão comercial: "[p]odemos

"uma violação de escassa importância, isoladamente considerada, pode ter uma gravidade especial dentro da relação obrigacional complexa"[1125] – ou ainda seu inverso (uma violação grave com menores repercussões).[1126] Nessa ordem de ideias, pense-se, nas situações, em que, a despeito de se tratar de uma obrigação, aparentemente, de menor importância, seu inadimplemento possa gerar a ruptura da confiança quanto ao cumprimento futuro do contrato. Em se tratando de contrato de cooperação, em que a confiança entre as partes exsurge como elemento essencial, uma violação obrigacional, nesses termos, poderia acarretar o nascimento do direito resolutivo.[1127] Afinal, "se do *ethos* desta categoria de negócios faz parte uma intensificada presença do elemento fiduciário e uma mais forte ressonância das qualidades pessoais dos contraentes, é perfeitamente natural que essas características tenham directa expressão na formulação do juízo sobre a relevância legitimadora da resolução".[1128] Tal quebra de confiança, é bom ressaltar, dada a delicada base que a sustenta, pode ser gerada, inclusive, pela parte de menor força, nos contratos de assimetria de poder. Helena Brito preleciona que, *a contrario senso*, também poderá ser considerado abusivo o recurso à resolução, por motivo, expressamente,

concluir que o direito de resolução do contrato de concessão comercial não deve depender pura e simplesmente do incumprimento, por uma das partes, de certas e determinadas obrigações contratuais, ainda que tal incumprimento seja qualificado de culposo. Mais do que o incumprimento em si ou a valoração do comportamento da parte inadimplente, há que atender ao fim da de cooperação visado pelo contrato. Deste modo, só a impossibilidade de prosseguir tal fim, contida na noção de justa causa, deve condicionar tal direito de resolução" (Brito, Maria Helena. *O contrato de concessão comercial...*, p. 234). (*O contrato de concessão comercial...*, p. 234).

1125 Vasconcelos, L. Miguel Pestana De. *O Contrato de Franquia...*, p. 119. No mesmo senso: Ferreira Pinto (*Contratos de distribuição...*, p. 398).

1126 Pinto, Fernando A. Ferreira. *Contratos de distribuição...*, p. 398.

1127 Vasconcelos, L. Miguel Pestana De. *O Contrato de Franquia...*, p. 119. No mesmo senso: Ferreira Pinto (*Contratos de distribuição...*, p. 398).

1128 Pinto, Fernando A. Ferreira. *Contratos de distribuição...*, p. 399. Ana Carolina Zanetti ressalva, com bom senso, que "(...) a afirmação de que a quebra de confiança poderia enseja a resolução dos contratos, fato este que restaria acentuado na categoria dos contratos de colaboração, (...) exige (...) reflexões" (*Contato de Distribuição...*, p. 132). Afinal, "[a] resolução não surge pela quebra subjetiva da confiança. O direito de resolução resulta, precisamente, do inadimplemento irreversível dos deveres emanados do vínculo, exceto se tal descumprimento for de tal maneira desimportante que não afete a finalidade do contrato ou se o interesse do credor já tenha sido satisfeito praticamente em sua integralidade" (p. 132).

previsto em contrato, mas que não afete a persecução do fim da cooperação. Para ela, uma conduta, nesses moldes, seria atentatória à cláusula geral de boa-fé objetiva.[1129] Entre nós, Ana Carolina Zanetti destaca que a utilização do remédio resolutório, quando violada obrigação de escassa importância, no contexto da relação contratual, deverá ser considerada um ato ilícito, na forma do artigo 187 do Código Civil.[1130]

Do ponto de vista das redes contratuais, há ainda um ponto a se considerar: um eventual descumprimento de um de seus membros, ainda que de mero um detalhe em determinada atividade, pode, efetivamente, acarretar danos a toda a rede (ex.: a redução de qualidade do produto comercializado por um afeta a imagem de todo o grupo). Assim, já se considerou legítimo que a rede de restaurantes Mc Donald's pudesse dar fim a contrato de franqueado que não utilizava, em suas grelhas, a temperatura correta, para assar os hambúrgueres.[1131] Segundo Teubner, uma situação semelhante, em um contexto de troca, não poderia ser tratada com o mesmo rigor.[1132] Inclusive, há, como se abordará adiante,[1133] quem defenda a utilização de mecanismos societários, em determinadas formas de rede, para que se conceda a um de seus membros a possibilidade de adotar medidas em face de um outro membro que esteja a descumprir suas obrigações e, assim, causar danos à coletividade. Ilustrativamente, seria o que se passaria, no caso de o franqueador se furtar a agir contra um determinado franqueado, que estivesse a praticar atos lesivos para toda a rede, e, assim, um de seus membros adotasse as providências relativas ao incumprimento.[1134]

Ainda sobre o exercício do direito resolutório, Vasconcelos observa que, pelo caráter, eminentemente, pessoal dos contratos cooperativos, não será prudente permitir o prosseguimento da execução contratual, na constância de procedimento jurisdicional, em que eventual caráter abusivo do exercício da pretensão resolutória seja disputado.[1135] Isso porque,

[1129] Brito, Maria Helena. *O contrato de concessão comercial...*, p. 234.

[1130] Zanetti, Ana Carolina Devito Dearo. *Contato de Distribuição...*, p. 129.

[1131] Weitzenboeck, Emily M. *A legal framework for emerging...*, p. 323.

[1132] Teubner, Gunther. *Network as Connected...*, pp. 188-189.

[1133] Vide item IV.4.

[1134] Weitzenboeck, Emily M. *A legal framework for emerging...*, pp. 316-317

[1135] Vasconcelos, L. Miguel Pestana De. *O Contrato de Franquia...*, p. 122. Em sentido semelhante: Lequette (*Le contrat-coopération...*, pp. 434-435).

na pendência do litígio, o prosseguimento do negócio poderia implicar danos irreversíveis a uma das partes. Para ilustrar a hipótese, basta se pensar no dano de imagem a um franqueador que, ao cabo da disputa, venha a se lograr vencedor: ele, dificilmente, conseguirá ter seu dano ressarcido. Nesses casos, portanto, à exceção de uma excepcional tutela de urgência obtida pela parte, alegadamente, lesada, eventual direito desta deverá resolver-se, ulteriormente, em perdas e danos, colocando-a "na posição em que estaria se esse negócio jurídico tivesse sido curialmente cumprido".[1136]

A esse respeito, Ferreira Pinto dá um passo além. Segundo ele, à vista das características de tais contratos, em que há a necessidade de uma ativa colaboração entre as partes, seria inviável, em uma hipótese em que os contratantes disputam a validade até mesmo de uma denúncia, exigir-se a manutenção do pacto e a execução forçada das obrigações pactuadas. Afinal, como já salientado, anteriormente, por se tratar de um *facere* de cunho pessoal, em que a satisfação dos interesses se dá tão somente com determinações próprias das partes tendentes à cooperação, o ato visando à extinção do vínculo tem como efeito a ruptura da relação contratual, com a desvinculação das partes, restando ao lesado tão somente o direito ao ressarcimento indenizatório.[1137]

Nada obstante, como destacam Adar e Gelbard, se, de um lado, o aspecto pessoal reduz o leque de opções de remédio contratual ao lesado,[1138] de outro, ela facilita, como já indicado, a demonstração tanto de incumprimento ao contrato, quanto de sofrimento de danos de ordem moral.[1139] Para além do aspecto pessoal, os dois autores sublinham outras duas características inerentes à perspectiva relacional, que também impactam, profundamente, a maneira com que os remédios contratuais de inadimplemento dever ser aplicados. A primeira delas refere-se à

[1136] Vasconcelos, L. Miguel Pestana De. *O Contrato de Franquia...*, pp. 122-124.

[1137] Pinto, Fernando A. Ferreira. *Contratos de distribuição...*, pp. 524-525.

[1138] Nesse aspecto, ADAR e GELBARD também destacam que "[t]*he very existence of such a personal relationship would in most cases present a serious obstacle from the standpoint of a party seeking to enforce the contract. This arises from the fact that in most western legal systems the remedy of enforcement will not be granted when it requires the giving – or receiving – of a personal service. Thus, in a somewhat paradoxical way, the closer the relationship between the parties before the breach, the more problematic it is to enforce their mutual obligations*" (Contract Remedies..., p. 285).

[1139] Adar, Yehuda; Gelbard, Moshe. Contract Remedies..., pp. 285-286.

incerteza gerada, a partir dos longos prazos de duração dos contratos; e a segunda, aos já referidos investimentos realizados pelas partes, na relação.[1140]

A resolução de contratos de longa duração traz consigo dificuldades inerentes à avaliação, identificação e quantificação de danos sofridos pela parte lesada, em especial frente a eventual decurso de tempo entre determinado incumprimento e o término do relacionamento. Por essa razão, Adar e Gelbard destacam que nem sempre o substituto indenizatório, em valores pecuniários, compensará, adequadamente, os danos sofridos pela parte lesada. Melhor remédio, em sua opinião, seria a execução específica das obrigações descumpridas – algo que, como visto logo antes, será bastante raro, nos acordos cooperativos, face ao caráter pessoal da contratação. Inclusive, afora esse aspecto *intuito personae*, os próprios Adar e Gelbard também pontuam que, em diversas situações, a execução específica de obrigações pode ser impactada, por uma eventual alteração de circunstâncias fáticas, entre o incumprimento e momento em que há sua exigência. Dadas todas essas dificuldades de tutela ao direito da parte lesada, os autores defendem que os julgadores, em contratos de longa duração, adotem um menor rigor, no *onus probandi*, referente à demonstração da existência e liquidação de danos sofridos, dentro desse contexto.[1141]

Nas hipóteses de realização coativa, no caso de mora, e exigência pelo equivalente, o credor terá ainda o direito ao recebimento de uma indenização, pela violação a um interesse positivo, de forma que seja colocado na situação patrimonial, em que se encontraria, caso a obrigação houvesse sido, adequadamente, cumprida. Na opção pela resolução, como não poderia deixar de ser, o credor terá direito apenas ao recebimento de indenização, pelo interesse negativo – *i.e.*, à recondução à situação patrimonial, em que se encontrava antes da celebração do negócio. Afinal, seria contraditório que, a um só tempo, pretendesse-se a resolução do vínculo e a posição a que se alçaria com o cumprimento do contrato. Nesses termos, a título de ilustração, em um contrato de distribuição, a mora do fornecedor em entregar as mercadorias pode dar azo ao credor a exigir não apenas o ressarcimento com os custos incorridos, para adquirir

[1140] ADAR, Yehuda; GELBARD, Moshe. Contract Remedies..., p. 283.

[1141] ADAR, Yehuda; GELBARD, Moshe. Contract Remedies..., pp. 284-285.

mercadorias de terceiros, a um preço superior, como também os lucros que seriam auferidos, com a revenda dos produtos. De outro lado, no caso de resolução do contrato, o distribuidor poderia somente ser ressarcido, por exemplo, de despesas com a manutenção de bens no estoque, com custos para confecção de material publicitário, de danos oriundos de informações mercadológicas inverídicas, de lucros cessantes por ter deixado de investir em outro negócio etc.[1142]

Nada obstante, no contexto de crise da relação, há que se considerar ainda que, ante um eventual incumprimento, as partes podem também – e, inclusive, talvez seja até mais indicado – buscar outros remédios contratuais menos drásticos, como, por exemplo, abatimento de preço, exceção do contrato não cumprido etc., para garantir seus interesses, ao invés de se socorrer de um pedido de resolução – que, pela natureza da relação, deverá sempre vir precedido de uma oportunidade de purgação do incumprimento.[1143] De acordo com Lequette, o risco de uma das partes, imotivadamente, optar pela resolução contratual tende a reduzir, caso se incluam etapas antecedentes à resolução: obrigação de notificar um descumprimento, concessão de um aviso prévio, tentativa de reajuste dos termos do contrato, busca de uma motivação para a resolução. Segundo a autora, muito embora tal faseamento não impeça a parte de, ainda assim, pleitear a resolução do contrato, essas etapas, ao demandar a produção de evidências documentais, trar-lhe-ão, no mínimo, riscos em futuro procedimento jurisdicional[1144] e, logo, fá-la-ão ponderar a respeito. Em resumo, "*en matière de contrat-coopération, il semble que la résiliation unilatérale ne devrait être pratiquée qu'en cas de défaillance du prestaire instrumental ou du prestataire final, bloquant la réalisation de l'opération économique projetée et marquant ainsi son absence de toute volonté de coopération*".[1145]

A despeito de construída sob o paradigma da troca,[1146] a exceção do contrato não cumprido, conquanto de rara frequência,[1147] é, igualmente,

[1142] ZANETTI, Ana Carolina Devito Dearo. *Contato de Distribuição...*, pp. 139-140.

[1143] ADAR, Yehuda; GELBARD, Moshe. Contract Remedies..., pp. 286-287.

[1144] LEQUETTE, Suzanne. *Le contrat-coopération...*, pp. 434-435.

[1145] LEQUETTE, Suzanne. *Le contrat-coopération...*, p. 434.

[1146] LEQUETTE, Suzanne. *Le contrat-coopération...*, pp. 422-423.

[1147] Como bem se sabe, o manejo da exceção do contrato não cumprido – "a última consequência prevista no ordenamento jurídico pátrio em face do inadimplemento obrigacional" (ZANETTI, Ana Carolina Devito Dearo. *Contato de Distribuição...*, p. 142) – demanda não apenas

aplicável aos contratos de cooperação, desempenhando papel bastante útil às partes, uma vez que se presta, a um só tempo, a pressionar o parceiro, para que execute sua prestação, bem como a garantir os direitos daquele que se encontra, na situação de credor. Todavia, assim como se dá no exercício ao direito resolutório, a oposição da exceção do contrato não cumprido também só poderá ser exercida, em atenção à intensificada boa-fé existente, nos acordos cooperativos. O credor, portanto, não poderá se estear em um descumprimento de obrigação sem qualquer impacto ao projeto comum, para tentar justificar a suspensão da eficácia de suas obrigações. O contratante final poderá se escusar de promover a atividade voltada ao empreendimento comum sempre que o contratante instrumental deixe de fornecer os meios oferecidos, para a exploração comercial, ou ainda quando estes forem inadequados e/ou defeituosos. O contratante instrumental, a seu turno, também poderá se recusar a cumprir suas obrigações, caso o contratante final não explore, adequadamente, a atividade comercial necessária ao empreendimento comum. A exceção poderá ser oposta também entre obrigações que não façam parte do mesmo contrato, mas desde que estejam dentro do contexto de uma mesma operação econômica. Assim, Lequette noticia um excerto da jurisprudência arbitral francesa, em que, em um dado contrato de *joint venture*, compreendeu-se que um parceiro não poderia exigir do outro a entrega tempestiva de determinados trocadores de calor, enquanto aquele estivesse, em descumprimento, no contrato, conexo ao contrato-quadro, de fornecimento de matéria-prima necessária para a produção dos trocadores.[1148]

De tudo o que se viu, percebe-se que não existe uma única solução de remédio aplicável ao incumprimento, que valha *a priori* a todo o rol de contratos de natureza híbrida. Diante da complexidade e sofisticação de cada um desses negócios, a opção pelo remédio mais adequado somente poderá ser decidida caso a caso. Caberá, assim, aos operadores do Direito,

a interdependência, mas também a simultaneidade de prestações. Nesses termos, como bem destaca Ana Carolina Zanetti, em comentário a respeito dos contratos de distribuição, mas que, a nosso ver, pode ser estendido aos contratos híbridos, em geral, "[a] conjugação de ambos os requisitos (...) será (...) de difícil ocorrência, o que torna rara a aplicação da exceção do contrato não cumprido para o inadimplemento de tal negócio" (p. 72).

1148 Lequette, Suzanne. *Le contrat-coopération...*, pp. 428-429.

como bem destacam Adar e Gelbard, adaptar as regras contratuais já existentes – e em arcabouço suficiente –, para lidar com os problemas específicos que advirão desse novo contexto empresarial. Nessa toada, "*what is necessary today in order to give effect to the relational theory of remedies is nothing more than awareness to its existence, and to the possible need to adjust certain rules of remedy to suit the relational context*".[1149]

3.2.4. Do inadimplemento recíproco

De acordo com Paula Forgioni, um dos problemas mais comuns, em contratos de cooperação, refere-se à situação de inadimplemento recíproco, "em que ambos os participantes não cumprem suas obrigações, ou cumprem-nas com deficiências".[1150] Segundo ela, por conta da insipiente investigação doutrinária a respeito da temática[1151] – o que é prova de que ainda não se "desenvolveu instrumental satisfatório para operar os contratos de colaboração" –, a resposta ao problema deve ser buscada com base, em princípios gerais do Direito Comercial, tais como "[a] vedação do enriquecimento sem causa; [b] respeito à boa-fé objetiva; [c] proteção da legítima expectativa da outra parte; [d] usos e costumes; [e] vedação de aproveitamento da própria torpeza, de modo que nenhuma das partes pode tirar benefícios de sua culpa". E tudo isso, para ela, acaba

[1149] Adar, Yehuda; Gelbard, Moshe. Contract Remedies..., pp. 288-289.

[1150] Forgioni, Paula Andrea. *Teoria Geral dos Contratos* ..., p. 202.

[1151] Nesse aspecto, a autora destaca o posicionamento de Carvalho de Mendonça, segundo o qual "[d]iante do inadimplemento recíproco, entende Carvalho de Mendonça, o civilista, que deve haver a compensação da culpa: 'É um caso característico da compensação da culpa, em que as duas ações se ilidem e nenhuma das partes pode contra a outra tirar vantagem da culpa que lhes é comum' [Doutrina e prática das obrigações, 328]" (Forgioni, Paula Andrea. *Teoria Geral dos Contratos*..., p. 150). Ana Carolina Zanetti, de outro lado, destaca que, em realidade, a análise de referido autor funda-se, em hipótese de culpa concorrente, haja vista abordar situação em que ambas as partes teriam concorrido para o inadimplemento de uma mesma obrigação. Segundo ela, para além de considerações já formuladas, a respeito de mora concomitante, por autores, como, por exemplo, Agostinho Alvim, a discussão ainda é bastante escassa na seara doutrinária nacional (*Contato de Distribuição*..., pp. 150-151). A autora destaca ainda que situação semelhante também é encontrada na jurisprudência dos tribunais pátrios, os quais, de modo similar, confundem, por vezes, o inadimplemento recíproco com a culpa concorrente. Segundo ela, no tocante às repercussões ao jurídicas, as cortes, frequentemente, adotam o critério da compensação de culpas (p. 156).

por gerar um ambiente de insegurança jurídica, que é inerente a tais soluções.[1152]

Em estudo dedicado ao tema do inadimplemento recíproco em contratos de distribuição, Ana Carolina Zanetti, que, igualmente, destaca a ausência de disciplina legal, no ordenamento nacional a respeito da questão,[1153] ilustra a hipótese, com a situação em que, simultaneamente, o fornecedor realiza vendas diretas, em zona de atuação exclusiva do distribuidor, e este, a seu turno, deixa de manter um nível mínimo de estoque, conforme exigências contratuais. Como bem destaca a autora, no inadimplemento recíproco, que pode se dar tanto entre obrigações interdependentes – suporte fático da exceção do contrato não cumprido –, como também entre outras sem o mesmo grau de vinculação, o mais comum, no contexto da distribuição, é a segunda hipótese. Tal assim o é em razão da natureza do negócio – ilação, que outrossim, a nosso ver, pode ser extrapolada, para os demais negócios cooperativos –, "cujo escopo é mais o desenvolvimento de certa atividade que a simples troca de prestações".[1154]

Para a execução de tal atividade, assim como se passa na ampla categoria dos contratos de natureza híbrida, é possível identificar-se, na distribuição, uma certa gradação, entre os elementos do negócio jurídico, que partem dos elementos categoriais inderrogáveis (núcleo obrigacional) e irradiam-se, de forma concêntrica, para elementos acidentais de primeiro, segundo e terceiro graus. Na distribuição, segundo proposta de Ana Carolina Zanetti, os de primeiro grau seriam aqueles que possibilitariam a consecução do essencial, tal qual, por exemplo, a obrigação de aquisição de cota mínima e sua correspectiva de entrega ou ainda a de manutenção de determinada quantidade de estoque. Os de segundo, a seu turno, tratar-se-ia de obrigações autônomas, como, ilustrativamente, nas constantes de cláusulas de exclusividade, de prestação de serviços pós-venda ou ainda de participação de publicidade. Por fim, os de terceiro grau teriam como objetivo promover a cooperação entre as partes, tal qual se passa em cláusulas de sugestão de preço de revenda, de dever de informar quanto às condições de mercado ou ainda de dever de obedecer às orientações

[1152] Forgioni, Paula Andrea. *Teoria Geral dos Contratos*..., pp. 202-203.

[1153] Zanetti, Ana Carolina Devito Dearo. *Contato de Distribuição*..., p. 149.

[1154] Zanetti, Ana Carolina Devito Dearo. *Contato de Distribuição*..., pp. 71-72.

de organização de vendas.[1155] A nós, não parece correto situar os deveres de cooperação, no ponto mais distante da escala proposta, especialmente considerando o aspecto híbrido de contratos de distribuição, em que há, justamente, a intensificação de tais deveres.[1156]

Nesse cenário de complexidade da relação obrigacional, é bem possível que sejam descumpridas obrigações, sem relação de interdependência, afastando, como visto no item anterior, a possibilidade de oposição de exceção do contrato não cumprido. Nesse contexto, a combinação entre incumprimentos – que podem, assim, serem recíprocos – assume os mais variados formados. Pode haver a mora recíproca, o inadimplemento definitivo recíproco, mora a um e inadimplemento definitivo a outro, inadimplementos desimportantes recíprocos etc.[1157] De se destacar que a situação do inadimplemento recíproco, em que cada parte descumpre obrigação que estava a seu encargo, não equivale a do concurso de culpas. Nesta última, há a concorrência de ambas as partes, para um mesmo incumprimento, a atingir a imputabilidade de determinada conduta e, como tal, reduzir a aptidão para o pleno ressarcimento do dano sofrido.

[1155] Zanetti, Ana Carolina Devito Dearo. *Contato de Distribuição...*, p. 63-66.

[1156] E a própria autora parece corroborar nossa opinião, ao destacar que "[n]o que diz respeito aos deveres anexos, necessário notar que o enquadramento do contrato de distribuição como um contrato de colaboração produz efeitos imediatos sobre eles. / Nessa categoria negocial, os deveres comumente caracterizados como laterais são, geralmente, colocados para dentro do contrato por meio de estipulações das partes e tornam-se deveres de prestação. É o caso, por exemplo, do dever de informar. Na maioria dos contratos não classificados como de colaboração, o dever de informar decorre da boa-fé. No contrato de distribuição, por sua vez, o dever de informar está intrinsecamente relacionado à economia do negócio" (Zanetti, Ana Carolina Devito Dearo. *Contato de Distribuição...*, p. 86). Em outro trecho do estudo, ela retoma: "(...) os deveres comumente caracterizados como laterais são, geralmente, colocados para dentro do contrato por meio de estipulações das partes, tornando, assim, deveres de prestação. / É o caso, por exemplo, do dever de informar. Na maioria dos contratos não classificados como de colaboração, o dever de informar decorre da boa-fé. No contrato de distribuição, por sua vez, o dever de informar está intrinsicamente relacionado à economia do negócio. O atendimento do fim do contrato necessita que o distribuidor informe ao fornecedor as condições e demandas do tráfico, uma vez que este, ao optar pelo sistema de vendas indireta, reduz seu contato imediato com o mercado. / O dever de cuidado com o patrimônio do contratante encontra-se, igualmente, acentuado em contratos de colaboração tal qual a distribuição. Isto é evidenciado com a concessão do uso da marca. O fornecedor permite que o distribuidor valha-se da imagem de sua marca; em contrapartida, este assume o compromisso de zelar por ela" (pp. 92-93).

[1157] Zanetti, Ana Carolina Devito Dearo. *Contato de Distribuição...*, p. 147.

Ainda no contexto da distribuição, Ana Carolina Zanetti menciona que haveria concorrência de culpa, na violação de uma eventual cláusula de aquisição exclusiva de produtos do fornecedor, quando este exigisse do distribuidor o pagamento à vista, em contrariedade a uma eventual prerrogativa de pagamento a prazo.[1158]

Na doutrina italiana, já se propôs que os casos de inadimplemento recíproco sejam resolvidos, mediante uma comparação entre culpas, aferindo-se qual das partes seria "a mais inadimplente", em um tal contexto. A aferição, nesse cenário, dar-se-ia, com base nos critérios da cronologia, da causalidade e da proporcionalidade. O primeiro visaria à identificação de qual das partes descumpriu antes sua obrigação. O segundo, por sua vez, analisaria se o incumprimento de um decorreu do incumprimento do outro. E, por fim, havendo uma tal relação de causalidade, o terceiro averiguaria se a reação do segundo ao incumprimento do primeiro foi adequada. Todos esses critérios deveriam ainda ser analisados à luz da função econômica do contrato inadimplido. Frise-se que a solução peninsular se circunscreve, unicamente, às hipóteses, em que ambas as partes pleiteiam a resolução do vínculo contratual, sob o fundamento de incumprimento da outra.[1159] A nós, tais critérios têm nítida coloração de concorrência de culpa, dado que, ao se estabelecer uma relação de causa e consequência entre os incumprimentos, está a se investigar a relevância do comportamento de uma parte, relativamente ao incumprimento de determinada obrigação por outra. Deixa-se de lado, nesse contexto, uma miríade de outros possíveis problemas, especialmente em relações obrigacionais complexas, tal qual se dá nas de caráter híbrido, em que os incumprimentos não, necessariamente, deram-se, em função do comportamento

[1158] Zanetti, Ana Carolina Devito Dearo. *Contato de Distribuição...*, pp. 70-71. Ruy Rosado, de igual maneira, também destaca a distinção entre as hipóteses de concorrência de culpa e de inadimplemento recíproco: "[o] descumprimento pode resultar de 'culpa de ambas as partes ': (a) devedor e credor concorrem para impedir a prestação do devedor; (b) devedor e credor deixam ambos de cumprir com a sua obrigação. No primeiro caso, deve-se verificar a importância do incumprimento de cada um, segundo a boa-fé, e apenas resolver a obrigação, contra o devedor, se o comportamento dele era só por si suficiente para a extinção do contrato. No segundo, cabe verificar quem tinha a obrigação de prestar em primeiro lugar, sendo este o responsável pela resolução, salvo se as circunstâncias evidenciarem que o outro também não iria cumprir a sua parte" (Aguiar, Ruy Rosado. *Extinção dos Contratos...*, p. 109).

[1159] Zanetti, Ana Carolina Devito Dearo. *Contato de Distribuição...*, pp. 158-161.

do parceiro negocial; mas por motivação alheia à relação entre as partes (ex.: interesses mútuos de participar de um novo negócio).

De modo diverso, e que nos parece mais adequado, Ana Carolina Zanetti aborda a questão do inadimplemento recíproco, sob o viés das consequências jurídicas advindas de cada um dos pleitos formulados. Em primeiro lugar, destaca que, para além da resolução, é bem possível que, em casos de mora recíproca e até mesmo em outros, que envolvam o incumprimento definitivo, haja a permanência do vínculo contratual. Para que tal se suceda, as partes deverão optar, em tais hipóteses, ou pela realização coativa (nos casos de mora), ou pelo sucedâneo indenizatório (nas situações de incumprimento definitivo). Em todos os casos, as partes terão direito ao recebimento de indenização, a qual, em vista do caráter pecuniário, poderá ser, livremente, compensada de parte a parte (CC, art. 368).[1160]

Na hipótese de, de um lado, uma parte pedir a resolução do negócio, com base em um incumprimento definitivo, e, de outro, a contraparte solicitar a execução específica, com base na mora, defende-se a prevalência do primeiro, haja vista se tratar de incumprimento, de rigor, irreversível. Nesse caso, será possível haver uma compensação entre os efeitos restitutórios – em geral, *ex nunc*, nos híbridos (CC, art. 128) – cumulada com a indenização pelos interesses negativos, decorrentes do pleito de resolução, e o sucedâneo indenizatório que vier a ser conferido pela execução do equivalente, em adição aos interesses negativos, da obrigação que ainda era útil a uma das partes.[1161] Nos casos de mora recíproca, as buscas de cada parte pela execução específica da respectiva prerrogativa contratual parecem conviver com maior tranquilidade, havendo, obviamente, que se observar as consequências inerentes a cada incumprimento. No contexto dos híbridos, no entanto, há que se recordar que a imposição dos mecanismos formais contratuais tende a reduzir a cooperação entre as partes e, assim, prejudicar a execução do programa contratual.[1162]

Maior dificuldade, de outro lado, residiria, nos casos em que, diante de incumprimentos definitivos de ambos os lados, um pleiteie a resolução; e o outro, a execução pelo equivalente. Em se tratando de alternativas

[1160] ZANETTI, Ana Carolina Devito Dearo. *Contato de Distribuição...*, pp. 163-175.

[1161] ZANETTI, Ana Carolina Devito Dearo. *Contato de Distribuição...*, pp. 177-178.

[1162] Vide item III.1.2.

conferidas pelo ordenamento, para uma mesma hipótese fática (CC, art. 475), com consequências jurídicas distintas (na resolução, há a restituição cumulada à indenização pelo interesse negativo; na execução pelo equivalente, há a indenização pelo interesse positivo), uma das posições deverá prevalecer sobre a outra. Para essa situação de colisão de direitos, Ana Carolina Zanetti propõe que a análise – que somente poderá ocorrer, no nível do casuísmo – dê-se, mediante os seguintes critérios: **(i)** identificação da relevância de cada incumprimento para a economia global do contrato, tomando por base a estrutura concêntrica de organização das obrigações deste; **(ii)** busca pela solução que gere menos prejuízos às partes; e **(iii)** investigação dos sacrifícios individuais que serão acarretados às partes, em cada uma das soluções.[1163] Por fim, na situação em que houver pedido recíproco de resolução, deverá haver a liberação das partes, com as restituições devidas – sempre em atenção aos ditames do artigo 128 do Código Civil –, cumulada com possíveis indenizações pelo interesse contratual negativo[1164] – que, no nosso entender, deverão ser moduladas, de acordo com a eventual influência do incumprimento de uma parte ao incumprimento da outra.

3.2.5. Do término do contrato pela frustração do projeto comum

Para além das hipóteses anteriormente analisadas, é possível ainda que um fato, não imputável a qualquer das partes, possa também impedir a execução da prestação contratual a uma delas – e, assim, frustrar também a realização de uma operação econômica, previamente, acordadas entre si. De efeito, há situações, em que a despeito da violação a uma norma e a geração de um consectário dano, não era possível ao agente evitar os efeitos acarretados pelo erro de conduta.[1165] Tal poderá se dar

[1163] Zanetti, Ana Carolina Devito Dearo. *Contato de Distribuição...*, pp. 178-180.

[1164] Zanetti, Ana Carolina Devito Dearo. *Contato de Distribuição...*, pp. 180-182.

[1165] Sobre o ponto Caio Mário elucida que, na responsabilização por culpa, "(...) articulam-se dois fatores: o dever violado e a imputabilidade do agente. O primeiro, presente na atuação da vontade consciente para a ação em contrariedade a uma predeterminação (elemento objetivo), e a segunda na verificação de não ter ele prevenido ou evitado os efeitos, podendo fazê-lo" (Pereira, Caio Mário da Silva. *Instituições de Direito Civil: teoria geral das obrigações...*, p. 331). E, sobre a questão, o autor ainda pontua: "[p]artindo-se da idéia de que a sua conduta é predeterminada pela lei ou pela convenção, o primeiro pressuposto ressalta e fica estabelecido. O segundo é a ação voluntária do agente em contravenção a essa conduta e em contradição com

tanto pela ausência de comportamento diligente, tomado determinado padrão médio,[1166] necessário à adoção de medidas adicionais para evitar

aquela norma. Ela desviou-se da normação, transgrediu a regra predeterminante. Cometeu, assim, um erro de conduta. Devendo seguir um rumo condicente com a norma, afastou-se dela, ainda que sem a consciência de violentá-la. Cometeu um desvio ou erro de conduta, por negligência, por desatenção, por imprudência, por omissão da observância das regras – não importa a causa. Podendo evitar ou prevenir, desviou-se da conduta imposta pela norma. E com isto causou um mal ao bem jurídico alheio. Sem a pretensão de definir, fixamos a noção de culpa com este caráter, em que predomina um sentido objetivo de aferição, e é por isso que De Cupis deduz ser ela uma noção objetiva. Não há se deter, como efetivamente não se detém, o Direito Brasileiro na apuração das gradações da culpa. Isto fizeram os glosadores, ao erigirem um padrão abstrato, de homem diligente, *bonus pater famílias*, e ao aferirem a conduta do agente, em comparação com a diligência que este homem-paradigma guardaria em relação ao procedimento examinado" (Pereira, Caio Mário da Silva. *Instituições de Direito Civil: teoria geral das obrigações...*, pp. 330-331).

[1166] Sobre essa questão, retomem-se as lições de Orlando Gomes: "[h]á dois critérios para a apreciação de culpa. Ou se afere a conduta do agente por um padrão estabelecido abstratamente, ou se leva em conta a individualidade do agente e as circunstâncias em que praticou o ato. Diz-se na conformidade do primeiro critério, que a culpa se aprecia *in abstrato*; na do segundo, *in concreto*. / Na apreciação *in abstrato* da culpa, compara-se a conduta do agente à do homem diligente representado pela figura clássica do *bonus pater famílias*. Esse tipo figurado serve como o modelo a que se deve ajustar todo indivíduo, se quer ter conduta irrepreensível. Se o comportamento do autor do ato não for o que teria, em iguais circunstâncias, esse tipo abstrato de homem diligente, é considerado culposo. / Na apreciação *in concreto*, consideram-se, em cada caso, as condições subjetivas do agente, seu *complexo individual*. (...) Contudo, a preferência é pelo critério oposto, inclusive dos tradicionalistas" (Gomes, Orlando. *Obrigações*. Rio de Janeiro: Forense, 2001, pp. 267-268). Em concepção que aborda ambos os critérios referidos por Orlando Gomes, Ruy Rosado aponta que "[t]ratando-se de norma aberta, a expressar um conceito indeterminado, de conteúdo variável, a lei não prevê, nem poderia fazê-lo, todas as regras de diligência a serem obedecidas pelas partes, nas condições concretas de cada situação, para se desempenharem com lealdade e eficiência dos compromissos decorrentes da relação obrigacional. Para a qualificação da conduta de cada contratante, é indispensável estabelecer, primeiramente, qual o comportamento devido naquelas condições, segundo as regras de diligência. Estas devem ser fixadas, em primeiro lugar, conforme a capacidade, o conhecimento e a aptidão exigíveis de uma pessoa prudente, da mesma profissão ou de idêntico grupo de pessoas (médico, motorista, agricultor, empregada doméstica etc.) com o que se encontra o padrão geral de conduta adequado para o caso. Assim estabelecido o parâmetro normativo que deveria presidir a situação do contrato, confronta-se essa norma com a conduta efetivamente assumida. O critério, em circunstâncias muito especiais, pode ser temperado com a consideração de condições personalíssimas da pessoa de que se trata, cujo desprezo pode significar a injusta exigência de conduta inatendível. / Se há desconformidade

os danos,[1167] como também nas hipóteses em que estes eram, de fato, inevitáveis,[1168] seja por fatos relacionados, exclusivamente, ao devedor[1169] ou por outros de maior amplitude.[1170-1171] Há aí a extinção *ipso jure* do contrato, independentemente de manifestação de vontade das partes,[1172] mas

entre a conduta do devedor e a norma de diligência assim extraída concretamente da situação, entende-se que ele agiu com negligência" (Aguiar, Ruy Rosado. *Extinção dos Contratos...*, pp. 105-106).

1167 Veja, nesse aspecto, a ilustração de Ruy Rosado: "'A' contrata permutar o seu automóvel, que desde logo o transfere a 'B', devendo deste receber, dentro de alguns dias, uma camioneta, a qual vem a ser destruída em incêndio antes da data aprazada para a entrega. Se o incêndio resultou de caso fortuito, para o qual não concorreu culposamente 'B', não agiu ele com negligência para que se produzisse o evento, nem contribuiu para a causação do resultado, a relação obrigacional está extinta *ex vi legis*, 'resolvida a obrigação para ambas as partes' (art. 234 do Código Civil). Se o incêndio decorreu de ato imputável a 'B', que teria sido negligente no cuidado dispensado ao veículo, a relação não está extinta *ipso jure*: o credor pode dar execução ao contrato, mantendo a sua prestação (transferência do automóvel a 'B'), e exigir de 'B' o equivalente da camioneta destruída, mais perdas e danos (art. 234, 2ª parte). Optando por resolver a obrigação, em face da culpa de 'B', o credor tem direito de obter a restituição de seu automóvel, mais perdas e danos" (Aguiar, Ruy Rosado. *Extinção dos Contratos...*, pp. 103-104).

1168 Nesse aspecto, Silvio Rodrigues, em referência a Arnoldo Medeiros da Fonseca, esclarecia que "[a] ausência de culpa é gênero do qual o caso fortuito é espécie, sendo que a inevitabilidade do evento constitui a diferença específica. Assim, o caso fortuito ou de força maior implica a noção de ausência de culpa, mais a de inevitabilidade do evento. / Tal distinção revela-se de alta conveniência para a técnica jurídica, pois a ausência de culpa representa meio liberatório de mais fácil acesso do que o caso fortuito. De modo que o legislador, em algumas hipóteses, exonera o inadimplemento desde que ele demonstre não ter agido com culpa; enquanto, em outras, tal prova é insuficiente, impondo a lei ao devedor que prove não só o seu comportamento diligente e solerte, como também que o evento impeditivo da execução da obrigação era inevitável" (Rodrigues, Silvio. *Direito Civil: parte geral das obrigações*. São Paulo: Saraiva, 2002, p. 236).

1169 "Se o fato é irresistível e não emana da culpa do devedor, mas decorre, entretanto, de circunstância ligada a sua pessoa ou a sua empresa, tal como moléstia que o acometeu, ou defeito oculto em maquinismo de sua fábrica, há caso fortuito" (Rodrigues, Silvio. *Direito Civil: parte geral das obrigações...*, p. 239).

1170 "Se o fato é externo, assim as ordens da autoridade (*fait du prince*), os fenômenos naturais (raios, terremotos, inundações etc.), as ocorrências políticas (guerras, revoluções etc.), então se trata de força maior. / Evidente que a força maior é excludente de mais eficácia que o caso fortuito" (Rodrigues, Silvio. *Direito Civil: parte geral das obrigações...*, p. 239).

1171 Às hipóteses de inimputabilidade, agregam-se ainda os casos de incumprimento por culpa do credor e ato de terceiro (Aguiar, Ruy Rosado. *Extinção dos Contratos...*, p. 94).

1172 Aguiar, Ruy Rosado. *Extinção dos Contratos...*, p. 73.

cuja declaração[1173] poderá, obviamente, ser pleiteada por qualquer das partes contratantes.[1174] Frise-se, todavia, que, face à ausência de elemento fundamental à responsabilização por culpa (imputabilidade),[1175] descaberá, em tal hipótese, a cobrança de indenização do devedor da prestação que se tornou impossível.[1176]

Consoante destaca Helena Brito, nos contratos de natureza híbrida, em que, para ela, há um fim comum perseguido pelas partes, é possível – e, inclusive, até mesmo usual – que, em determinadas situações, aquilo que é, mutuamente, perseguido pelas partes fique comprometido por fato não imputável a qualquer dos participantes da relação negocial. A extinção do vínculo contratual, nesses casos, portanto, não se daria pelo incumprimento de uma ou outra obrigação determinada, mas, sim, pela "impossibilidade de cumprir o fim contratual, que, nos contratos de cooperação, é um fim comum a todos os contraentes".[1177] Dentre os possíveis fatos que se traduzam em uma situação de impossibilidade sem responsabilização – ou, ao menos, representem um forte indício –, em arranjos de natureza híbrida, Helena Brito destaca: a impossibilidade de obtenção de autorizações e/ou licenças necessárias, alterações relevantes

[1173] Como bem explica Ruy Rosado, "[a] 'impossibilidade', absoluta e total, superveniente e inimputável, extingue, *ipso facto*, a relação obrigacional, por força da lei; independe, dessarte, do exercício do direito formativo de qualquer das partes, pois a extinção não deriva da vontade. A impossibilidade superveniente relativa, sem culpa do devedor, é equiparada à impossibilidade absoluta, também extinguindo a relação, independentemente do exercício do direito formativo. A sentença judicial que sobre ela for proferida, reconhecendo-a, será apenas declaratória" (Aguiar, Ruy Rosado. *Extinção dos Contratos...*, pp. 75-76).

[1174] Brito, Maria Helena. *O contrato de concessão comercial...*, pp. 226-227.

[1175] Destaque-se, por oportuno, que, para além da violação a uma norma de conduta (comportamento negligente) e a violação a uma norma (ilicitude), a imputabilidade abarca, como terceiro elemento, "um juízo de reprovação, de censuralibilidade" (Aguiar, Ruy Rosado. *Extinção dos Contratos...*, p. 108). "Este somente existirá quando o autor daquela conduta (dolosa ou culposa) tiver capacidade civil e praticar ação em condições de lhe ser exigível comportamento adequado, conforme as normas de dever, os preceitos da lei, as cláusulas do contrato e as exigências dos princípios que norteiam o direito das obrigações" (Aguiar, Ruy Rosado. *Extinção dos Contratos...*, p. 107).

[1176] Pereira, Caio Mário da Silva. *Instituições de Direito Civil: teoria geral das obrigações...*, p. 345.

[1177] Brito, Maria Helena. *O contrato de concessão comercial...*, pp. 226-227.

na estrutura jurídica e/ou financeira de uma das partes, falência e/ou cessação de atividade de alguma das partes.[1178]

No nosso entender, conquanto discordemos, como já destacado,[1179] da efetiva existência de um fim comum de cunho societário nos híbridos, é, de fato, possível que o complexo de obrigações existentes em tais arranjos conduzam, com maior frequência do que nos negócios de permuta, a hipóteses de extinção do vínculo sem a responsabilização de uma parte ou outra. Dada a intrincada relação entre as obrigações existentes no seio de tais negócios, cuja coordenação perfaz elemento essencial para o bom sucesso do empreendimento comum, afigura-se com maior naturalidade que a eventual impossibilidade de determinada obrigação, por fato não imputável a qualquer das partes, inviabilize a consecução do que é buscado por elas.

Nesse ponto, é importante que se esclareça, no entanto, a distinção entre a impossibilidade e a frustração do fim do contrato, fenômenos que conduzem à extinção do vínculo contratual sem responsabilização a qualquer das partes, mas que não se confundem. A impossibilidade, como referido acima, trata das hipóteses em que a prestação, por fato não imputável a qualquer das partes, torna-se inexequível. É o caso, por exemplo, do veículo negociado que é destruído por incêndio antes da tradição. Já, nas hipóteses de frustração do fim do contrato – que também não se confundem com a *fattispecie* da onerosidade excessiva –,[1180] a finalidade do escopo contratual (causa concreta) é que perde a razão de ser. De efeito, como bem destaca Rodrigo Cogo, existem situações em que, pela superveniência de determinadas circunstâncias fáticas, a prestação ainda seja, plenamente, exequível pelas partes (possível) e também não tenha havido uma alteração no valor das prestações (inexistência de ônus excessivo); mas a missão contratual (o "para o que" o contrato fora estipulado), simplesmente, desaparece. Ilustração clássica do fenômeno é o caso de imóveis locados para assistir à coroação do rei, evento que, após

[1178] Brito, Maria Helena. *O contrato de concessão comercial...*, p. 207.

[1179] Vide item III.1.1.

[1180] Enunciado 166 das III Jornadas de Direito Civil: "Arts. 421 e 422 ou 113: A frustração do fim do contrato, como hipótese que não se confunde com a impossibilidade da prestação ou com a excessiva onerosidade, tem guarida no Direito brasileiro pela aplicação do art. 421 do Código Civil".

a celebração do contrato, tem sua programação alterada e deixa de contemplar o local objeto do negócio realizado entre as partes. Nesses casos, muito embora ainda seja possível o pagamento do preço e a locação do imóvel, bem como não tenha havido qualquer modificação no valor pactuado, perde-se a razão de ser do contrato (os imóveis teriam sido locados com o único intuito de assistir à coroação).[1181] As soluções para as situações de frustração do fim do contrato devem ser buscadas casuisticamente, com arrimo no artigo 421 do Código Civil, a fim de identificar, de acordo com as circunstâncias em torno do negócio, qual das partes deve tolerar os riscos que, ao cabo, concretizaram-se em perdas.[1182]

De todo modo, a fim de que se evite o exercício de posições abusivas e oportunistas em tais situações, faz-se mister a cuidadosa análise das obrigações que frustraram o seguimento do projeto comum, com a rigorosa verificação da eventual imputabilidade dos efeitos a quem se encontrava no encargo de cumprir o que se impossibilitou. Parece-nos primordial que, nos híbridos, face à intensificação dos deveres decorrentes da cláusula geral de boa-fé objetiva, haja um esforço dos pactuantes em buscar alternativas visando ao prosseguimento do projeto comum.

3.3. Da liquidação da relação contratual

Após o rompimento do vínculo contratual, em que há o desaparecimento para o futuro dos deveres básicos de prestação, persiste ainda entre as partes alguns direitos e obrigações, com o surgimento, inclusive, de deveres positivos e negativos. Trata-se do fenômeno da eficácia pós-obrigacional,[1183] que, aplicável a certos contratos de permuta, assume caráter de essencialidade, com colorações distintas e aspectos mais complexos, em se tratando de arranjos de contratação de natureza híbrida.[1184]

Pelo caráter duradouro de tais negócios, em que a cooperação reverbera de forma mais intensa, a extinção da relação obrigacional não se dá

[1181] Cogo, Rodrigo Barreto. *A frustração do fim do contrato...*, pp. 330-333.

[1182] Cogo, Rodrigo Barreto. *A frustração do fim do contrato...*, pp. 354-357.

[1183] Pinto, Fernando A. Ferreira. *Contratos de distribuição...*, p. 426.

[1184] Lequette, Suzanne. *Le contrat-coopération...*, p. 445.

em um só golpe. Em regra, há, como visto,[1185] e de forma similar ao que se passa nos contratos associativos,[1186] uma fase de pré-liquidação, com a preparação das partes para o término da execução das atividades em torno do empreendimento comum, seguida de uma fase de liquidação do que se angariou, conjuntamente, ao longo da vida contratual.[1187] Contudo, à distinção do que se passa na associação, em que há o partilhar dos ativos, anteriormente, afetados, nos arranjos híbridos, há o desenlace dos ativos complementares, meramente, compartilhados em prol do empreendimento comum. Essa fase de liquidação abrange tanto a efetiva liquidação da operação comum (com as novas riquezas criadas, a partir do efeito sinergético gerado pelo compartilhamento de ativos), quanto à proteção de interesses pós-contratuais. Pode ainda, por vezes, a depender da forma com que o vínculo contratual foi extinto[1188] (distrato, caducidade, denúncia ou resolução), tomar contornos bastante complexos, especialmente nos casos de coligação[1189] e rede contratual.[1190]

Em se tratando de negócio cooperativo, é de rigor que os deveres laterais também se projetem para a fase pós-contratual, com maior ou menor intensidade, a depender do grau de vinculação entre as partes. Os contratantes, portanto, devem se abster de praticar condutas que possam agravar os danos decorrentes do término da relação contratual, a fim de que sejam preservados os ganhos obtidos com a parceria. E, caso concorram, futuramente, deverão fazê-lo, lealmente, preservando segredos de negócio que lhe tenham sido repassados, por conta do vínculo contratual extinto. A esse respeito, contudo, não há que se perder de vista o fato de que os arranjos híbridos, de regra, envolvem contratações empresariais, pelo que referidos deveres, na fase de liquidação, não deverão ampliar-se excessivamente, a ponto de, à exceção de restrições convencionais, impedir o desenvolvimento da atividade comercial.[1191]

[1185] Vide item IV.3.2.1.

[1186] Lequette, Suzanne. *Le contrat-coopération...*, pp. 445-447.

[1187] Pinto, Fernando A. Ferreira. *Contratos de distribuição...*, p. 427.

[1188] Pinto, Fernando A. Ferreira. *Contratos de distribuição...*, pp. 427-428.

[1189] Lequette, Suzanne. *Le contrat-coopération...*, pp. 445-447.

[1190] Caffagi, Fabrizio. Redes contractuales..., pp. 82-83.

[1191] Pinto, Fernando A. Ferreira. *Contratos de distribuição...*, pp. 430-431. Especificamente quanto às redes contratuais, Cafaggi destaca a necessidade de que as partes cooperem "*(...)*

A liquidação da relação deverá dar-se, em dois níveis distintos: **(i)** a liquidação da prestação instrumental, que, em geral, envolve a restituição dos meios fornecidos ao contratante final;[1192] e **(ii)** a liquidação da prestação final, a qual, a seu turno, relaciona-se com à destinação do resultado final obtido a partir do efeito sinergético gerado com o compartilhamento de ativos.[1193] Adiante, trataremos da liquidação da relação, sob cada uma dessas perspectivas.

3.3.1. A liquidação da prestação instrumental

Com a extinção do vínculo contratual, perece o direito precário de que o contratante final detinha, para o gozo e fruição dos meios cedidos pelo contratante instrumental (prestação instrumental), com o fito de exploração da atividade comercial (prestação final). Daí decorre que, com o término do relacionamento, restarão, por ocasião da liquidação, obrigações de restituições de bens corpóreos e incorpóreos cedidos, bem como deveres de prestação negativos às partes (atos omissivos). A prerrogativa do contratante instrumental, nesse aspecto, não poderá, por óbvio, ser exercida de forma abusiva, exigindo algo excessivo, em comparação aos ganhos gerados pela operação (ex.: restituição dos enormes reservatórios de combustível, soterrados em postos de gasolina, em contratos de distribuição).[1194]

A restituição de bens, no entanto, não é tão simples quanto possa parecer, exsurgindo daí questões relacionadas, especialmente, à extensão do dever de restituição. Assim, ilustrativamente, deverão ser devolvidos, na franquia, todos os elementos relativos aos sinais distintivos do franqueador, tais como os materiais publicitários transferidos, bem como todos os documentos e equipamentos de suporte, referentes à transferência de *know-how* para o exercício da atividade comercial.[1195] Ao dever de restituir,

incluso después de la terminación individual o de la disolución contractual para proteger los bienes comunes y para extender algúns interés individual" (Redes contractuales..., p. 84).

1192 Lequette, Suzanne. *Le contrat-coopération...*, p. 448.

1193 Lequette, Suzanne. *Le contrat-coopération...*, p. 454.

1194 Lequette, Suzanne. *Le contrat-coopération...*, p. 448. Em mesmo senso: Ferreira Pinto (*Contratos de distribuição...*, p. 440).

1195 Lequette, Suzanne. *Le contrat-coopération...*, pp. 448-454. No mesmo senso: Ferreira Pinto (*Contratos de distribuição...*, p. 431).

correlacionam-se, por evidente, deveres de abstenção quanto à utilização de sinais distintivos e à identificação, como membro de determinada rede de franquia[1196] – tudo, a fim de uma efetiva desvinculação entre as partes.[1197] Quanto aos bens de natureza imaterial, com impossibilidade de restituição física, a questão, via de regra, resolve-se com recurso a deveres de confidencialidade e/ou a sanções a práticas de concorrência desleal. É bastante usual, nesse aspecto, a inclusão de cláusulas de não-concorrência em tais contratos, a fim de que haja o reforço dos deveres de reserva e de confidencialidade já decorrentes da cláusula geral de boa fé. Por meio dessa convenção, bastante usual, nos casos em que há uma clientela comum, uma das partes – em geral, o contratante final –, compromete-se a, por si ou por terceiro, durante determinado período, não exercer qualquer atividade com a qual possa vir a competir com o ex-parceiro.[1198] Visa-se, assim, a evitar o exercício de uma "concorrência diferencial", com base na utilização indevida das informações coletadas ao longo da vida comercial (por exemplo, o desvio de clientela para si ou para terceiro de um ex-franqueado). Tais clausulas, no entanto, e é bom que se ressalve, não podem violar a livre iniciativa econômica das partes,[1199] devendo sempre **(i)** estar limitadas no tempo e no espaço, **(ii)** corresponder a um interesse legítimo das partes e **(iii)** oferecer uma compensação adequada àquele que terá sua atuação limitada pela convenção.[1200]

Não bastasse, é ainda comum a inclusão de cláusulas de sigilo, voltadas à tutela, por exemplo, dos segredos de negócios obtidos com a transferência de *know-how*,[1201] bem como com as listas de clientes angariados, ao

[1196] PINTO, Fernando A. Ferreira. *Contratos de distribuição...*, p. 438.

[1197] PINTO, Fernando A. Ferreira. *Contratos de distribuição...*, p. 438. Nesse sentido, o autor destaca ainda a possibilidade de que tenha de haver "alteração de denominação social ou do nome e insígnia do estabelecimento, transmissão de registros e licenças, modificações de decoração interna e externa dos edifícios, remoção de reclamos, mudança de formato de documentos, alteração de programas informáticos, registros telefónicos e endereços digitais, etc.)" (p. 439).

[1198] LEQUETTE, Suzanne. *Le contrat-coopération...*, pp. 463-468.

[1199] PINTO, Fernando A. Ferreira. *Contratos de distribuição...*, pp. 443-447.

[1200] WALD, Arnold; XAVIER, Alberto. Pacto de não concorrência – validade e seus efeitos no Direito brasileiro. In: WALD, Arnoldo (coord.). *Doutrinas Essenciais de Direito Empresarial.* São Paulo: Revista dos Tribunais, 2011, p. 855.

[1201] PINTO, Fernando A. Ferreira. *Contratos de distribuição...*, pp. 438-439.

longo da vida contratual.[1202-1203] Os segredos de negócios, resumidamente, conceituam-se como "*all information relating to the company which cannot be readily ascertained by third parties by lawful means without investing substantial means and, information for which the holder has adopted reasonable measure to ensure it remains confidential, both with respect to the individuals to whom it is voluntarily disclosed and to those who are unaware of it*".[1204] É de rigor, nesses termos, que o transmitente de determinada informação sigilosa, exceto se as circunstâncias não deixarem qualquer dúvida a respeito, alertar ao que a recebe sobre o seu caráter sigiloso. Em se tratando de arranjos cooperativos, em que há o já referido intensificado dever de boa-fé, as partes devem não apenas se abster de divulgar informações obtidas do parceiro a terceiros, como também adotar medidas que evitem que estes consigam obter acesso a tais dados.[1205] Cafaggi, a esse respeito, bem destaca que "[o]*bligar a los miembros a no revelar información a terceiros, incluso después de la terminación, permite a las partes garantizar que el capital cognitivo, producido dentro de la red, no será dissipado si algún miembro decide salirse de la red*".[1206]

Diversamente da cláusula de não concorrência, em que se pretende impedir a exploração de determinado conhecimento transmitido, na de

[1202] A doutrina alemã, que já discutiu, amplamente, a questão específica da lista de clientes, tende a negar ao contratante final não apenas a divulgação de dados a respeito dos clientes a terceiros, bem como à utilização dessas informações para si, exceto se as tiver de memória. Ferreira Pinto, no entanto, discorda da posição, aduzindo que, por se tratar de elemento essencial à atividade da parte, constitui "um pesado ónus, susceptível de comprometer a sua futura subsistência, e uma adstringente limitação à sua liberdade de iniciativa econômica ou de exercício de profissão". Assim, para ele, uma imposição de tal sorte somente prevaleceria, caso houvesse pacto convencional específico entre as partes (*Contratos de distribuição...*, pp. 436-437). Lequette, a seu turno, compreende que deverá haver uma repartição entre os clientes angariados por cada uma das partes. Nada obstante, a própria autora reconheça a dificuldade prática em se organizar tal divisão (*Le contrat-coopération...*, pp. 448-454). A nós, a razão parece estar no segundo posicionamento, que melhor coaduna os interesses divergentes em causa e é passível de implementação.

[1203] Lequette, Suzanne. *Le contrat-coopération...*, pp. 448-454.

[1204] Suñol, Aurea. Trade Secrets vs. Skill and Knowledge. In: In: Grundmann, Stefan; Caffagi, Fabrizio; Vettori; Giuseppe (coord.). *The Organizational Contract: From Exchange to Long-Term Cooperation in European Contract Law*. Burlington: Ashgate, 2013, p. 106.

[1205] Suñol, Aurea. Trade Secrets vs. Skill..., pp. 207-209.

[1206] Caffagi, Fabrizio. Redes contractualles..., p. 84.

sigilo, quer-se evitar a divulgação dessas informações a terceiros. Lequette, entretanto, destaca que, em determinadas situações, tais como, nos contratos de franquia, em que, após anos de execução, o conhecimento já foi incorporado pelo franqueado, a eficácias de tais cláusulas é "ilusória". Para esses casos, "*la meilleure protection du savoir-faire reside dans l'innovation permanente et substantielle*".[1207] Nesse contexto, Suñol destaca que o dever de sigilo quanto aos segredos de negócio, não abrange as habilidades e os conhecimentos (*skill and knowledge*), legalmente, adquiridos pela parte, haja vista que isso, ao cabo, violaria o direito constitucional à livre iniciativa econômica (Const., art. 170). As habilidades e conhecimentos individuais, de acordo com ela, têm, em geral, caráter subjetivo e relacionam-se a um talento ou habilidade para a realização de uma atividade específica, à característica de liderança, à habilidade para resolução de problemas, à habilidade para a conclusão de negócios ou manutenção de relacionamento, ao carisma com clientes, proatividade, ao talento para vendas etc. Trata-se de conhecimentos que permanecem vinculados ao indivíduo e não podem ser decodificados em um guia ou um manual de instruções. Também compõem esse grupo de conhecimentos as informações gerais obtidas a respeito do funcionamento de uma determinada empresa, tais como, sobre a sua cultura, seus métodos de negociação, estratégias de inovação etc. Nenhum desses conhecimentos poderá, portanto, ser objeto de segredo de negócio, mormente visando à restrição de atuação da parte. Suñol, a despeito de destacar o aspecto casuístico da identificação de cada grupo de informações, refere-se aos seguintes critérios já utilizados em casos envolvendo disputas sobre a matéria, para a distinção do que deve ou não ser caracterizado como segredo de negócio: será considerada uma habilidade e um conhecimento da parte **(i)** aquilo que lhe for vital, para o exercício de sua atividade e **(ii)** as informações, naturalmente, memorizadas pela parte, após o exercício de determinada atividade.[1208] Na síntese da autora, "*a trade secret must be deemed as forming part of 'skill and knowledge' when, due to the fact that is intimately tied to experience, ability and other innate knowledge possessed by an individual, the prohibition of its use would either openly hinder the individual in question from carrying out the activity for which they are*

[1207] Lequette, Suzanne. *Le contrat-coopération...*, pp. 463-468.

[1208] Suñol, Aurea. Trade Secrets vs. Skill..., pp. 215-223.

professionally trained or it would lead to excessive restrictions being place on the development of their professional and personal capabilities".[1209]

Ainda sobre a cláusula de sigilo, Lequette registra persistir algum questionamento acerca de qual seria o prazo aceitável para a eficácia de uma cláusula de confidencialidade, dividindo-se os entendimentos entre aqueles que entendem inválida uma convenção perpétua, por sua própria natureza atemporal, e outros que a aceitam, mesmo com a perpetuidade, haja vista a ausência de restrição à liberdade das partes.[1210] Ferreira Pinto, de outro lado, e com o que concordamos defende que, a obrigação de confidencialidade, quanto aos dados compartilhados ao longo do relacionamento comercial, mantém-se, enquanto perdurar o sigilo sobre tais informações. A violação a tal obrigação, por qualquer das partes, constitui ato ilícito, com a possibilidade, inclusive, de ser configurado ato de concorrência desleal, passível de condenação ao pagamento de indenização à parte lesada tanto pela ex-contratante, quanto por eventual terceiro, que atue, conjuntamente, a este.[1211]

Outra questão, largamente, debatida pela doutrina, especificamente em relação aos híbridos voltados à distribuição de produtos, e que toca à matéria da liquidação da prestação instrumental, reside na eventual obrigação de recompra dos bens em estoque,[1212] pelo fornecedor, após

[1209] Suñol, Aurea. Trade Secrets vs. Skill..., p. 215.

[1210] Lequette, Suzanne. *Le contrat-coopération...*, pp. 463-468.

[1211] Pinto, Fernando A. Ferreira. *Contratos de distribuição...*, p. 439.

[1212] A esse respeito, Ferreira Pinto esclarece que "[o]s *stocks* são reservas armazenáveis de activos corpóreos que a empresa produz, ou adquire, e detém para satisfazer necessidades básicas da sua actividade, designadamente, a venda ou a incorporação na produção. Nessa medida, correspondem a investimentos realizados em bens de capital (ou seja, em bens duradouros), tendo em vista a obtenção de rendimentos derivados da sua exploração ou de mais-valias com a sua alienação. Compreendem-se na categoria, tanto as matérias-primas e componentes que se destinam a ser consumidos no processo de produção, como produtos em vias de fabrico e produtos acabados para venda (incluindo produtos de demonstração e peças de substituição). Mais precisamente, trata-se do capital circulante (proo contraposição a capital fixo) que visa satisfazer necessidades e objetivos empresariais, como sejam fazer face às flutuações da procura ou do fornecimento de bens – obtemperando às incertezas conjunturais e possibilitando a continuidade da laboração e o abastecimento regular do mercado –, beneficiar de economias de escala na produção ou aquisição das mercadorias (descontos de quantidade, preços promocionais) e obter ganhos quase se antecipa uma futura elevação dos preços" (*Contratos de distribuição...*, p. 467).

a extinção do vínculo contratual. É bastante comum, em tais contratos, que, para o pronto atendimento da clientela e, por conseguinte, o bom sucesso da rede de distribuição, haja, contratualmente, a obrigação de, ao longo da vida contratual, o distribuidor manter um determinado nível de produtos em estoque.[1213] É, nesse contexto, portanto, em que os produtos permanecem em estoque em prol do empreendimento comum, mas que não poderão ser comercializados pelo distribuidor após o término do contrato, que surgem os debates em torno de eventual recompra.[1214] A constituição de inventários, obviamente, envolve altos custos, pois, além de representar um capital imobilizado (custo de oportunidade), demanda despesas com armazenagem, manuseio, transporte, perecimento etc.[1215] E, por ocasião da liquidação, eventuais custos remanescentes nesse tocante, não amortizados com a regular operação de distribuição, deverão ser alocados a algum dos ex-contratantes, constituindo em "uma das mais velhas querelas no direito da distribuição", ainda sem resposta pacífica em grande parte dos ordenamentos.[1216]

A esse respeito, Vasconcelos destaca que a maior parte da doutrina europeia, à exceção de circunstâncias específicas da ruptura contratual por inadimplemento, entende inexistente uma obrigação geral de recompra do estoque excedente, após o término da relação contratual de franquia.[1217] Noticia, entretanto, que a jurisprudência continental é mais sensível a pleitos de recompra de estoque. Assim, menciona que a jurisprudência francesa admite a existência de uma cláusula resolutiva tácita, para recompra dos bens em estoque, ou uma obrigação de recompra

[1213] PINTO, Fernando A. Ferreira. *Contratos de distribuição...*, pp. 467-468. Como bem explica o autor, "a manutenção de existências permite atender com prontidão a clientela que demanda os produtos ou que requer serviços de assistências aos mesmos. E a presteza da resposta contribui, não apenas para o sucesso da actividade de cada distribuidor, mas também para o êxito global da rede de distribuição que o mesmo integre e do frabricante cuja marca se encontra aposta nos produtos que assim chegam ao mercado" (*Contratos de distribuição...*, pp. 467-468). Tal obrigação, explica ainda FERREIRA PINTO, não, necessariamente, decorre de uma obrigação específica de manutenção de estoques, mas pode ser consectário de outras cláusulas, tal como, por exemplo, a de compra de volumes mínimos de produtos (p. 471).

[1214] LEQUETTE, Suzanne. *Le contrat-coopération...*, pp. 448-454.

[1215] PINTO, Fernando A. Ferreira. *Contratos de distribuição...*, p. 468.

[1216] PINTO, Fernando A. Ferreira. *Contratos de distribuição...*, pp. 474-475.

[1217] VASCONCELOS, L. Miguel Pestana De. *O Contrato de Franquia...*, p. 139.

fundada no caráter de exclusividade dos contratos – que também podem ser substituídas por uma obrigação de indenizar. A jurisprudência italiana, a seu turno, a despeito de afastar a obrigação de recompra, permite o prolongamento do prazo de vigência contratual, a fim de que os estoques sejam, completamente, escoados.[1218-1219] No seu entendimento, contudo, a solução da questão deve se pautar pela razão da existência do estoque. Nesses termos, não haveria a tal obrigação de recompra, nos casos em que houvesse **(i)** o distrato, **(ii)** fim do prazo de vigência (caducidade), **(iii)** denúncia pelo franqueado e/ou **(iv)** resolução por descumprimento contratual imputável a este. Em todos esses casos, a obrigação de ressarcimento estaria afastada, eis que ou o detentor do estoque deveria ter se planejado para reduzir, eficientemente, os produtos acumulados ou, no caso do inadimplemento, teria sido ele mesmo que se colocara nessa situação, motivo pelo qual não poderia imputar as perdas de tanto à outra parte.[1220] De outro lado, e desde que o estoque esteja em nível razoável, a obrigação de recompra deveria se impor, nos casos **(i)** de falecimento do franqueado, **(ii)** resolução por justa causa em razão de inadimplemento do contratante instrumental e/ou **(iii)** denúncia pelo contratante instrumental, caso o aviso prévio não seja suficiente para o escoamento dos produtos.[1221] Para Vasconcelos, a equalização de interesses, nessa segunda hipótese, deveria dar-se mediante a aquisição do estoque pelo preço atual – inclusive com alguma desvalorização – ou permissão para o prosseguimento de atividades pelo período necessário para que os bens sejam comercializados – à escolha do franqueador. Tratar-se-ia, portanto, de uma obrigação alternativa (CC, art. 252),[1222] fundada tanto em deveres acessórios exsurgentes da boa fé – e que perduram mesmo após o término

[1218] Vasconcelos, L. Miguel Pestana De. *O Contrato de Franquia...*, p. 139-140. O autor trata, especificamente, do contrato de franquia, mas entendemos que as considerações por ele suscitadas são, inteiramente, aplicáveis a outras formas de contratação híbrida.

[1219] Para uma análise mais específica a respeito do panorama doutrinário e jurisprudencial em torno da questão, confira-se Pinto Ferreira (*Contratos de distribuição...*, pp. 475-495). Embora entendamos a questão de alta relevância e interesse, deixamos de detalhá-la, por compreendê-la como fora do escopo do presente trabalho (identificação dos modelos híbridos, analisando suas caraterísticas e o regime legal a eles aplicáveis).

[1220] Vasconcelos, L. Miguel Pestana De. *O Contrato de Franquia...*, p. 141.

[1221] Vasconcelos, L. Miguel Pestana De. *O Contrato de Franquia...*, p. 141.

[1222] Vasconcelos, L. Miguel Pestana De. *O Contrato de Franquia...*, p. 143.

do vínculo contratual –,[1223] bem como na vedação ao enriquecimento sem causa do franqueador, com a obtenção de lucro com os produtos que não puderam ser revendidos pelo ex-franqueado.[1224]

Ferreira Pinto discorda da possibilidade de prolongamento do vínculo contratual, que entende não só "irrealista" e "inviável", mas também "inadequada" ou "insatisfatória". Isso porque, como já destacado nesse trabalho, o caráter resolutivo do evento de dissolução do vínculo compromete, sensivelmente, a relação de colaboração entre as partes, de modo que tal prolongamento jamais se daria em circunstâncias favoráveis a qualquer das partes.[1225] Ao abordar o ponto, comenta que a maior parte das soluções propostas não se coadunam com a complexidade da questão. Em primeiro lugar, ele esclarece que qualquer resposta que se dê ao problema do estoque excedente, na fase de liquidação, deverá, necessariamente, considerar os pormenores da relação em tela, evitando soluções simplistas que ou visem à proteção exacerbada do distribuidor ou excluam por completo a possibilidade de recompra. Afinal, se, de um lado, o distribuidor tem agravado o risco de estoque excedente, em função da característica redução de sua autonomia gerencial, em arranjos dessa natureza, não há que se perder de vista, de outro, que, justamente, por se sujeitar, parcialmente, a determinadas regras do fornecedor, é que tem reduzido o seu risco comercial na atividade exercida.[1226]

Propõe, assim, que, previamente à análise da questão no caso concreto, sejam respondidos os seguintes quesitos pelo julgador: "o contrato celebrado impõe ao distribuidor, directa ou indirectamente, a obrigação de constituição e manutenção de stocks?; a composição, qualitativa e quantitativa, dos mesmos é unilateralmente decidida pelo fornecedor?; as determinações do contrato a respeito do volume dos stocks são razoáveis quando comparadas com as exigências que, a esse respeito, se colocam a qualquer outro distribuidor de bens da mesma categoria?; as margens de comercialização acordadas têm em conta os correspondentes custos de imobilização do capital por parte do distribuidor?; esses diferenciais de preço foram calculados de modo a compensar eventuais dificuldades ou

1223 Vasconcelos, L. Miguel Pestana De. *O Contrato de Franquia...*, pp. 145-147.

1224 Vasconcelos, L. Miguel Pestana De. *O Contrato de Franquia...*, pp. 145-147.

1225 Pinto, Fernando A. Ferreira. *Contratos de distribuição...*, p. 509.

1226 Pinto, Fernando A. Ferreira. *Contratos de distribuição...*, pp. 502-503.

mesmo a impossibilidade de escoamento por parte dos bens inventariados?; foram conferidos ao distribuidor privilégios (territoriais ou de índole semelhante) que facilitem a revenda dos produtos?; foram-lhe, igualmente, fornecidos produtos de demonstração e amostras para efeitos de promoção das vendas?; a que título?".[1227] Em seguida, seu teste determina que se analise, efetivamente, a razão pela qual os estoques sobrelevaram; afinal, conforme bem destaca, eventual ineficiência comercial do distribuidor somente poderá ser a ele imputada.[1228] Ao final, defende que os custos do excedente de estoque somente sejam imputados ao fornecedor, na medida e no limite, em que este tenha sido o responsável, por ação ou omissão, pelo agravamento do risco de comercialização dos produtos, em nível acima do que, normalmente, já seria suportado pelo distribuidor, sem que este os tenha aceitado, voluntariamente, ou recebido qualquer sorte de vantagem correspondente.[1229] Deverão, contudo, estar excluídos da obrigação de recompra aqueles bens cujos respectivos registros contábeis do custo tenham gerado algum tipo de benefício fiscal ao distribuidor, bem como produtos deteriorados ou já utilizados pelo distribuidor, que impeçam o ulterior aproveitamento pelo fornecedor. Quanto ao preço de reaquisição, Ferreira Pinto defende que, em se tratando de violação à dever de proteção decorrente da boa fé – e não de dever de prestação –, a pretensão de recompra pautar-se-á pelo interesse negativo do distribuidor, equivalendo, portanto, ao valor atualizado do preço histórico pago por este, subtraídos de eventuais benefícios de ajuste contábil e acrescido de compensação pela indisponibilidade do capital.[1230]

[1227] Pinto, Fernando A. Ferreira. *Contratos de distribuição...*, p. 503.

[1228] Pinto, Fernando A. Ferreira. *Contratos de distribuição...*, p. 504. A respeito da questão, o autor conclui, categoricamente – e, a nosso ver, de modo acertado –, que deve ser "excluída qualquer solução que propugne ou implique uma transferência global da álea da comercialização para o fornecedor, pelo que não basta constatar que o distribuidor não logrou fazer escoar a totalidade dos bens adquiridos na vigência do contrato (incluindo, neste, o período correspondente a um eventual aviso prévio) para logo responsabilizar o fornecedor pela sorte do inventário sobrante. Até porque a constituição e manutenção de *stocks* a um determinado nível pode ter sido uma condição de entrada na rede, que o distribuidor aceitou satisfazer de modo pensado" (p. 506).

[1229] Pinto, Fernando A. Ferreira. *Contratos de distribuição...*, pp. 510-511.

[1230] Pinto, Fernando A. Ferreira. *Contratos de distribuição...*, pp. 514-

Lequette, em sentido inverso, atendo-se ao fato de que a manutenção dos estoques, em determinado nível, decorre do empreendimento comum das partes, entende que será normal a imposição ao fornecedor da obrigação de recompra daquilo que não puder mais ser utilizado pelo distribuidor. Segundo ela, conquanto alguns autores argumentem que a questão deveria se resolver com base na lei da concorrência (a ausência da obrigação de recompra seria um abuso da situação de dependência), a problemática, em realidade, resolver-se-ia com base na causa do negócio de cooperação: a causa da prestação final seria guiada pela possibilidade de explorar, utilmente, os meios oferecidos pelo contratante instrumental; uma vez que tal causa desaparece com a extinção do contrato, perece também a causa de uma compra e venda de produtos do fornecedor e este, assim, fica obrigado a recomprá-los do distribuidor.[1231] Em mesma linha, mas sob fundamentação um pouco diversa, Lorezentti também defende a existência do dever de recompra, com base na existência de uma condição resolutiva, que impõe uma obrigação de restituição dos estoques ao fornecedor. Estariam excluídos dessa obrigação os bens adquiridos, por conta e risco próprio, pelo distribuidor, bem como aqueles que ainda possam ser revendidos no mercado, após o fim da relação contratual.[1232] Helena Brito, a seu turno, fundamenta a obrigação de recompra no princípio geral da boa-fé e dela exclui não só os bens que houverem sido adquiridos, por conta própria, como também durante a fase de aviso prévio.[1233]

Temos alguma dúvida, se a solução proposta pela autora francesa seja a mais apropriada. O conceito de causa, como bem se sabe, recebe tratamento diferenciado, nos mais diversos ordenamentos[1234] e impõe enormes

1231 LEQUETTE, Suzanne. *Le contrat-coopération*..., pp. 448-454.

1232 LORENZETTI, Ricardo Luis. *Tratado de Los Contratos*..., pp. 601-602.

1233 BRITO, Maria Helena. *O contrato de concessão comercial*..., p. 242.

1234 Digno de nota é o fato de que PONTES DE MIRANDA, ao analisar o conceito de causa, tece críticas à própria maneira como a doutrina francesa o compreende, *in verbis*: "[o] subjetivismo que a doutrina francesa imiscuiu no conceito de causa, estimula, ainda hoje, a indistinção entre ela, que diz respeito à atribuição jurídica resultante do negócio, sendo, portanto, objetiva, e o motivo, que é subjetivo e somente se torna relevante quando declarado expressamente como razão (= condição) do negócio judicio" (*Negócios Jurídicos*..., p. 132); "(...) a doutrina nacional, notadamente, sob a influência dos livros franceses, costuma embutir inadmissível subjetivismo no conceito de causa, confundindo-a com motivo relevante. Por isso, não são incomuns opiniões no sentido de que é possível transformar negócios jurídicos abstratos em causais pela tão só

dificuldades operacionais aos intérpretes. No tocante ao posicionamento de Lorenzetti e Helena Brito, compreendemo-los, com todo o respeito a tais doutrinadores, ausentes de fundamentação robusta e suficiente que justifique a existência de uma obrigação de recompra.[1235] Nesse aspecto, a solução proposta pelos outros dois autores portugueses, em especial, o método detalhado de Ferreira Pinto, parece-nos não apenas mais palatável, do ponto de vista de sua concreção, como também mais harmonioso às sutilezas da operação econômica da distribuição. Ora, as partes atuam, em ambiente empresarial, e uma eventual cláusula de manutenção de estoque, se, de um lado, pode gerar um excesso ao final, de outro, é parte do *know how* do fornecedor transferido ao distribuidor. Quem atua, em comércio, bem sabe que os níveis de estoque, assim como questões atinentes ao fluxo de caixa da empresa, são cruciais ao desenvolvimento da atividade comercial – quiçá pontos chaves do seu sucesso. O equilíbrio entre determinada quantidade de produtos estocados e a demanda de uma determinada zona comercial é, portanto, dado relevante e que somente pode ser obtido por meio do dispêndio de recursos – seja na elaboração de estudos, seja a partir do cotidiano negocial, com as eventuais perdas que lhe são inerentes. Ao ingressar em determinada rede de distribuição, o distribuidor vale-se desse conhecimento acumulado para auferir ganhos com a atividade comercial e, acima de tudo, aceita-o de largada. Por tudo isso, somente parece fazer sentido que os custos inerentes aos estoques não revendidos sejam repassados ao fornecedor, nas hipóteses em que de duas, uma: houver um efetivo abuso do poder econômico ou ficar demonstrada sua responsabilidade na ruptura ou no agravamento do

declaração do motivo pelo qual estão sendo formalizados (...). O imiscuir-se esse subjetivismo na ideia de causa, tem acarretado enormes prejuízos à compreensão do conceito de causa, que é objetivo: causa é atribuição jurídica inerente a todos os negócios jurídicos, exceto aqueles que a própria lei, em face de razões de ordem prática, tornou abstratos" (*Negócios Jurídicos...*, p. 142).

1235 Nesse sentido, confira-se a justificativa dada por Lorezentti: "*es una compra realizada para cumplir una finalidade del contrato extinguido y son bienes que pierden su valor si no hay tal contrato. / Consecuentemente, es de buen sentido que sean adquiridos por el provedor*" (*Tratado de Los Contratos...*, p. 601). Confira-se ainda a de Helena Brito: "[o] princípio geral de boa fé, que está na origem de numerosos deveres laterais em qualquer relação contratual, mas principalmente numa relação duradoura, poderá justificar uma obrigação adicional a carga do concedente" (*O contrato de concessão comercial...*, p. 242).

risco comercial. De todo modo, consoante sublinha Ferreira Pinto, é bem provável que o próprio interesse do fornecedor em evitar que seus produtos sejam comercializados, de modo paralelo, em mercados cinzentos, já o conduza, em geral, à reaquisição dos bens em estoque. Inclusive, tal se dá, pois, usualmente, a recompra não representará maiores sacrifícios ao fornecedor, eis que este precisará dotar de estoque inicial um novo parceiro e, assim, os produtos serão, regularmente, escoados.[1236]

Por fim, vale o destaque de que, na legislação brasileira a respeito da concessão comercial para a venda de veículos automotores (Lei n. 6729/1979), há disposições específicas a respeito tanto da exigência de manutenção de estoque (art. 10),[1237] quanto da aquisição deste e de outros equipamentos que tenha sido adquiridos pelo concessionário, ao cabo do contrato (art. 23).[1238]

[1236] PINTO, Fernando A. Ferreira. *Contratos de distribuição...*, p. 501.

[1237] *"Art. 10. O concedente poderá exigir do concessionário a manutenção de estoque proporcional à rotatividade dos produtos novos, objeto da concessão, e adequado à natureza dos clientes do estabelecimento, respeitados os limites prescritos nos §§ 1º e 2º seguintes.*
§ 1º É facultado ao concessionário limitar seu estoque:
a) de veículos automotores em geral a sessenta e cinco por cento e de caminhões em particular a trinta por cento da atribuição mensal das respectivas quotas anuais por produto diferenciado, ressalvado o disposto na alínea b seguinte;
b) de tratores, a quatro por cento da quota anual de cada produto diferenciado;
c) de implementos, a cinco por cento do valor das respectivas vendas que houver efetuado nos últimos doze meses;
d) de componentes, o valor que não ultrapasse o preço pelo qual adquiriu aqueles que vendeu a varejo nos últimos três meses.
§ 2º Para efeito dos limites previstos no parágrafo anterior, em suas alíneas a e b, a cada seis meses será comparada a quota com a realidade do mercado do concessionário, segundo a comercialização por este efetuada, reduzindo-se os referidos limites na proporção de eventual diferença a menor das vendas em relação às atribuições mensais, consoante os critérios estipulados entre produtor e sua rede de distribuição.
§ 3º O concedente reparará o concessionário do valor do estoque de componentes que alterar ou deixar de fornecer, mediante sua recompra por preço atualizado à rede de distribuição ou substituição pelo sucedâneo ou por outros indicados pelo concessionário, devendo a reparação dar-se em um ano da ocorrência do fato".

[1238] *"Art. 23. O concedente que não prorrogar o contrato ajustado nos termos do art. 21, parágrafo único, ficará obrigado perante o concessionário a:*
I – readquirir-lhe o estoque de veículos automotores e componentes novos, estes em sua embalagem original, pelo preço de venda à rede de distribuição, vigente na data de reaquisição;
II – comprar-lhe os equipamentos, máquinas, ferramental e instalações à concessão, pelo preço de mercado correspondente ao estado em que se encontrarem e cuja aquisição o concedente determinara ou dela tivera

3.3.2. A liquidação da prestação final

Como referido alhures, para além da liquidação da prestação instrumental, é possível ainda que, ao término do relacionamento, verifique-se um resultado positivo gerado, como consequência do efeito sinergético obtido com o compartilhamento de ativos e da execução da atividade ligada ao empreendimento comum (prestação final). Tal resultado poderá traduzir-se em um acréscimo de valor patrimonial a uma das partes – em geral, ao contratante instrumental, que se beneficiará da restituição dos meios que concedeu com alguma sorte de valor agregado –, de forma que, caso as partes não tenham regrado, detidamente, o ponto e/ou na ausência de regra legal aplicável, surjam dúvidas na forma como esse "*plus-value*" deva ser repartido entre os contratantes.[1239]

Para Lequette, à ausência de regramento específico, o critério a ser adotado dar-se-á, conforme o objetivo vislumbrado pelas partes com a contratação. Caso o resultado positivo obtido ao término da relação contratual seja, efetivamente, aquilo que o prestador instrumental, de forma exclusiva, buscava com o relacionamento, não deverá haver qualquer tipo de ressarcimento ao prestador instrumental. De modo oposto, caso o objetivo principal das partes gire em torno da atividade executada (prestação final), que, ao cabo, acarrete, acessoriamente, um valor positivo, este benefício deverá ser repartido entre os contratantes. Para ilustrar a distinção, a autora refere-se aos casos, em que um contratante (final) se compromete a construir um prédio em terreno alheio (pertencente ao contratante instrumental), a fim de que este seja locado a terceiros, e, após o término período contratual, haja a restituição do imóvel ao proprietário acrescido da construção. Nesse caso, segundo ela, a distinção dar-se-á pela forma de remuneração do proprietário: se seu ganho estiver centrado na obtenção do título sobre o prédio, ao final da vida contratual, nada deverá ser pago ao construtor-locatário; no sentido inverso, caso o intento das partes seja, efetivamente, explorar os rendimentos do prédio locado a terceiros, com a ulterior agregação do prédio à propriedade do

ciência por escrito sem lhe fazer oposição imediata e documentada, excluídos desta obrigação os imóveis do concessionário.

Parágrafo único. Cabendo ao concessionário a iniciativa de não prorrogar o contrato, ficará desobrigado de qualquer indenização ao concedente".

[1239] LEQUETTE, Suzanne. *Le contrat-coopération...*, pp. 454-454.

locador, como consequência da restituição da posse do terreno, então o construtor-locatário fara jus a uma indenização por esse valor gerado.[1240]

A nós, embora o racional faça algum sentido, soa pouco verossímil o exemplo colacionado pela autora, haja vista que seria muito improvável que houvesse uma lacuna contratual, em aspecto de tamanha relevância, para a operação econômica. Não bastasse isso, fato é que o exemplo utilizado por Lequette, para além de contar com um regramento legal específico no nosso Direito (normas sobre a acessão – CC, arts. 1253 a 1259), não parece poder ser extrapolado para parte considerável dos negócios de caráter híbrido, em que os bens transferidos ao contratante final têm natureza imaterial. A bem da verdade, temos alguma dúvida se, dado o largo espectro abarcado pelos acordos de cooperação, seria possível abstrair-se uma regra geral atinente à liquidação da prestação final de todos os arranjos de natureza híbrida.

Nessa seara, e na tentativa de melhor ilustrar a matéria, vale trazer à baila ponto bastante controverso que exsurge, na liquidação da prestação final, referente aos direitos das partes quanto à eventual clientela comum gerada, a partir da atividade comercial explorada. A questão, que atinge, especialmente, negócios de distribuição de produtos, já foi, amplamente, estudada e analisada em diversos ordenamentos, "chegando-se ao ponto de insinuar que a mesma deu (...) origem a um autónomo ramo do direito". No entanto, dada sua complexidade, a questão permanece ainda sem uma uniformização de entendimentos em espaços diversos.[1241]

A despeito de algumas iniciativas anteriores, o modelo alemão da indenização de clientela, introduzido em 1953 no § 89b do Código Comercial Alemão (*Handelsgesetzbuch* – HGB), foi o que serviu de base à legislação comunitária, bem como à generalidade dos demais países europeus. Tal dispositivo veio no bojo do espírito protetivo do legislador alemão ao agente comercial "proletaróide" ("*proletaroider Handelsvertreter*"), que, desde o primeiro pós-guerra, encontrava-se em situação de enorme fragilidade. Segundo noticia Ferreira Pinto, ulteriormente, com a complacência dos tribunais, houve uma "hipertrofia aplicativa" do dispositivo em questão, que passou a ser utilizado na tutela de interesses de outras categorias, em situação bastante diversa daquela que, originalmente,

[1240] LEQUETTE, Suzanne. *Le contrat-coopération...*, p. 457.

[1241] PINTO, Fernando A. Ferreira. *Contratos de distribuição...*, pp. 542-543.

inspirara o legislador.[1242] Nesse contexto, cristalizaram-se, no espaço europeu, duas orientações de inspirações bastante diversas: a francesa ("*indemnité de rupture*" ou "*indemnité compensatrice*"), de um lado, e a alemã, de outro. A primeira orienta-se pela reparação dos supostos prejuízos da parte, em função da impossibilidade de exploração da antiga clientela, a partir da cessação do contrato. Assim, de modo quase automático, confere ao contratante final uma indenização calculada com base nas comissões pregressas. A segunda, ao inverso, com cunho mais meritocrático, demanda a efetiva demonstração dos benefícios passíveis de serem gerados ao contratante instrumental, a partir da clientela angariada pelo contratante final. A partir dessas duas correntes, diversas outras propostas espraiaram-se pelos ordenamentos, especialmente europeus,[1243] com algumas alterações.[1244]

Lequette defende, em analogia ao que se passa na relação de representante comercial ("*l'agent comercial*"), que se deve estender a todos os demais negócios de distribuição de bens (concessionárias, franquias etc.) um direito à indenização pela clientela formada. Valendo-se do conceito de propriedade, entende que, com relação à clientela angariada ao longo da vida contratual, haveria uma "*cotitularité économique de la valeur représentée par l'exploitation*". Assim, na impossibilidade de que uma das partes venha, em razão da resilição do contrato, a prosseguir explorando essa clientela, ela deverá ser indenizada.[1245]

Brunet, essencialmente com base na legislação sobre agência,[1246] defende, igualmente, que haja a proteção à clientela daqueles que exercem atividades semelhantes ao do agente (distribuição integrada). Argumenta que, em se tratando de atividade em que as partes colaboram entre si para a criação ou desenvolvimento de uma clientela comum, é de rigor que ambas se beneficiem desse resultado. O autor arrazoa ainda que, do mesmo

[1242] PINTO, Fernando A. Ferreira. *Contratos de distribuição...*, pp. 544-545.

[1243] A esse respeito, FERREIRA PINTO anota que "[n]o espaço extra-europeu, são também raros os ordenamentos jurídicos que dispõem, de modo expresso, sobre a atribuição de uma indenização de clientela aos concessionários ou aos franquiados" (p. 692).

[1244] PINTO, Fernando A. Ferreira. *Contratos de distribuição...*, pp. 545-548.

[1245] LEQUETTE, Suzanne. *Le contrat-coopération...*, pp. 454-462.

[1246] PINTO MONTEIRO destaca que a analogia às regras da agência, que, em alguns ordenamentos, tal qual o português, prevê a indenização pela clientela, é a "via mais seguida pelos defensores dessa solução" (MONTEIRO, Antônio Pinto. *Denúncia de um...*, p. 77).

modo que um comerciante não pode ser privado de sua clientela, por uma recusa injustificada, na renovação da locação de seu ponto comercial, tal também não pode se suceder por uma denúncia daquele que tem seus produtos distribuídos. Afinal, a clientela conjunta seria, exatamente, o que configuraria o interesse comum das partes: a lógica dos contratos de interesse comum implica que aquele que se beneficia do desenvolvimento da clientela por outrem deve remunerá-lo. No entanto, pontua, a solução não se dá no âmbito dos direitos reais, mas sim na seara indenizatória.[1247]

Nesse sentido, Brunet destaca ainda que a cessação da cooperação em tais contratos, quando forem de prazo indeterminado, caracterizaria uma efetiva violação contratual; nos de prazo determinado, haveria uma violação extracontratual, pelo abuso ao direito de não renovar o contrato. A evidenciar o propósito, meramente, indenizatório – e, a nosso ver, sem o rigor adequado que a questão demanda –, arremata: "[a] *la vérité, peu importe la nature de la responsabilité encourou. Qu'elle soit contractuelle ou délictuelle, le résultat est identique: est fautive la partie qui, tirant profit de a cientèle créée par l'autre, refuse de renouveler le contrat, parce que son atitude constitue une méconnaissance du droit du cocontractant sur la clientèle*".[1248] Sem propor um critério geral para a valoração desse suposto dano, apenas indica que, quanto menos conhecida for a marca dos produtos comercializados, maior relevância deve ser atribuído ao distribuidor (em sentindo amplo), relativamente à abertura de praças.[1249] Por fim, e seguindo pela mesma esteira, o autor francês defende ser nula qualquer cláusula de renúncia à indenização pela clientela comum, dado que, para ele, o interesse comum carrega consigo um caráter de matéria de ordem pública.[1250]

Em outra linha, Lorezentti, ao tratar da questão, aponta que existem casos, em que, a despeito da relevância da marca e da imagem do fornecedor, é possível destacar uma atuação significativa do distribuidor, na formação da clientela. Para estes casos, em que os atos do distribuidor

1247 Brunet, Andrée. *Clientèle commune...*, p. 87.

1248 Brunet, Andrée. *Clientèle commune ...*, p. 98. Tradução livre: "[n]a verdade, pouco importa a natureza da responsabilidade incorrida. Tanto na contratual quanto na extracontratual, o resultado é idêntico: é culpada a parte que, obtendo ganhos com a clientela criada pela outra, recuse-se de renovar o contrato, dado que sua atitude constitue em ignorar o direito do outro contratante à sua clientela".

1249 Brunet, Andrée. *Clientèle commune...*, p. 100.

1250 Brunet, Andrée. *Clientèle commune...*, p. 103.

tenham contribuído, profundamente, à elevação de clientes dos produtos do fornecedor, em determinada localidade, o término do relacionamento contratual deverá vir acompanhando do pagamento de uma indenização ao distribuidor. O pagamento de tal importe, entretanto, estaria condicionado tanto **(i)** à efetiva identificação dos clientes agregados – com a indicação de nomes e domicílios – e a sua relação com o aumento do volume de vendas, bem como **(ii)** à demonstração de que tal clientela passaria a ser desfrutada pelo fornecedor. Assim, fundamenta o dever de indenizar, na vedação ao enriquecimento sem causa, haja vista que, com o término do contrato, cujo propósito seria apenas regular a cooperação, ficaria sem causa a atribuição de um "*bien común*", fruto da atividade comercial, ao fornecedor.[1251]

Vasconcelos também segue favorável ao ressarcimento pela clientela formada, esclarecendo que este sequer se trataria de indenização. Segundo ele, em linha com Lorenzetti, haveria uma compensação da parte pela clientela formada, com fundamento no enriquecimento sem causa, sem a necessidade, portanto, de que haja qualquer demonstração de dano.[1252] Vasconcelos destaca que alguns autores seriam contrários a esse ressarcimento, com base no fato de que os elementos criadores e fixadores da clientela fundar-se-iam em elementos distintivos pertencentes, em geral, ao principal (ex.: franqueador) e, logo, nada seria devido à outra parte.[1253] Todavia, a tal linha de pensamento, retorque que os meios fornecidos pelo contratante instrumental dependem, fundamentalmente, do desempenho do contratante final, que, em geral, não poderá se valer do *know-how* adquirido, tampouco prosseguir atuando em concorrência com o ex-parceiro, motivo pelo qual dever receber algum importe pela clientela conquistada.[1254] Valendo-se, especificamente, do exemplo da franquia, refere-se ainda à possibilidade de o franqueado, especialmente nos negócios que envolverem a prestação de serviços, desenvolver uma clientela que esteja ligada à sua pessoa (clientela subjetiva), para além daquela ancorada nos sinais distintivos e *know-how* pertencentes ao

[1251] Lorenzetti, Ricardo Luis. *Tratado de Los Contratos...*, p. 600.

[1252] Vasconcelos, L. Miguel Pestana De. *O Contrato de Franquia...*, pp. 125-126. No mesmo senso: Pinto Monteiro (*Denúncia de um contrato...*, p. 78).

[1253] Vasconcelos, L. Miguel Pestana De. *O Contrato de Franquia...*, p. 126.

[1254] Vasconcelos, L. Miguel Pestana De. *O Contrato de Franquia...*, p. 128.

franqueador (clientela objetiva).[1255] Nesses casos, o autor assinala que, não fossem pelas usuais cláusulas limitadoras de concorrência, a clientela atrelada ao franqueado, certamente, segui-lo-ia, caso este, após o término da franquia, explorasse a mesma atividade comercial em local próximo. Em função de referidas cláusulas, contudo, não é isso que se passa e o franqueador acaba, diretamente, beneficiado por essa clientela gerada. Por essa razão, conclui que "corresponde a exigências de justiça comutativa" que o franqueador "tenha de compensar" o franqueado.[1256]

Pinto Monteiro, que também concorda com a existência dessa obrigação, acresce que, para fins de quantificação da obrigação de pagamento, somente deverá ser contabilizada aquela clientela que já seja "habitual"- *i.e.*, não deverão ser contabilizados "os clientes esporádicos e ocasionais (que não se ligam à empresa)".[1257] A quantificação do valor devido, em linha com a orientação germânica, deverá ainda passar pela análise **(i)** da efetiva atuação do contratante, prestando serviços e exercendo tarefas e funções aptos à atração de clientela pelo contratante, bem como **(ii)** do aproveitamento da clientela pela outra parte, após o rompimento do vínculo contratual.[1258] E, em função do caráter compensatório, não sancionatório, o autor indica ainda que o pagamento deverá ser efetuado, independentemente de haver ou não culpa da parte credora do valor ter sido culpada pelo término da relação contratual.[1259] Tal regramento, segundo Pinto Monteiro, decorrente das regras da agência no Direito Português, "constitui como que uma espécie de doutrina geral", que, portanto, aplicar-se-á a contratos próximos a ele, como, por exemplo, o de concessão comercial.[1260]

1255 Vasconcelos, L. Miguel Pestana De. *O Contrato de Franquia...*, p. 130.

1256 Vasconcelos, L. Miguel Pestana De. *O Contrato de Franquia...*, p. 131-132.

1257 Monteiro, Antônio Pinto. *Denúncia de um contrato...*, p. 82.

1258 Monteiro, Antônio Pinto. *Denúncia de um contrato...*, pp. 88-90.

1259 Monteiro, Antônio Pinto. *Denúncia de um contrato...*, p. 83.

1260 Monteiro, Antônio Pinto. *Denúncia de um contrato...*, p. 85. Nesse sentido, Ferreira Pinto comenta que a tendência majoritária da doutrina portuguesa é a de estender a aplicação analógica das regras sobre indenização da clientela da agência para figuras afins, dado que "em todos esss contratos, mas com maior predomínio no caso da concessão comercial, se divisa a possibilidade de o distribuidor constituir, ele próprio, um pólo de atracção e fixação de clientela para os produtos da contraparte, pelo que se encontraria aí um esteio seguro para afirmar a possibilidade de extensão do regime" (*Contratos de distribuição...*, p. 710).

A tais considerações, Ferreira Pinto, tratando, especificamente, da relação de agência, complementa que tanto o aumento de clientela quanto o seu potencial aproveitamento futuro pelo fornecedor deverão ser aferidos, com base em um incremento no volume de negócio e com os ajustes devidos, por conta de elevação artificial de vendas (por ex., subida do preço de bens ou depreciação do valor da moeda). Indica ainda que haverá mérito, na manutenção do nível de clientela ou em pequena redução, em contexto de conjuntura econômica desfavorável.[1261] Segue aduzindo, nessa linha, que, para se efetivar o dever de indenizar, bastaria apenas a mera chance de que, após o rompimento do contrato, novos negócios sejam formalizados com os clientes angariados, ao longo da relação contratual, sem a interferência posterior de eventuais prognósticos diversos. "Dizendo-o em termos fotográficos: procura captar-se a imagem da situação que ocorre naquele preciso momento, ficando tal imagem definitivamente congelada".[1262] Por trás da indenização, haveria o objetivo de "remover o diferencial de ganho decorrente da falta de equivalência entre as atribuições patrimoniais recíprocas dos intervenientes",[1263] fomentando a justiça comutativa da relação e prevenindo abusos de uma parte à outra.[1264] No tocante ao valor da indenização devida, Ferreira Pinto aponta como critério o valor da comissão paga ao agente – eis que o benefício auferido pelo principal corresponde aos importes que deixará de pagar a ele, após o término do contrato –,[1265] a ser calculado por um "período normal" de fidelização dos clientes a uma determinada marca, contabilizados os percentuais de migração de clientela usuais do setor.[1266]

[1261] Pinto, Fernando A. Ferreira. *Contratos de distribuição...*, pp. 591-592.

[1262] Pinto, Fernando A. Ferreira. *Contratos de distribuição...*, pp. 596-602.

[1263] Pinto, Fernando A. Ferreira. *Contratos de distribuição...*, p. 686. Para ele, a indenização seria devida sempre que a diferencial de ganho "se revele impressivo e se traduza num acrescido potencial de ganho futuro para a empresa do principal, procurando assegurar a tendencial paridade de valor entre essas atribuições, mesmo para além do período de vigência da relação contratual" (p. 686). Nesses termos, conclui que "[o] instituto filia-se, por conseguinte, no princípio da equivalência material das prestações e tem em vista a realização da justiça comutativa" (p. 686).

[1264] Pinto, Fernando A. Ferreira. *Contratos de distribuição...*, p. 690.

[1265] Pinto, Fernando A. Ferreira. *Contratos de distribuição...*, p. 594.

[1266] Pinto, Fernando A. Ferreira. *Contratos de distribuição...*, p. 603.

Não obstante todo o arrazoado, Ferreira Pinto, em contrariedade ao posicionamento de todos os demais, conclui que, a despeito das semelhanças fisiológicas entre os negócios de distribuição, não deve haver a extensão analógica das regras de indenização de clientela, específicas ao tipo da agência, para os demais distribuidores. Isso porque, segundo afirma, além de inexistir uma "equivalência entre a situação típica de interesses que ocorre aquando da cessão de um contrato de agência e a que se verifica por ocasião da extinção dos restantes vínculos distributivos",[1267] o regime da agência é insuficiente para lidar com as questões atinentes dos outros tipos de vínculo e não pode a eles ser estendido tão somente pela semelhança transversal entre os negócios de distribuição e por ele ser, na maior parte das ordens jurídicas, um dos poucos que se beneficia de uma disciplina própria.[1268]

Para afastar a aplicação analógica das regras de agência, o autor esclarece ainda que, do ponto de vista ontológico, há marcantes diferenças entre aquele tipo contratual e outros de distribuição, tais como os de concessão e franquia. Cita, nessa esteira, o fato de que, enquanto o agente atua, precipuamente, na gestão de interesse alheio, os franqueados e concessionários, mesmo tendo limitada sua autonomia empresarial, atuam por conta própria e no seu próprio interesse. Para além disso, menciona ainda, entre outros, o fato de que, enquanto, na agência, o agente é remunerado pelo principal, na concessão e na franquia, não há qualquer retribuição, em sentido estrito, aos distribuidores. Estes, em contrapartida às restrições de atuação, recebem a mera chance de virem a obter lucros com a venda dos produtos contratuais, por meio das contratações, diretamente, efetuadas com os clientes – o que não ocorre na agência. Tais distinções entre as prestações conformam mecanismos de incentivos contratuais distintos entre a agência, concessão e franquia. Assim, de forma resumida, Ferreira Pinto conclui que "apesar de visarem um objetivo último comum, os contratos em causa têm um significado económico distinto, podendo afirmar-se que, enquanto os agentes são uma parte do mercado do principal, os concessionários e os franquiados são antes um meio de concedentes e franqueadores terem acesso ao mercado. Os primeiros têm como vocação específica e missão essencial a prospecção de negócios e a

[1267] Pinto, Fernando A. Ferreira. *Contratos de distribuição...*, p. 724.

[1268] Pinto, Fernando A. Ferreira. *Contratos de distribuição...*, pp. 820-821.

captação de clientes para a contraparte; os segundos desempenham funções económicas bem mais complexas e são intermediários de comércio de corpo inteiro".[1269]

Para sustentar sua tese, o autor refere-se ainda, e com o que concordamos, à ausência, na ordem jurídica, de um "princípio geral de compensação de vantagens ou chances económicas que, de forma oblíqua ou reflexa, possam advir a um sujeito de direito por virtude do anterior cumprimento, por outro, das obrigações típicas decorrentes de uma relação contratual em que ambos tenham estado envolvidos".[1270] Segue argumentando, que tanto assim o é que o locatário ou cessionário da exploração de um estabelecimento comercial não faz jus a qualquer indenização pelo incremento da clientela.[1271] Em realidade, diz o autor, o que se passa é que os distribuidores agem movidos pelo interesse imediato de obter ganhos próprios e uma eventual clientela fidelizada é apenas subproduto, não intencionado, da atividade realizada.[1272] Crítica, assim, o posicionamento daqueles que entendem pelo dever de indenizar, nesse aspecto, pois uma tal obrigação estaria a desconsiderar sutilezas e o mecanismo de incentivos dos contratos de concessão, franquia etc. Afinal, o fato é que tal "perda" de clientela e outros riscos decorrentes das restrições verticais são compensados pelas vantagens econômicas obtidas, por meio do contrato – máxime, por sua participação no poder de mercado do fornecedor-, de modo que "os distribuidores não podem, logicamente, pretender uma coisa sem a outra".[1273]

Le Floch, também contrário à existência de tal dever de indenizar, explica que, tradicionalmente, a clientela está relacionado ao fundo de comércio. Ela é compreendida, na forma usual, como um agrupamento de pessoas que adquire produtos de um determinado comerciante e/ou recorre a seus serviços. Todavia, como bem esclarece, a despeito de, efetivamente, ser estabelecida uma relação jurídica com um franqueado e/ou uma concessionária e a clientela, a realidade é que esta é livre: "[e]*lle est libre d'acheter ou de ne pas acheter et, si elle achète, de le faire où elle veut,*

[1269] Pinto, Fernando A. Ferreira. *Contratos de distribuição...*, pp. 726-731.
[1270] Pinto, Fernando A. Ferreira. *Contratos de distribuição...*, p. 724.
[1271] Pinto, Fernando A. Ferreira. *Contratos de distribuição...*, p. 724.
[1272] Pinto, Fernando A. Ferreira. *Contratos de distribuição...*, pp. 726-728.
[1273] Pinto, Fernando A. Ferreira. *Contratos de distribuição...*, pp. 817-818.

quando elle veut et de traiter avec qui elle désire".[1274] Nessa ordem de ideias, prossegue o autor, deduzir um suposto direito de propriedade sobre a clientela desafiaria as leis de um "*humanisme élémentaire*".[1275] O que o comerciante detém, de fato, é um direito de reivindicar algo que, por meio de seu trabalho e de seu senso de negócio, gere a atração dos clientes (fundo de comércio).[1276] A esse respeito, anota que, em uma ampla gama de casos de distribuição integrada, o exercício dessa atividade comercial é bastante limitado, em função das limitações contratuais estabelecidas, tais como, a impossibilidade de alteração no *know-how* transferido, a obrigação de seguir a política comercial estabelecida, a necessidade de permanecer em funcionamento em horário pré-determinado etc. Para além dessas limitações, Le Floch observa ainda que, em geral, especialmente nos casos de franquia e concessão comercial, o franqueador ou a concedente não só transfere seu conhecimento e organiza o marketing e a gestão da rede, como também exerce atividades, estritamente, relacionadas ao comércio – a título de ilustração, menciona a seleção do local do estabelecimento, o recrutamento e treinamento de funcionários, a prospecção de clientes locais, a organização do ponto de venda, a elaboração do orçamento etc. A jurisprudência francesa vale-se da análise casuística sobre o sujeito que praticou tais atos de comércio, para definir, no caso concreto, e, segundo o autor, sem qualquer uniformidade, se há ou não um direito de indenização sobre o fundo de comércio ao distribuidor.[1277]

O autor critica esse "anacrônico" critério jurisprudencial, à luz de ser, meramente, ilusório um suposto direito de propriedade sobre um fundo de comércio. Afinal, o que, em realidade, é passível de transferência são apenas os meios pelos quais uma determinada atividade comercial se executa; não a organização em si. Inclusive, diz que o direito à renovação da locação comercial apenas confirma que não há, efetivamente, propriedade constituída sobre o fundo de comércio: mesmo exercendo o direito renovatório, o locatário não preserva qualquer direito de propriedade.

[1274] FLOCH, Paul Le. *Propriété commerciale et distribution intégrée* in *Le droit de l'entreprise dans ses relations externes à la fin du XXe siècle: Mélance en l'honneur de Claude Champaud*. Paris: Dalloz, 1997, p. 407. Tradução livre: ela livre para comprar ou não comprar e, se compra, fá-lo onde ela quer, quando ela quer e do modo que deseja.

[1275] FLOCH, Paul Le. *Propriété commerciale et distribution intégrée...*, p. 408.

[1276] FLOCH, Paul Le. *Propriété commerciale et distribution intégrée...*, p. 408.

[1277] FLOCH, Paul Le. *Propriété commerciale et distribution intégrée...*, pp. 409-410.

Nessa medida, conclui que, assim como não se pode falar, verdadeiramente, sobre um direito de titularidade sobre o fundo de comércio, não há também como se pensar em um direito de titularidade sobre a clientela por um franqueado ou por uma concessionária. Tutela-se, apenas e tão somente, os meios utilizados para o exercício da atividade comercial e os respectivos direitos individuais das partes sobre tais meios.[1278] E, por fim, ainda que se admitisse alguma tutela sobre fundos de comércio, Le Floch explica que esse conceito foi construído, em realidade sócio-econômica, bastante diversa daquela encontrada, nos contratos de distribuição. A ideia, de então, segundo ele, era a de proteger o trabalho pessoal daquele comerciante individual, que, em seu estabelecimento, organizava determinados elementos, com o objetivo de conquistar a clientela. Todavia, essa não é a realidade do distribuidor, que, a despeito de fazer investimentos na operação econômica, não organiza, efetivamente, os elementos da atividade comercial. Em diversos casos, sua liberdade de atuação é tão restrita, nesse aspecto, que ele é apenas responsável "*de mettre en mouvement une exploitation dont les caractéristiques majeures ont été définies par un concédant ou par un franchiseur*". Tanto assim, conclui Le Floch, que não é de se espantar que, em várias situações, os distribuidores integrados têm negado o benefício referente à renovação de locação de imóvel.[1279]

A nós, parece que esse segundo entendimento é o mais correto.[1280] Como bem destaca Ferreira Pinto, o distribuidor não visa, propriamente,

[1278] Floch, Paul Le. *Propriété commerciale et distribution intégrée...*, pp. 410-413.

[1279] Floch, Paul Le. *Propriété commerciale et distribution intégrée...*, p. 406.

[1280] Na jurisprudência dos Tribunais Estatais Nacionais, há entendimento nesse sentido: "[s]e a autora aumentou sua carteira de clientes, nada mais fez do que bem cumprir com sua prestação contratual, pois, para vender os equipamentos que lhe foram distribuídos por força do contrato firmado entre as partes e obter sucesso no negócio realizado, natural que angariasse o maior número de clientes possível, aumentando sua renda e, consequentemente, a do fornecedor dos produtos" (TJ-SP, 35ª Câm. Dir. Privado, Apel. n. 0135195-31.2012.8.26.0100, Rel. Des. Gilberto Leme, j. 27.5.2019). Não podemos, contudo, deixar de registrar que há também excertos em sentido contrário: "AÇÃO DE INDENIZAÇÃO POR DANOS MATERIAIS E MORAIS CONTRATO DE DISTRIBUIÇÃO DE BEBIDAS RESILIÇÃO MOTIVADA DO CONTRATO INADIMPLEMENTO DA DISTRIBUIDORA DEMONSTRADO IMPUTAÇÃO PELA DISTRIBUIDORA DE COMPORTAMENTO ABUSIVO E VIOLADOR DA BOA-FÉ OBJETIVA POR PARTE DA FABRICANTE MERAS ALEGAÇÕES GENÉRICAS – FATOS NÃO PROVADOS – DESCUMPRIMENTO DE CLÁUSULAS DO CONTRATO POR PARTE

o desenvolvimento da clientela, mas, sim, os ganhos imediatos com a atividade comercial. No decorrer da relação cooperativa, ele se vale dos meios oferecidos pelo fornecedor, para, com um menor risco econômico – em comparação ao que teria se empreendesse fora da rede –, explorar o mercado consumidor e, a partir dessa atividade, buscar seu efetivo objetivo: buscar o lucrar com a atividade. De outro lado, o benefício visado pelo fornecedor é, justamente, desenvolver sua marca e aumentar a capilaridade de sua rede de distribuição no mercado.[1281] A contrapartida da abertura de clientela é, efetivamente, a exploração da atividade final, com um risco econômico reduzido, a partir dos meios oferecidos. Parece natural, nesses termos, que, ao final do relacionamento, ele seja, então, beneficiado com uma eventual clientela fidelizada, inclusive pelos altos riscos a que esteve submetido no decorrer do relacionamento.[1282] De outro lado, o distribuidor, desde o início, sabe que o contrato está destinado a terminar (não há contrato eterno) e, exceto se houver alguma previsão legal e/ou houver

DA DISTRIBUIDORA - NÃO COMPROVAÇÃO INEXISTÊNCIA DE ATO ILÍCITO OU ABUSIVO INDENIZAÇÕES A ESSE TÍTULO INDEVIDAS - CABIMENTO, NO ENTANTO, DE INDENIZAÇÃO PELA CAPTAÇÃO DA CLIENTELA, DE NATUREZA COMPENSATÓRIA, DESTINADA A EVITAR O ENRIQUECIMENTO SEM CAUSA DA FABRICANTE SENTENÇA REFORMADA PARCIALMENTE Inexistente qualquer demonstração de ter a fabricante violado seus deveres contratuais e, suficientemente evidenciado ter sido a distribuidora quem deixou de honrar o pacto, surge para a fabricante o direito à ruptura motivada do contrato, cujo exercício, posto configurar ato lícito, não autoriza nenhuma indenização à contraparte por danos morais ou lucros cessantes. Entretanto, dissolvido o vínculo contratual, ainda que em decorrência de denúncia motivada por inadimplemento culposo da distribuidora, tem ela direito a uma indenização de natureza compensatória, cuja finalidade é evitar o enriquecimento sem causa do fabricante, único a continuar se beneficiando da incorporação do fruto do trabalho de captação da clientela promovido pelo distribuidor. RECURSO PARCIALMENTE PROVIDO" (TJ-SP, 30ª Câm. de Dir. Privado, Apel. n. 9151467-92.2008.8.26.0000, Rel. Des. Andrade Neto, j. 6.3.2013).

1281 Forgioni, Paula Andrea. *Contrato de Distribuição...*, pp. 44-49.

1282 Nesse aspecto, como bem sublinha Vasconcelos, "na franquia o franqueador transmite temporariamente ao franqueado, coloca nas suas mãos, para além da (eventual) licença de marca, para além do saber-fazer, para além do direito de uso de outros sinais distintivos, a própria imagem da sua empresa, o principal factor da angariação de clientela, o seu bem mais valioso, de que os outros, embora também com valor em si, não meros componentes (mas cuja transmissão articulada é necessária à transmissão dessa 'imagem de empresa') (*O Contrato de Franquia...*, p. 67).

negociado alguma disposição contratual a respeito, não tem qualquer expectativa de uma indenização pelos clientes angariados. Não se ignora que alguns se valem de eventual conduta oportunista do fornecedor, com o intento de prejudicar o distribuidor e, maliciosamente, beneficiar-se dos clientes conquistados. Contudo, entendemos que essa situação de abuso deve ser tutelada, dentro da normatividade adequada (ilicitude), que não pode ser generalizada, como presunção – ao menos, sem firmes indícios concretos, que levem o legislador a alterar o quadro legal –, para todas as relações de distribuição. Repise-se que, embora haja o intenso dever colaborativo, as partes ainda assim se encontram em relação contratual, sem espaço, no nosso entender, para uma "apuração de haveres", tal qual se daria no modelo associativo.

Adicionalmente, há ainda o fato de que a clientela é livre e inexiste qualquer garantia que ela siga fidelizada a uma determinada rede, após a desvinculação do distribuidor. Nessa condição, estar-se-ia a determinar ao fornecedor que pagasse um importe ao distribuidor, por algo que sequer se sabe se ele, efetivamente, será beneficiado, em momento futuro. Inclusive, há que se considerar ainda que o fornecedor pode não ser beneficiado – ou o único beneficiado – com a clientela acrescida, de modo que não haveria qualquer causa para que esse arcasse com uma indenização/ressarcimento. Em diversos casos, é bem comum que um distribuidor seja substituído por outro, que, logo, na lógica dos que defendem a indenização/ressarcimento, seria quem, efetivamente, beneficiar-se-ia dos clientes conquistados em determinada zona de atuação. Extrapolando para a rede, poder-se-ia ainda cogitar de que todos os seus membros foram beneficiados por essa atuação do ex-distribuidor. Há, portanto, uma clara dificuldade em se atribuir o beneficiário desse suposto ganho.

Por fim, embora isso não seja, necessariamente, um impeditivo à existência de um pretenso dever de indenizar/ressarcir, persistem ainda as dificuldades inerentes à forma de liquidação desse benefício. Não parece fazer sentido que se continue a pagar pelas comissões do distribuidor, ainda que por um período médio de fidelização de cliente, haja vista que não há qualquer atividade de venda realizada por ele. Não há como se estabelecer um nexo direto entre os clientes que foram fidelizados e os valores que seriam auferidos pelo distribuidor, em vendas futuras. Difícil também parece ser prever o quanto o fornecedor ou mesmo a própria rede auferirá, futuramente, com os clientes fidelizados. Ora, como bem se sabe, o consumo está sempre submetido a uma série de variáveis econômicas (crises, bolhas etc.), para além da atuação das partes, que podem impactar o volume do comércio.

Ao cabo, conquanto o casuísmo pareça ser mesmo a regra para a análise de questões atinentes à liquidação da prestação final, não há como se negar que o partilhamento do eventual valor capturado por uma das partes, em decorrência do empreendimento comum contraria a premissa fundamental de que, diversamente ao que se passa na associação, inexiste, nos híbridos, uma comunhão entre os parceiros, no tocante aos bens alocados para o desenvolvimento da atividade empresarial. Há que se recordar, nesse aspecto, que, a despeito da interdependência decorrentes da cooperação, as partes mantêm sua autonomia jurídica e patrimonial, sem que se forme um vínculo de natureza associativa e haja, na dissolução, a restituição da contribuição, via pagamento de haveres. Para além disso, a lógica do partilhamento desse "*plus-value*" é, irresistivelmente, contrária ao fato de que, desde o nascedouro, sabe-se, de antemão, que, ao final do vínculo contratual, e exceção feita à eventual convenção diversa, os parceiros retornarão ao mercado, tendo absorvido, individualmente, os ganhos e as perdas com a empreitada conjunta realizada. Quisessem, de fato, a divisão equalitária de tudo aquilo que se gerou a partir do projeto comum, deveriam ter criado disposições específicas a respeito ou buscado outra forma de organizar a atividade empresarial, valendo-se, por exemplo, da forma associativa.

3.4. Das obrigações contratuais vigentes após o fim da relação contratual

É comum, nos contratos de natureza híbrida, que, mesmo após a fase de liquidação das atividades comuns, algumas obrigações contratuais ainda persistam entre as partes.[1283] Na realidade, consoante leciona Junqueira, em matéria de resilição contratual, há que se distinguir entre o contrato e a relação contratual: quando, em geral, pensa-se em extinção do vínculo contratual, está a se tratar, na verdade, da extinção da relação contratual básica – ou, em outros termos, da obrigação principal. O contrato, no entanto, muitas vezes, permanece eficaz, impondo determinadas obrigações sobre as partes, que, caso as descumpram, poderão ser

[1283] LEQUETTE, Suzanne. *Le contrat-coopération...*, p. 463.

responsabilizadas, pelo respectivo incumprimento.[1284] Tais obrigações, em geral, visam a proteger determinados interesses pós-contratuais das partes[1285] e, no caso das redes, a garantir sua estabilidade,[1286] como se dá, por exemplo, na já referida cláusula de não-concorrência.

Para Lequette, após a extinção da relação contratual, não persistiria mais qualquer obrigação de cooperação entre as partes, haja vista que, com o desaparecimento do projeto comum, não existiria mais qualquer razão de ser um eventual dever de assistência entre as partes.[1287] Junqueira, no entanto, bem relembra que, entre nós, embora não conste expresso do artigo 422 do Código Civil, as condutas inerentes à cláusula de boa-fé objetiva continuam vigentes, mesmo no período após o fim do relacionamento contratual.[1288] Abordando especificamente o dever de sigilo, mas atestando a persistência dos deveres de lealdade, após o fim da relação negocial, Suñoz destaca que, nos mais diversos ordenamentos, a obrigação de confidencialidade funda-se no dever de boa-fé entre as partes e permanece aplicável, enquanto a informação protegida permanecer secreta.[1289] Gobatto, tratando do dever de sigilo nas redes, segue em mesmo sentido, destacando seu lastro na obrigação de boa-fé devida entre seus membros, mesmo após o desligamento de um dos participantes.[1290] E, Cafaggi, também tratando das redes, destaca ser possível que, mesmo diante da dissolução da integralidade do coletivo, exigir-se dos antigos participantes que cooperem para preservar a vantagem competitiva gerada pela rede. Não é raro, segundo ele, que os contratos celebrados pelos membros contenham disposições específicas, visando a garantir que, mesmo após a dissolução do agrupamento, persistam determinadas

1284 Azevedo, Antonio Junqueira. *Natureza jurídica do contrato de consórcio...*, p. 367.

1285 Em razão do apontamento de Junqueira acerca da distinção entre contrato e relação contratual, talvez o termo nem seja o mais adequado. Valemo-nos dele, entretanto, em função de sua larga utilização, na *práxis* jurídica.

1286 Cafaggi, Fabrizio. Redes contractuales..., p. 84.

1287 Lequette, Suzanne. *Le contrat-coopération...*, p. 469.

1288 Azevedo, Antonio Junqueira. *Natureza jurídica da renúncia...*, p. 99.

1289 Suñol, Aurea. Trade Secrets vs. Skill..., p. 206.

1290 Gobatto, Marco. Long-Term Relationships..., p. 260. O autor ainda anota que, não fosse de tal modo, "*the participation in the network would be undermined as parties would in advance be aware of the risk of disclosure of knowledge outside the network in the case of dissolution of the network or withdrawal of a firm*".

obrigações até que todos os possam capturar os benefícios advindos do empreendimento comum.[1291]

Nesses termos, ainda que em menor gradação, parece não haver dúvidas quanto à existência de um dever de lealdade entre os antigos parceiros, mesmo após a extinção da obrigação principal e fim da relação contratual básica.

4. Das vicissitudes das redes de contratos

As redes de contratos, como visto,[1292] representam fenômeno recente de cooperação, ainda pouco compreendido pela dogmática jurídica. Há, por efeito delas, a organização de uma atividade – antes realizada, inteiramente, dentro de uma estrutura hierárquica –, no contexto de mercado. Assim, elementos de ambos os polos acabam por integrar nessa nova estrutura produtiva.

De efeito, muitos dos arranjos conformados (por ex.: sistemas de franquias, *joint ventures*, cadeias produtivas etc.), sob as configurações ora abordadas, afiguram-se ao grande público, como apenas uma entidade – a despeito de assim não o serem.[1293] Há, conforme define Teubner, uma "*trans-subjective evolutionary structure*", que não se relaciona às tradicionais competências do modelo hierárquico – mais precisamente à capacidade de atuação coletiva, com a unidade de representação. Trata-se de "Hidras de muitas cabeças", em que a unidade de atuação decorre não de uma unidade central de formação de vontade, mas, sim, de múltiplas decisões, simultaneamente, tomadas, pelos diversos membros da rede. Não existe, desse modo, uma unidade de gerenciamento, mas a efetiva atuação individual de cada membro, no seu próprio e também no interesse da rede, recaindo sobre eles o peso de que as decisões individuais vinculem e/ou impactem a si e à coletividade. Cada um dos membros da rede mantém sua independência e individualidade,[1294] mas colaboram em prol de um mesmo projeto, fazendo, em geral, extensivo uso de informação e da

[1291] CAFAGGI, Fabrizio. Redes Contractuales..., pp. 84-85.

[1292] Vide item II.3.

[1293] CEVENINI, Claudia. *Virtual Enterprises*..., p. 92. No mesmo sentido: MARTINEK (MARTINEK, Michael. Networks of Contracts..., p. 167).

[1294] TEUBNER, Gunther. 'And if by Beelzebub..., pp. 124-125.

tecnologia da comunicação.[1295] Nessa medida, por não haver, em regra, a formação de uma entidade específica, e pelo fato de cada um dos parceiros preservar sua identidade, é necessária, quando for possível, e assim desejarem as partes, a previsão contratual da maneira como se dará essa relação externa à rede. A contratação com terceiros, assim, poderá se dar com um dos membros da rede, com um grupo destes ou ainda com todos eles. Em vista das dificuldades operacionais que envolveria essa última hipótese, é usual que se concedam poderes de representação a um membro ou a um grupo destes.[1296]

Não bastasse isso, problemas de ordem prática trazem ainda maiores dificuldades, no que toca ao relacionamento com terceiros, especialmente em caso de eventuais demandas destes em face da rede. A primeira, e mais evidente, refere-se ao fato de que, apresentando-se como apenas uma unidade econômica ao público, terceiros, individualmente, afetados, dificilmente, terão acesso a informações, que lhes permitiriam identificar o efetivo causador do dano.[1297] Mais do que isso, no emaranhado de atos a serem executados dentro do contexto de um, em geral, complexo empreendimento, os próprios parceiros podem ter dificuldade em alocar as respectivas responsabilidades.[1298] Como consequência, e especialmente face à ausência da limitação de responsabilidade de caráter associativo, há o risco de que cada um dos membros da rede venha, eventualmente, a ser responsabilizado pela integralidade de um dano acarretado a terceiro.[1299] Destaque-se, inclusive, que parte da doutrina já tem a solidariedade como uma nota da organização, sob a forma de rede[1300] – o que, a nosso ver, não se daria, no Direito Brasileiro, à vista que, como bem se sabe, entre nós, "a solidariedade não se presume; resulta da lei ou da vontade das partes"

[1295] Cevenini, Claudia. *Virtual Enterprises...*, p. 2.

[1296] Cevenini, Claudia. *Virtual Enterprises...*, p. 92.

[1297] Cevenini, Claudia. *Virtual Enterprises...*, p. 101.

[1298] Cevenini, Claudia. *Virtual Enterprises...*, p. 101. No mesmo sentido: Collins (*Introduction to Networks...*, p. 70); Teubner (*Network as Connected...*, p. 243). Teubner, inclusive, destaca que, em diversos casos, "[i]*t is difficult or even impossible to identify individual spheres of responsability*" (p. 243).

[1299] Cevenini, Claudia. *Virtual Enterprises...*, p. 102.

[1300] É, nesse sentido, o comentário de Caffagi e Grundman: "[c]*ontractual networks are generally defined by unlimited joint and several liability towards third parties with the possibility of reallocating the burdens internally via indemnification*" (Caffagi, Fabrizio; Grundman, Stefan. Towards a Legal Framework..., p. 360).

(CC, art. 265). Nada obstante, um ponto a se destacar com relação a essa matéria refere-se ao fato, bem sublinhado por Collins, de que a opção entre integralizar uma determinada atividade ou buscar a produção, por meio do formato de rede, partilhando a produção entre diversas outras empresas, perpassa não apenas por questões atinentes aos custos envolvidos em uma eventual subcontratação, mas também por uma estratégia de mitigação de riscos dos agentes econômicos. Afinal, considerando que, em princípio, cada entidade responde, com seu patrimônio próprio, por suas obrigações, o agente econômico pode, por meio de estratégias de organização empresarial, buscar limitar seu risco a apenas parte da produção, utilizando, para tanto, uma entidade de capital social reduzido. Assim, dá como exemplo as tentativas de delimitação de riscos trabalhista e/ou falimentar.[1301] Essas estratégias, para afastar responsabilidade impostas

1301 Collins, Hugh. Ascription of Legal..., pp. 736-738. Com relação a esse aspecto, ele discorre que "[b]*y keeping the size of firms small and securing production through a series of contractual relations between independent firms, employers can avoid or reduce their legal obligations towards employees. Here we see a combination of the group responsibility principle and a statutory limit being exploited through the freedom to determine firm size in order to deprive workers of elementary rights. Perhaps the most significant example of the effects of the limits on legal responsibility in combination with capital's freedom to determine its own size occurs in connection with insolvency of companies. On general principles of legal responsibility, one company cannot be liable for another's debts. Accordingly, if production is organised through a group of companies, each company within the group can only be liable for its own contractual debts. In the event of the insolvency of one subsidiary company, therefore, the other companies in the group will not in general be liable to creditors, who may go uncompensated as a direct result of the manipulation of capital boundaries. Indeed, a majority shareholder or a parent company may provide capital to the subsidiary in the form of secured debt rather than equity, thus achieving priority in English law over unsecured creditors*" (p. 737). Em texto mais recente, ele fala ainda em uma "*organised irresponsability*", *in verbis*: "[u]*nless the law responds appropriately to these particular qualities of networks, this type of business co-ordination creates the risk of 'organised irresponsability'. In other words, the network achieves the level of organisation that it requires for efficient co-ordination of productive relations, but simultaneosly minimises the risk of external liability for the network as a whole*" (Collins, Hugh. *Introduction to Networks...*, p. 68). Em sentido semelhante, Teubner destaca que "[n]*ovel organisational entities are established in business practice that have no matching degree of normative responsability. They have notable room for manoeuvre within which to carry out explicitly 'irresponsible' actions. Networks suffer from all the usual externality problems posed by a formal organisation: internal agréments are reached to the disavantage of third parties; networking gives rise to collective behaviour without contemporaneous collectivisation of responsability; collectivisation increases risks and, as a result of failing to take corresponding precautions for their absorption within the network, displaces them externally*" (Teubner, Gunther. *Networks as Connected...*, p. 108).

pela lei, também são denunciadas por Teubner, segundo o qual, em redes contratuais, extremamente centralizadas, em que o controle exercido pelo ente central é tal que afasta a autonomia e flexibilidade, típicas da organização em rede, deverá haver a extensão de responsabilidade para todos os membros da coletividade, para danos acarretados a terceiros.[1302]

De acordo com Teubner, desde o início dos anos 1990, os analistas da matéria já levantavam questionamentos sobre o fenômeno de coletivização de atividades, em rede, sem que, de outro lado, houvesse a coletivização das responsabilidades. Nesse aspecto, ele culpa, especialmente, os advogados por este descompasso, na medida em que questões de tal ordem foram, em diversos casos, tratadas como suspeitas inapropriadas, frente a "*innovative and efficient forms of organisation*". A euforia, em torno das redes, afastou por algum tempo, a preocupação com os riscos externos gerados por elas. Todavia, segundo ele, o cenário começou a se alterar, nos últimos anos, com teóricos das ciências gerenciais, da teoria organizacional e mesmo economistas, identificando sintomas de falhas de funcionamento das redes. No meio jurídico, diversos autores e legislações específicas passaram a tratar de casos de extensão de responsabilidade, em situações de rede contratual.[1303] Sobre este ponto, Grundmann, Möslein e Riesenhurer ressaltam que a tradicional teoria contratual trata dos efeitos contratuais sobre terceiros, como uma área de menor interesse – o que, para eles, demanda maior atenção, especialmente à luz dos perversos efeitos gerados pelos arranjos contratuais que deram causam à crise mundial de 2008.[1304] Em razão da derrocada dos mercados financeiros, diversas cortes, nos anos seguintes, foram premidas a buscar fundamentos que flexibilizassem o princípio da relatividade dos efeitos dos contratos. Nesse sentido, Micklitz noticia que, com a quebra do Lehman Brothers, muitos investidores ajuizaram demandas judiciais, buscando a liquidação dos títulos adquiridos, em face dos bancos que participaram da cadeia de negociação daqueles e os comercializaram, no mercado varejista. No entanto, como os títulos eram negociados apenas entre os investidores e o banco emissor, as cortes tiveram que buscar outros fundamentos, para estender os efeitos contratuais,

[1302] TEUBNER, Gunther. *Network as Connected...*, pp. 240-242.

[1303] TEUBNER, Gunther. *Network as Connected...*, pp. 236-237.

[1304] GRUNDMANN, Stefan; MÖSLEIN, Florian; RIESENHUBER, Karl. Contract Governance: Dimensions in Law..., pp. 11-12.

para os demais participantes da relação. Assim, ele relata que, na Áustria, as cortes impuseram uma relação de solidariedade, fundada nas estratégias de *marketing* dos bancos intermediários (que classificavam os produtos como de baixo risco); na Itália, os investidores foram reembolsados pelos bancos intermediários, com base na falha do dever de informar sobre o real risco dos títulos.[1305]

De fato, o ponto atinente ao regime de responsabilidade é o que gera as maiores controvérsias, no que toca às redes contratuais. De um lado, é necessário que as regras sobre responsabilidade protejam a rede contra atos perpetrados por seus membros ou por terceiros; mas, de outro, é de rigor ainda que o regime de responsabilidade lide, adequadamente, com as externalidades negativas geradas pela própria rede.[1306] Entretanto, como bem sinaliza Teubner,[1307] não se cristalizou ainda, na doutrina, um entendimento sólido sobre tais questões (proteção da rede[1308] e de terceiros por atos gerados por esta e por seus membros).[1309] Segundo ele:

[1305] MICKLITZ, Hans-W. Herd Behaviour..., p. 119.

[1306] TEUBNER, Gunther. 'And if by Beelzebub..., pp. 126-127. COLLINS registra que, no âmbito da *Common Law*, o problema da responsabilidade das redes é, igualmente, sentido: "[y]*et since in fact these groups comprise distinct legal identities which in law are regarded as independent persons, members of the group cannot in general be held responsible for the acts or omissions of other members without contradicting the basic principles of legal responsibility. Thus one company can only be liable for its own torts or breach of its own contracts, not those of other companies or independent contractors with which it has close economic ties. This engenders a serious problem for the application of the principle of group responsibility*" (COLLINS, Hugh. Ascription of Legal..., p. 734).

[1307] TEUBNER, Gunther. 'And if by Beelzebub..., pp. 126-127.

[1308] De acordo com TEUBNER, "[s]*o far only a minority of scholars has developed liability rules for network members that are not bound to each other by bilateral contract (Heldt, 2009, 150; Lange, 2001, 188; Larenz and Wolf, 1997, 470; Teubner, 1993a, 232; Teubner, 2011, 225). Others adapt the construction of an* actio pro socio *to networks, which allows for them to compensate harm to the reputation of the whole network done by individual members (Heldt, 2008; Caffaggi, 2008, 12, 44; Teubner, 2011, 231). Complementary to this, Wolf developed a liability regime for the protection of networks from damages of third parties. If the operation capability of a network is reduce through damaging the operation of one network node, then the violator is liable also for the additional cost of the damage to the network itself that is felt by other nodes (Wolf, 2009; Caffagi, 2008, 44)*" (And if by Beelzebub..., p. 127).

[1309] TEUBNER, Gunther. 'And if by Beelzebub..., pp. 127-128). MICKLITZ, ao tratar das consequências da crise financeira de 2008, também aponta as dificuldades de o Direito Privado regular, adequadamente, as externalidades negativas geradas pelas redes contratuais, que, no mais das vezes, resolve-se mediante referência à responsabilidade civil (Herd Behaviour..., p. 129).

> (...) the networking of independent economic organisations causes judicial irritation. The construction of an integrated distribution system, which, on the one hand, entails more than simple market relationships, but, on the other, does not create any true organisational relationships, forces the judges to establish piercing liability, but at the same time, causes them huge difficulties when they attempt to justify this decision. (...) In turn, these precedents on piercing liability irritate legal doctrine, which regards such seemingly equity-oriented or ad hoc exceptions to privaty of contract as a challenge to the workability of doctrinal concepts.[1310]

De efeito, há, nesse sentido, largas discussões sobre uma possível flexibilização do princípio da relatividade dos contratos,de modo a viabilizar o ressarcimento de danos gerados, no contexto de rede. Como bem se sabe, por esse princípio, "o contrato é *res inter alios acta, allis neque nocet neque prodest*, o que significa que seus efeitos se produzem exclusivamente entre as partes, não aproveitando nem prejudicando a terceiros".[1311] Nessa linha, para solucionar o impasse, e na mesma linha do já indicado, ao tratarmos

[1310] Teubner, Gunther. *Network as Connected...*, p. 81.

[1311] Gomes, Orlando. *Contratos...*, p. 46. Sobre a questão, Otavio Rodrigues bem observa que "[a]s fissuras ao caráter absoluto do princípio *res inter alios acta tertiis nec prodest, nec nocet* encontram-se no reconhecimento de que mesmo criado para produzir exclusivamente conseqüências entre as partes, o contrato geraria efeitos reflexos sobre terceiros, pois toda conduta humana não é asilada em um liame bilateral, mas constitui-se numa trama rica e multicolorida de diversos feixes relacionais. A influência de fato, benéfica ou prejudicial, de um estado jurídico ou de uma modificação jurídica na esfera de um terceiro, corresponde ao denominado efeito reflexo, que poderá ser meramente fático (ao exemplo de um terceiro que se beneficia da servidão pactuada entre seu vizinho e o proprietário do prédio serviente) ou meramente jurídico (a interrupção da prescrição por um dos credores comuns aproveitando aos demais). Muita vez, os efeitos reflexos ocorrem sem que os contraentes os desejem ou os tenham previsto, porém suas conseqüências sobre o terceiro apresentam-se de modo inevitável, revelando que sua relatividade será mais ampla que o próprio desejo dos declarantes. Posteriormente, com o desenvolvimento das relações contratuais de massa e do direito do consumidor, passou-se a admitir a figura do contrato em prejuízo de terceiro, assim entendido o que produz prejuízo reflexo a terceiros, mesmo sem ser essa a intenção dos declarantes. São exemplos dessa espécie a formação de cartéis entre fornecedores para impedir a redução de preços ou para controlar sua majoração, bem assim contratos destinados a repartir faixas de mercado, limitar a concorrência e prejudicar o interesse dos consumidores, que se colocam como terceiros em face de tais pactos. Segundo Vincenzo Roppo (2001:565), a nulidade desses contratos em dano a terceiro não depende de uma violação do princípio res inter alios acta,

dos efeitos da coligação contratual,[1312] há quem defenda que um eventual inadimplemento de uma parte em um contrato bilateral (A) ligado a um outro (B), poderá ensejar uma ação direta de um eventual lesado, ao qual a suposta parte infratora não esteja, contratualmente, vinculado. Assim, caso, por meio do contrato (A), um determinado indivíduo adquira um bem de um líder de uma rede, que, por meio do contrato (B), tenha subcontratado diversos outros fornecedores, e um destes tenha fornecido um componente defeituoso, o lesado poderia, por conta dessa coligação contratual, demandar, diretamente, o subcontratado, a despeito de não possuírem um vínculo contratual direto.[1313]

Em realidade, o que nos parece é que, em razão de, em geral, inexistir uma personalidade jurídica própria, que congregue todos os interesses dos participantes da rede – e sobretudo já conte com uma bem amadurecida disciplina legal –, surgem, essencialmente, questões relacionadas ao objeto de estudo do Direito Societário.[1314] De efeito, conforme lição

mas da ofensa ao princípio da dignidade da pessoa humana" (Rodrigues Júnior, Otavio Luiz. A doutrina do Terceiro..., p. 88).

[1312] Vide item IV.2.

[1313] Weitzenboeck, Emily M. *A legal framework for emerging...*, pp. 313-316.
Grundmann, Stefan; Caffagi, Fabrizio; Vettori; Giuseppe. The contractual basis..., pp. 22-23.

[1314] Nossa percepção é corroborada ainda pela forma como Lorenzetti analisa a temática, dividindo as questões colacionadas, entre relações internas (com foco na relação entre os membros, abordando, essencialmente, a questão do controle e dos deveres e direitos existentes entre os membros) e relações externas (em que se discute, principalmente, o regime de responsabilidade perante terceiros) (Lorenzetti, Ricardo Luis. *Tratado de Los Contratos...*, pp. 41-90). No mesmo sentido, Caffagi aponta que "*(...) las redes contractuales tienen una doble dimensión: una interna, relativa a las relaciones entre sus miembros; y otra externa, relativa a la relación con los terceros*" (Redes contractuales..., p. 33). De modo similar, Collins aponta que a questão das redes contratuais suscita, essencialmente, três ordens de problema, a saber, **(i)** lealdade entre os membros da rede (ex.: eventual obrigação de um franqueador de expandir a rede, mesmo caso esse movimento comercial não lhe traga ganhos), **(ii)** responsabilidade interna entre os membros da rede (ex.: danos à reputação da rede, em caso de fechamento pela vigilância sanitária de um franqueado) e **(iii)** responsabilidade externa da rede frente a terceiros (ex.: pleito indenizatório de um consumidor frente a outras franquias e/ou ao franqueador) (Collins, Hugh. *Introduction to Networks...*, pp. 13-18). Essencialmente, no nosso entender, os dois primeiros pontos mencionados pelo autor inglês subsumem-se a questões ligadas ao relacionamento interno entre os membros, enquanto o terceiro toca o assunto das relações externas. Confirmando nosso entendimento, o autor inglês conclui que

de Wiedemann, traduzida por Valladão, o Direito Societário tem como objeto **(i)** o ordenamento da sociedade, **(ii)** o ordenamento do patrimônio e **(iii)** o ordenamento da empresa. Quanto ao primeiro ponto, esse ramo do Direito ocupa-se de regular a vida da "comunidade de pessoas que se associaram para atingir um fim comum". Assim, para além da constituição e liquidação, regula, essencialmente, três pontos: **(i.1)** a determinação da finalidade social, enquanto elemento que fixa "os princípios orientadores e o raio de ação da associação"; **(i.2)** organiza a formação da vontade interna da associação e a forma como ela se manifestará, externamente; e **(i.3)** os direitos e deveres inerentes ao *status socii* (direitos de participação, direitos patrimoniais, direitos de informação e fiscalização, deveres de lealdade etc.).[1315] No tocante ao ordenamento do patrimônio, o Direito Societário cuida de regular a forma como o patrimônio especial será utilizado para se alcançar o fim social. Nesses termos, regulamentam-se **(ii.1)** as transferências de bens entre sócio e sociedade (contribuições e distribuição de resultados), bem como **(ii.2)** a questão da responsabilidade da sociedade

"[t]*he case for recognising claims between parties within a network, whether or not they have entered bilateral contracts, rests on this insight that the multilateral collection of relational contracts creates a similar degree of co-ordinated mutual economic interdependence to that found within a vertically integrated firm, but without the organisational entity of a business association to allocate responsability and risk efficiently and equitably*" (Collins, Hugh. *Introduction to Networks...*, pp. 52-53). E, mais adiante, ele volta ainda à questão, destacando que "[i]*t should be stressed that the division between internal and external network liability is far from clear in practice. In the absence of a formal business association or corporate entity, the boundaries of a network may often seem nuclear and may indeed shift rapidly in some kinds of network with frequent entry and exit of the participants*" (p. 64). Sem destoar, Teubner destaca que os riscos identificados, nas estruturas de rede, são também os mesmos que *mutatis mutandis* encontram-se nas associações. Estas, contudo, já recebeu o tratamento legal adequado para lidar com "*individual and collective orientation, hierarchy and heterarchy, and co-operation and competition*" (*Network as Connected...*, pp. 133-139).

1315 França, Erasmo Valladão Azevedo e Novaes (trad.). Wiedemann, Herbert. Excerto do "Direito Societário I – Fundamentos". In: França, Erasmo Valladão Azevedo e Novaes (coord.). *Direito Societário Contemporâneo I*. São Paulo: Quartier Latin, 2009, pp. 11-16. Como aponta o autor, nesse aspecto, "[o] direito societário caracteriza-se como um 'pequeno estado de direito' ('*kleines Staatsrecht*'), porque também nas sociedades a formação da vontade deve ser organizada e surge uma relação de supremacia e de subordinação, uma vez que sejam permitidas decisões por maioria. Por isso, o direito societário (*Verbandsrecht*) tem, tematicamente em comum como o direito público, a organização do poder coletivo e os direitos e deveres dos 'cidadãos societários' (*Verbandsbürger*)" (p. 15).

pelas obrigações por ela contraídas.[1316] Por fim, no terceiro ponto, preocupa-se com a "forma [com que] a unidade econômica 'empresa' (*'Unternehmung'*) deve ser organizada". Ingressam aí questões relativas à gestão da empresa, ao relacionamento entre empresas pertencentes ao mesmo grupo etc.[1317] Eis, em resumo, a esquemática da vida societária, que, embora não definitiva,[1318] é bastante esclarecedora. À ausência de uma regulação clara a respeito das redes nesses aspectos, a doutrina e a jurisprudência esforçam-se em buscar, caso a caso, respostas para questões que surgem, dado vazio normativo.

4.1. Da relação interna entre os membros de uma rede contratual

4.1.1. Da relação de rede: a natureza jurídica do vínculo intersubjetivo gerado pelo contato negocial

No contexto interno das redes, surgem questões, especialmente, relativas a formas de alocação de responsabilidade entre os participantes que não detêm entre si vínculos contratuais diretos. As cortes de diversos países têm buscado as soluções mais variadas a estes problemas, sem que qualquer delas tenha, efetivamente, prevalecido até o momento.

[1316] FRANÇA, Erasmo Valladão Azevedo e Novaes (trad.). WIEDEMANN, Herbert. Excerto do "Direito Societário I – Fundamentos"..., pp. 16-19.

[1317] FRANÇA, Erasmo Valladão Azevedo e Novaes (trad.). WIEDEMANN, Herbert. Excerto do "Direito Societário I – Fundamentos"..., pp. 19-22.

[1318] Nesse sentido, confira-se o comentário do autor: "[a]s áreas mencionadas não se excluem reciprocamente e não representam uma descrição definitiva do regramento da vida da sociedade pelo direito societário. Muitas questões societárias dizem respeito, tanto à esfera da sociedade, como ao ordenamento do patrimônio e da empresa. A adequação e legitimidade de uma regulamentação deve, assim, ser analisada sob diversos aspectos. / Exemplo: Um aumento de capital numa sociedade comercial conduz, nas relações internas entre sócios, a uma ampliação do círculo social ou a um deslocamento de forças entre eles. Patrimonialmente, é introduzido novo potencial de responsabilidade ou capital adicional. Do ponto de vista da empresa, por fim, apresenta-se o aumento do capital como uma providência de financiamento –seja para fins de saneamento, seja para fins de ampliação. Societariamente, proporcionam as novas participações estados de sócio, portanto, 'propriedade societária' (*gesellschaftsrenchtliches Eigentum*); os antigos sócios devem ser, por isso, questionados, em princípio, se eles desejam assumir as novas posições de sócios. Relativamente à emrpesa, configuram as novações ações um instrumento de financiamento; sob esse ângulo, põe-se a indagação a respeito de quem e em que condições a empresa, da forma mais favorável, pode adquirir capital próprio adicional" (FRANÇA, Erasmo Valladão Azevedo e Novaes (trad.). WIEDEMANN, Herbert. Excerto do "Direito Societário I – Fundamentos"..., pp. 22-23).

No direito estadunidense, Gillette, ao tratar de caso envolvendo a relação interna dos membros da rede, já fundamentou a possibilidade de flexibilização do efeito relativo dos contratos, com base no § 304 do Restatement (2d), segundo o qual, em parcial semelhança aos artigos 436 a 438 de nosso Código Civil (estipulação em favor de terceiro),[1319] "*a promise in a contract creates a duty in the promisor to any intended beneficiary to perform the promise, and the intended beneficiary may enforce the duty*". Esse status de "*intended beneficiary*" poderia se dar, inclusive, nos casos em que "*the circumstances indicate that the promise intends to give the beneficiary the benefit of the promised performance*". Para ilustrar, aborda o exemplo da rede de cartões de crédito, referindo-se a casos já julgados pelas cortes estadunidenses, sobre roubo de dados de portadores de cartões, por *hackers*, nos sistemas de estabelecimentos comerciais. Neles, os emissores dos cartões, sobre os quais, usualmente, recaem os custos com uma eventual aquisição fraudulenta, propuseram demandas de regresso em face dos estabelecimentos comerciais, que, infringindo regras contratuais, mantiveram os dados pessoais dos portadores nos seus respectivos sistemas. Considerando, no entanto, que os estabelecimentos mantêm vínculos contratuais diretos apenas com os portadores e outrossim com as adquirentes, as emissoras fundamentaram seu pleito, na condição de que elas eram "*beneficiaries of bilateral contracts between other participants*".[1320] Em outros termos, pelo argumento, as cláusulas que determinavam a eliminação de dados dos cartões de créditos dos portadores teriam sido estipuladas em seu favor, a fim de não lhes causar prejuízos com a fraude e, assim, uma vez infringidas, era-lhes dado o direito de regresso. A jurisprudência estadunidense não é uníssona, havendo decisões favoráveis e contrárias à tese. Como objeções ao status de "*beneficiary*" às emissoras, há, essencialmente, o argumento de que se, efetivamente, desejava-se beneficiá-las, deveria

[1319] De acordo com Orlando Gomes, "[a] estipulação em favor de terceiro é, realmente, o contrato por via do qual uma das partes se obriga a atribuir vantagem patrimonial gratuita a pessoa estranha à formação do vínculo contratual. / Três figuras são indispensáveis à sua confirmação: o estipulante, o promitente e o beneficiário. A vantagem patrimonial estipulada em proveito do terceiro pelo estipulante resulta do cumprimento de obrigação contraída pelo promitente. Em tal contrato as partes são apenas duas, pois o beneficiário é pessoa estranha ao contrato, cujos efeitos a ela, entretanto, se estendem, contrariando o princípio da relatividade" (*Contratos*..., p. 196).

[1320] Gillette, Clayton P. Contractual Networks..., p. 90.

haver uma cláusula expressa, nesse sentido, nos contratos firmados entre adquirentes e estabelecimentos. Em contraposição, Gillete aponta que a intenção das partes, certamente, seria de considerá-las "*beneficiaries*", na medida em que esta seria a solução que agregaria maior valor à rede. Isso porque não apenas os estabelecimentos comerciais estariam, a toda evidência, em melhor posição para evitar o roubo de dados por parte de *hackers*, como também porque, entre todos os envolvidos, as emissoras, se consideradas "*beneficiaries*", teriam os adequados incentivos para buscar o regresso contra aqueles e, assim, induzi-los ao cuidado quanto aos dados (os portadores não o fariam, pois, pela legislação estadunidense, nunca sofreriam os efetivos prejuízos; e as adquirentes tampouco, haja vista que os danos com as fraudes representariam a elas apenas os reduzidos custos administrativos com os estornos). Assim, considerando que essa seria a solução mais eficiente à rede, esta deveria também ser reputada como a intenção das partes, mormente, porque, em razão do elevadíssimo número de seus membros (basta se pensar na quantidade de estabelecimentos comerciais), seria impraticável, pelos custos de transação envolvidos, a celebração de apenas um instrumento abarcando a todos e alocando as respectivas responsabilidades pelas fraudes.[1321] Nesses termos, e diante dessa ilustração, Gillette, partindo da premissa de que a função das redes é sempre gerar um ganho para o benefício de todos, conclui pela efetiva existência de uma obrigação de cooperação entre membros da rede que não possuam vínculo contratual, em todas as hipóteses em que um determinado ato a ser praticado possa aumentar o valor da rede. A exceção a tanto, segundo ele, seriam os casos em que as partes estivessem, expressamente, autorizadas a competir entre si.[1322]

Temos alguma dúvida se a argumentação de Gillette, a despeito de, corretamente, assinalar o caráter cooperativo das redes, poderia ser, facilmente, estendida para outras situações. Como já destacado, o fenômeno de rede contratual pode se expressar, nas mais diversas conformações, de modo que é bem possível que a construção por ele desenhada, com base no § 304 do Restatement (2d), nem sempre seja aplicável, no caso concreto. Pensando, especificamente, no Direito Brasileiro, uma eventual cláusula de eliminação de dados dos portadores, dificilmente, no nosso entender,

[1321] GILLETTE, Clayton P. Contractual Networks..., pp. 89-95.
[1322] GILLETTE, Clayton P. Contractual Networks..., p. 88.

seria compreendida, como uma estipulação em favor de terceiro, em vista do fato de que, conforme leciona Orlando Gomes, "*para haver estipulação em favor de terceiro é necessário que do contrato resulte, para este, uma atribuição patrimonial gratuita*".[1323] À exceção de uma disposição expressa, garantindo o regresso da emissora, em caso de prejuízo por roubo de dados, indevidamente, armazenados pelo estabelecimento comercial, o dever de não armazenamento de dados não parece conduzir a uma atribuição patrimonial gratuita às emissoras. Melhor fundamento, parece-nos, residiria, na inclusão do elemento associativo (*nostra regis agitur*), em uma estrutura sinalagmática,[1324] e que, como tal, demandaria de todos os membros da rede, assim como se daria em uma sociedade, condutas que induzam a um "melhor resultado". Tal qual os sócios pautam seus atos, em prol do fim comum (o maior resultado econômico possível),[1325] os membros da rede, tanto quanto possível, deveriam, dentro de suas atuações individuais, e em cumprimento a um dever de cooperação que lhes é inerente, praticar atos que gerem a maior quantidade de ganhos para toda a rede. Assim, face a um incumprimento a esse dever de cooperação, estaria justificada a possibilidade de as emissoras buscarem o regresso direto frente aos estabelecimentos. Não se olvida, contudo, que, no mais das vezes, a definição da obrigação cooperativa poderá não ser uma tarefa fácil e somente poderá ser definida casuisticamente.[1326] Um possível critério a ser adotado, nesses casos, pode, efetivamente, ser aquele que tencione a penalizar o participante que, a um custo menor, poderia ter evitado uma determinada externalidade negativa, mas assim não o fez.

Ainda abordando o aspecto interno à rede, Amstutz destaca um caso analisado pela jurisprudência alemã, referente à cobrança, por uma operadora telefônica, de valores devidos por uma determinada empresa, à razão da contratação de serviços de telefonema gratuito (semelhante aos números 0800, no Brasil). Na hipótese, os serviços eram prestados por uma outra empresa (provedora); mas toda a cobrança tarifária, realizada pela operadora. Havia, dessarte, três relações contratuais em pauta: **(i)** o vínculo entre a operadora e a empresa-cliente; **(ii)** a relação entre a

[1323] Gomes, Orlando. *Contratos...*, p. 197.

[1324] Vide item III.1.2.

[1325] Vide item III.1.1.

[1326] Vide item III.1.2.

operadora e a provedora; e, por fim, **(iii)** a relação entre a provedora e a empresa-cliente. O cerne da discussão girava em torno da possibilidade de a operadora estar legitimada, com base em uma cláusula disposta somente entre si e a provedora, cobrar, em nome próprio, os valores devidos pelo serviço de telefonema gratuito. Ao final, a corte alemã, deu procedência ao pleito da operadora, em fundamentação de ordem prática – não jurídica: "*the handling of payments in the telecomunications branch involves bulk transactions, for which there exists a justified interest in maximum simplification and standardization of procedures*". Amstutz destaca que, do ponto de vista legal, a fundamentação da decisão é, obviamente, vaga e desconsidera, por completo, a teoria geral dos contratos. Para ele, contudo, o julgado teria como ponto positivo o fato de ter se referido à superação do tradicional foco sobre os contratos individuais, para a efetiva percepção do contexto de rede contratual.[1327] De fato, a decisão é evidência clara da já referida dificuldade dos julgadores, em tratar das questões atinentes às redes contratuais.

De forma crítica à jurisprudência alemã relativamente às questões de rede contratual, Teubner inicia sua obra sobre a matéria fazendo referência a dois "*'irritating' cases*". O primeiro deles envolve a montadora de automóveis Fiat e seu sistema de distribuição. Na casuística, o sistema distributivo era composto por dois níveis, em que uma distribuidora, contratada, diretamente, pela Fiat, subcontratava uma segunda, por meio de instrumento, no qual, a despeito de a montadora não ser parte, era-lhe permitido impor determinadas obrigações e, inclusive, ordenar a sua resilição, em situações, previamente, estabelecidas. Havia, assim, **(i)** um contrato de distribuição entre a Fiat e sua contratada e **(ii)** um contrato de distribuição efetuado entre a contratada e uma subcontratada. A Fiat, então, determinou à sua contratada a denúncia do contrato mantido com a subcontratada e aquela, a contragosto, acabou por fazê-lo. Em razão do término da relação contratual, a subcontratada ajuizou demanda judicial contra a Fiat e a sua contratada direta, requerendo uma determinada indenização e a imposição de responsabilidade sobre a montadora. A corte alemã, ao cabo, em analogia a dispositivos da lei societária, considerou a subcontratada dependente e submetida ao controle da Fiat, dando procedência ao pleito indenizatório em face da montadora.

[1327] Amstutz, Marc. The Nemesis of European..., pp. 342-345.

O segundo caso refere-se a danos gerados a terceiros pela rede contatual e voltaremos a ele adiante. Ao analisar ambos os casos, Teubner conclui que "*the result is plausible and the justification weak*". Todavia, para ele, a fundamentação das decisões não pode ser considerada em si equivocada, uma vez que, sob seu entendimento, "*both cases concerned a phenomenom that cannot currently be addressed within the concepts of contract and tort – the network phenomenon*".[1328]

Casos semelhantes ao acima mencionado, foram enfrentados também pela jurisprudência espanhola, que, em sua grande parte, rejeitou a possibilidade de ajuizamento de ação direta de um subdistribuidor face ao fabricante, privilegiando o princípio da relatividade dos efeitos dos contratos. Conforme noticia Castilla, um dos poucos julgados em sentido contrário, proferido pela *Sala de la Audiencia de Barcelona*, compreendeu, em fundamentação que lhe parece equivocada, ter se formado entre os três contratantes (fabricante, concessionário e subdistribuidor) um contrato plurilateral, a justificar a responsabilização direta da fabricante face aos danos contratuais reclamados.[1329] No seu entendimento, o fabricante permanece terceiro à relação contratual *subjudice*, mas, diante do seu necessário assentimento à formação do contrato, ele estaria ligado às partes pelo princípio da confiança e pelo dever de lealdade. Castilla, no entanto, questiona se tal liame seria suficiente, para justificar a responsabilização direta do fabricante.[1330] Para ele, poder-se-ia, em um primeiro momento, tentar se justificar uma eventual responsabilidade do fabricante, com base na eficácia reflexa do contrato – *i.e.*, o contrato, como fato jurídico que é, gera, às partes, direitos e obrigações diretos, que terceiros, alheios ao liame contratual, devem respeitar, sob pena de serem responsabilizados, na forma aquiliana, pelos danos que venham a lhe causar nesse tocante. Tal solução, fundada no dever geral de respeito ao contrato, embora aplicável à hipótese em comento, não tutelaria de modo suficiente os interesses do subdistribuidor, tampouco abarcaria toda a dimensão do relacionamento existente.[1331] Segundo Castilla, há, em tal esquema de contratação, uma relação de coligação entre os contratos, fundada na vontade do fabricante

[1328] TEUBNER, Gunther. *Network as Connected...*, pp. 75-81.

[1329] CASTILLA, Francisco González. La aplicación del principio..., pp. 112-123.

[1330] CASTILLA, Francisco González. La aplicación del principio..., pp. 123-124.

[1331] CASTILLA, Francisco González. La aplicación del principio..., p. 128.

– aferível por sua intervenção acentuada aos termos do contrato celebrado entre o concessionário e seu subcontratado –, que deveria justificar a eficácia direta do contrato de subdistribuição ao "cabeça da rede", permitindo ao subdistribuidor o ajuizamento de ação direta contra aquele. Nada obstante, o autor bem reconhece que, em regra, o efeito gerado pela coligação não seria a eficácia direta das disposições do subcontrato ao fabricante, mas tão somente o de geração dos efeitos atinentes às consequências derivadas da relação de acessoriedade de um contrato sobre o outro (implicações relativas ao término da relação contratual). Ele aventa ainda a aplicação analógica, para estes casos, do artigo 1597 do Código Civil Espanhol,[1332] que permite aos subempreiteiros cobrar do dono-da-obra créditos oriundos do contrato firmado com empreiteiro, no limite do que aquele dever a este, por força negócio de obra celebrado. O inconveniente de tal racional, segundo Castilla, residiria, no fato de que o subdistribuidor somente poderia cobrar algo do fabricante, quando houvesse algum crédito da concessionária frente àquele. Assim, o autor, conquanto se declare favorável a uma ação direta do subdistribuidor face ao fabricante, reconhece que "*de lege data esta propuesta se enfrenta a considerables obstáculos*".[1333]

Em outra linha de problema relatado pela doutrina, há também hipóteses, em que determinados incumprimentos praticados por um membro ao contrato bilateral a que se vinculou venha a causar danos a toda a coletividade. No contexto de uma atuação contrária aos interesses da rede, Collins traz à baila o caso *Dymocks Franchise Systemms (NSW) Pty Ltd v Todd*, em que um determinado franqueado, insatisfeito com o desempenho do franqueador em expandir a rede – que, por conseguinte, impedia a obtenção de descontos com fornecedores –, encaminhou uma carta aos demais membros da rede, indicando sua intenção em suspender sua participação nas campanhas promovidas pela rede, especialmente nas aquisições de mercadorias efetuadas coletivamente. Ao analisar o caso, a respectiva Corte Neozelandesa, embora reconhecendo a relevância dos descontos, para o bom sucesso da rede, considerou a conduta do

1332 "*Artículo 1597. Los que ponen su trabajo y materiales en una obra ajustada alzadamente por el contratista, no tienen acción contra el dueño de ella sino hasta la cantidad que éste adeude a aquél cuando se hace la reclamación*".

1333 Castilla, Francisco González. La aplicación del principio..., pp. 128-133.

franqueado, absolutamente, contrária aos interesses da rede de que fazia parte.[1334]

A hipótese de danos à rede é também bastante comum, em casos de franquia, em que um dos franqueados, a fim de reduzir seus custos com a atividade comercial, deixa de atender aos padrões de qualidades impostos pela rede e, assim, aproveitando-se de sua marca (*free riding*), continua a auferir ganhos com o empreendimento. Essa atuação, em descumprimento ao contrato bilateral de franquia, pode, inequivocamente, gerar danos à reputação da rede, com repercussão negativa a outros franqueados. Nesse contexto, o mais usual é que o franqueador, atuando, conforme o mandatório dever de cuidado com a rede, promova os competentes atos tencionados à retificação do comportamento do franqueado em incumprimento. Todavia, é bem possível que o franqueador, por motivos diversos (relacionamento pessoal com o *free rider*, desinteresse na promoção de ação contra franqueado rentável etc.), não adote referidas medidas. Nesse caso, abre-se ao franqueado a possibilidade de pleitear indenização em face do franqueador, em razão de seu descumprimento pelo dever de zelo aos interesse da rede.[1335] Não obstante, segundo Teubner, seria ainda possível que, uma vez constatada a efetiva recusa do franqueador em coibir um determinado comportamento oportunista de um membro da rede, um franqueado valha-se da relação jurídica existente entre si, para buscar a respectiva tutela inibitória e indenizatória contra o *free rider*.[1336] Para ele, contudo, tal opção somente se abriria ao franqueado mais cioso, após a recusa injustificada do franqueador em adotar as medidas adequadas, e caso, efetivamente, fosse constatado um descumprimento grave por parte do membro oportunista, a causar danos à reputação da rede. Essa cautela, na autorização para demandas diretas entre membros sem vinculação contratual, visaria a evitar condutas maliciosas de franqueados no uso desse mecanismo, para causar desvantagens competitivas a outros franqueado.[1337] A despeito de crítico à aplicação do regime societário às redes, Teubner defende a aplicação analógica à hipótese da ação

[1334] Collins, Hugh. *Introduction to Networks...*, p. 45.

[1335] Teubner, Gunther. *Network as Connected...*, pp. 207-208.

[1336] Teubner, Gunther. *Network as Connected...*, pp. 229-231.

[1337] Teubner, Gunther. *Network as Connected...*, p. 230.

derivada[1338-1339] – o que, conforme destacam Grundmann, Caffagi e Vettori, não é a solução prevista por grande parte das legislações nacionais, que, como visto, além de não prescindirem do vínculo contratual, para o ajuizamento de demandas entre parceiros, apenas autorizam as ações derivadas de caráter, efetivamente, social.[1340]

Nesse ponto, é relevante destacar que a maior parte dos casos até aqui relatados pela doutrina, como questões envolvendo problemas de rede contratual, envolvem, em realidade, o já abordado problema da eficácia de contratos coligados, celebrados por partes diversas.[1341] Como já visto, no entanto, não há ainda, nesse âmbito, uma definição precisa, quanto aos limites decorrentes da flexibilização da relatividade dos efeitos dos contratos, em decorrência do fenômeno da coligação contratual, no espaço nacional – nem em doutrina e muito menos na jurisprudência. Nada obstante, conquanto haja uma aproximação entre as temáticas da coligação contratual e da rede de contratos – o que se evidencia, inclusive, pelos exemplos trazidos à baila pela doutrina –, estes, como também já apontado,[1342] não coincidem, na nossa modesta opinião. Resta-nos, desse modo, perquirir se o reconhecimento da dimensão da organização empresarial, sob a forma de redes contratuais, estaria apta a produzir solução diversa a esses casos, envolvendo o relacionamento interno entre os participantes dessa coletividade.

Nesse aspecto, antes mesmo de se identificar os possíveis efeitos decorrentes desse modelo de organização empresarial, é muito importante que se dê a qualificação pertinente à natureza da relação existente entre os membros da rede que não se encontram vinculados, por meio de um

[1338] A maior parte dos ordenamentos permite a denominada ação derivada por algum dos sócios, em face de outro, para a tutela dos interesses da sociedade, nos casos em que o administrador, abusivamente, assim não o fizer (Grundmann, Stefan; Caffagi, Fabrizio; Vettori; Giuseppe. The contractual basis..., pp. 22-23). No Direito Brasileiro, a ação societária derivada está prevista no artigo 159 da Lei das Sociedades por Ações (Lei n. 6404/1976) (Adamek, Marcelo Viera Von. *A responsabilidade civil dos administradores de S/A e ações correlatas*. São Paulo: Saraiva, 2010, p. 307).

[1339] Teubner, Gunther. *Network as Connected...*, p. 232.

[1340] Grundmann, Stefan; Caffagi, Fabrizio; Vettori; Giuseppe. The contractual basis..., pp. 22-23 e 37.

[1341] Vide item IV.2.

[1342] Vide item II.2.

liame contratual (ex.: franqueados de uma mesma rede). De acordo com Collins, discute-se, tradicionalmente, a definição acerca da violação de um já referido dever de cooperação, no contexto da rede: se contratual ou extracontratual.[1343] Nos sistemas de *Common Law*, já se buscou qualificar a origem dessa obrigação, a partir de um liame contratual, decorrente de um vínculo de representação: a título ilustrativo, considerar-se-ia, sob este viés, que, em uma determinada rede de franquia, o franqueador seria um representante de todos os franqueados – inclusive os que ainda não ingressaram –, para se justificar a existência de vínculos contratuais existentes entre todos. Tal construção, como explica o autor, originou-se de casos, envolvendo o transporte marítimo de bens, para fundamentar a oponibilidade de cláusulas de exclusão de responsabilidade entre partes sem vínculo contratual expresso. Todavia, conforme ele mesmo aponta, essa teoria não poderia ser estendida, para as hipóteses de rede contratuais, haja vista a necessidade de que, para sua validade, haver uma expressa previsão contratual de que uma parte agiria, em representação, de outra – o que inexiste, na maior parte dos casos de rede.[1344] No Direito Alemão, em semelhança à construção de Gillette, já se buscou fundamentar um liame contratual, com base na ideia de terceiro beneficiado. O *leading case* das Cortes tedescas utilizado, nesse aspecto, refere-se à condenação de um advogado a indenizar a herdeira de um cliente, em vista de negligência em levar um testamento a registro antes de seu contratante – ato que acabou por implicar a perda de parte considerável dos direitos hereditários da autora da demanda. Valendo-se desse fundamento, poder-se-ia, ilustrativamente, argumentar que um determinado franqueado, prejudicado pelo incumprimento de outro, especialmente quanto à manutenção dos níveis de excelência exigido pela rede, teria constituído um pleito indenizatório em face do membro desidioso. Teubner, contudo, crítica a aplicação dessa teoria às redes contratuais, dado o fato de que ela teria o condão de resolver apenas uma parte de problemas existentes no cenário. Para ele, a solução, por exemplo, não traria uma resposta adequada a uma hipótese em que a perda de um franqueado se dá, em função de um benefício auferido por toda a coletividade – e, portanto, em prol do empreendimento comum.[1345]

[1343] Collins, Hugh. *Introduction to Networks...*, p. 53.

[1344] Collins, Hugh. *Introduction to Networks...*, pp. 56-57.

[1345] Collins, Hugh. *Introduction to Networks...*, pp. 57-58.

Assim, inovando, Teubner, em outro viés, constrói uma teoria própria, segundo a qual a dinâmica das relações internas das redes contratuais deve ser compreendida, a partir da teoria relacional, implementada com a lógica das redes. Tal correlação dar-se-ia, mediante a utilização do conceito da coligação contratual, que permite a compreensão de uma unidade econômica, entre contratos autônomos.[1346] Para ele, a coligação estaria presente, na verificação cumulativa, dos seguintes elementos: **(i)** mútuas referências entre os contratos bilaterais firmados, seja por meio de obrigações explícitas ou mediante práticas contratuais implícitas ("*multi-dimensionality*"); **(ii)** um propósito de rede, consistente no partilhar de um projeto comum entre os contratos coligados ("*network purpose*"); e **(iii)** uma efetiva relação de cooperação entre os membros da rede ("*economico unity*"). A ilustrar sua proposição, Teubner indica que a coligação contratual estaria presente, nos casos de franquia, pelas seguintes evidências (não exaustivas): a imposição de práticas uniformes pelo franqueador a todos os franqueados (técnica comercial de vendas, *design* de lojas etc.), impedindo-lhes o livre uso do que lhes é disponibilizado; definição de estratégia única de *marketing* pelo franqueador; eventuais práticas de aquisição, em bloco, de produtos de fornecedores, entre outros. Adicionalmente, em redes *just-in-time* ou *virtual enterprises*, o autor indica, como forte indício de coligação, o compartilhamento de sistema informático de controle interno e/ou de outras ferramentas tecnológicas. Para fins de determinação da coligação, o relevante, para ele, é que haja uma coordenação, contratual ou espontânea, de uma divisão de trabalho, que poderia, de outro modo, ser executada, mediante o "pacote" oferecido pelo modelo associativo.[1347] De outro lado, em razão da ausência de referidos elementos, não se poderia, por exemplo, considerar existente uma rede formada entre diversos contratos de trabalho similares, concluídos com uma mesma contratante – não há, em regra, entre os trabalhadores uma coordenação de atividades originada, de modo espontâneo, entre eles mesmos.[1348]

[1346] TEUBNER, Gunther. *Networks as Connected...*, pp. 145-148.

[1347] TEUBNER, Gunther. *Networks as Connected...*, pp. 156-160.

[1348] TEUBNER, Gunther. *Network as Connected...*, p. 218. RODRIGO LEONARDO adota posição semelhante: "[e]m suma, não pode existir sistema sem que haja unidade de seus elementos. A unidade de elementos pertencentes ao sistema criado por uma rede contratual se dá mediante:

Teubner justifica a utilização do conceito da coligação, com base na necessidade de que, diante de alterações do comportamento organizacional dos agentes de mercado, a ordem jurídica precise captar algo que, do ponto de vista sociológico, é concebido, meramente, "*as the mutual observation and reflexive relationship between contractual systems*".[1349] Assim, ante a presença dos elementos que Teubner predefine, para fins de coligação contratual, estabelece-se "*a legal relationship between the individual contracts and a spontaneous and extra-contractual private ordering*".[1350] Essa ordem espontânea, extracontratual,[1351] apta a gerar uma reciprocidade entre as partes não vinculadas por meio dos contratos bilaterais, seria, segundo ele, a verdadeira natureza das redes contratuais. A partir dessa nova ordem,

a) conexão entre contratos, b) surgimento de uma causa sistemática; c) verificação de um propósito comum. / A falta de qualquer um desses elementos impede a existência de uma verdadeira rede de contratos" (Leonardo, Rodrigo Xavier. *Redes Contratuais...*, p. 148). E ele ainda prossegue, em outro trecho: "[p]ara que um contrato seja reconhecido como elemento de um sistema, todavia, é necessário que se estabeleça uma interligação com outros dois ou mais contratos de modo a formar uma unidade que transcenda suas estruturas e funções individualizadas. Em outras palavras, para que a interligação contratual forme um sistema, mostra-se necessário que seus elementos (os contratos) se encontrem em conexão. (...) O liame entre contratos que interessa ao fenômeno que aqui se convencionou denominar redes contratuais independe de manifestação expressa da vontade dos contratantes em interligar contratos estruturalmente diferenciados. / O nexo que une os diversos contratos em rede deve ser objetivo, deve ser um reflexo da formulação de uma operação econômica unitária, propiciada ou potencializada pela união daqueles contratos. / Além de uma operação econômica unificada, deve-se vislumbrar em uma rede contratual o que Lorenzetti denominou uma finalidade econômico-social *supracontratual*, apta a conferir juridicidade ao vínculo entre contratos individualizados: 'Na conexão existe um interesse associativo que se satisfaz mediante um negócio que requer vários contratos unidos em um sistema; a causa nestes suportes vincula sujeitos que são partes de distintos contratos, situando-se fora do vínculo bilateral, mas dentro do sistema ou rede contratual. Ele significa que existe uma finalidade econômico-social que transcende a individualidade de cada contrato e que constitui a razão de ser de sua união; se desequilibra-se a mesma, afeta-se todo o sistema, e não somente um dos contratos' (pp. 146-147).

1349 Teubner, Gunther. *Networks as Connected...*, p. 163.

1350 Teubner, Gunther. *Networks as Connected...*, p. 164.

1351 Teubner afasta a natureza contratual das relações em rede, *in verbis*: "[v]*arious social co-ordination mechanisms of an extra-contractual nature – mutual observation, anticipatory adaptation, co-operation, trust, self-obligation, trustworthiness, negotiations, enduring relations – give form to the overall network relationship. Any endeavor to translate these co-ordination mechanisms into an elaborate legal agreement would, however, be a betrayal of the* proprium *of connected contracts*" (*Networks as Connected...*, p. 165).

seria de rigor reconhecer a existência uma relação jurídica especial – já admitida em outras situações pelo ordenamento (ex.: nos casos de *culpa in contrahendo*, em que terceiro, durante a fase de negociação, influi na contratação) –,[1352] que não é constituída nem por meio de um contrato, tampouco imposta pela lei (responsabilidade civil), mas que também impõem deveres de lealdade e boa-fé – usualmente, limitados às relações contratuais.[1353] Trata-se de uma "*organised non-contractual relationship*", envolvendo todos os membros da rede e que dispensa qualquer tentativa de qualificação como contrato ou associação.[1354] Frisa-se, ainda, que essa terceira via de relacionamento cooperativo não se confunde com outras formas cooperativas (abordadas nos itens anteriores), organizadas sob o modelo societário e/ou contratual.[1355] Dessarte, no âmbito interno, haveria uma obrigação de cooperação entre os membros da rede contratual (inclusive, de cooperar, sem esperar receber vantagens futuras).[1356]

Teubner destaca que os deveres oriundos da relação de rede visam a proteger os seus participantes, como um todo. Diferenciaram-se, assim, de deveres gerais de cuidado da responsabilidade civil, uma vez que, da relação entre os membros, surgiria um liame, contendo a expectativa recíproca entre estes, não vinculados via contrato, de que todos poderão usufruiu de benefícios decorrentes da atuação conjunta da coletividade. De outro lado, esses deveres de cooperação oriundos da relação especial de rede não se qualificariam também como obrigações contratuais, dado que concedem a seus titulares apenas o direito ao recebimento de indenização – e, não, o de exigir a execução específica das obrigações constantes de contrato bilateral que não são partes.[1357] Segundo Teubner, a tutela dessa relação entre membros da rede também não se enquadraria de modo adequado, na legislação de proteção à concorrência desleal. Afinal, uma eventual conduta oportunista de um membro da rede (*free-ridding*) afeta apenas os demais indivíduos pertencentes a essa coletividade específica – e, não, a

1352 Teubner, Gunther. *Networks as Connected...*, p. 172.

1353 Teubner, Gunther. *Networks as Connected...*, p. 167. De acordo com ele, Möschel e Krebs também já reconheceram a existência dessa relação especial entre membros da rede sem vínculo contratual.

1354 Teubner, Gunther. *Networks as Connected...*, p. 167.

1355 Teubner, Gunther. *Networks as Connected...*, p. 168.

1356 Teubner, Gunther. *Networks as Connected...*, p. 173.

1357 Teubner, Gunther. *Networks as Connected...*, p. 228.

todos os demais competidores do mercado. Há, como já dito, algo menos do que um contrato, mas algo mais do que uma mera relação de mercado, entre aqueles que, livremente, escolheram se associar a uma determinada estrutura organizacional, em geral, abrindo mão de parte de sua liberdade de atuação em prol de um outro benefício. Esse "algo mais" perfaz, justamente, os deveres de cooperação recíprocos entre os membros da rede, a despeito de ausente um vínculo contratual – inexistente nas relações de concorrência. Os membros da rede estariam, assim, em "*co-opetition*"; não em "*competition*". E, assim, a violação a tais deveres não representam, necessariamente, uma violação à concorrência.[1358]

De forma similar, Castilla, ao tratar, especificamente, das relações de distribuição, destaca que, tradicionalmente, a solução conferida àqueles participantes de redes que não detêm relação contratual entre si fundar-se-ia em danos oriundos da concorrência desleal e/ou em fundamentos gerais da responsabilidade extracontratual.[1359] Ele, contudo, embora não desenvolva uma fundamentação tão robusta como a de Teubner, bem reconhece "*(...) que entre la marca y los concessionários nacen obligaciones cruzadas que transcienden el contrato bilateral estipulado con cada uno de esos distribuidores*".[1360] Isso porque "*(...) mediante esa serie de contratos se genera una unidad económica que tiene una finalidad común en la que participan la totalidad de los intervinientes en esos negocios jurídicos: la venda de los produtos del concedente. Asimismo, esta realidade unitaria determina que la actividad de cada concesionario repercuta en los demás, pues incide en el prestigio de la marca*".[1361]

Lorezentti, a seu turno, explica que a existência de um interesse supracontratual[1362] gera, necessariamente, um pressuposto de que todos

[1358] TEUBNER, Gunther. *Network as Connected...*, pp. 219-220. Em sentido semelhante, CAFAGGI já declarou que "[l]*as redes contractuales son ciertamente contratos a largo plazo y relacionales en sentido amplio. Éstas se diferencian de las relaciones de mercado porque muestran una mayor intensidad y cualitativamente difieren en el grado de cooperación asociado com un mayor nivel de interdependencia*" (Redes contractuales..., p. 83).

[1359] CASTILLA, Francisco González. La aplicación del principio..., p. 102.

[1360] CASTILLA, Francisco González. La aplicación del principio..., p. 106.

[1361] CASTILLA, Francisco González. La aplicación del principio..., p. 108.

[1362] A esse respeito, RODRIGO XAVIER LEONARDO aponta que "[a] finalidade econômico-social, mencionada por Lorenzetti, todavia, não pode ser confundida com o motivo da contratação. Para além dos apecto subjetivo pertinente a cada um dos contratos, a configuração de uma rede contratual exige o surgimento de uma causa sistemática, proveniente da operação econômica

os membros da rede atuarão de forma coordenada e sem praticar atos que conduzam ao extermínio da rede. Assim, deveres secundários de conduta agregam-se a cada um dos contratos individuais e impõem a todos – inclusive, ao organizador do sistema – uma efetiva obrigação de cooperação. Ninguém, nesse contexto, "*puede adoptar conductas o imponer medidas que lleven a la destrucción*". "*La regla sería el imperativo categórico kantiano con pequena modificación: obra de modo tal que tu máxima de obrar puede ser elevada a ley 'sistemática' del obrar. Así todos deben obrar de modo tal que no destruyan el sistema*". Esse, portanto, seria o critério adotado para se definir um eventual ato abusivo de algum dos membros frente aos demais[1363] e que justificaria outrossim uma atuação entre aqueles que não estão, contratualmente, vinculados.[1364]

Na esteira do entendimento do autor argentino, Rodrigo Xavier Leonardo destaca que "(...) se determinado contratante deixa de se relacionar apenas com a contra-parte contratante, para manter, ainda que indiretamente, um contato com as demais partes integrantes de outros

unitária viabilizada pela rede. / Essa causa sistemática, vale destacar, é diversa da causa de cada um dos contratos que forma a rede" (LEONARDO, Rodrigo Xavier. *Redes Contratuais...*, p. 147).

1363 LORENZETTI, Ricardo Luis. *Tratado de Los Contratos...*, p. 66.

1364 Na sistemática da *Common Law*, COLLINS, nesse mesmo sentido, também fundamenta, no dever de lealdade entre os membros da rede, a responsabilidade por danos que um venha a causar a outro. Assim, ilustrativamente, entende que, em uma relação de terceirização de força de trabalho, com a utilização de uma agência para intermediar a contratação de prestadores de serviço temporários, o contratante pode ser sim responsabilizado pela dispensa indevida do prestador, a despeito de não possuir vínculo contratual, diretamente, formalizado entre si. De acordo com o autor, seria contrário aos propósitos da rede que a contratante se valesse dessa estrutura, para, de modo indevido, blindar-se de eventuais obrigações trabalhistas e, portanto, em razão de sua atuação contrária à boa-fé, ele deveria indenizar o prestador de serviços, em caso de dispensa indevida. Em suas palavras, "[l]*oyalty to the purpose of the network and damage to its purpose provides the source of this obligation*" (COLLINS, Hugh. *Introduction to Networks...*, p. 62). TEUBNER, embora defenda a criação de um regime próprio, independente da teoria contratual e/ou societária, igualmente, destaca a relevância da confiança entre os membros da rede: "[s]*ince trust is nonetheless a precondition for the operation of networking, a compensatory mechanism, more specifically, legal sanctions, for the breach of trust must be imposed. In addition to judicial control of standard contracts, in order to secure network trust relationship institutionally, potentially one of the most appropriate legal interventions would surely be an evolution through case law of duties of care within the network that are comparable to duties of care that have already been succesfully established within contract, company and labour law jurisprudence*" (TEUBNER, Gunther. *Network as Connected...*, pp. 104-105).

contratos pertencentes a uma rede, os deveres laterais serão estabelecidos para além das paredes dos contratos".[1365] O autor fala, assim, em uma "(...) *para-eficácia* entre os contratos em rede, sintetizada em um dever geral de proteção em favor do sistema explicitados nos diversos deveres laterais provenientes dos objetivos de ordem sistemática".[1366] Nessa medida, surgiriam aos participantes da rede os seguintes deveres laterais: **(i)** o de contribuição para a manutenção do sistema, com a vedação a práticas que atentem contra a sua estabilidade e persistência temporal; **(ii)** o de reciprocidade sistemática, a demandar a promoção de equilíbrio entre as prestações de todas as partes componentes do sistema; e **(iii)** o de proteção das relações internas, que impõe não apenas não apenas o estrito dever de evitar danos mútuos, como também o de ser leal aos demais partícipes, abstendo-se da prática "(...) de comportamentos que possam falsear o objetivo do negócio e desequilibrar o jogo das prestações", e outrossim o de ser transparente, impondo-se a obrigação de "fornecer aos demais contratantes todas as demais informações relevantes para o bom funcionamento do sistema".[1367] Como bem destaca o autor, em outro texto, "[a] teoria das redes contratuais não passaria de uma mera especulação cerebrina caso não propiciasse o surgimento de efeitos jurídicos próprios".[1368]

Ao tratar da questão, Cafaggi observa que a maior parte dos ordenamentos nacionais recorre, atualmente, à responsabilidade civil, de caráter extracontratual, para abordar o problema relativo aos danos que o incumprimento de uma obrigação específica de um dos contratos bilaterais venha a acarretar a outro participante da rede, terceiro a tal relação. Segundo ele, essa forma de responsabilização, que ganha espaço frente às debilidades do Direito Contratual, em responder de forma adequada para tais questões, não traz consigo a melhor solução, mormente por sua insuficiência em abarcar o caráter multilateral das redes contratuais.[1369] Assim, ele sugere emendas ao DCFR, no sentido de que seja reconhecido que os membros sem vínculos contratuais busquem não apenas uma

[1365] Leonardo, Rodrigo Xavier. *Redes Contratuais...*, p. 150.

[1366] Leonardo, Rodrigo Xavier. *Redes Contratuais...*, p. 154.

[1367] Leonardo, Rodrigo Xavier. *Redes Contratuais...*, pp. 152-153.

[1368] Leonardo, Rodrigo Xavier. A súmula nº 308 e..., p. 442.

[1369] Cafaggi, Fabrizio. Redes contractuales..., pp. 73-74.

tutela indenizatória, como também demandem a execução específica de obrigações contratuais e ainda possam exigir a exclusão do participante em incumprimento da rede contratual. Uma tal atuação deveria ser permitida, inclusive, mediante a representação de um membro em nome de toda a coletividade, especialmente quando se buscar proteger a reputação da rede. Para ele, a amplitude de tais remédios dar-se-ia, em razão do fato de que "*(...) los daños para el prejudicado individual pueden ser sub-ótimos porque no captarían el bien colectivo, es decir, la protección de la red*".[1370] De qualquer modo, ele ressalva que a solução indenizatória deve considerar que um mesmo descumprimento contratual pode gerar consequências negativas distintas tanto para a coletividade, quanto, individualmente, a eventuais membros lesados.[1371] Cafaggi defende também que sejam incluídas regras de interpretação diversas aos contratos em rede, a fim de que se reconheça a interdependência entre os negócios e a combinação dos respectivos interesses individuais com aqueles visados pela coletividade. Nesse aspecto, ele destaca que determinadas cláusulas contratuais, que poderiam, eventualmente, ser consideradas abusivas, no contexto de contratos bilaterais, não o seriam, possivelmente, no cenário das redes. Como exemplo, ele se refere a cláusulas que, em um determinado contrato bilateral, imponham riscos mais elevados a um dos contratantes, mas que tais ônus adicionais sejam compensados por benesses obtidas por este, em razão da organização em forma de rede.[1372]

Wellenhofer, em sentido diverso aos demais, entende inexistir qualquer sorte de dever de cooperação entre membros da rede que não estejam, contratualmente, vinculados. Segundo ela, embora haja um dever de cooperação inerente a cada um dos contratos bilaterais, é desnecessário que aquele se estenda aos não-contratantes, pois "[i]*f the parties want another arrangement in the particular case, they will come to individual agreements, for example, about research polices or promotion campaigns*".[1373] Todavia, ela, de fato, entende existir a necessidade de se tutelar eventuais violações a direitos existentes nas relações internas de rede, entre membros que não se encontram, contratualmente, vinculados. De plano, a autora descarta

1370 Cafaggi, Fabrizio. Redes contractuales..., pp. 79-80.

1371 Cafaggi, Fabrizio. Redes contractuales..., pp. 80-81.

1372 Cafaggi, Fabrizio. Redes contractuales..., p. 81.

1373 Wellenhofer, Marina. Third Party Effects..., p. 120.

a fundamentação de uma tal tutela, em torno da proteção de terceiros por efeitos gerados pelos contratos, haja vista esta se reduzir a uma perspectiva dos contratos bilaterais e àqueles que estejam vinculados a uma das partes[1374] – o que desconsidera o caráter de multilateralidade de rede e impossibilitaria, portanto, pleitos entre indivíduos sem essa ligação a um dos contratantes. Ela afasta ainda a aplicação de dispositivos que se fundem no mero contato negocial entre os membros da rede, uma vez que é possível que, especialmente em redes de fraca vinculação, aqueles jamais cheguem a estabelecer qualquer tipo de contato, durante a vigência de seus respectivos contratos individuais. Assim, restaria, como fundamento aplicável, a proteção contida no § 826 do BGB,[1375] relativamente a danos extracontratuais gerados, a partir da violação intencional aos bons costumes ("*bonos mores*"). Esse regramento específico, utilizado em caráter excepcional,[1376] abarcaria uma eventual violação aos costumes comerciais de determinado setor econômico – o que, por conseguinte, seria suficiente para proteger uma possível violação a direitos de membros da rede sem vínculos contratuais. Este dispositivo, segundo ela, já foi, largamente, utilizado, na jurisprudência alemã, para casos, envolvendo a responsabilidade de auditores contábeis, perante terceiros ou ainda a atuação desleal de sócios frente aos interesses da sociedade.[1377] Destaque-se, contudo, que, a despeito de seu posicionamento, Wellenhofer também reconhece que todos os participantes da rede, ao nela ingressar, aderem às suas regras e, implicitamente, esperam que todos os demais as respeitem, sem que ninguém busque extrair vantagens para si, ao custo dos outros membros, tampouco de toda a rede.[1378] Ela observa que a averiguação das expectativas das partes, nesse tocante, somente pode ser feita casuisticamente.[1379]

Não obstante os posicionamentos anteriores, Heldt, no nosso entender, é a que melhor capta a natureza dos relacionamentos havidos,

[1374] Nesse aspecto, ela aponta que, em geral, no direito alemão, visa-se à proteção de empregados e/ou de familiares vinculados a uma das partes (Wellenhofer, Marina. Third Party Effects..., p. 130).

[1375] "*A person who, in a manner contrary to public policy, intentionally inflicts damage on another person is liable to the other person to make compensation for the damage*".

[1376] Wellenhofer, Marina. Third Party Effects..., pp. 130-136.

[1377] Wellenhofer, Marina. Third Party Effects..., p. 132-133

[1378] Wellenhofer, Marina. Third Party Effects..., p. 132-133.

[1379] Wellenhofer, Marina. Third Party Effects..., pp. 135-136.

internamente, entre aqueles participantes da rede que não mantêm vínculo contratual. Toda sua investigação acerca dessas relações internas – segundo ela, equivocadamente ignorada pelos estudiosos da matéria[1380] – parte, essencialmente, da matriz teórica construída por Hayek sobre a ordem espontânea.[1381] Para este pensador austríaco, haveria, de um lado, **(i)** a ordem planejada, proposta por um indivíduo que persegue um determinado propósito ("organização"); e, de outro, **(ii)** a ordem espontânea, que existiria sem que se tivesse ciência acerca de alguém tê-la concebido e, portanto, sem um propósito estabelecido. Essa última serviria aos desígnios individuais de cada um dos participantes, a despeito de eventuais contrariedades, e seria formada por regras de conduta de origem endógena e exógena (práticas, costumes, convenções e leis), cuja obediência decorreria do conhecimento limitado dos seres humanos. Estes, por sua incapacidade de conhecer todas as circunstâncias e consequências de seus atos, precisariam obedecer a determinadas regras abstratas – *i.e.*, aplicáveis em inúmeras circunstâncias e a um grupo indistinto (em contraposição a regras concretas, voltadas a certas pessoas ou a um propósito) –, que limitassem suas escolhas e, após prevalecerem sobre padrões de comportamentos, garantissem a ordem (espontânea).[1382]

De acordo com Heldt, as redes, dentro desse pensamento, seriam ordens semi-espontâneas, uma vez que dependeriam tanto das regras de cada um dos contratos bilaterais, como também de outras não estabelecidas por nenhum ator, mas obedecidas por todos – sempre dentro dos objetivos de cada um –, em razão de um propósito coletivo. Seria esse objetivo superior a todos os contratos bilaterais que garantiria a ordem das redes contratuais. De forma similar às organizações, haveria, nas redes, a figura de um organizador (ex.: franqueador ou dono-da-obra), que, inicialmente, estabeleceria a rede; no entanto, diversamente daquelas, os contratos – instrumentos de organização no Direito Privado – manter-se-iam, estritamente, bilaterais, sem cruzar as barreiras da organização

1380 HELDT, Cordula. *The Case of Franchising...*, p. 138.

1381 A ordem, segundo HAYEK, seria "*(...) a state of affairs, 'in which a multiplicity of elements of various kinds are so related to each other that we may learn from our acquaintace with some spatial or temporal parto f the whole to form correct expectations concerning the rest, or at least expectations which have a good chance of proving correct*'" (HELDT, Cordula. *The Case of Franchising...*, p. 142).

1382 HELDT, Cordula. *The Case of Franchising...*, pp. 142-143.

coletiva. Dessarte, os membros da rede agem, de modo cooperativo,[1383] em prol de um determinado propósito, para o qual as ações e expectativas de todos é dirigida, mas sem que o conteúdo do empreendimento comum seja determinado, em detalhes, por qualquer órgão ou indivíduo. "*It is about a collective purpose. The contract network illustrates a framework that leaves spaces for rules, instead of orders*".[1384] O projeto comum, assim, mesmo se desenvolvendo de modo espontâneo (*i.e.*, sem obedecer aos intentos de nenhum indivíduo específico, como, por exemplo, o franqueador ou o dono-da-obra), ordena, de forma similar às regras abstratas existentes em uma organização, a multiplicidade de organizações independentes (contratos bilaterais) dentro da rede. "*Thus, the project is a purpose in the sense of the 'function' of the network*".[1385]

Assim, Heldt, em linha com o que Teubner defende, aponta existir, a partir dessa ordem semi-espontânea, "*(...) a legal, non-contractual, multilateral special relationship*" entre os membros da rede não-vinculados por contrato.[1386] Essa relação especial, que, em um primeiro momento, poder-se-ia pensar estar ancorada nos usos e costumes, abarcados pela boa-fé demandada em cada um dos contratos bilaterais – tal qual defende Wellenhofer –, com eles não se confunde: a coesão associativa, gerada, espontaneamente, pelo projeto comum, não é idêntica à ordem espontânea gerada pelos usos e costumes entre competidores de mercado, organizados sob a forma de contratos.[1387] A partir dessa relação especial, surgem obrigações de cooperação, confiança e proteção entre os membros, sem liame contratual estabelecido – o que, igualmente, modifica o cumprimento das respectivas obrigações contratuais. Assim, exemplificativamente, o atraso na execução de uma determinada tarefa, em um contexto de obra, não representa em si uma violação a obrigações inerentes à rede: o dever de cooperar, nesse contexto, demanda que os demais participantes do projeto sejam alertados a respeito da falha, para que possam, adequadamente, reagir a tanto. Ainda, no cenário da construção, consistiria em um descumprimento aos deveres de cooperação oriundos

[1383] Heldt, Cordula. *The Case of Franchising*..., pp. 145-146.

[1384] Heldt, Cordula. *The Case of Franchising*..., p. 146.

[1385] Heldt, Cordula. *The Case of Franchising*..., pp. 144-148.

[1386] Heldt, Cordula. *The Case of Franchising*..., p. 149.

[1387] Heldt, Cordula. *The Case of Franchising*..., p. 150.

da relação especial de um determinado contratante que, responsável pela instalação de um determinado azulejo, deixa de avisar ao que prepara o piso sobre as especificidades do material a ser utilizado e, assim, gera atrasos para todo o projeto, com impactos para os outros participantes. Situação semelhante a essas ocorrem, nos já citados casos de *free riding*, em redes de franquias. Em todas elas, aquele que viola as obrigações de cooperação são responsáveis pelos danos causados aos outros membros da rede, a despeito de não possuírem qualquer nexo contratual.[1388]

Heldt explica ainda que, em razão de, no contexto de rede, os elementos de mercado não predominarem por completo,[1389] a cooperação exsurgente desse projeto comum é elementar para que haja tanto a transferência de conhecimento entre os membros da rede, como também a correção de falhas de assimetria informacional. A título de ilustração, basta se pensar em um atraso, em complexos projetos de construção: caso a origem da falha não possa ser desvendada pelo dono-da-obra, de modo a ser imputada ao contratante principal, este, dificilmente, despenderá valores para corrigi-la ou mesmo identificá-la; de modo contrário, caso não haja qualquer dano ao dono da obra, este também não buscará as causas desse atraso. A cooperação, nesse aspecto, eliminaria essa falha, pela exigência de que um membro, rapidamente, transmitisse a informação a respeito dela ao participante cujo trabalho está relacionado ao seu.[1390]

1388 HELDT, Cordula. *The Case of Franchising...*, p. 149-152.

1389 Para HAYEK, tanto transferência quanto a produção do conhecimento eram fundamentais, para o desenvolvimento da sociedade. Essa produção, segundo ele, dar-se-ia de modo mais eficiente, por meio do mecanismo de preço: as informações "escondidas" seriam descobertas, por indivíduos auto-interessados em dirigir suas atividades, para setores de escassez, sinalizados pela elevação dos preços. Em organizações, cujos comandos (regras concretas) são emitidos por um indivíduo, de limitada racionalidade e que age apenas em interesse próprio, a produção de conhecimento não se daria do mesmo modo que em ambiente de mercados (HELDT, Cordula. *The Case of Franchising...*, p. 144).

1390 HELDT, Cordula. *The Case of Franchising...*, pp. 148-149. WELLENHOFER, de modo diverso, defende que um eventual membro da rede não tem um dever de informar que se estenda à toda a coletividade. Para ela, esse dever está limitado àquele, a quem a parte se encontra, contratualmente, vinculado. Para ela, é natural que se pressuponha que uma parte do contrato passará a informação à outra e, assim, sucessivamente, até que todos sejam informados ("*it can be assumed that the flow of information within chains of contracts is working*") (Third Party Effects..., p. 126).

Sob nosso viés, há, efetivamente, uma relação jurídica entre os membros que aderem a uma rede contratual, mas que não firmam, entre si, contratos bilaterais. Por meio dessa relação – que denominamos "relação de rede" –, cria-se um vínculo intersubjetivo entre cada um dos membros da rede,[1391] impondo-lhes poderes e deveres oriundos da boa-fé, os quais estarão dimensionados, a partir de elementos do *mea regis agitur* entremeados por outros advindos do *nostra regis agitur*.[1392] Entendemos que essa relação de rede surge, a partir de um negócio jurídico unilateral não-receptício,[1393] praticado por cada um dos membros da rede, no seu ato de ingresso na coletividade. Esse não é o entendimento de Teubner, o qual diz inexistir uma declaração de vontade das partes, para se vincular perante os demais, e defende que o surgimento da relação partiria de uma "ativação do sistema como propósito único".[1394] A nós, contudo,

[1391] Nesse aspecto, Francisco Amaral bem destaca que a relação jurídica perfaz um "vínculo intersubjetivo que contém direitos e deveres das pessoas entre as quais se desenvolve, tendo por objeto os bens sobre que tal conteúdo se exerce, e que nasce dos fatos, atos ou negócios jurídicos, acontecimentos a que o direito atribui eficácia jurídica, integrada porém numa visão mais ampla, que é a da experiência jurídica brasileira" (Amaral, Francisco. *Direito Civil: introdução.* Rio de Janeiro: Renovar, 2014, p. 31). E ele ainda prossegue: "[o] conceito de relação jurídica é fundamental no direito, podendo dizer-se que é uma categoria básica do direito privado. Representa um nexo jurídico entre pessoas, contendo poderes e deveres. Tem como fundamentos axiológicos a moral kantiana e a doutrina liberal democrática, e seu principal campo de atuação particular é a experiência jurídica na qual 'a vida jurídica se apresenta como conjunto de relações, que a norma estatal fixa de modo típico', e na qual a autonomia privada estabelece o conteúdo preceptivo. Substancialmente, a relação jurídica está na/Origem, 'mediante a manifestação de vontade ou o encontro consensual das vontades', da norma que regula o comportamento concreto das partes. Não obstante a relação jurídica seja categoria própria do direito privado, também no direito público tem acolhida, não como decorrente de prévias relações sociais, mas como vínculo que a lei estabelece entre os particulares e o Estado, como decorrência de fatos jurídicos típicos, como, por exemplo, a obrigação de pagar impostos. A concepção tradicional acima descrita evolui hoje para uma nova perspectiva, segundo a qual a relação jurídica, mais do que entre pessoas, estabelece-se entre situações jurídicas subjetivas, representativas de centros de interesses opostos" (p. 34).

[1392] Vide item III.1.2.

[1393] "As declarações não-receptícias são as que não se dirigem a ninguém, especificamente, produzindo efeitos independentemente de sua recepção" (Amaral, Francisco. *Direito Civil: introdução*...p. 440).

[1394] Nesse sentido: "[t]*he bindingness is not created through a declaration of the will of the parties, but rather arises out of network-related obligations within individual contracts that activate a system with a unitary purpose*" (Teubner, Gunther. *Network as Connected...*, p. 225). Ele ainda defende

há declaração de vontade – e, portanto, negócio jurídico –, na medida em que cada um deles, voluntariamente, por meio dos seus respectivos contratos bilaterais, em que, em geral, constam diversas limitações de atuação, aceitam participar da rede e, automaticamente, geram para si, sem a necessidade de aceitação dos demais, a obrigação de cooperar com todos, no desenvolvimento do empreendimento comum. O próprio Teubner, nesse aspecto, reconhece que as partes, voluntariamente,[1395] subordinam-se "*to the demands of a pre-existing legal order*".[1396]

A formação dessa relação, que, a toda evidência, não equivale a um vínculo contratual, denota, de fato, a existência de uma relação jurídica organizacional. Esse, na nossa visão, parece ser o principal efeito do fenômeno das redes contratuais e que deve ser reconhecido, como uma outra

que, na prática, a tão-só vinculação à rede já gera obrigações de rede às partes: "[i]*n practice, the establishment of a network does generate implicit network obligations within the bilateral contracts. This orientation of bipolar contracts to an overarching purpose is one of the most important impacts of networking and restructures obligations comprehensively. This should not cause controversy – amongst legal specialists in networks*" (*Networks as Connected...*, p. 171).

1395 Há que se recordar que a emissão de vontade, como elemento do negócio jurídico, não demanda, necessariamente, "(...) uma declaração formal, através da palavra escrita ou falada. Basta que traduza o seu poder por uma atitude inequívoca, seja esta efetuada através do veículo habitual de expressão, seja por um gesto. Casos há mesmo em que a manifestação de vontade se verifica por uma atitude, em que não há uma expressão declaratória, como no do indivíduo que recolhe a concha atirada pelo mar à praia, e que constitui um negócio jurídico de aquisição por ocupação" (Pereira, Caio Mário da Silva. *Instituições de Direito Civil: teoria geral do direito civil...*, pp. 412-413). Nesse sentido, Larenz: "[a] declaração, logicamente, não precisa ser 'expressa', ela pode acontecer por meio do dito 'comportamento concludente'. Ou seja, um comportamento que, segundo o entendimento geral ou do 'destinatário da declaração', permite concluir a respectiva vontade agente com relação aos efeitos jurídicos ou a sua vontade negocial" (Hirata, Alessandro (trad.). Larenz, Karl. O estabelecimento de relações obrigacionais por meio de comportamento social típico. *Revista de Direito GV*, vol. 2, n. 1, jan-jun, 2006, p. 56).

1396 Nesse aspecto, ele destaca que "[t]*he metaphore once deployed to characterise standard contract terms, the notion of 'voluntary subordination to the demands of a pre-existing legal order' finds its contemporary equivalent in this area. Virtual businesses and franchising systems do also exhibit a limited degree of comprehensive subordination of bilateral contracts to the demands of the network as a whole*" (*Networks as Connected...*, p. 164). Em sentido contrário, Wellenhofer destaca que "[t]*he individual will is primarily focused upon the conclusion of a contract and not on the following the purpose of the network*" (Third Party Effects..., p. 122). Todavia, pelos motivos supracitados, discordamos do entendimento da autora, que, inclusive, em trecho seguinte, alerta ao leitor o fato de que "*(...) it should be indisputable that the integration of the contract into the whole system has to be considered, too. Though many economical contracts are somehow interlinked, the relationship in the networks is different*".

ordem de obrigação, para além daquelas oriundas de liames contratuais e outras decorrentes de hipóteses mais genéricas de responsabilidade civil, em que não exista uma relação preexistente. Os membros da rede, como visto, não estão apenas em relação de mercado (concorrência) entre si, mas interagem em uma relação de cooperação, por meio da qual, efetivamente, atuam, continuadamente, em prol de um empreendimento comum. Frise-se, nesse aspecto, e a título de ilustração, o relevante dever de prestação de informações entre os participantes da rede, o qual "representa uma grave infração positiva à rede, ensejando, no mínimo, o dever de reparar os danos provenientes da conduta omissiva".[1397] Dentro da proposta unificadora do contato social de Clóvis do Couto e Silva, como fonte das obrigações, nota-se que a relação de rede estaria em uma zona intermédia, entre o polo de grau máximo de contato (o contrato) e o de grau mínimo (o ato delitual).[1398-1399] O relacionamento entre os

[1397] Leonardo, Rodrigo Xavier. *Redes Contratuais*..., p. 153.

[1398] Judith Martins-Costa bem explica que Clóvis do Couto e Silva sustentava que o contato social seria "uma noção útil para sistematizar as fontes das obrigações, pois, dotada de alto grau de abrangência, teria a vantagem de se apresentar como uma «*fattispecie* comum aos contratos e aos delitos, lhes conferindo um grande valor sistemático». Isso porque, além dos contratos e dos delitos, a essa categoria podem ser reconduzidos também os atos existenciais (dogmaticamente classificáveis como atos-fatos), produzidos no âmbito de condutas socialmente típicas. Retrabalhando as categorias sociológicas da «teoria da associação» – isto é, as categorias da *proximidade* e da *distância* –, percebeu a existência de nuances nos contatos sociais ocorrentes nesse espaço intervalar, verificando-se, entre os graus máximos de proximidade e de distância, graus intermediários. O mais distante dos contratos sociais seria meramente o fato de viver em sociedade. O mais próximo seria aquele propiciados pelo contrato, forma voluntária de aproximação entre os sujeitos. (...) Na vida das relações em sociedade, as pessoas entram em contato entre si. «Viver em sociedade significa a possibilidade de ter contatos sociais». Contudo, a vida em sociedade não apresenta uma uniformidade de contatos sociais: estes são nuançados, graduados, pluriformes, sendo mensuráveis em graus de proximidade e de distância. As nuances operam, portanto, desde um «contato muito próximo» (em que as pessoas entram em contato de forma voluntária) até um «contato muito distante», que é caracterizados pelo mero fato de viver em sociedade. Entre uns e outros, há graus intermediários de contato social juridicamente valorizado. Assim, *e.g.*, as hipóteses de *culpa in contrahendo* e as que nascem de atos não-negociais, como os atos-fatos, os atos jurídicos em sentido estrito, os atos unilaterais e os atos ilícitos" (Martins-Costa, Judith. *A boa-fé no Direito Privado*..., pp. 241-242).

[1399] Frise-se que não é novidade a discussão acerca da existência de ilícitos que não coincidam, perfeitamente, com ilícitos contratuais ou legais. Ao tratar da questão mais ampla dos

participantes da rede sem vínculo contratual, de fato, origina-se, com seu ingresso em tal coletividade, mediante a celebração do respectivo contrato bilateral – e, não, de uma repentina violação a direito de terceiro, entre sujeitos, até então, estranhos entre si (como, por exemplo, em um acidente automobilístico).[1400]

De outro lado, discordamos da ancoragem feita por Teubner, com base na coligação contratual, em razão de, como já visto, embora esta possa estar presente nas redes – e, em diversos casos, está –, os fenômenos são diversos. O próprio Teubner, inclusive, parece se valer dela, apenas como ponto de partida para o desenvolvimento de seu raciocínio.[1401] Nada obstante,

efeitos protetivos dos contratos perante terceiros, Luciano Camargo Penteado também reconhece a existência de uma terceira categoria de ilicitude, cuja concretização daria azo à responsabilidade negocial – inclusive independentemente da existência de uma declaração de vontade –, frente à interpretação expansiva do artigo 422 do Código Civil. Segundo ele, "[e]ssas obrigações, entretanto, perante terceiros, não têm, propriamente falando, natureza contratual, nem delitual. São, nada obstante, hipóteses que ensejam a formação de ilícitos relativos, entre o contratual e o delitual, de natureza *sui generis*. Devem seguir o regime contratual por conta do suporte de fato ser uma relação jurídica obrigacional por natureza" (Penteado, Luciano Camargo. *Integração de contratos incompletos...*, p. 201).

1400 Destaque-se ainda que nosso ordenamento permite, inclusive, a oposição de exceções contratuais por terceiros que não fizeram parte, diretamente, da relação contratual. Tal é o que se passa, por exemplo, na hipótese de terceiro que venha a ser acionado, em regresso, pela seguradora, por dano que tenha causado a segurado. Nesse caso, este poderia opor a exceção do contrato não-cumprido, caso o segurado houvesse deixado de pagar o prêmio convencionado. Afinal, consoante destaca Luciano Camargo Penteado, "se há efeito do contrato no sentido terceiro-seguradora é razoável que se admita o sentido inverso" (Penteado, Luciano Camargo. *Integração de contratos incompletos...*, pp. 214-215.

1401 Nesse aspecto, o autor já declarou: "[h]*ere, one needs to exploit the developmental logic of rudimentar, but already established, form of organisational contract law. In German law, the notion of* Vertragsverbund *('connected contracts') has been developed – a doctrine that is ripe for further evolution in the networks sphere*" (Teubner, Gunther. Hybrid Networks Beyond Contract..., pp. 14-15). A razão, para esse destaque à coligação, parece decorrer, especialmente, de, naquele âmbito, ter se buscado conceituar a ideia de finalidade econômica ("*economic unity*"). Nesse sentido, confira-se: "[i]*t is the 'economic unity of several bipolar contracts which is determinant for the connected contracts. (...) However, the critique that this is all quite arbitrary lead us astray. Instead, in order to understand the mistery of connected contracts, we must make productive use of this 'unbearable contradiction'. The undeniable contradiction found within the notion of the 'economic unity of distinct contracts' is not simply to be regarded as a yet-to-be-corrected logical mistake within doctrinal reasoning, but is, instead, itself the exact juridical correlate of the social reality of hybrids, the bedrock for their productivity, and the source of those risks to which law must find appropriate responses*" (p. 15).

os critérios indicados pelo autor alemão (mútua referência, propósito de rede e efetiva relação de cooperação), conquanto não nos pareçam apontar para a existência de coligação,[1402] poderiam, eventualmente, ser utilizados, de forma útil, na identificação da relação jurídica de rede. Especificamente com relação ao defendido por Wellenhofer, destacamos ainda que nem sempre será possível às partes celebrarem novos arranjos, para tratar de questões especificas relativas à regulação do relacionamento interno, mormente nos casos de elevado número de membros da rede. Inclusive, é de se estranhar sua tese quanto à inexistência do dever de cooperação entre os que não se encontram vinculados contratualmente, haja vista seu entendimento de que "[e]*very member of the network knows a certain degree of co-operation is necessary to keep the system running*".[1403]

4.1.2. Das implicações da adoção do regime negocial às relações de rede

O reconhecimento do aspecto negocial da relação interna entre os membros da rede sem vinculação contratual tem implicações relevantes, especialmente, para o regime da responsabilização, por incumprimento aos deveres oriundos do contexto de rede. A despeito do posicionamento de alguns pela unificação dos regimes de responsabilidade negocial (ou obrigacional)[1404]

[1402] O próprio TEUBNER reconhece ainda que esses critérios extrapolam o conceito legal de coligação, no Direito Alemão, e visam a abarcar o conceito de rede contratual: "[t]*o date, in German law, the purchase money loan has been the major object of the law of connected contracts. Moving away from its preculiarities, in order to attempt to develop a more general legal concept of connected contracts that also encompasses business networks, we can extrapolate from both case law and recente legislative advances and thus define three legal conditions*" (TEUBNER, Gunther. Hybrid Networks Beyond Contract..., p. 20).

[1403] WELLENHOFER, Marina. Third Party Effects..., p. 123. E ela ainda prossegue: "[i]*ndividual profit may be very important, but the overlapping interest of all companies is, nevertheless, geared towards successful co-operation in order to create a competitive product, a great building project, etc, because the existence of the individual companies depends on the common success*".

[1404] Como destaca JULIA COSTA DE OLIVEIRA, com referência a GUSTAVO TEPEDINO e ANDERSON SCHREIBER, é preferível o termo responsabilidade "negocial" ou "obrigacional" a "contratual", "(...) uma vez que a obrigação de compor um dano nem sempre decorrerá de violação a um contrato – podem se tratar, por exemplo, de obrigações decorrentes de negócio unilateral ou, ainda, de obrigações que não tenham origem em negócio jurídico" (OLIVEIRA, Júlia Costa de. Responsabilidade contratual e extracontratual, uni-vos? Comentários ao Recurso Especial n. 1.281.594/SP. Civilistica.com. Rio de Janeiro, a. 7, n. 1, 2018. Disponível

e aquiliana,[1405] o Código Civil vigente manteve a dualidade de regramento,[1406] respectivamente, em seus artigos 389 a 405 e 927 a

em http://civilistica.com/wp-content/uploads/2018/05/Oliveira-civilistica.com-a.7.n.1.2018.pdf. Data de acesso em 6.10.2019). Em sentido semelhante, Carlos Roberto Gonçalves expõe: "[a]lém dessas hipóteses, a responsabilidade contratual abrange também o inadimplemento ou mora relativos a qualquer obrigação, ainda que o proveniente de um negócio unilateral (como o testamento, a procuração ou a promessa de recompensa) ou da lei (como a obrigação de prestar alimentos). E a responsabilidade extracontratual compreende, por seu turno, a violação dos deveres gerais de abstenção ou omissão, como as que correspondem aos direitos reais, aos direitos da personalidade e aos direitos de autor (à chamada propriedade literária, científica ou artística, aos direitos de patente ou de invenções ou às marcas)" (Gonçalves, Carlos Roberto. *Direito Civil Brasileiro, volume 4: responsabilidade civil.* São Paulo: Saraiva, 2011, p. 45). No mesmo sentido: Fábio Queiroz Pereira (O ressarcimento do dano pré-contratual. São Paulo: Almedina, 2017, pp. 148-149).

1405 Nesse sentido, Caio Mário destaca que "[a] culpa contratual e a aquiliana partem da mesma ideia ética e induzem para o responsável a mesma consequência. Neste ponto, a concepção tradicional choca-se com a noção moderna, já que aquela as diferençava, enquanto que esta as aproxima e identifica, e com toda razão. É que, se na sua estrutura há uma norma, e a violação desta gera um dano – em nada importa que o preordenamento seja legal ou convencional. Hoje a doutrina civilista caminha no rumo da unidade de culpa" (Pereira, Caio Mário da Silva. *Instituições de Direito Civil: teoria geral das obrigações.* Rio de Janeiro: Forense, 2004, p. 331). No mesmo senso: Gonçalves, Carlos Roberto. *Direito Civil Brasileiro, volume 4: responsabilidade civil...*, p. 45. De outro lado, defendendo a dualidade de regimes, Judith Martins-Costa confere o seguinte detalhamento ao sistema brasileiro: "[a]o contrário, havendo previsão ampla da *fattispecie* extranegocial e afastado em grau máximo o princípio da tipicidade, é possível aí acolher-se a responsabilidade pré-contratual sem que se devam realizar entorses demasiadamente desviantes, pois a responsabilidade extranegocial atua, funcionalmente, como uma concha hospedeira dos casos não englobados na responsabilidade negocial. Nesse caso, porém, é preciso não engessar a totalidade das hipóteses de responsabilidade fora de um negócio jurídico nos limites da responsabilidade delitual, pois a coincidência não é perfeita havendo responsabilidade derivada de fontes outras, que não o contrato e que não se qualificam como delito, tal qual ocorre com a responsabilidade objetiva. Podemos, pois, pensar na responsabilidade extracontratual como gênero do qual são espécies (i) a responsabilidade aquiliana, ou delitual, fundada numa culpa ou delito civil; (ii) a responsabilidade objetiva extracontratual, nos casos indicados na lei, ou evidenciados, por construção jurisprudencial, na forma do parágrafo único do art. 927; e (iii) a responsabilidade pré-negocial, caracterizada pelo momento da produção do dano e pela especialidade do dever violado (infração danosa e imputável a deveres de proteção pré-negociais)" (Um aspecto da obrigação de indenizar..., p. 16).

1406 Leonardo, Rodrigo Xavier. Responsabilidade Civil Contratual e Extracontratual: Primeiras Anotações em face do Novo Código Civil Brasileiro. *Revista de Direito Privado*, vol. 19,

954,[1407] distinção de grande relevância prática, haja vista as implicações decorrentes da submissão a um ou a outro regime. De efeito, a título de ilustração, há que se destacar as diferenças quanto **(i)** aos prazos prescricionais (de dez anos, para o incumprimento negocial – CC, art. 205; de três anos, para a reparação civil – CC, art. 206, § 3º, V), **(ii)** às implicações de gradação da culpa (passível de eliminar a responsabilidade negocial;[1408] mas relevante apenas, para definição do *quantum* indenizatório, na responsabilidade aquiliana), **(iii)** ao ônus de prova de culpa do agente (presumido, na obrigacional; ele deve ser evidenciado pela vítima, na aquiliana), **(iv)** ao cômputo do juros de mora (na obrigacional, conta-se desde a data da exigibilidade de obrigações líquidas e certas – CC, art. 397, *caput* –, da data em que o devedor se obrigou a não praticar determinado ato – CC, art. 390 – e da data da interpelação, nos demais casos – CC, art. 397, parág. único –; na aquiliana, por sua vez, desde a data em que o ato foi praticado – CC, art. 398 e Enunciado n. 54 de Súmula de Jurisprudência Dominante do STJ); **(v)** à incidência de correção monetária (contagem, na obrigacional, desde o vencimento de obrigação líquida e certa – Lei n. 6899/1981, art. 1º, § 1º – ou do ajuizamento da ação, para as demais

2004, p. 394. Acerca da centralização dos regimes de responsabilidade em torno do conceito de culpa, o autor destaca que "[o] elemento culpa, indicado por alguns doutrinadores como o ímã de uma noção geral de responsabilidade, não representa mais o ponto central do dever de indenizar. / Destaca-se, cada vez mais, a compreensão de que o dever de indenizar é proveniente de uma imputação, que pode ter por fundamento a culpa, o risco, a repartição dos custos das externalidades provenientes do desenvolvimento de uma atividade econômica, ou, ainda, uma outra escolha política que, em maior ou menor medida, pressupõe um sopesar de valores entre os interesses de proteção dos potenciais lesados e os incentivos ou a repressão à determinada conduta ou atividade. / Se antes o elemento primordial da responsabilidade (expressão que tra consigo a ideia de reprimenda, de desvalor moral) era a culpa, hoje o elemento basilar ao dever de indenizar é o dano. Nesse sentido, a própria expressão 'responsabilidade civil' tem um significado limitado, vez que nem sempre a imputação do dever de indenizar recai sobre o responsável pelo dano. Melhor referir-se a essa disciplina, hoje, como um direito de danos" (p. 394).

[1407] OLIVEIRA, Júlia Costa de. Responsabilidade contratual e extracontratual..., p. 4. No mesmo senso: GONÇALVES, Carlos Roberto. *Direito Civil Brasileiro, volume 4: responsabilidade civil...*, p. 45.

[1408] Na modalidade de responsabilidade negocial, há ainda implicações diversas, conforme haja culpa ou dolo do agente (*v.g.*, nos casos de contrato gratuito, o devedor responde apenas por dolo, ao passo que, nos onerosos, responde-se também por culpa) (MARTINS-COSTA, Judith; ZANETTI, Cristiano de Souza. Responsabilidade Contratual: Prazo Prescricional. *Revista dos Tribunais*, vol. 979, maio, 2017, p. 218).

hipóteses – Lei n. 6899/1981, art. 1º, § 2º –; na aquiliana, conta-se do evento danoso, se se tratar de responsabilidade subjetiva – Enunciado n. 43 de Súmula de Jurisprudência Dominante do STJ –, e do ajuizamento da ação, se for hipótese de responsabilidade objetiva; em caso de dano extrapatrimonial, a correção dá-se a partir do respectivo arbitramento – Enunciado n. 362 de Súmula de Jurisprudência Dominante do STJ), **(vi)** à relevância da capacidade das partes (na obrigacional, é determinante, como requisito de validade do negócio – CC, art. 104, I –; na aquiliana, não elimina a responsabilização – CC, art. 928 –), **(vii)** à admissão de indenização por danos extrapatrimoniais (controvertida, na forma obrigacional; mas, amplamente, aceita, na aquiliana), **(viii)** à definição de vínculo de solidariedade (na obrigacional, depende da vontade das partes – CC, art. 265 –; na aquiliana, é indiferente à vontade das partes – CC, art. 942);[1409] **(ix)** possibilidade de convenção de irresponsabilidade (possível na forma obrigacional, inexiste na aquiliana, em vista da ausência de prévio negócio jurídico).[1410] No nível axiológico, a diferença entre os regimes provém desde o Direito Romano, com a marcada distinção entre, de um lado, a proteção a um direito de crédito, na responsabilidade obrigacional, e, de outro, a um direito absoluto, em atenção ao *neminem laedere*, na responsabilidade aquiliana.[1411] Nesses termos, fica perceptível que, enquanto o último se ocupa da imposição a deveres negativos, o antecedente demanda a violação a direitos de caráter positivo, inclusive aqueles oriundos da boa-fé.[1412] Há, consoante já se abordou, diferentes graus de contato social,

[1409] Oliveira, Júlia Costa de. Responsabilidade contratual e extracontratual..., pp. 4-5.

[1410] Martins-Costa, Judith; Zanetti, Cristiano de Souza. Responsabilidade Contratual: Prazo Prescricional..., p. 218.

[1411] Martins-Costa, Judith; Zanetti, Cristiano de Souza. Responsabilidade Contratual: Prazo Prescricional..., pp. 217-218.

[1412] Ao tratar do regime aplicável à violação a deveres obrigacionais, na fase pré-contratual, com arrimo na boa-fé objetiva, Fábio Queiroz Pereira explica que: "[a] referida norma impõe deveres positivos de conduta: as partes têm necessariamente que se comportar de acordo com um padrão ético imposto e marcado pela leadade, informação, cooperação e proteção. Nesse ponto, há uma completa distinção do regime jurídico que trata da responsabilidade civil aquiliana baseada em um dever negativo absoluto de não lesar a outrem. Benatti identifica que as expressões utilizadas pela doutrina como '*alterum non laedere*' e '*neminem laedere*' são indicativas no sentido de que, nessas hipóteses, o que está em jogo é um dever negativo, afastando-se da responsabilidade pré-contratual, que impõe um dever positivo. / Outro ponto a corroborar com os aludidos argumentos reside no fato de que os deveres acessórios

nessa escala de responsabilidade, a justificar a existência de regimes jurídicos diferentes, para cada um desses cenários.[1413]

Há, como já visto,[1414] no bojo da relação de rede, deveres positivos, decorrentes da boa-fé objetiva, que demandam não apenas uma omissão, mas, em determinados casos, uma efetiva atuação em prol do empreendimento comum buscado pela rede. Em adição ao contato social

impostos pela boa-fé objetiva devem ser exercidos *inter partes*, o que caracteriza o regime jurídico da responsabilidade civil contractual. Distintamente, os deveres negativos ligados à responsabilidade aquiliana são configurados como situações *erga omnes*, e impostos a todos os sujeitos de direito. Trata-se de uma diferenciação basilar no campo da responsabilidade civil que propicia o enquadaramento do dever negativo como dever absoluto, e do dever positivo – resultante da boa-fé objetiva – como dever relativo, devendo ser exercido em face das partes negociantes. / É interessante observar que os referidos fundamentos poderiam ser transpostos integralmente para o ordenamento jurídico brasileiro, tendo em vista a forma como a matéria está disposta no Código Civil. É possível observar, da leitura do art. 422, que a boa-fé ali presente é também boa-fé objetiva e que leva à necessidade de se comportar em consonância com deveres laterais ou acessórios. Esses deveres também necessitam ser exercidos *inter partes*, sendo, portanto, deveres relativos. Tais características também permitem um enquadramento do inadimplemento de tais deveres como hipóteses de imposição de uma responsabilidade civil de ordem contratual" (Pereira, Fábio Queiroz. *O ressarcimento do dano...*, pp. 145-146).

1413 A tratar de cada um desses contextos, Judith Martins-Costa e Cristiano Zanetti já expuseram que: "[n]a responsabilidade civil extracontratual protege-se bens jurídicos gerais, em atenção ao comando *neminem laedere*. O contrato entre ofensor e ofendido tende a ser efêmero, surgindo, no mais das vezes, de uma circunstância fortuita, não resultante de um escopo compartilhado pelos sujeitos envolvidos de regrarem seus mútuos interesses patrimoniais. O contato entre vítima e lesante, ademais, surgindo com o dano e em razão do dano, esvai-se tão logo a reparação tenha lugar. A relação obrigacional surgida é, pois, pontual. O fundamento dessa espécie de responsabilidade reside, basicamente, numa reprovação ética à injusta violação de deveres alheios derivada de uma falta de diligência. / Diversamente, na responsabilidade negocial, a relação entre os sujeitos se protrai no tempo e costuma decorrer de uma sucessão de condutas voltadas à obtenção do fim comum, voluntariamente buscado pelos que se colocam como partes de um negócio jurídico, correspondendo o escopo ao adimplemento do pactuado. A violação que a norma impositiva do dever de indenizar tem em conta é a de um direito de crédito. As relações derivadas de um negócio jurídico, ademais, podem se estender longamente no tempo, gerando, em razão de sua duração, um grau de pessoalidade no vínculo e uma confiança qualificada entre as partes. Basicamente, há (embora em escalas diversas conforme a espécie de relação contratual em causa), um crédito de confiança a ligar os contraentes, de modo que o dever de indenizar traduz a reprovação a um atentado contra relação especial de confiança legítima existente entre as partes" (Martins-Costa, Judith; Zanetti, Cristiano de Souza. Responsabilidade Contratual: Prazo Prescricional..., pp. 217-218).

1414 Vide item III.1.2.

preexistente, esses deveres anexos, de caráter positivo, conquanto não permitam aos participantes a exigência de uma determinada prestação,[1415] parecem também justificar, ontologicamente,[1416] e com preponderância, a imposição de um regime de responsabilidade obrigacional às relações de rede. A nós, e conforme já explicitado por Teubner, a discussão em torno do regime de responsabilidade, no âmbito interno da rede, tem contornos semelhantes ao da culpa *in contrahendo*, especialmente, em razão da ausência de um liame contratual entre as partes. Para ambos os casos, é o contato social, maior ou menor, em cada uma das situações, que justificaria, na maior parte dos casos, a imposição de um regime obrigacional. Não se olvida, contudo, que há hipóteses fáticas, em que a incidência da responsabilidade aquiliana seja mais consentânea à dualidade do Código Civil Brasileiro.

Nesse sentido, Fábio Pereira Queiroz destaca o caso específico da ruptura injustificada de negociações, na fase pré-contratual, que, conforme pensamento de Cristiano Zanetti,[1417] incidiria na tipologia do abuso de direito, previsto no artigo 187 do Diploma Substantivo, e, como tal, implicaria a incidência da responsabilidade aquiliana.[1418] Para Cristiano Zanetti, além da existência, no Direito Brasileiro, de uma regra geral de responsabilidade civil (CC, arts. 186 e 927), a responsabilidade negocial, no caso de ruptura injustificada, estaria afastada frente à inaplicabilidade, em tais situações, da maior parte do regramento contratual – tais como, disposições sobre: vícios redibitórios; estipulação em favor de terceiro; promessa

[1415] A esse respeito, o Fábio Pereira Queiroz, em referência a Eva Sônia Moreira da Silva, destaca que o aspecto complexo da relação obrigacional, o qual demanda o reconhecimento da existência dos deveres acessórios oriundos da boa-fé objetiva, permite "(...) defender a existência de relações obrigacionais sem deveres primários de prestação. Estas esgotar-se-iam em certos deveres de conduta, determinados pelo princípio da boa fé, cuja violação poderia dar azo a uma obrigação de indemnizar. Estas relações nasceriam do 'contacto negocial' dos participantes em negociações contratuais. Deveres como deveres de lealdade, de informação, de cuidado que, se culposamente violados, obrigariam o lesante a indemnizar o lesado" (Pereira, Fábio Queiroz. *O ressarcimento do dano...*, pp. 148-149).

[1416] Caio Mário, a despeito de defender a unificação dos regimes de responsabilidade, aponta as distinções entre a responsabilidade negocial e a aquiliana, em razão do conteúdo dos deveres a serem exercidos (*Instituições de Direito Civil: teoria geral das obrigações...*, p. 332).

[1417] Zanetti, Cristiano. *Responsabilidade pela Ruptura das Negociações*. São Paulo: Juarez de Oliveira, 2005.

[1418] Pereira, Fábio Queiroz. *O ressarcimento do dano...*, p. 167.

de fato de terceiro; contratos aleatórios, preliminares ou com pessoas a declarar; distrato; cláusula resolutiva; exceção do contrato não cumprido; resolução por onerosidade excessiva). Segundo ele, "[n]ão se pode pinçar a boa-fé do direito contratual, desconsiderando que praticamente todas as demais disposições do direito dos contratos não encontram aplicação possível no período das negociações para sustentar o caráter contratual da responsabilidade pelo encerramento dos entendimentos preliminares. A bem da verdade, a impossibilidade de utilizar as regras que regem a responsabilidade contratual serve para demonstrar que a recondução da responsabilidade pela ruptura das negociações a um esquema contratual é equivocada".[1419] Em adição, o autor refuta a utilização das relações contratuais de fato para fundamentar a aplicação do regime negocial aos entendimentos preliminares. No seu entendimento, tal ideia se limita "a uma genérica referência ao contato social, sem, todavia, delimiar com precisão suas fronteiras e as figuras abrangidas por ela. Trata-se, de fato, de uma construção imperfeita e de difícil aplicação prática, na medida em que não se sabe quando se está ou não diante de um contato social ao qual se possa atribuir eficácia contratual".[1420]

Fábio Pereira Queiroz, a seu turno, destacando que objeto de estudo de Cristiano Zanetti refere-se a um caso específico de responsabilidade pré-contratual – o da ruptura de tratativas –, conclui que, na maior parte dos casos, seria aplicável o regime da responsabilidade negocial, havendo, contudo, hipóteses de incidência do regime geral da responsabilidade civil. Inclusive, para ele, "(...) a segurança jurídica não pode ser tomada como fundamento inafastável". Afinal, "[a] pretensa busca pela segurança jurídica não pode colocar em xeque a consagração de soluções que realizem a justiça na situação concreta", pois "[b]aseando-se nessa falsa premissa, deveria ser afastada também a aplicação da boa-fé objetiva em nosso ordenamento, tendo em vista que, enquanto a cláusula geral, ela abre uma margem de atuação para os operadores do direito, o que permite, inclusive, a mobilidade e a atualização na aplicação do nosso direito".[1421]

De modo similar à responsabilidade pré-contratual, parece-nos que uma eventual variação de regimes de responsabilidade é até uma

1419 Zanetti, Cristiano. *Responsabilidade pela Ruptura...*, pp. 57-58.

1420 Zanetti, Cristiano. *Responsabilidade pela Ruptura...*, p. 58.

1421 Pereira, Fábio Queiroz. *O ressarcimento do dano...*, pp. 167-168.

decorrência natural da gradação da vinculação entre as partes não vinculadas pelo grau máximo do contato social (o contrato). Inclusive, no nosso entender, os casos de relação interna de rede divergem, fundamentalmente, dos de ruptura de tratativas, haja vista que, enquanto estes abarcam, justamente, hipóteses em que uma das partes, culposa ou dolosamente, rejeitou vincular-se à outra, aqueles, pelo oposto, abarcam situações, em que os participantes, voluntariamente, agregaram-se a uma determinada comunidade e impuseram a si o dever de cooperar com os demais e em prol de um determinado empreendimento comum. Uma eventual inaplicabilidade de certas regras contratuais a tais relações não nos parece conduzir a uma efetiva alteração do regime negocial ao aquiliano: não nos parece correto que os efeitos tenham o condão de afastar a natureza da causa.

Para além disso, aspectos relativos ao interesse de pacificação social também parecem justificar que as relações de rede estejam abarcadas pelo regime de responsabilidade negocial, especialmente no que toca ao prazo de prescrição aplicável às hipóteses de descumprimento dos deveres que lhes são inerentes.[1422] Ainda, nesse tocante, outros aspectos de ordem prática recomendam a aplicação do prazo de extensão mais

[1422] Ao abordar as implicações de um prazo prescricional mais longo ou mais curto a relações contratuais, Judith Martins-Costa e Cristiano Zanetti apontam que "[d]o ponto de vista eminentemente pragmático, a distinção entre os fundamentos e os interesses tutelados também se apresenta com facilidade. Não são poucos os casos em que, havendo conflito entre as partes em razão de alegações de incumprimento contratual, estas se põem a negociar visando recompor a relação, pois melhor atenderá aos interesses compor um litígio que se avizinha do que aprofundá-los em anos de brigas nos Tribunais. Esse interesse se apresenta mormente nos contratos duradouros, em que a pessoalidade e a confiança mútua são bens jurídicos a considerar. Apresentam-se, assim, casos em que as transações são longas, dificultosas, mas, ainda assim, preferíveis a um rompimento a ser solvido pela justiça estatal ou arbitral. Quando o prazo é longo, terão as partes mais tempo e tranquilidade para dedicar-se às idas e vindas sempre implicadas em uma negociação complexa. Em face de um prazo prescricional exíguo, contudo, as partes tenderão a não negociar (ou a encerrar bruscamente as negociações) para não ter impedida a apreciação de sua pretensão. / Em situação diversa, em face de um dano extracontratualmente produzido, similares escopos não se manifestam. Sendo pontual o contato entre o lesante e sua vítima, não há, como regra, interesse em manter a relação interpessoal, o prazo prescricional podendo perfeitamente ajustar-se à exiguidade temporal" (Martins-Costa, Judith; Zanetti, Cristiano de Souza. Responsabilidade Contratual: Prazo Prescricional..., p. 218).

longa da responsabilidade negocial, especialmente diante dos casos de redirecionamento interno de danos causados a terceiros. Pense-se, assim, na hipótese de um franqueado que é, indevidamente, responsabilizado pelo dano que um outro participante da rede venha a causar a um determinado consumidor. Considerando-se o prazo prescricional de cinco anos do Código de Defesa de Consumidor (art. 27), o exíguo prazo de três anos, previsto para as hipóteses de responsabilidade aquiliana, frustraria o direito de regresso daquele acionado, após o término de referido lapso temporal.

Especificamente, com relação à proposta de Teubner quanto à analogia ao mecanismo societário, para fins de tutelar as obrigações inerentes à relação de rede, entendemo-la inadequada, justamente, por inexistir uma conformação, nesses moldes entre as partes. Inclusive, é válido destacar que a ação derivada prevista, no Direito Brasileiro, apenas confere, em caráter subsidiário, ao acionista a possibilidade de se voltar contra o administrador (LSA, art. 159, § 4º)[1423] ou contra o acionista controlador (LSA, art. 246, § 1º).[1424] Não haveria, nesses termos, uma autorização legal, na lei societária, conforme demanda o artigo 18 do Código de Processo Civil, para que, por exemplo, operasse-se a substituição processual do franqueado, para tutelar os interesses de toda a rede. Melhor fundamento, a esse respeito, poderia residir, como sugere o próprio Teubner, na indivisibilidade da obrigação do franqueado de cooperar com todo o sistema.[1425] Em uma tal hipótese, o Direito Brasileiro também admite a substituição processual, possibilitando que um credor exija a obrigação indivisível em nome dos demais (CC, art. 260).[1426] De qualquer modo, compreendemos que, a fim de evitar comportamentos oportunistas, os pleitos por uma tutela inibitória, assim como outros de natureza indenizatória, no âmbito interno da rede, deverão sempre ser analisados de modo bastante cauteloso, mediante uma rigorosa exigência de prova do dano que um determinado ato de um membro venha a acarretar à atividade do outro.

1423 Nesse caso, o acionista deve ser detentor de, ao menos, 5% (cinco por cento) do capital social.

1424 Além do acionista detentor de, ao menos, 5% (cinco por cento) do capital social, a ação é ainda viabilizada a qualquer outro que se disponha a prestar caução das eventuais verbas sucumbenciais a que possa vir a ser condenado.

1425 Teubner, Gunther. *Network as Connected...*, p. 232.

1426 Pereira, Caio Mário da Silva. *Instituições de Direito Civil: teoria geral das obrigações...*, p. 76.

Uma tal solução, é bom que se lembre, não deve jamais enuviar o aspecto contraditório das redes, no seio das quais convivem interesses comuns e contrários das partes. Portanto, e conforme já se destacou, não é de se esperar um comportamento cooperativo entre os membros, sem relação contratual, idêntico ao existente entre sócios de uma mesma sociedade (*nostra regis agitur*).

4.1.3. Da repartição de vantagens auferidas pelo ente central da rede

Ainda no tocante ao relacionamento interno da rede, há que se sublinhar o fato de que a ausência de uma entidade específica, de caráter associativo, pode também gerar dúvidas a respeito de eventual titularidade de direitos imateriais,[1427] bem como ganhos ou riscos adicionais que exsurjam em razão da existência da rede contratual. A esse respeito, muito se discute sobre a obrigação de o franqueador repassar aos franqueados um desconto obtido, na aquisição de produtos que seriam, ulteriormente, revendidos aos membros da rede. A jurisprudência alemã já compreendeu que, para uma tal obrigatoriedade, haveria a necessidade de uma convenção expressa, nos respectivos instrumentos celebrados entre as partes.[1428] Esse entendimento foi extraído de caso referente a questionamento de franqueados da rede Hertz, quanto a subsídios de *marketing* recebidos pela franqueadora das montadoras de automóveis. Na casuística, a corte suprema alemã interpretou uma cláusula específica dos contratos de franquia, que determinava a obrigação da franqueadora de "dar suporte" aos franqueados, no sentido de que ela não lhe impunha o dever de repassar ganhos aos membros da rede.[1429] Em outro caso, envolvendo uma rede de franquias de produtos ópticos, a Apollo Optik, os franqueados lograram-se exitosos no pleito, pelo repasse de descontos obtidos. Na específica cláusula contratual da rede, contudo, constava o dever de a franqueadora "*passes on advantages, ideas and improvements facilitative of optimal business success to partners*".[1430] Teubner critica as decisões, à razão de que a análise focada na interpretação das cláusulas dos contratos bilaterais não resolveria,

[1427] Cevenini, Claudia. *Virtual Enterprises...*, p. 107.

[1428] Grundmann, Stefan; Caffagi, Fabrizio; Vettori; Giuseppe. The contractual basis..., p. 23.

[1429] Teubner, Gunther. *Network as Connected...*, pp. 178-179.

[1430] Teubner, Gunther. *Network as Connected...*, p. 181.

efetivamente, a questão: como reação à decisão dos magistrados, as franqueadoras, simplesmente, alterariam os termos de seus pactos de adesão e o ponto estrutural sobre o dever de repassar os benefícios permaneceria. Para ele, o fator decisivo a ser analisado parte da dependência funcional existente em cada um dos contratos e na rede em si.[1431]

E ele prossegue: se se tratasse de um vínculo associativo, os ganhos auferidos pela entidade central seriam contabilizados na forma de lucro e, ulteriormente, redistribuídos, na forma da lei, entre os membros da corporação.[1432] Todavia, como não há esse ente central nos arranjos em rede, a questão assume contornos bastante desafiadores, especialmente por essa combinação entre mecanismos centralizadores e descentralizadores de busca por lucro. Em sistemas de fornecimento *just-in-time*, especialmente naqueles baseados no modelo japonês, é bastante usual a repartição de ganhos entre todos os membros da cadeia. Nesse específico contexto, um tal dever, semelhante à obrigação de distribuição de dividendos, na esfera societária, contribui, a um só tempo, para a manutenção de produtividade da rede e outrossim facilita a anuência dos distribuidores, quanto a eventuais necessidades de redução dos ganhos distribuídos, em cenários mercadológicos desfavoráveis. Já, em relação às franquias, Teubner argumenta que, a despeito da ausência de um mecanismo de caráter societário, os franqueados deveriam ter direito a uma parcela dos descontos auferidos pelo franqueador, dado que este, ao negociar a aquisição de produtos para toda a rede, atuaria, em realidade, em representação a seus membros, bem como pelo próprio propósito da coletividade – a rede somente existiria em função das vantagens auferidas pelas aquisições coletivas, que, ato contínuo, deveriam ser repassadas aos clientes, como vantagem competitiva frente aos comerciantes autônomos.[1433] Assim, considerado o aspecto organizacional, haveria ao autor a obrigação de repasse de benefícios obtidos pelo franqueador aos franqueados.

Böhner, a seu turno, destaca que haveria a obrigação de repasse de eventuais subsídios, caso tais vantagens houvessem sido obtidas somente, a partir do capital dos franqueados. Sua conclusão foi extraída a partir de caso bastante similar ao da Hertz, também julgado pelas Cortes Alemãs.

[1431] Teubner, Gunther. *Network as Connected...*, pp. 180-182.

[1432] Teubner, Gunther. *Network as Connected...*, p. 181.

[1433] Teubner, Gunther. *Network as Connected...*, p. 191-195.

No caso em questão, a Sixt foi acionada por seus franqueados, à vista do recebimento de subsídios de *marketing*, pagos pelos fornecedores, calculados com base em volumes de aquisição de veículos efetuada por ela e pelos participantes da rede. Toda a discussão baseou-se, na interpretação de cláusula dos contratos de franquia, em que ela se obrigava a garantir às franqueadas, as mesmas condições de aquisição oferecidas para si pelo fornecedor, desde que este estivesse de acordo com tanto.[1434] Ao final, a franqueadora logrou-se exitosa, pois, com base na interpretação da cláusula em comento, entendeu-se que a concessão de vantagens de vendas às franqueadas era discricionariedade pertencente ao fornecedor. Para Böhner, a decisão estava correta, dado que a Sixt não impunha às franqueadas o dever de adquirir os veículos, a partir de um rol taxativo de fornecedores. Ele frisa, no entanto, que seu entendimento seria contrário, caso a franqueadora, sem qualquer obrigação de desenvolver uma política de *marketing*, impusesse às participantes da rede o dever de adquirir veículos de uma determinada lista de fornecedores. Nesses termos, a obrigação de partilha de subsídios dar-se-ia, pelo fato de a franqueadora ter se utilizado do capital das franqueadas, para obter para si uma vantagem indevida (subsídio para *marketing* não realizado).[1435]

Ao comentar o já referido caso da Apollo Optik, em que, de fato, havia uma obrigatoriedade de aquisição de determinado fornecedor, Böhner entende correta a decisão favorável ao repasse. Seu argumento, para tanto, esteia-se, essencialmente, nos fatos de que, além de se apropriar de vantagem relacionada, exclusivamente, ao desempenho das franqueadas (o desconto era obtido a partir de sua subordinação à rede e do volume de revendas), a franqueadora teria competido, deslealmente, com elas, ao garantir os descontos não repassados às participantes da rede, para suas cerca de 150 lojas próprias. De todo modo, em linha com a crítica de Teubner, ele destaca que "[t]*hese network relations and the networks advantages obtained through the delivery of goods by listed suppliers to franchisee*

[1434] A cláusula estava redigida do seguinte modo "*Sixt shall support the franchisee in purchasing cars in a way that they are allowed to buy cars at the conditions agreed upon in the key account customer agreements, as far as the car industry shall agree to*" (BÖHNER, Reinhard. Asset-sharing in Franchise Networks. In: AMSTUTZ, Marc; TEUBNER, Gunther (cood.). *Networks: Legal Issues of Multilateral Co-operation*. Oxford: Hart. 2009, p. 155).

[1435] BÖHNER, Reinhard. Asset-sharing in Franchise..., pp. 154-159.

(...) have to be taken into account when courts interpret the contractual claims for 'advantages to obtain best business results'".[1436]

Situação semelhante foi julgada, no sistema da *Common Law*, pelas cortes sul-africanas, no *Seven Eleven Corporation (PTY) Ltd v Cancun Trading No 150 CC*. No caso em questão, disputava-se, igualmente, o repasse, aos franqueados, de descontos auferidos pelo franqueador, ao negociar largos volumes de mercadorias, que, ulteriormente, seriam revendidas à coletividade. Especificamente na hipótese, os julgadores tiveram que avaliar, em que termos uma cláusula determinando o repasse, à discricionariedade do franqueador, deveria compatibilizar-se com seu dever de cooperação frente à rede contratual. Ao final da disputa, a Corte Suprema da África do Sul compreendeu que o franqueador havia agido, lealmente, ao repassar, aos franqueados, os descontos de preços obtidos junto a fornecedores e ao deixar de assim proceder, com relação a outros descontos gerados, a partir do pagamento antecipado de aquisições e do atingimento de metas de elevação de compras. Para os magistrados, esses últimos descontos seriam uma recompensa ao franqueador, pelo modo eficiente como a rede fora gerida por ele – e, não, qualquer sorte de benefício gerado pela simples operação em rede. Collins comenta, nesses termos, que, a despeito da dificuldade prática de se aplicar o critério utilizado pelo julgado, a solução encontrada teve o condão de dividir os benefícios decorrentes da cooperação, de forma a, simultaneamente, proteger os mecanismos de incentivos do franqueador e forçá-lo a distribuir parte dos benefícios auferidos à rede. Destaca, assim, que "[t]*he discretion of the franchisor provided in the contract must be exercised in such a way that not only must it be rational in the interests of the franchisor, but at the same time, paradoxically, it must be rational in the interests of the network as a whole*".[1437]

Nós, contudo, temos dúvidas, se, efetivamente, é possível estabelecer-se uma regra geral, de cunho legal, de repartição de ganhos auferidos pelo ente central da rede aos demais membros. Ora, as redes perfazem uma das formas de organização da atividade produtiva, de modo que podem ser utilizadas, para abranger tipos de negócios bastante diferentes, atuantes em mercados com lógica, igualmente, distintas. Nesse sentido, parece inadequado inferir, *a priori*, uma norma legal impondo um tal

1436 Böhner, Reinhard. Asset-sharing in Franchise..., pp. 162-165.

1437 Collins, Hugh. *Introduction to Networks...*, pp. 43-47.

dever de repartição, para todo e qualquer sistema organizado na forma de rede.[1438] Acreditamos que os próprios sistemas de incentivos intrínsecos de cada sistema deveriam, em regra, estabelecer se, efetivamente, tal repasse deveria ocorrer. Não se ignoram os eventuais efeitos positivos advindos dessa repartição de ganhos, tal qual se passa nos modelos *just in time* de inspiração japonesa. Contudo, parece-nos que os eventuais efeitos positivos somente poderão ser, adequadamente, dimensionados, no caso concreto, a depender dos mecanismos de incentivos próprios de cada modelo de negócio. Nesse exame, há que levar em conta também que os intensificados deveres de boa-fé, nos arranjos híbridos, impõem um dever de cooperação entre as partes, mas sem que isso implique, dentro da lógica dualista de interesses individuais e comuns dos híbridos, um sacrifício de uma parte em favor da outra. A fundamentação imposta pela referida decisão da Corte Sul Africana, nesse sentido, estaria em, relativamente, maior harmonia, com nosso pensamento. Todavia, repisamos que, no nosso ponto de vista, a análise somente poderá dar-se casuisticamente, pois é bem possível que, em um dado sistema, a repartição de ganhos, ao invés de representar um fomento aos propósitos da rede, simplesmente signifique uma transferência de renda do ente central aos demais nódulos da rede – inclusive, em potencial contrariedade aos interesses da rede. Para se ater ao exemplo dos descontos com aquisição de produtos, é bem possível que uma determinada receita oriunda da revenda dos produtos reverta-se em dispêndios da própria franqueadora, com o impulsionamento da própria rede, com atividades de *marketing*, expansão de unidades, investimentos em novos produtos etc. O automático repasse de descontos, nesse sentido, parece ser solução bastante simplista e que ignora uma realidade negocial bastante complexa, difícil de ser apreendida pelo meio jurídico, em forma de abstração de determinada norma de conduta.[1439]

[1438] Esse também é o entendimento de WELLENHOFER, que, após analisar a posição de TEUBNER, concluiu que, exceto se, previamente, acordado em contrato, "*(...) the assumption of a general duty of profit sharing in networks seems to overstep the limits of the interpretation of contracts and still needs justification*" (Third Party Effects..., p. 129).

[1439] No caso da APOLLO OPTIK, o franqueador, inclusive, alegou que os descontos não repassados aos franqueados dera-se, em função, de instrumento, comumente, utilizado, no ramo de franquias, para financiar as atividades do sistema, que não eram suportadas, integralmente, pelas taxas pagas pelos participantes da rede. O argumento não foi acolhido, pois os julgadores, nesse caso, basearam-se, estritamente na redação da cláusula contratual (BÖHNER, Reinhard.

A nós nos parece que o relevante é se atentar àquilo que esteja dirigido em prol do empreendimento comum: como já dito, às obrigações contratuais, acoplam-se os deveres de cooperação, oriundos da relação de rede, de forma que o dever de repassar ou não eventuais descontos deverá sempre ser analisado, à luz do que, considerado o cenário de parcial competição, está em favor do projeto comunitário e não é desleal com os participantes da rede. Heermann destaca, nesse aspecto, que não é efeito da coligação contratual – elemento principal utilizado por Teubner, para fundamentar a relação especial entre os participantes da rede – essa "socialização" dos ganhos individuais das partes. Em contratos coligados, cada parte mantém para si as vantagens obtidas com a operação econômica, motivo pelo qual inexiste qualquer justificativa plausível, a uma tal pretensão de repartição de lucros[1440] – racional, igualmente, aplicável a uma eventual proposta de repartição de riscos.[1441] Afora isso, há que se recordar, por fim, que eventuais ilicitudes do franqueador frente aos franqueados, em uma tal atividade de revenda, poderão – e deverão – ser resolvidos, sob a guarida da legislação competente sobre o abuso de poder dominante, como já destacado.[1442] Não vemos, nesse sentido, razão para se presumir um comportamento oportunista do franqueador e/ou do ente principal da rede e, assim, impor-se um mandatário dever de repartição de ganhos, em qualquer cenário.A questão da repartição de ativos, como já destacado,[1443] pode ser, especialmente, ruidosa, no término de determinadas relações contratuais, mormente em face dos ativos próprios que a parte dissidente carregue consigo, na liquidação do relacionamento. Não há dúvidas, nesse aspecto, que a liquidação poderá ter pesos distintos, a depender da identidade do participante que decida deixar a coletividade. Igualmente problemática pode ser também a questão da titularidade dos ativos, na decisão de todos os membros pela dissolução total da rede. Segundo Caffagi, é muito difícil se estabelecer *a priori* uma regra geral para tais

Asset-sharing in Franchise..., pp. 166-167). Não obstante o insucesso do franqueador no caso, tal fato ilustra as especificidades e complexidades negociais de operações organizadas, sob a forma de rede, às quais, no nosso entender, não se poderia impor uma obrigação genérica de dever de repasse de benefícios auferidos pelo ente central da coletividade.

1440 Heermann, Peter W. Multilateral Synallagmas..., p. 115.

1441 Heermann, Peter W. Multilateral Synallagmas..., pp. 115-116.

1442 Vide item III.5.

1443 Vide item IV.3.

hipóteses, haja vista que a situação variará de caso a caso, a depender, principalmente, dos investimentos realizados por cada parte na relação. Para ele, contudo, no caso de retirada individual, não deve se dar uma prevalência ao interesse particular de se retirar frente aos interesses dos demais em prosseguir com a rede.[1444]

Diante da ausência de um entendimento jurisprudencial e doutrinário acerca do regramento a respeito das relações internas nas redes, Cevenini recomenda que, tanto quanto possível, os parceiros tratem, expressamente, da questão em instrumento contratual, partilhando a propriedade de eventuais direitos imateriais (ex.: direitos sobre *softwares*, patentes, bases de dados etc.), de acordo com as respectivas contribuições individuais para o projeto, quando possível, ou em uma proporção igualitária.[1445] A toda evidência, essa mesma recomendação é válida para ganhos e riscos adicionais.

4.2. Da relação externa à rede contratual

Como já abordado anteriormente, para além de questões atinentes ao relacionamento interno à rede, persistem ainda largas discussões, em torno do relacionamento externo da rede contratual com terceiros. Face à ausência de uma estrutura hierárquica do tipo societário, a contratação com terceiros dá-se, em regra, por apenas um dos membros da rede, o qual, pela relatividade dos efeitos dos contratos, deveria ser o único afetado pelos direitos e deveres assumidos no respectivo contrato bilateral. A questão, contudo, é analisada, sob vieses diversos na doutrina e na jurisprudência, nos mais variados ordenamentos.

Em caso noticiado por Amstutz, a Suprema Corte tudesca, no ano de 2008, foi confrontada com um pleito indenizatório de investidores – ludibriados por uma gestora de ativos financeiros, cujos diretores haviam desviados seus recursos –, em face de banco que mantinha a conta corrente da empresa fraudadora. A alegação, essencialmente, era a de que o banco réu, uma vez identificada uma anormal movimentação de valores, deveria ter notificado os investidores, a despeito de não serem seus clientes. Na casuística, havia uma rede formada pelos seguintes vínculos: **(i)** uma

[1444] Cafaggi, Fabrizio. Redes contractuales..., pp. 82-83.

[1445] Cevenini, Claudia. *Virtual Enterprises*..., p. 107. No mesmo senso: Grundmann, Caffagi e Vettori (The contractual basis..., p. 37).

relação de conta corrente entre os investidores e seus respectivos bancos; **(ii)** uma relação de conta corrente entre a gestora e o banco réu; e **(iii)** uma relação interbancária entre os bancos dos investidores e o banco réu. O maior desafio do caso em questão residia em identificar o fundamento de responsabilidade do banco réu frente aos investidores, na ausência de um liame contratual direto entre eles. Os juízes germânicos, ao cabo, inovando em relação às já conhecidas decisões, no setor bancário, com fundamento no terceiro beneficiado, ancoraram a responsabilidade do banco réu, no conceito de terceiro prejudicado, em razão de uma representação indireta dos investidores por seus respectivos bancos. De acordo com Amstutz, a grande inovação de fundamentação da decisão foi dar um passo além, em relação ao terceiro beneficiado, e admitir a responsabilização de uma parte em relação à outra, com quem não se tinha qualquer vínculo contratual estabelecido.[1446] Eliminou-se, nesse avanço, o elemento da hipotética intenção das partes[1447] – tal qual utilizado no caso do cartão de crédito.

Na jurisprudência argentina, já se compreendeu responsável a fornecedora de uma determinada máquina de lava-louças, por serviços de manutenção mal prestados por entidade terceira, a qual tinha indicado a seu consumidor. No caso vertente, o consumidor levou o produto adquirido da fornecedora a uma determinada oficina de manutenção, por ela indicada, mas, em razão de serviço de reparo mal realizado, o produto acabou por inundar o apartamento do comprador. Havia, na relação, assim, **(i)** uma compra e venda entre a fornecedora e o consumidor e **(ii)** um contrato de prestação de serviços entre a oficina e o consumidor. Este, buscando reparação, ingressou com uma demanda judicial em face de ambos, a qual acabou julgada procedente e reconheceu, igualmente, a responsabilidade da fornecedora, em razão de "dependência técnica" entre ela e a oficina. De acordo com Lorezentti, essa decisão, em conjunto a outras por ele referidas em sua obra, todas fundadas em um caráter de dependência entre membros de uma mesma rede, permite elucidar uma regra, segundo a qual quanto maior o controle de uma parte frente à outra, em determinada rede, maior será também a responsabilidade da parte dominante, em casos envolvendo a parte de menor força. Segundo ele, se o aumento de controle gera, por meio da coordenação econômica e

1446 Amstutz, Marc. The Nemesis of European..., pp. 333-339.

1447 Amstutz, Marc. The Nemesis of European..., p. 340.

estratégica benefícios às partes, tais ganhos devem vir acompanhados dos respectivos custos, donde se encontra a extensão do regime de responsabilidade.[1448] O fundamento utilizado pelo autor argentino assemelha-se, no nosso entender, àquele destacado por Marino, para justificar os efeitos de contratos coligados celebrados entre partes diversas, mediante a verificação de coordenação de atos. Dessarte, temos alguma dúvida se o efeito ora apontado é, efetivamente, uma decorrência do contexto de rede contratual ou, meramente, de uma hipótese de coligação contratual, que, como já apontado, encontra-se presente em grande parte dos casos de rede.

Também da justiça argentina, há exemplos de casos, em que o fundamento encontrado para se estender a responsabilidade baseou-se, em um dever de proteção ao consumidor. Nesse aspecto, Lorenzetti faz referência aos casos de responsabilização da administradora de um *shopping center*, por danos ocasionados a veículos de consumidores, em estacionamento oferecido por aquela. Nesses centros comerciais, há, segundo ele, uma rede formada pelos diversos contratos de locação celebrados entre cada um dos lojistas e a proprietária do prédio. Existiria, assim, um vínculo de colaboração entre cada um desses lojistas, a lhes permitir, unificadamente, contratar serviços de limpeza e proteção, realizar uma publicidade única, obter seguros de incêndio em melhores condições etc. No entanto, quando um consumidor se dirige a uma dessas lojas e estaciona seu veículo no centro de compras, aquele celebra um contrato de compra e venda com apenas um desses lojistas, sem qualquer vínculo com a administradora. O cenário estabelecido, portanto, é de **(i)** um contrato de locação entre a administradora e os lojistas e **(ii)** um contrato de compra e venda entre o lojista e consumidor. Não obstante a ausência de um vínculo contratual direto entre o consumidor e a administradora, as cortes argentinas já lhe estenderam a responsabilidade por danos a veículos pertencentes à clientela, com base em um dever de segurança que ela deveria prestar aos consumidores, especialmente pelo fato de que o serviço gratuito de estacionamento é oferecido por ela, como forma de marcar sua diferença frente à concorrência.[1449]

[1448] Lorenzetti, Ricardo Luis. *Tratado de Los Contratos...*, pp. 87-90.

[1449] Lorenzetti, Ricardo Luis. *Tratado de Los Contratos...*, pp. 92-93.

Também abordando a responsabilidade perante terceiros à rede, o segundo dos dois "*'irritanting' cases*" referidos por Teubner aborda uma rede de distribuição de uma montadora japonesa de veículos, para revenda destes, na Alemanha. No caso retratado, um consumidor, após ter quitado a integralidade de veículo adquirido da distribuidora, não consegue ter a titularidade do veículo transferida face à falência da revendedora. O caso, portanto, envolvia **(i)** um contrato de distribuição entre a montadora e a distribuidora e **(ii)** uma compra e venda entre a distribuidora e o consumidor. Ao final, os magistrados alemães, conquanto não tenham determinado a transferência de propriedade, condenaram, com base em um *mix* de fundamentos de responsabilidade civil extracontratual ("*organisational culpability, breach of director's liability, and liability for the acts of assistants*"), a montadora a indenizar o consumidor pelos danos sofridos.[1450] Teubner critica a forma como a corte impôs a desconsideração da proteção contratual ("*piercing the contractual veil*"), por meio dessa "*strange mixture of these three liability forms* [inaplicáveis à hipótese em tela][1451] *and thus neatly avoided the question of whether and, if so, how it wished to overrule the precedent by piercing the contractual veil of a business network which is made up by bipolar contracts*".[1452] Sua conclusão, nesse senso, é a de que o caso provoca "irritações" ao Judiciário, na medida em que a questão das redes lhes impõe problemas diversos dos que se encontram dentro dos limites do mercado e da hierarquia: se houvesse uma simples operação no ambiente de concorrência, não haveria motivo para se buscar uma desconsideração da proteção contratual; se, de outro lado, a montadora e a distribuidora pertencessem ao mesmo grupo empresarial, a questão resolver-se-ia, no direito alemão, de acordo com regras relativas à relação de representação – e, logo, não se abordaria a problemática da relatividade dos efeitos dos contratos.[1453]

[1450] TEUBNER, Gunther. *Network as Connected...*, pp. 75-81.

[1451] Nesse aspecto, TEUBNER esclarece: "[t]*o date, organisational liability has only been applicable to authentic legal persons. Its extension to other group prenomena remains in any case anchored in law of associations, and thus organisational liability has no application to simple contractual relationships. By the same token, the breach of directors' liability, in such a case, is precluded by the conditions of the delictual general clause. Equally, the escape hatch of* respondeat superior *is closed, since independent enterprises simply do not qualify as 'agents' in tort law*" (TEUBNER, Gunther. Hybrid Networks Beyond Contract..., p. 6).

[1452] TEUBNER, Gunther. Hybrid Networks Beyond Contract..., p. 6.

[1453] TEUBNER, Gunther. Hybrid Networks Beyond Contract..., pp. 6-7.

A respeito deste ponto, Teubner destaca ainda que, conquanto muito já se ter discutido sobre a indenização por vícios de produtos, em caso de rede, pouco ou quase nada se abordou, no direito alemão, a respeito de responsabilidade em redes de prestação de serviços. É preciso, segundo ele, permitir-se a extensão de responsabilidade, nesses casos,[1454] a todos os membros da rede, mas sem ignorar os aspectos internos econômicos desses agrupamentos de contratos.[1455]

À distinção de parte dos ordenamentos europeus, em se tratando de relação de consumo, já há, no Direito Brasileiro, mecanismo específico regulando a responsabilidade dentro da cadeia de fornecimento (CDC, arts. 7º, 12, 13, 14, 19, 25 e 34).[1456] Há um regime de solidariedade, que impõe sobre todos aqueles que ajudaram a colocar um produto ou serviço "no mercado, desde o fabricante (que elaborou o produto e o rótulo), o distribuidor, ao comerciante (que contratou com o consumidor", "a responsabilidade pela garantia de qualidade adequação do produto". "É como se a cada um deles a lei impusesse um dever específico, respectivamente, de fabricação adequada, de distribuição somente de produtos adequados, de comercialização somente de produtos adequados e com as informações devidas".[1457]

[1454] Teubner, Gunther. *Network as Connected...*, p. 234.

[1455] Teubner, Gunther. *Network as Connected...*, pp. 245-246.

[1456] Há mecanismo semelhante na legislação argentina (Ley 24.999 de Proteção aos Consumidores, art. 40), *in verbis*:
"*ARTICULO 40*
Si el daño al consumidor resulta del vicio o riesgo de la cosa o de la prestación del servicio, responderán el productor, el fabricante, el importador, el distribuidor, el proveedor, el vendedor y quien haya puesto su marca en la cosa o servicio. El transportista responderá por los daños ocasionados a la cosa con motivo o en ocasión del servicio.
La responsabilidad es solidaria, sin perjuicio de las acciones de repetición que correspondan. Sólo se liberará total o parcialmente quien demuestre que la causa del daño le ha sido ajena".

[1457] Marques, Cláudia Lima; Benjamin, Antônio Hermam V.; Miragem, Bruno. *Comentários ao Código de Defesa do Consumidor*. São Paulo: Revista dos Tribunais, 2010, pp. 484-485. E os autores prosseguem: "[o] CDC adota, assim, uma imputação, ou, atribuição objetiva, pois todos são responsáveis solidários, responsáveis, porém, em última análise, por seu descumprimento do dever de qualidade, ao ajudar na introdução do bem viciado no mercado. A legitimação passiva se amplia com a responsabilidade solidária e com um dever de qualidade que ultrapassa os limites do vínculo contratual consumidor/fornecedor direto (...). Assim, no sistema do CDC, da tradicional responsabilidade assente na culpa passa-se à presunção geral desta e

Os regimes de vício e fato, no entanto, divergem no que toca à responsabilidade do comerciante. Enquanto na hipótese de defeito do produto (CDC, art. 18), há a inclusão de todos aqueles que participam do ciclo produtivo-distributivo, englobando, assim, o comerciante; no caso de falha de segurança (CDC, art. 12), a atribuição de responsabilidade ao último dá-se em situação específica, detalhada no artigo 13 da lei consumeirista. Dito de outro modo, nos casos de vício, há a responsabilidade solidária de todos os membros da cadeia de fornecimento e, para a hipótese de fato do produto, exclui-se *a priori* o comerciante, que somente poderá ser responsabilizado nos casos de distribuição de produtos anônimos e/ou má conservação de produtos perecíveis.[1458] Como bem destaca Flavia Püschel, existem essencialmente duas razões para esse tratamento diferenciado na lei: **(i)** a desfuncionalização do comerciante, que deixou de ser um especialista e conselheiro ativo do consumidor e passa a ser mero distribuidor, sem informações técnicas a respeito do produto e autonomia econômica com relação aos produtores; e **(ii)** o comerciante não tem as mesmas vantagens que os demais fornecedores detêm com relação à contratação de seguros e redistribuição de riscos, com o destaque ao fato de que, caso houvesse a multiplicação de seguros na cadeia, haveria o encarecimento excessivo do final do produto.[1459]

Na esquemática brasileira, a distinção entre os casos de vício e falha de segurança gera ainda outras consequências práticas de relevos. Em se tratando de inadequação do produto e/ou serviço à finalidade a que se destina (defeito), o direito potestativo do consumidor para escolher entre as alternativas possibilitadas pela lei (CDC, arts. 18 e 19) está sujeita à decadência (CDC, art. 26). Já, se houver hipótese de fato do produto ou do serviço, o direito de crédito ao recebimento de indenização pelos danos decorrentes da ausência de segurança sujeita-se, como não poderia

conclui-se com a imposição de uma responsabilidade legal. O novo regime de vícios no CDC caracteriza-se com um regime de responsabilidade legal do fornecedor, tanto daquele que possui um vínculo contratual com o consumidor, quanto daquele cujo vínculo contratual é apenas com a cadeia de fornecedores".

[1458] Püschel, Flavia Portella. Consequências práticas da distinção entre vício e fato do produto: uma análise de decisões judiciais escolhidas. *Revista de Direito Privado*, vol. 25, jan-mar, 2016, p. 168.

[1459] Püschel, Flavia Portella. Consequências práticas..., pp. 168-169.

deixar de ser, à prescrição quinquenal (CDC, art. 27).[1460] Em matéria de diferenciação de regimes, há ainda que se salientar que o conceito de consumidor diverge entre um e outro: é mais amplo, nos casos de falha de segurança, abarcando todos os que sejam afetados pelo fato do produto e/ou do serviço; e é mais restrito, quando se tratar de mero vício do que é fornecido, a abarcar somente aquele adquire o produto como destinatário final.[1461]

Caso interessante envolvendo a responsabilidade externa da rede perante consumidores foi analisado pelo STJ com relação a contrato de franquia de rede de escolas de ensino de idioma estrangeiro. No julgamento do Recurso Especial n. 1.426.578-SP,[1462] a Terceira Turma do STJ analisou "a existência de responsabilidade civil da empresa franqueadora em relação a eventuais danos, inclusive decorrentes do descumprimento de ordem judicial liminar, causados pelas empresas franqueadas aos consumidores". No caso concreto, a consumidora buscava a declaração de nulidade de débito, diante da extinção da franqueada com quem havia contratado a prestação de serviços, e, em antecipação de tutela, pleiteou que fosse impedida a negativação de seu nome perante os órgãos de proteção ao crédito. A demanda foi proposta em face tanto da entidade extinta, como também contra a franqueada que a substituiu e a franqueadora da rede. Como registrou o voto do relator, Ministro Marco Aurélio Bellize, não havia, até então, precedentes da Instância Especial "quanto ao vínculo entre empresas franqueadoras e os consumidores de suas franqueadas".

Após ter sido deferida a tutela de urgência pleiteada pela consumidora, o Tribunal de Justiça do Estado de São Paulo negou provimento ao agravo de instrumento interposto pela franqueadora, registrando que "a franqueadora responde solidariamente com a franqueada em relação aos dados sofridos pelos clientes". Pelo entendimento do tribunal estadual, haveria a incidência da teoria da aparência, eis que "a franqueadora tem aparência de fornecedora do serviço, pois coloca a sua marca e sinais distintivos, bem

1460 Püschel, Flavia Portella. Consequências práticas..., pp. 165-166.

1461 Püschel, Flavia Portella. Consequências práticas..., pp. 169-170. Sobre o ponto, Flavia Püschel bem salienta que, embora a jurisprudência nacional tenha iniciado adotado uma posição maximilista com relação à compreensão dos que seriam considerados destinatários finais, houve nos anos que se seguiram uma recondução do entendimento do Superior Tribunal de Justiça a um entendimento mais conforme à teoria finalista.

1462 STJ, 3ª T., REsp 1.426.578 – SP, Rel. Min. Marco Aurélio Bellize, j. 23.6.2015.

como promove publicidade naquilo que é oferecido ao consumidor".[1463] Na instância especial, a decisão foi mantida em julgamento que divisou a turma de ministros (provimento por maioria, com votos contrários de outros dois julgadores). Nos termos da ementa do acórdão, "cabe às franqueadoras a organização da cadeia de franqueados do serviço, atraindo para si a responsabilidade solidária pelos danos decorrentes da inadequação dos serviços prestados em razão da franquia".

O voto do relator, que reconhece as franquias como "relações empresariais associativas", não se comove sequer com o fato de que seria impossível à franqueadora promover a remoção do nome da consumidora dos órgãos de proteção ao crédito, dado que não teria sido a entidade responsável pelo requerimento do registro. Isso porque, segundo o julgador, "a relação de cooperação estabelecida entre a recorrente e a sua então franqueada, em razão do próprio contrato de franquia, trouxe benefício para todas as empresas integrantes da cadeia, atraindo a incidência da teoria do risco proveito". E o voto vai além: nos termos da decisão, haveria "efeitos de 'soft law' irradiados da extensão da responsabilidade, permitindo-se pressupor a indução de um empenho eficaz em se evitar a concretização do dano entre as empresas parceiras comerciais". Desse modo, conclui que "a responsabilidade da franqueadora não fica restrita à qualidade do produto (marca ou patente) cedido por força da franquia, mas a todos os atos necessários ao exercício desse contrato perante o mercado consumidor".

O voto vencedor ainda foi acompanhado de voto do Ministro Paulo de Tarso Sanseverino, para quem a solidariedade entre franqueadora e franqueadas adviria do "rígido controle do franqueador sobre o franqueado". Segundo o ministro, haveria, nas relações de franquia, "uma subordinação empresarial tão forte que a própria lei ressalva expressamente a inexistência de vínculo trabalhista".

Lado outro, o voto vencido, de lavra do Ministro Ricardo Villas Bôas Cueva, deu outro enfoque à questão. Segundo ele, a questão analisada não se tratava da responsabilidade civil de franqueadora perante a consumidora da franqueada; mas, sim, da "possibilidade concreta de cumprimento da ordem pela recorrente em promover o cancelamento das inscrições em órgãos de proteção de crédito decorrente do protesto realizado por outra empresa". Para o julgador, a obrigação de reversão de protesto não

[1463] TJ-SP, 18ª Câm. Dir. Privado, AI n. 990.10318830-6, Rel. Des. Rubens Cury, j. 14.9.2010.

poderia ser imposta à franqueadora, na medida em que não teria sido ela a entidade a emitir o título protestado e porque a recorrente não teria poderes gerenciais sobre a ex-franqueada. Conforme anotado pelo ministro, a principal característica do contrato de franquia é "independência jurídica, administrativa e financeira do franqueado, que não é uma filial da empresa franqueadora e não faz parte de nenhum grupo econômico pois a relação é estritamente comercial". E o julgador destacou ainda a jurisprudência do Tribunal Superior do Trabalho, em que a "mesma empresa franqueadora (...) restou desincumbida de obrigações externas a ela imputadas dada a manifesta ausência de subordinação hierárquica no contrato de *franchising*". Ao cabo, negou provimento ao recurso, destacando que o caso concreto não abarcava nenhuma reclamação da consumidora acerca da qualidade do curso de idiomas ou da estrutura organizacional da rede de franquias, especialmente porque o contrato fora cumprido e a autora tinha ciência a respeito da distinção entre as entidades franqueadora e franqueadas, a antiga e a que a substituiu na prestação dos serviços.

O entendimento firmado em referido julgamento também foi adotado pela Quarta Turma do STJ em decisão ulterior.[1464]

Sem adentrar no detalhamento a respeito da abrangência da responsabilidade solidária na cadeia de consumo – questão que refoge ao tema da presente tese –, é interessante notar, nos votos dos ministros, o reconhecimento do aspecto associativo da relação de franquia, com a possível subordinação de um parceiro ao controle do outro; mas com a manutenção da individualidade de cada entidade. Os julgadores ressaltam ainda o fato de que a relação de rede gera benefícios a todos os seus membros e, assim, haveria uma espécie de "soft law" que irradiaria a responsabilidade entre aqueles. Todos esses pontos foram abordados nos itens anteriores do presente trabalho e a própria divergência entre os ministros do STJ, no *leading case*, também demonstram que a jurisprudência nacional ainda tem desafios bastante relevantes em torno da questão.

Questão destacada por Collins refere-se ainda aos próprios limites das redes contratuais ou, mais precisamente, quem seriam aqueles considerados membros delas e quem seriam os terceiros, em relação a essa coletividade. Segundo ele, essa divisão seria bastante nebulosa, na prática, e, inclusive, Teubner, para quem, por exemplo, os consumidores

[1464] STJ, 4ª T., Ag. Rg. no AREsp 398.786 – PR, Rel. Min. Marco Buzzi, j. 16.2.2016.

sempre devem ser considerados terceiros, faz alguma confusão, ao tratar dessa específica questão. O fato é que, conforme explica o autor inglês, tal indeterminação dos limites das redes contratuais perfaz uma de suas paradoxais caraterísticas, haja vista que, se, de um lado, há dificuldades com relação à definição exata de seus membros, persiste, de outro, sua vantagem em, rapidamente, adaptar-se e responder às oportunidades de negócio que lhes são apresentadas.[1465] Para nós, no entanto, os limites das redes dão-se, exatamente, na extensão da obrigação de cooperar: a cooperação dá-se, em função da realização de uma determinada atividade, voltada a um empreendimento comum. A busca por uma solução em rede (híbrida), como forma de desintegração vertical, visa, em última análise, a atingir o mercado de consumo, de modo mais eficiente aos agentes econômicos. A despeito da dificuldade de delimitação no caso concreto, alguns critérios limitativos podem ser impostos. Parece correto, nesses termos, em uma primeira linha de limitação, que, efetivamente, os destinatários de uma determinada atividade cooperativa (os consumidores) sejam sempre considerados terceiros à rede, especialmente por não realizarem qualquer atividade de cunho produtivo. Essa é, inclusive, a supracitada dinâmica legal estabelecida pelo legislador brasileiro. Entre os entes empresariais, talvez as fronteiras das redes estejam na interdependência entre atividades, com a impossibilidade, por exemplo, de que determinado contrato seja eliminado da rede sem prejuízos graves ao resultado final e/ou na extensão do controle exercido, em uma determinada coletividade. Como exemplo da primeira hipótese, referimo-nos a uma operação *just-in-time*, em que o varejista compartilha seu sistema de controle interno com os fornecedores. Nela, estariam abarcados pela rede todos os contratos necessários – e que não pudessem ser, facilmente, substituídos em mercado –, para que, ao final, um determinado produto alcançasse o estoque do daquele revendedor final. Ainda, com relação à mesma hipótese, poder-se-ia também pensar, em determinados entes responsáveis, por parcela específica de um complexo projeto de construção, os quais, após terem absorvidos largas quantidades de informação a respeito do empreendimento, dificilmente, poderiam ser substituídos, sem implicar graves impactos financeiros à rede. Como exemplo da segunda hipótese, poderia ser mencionada uma rede de franquia, em que os limites da rede

[1465] Collins, Hugh. *Introduction to Networks...*, pp. 65-66.

dar-se-iam, com base na averiguação dos sujeitos atingidos pela regulamentação imposta por um determinado franqueador.[1466] A delimitação da rede, com base na extensão do controle, pode-se dar ainda, nos casos em que todos os membros de uma determinada cadeia de fornecimento estejam relacionados, mediante a observância a um padrão de qualidade necessário à obtenção de uma certa certificação.

Em relação à responsabilidade por danos externos gerados pela rede, Teubner defende, ao cabo, que um eventual dano oriundo de um contrato bilateral realizado pela ponta da rede com o terceiro seja estendido, para os demais membros, na medida da participação de cada um na operação econômica.[1467] Como já referido, o autor alemão esteia toda sua teoria sobre redes contratuais, no modelo de coligação contratual contido no § 358 do BGB, voltado, especificamente, para a hipótese de crédito ao consumo. Segundo ele, referido modelo, que permite ao consumidor ajuizar demandas, indistintamente, contra o vendedor ou a instituição financeira, deveria estender-se para os demais casos de coligação, incluindo, portanto, os casos de rede contratual.[1468] A partir dessa construção, Teubner aponta uma solidariedade do centro da rede, por danos ocasionados pelos demais membros. Assim, nessa hipótese, ele entende que, por exemplo, o franqueador deve ser responsabilizado, conjuntamente, aos franqueados pelos eventuais danos que forem causados aos clientes. Isso porque, caso assim não o fosse, "*franchisors (the peak of distribution organisation)*" sempre estariam livres "*from all contractual liability for portions of the overall package of services that they have effectively performed themselves*".[1469]

Para fundamentar essa extensão de responsabilidade, Teubner vale-se de uma combinação parcial de elementos decorrentes **(i)** do conceito de estipulação em favor de terceiro, **(ii)** da responsabilidade imposta por terceiros que participam da fase de formação do contrato (*culpa in contrahendo* – § 311(III)(1)[1470]) e, por fim, **(iii)** da existência de um propósito de rede.

1466 Em sentido semelhante: WELLENHOFER (Third Party Effects..., p. 122).

1467 TEUBNER, Gunther. *Network as Connected...*, pp. 246-247.

1468 TEUBNER, Gunther. *Networks as Connected...*, p. 175.

1469 TEUBNER, Gunther. *Networks as Connected...*, p. 176.

1470 "*(3) An obligation with duties under section 241 (2) may also come into existence in relation to persons who are not themselves intended to be parties to the contract. Such an obligation comes into existence in particular if the third party, by laying claim to being given a particularly high degree of trust, substantially influences the pre-contract negotiations or the entering into of the contract*".

Nenhum deles sozinho teria o condão de fundamentar a sua conclusão, mas, combinados, construiriam o modelo específico, por ele proposto. Com relação ao primeiro ponto, Teubner destaca que, a despeito de todos os contratos da rede, interligados entre si, terem, em última análise, o fim de favorecer o sujeito externo, o instituto não seria, integralmente, aplicável, exatamente, porque, em geral, em cada um dos contratos bilaterais, há uma indicação expressa de que os pactos terão seus efeitos restritos aos participantes da relação. Faltaria ainda, como pressuposto fundamental para aplicação do conceito, o elemento fiduciário entre o terceiro e o estipulante. De todo modo, o relevante desta mecânica, para ele, é a existência da possibilidade de terceiros virem a exigir o cumprimento de uma dada obrigação contratual.[1471] No tocante ao segundo conceito, ele explicita que, conquanto o instituto da *culpa in contrahendo* não se preste a tratar da responsabilidade por obrigações contratuais, ele evidencia a possibilidade de terceiros, atuantes na fase de negociações, serem responsabilizados por seus próprios atos, durante a etapa preliminar. Especificamente, no caso das redes, considerando a divisão do trabalho efetuada em seu interior, haveria, segundo ele, que se reconhecer a responsabilidade de todos os membros por obrigações contratuais, independentemente de só haver a participação na fase de negociações ou serem, efetivamente, partes no contrato. De acordo com seu entendimento, "[t]*he new provision of § 311(III)(1) BGB, which extend contractual liability in the case of reliance on third parties, might facilitate this approach*".[1472] Como se percebe, enquanto um dos conceitos parte do viés relativo aos contratos internos à rede, para daí construir a existência de uma obrigação perante terceiro, o segundo adota como foco o contrato bilateral celebrado entre o terceiro e uma das pontas da rede, para daí fundamentar a existência de obrigações a outras partes. A combinação de ambas as mecânicas somada às necessárias considerações de que toda a atividade é realizada dentro de um contexto de rede – e não apenas sob a perspectiva de contratos bilaterais

[1471] Teubner, Gunther. *Network as Connected...*, pp. 250-253.

[1472] Teubner, Gunther. *Network as Connected...*, pp. 254-255. Em sentido semelhante, Amstutz destaca que o maior problema das redes reside no fato de que, considerando a estrutura contratual "negociação-celebração-adimplemento", partes que não participaram da fase de conclusão, descumpriram obrigações pertinentes às outras duas (negociação e adimplemento) e, como tal, o prejuízo precisa ser, devidamente, endereçado (The Nemesis of European..., p. 338).

individuais – fundamentaria a existência de uma "*extra-contractual performance relationships*", estendendo as obrigações contratuais com terceiros, para toda a rede.[1473] Nesses termos, Teubner defende que os danos causados a terceiros alheios à rede sejam encaminhados do seguinte modo: inicialmente, haja uma responsabilização de toda a coletividade perante o terceiro e, ulteriormente, haja a divisão, *pro rata*, entre os membros, efetivamente, envolvidos. Segundo ele, ao invés de impor uma coletivização do dano, aplicável nos modelos hierárquicos, esse procedimento garantiria, na realidade, uma re-individualização dos danos, evitando que apenas um dos membros da rede responda, integralmente, por um determinado prejuízo, ocasionado pela coletividade.[1474]

Nós, contudo, discordamos do posicionamento de Teubner, quanto a essa extensão de responsabilidade, por danos ocasionados a terceiros. Para além de dificuldades inerentes à delimitação da exata extensão da cadeia de fornecimento – o que, efetivamente, pode ser fonte de extrema insegurança jurídica –,[1475] há o fato de que o racional de Teubner parece partir da presunção de que as estruturas de rede são sempre organizadas, de forma a evitar a responsabilização de membros da rede, perante terceiros. Essa sua preocupação, que se justifica, como visto, pela ausência de regulamentação específica para o vício de serviços prestados a consumidores, em parte dos ordenamentos europeus, não tem razão de ser, no Direito Brasileiro, à vista da proteção contida no Código de Defesa do Consumidor. Um mesmo viés protetivo, a nosso ver, não se justificaria, para casos de caráter empresarial, em que um terceiro viesse a negociar com a rede, mediante a celebração de contrato bilateral, com um de seus membros. Para casos tais, estaria mantida a relatividade dos efeitos dos contratos e o fenômeno de rede não justificaria uma extensão de responsabilidade, com a imposição de solidariedade entre os membros da coletividade. Com isso, note-se,

[1473] TEUBNER, Gunther. *Network as Connected...*, pp. 259-261.

[1474] TEUBNER, Gunther. *Network as Connected...*, pp. 267-268.

[1475] Nesse aspecto, MICKLITZ, ao analisar as consequências da crise *subprime* de 2008, também destaca a dificuldade de, diante da ausência de acesso à grande parte dos documentos formalizados, nas operações de investimento, de se aplicar os critérios de identificação de rede formulados por TEUBNER, para buscar a delimitação dos eventuais responsáveis por danos causados a terceiros. Como resultado desse óbice, poderia acabar por se gerar uma "*universal responsability*", que é "*just the flipside of* organized irresponsability" (Herd Behaviour..., pp. 126-128).

não se pretende afastar a tutela do ente empresário que, eventualmente, venha a ser submetido a uma manipulação maliciosa do esquema organizativo da rede, mas apenas que, em uma situação de ilicitude, mantenham-se as ordinárias regras de distribuição de ônus probatório (CPC, art. 373) e o prejudicado tenha o ônus de demonstrar a conduta abusiva.

Esse também parece ser o entendimento de Brownsword, que, ao tratar da regulação das redes contratuais, chama atenção à necessidade de que se defina, claramente, quando e de que forma serão aplicados os efeitos de rede a determinadas operações, afastando-se ou se mantendo, por exemplo, a relatividade dos efeitos dos contratos, tal qual reza a tradicional cartilha contratual. Para ele, a opção mais adequada seria a de que, considerando ausente qualquer violação a interesse público, a aderência ou não aos efeitos de rede seja determinada pelas partes, sempre de modo explícito – tal qual se passa, por exemplo, na escolha da lei material aplicável –, haja vista as dificuldades interpretativas que poderiam advir de mensagens implícitas. De qualquer modo, ele conclui que, mesmo diante de um esforço de caracterização, sempre haverá "*grey areas*", com espaço para desentendimento.[1476] Heermann, também recusando uma tal extensão de responsabilidade, destaca a ausência de adequada fundamentação legal, para a proposta apresentada por Teubner.[1477] E, em mesmo sentido, Mouza assevera que, frente às fluídas e confusas barreiras entre essas formas de organização empresarial, o mais adequado seria que o tratamento de externalidades geradas a terceiros sejam tratadas, mediante intervenções regulatórias realizadas por políticas governamentais. Segundo ele, "[a]*ll other attempts would not only be impractible, they would also interfere with freedom of contract; and the whole essence of freedom of contract is precisely to leave parties free to negotiate their own contracts*".[1478]

Um outro aspecto relacionado à relação externa da rede refere-se a eventuais danos que terceiros venham a causar a toda a coletividade e a legitimidade para se buscar algum tipo de tutela em face de uma tal atuação. Como exemplo, Wolf menciona uma falsa publicação, por um

1476 Brownsword, Roger. *Contracts with Network Effects...*, p. 157.

1477 Heermann, Peter W. Multilateral Synallagmas..., p. 116-117.

1478 Mouzas, Stefano. Legal Aspects of Network..., pp. 223-224.

terceiro, de um teste de qualidade de um produto distribuído por uma rede de franquia, que, em decorrência de sua veiculação, gere uma queda de receita de todas as franquias. Em adição, Wolf refere-se ainda à hipótese de os participantes de uma determinada rede serem afetados, por uma interrupção da atividade da rede, em decorrência de uma greve ilegal de funcionários e/ou de um questionamento indevido sobre a titularidade de um determinado direito de propriedade intelectual. Por fim, no campo dos direitos imateriais, o autor traz à baila ainda, como exemplo, o caso de prejuízos gerados aos participantes de uma rede, em função da utilização ilegal, por um terceiro, da marca ostentada pela coletividade.[1479] Em todos esses casos, poderiam surgir, na prática, questões relativas ao direito dos participantes da rede de buscarem ressarcimento pelos danos causados, bem como à forma como deveriam fazê-lo.

Para equacionar os interesses envolvidos, Wolf propõe que seja feito um teste, considerando, essencialmente, o grau de estreitamento e dependência das relações entre as partes. Segundo ele, em uma dada relação de fornecimento, as cortes germânicas não concederiam ao fornecido qualquer direito de indenização, por um ato praticado por terceiro, que impeça o fornecedor de lhe entregar aquilo que fora solicitado. A lógica de tanto reside, no fato de que, em uma regular relação de competição, o fornecido poderia, facilmente, buscar uma outra opção em mercado junto a um competidor do fornecedor original ("*market-supply model*"). Diversa, contudo, seria a solução, caso a relação de fornecimento se desse dentro de uma estrutura integrada, entre setores de uma empresa ou entes de um mesmo grupo empresarial. Afinal, em geral, pela especificidade de determinados produtos, não haveria a possibilidade de as partes se socorrerem ao mercado, para terem suas necessidades atendidas ("*fixed-supply model*"). Nesses termos, Wolf propõe que, casuisticamente, seja sempre analisado se a rede *subjudice* está mais próxima do *market* ou *fixed-supply model*, para, então, definir-se se há ou não o direito do participante da rede de pleitear ressarcimento, em face do sujeito alheio à rede contratual. Ilustrativamente, se se tratar de uma relação de franquia, em que os franqueados estão cingidos a adquirir os produtos revendidos apenas do franqueador e/ou de fornecedores por ele apontados, qualquer ato de terceiro que interrompa as atividades da rede legitimará os participantes

[1479] WOLF, Manfred. The protection of contractual..., pp. 226-235.

a adotar contra aquele as medidas cabíveis para inibição da conduta, bem como para ressarcimento pelos eventuais prejuízos incorridos. Em mesma linha, um tal direito de reparação também existirá, em uma eventual cadeia de fornecimento, em que, devido à extrema dependência entre as partes e à especificidade dos bens produzidos, a interrupção da atividade de um dos membros, por ato de terceiro (ex.: greve ilegal), gere danos aos demais participantes. A tutela aí concedida dar-se-ia, em razão de os membros da rede estarem em coordenação, "*as if it* [they] *were one enterprise*".[1480] De acordo com Wolf, os já referidos atos de terceiro, ao impactaram a atividade do ente central da rede, prejudicam, por consequência, os demais participantes dessa coletividade e, assim, cada um dos lesados poderá buscar o reembolso pelas perdas a si geradas. Ele ressalta, contudo, que cada parte estará legitimada, para pleitear apenas o ressarcimento pelos danos próprios, sem qualquer possibilidade de substituição processual. A uma eventual crítica de que, nesse contexto de pagamento de indenização a todos os membros afetados, o terceiro poderá ser, acentuadamente, onerado, Wolf replica que o importe a ser reembolsado teria ordem de grandeza idêntica ou, no mínimo, similar, caso a mesma estrutura prejudicada estivesse internalizada dentro de uma única entidade. Para além disso, o autor clama ser de rigor que o terceiro se atente ao dever de cuidado em relação a todos aqueles que seu ato ilegal afeta, sem direito a pleitear a limitação de indenização a apenas uma entidade.[1481]

A proposta de Wolf toca a difícil questão atinente aos efeitos dos contratos perante terceiros. De acordo com Luciano Camargo Penteado, admite-se, no Direito Brasileiro, por razões diversas, a irradiação dos efeitos contratuais, independentemente de declaração, e a partir da boa-fé, para que se proteja o conteúdo contratual contra a atuação de terceiro. Este, "dessa maneira, deveria respeitar o contrato de modo geral, não apenas não podendo praticar atos que favoreçam o inadimplemento de deveres principais – a doutrina do terceiro cúmplice –, mas também respeitando o contrato como fato jurídico a ele oponível".[1482] Tais efeitos onerativos fundar-se-iam nos artigos 113 e 927 do Código Civil, de modo que, em

[1480] Wolf, Manfred. The protection of contractual..., pp. 235-237.

[1481] Wolf, Manfred. The protection of contractual..., pp. 237-240.

[1482] Penteado, Luciano Camargo. *Integração de contratos incompletos*..., p. 198.

vista de atos de terceiros que causem impactos ao conteúdo programático contratual, ficará viabilizado pleito indenizatório, na forma aquiliana.[1483] Destacamos, nesse aspecto, que, à distinção do relacionamento interno entre os membros da rede contratual, inexiste entre estes e os terceiros à coletividade, uma relação de rede, motivo pelo qual entendemos inaplicável o racional anteriormente esboçado.[1484]

De qualquer modo, ante a ainda ausente de unificação de entendimentos em torno da matéria, é recomendável, conforme alerta Cevenini, que, tanto quanto possível, os contratos celebrados procurem regular a questão da distribuição da responsabilidade entre os membros da rede, especialmente, a forma como se dará um eventual direito de regresso contra o verdadeiro responsável, bem como que as partes contratem um seguro contra demandas de terceiros.[1485]

4.3. Há a necessidade de criação de um regime específico?

De tudo o que se viu nos itens anteriores, é inegável que, se mesmo, para o fenômeno associativo, em que há um maior grau de integração, e, por vezes, é encarado como um "nexo de contratos",[1486] o contrato permanece

[1483] Penteado, Luciano Camargo. *Integração de contratos incompletos...*, p. 200. Nesse aspecto, o autor elucida: "[q]uando se fala em dever de respeito ao conteúdo do contrato, está-se a falar, por um lado, em dever de observar direitos relativos, mas em sentido especial, ou seja, de não exercer a liberdade de atuação no cenário jurídico, que pode ser vista como uma faculdade em sentido próprio e, portanto, como posição jurídica conductível à noção de direito subjetivo. Nota-se, então, algo muito próximo ao *neminem laedere*, mas concretizado e dirigido ao ato de autonomia privada" (p. 200).

[1484] Vite item IV.4.1.

[1485] Cevenini, Claudia. *Virtual Enterprises...*, pp. 102-103.

[1486] Dentro da perspectiva da Nova Economia Institucional, as empresas podem ser consideradas um nexo de contratos diversos, envolvendo os sócios e outros interessados que têm seus direitos tutelados pelo Direito Societário. De acordo com Collins, "[t]*he contract paradigm involves two parties to the bilateral exchange. Apart from very simple partnerships between two persons, a business association usually involves numerous participants, such as employees, directors, and investors including banks and shareholders. At the hub of the business association resides the corporate entity, which enters into contracts with the various participants such as employees and directors. Indeed, a typical corporation can be described as a network of contracts in the sense that contractual spokes surround the hub of the corporate entity, though, for the reasons explained above, the ideas of enterprise risk and responsibility and duties of loyalty distinguish these contracts inside a business associations from ordinary market*" (*Introduction to Networks...*, pp. 8-9).

como instrumento central, na conciliação de interesses,[1487] não há, ao menos no atual estado da arte, como afastar sua matriz teórica da análise das questões envolvendo redes contratuais. Tanto assim o é que o próprio Teubner, a despeito de considerar inadequados tanto o conceito de troca, quanto o de associação, para regular as redes, admite que "*the comprehensive doctrinal treatment of networks can only be founded upon a 'law of contractual organisation' that incorporates 'organisational' elements, that is, relational and multilateral elements, whithin the category of contract law*".[1488]

Parece-nos haver, assim, a necessidade de adequação de algumas das regras da tradicional teoria do contrato (edificada sobre o paradigma da troca), em vista das características específicas verificadas, no caso concreto,[1489] com a alteração de parâmetros interpretativos,[1490] mediada, especialmente, pelo dever de cooperação – que seria distinto, conforme prevaleçam elementos de troca ou de associação. Com efeito, já há

[1487] Ascarelli, Tulio. *O contrato plurilateral*..., p. 258. Ainda sobre o ponto: "[c]*contracts are legal instruments that allow parties to cooperate by making binding commitments both credible and less costly in economic and social interactions*" (Golobardes, Mireia Artigot i; Pomar, Fernando Gómez. Dissecting Long-Term..., p. 41).

[1488] Teubner, Gunther. *Networks as Connected Contracts*. Oxford: Hart Publishing, 2011, p. 145.

[1489] Nesse sentido, Grundmann, Caffagi e Vettori destacam, genericamente, que a existência de objetivos a serem partilhados entre as partes pode afetar pontos relevantes do tradicional direito contratual, tais como a impossibilidade de realização da operação econômica, a relatividade dos efeitos dos contratos, a interpretação dos negócios correlacionados etc. Concluem, assim, que "*irrespective of the disputes named, all those inquiries dealing specifically with networks of contracts are in favour of some kind of a modification of traditional contract law*" (The contractual basis..., pp. 20-25).

[1490] Nesse aspecto, Wellenhofer também diz compreender que os instrumentos legais existentes são, suficientemente, flexíveis para resolver as questões envolvendo a temática das redes contratuais. Isso, contudo, não significa ignorar o contexto de rede, mas, ao inverso, esclarecer, em que medida se alteram os parâmetros interpretativos das obrigações contratuais entre as partes. Ela destaca ainda que mesmo Rohe, que defende a criação de um regime específico, reconhece, ao cabo, que grande parte dos resultados práticos necessários já podem ser atingidos, por via de interpretação contratual (Wellenhofer, Marina. Third Party Effects..., p. 121). Gillette, por sua vez, destaca que os contratos, inseridos em contexto de rede, devem ser interpretados não como negócios isolados – sem efeitos externos –, mas considerando todas as externalidades geradas pelos demais membros da rede, que não, necessariamente, são parte do contrato. Esse "relaxamento" das premissas contratuais estaria em harmonia com aquilo que as partes arquitetaram para si mesmas (Gillette, Clayton P. Contractual Networks..., pp. 79-80).

instrumentos legais que permitem ao intérprete absorver a complexa realidade fática da rede, a exemplo da cláusula geral de boa-fé objetiva (CC, art. 422), bastando, a nosso ver, que os operadores do Direito tomem efetiva consciência quanto à existência do fenômeno e suas consequências nas relações que estejam em rede. A positivação sistemática das redes, embora certamente contribua para o seu amplo reconhecimento no meio jurídico e eventual redução de insegurança jurídica quanto ao conceito, tem o desafio de não promover o engessamento da matéria (vide a experiência italiana),[1491] especialmente pelo fato de que a variação de estruturas, contendo elementos de troca e de associação, tornaria muito difícil – para não dizer impossível – abstrair um conjunto de regras (regime específico) aplicável a todas as operações híbridas, independentemente de qual eixo se estivesse mais próximo (mercado ou hierarquia).[1492] Em resumo: já há instrumentos legais, no ordenamento nacional, aptos a permitir a operacionalização do conceito de rede; o seu reconhecimento, no entanto, seria ampliado com sua positivação no texto legal, o qual, caso assim se opte como política legislativa, não deverá se estender ao ponto de retirar do intérprete a flexibilidade necessária à análise das operações estruturada sob este fluído formato.

Em sentido similar, Collins destaca que "[r]*ecognition of the network concept in this context does not require a major reconceptualisation of the law,*

[1491] Sobre o ponto, fazemos referência ao comentário realizado no item supra II.3.1.

[1492] A despeito dessa variação, Grundmann, Caffagi e Vettori registram que, em geral, o que prevalece são os elementos de mercado. Isso é o que se denota do regime legal aplicável ao término do contrato, ao partilhamento de informações, no limite de elementos de hierarquia introduzidos na relação (The contractual basis..., pp. 33-34). Deakin, por sua vez, salienta que a separação entre mercado, hierarquia e redes se prestam mais para construção de modelo de análise do que a, efetivamente, representar a realidade da organização industrial, em que tais ordens encontram-se "*overlapping, embedded, intertwined, juxtaposed and nested*" (Deakin, Simon. Network Relations in Historical..., p. 55). Druey, igualmente, contrapõe-se, por ora, à positivação do conceito de rede, mormente face à ausência de uma definição fática precisa, em torno do fenômeno (Druey, Jean Nicolas. The difficult Legal..., pp. 94-95). O autor, assim, destaca que "[t]*he network-wave is connected to a discovery, not an evolution. This renders the legal task more complex. There is a substantial chance that the network or its conceptual constituents may appear under other denominations in the legal vocabulary, and the phenomenon to be considered is not merely the network itself, but the growth of interest in the term. In other words, the question for the law is not only what to do about the network, but also what everyone means – from a legal stand-point- when they use the word*" (p. 89).

but merely subtle tweaks to the interpretation to the parties' obligation in the light of the purpose of the network".[1493] Para ele, o contexto de rede provê os julgadores de fundamentos, ora para aumentar os deveres das partes em um determinado contrato – tal como se dá, por exemplo, na exigência de aviso prévio –,[1494] ora para reafirmar os termos expressos de determinado acerto – conforme, ilustrativamente, ocorreu, no caso em que se penalizou o franqueado do Mc Donald's pelo uso indevido das grelhas.[1495] Para além disso, ele destaca que, embora seja "tentador" buscar a criação de mecanismos legais, para a tutela dos menos favorecidos pelo contexto de rede, fato é que "*non-legal sanctions may serve sufficiently to protect the network form the desintegrative pressures which arise from opportunism, without the need for law to reallocate liability risks*".[1496]

De outro lado, não obstante a necessidade de conformação das obrigações contratuais ao contexto de rede, há, como já abordado,[1497] que se reconhecer a existência de uma outra relação jurídica formada entre os membros da rede que não se encontram vinculados por liames contratuais. De efeito, nossa conclusão, nessa toada, é a de que o maior efeito do fenômeno de rede contratual é o de gerar uma acendrada obrigação de cooperação entre os seus membros, com destaque àqueles que não possuem vínculo contratual entre si, que, diante de um tal contexto, devem, obrigatoriamente, atuar em prol do empreendimento comum explorado. Surge, assim, um negócio jurídico unilateral não-receptício que dá azo a uma nova relação jurídica – a relação de rede –, que, de um lado, gera carga de deveres maior do que a existente, em uma mera relação de competição, ambientada no mercado; mas, de outro, inferior a uma outra de natureza associativa.[1498] Para além da intensificação dos deveres de boa-fé, com o

[1493] Collins, Hugh. *Introduction to Networks...*, p. 51.

[1494] Vide item III.3.2.1.

[1495] Vide item III.3.2.3. No mesmo senso: Wellenhofer (Third Party Effects..., pp. 124-125).

[1496] Collins, Hugh. The Network Architecture of..., p. 210.

[1497] Vide item IV.4.1.

[1498] Embora não delineie a natureza jurídica da relação de rede, a conclusão final de Weitzenboeck não difere das nossa em linhas gerais. Confira-se: "[t]*he case studies have shown that the regulatory tool of preference of dynamic networks contract. The term 'contract' here refers to contract in its myriad flexible forms: as biding 'rules of the game', as associations statutes and as agreements (with clients as well as between the various parties i.e., virtual enterprise parties, among enterprise pool members and in long-term dynamic networks with lead partner). On a closer investigation of what type*

reconhecimento de um novo tipo de relação, cremos que, excepcionados os casos de consumo, mantêm-se inatacados os efeitos relativos dos contratos bilaterais da rede, inexistindo uma extensão da responsabilidade por eventuais incumprimentos entre os participantes da rede. Nessa medida, parece-nos que, ao invés da criação de um regime específico voltado às redes contratuais, bastaria, em princípio, para a solução de maior parte dos conflitos oriundos de um tal cenário, o reconhecimento da existência da relação de rede, submetida ao regime de responsabilidade negocial. Tal reconhecimento, como dito acima, não demandaria, necessariamente, a positivação, embora esta pudesse vir a ser realizada, como política legislativa para se ampliar o reconhecimento do fenômeno.

Repisa-se, nesse ponto, a já referida proposta de Grundmann, Caffagi e Vettori,[1499] para que seja reconhecida, no meio jurídico, a existência de uma categoria dos contratos organizacionais, a abarcar complexos contratos, em regra, de longa-duração, cujo objeto não poderia ser, especificamente, delimitado *a priori*, com a participação de apenas dois ou de uma multiplicidade de parceiros e com traços de caráter associativo.[1500] Tal conceito, a nosso ver, embora os autores apontem se referir a negócios de longo prazo e com caráter de rede, poderia ser alargado, para abranger o amplo espectro de arranjos econômicos cooperativo de natureza híbrida, especialmente em função de sua finalidade de organizar uma determinada atividade econômica.

of contracts these are, it became clear that the contracts between the dynamic network parties are not traditional exchange contracts but collaborative contracts. Interweaved in this mesh is the important role of good faith and fair dealing in the performance of such collaborative contracts. The importance of good faith as an underlying principle in contract performance in may countries (e.g. civilian systems, Norway and the US) five rise, we have argued, to additional good faith duties which, in effect, are fiduciary duties. Fiduciary duties are usually discussed in the realm of partnership and company law as duties of, respectively, partners and directors. The discussion of additional good faith duties in the context of collaborative contracts like those used by the dynamic networks examined in this book is evidence, I submit, of contract treading into the partnership regime" (*A legal framework for emerging...*, p. 334).

1499 Vide item I.3.4.

1500 Grundmann, Stefan; Caffagi, Fabrizio; Vettori; Giuseppe. The contractual basis..., p. 5. Em sentido semelhante, Teubner destaca a necessidade de que se construam modelos de análise das redes, em que sejam reconhecidos os seus elementos organizacionais, mas evitando que se desconsiderem os seus elementos contratuais (Teubner, Gunther. *Network as Connected...*, pp. 116-117).

[illegible] em consequência, [illegible] de consumo, [illegible] os [illegible] [illegible]

Rompe-se, nesse ponto, a referência [illegible] de uma [illegible] Tal [illegible] especialmente [illegible] atividade econômica.

[illegible]

CONCLUSÕES

No capítulo introdutório do presente trabalho, foram indicadas perguntas para as quais se buscariam respostas neste ensaio, quais sejam, **(i)** houve uma alteração no paradigma econômico que inspirou as regras contratuais de grande parte dos ordenamentos jurídicos?; **(ii)** se sim, quais seriam as principais características desse novo paradigma econômico?; **(iii)** ainda, esse novo paradigma econômico acarreta impactos na aplicação das regras contratuais existentes no ordenamento jurídico brasileiro e de que maneira?; **(iv)** por fim, há a necessidade de positivação de novas regras contratuais por conta desse eventual novo paradigma econômico?

Após as investigações que foram realizadas até aqui, espera-se ter respondido, satisfatoriamente, aos questionamentos propostos, mas que, para fins de clareza e em linha de conclusão, registra-se a seguir.

Não há dúvidas de que **(i)** houve, sim, uma profunda alteração no paradigma econômico em se fundaram as regras contratuais incluídas em grande parte dos ordenamentos jurídicos do sistema romano-germânico. Tal conclusão é justificada a partir das ideias, anteriormente, desenvolvidas e abaixo resumidas:

1. A análise dos arranjos de contratação híbrida demanda o estudo preliminar das formas de contratação que se encontram nos extremos do eixo sobre aqueles se encontram situados, quais sejam, os contratos de intercâmbio, de um lado, e os contratos de associação de outro;

2. Os contratos de intercâmbio surgiram, em momento anterior da história, e foram moldados sobre a ideia da troca de bens entre indivíduos. Foram ainda o modelo utilizado por grande parte dos códigos e estatutos elaborados sob a égide do pensamento contratual clássico, com destaque ao *Code*, como texto elementar, e ao Código Civil Brasileiro de 1916, como norma que abraçou o ideário, no terreno nacional;
3. A associação, de outro lado, surge, a partir do sentimento gregário do homem. Os diversos tipos societários hoje existentes desenvolveram-se, lentamente, através dos tempos, como resposta às necessidades dos agentes econômicos, no exercício da atividade econômica. Matrizes teóricas diversas buscaram explicar a natureza jurídica do fenômeno associativo, prevalecendo, entre elas, a do contrato plurilateral, que reconciliou aquele à noção de contrato, conforme ideário de Ascarelli. Diversamente dos contratos de permuta, há, nos associativos, uma convergência de interesses das partes voltado à obtenção de um mesmo resultado (fim comum), ao qual se ligam tantos outros fins individuais pretendidos pelas partes com o negócio. Há, portanto, nos plurilaterais, um nexo de instrumentalidade entre as prestações de cada parte, todas voltadas à organização de uma determinada atividade. Embora não tenha sido assim formulada, a teoria dos contratos plurilaterais de Ascarelli, ao tratar do aspecto organizativo destes negócios mesmo entre partes não associadas, dava indicativos da existência de arranjos de natureza híbrida;
4. No decorrer do século XX, há uma profunda alteração na forma de organização produtiva. Inicialmente, abandona-se o modo manufatureiro de produção, com a introdução do modelo fordista, visando, essencialmente, à produção de bens de mesmo padrão e em larga quantidade. Nesse novo panorama econômico, a teoria contratual clássica também sofre alterações, com o relaxamento das características ligadas à impessoalidade e à presentificação. Na segunda metade do mesmo século XX, o modal econômico enfrenta uma nova onda de transformação. Pressionados pela constante necessidade de inovação tecnológica, os agentes econômicos passam a buscar novas formas de organização da atividade produtiva, abandonando o, até então, tradicional modelo fundado na integração vertical e na

gestão hierárquica. Como consequência, a teoria contratual é, uma vez mais, impactada, com o surgimento de novos questionamentos a seus paradigmas;

5. As transformações mercadológicas acarretaram o surgimento – ou a elevação de frequência – de novos padrões de contratação, contendo, simultaneamente, elementos de mercado e de hierarquia – soluções produtivas às quais se ligam, respectivamente, os contratos de permuta e os de associação. Esses novos modelos híbridos de contratação, esteados, firmemente, na colaboração entre agentes econômicos não associados, geram, de um lado, um efeito sinergético, a beneficiar todos os envolvidos, mas, de outro, uma estrutura contraditória, em que as partes, a um só tempo, competem e cooperam entre si;
6. A Teoria dos Contratos Relacionais inaugura uma nova abordagem contratual, iluminando o contexto social em que se encontrava inserida determinada operação econômica instrumentalizada no contrato. Entre seus diversos caracteres distintos em relação aos contratos descontínuos, vale o destaque ao reposicionamento da cooperação como elemento central de tais negócios. A despeito das críticas às formulações da teoria relacional, especialmente no que toca à sua complexidade e aplicabilidade, o fato é que ela abriu espaço para uma perspectiva complementar da análise contratual, inclusive permitindo, ulteriormente, o reconhecimento dos arranjos híbridos de contratação;
7. A temática dos arranjos híbridos de contratação ainda não foi, completamente, absorvida pela dogmática jurídica. A despeito de a questão não ser, exatamente, nova, e muito já se ter discutido, em torno de negócios, em que há um escopo comum entre os envolvidos, o tratamento aos arranjos cooperativos não é uniforme nem na doutrina nacional, nem na estrangeira. Para além dos contratos cooperativos, os arranjos híbridos abarcam também uma categoria ainda mais ampla e amorfa, qual seja, a das redes contratuais. Todas essas formas de organizar a atividade produtiva, conquanto bastante variadas entre si, encetam um fenômeno diverso dos contratos de permuta e de associação e, portanto, clamam por um exame a ele dirigido, sob a ótica da dogmática jurídica.

Uma vez compreendida a profunda alteração que se processou nos modais econômicos da atividade produtiva, buscamos **(ii)** identificar as principais características desse novo paradigma e que se encontram adiante sintetizados:

1. Nos arranjos híbridos de contratação, a estrutura econômica subjacente ao contrato gera padrões diversos dos negócios de permuta e de associação. Há, nos híbridos, uma prestação de caráter instrumental e outra de caráter final. A primeira, de forma semelhante ao que se passa nos pactos de intercâmbio, caracteriza-se pela transferência de um bem ou direito de uma parte à outra. Tal transferência, contudo, não representa um fim em si mesmo, mas se dá apenas para que a outra parte possa executar a prestação que lhe cabe (a prestação final). Nessa operação econômica, inexiste a afetação do patrimônio à pessoa jurídica distinta e cada parte preserva a sua independência e individualidade. Há, portanto, uma relação de instrumentalidade entre as prestações das partes, de modo que os interesses convergem, mas permanecem distintos. Esquematicamente, as distinções entre os contratos de permuta, de associação e de cooperação podem ser representados do seguinte modo:

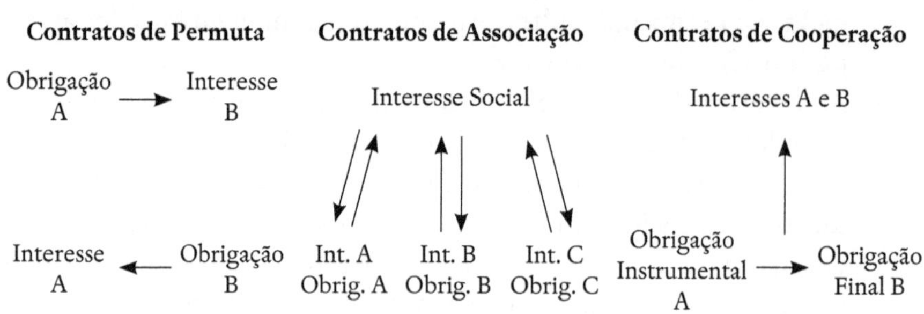

2. A coligação contratual é, amplamente, utilizada para dar azo a arranjos cooperativos entre entes empresariais. Mediante a combinação de contratos diversos, estruturam-se relações, mediante as quais as partes mantêm sua autonomia, mas conferem instrumentos para que determinado fim (projeto comum) seja explorado conjuntamente. Como exemplos de tais arranjos, há as figuras da

joint venture, do consórcio, da aliança. Em todas elas, os agentes econômicos desfrutam de parte das vantagens da concentração empresarial, sem que, necessariamente, precisem se fundir ou incorporar umas a outras, mantendo, por conseguinte, sua autonomia. Não se nega, contudo, que, em diversos casos, quanto mais se aproxima do polo associativo, ingressa-se em zona cinzenta, em que há a atração de mais e mais direitos e deveres de caráter societário, sem, contudo, haver a incidência integral deste regime aos arranjos de natureza híbrida;

3. As redes contratuais, outra expressão da cooperação entre entes empresariais, perfaz fenômeno amorfo, cujos contornos ainda não foram, completamente, apreendidos pela doutrina e jurisprudência, nos mais diversos ordenamentos. No espaço nacional, a despeito de se tratar de realidade conhecida, inclusive com expressa referência a ela em texto legal e decisões judiciais, inexiste um tratamento uniforme e, no mais das vezes, vale-se das redes contratuais mais como um mero reforço retórico do que como um conceito jurídico, cujos efeitos são, efetivamente, conhecidos. Por tudo isso, fica evidenciado que ainda não se atingiu a maturidade científica quanto às redes de contratos. De qualquer modo, não parece haver dúvidas quanto à existência do fenômeno, que partilha de outras características atribuíveis aos arranjos de natureza híbrida, mormente no que toca à intensificação da exigência de boa-fé das partes;
4. Na casuística, as redes contratuais podem assumir configurações diversas tanto em termos de formato, quanto em relação aos segmentos aplicáveis e outrossim no tocante à sua duração. A doutrina especializada identifica a existência de redes contratuais, nos mais diversos arranjos empresariais, extrapolando, em certos casos, o que, efetivamente, conforma este fenômeno fático. As redes perfazem um fenômeno da realidade empresarial, em que uma multiplicidade de partes, sem qualquer vínculo associativo, atua, de modo estável, coordenado e cooperativo, para organizar uma determinada atividade produtiva (propósito comum), por meio de diversos contratos relacionados, direta ou indiretamente, entre si, gerando, em consequência, um efeito sinergético benéfico a todos;

5. Nos arranjos contratuais de natureza híbrida – diversamente do que se passa, nos acordos associativos, em que há uma comunhão de interesses dos envolvidos –, persiste uma constante tensão entre interesses particulares e comuns das partes. A intensidade desses interesses, meramente, individuais ou coletivos eleva-se, conforme se avance, respectivamente, em direção ao eixo dos contratos de permuta ou ao dos acordos associativos, alargando e reduzindo o denominador comum existente entre as partes. De todo modo, a existência de tal intento comum, ainda que em menor intensidade dos que nos acordos associativos, gera efeitos relevantes aos negócios de caráter híbrido, primordialmente quanto à intensificação dos deveres de cooperação entre todos os partícipes. Nos arranjos híbridos, o *nostra res agitur*, de caráter associativo, imiscui-se no *mea res agitur*, característico das relações de permuta. Desse modo, a despeito da estrutura sinalagmática da contratação, haverá uma forte dose de cooperação mútua entre as partes, variando, conforme o arranjo híbrido esteja mais próximo do eixo dos contratos de troca (menor cooperação) ou dos acordos associativos (maior cooperação), com a imposição de uma carga, respectivamente, maior ou menor de deveres (positivos e negativos) das partes. A despeito da elasticidade quanto a seu conteúdo, o fato é que o *animus cooperandi* está sempre presente em tais formas de contratação, demandando dos participantes da relação contratual um comportamento comissivo, em prol do projeto comum vislumbrado, mas sem que se chegue ao ponto de exigir que uma parte, efetivamente, assuma responsabilidade pelos riscos, individualmente, tomados por sua parceira. A confiança, nesse contexto, assume grande relevância para tais arranjos, garantindo a manutenção de coesão do vínculo e a coordenação da atividade desenvolvida;
6. A confiança oriunda da existência de um empreendimento comum às partes vem ainda reforçada pelo caráter *intuito personae* que recai sobre os arranjos de contratação híbrida. Tal característica destes esquemas de organização empresarial impõe que, durante toda a vida do programa contratual, mantenham-se as qualidades que inspiraram o depósito de fé sobre a capacidade e/ou a habilidade do parceiro, as quais, uma vez desaparecidas, podem, inclusive, ensejar a extinção do contrato;

7. Usualmente, os arranjos de contratação híbrida são negócios de longa duração, contando, em geral, com dois momentos bastante distintos: **(i)** em primeiro lugar, há o compartilhamento dos ativos complementares necessários ao projeto comum (prestação instrumentária), para que então, **(ii)** mediante a execução de tal projeto, as partes aufiram os eventuais resultados positivos de tal empreitada (prestação final). Por tal característica, cuja consequência é a existência de uma lacunosidade intencional no texto escrito (incompletude contratual), há de ser reconhecido um aspecto evolutivo dos arranjos de natureza híbrida. As obrigações das partes, ao longo da execução do contrato, vão se transformando e se adaptando ao cotidiano negocial, sempre, porém, com norte nos eixos pactuados para o projeto comum. Nessa medida, as partes, em geral, valem-se de estruturas de tomada de decisão (regras processuais), semelhantes às existentes em negócios de associação, para regular o seu próprio comportamento, ante às necessidades de adaptação das prestações;
8. Diversamente do que se passa em acordos de natureza associativa – em que os partícipes suportam, de igual maneira, sempre proporcional à sua participação, o risco relacionado à atividade a ser desenvolvida –, os riscos de cada um dos contratantes, nos arranjos de contratação híbrida, conquanto se relacionem, permanecem independentes. Inexiste, nos híbridos, uma coincidência de áleas. Mesmo nos casos em que se apresentam como entidade única perante terceiros (ex.: consumidores), cada parte preserva sua individualidade, quanto à identidade e patrimônio, sem que haja a formação de uma associação. De todo modo, em função da relação de dependência que se estabelece entre as partes, faz-se de rigor uma continuada coordenação das atividades de cada uma, conformando um único processo produtivo, no contexto do qual as áleas estão em relação interdependência;
9. Nos híbridos, prevalece, em regra, durante toda a vida contratual, uma igualdade jurídica entre os parceiros, a lhes conferir prerrogativas similares quanto às definições dos rumos do empreendimento comum, mormente nas hipóteses de superveniência de eventos inesperados. Nada impede, contudo, que, para o bom resultado do arranjo cooperativo, sejam conferidas determinadas prerrogativas

contratuais de parte a parte, as quais, entretanto, não deverão sempre ser exercidas, em prol do empreendimento comum – e, não, exclusivamente, em proveito próprio. Não raro o controle da atividade dos parceiros, especialmente no contexto das redes de contratos, dá-se, mediante a instituição de órgãos específicos contratualmente estabelecidos. Tais órgãos contam, no mais das vezes, com elementos característicos dos regimes associativos (hierarquia). Nesse contexto, é bem comum, e nada há de ilegal nisso, que se forme uma relação de dependência econômica entre os parceiros de negócios cooperativos. Esse cenário de forte vinculação econômica não rompe com a igualdade jurídica das partes e somente deve ser fonte de preocupações, nos casos em que houver um abuso de poder dominante de um contratante sobre o outro;

10. Os arranjos de natureza híbrida, em vista da elevada probabilidade do desenvolvimento de práticas oportunistas pelos envolvidos, demandam a cuidadosa escolha de mecanismos de solução de conflitos adequados às relações concretas. Tais mecanismos deverão dar suporte ao processo de conhecimento dos parceiros entre si, de modo a fortalecer o vínculo de confiança existente. Não é raro que a busca por mecanismos de solução de disputas, alternativos ao Poder Judiciário, visem à preservação do sigilo da relação existente entre as partes;
11. Dado **(i)** o intento lucrativo das partes na organização do empreendimento comum, é induvidoso que os arranjos contratuais de natureza híbrida se encontram incluídos na categoria mais ampla dos contratos empresariais. Por esta razão, contam ainda com os seguintes caracteres adicionais: **(ii)** a assunção do risco pelo agente econômico, consistente na eventualidade de este vir a perder, total ou parcialmente, o capital destacado para o exercício da atividade desenvolvida; **(iii)** a profissionalidade do empresário, implicando-lhe o ônus jurídico de se informar, adequadamente, a respeito do empreendimento que pretende realizar; **(iv)** a demanda por um grau mais elevado de segurança jurídica, com a revalorização da força obrigatória dos contratos, visando à geração de um ambiente de previsibilidade; **(v)** a acentuada relevância aos usos e costumes, como fonte de regras geradas a partir de práticas consolidadas no mercado, cuja observância é, assim, esperada pelo contratantes;

(vi) a flexibilidade e a agilidade, decorrentes da dinamicidade do mercado, com a consectária redução do formalismo na instrumentalização das obrigações; e **(vii)** a modulação da cláusula de boa-fé objetiva, com afinco na limitação de condutas oportunistas;

12. O dever de informar, inerente à fase de pontuação de qualquer negócio, intensifica-se, quando estiver a se tratar de arranjos de contratação híbrida. Tal se dá não apenas em função da acentuada incidência da cláusula geral de boa-fé objetiva, como também pelo próprio interesse do contratante instrumental em fornecer todo o rol de conhecimento necessário, para que o contratante final exerça, de modo adequado, a prestação que lhe cabe, no empreendimento comum. Essa intensificação do dever de informar, contudo, não afasta o ônus de se informar da parte, típico dos negócios de caráter empresarial. Assim, um eventual conflito baseado em uma alegada falha na obrigação de informar deverá resolver-se com base em um critério de "disponibilidade-relevância" – *i.e.*, caberá ao julgador **(i)** avaliar se o credor da informação poderia, efetivamente, vir a obtê-la no caso concreto, e a um custo razoável, bem como **(ii)** examinar se, uma vez constatado determinado dano, a perda decorreu, de forma direta, da violação ao dever de prestar determinada informação;
13. Não obstante não perfaça objeto da presente investigação, a questão da coligação contratual tem pontos de contatos com os arranjos híbridos, seja com relação às estruturas complexas de cooperação, seja no tocante às redes contratuais. Entre as principais consequências jurídicas advindas do fenômeno, há que se sublinhar: **(i)** a necessidade de que as cláusulas contratuais sejam interpretadas, conjuntamente, as dos negócios em coligação; **(ii)** o fato de a coligação funcionar como um índice de determinado tipo contratual; **(iii)** a possibilidade de a coligação derrogar, total ou parcialmente, as regras de determinado tipo contratual; a irradiação **(iv)** da invalidade e/ou **(v)** ineficácia de um contrato a um outro que lhe seja coligado, exceto se o fim concreto do negócio não vier a ser afetado. Especificamente no campo da ineficácia, há vasta discussão acerca da possibilidade de que os efeitos de um contrato sejam imputados àqueles que dele não fizeram parte, mas que participaram de negócios coligados.

Todas essas características específicas dos arranjos híbridos de contratação, com a exsurgência de novas formas de produção e, portanto, não vislumbrada pelos idealizadores do quadro normativo contratual existente, **(iii)** demandam, a toda evidência, uma revaloração das regras legais para que sua aplicação seja condizente à realidade negocial vivenciada nesse novo contexto produtivo. De forma resumida:

1. O intrincado sistema de extinção da relação obrigacional conta com algumas especificidades, quando se tratar do término dos arranjos de natureza híbrida. Tal se dá, essencialmente, em função da acentuada integração entre as atividades das empresas participantes do vínculo, que, para se separarem, demandam uma fase de liquidação da relação. Em geral, nesse momento, o paralelismo de interesses que vigorou durante toda a vida contratual converte-se em franco antagonismo de posições, expondo as especificidades da dinâmica do relacionamento híbrido;
2. No tocante à extinção do vínculo contratual por fatos contemporâneos ao surgimento da relação negocial, há que se repisar a relevância do dever de informação na fase pré-negocial, cujo cumprimento adequado protegerá o consentimento externado pelos parceiros. Conquanto as hipóteses de análise sejam casuísticas, vale o destaque a certos aspectos de caráter mais acentuada. Assim, em matéria de erro, haverá sempre que se atentar à individualização dos riscos assumidos por cada um dos parceiros, bem como ao caráter *intuito personae* dos negócios cooperativos que venham a se formar, exclusivamente, em função de determinadas características das partes. No que atine ao dolo, impende-se a observância à dinâmica entre o dever de informar e o ônus de se informar, característica dos híbridos, sem que o segundo seja extrapolado, a ponto de se exigir o dispêndio de recursos desnecessários; a confiança exerce, nesse aspecto, relevante papel de proteção ao consentimento. A formação do vínculo contratual deve ainda estar protegida nas hipóteses de abuso de dependência econômica, conforme ditames do Direito Concorrencial;
3. A profunda interação entre as partes e seus ativos, nos arranjos cooperativos, protege ainda as partes contra rupturas repentinas do relacionamento em negócios de prazo indeterminado. Em

decorrência da intensificação dos deveres de lealdade, há, nos híbridos, um efetivo dever de concessão de aviso prévio à denúncia, a fim de que sejam adotadas as providências necessárias ao término do vínculo contratual. A tutela dos investimentos realizados por uma das partes, para a execução do empreendimento comum, também mitiga a prerrogativa à livre denúncia contratual de acordos sem prazo. Àqueles com determinação de prazo, conquanto inexista qualquer sorte de obrigação de renovação, poderá configurar-se uma hipótese de abuso, quando se gerar no parceiro a expectativa de renovação, sem que tal se dê ulteriormente. É usual ainda, nos híbridos, a existência de cláusulas de renovação ou prorrogação automática, no que, para alguns, conduz a um *tertium* gênero entre os contratos com prazo determinado e os de prazo indeterminado. Nestes, aquele que não deseja prosseguir com o vínculo contratual, deverá opor-se tempestivamente à sua continuidade. Inexiste, contudo, em vista da flexibilidade inerente aos híbridos, qualquer dever de oposição motivada daquele que não mais deseja manter o vínculo contratual, tampouco uma regra geral de indenização pelo término de uma relação duradoura de natureza híbrida;

4. No Direito Brasileiro, não é admitida a intervenção jurisdicional, no conteúdo dos acordos de natureza híbrida. Tal entendimento é corroborado não apenas pela própria solução contida no modelo da onerosidade excessiva – que, na ausência de consenso, admite apenas a resolução –, como, especialmente, pelo efeito negativo que uma indevida intervenção de terceiros pode acarretar à cooperação existente no acordo. Todavia, uma vez identificado o suporte fático do modelo da onerosidade excessiva, faz-se de rigor que, diante a de um intensificado dever de cooperar que permeia as relações híbridas, seja imposto às partes um dever de renegociar, independentemente de haver ou não previsão contratual a respeito. A esse respeito, é importante frisar que inexiste um efetivo dever de adaptar, enquanto uma obrigação de resultado, mas, sim, uma obrigação de renegociar, como obrigação de meio. A violação de qualquer uma das partes no cumprimento dessa obrigação ensejará sua responsabilização, na forma da perda de uma chance;

5. Em se tratando de acordo cooperativo, em que a confiança entre as partes exsurge como elemento essencial, uma violação contratual, ainda que de menor relevância ao programa vislumbrado, mas que comprometa, definitivamente, o elemento fiduciário, poderá dar ensejo ao direito resolutivo do negócio. A *contrario senso*, será considerado abusivo o pleito resolutivo, por descumprimento contratual que não reverbere na relação de confiança entre as partes. No caso específico das redes contratuais, há que se considerar a repercussão da violação contratual aos demais membros dessa coletividade. O caráter personalista dos híbridos implica também que, uma vez instalada uma crise entre as partes acerca do cumprimento das respectivas prestações, o negócio resolva-se, usualmente, em perdas e danos, com pouco espaço para a execução forçada das obrigações. A intensificação dos deveres de lealdade impõe que, mesmo sem qualquer previsão contratual, seja concedida, quando possível, a possibilidade de purgação do incumprimento, antes do pleito resolutivo. Como não poderia deixar de ser, a *exceptio*, no contexto da cooperação, também somente poderá ser utilizada diante do descumprimento simultâneo de obrigações que, efetivamente, afete o empreendimento comum projetado pelas partes. De todo modo, a melhor solução ao incumprimento de obrigações, nos híbridos, somente poderá ser avaliada de forma casuística, consideradas as especificidades do negócio;
6. Não raro se vislumbra, nos híbridos, uma hipótese de inadimplemento recíproco, seara ainda pouco explorada em doutrina e jurisprudência. Nesses casos, a solução da situação de crise contratual dar-se-á a partir das consequências jurídicas geradas pelo respectivo incumprimento de cada parte – no mais das vezes, mediante a compensação da indenização concedida, em procedimento jurisdicional, aos participantes da relação (CC, art. 368). Nesse âmbito, a maior dificuldade reside em definir qual caminho deverá prevalecer, diante de uma situação fática, em que, a partir de mútuos incumprimentos definitivos, uma parte pleiteie a resolução; e outra, a realização pelo equivalente. Para tanto, já se propôs que a análise se dê, mediante os seguintes critérios: **(i)** identificação da relevância de cada incumprimento para a economia global do contrato, tomando por base a estrutura

concêntrica de organização das obrigações deste; **(ii)** busca pela solução que gere menos prejuízos às partes; e **(iii)** investigação dos sacrifícios individuais que serão acarretados às partes, em cada uma das soluções;

7. Dada a intrincada relação entre as obrigações existentes no seio dos negócios híbridos, cuja coordenação perfaz elemento essencial para o bom sucesso do empreendimento comum, afigura-se com maior naturalidade que a eventual impossibilidade de determinada obrigação, por fato não imputável a qualquer das partes, inviabilize a consecução do empreendimento comum vislumbrado. Nesta hipótese, há a subsequente extinção da relação obrigacional, sem que haja a responsabilização de qualquer dos envolvidos. Em tais situações, faz-se mister a cuidadosa análise das obrigações que frustraram o seguimento do projeto comum, com a rigorosa verificação da eventual imputabilidade dos efeitos a quem se encontrava no encargo de cumprir o que se impossibilitou;
8. Após o rompimento do vínculo contratual, persistem deveres positivos e negativos entre as partes (eficácia pós-obrigacional), que, nos arranjos de contratação híbrida, assumem contornos distintos do que se passam nas relações de permuta e de associação. A liquidação da relação híbrida deverá dar-se, em dois níveis distintos: **(i)** a liquidação da prestação instrumental, que, em geral, envolve a restituição dos meios fornecidos ao contratante final; e **(ii)** a liquidação da prestação final, a qual, a seu turno, relaciona-se com à destinação do resultado final obtido a partir do efeito sinergético gerado com o compartilhamento de ativos;
9. Na liquidação da prestação instrumental, deverá haver a restituição dos bens corpóreos e incorpóreos cedidos pelo contratante instrumental, bem como a abstenção à prática de determinados atos pelo contratante final. Na impossibilidade de restituição física de determinado ativo, o usual é que se imponha ao contratante final deveres de confidencialidade a respeito de determinada informação e/ou cláusulas de não-concorrência. Nesse ponto, há vasta discussão em doutrina e jurisprudência acerca de uma eventual obrigação de recompra de estoque pelo contratante instrumental, nos casos em que o contratante final distribua produtos industrializados por aquele. Ao cabo, a solução de um eventual

impasse quanto à recompra dos bens deverá dar-se, com base nas considerações específicas do caso concreto, atendo-se, especialmente, às razões pelas quais os bens sobrelevaram. O fornecedor somente será responsável pela reaquisição de produtos, nos casos em que, por ação ou omissão, houver causado a elevação dos riscos de comercialização acima do que seria, normalmente, suportado pelo distribuidor, conforme convencionado pelas partes;

10. No que se refere à liquidação da prestação final, conquanto o casuísmo pareça ser mesmo a regra para a análise de questões relativas à repartição de um "*plus-value*" gerado, não há como se negar que o partilhamento do eventual valor capturado por uma das partes, em decorrência do empreendimento comum contraria a premissa fundamental de que, diversamente ao que se passa na associação, inexiste, nos híbridos, uma comunhão entre os parceiros, no tocante aos bens alocados para o desenvolvimento da atividade empresarial. Desde o nascedouro, sabe-se, de antemão, que, ao final do vínculo contratual, e exceção feita à eventual convenção diversa, os parceiros retornarão ao mercado, tendo absorvido, individualmente, os ganhos e as perdas com a empreitada conjunta realizada. Quisessem, de fato, a divisão equalitária de tudo aquilo que se gerou a partir do projeto comum, as partes teriam disposto, especificamente, a respeito deste ponto ou buscado outra forma de organizar a atividade empresarial, valendo-se, por exemplo, da forma associativa;
11. Nos contratos de natureza híbrida, mesmo após a extinção da relação contratual básica, é usual que o contrato permaneça eficaz, impondo determinadas obrigações sobre as partes, que, caso as descumpram, poderão ser responsabilizadas pelo respectivo incumprimento. Tais obrigações, em geral, visam a proteger determinados interesses pós-contratuais das partes e, no caso das redes, a garantir sua estabilidade. Vigora também, durante essa fase, ainda que em menor gradação, um dever de lealdade entre os antigos parceiros;
12. Ante a ausência de uma personalidade jurídica própria, que, no contexto das redes, congregue todos os interesses de seus participantes – tal qual se dá na associação –, surgem questões atinentes às relações internas e externas de tais coletividades. A doutrina

e a jurisprudência vêm se esmerando para preencher as lacunas normativas existentes a esse respeito, mas ainda não se atingiu a maturidade quanto às soluções para os problemas existentes nesse âmbito;

13. No âmbito das relações internas das redes, surgem questões atinentes a formas de alocação de responsabilidade entre os participantes que não detêm entre si vínculos contratuais diretos. Diversos tribunais e doutrinadores têm se esforçado na busca por soluções relativas a esse contexto, valendo-se, em geral, da aplicação analógica dos mais variados conceitos legais. Ao cabo, diante da existência de uma ordem semi-espontânea nas redes contratuais, há entre todos os participantes um vínculo intersubjetivo, decorrente de um negócio jurídico unilateral não-receptício de adesão à coletividade, com a imposição de intensificados deveres de lealdade e cooperação (*mea regis atur* entremeado pelo *nostra regis atur*). Há entre os membros desse agrupamento uma "relação de rede", de natureza jurídica organizacional, situada em zona intermédia entre o polo de grau máximo de contato (o contrato) e o de grau mínimo (ato delitual);
14. A natureza jurídica da relação de rede atrai para si o regime da responsabilidade negocial, haja vista a existência de deveres de caráter positivo impostos aos participantes da rede, mormente face aos intensificados deveres de correição da boa-fé. Além do aspecto ontológico, implicações de ordem prática atinentes à pacificação social das relações entre os participantes da rede e à possibilidade de realocação interna de responsabilidade gerada a terceiros impõem que se adote o regime da responsabilidade negocial;
15. Inexiste, como regra geral, uma obrigação do ente central das redes repassar aos demais nódulos eventuais vantagens auferidas pelo exercício da atividade produtiva. A despeito de, em determinadas situações, a repartição dos ganhos gerar efeitos positivos a todo o agrupamento, cada um destes conta com um sistema próprio de incentivos, os quais podem reagir de forma diversas ante à distribuição de tais ganhos. A miríade de atividades produtivas e de formas organizacionais que pode ser adotada pelas redes contratuais impede a conformação de uma regra geral *a priori*,

a abarcar toda a realidade empresarial. Assim, a análise deverá ser sempre casuística, à luz tanto da contraditória relação entre os interesses existentes na rede, bem como em prol daquilo que estiver em benefício ao empreendimento comum;

16. No âmbito externo das redes, persistem ainda largas discussões, em torno da responsabilidade dos membros do agrupamento de contratos face a terceiros e vice-versa. Dada a ausência de uma estrutura hierárquica do tipo societário, a contratação com terceiros dá-se, em regra, por apenas um dos membros da rede, o qual, pela relatividade dos efeitos dos contratos, deveria ser o único afetado pelos direitos e deveres assumidos no respectivo contrato bilateral. Todavia, a fim de evitar a alocação da perda àquele que é alheio à rede contratual – que, no mais das vezes, encontra-se em relação de hipossuficiência (consumidor) –, a doutrina e a jurisprudência, nos mais variados ordenamentos, têm dado tratamento diversos à problemática. Especificamente, no Direito Brasileiro, os consumidores encontram guarida na responsabilidade da cadeia de consumo por vícios de produto e/ou de serviço (CDC, arts. 7º, 12, 14, 19, 25 e 34). Os limites das redes contratuais coincidem com os da extensão da obrigação de cooperar. Não se nega que, na prática, as fronteiras das redes contratuais podem ser difíceis de serem identificadas. Porém, alguns critérios podem auxiliar esta demarcação: **(i)** os consumidores sempre serão considerados terceiros frente à rede contratual; **(ii)** estarão abarcados por uma rede contratual empresarial todos os contratos cuja performance seja imprescindível, para que se atinja o resultado vislumbrado pelo empreendimento comum partilhado por todos os participantes; **(iii)** a extensão da rede contratual dar-se-á no limite da extensão do controle que um determinado ente exerça sobre a atividade dos demais participantes, limitando sua liberdade de atuação em prol do projeto comum. Para além das cadeias de consumo, não há, como regra, a extensão da responsabilidade por danos causados a terceiros a todos os membros da rede contratual, prevalecendo, nessa esfera, o princípio da relatividade dos efeitos dos contratos. Os casos patológicos devem ser tratados, de modo individualizado, e/ou, quando se tornar problema de política pública, por via de regulação específica do legislador. Ainda, no contexto da relação

externa às redes, é possível que um nódulo prejudicado pela atuação de terceiro a quem não se encontra vinculado reaja e pleiteie, com arrimo na responsabilidade delitual, a respectiva indenização pelo prejuízo causado.

Em linha de conclusão final, **(iv)** não nos parece haver a necessidade de positivação de novas regras contratuais em decorrência dos arranjos híbridos de contratação, seja na forma de contratos bilaterais, seja na estrutura de redes contratuais. O mais relevante, para nós, é que se reconheça, efetivamente, a existência dessa realidade empresarial, especialmente no que toca às redes de contratos, e, a partir dela, busque-se a readequação de algumas das regras da tradicional teoria do contrato (edificada sobre o paradigma da troca), em vista das características específicas verificadas, no caso concreto, com a alteração de parâmetros interpretativos, mediada, especialmente, pelo dever de cooperação.

A positivação de normas atinentes aos arranjos híbridos de contratação, embora desnecessária para fins de sua operacionalização (já há elementos legais de abertura do texto contratual à realidade de rede – ex.: artigo 422 do Código Civil), ampliaria a divulgação dos conceitos discutidos ao longo do presente trabalho. Porém, tal positivação não deverá se estender ao ponto de retirar a flexibilidade necessária e inerente à análise e interpretação das operações econômicas estruturadas sob o formato dos arranjos híbridos de contratação, especialmente no formato de rede. Em realidade, parece-nos que a escolha entre positivar ou não se trata de opção de política legislativa quanto à forma de divulgação dos conceitos em torno dos novos modais econômicos e eventual redução de insegurança jurídica em torno da matéria.

Em espectro mais amplo, entendemos que deve também ser reconhecida a existência de uma categoria dos contratos organizacionais, a abarcar complexos contratos, em regra, de longa-duração, cujo objeto não poderia ser, especificamente, delimitado *a priori*, com a participação de apenas dois ou de uma multiplicidade de parceiros e com traços de caráter associativo. Tal categoria abarcaria o amplo universo dos arranjos de contratação híbrida, seja no âmbito dos contratos bilaterais, seja sob a lente mais ampliada das redes contratuais, sempre com a finalidade de organizar o desenvolvimento de uma atividade econômica.

REFERÊNCIAS

Adamek, Marcelo Viera Von. *A responsabilidade civil dos administradores de S/A e ações correlatas*. São Paulo: Saraiva, 2010.

Adar, Yehuda; Gelbard, Moshe. Contract Remedies – A Relational Perspective. In: Grundmann, Stefan; Caffagi, Fabrizio; Vettori; Giuseppe (coord.). *The Organizational Contract: From Exchange to Long-Term Cooperation in European Contract Law*. Burlington: Ashgate, 2013.

Aguiar, Ruy Rosado. *Extinção dos Contratos por Incumprimento do Devedor*. Rio de Janeiro: Aide, 2003.

Almeida, Carlos Ferreira de. *Contratos de troca para a transmissão de direitos* in *Prof. Doutor Inocêncio Galvão Telles: 90 anos. Homenagem da Faculdade de Direito de Lisboa*, Coimbra: Almedina, 2007.

_______. *Texto e enunciado na teoria do negócio jurídico*. Coimbra: Almedina, 1992.

Amaral, Francisco. *Direito Civil: introdução*. Rio de Janeiro: Renovar, 2014.

Amstutz, Marc; Karavas, Vaios; Teubner, Gunther. Prefácio. In: Amstutz, Marc; Teubner, Gunther (cood.). *Networks: Legal Issues of Multilateral Co-operation*. Oxford: Hart. 2009.

_______. The Constitution of Contractual Networks. In: Amstutz, Marc; Teubner, Gunther (cood.). *Networks: Legal Issues of Multilateral Co-operation*. Oxford: Hart. 2009.

_______. The Nemesis of European Private Law: Contractual Nexus as a Legislative Conundrum. In: Grundmann, Stefan; Caffagi, Fabrizio; Vettori; Giuseppe (coord.). *The Organizational Contract: From Exchange to Long-Term Cooperation in European Contract Law*. Burlington: Ashgate, 2013.

Ascarelli, Tulio. *O contrato plurilateral*. Problemas das sociedades anônimas e direito comparado. São Paulo: Saraiva, 1945.

Azevedo, Antonio Junqueira. *Contrato-quadro. Impossibilidade superveniente da obrigação de celebração dos contratos de execução (compra e venda) por inexistência de critério consensual para estipulação do preço. Inadmissibilidade de arbitramento judicial do preço. Resolução ex nunc dos Contratos-quadros e restituição do enriquecimento sem causa* in *Novos Estudos e Pareceres de Direito Privado*, São Paulo: Saraiva, 2010.

_______. *Natureza jurídica da renúncia no quadro dos negócios jurídicos. A renúncia a direitos contratuais. Coligação por dependência entre a renúncia a direitos contratuais e o contrato, fonte desses direitos* in *Novos Estudos e Pareceres de Direito Privado*, São Paulo: Saraiva, 2010

_______. *Natureza Jurídica do contrato de consórcio (sinalagma indireto). Onerosidade excessiva em contrato de consórcio. Resolução parcial do contrato* in *Novos Estudos e Pareceres de Direito Privado*, São Paulo: Saraiva, 2010.

_______. *Negócio jurídico, existência, validade e eficácia*. 4 ed. São Paulo: Saraiva, 2002.

_______. Relatório Brasileiro sobre a revisão contratual apresentado para as Jornadas Brasileiras da Associação Henri Capitant. In Azevedo, Antonio Junqueira. *Novos Estudos e Pareceres de Direito Privado*. São Paulo: Saraiva, 2004.

Bianca, Massimo. Good Faith Related Duties of Disclosure. In: Grundmann, Stefan; Caffagi, Fabrizio; Vettori; Giuseppe (coord.). *The Organizational Contract: From Exchange to Long-Term Cooperation in European Contract Law*. Burlington: Ashgate, 2013.

Böhner, Reinhard. Asset-sharing in Franchise Networks. In: Amstutz, Marc; Teubner, Gunther (cood.). *Networks: Legal Issues of Multilateral Co-operation*. Oxford: Hart. 2009.

Borba, José Edwaldo Tavares. *Direito societário*. Rio de Janeiro: Freitas Bastos, 1986.

Brito, Maria Helena. *O contrato de concessão comercial*. Coimbra: Almedina, 1990.

Brownsword, Roger. Contracts with Network Effects: Is the time Now Right? In: Grundmann, Stefan; Caffagi, Fabrizio; Vettori; Giuseppe (coord.). *The Organizational Contract: From Exchange to Long-Term Cooperation in European Contract Law*. Burlington: Ashgate, 2013.

Brunet, Andrée. *Clientèle commune et contrat d'intérêt commun* in *Études dédiées à Alex Weill*. Dalloz, 1983.

Brunet, Andrée. *Clientèle commune et contrat d'intérêt commun* in *Études dédiées à Alex Weill*. Dalloz, 1983.

Buranello, Renato. Sistemas agroindustriais e contratos de integração vertical. Disponível em http://agriforum.agr.br/sistemas-agroindustrias-e-contratos-de-integracao-vertical/. Data de acesso em 14.10.2019.

Cafaggi, Fabrizio. Redes contractuales y small business act.¿Hacia unos principios europeos? In: Peris, Juan Ignacio Ruiz. *Hacia un derecho para las redes empresariales*. Valencia: Tirant lo Blanch, 2009.

_______; Grundman, Stefan. Towards a Legal Framework for Transnational European Networks. In: Grundmann, Stefan; Caffagi, Fabrizio; Vettori; Giuseppe (coord.). *The Organizational Contract: From Exchange to Long-Term Cooperation in European Contract Law*. Burlington: Ashgate, 2013.

_______; Iamiceli, Paola. Private Regulation and Industrial Organization. In: Grundmann, Stefan; Möslein, Florian; Riesenhuber, Karl (cood.). *Contract Governance: Dimensions in Law and Interdisciplinary Research*. Oxford: Oxford University Press, 2015.

Calliess, Gralf-Peter. Consumer Protection between Contract and Association. In: Amstutz, Marc; Teubner, Gunther (Coord.). *Networks: Legal Issues of Multilateral Co-operation*. Oxford: Hart. 2009.

Campobasso, Gian Franco. *Diritto Commerciale*. UTET.

Castilla, Francisco González. La aplicación del principio de relatividade de los contratos a las redes de distribución. In: Peris, Juan Ignacio Ruiz. *Hacia un derecho para las redes empresariales*. Valencia: Tirant lo Blanch, 2009.

Catapani, Márcio Ferro. *Os contratos associativos*. In: França, Erasmo Valladão Azevedo e Novaes (coord.). *Direito Societário Contemporâneo I*. São Paulo: Quartier Latin, 2009.

Cevenini, Claudia. *Virtual Enterprises: legal issues of the on-line collaboration between undertakins*. Milano: Giuffrè, 2003.

Coase, Ronald. The Nature of the Firm. *Economica, New Series*, vol. 4, n. 16., nov., 1937, pp. 386-405.

Coelho, Antônio Augusto de Souza. A nova era dos contratos de integração vertical no agronegócio brasileiro. Disponível em https://www.editorajc.com.br/nova-era--dos-contratos-de-integracao-vertical-no-agronegocio-brasileiro/. Data de acesso em 15.10.2019.

Coelho, Fábio Ulhoa. *Curso de Direito Comercial, volume 2: direito de empresa*, São Paulo: Saraiva, 2010.

Cogo, Rodrigo Barreto. *A frustração do fim do contrato. O impacto dos fatos supervenientes sobre o programa contratual*. Rio de Janeiro: Renovar, 2012.

Coimbra de Souza, Paloma R. *Ato Coletivo, Ato Colegial, Ato Complexo, Instituição*, in França, Erasmo Valladão Azevedo e Novaes (Coord.). Direito Societário Contemporâneo I. São Paulo: Quartier Latin, 2009.

Collins, Hugh. Ascription of Legal Responsability to Group in Complex Patterns of Economic Integration. *The Modern Law Review*, vol. 53, n. 6, nov, 1990, pp. 731-744.

_______. *Introduction to Networks as Connected Contracts*. In: Teubner, Gunther. *Networks as Connected Contracts*. Oxford: Hart Publishing, 2011.

_______. *Regulating contracts*. Oxford: Oxford University Press, 2004.

_______. The Network Architecture of Supply Chains. In: Amstutz, Marc; Teubner, Gunther (cood.). *Networks: Legal Issues of Multilateral Co-operation*. Oxford: Hart. 2009.

_______. The Research Agenda of Implicit Dimensions of Contracts. In: Campbell, David; Collins, Hugh; Wightman, John (eds.). *The implicit dimensions of contract: discrete, relational and network contracts*. Oxford: Hart, 2003.

Comparato, Fábio Konder. *Controle conjunto, abuso no exercício de voto acionário e alienação indireta de controle empresarial* in *Direito Empresarial: Estudos e Pareceres.* São Paulo: Saraiva, 1990.

Cordeiro, Antonio Menezes. *Tratado de direito civil 7º v: Direito das Obrigações: Contratos. Negócio unilaterais.* Coimbra: Almedina, 2014.

Da Costa, Francisco Araújo; Sander, Luis Marcos (trad.). Cooter, Robert; Ulen, Thomas. *Direito & Economia.* Bookman, Porto Alegre, 2010.

Da Costa, Mariana Fontes. *Da Alteração Superveniente das Circunstâncias.* Coimbra: Almedina, 2017.

Daintith, Terrence. *Vehicles for Regulations Policy.* In: Amstutz, Marc; Teubner, Gunther (cood.). *Networks: Legal Issues of Multilateral Co-operation.* Oxford: Hart. 2009.

Da Silva, Leonardo Toledo. Contrato de Aliança: projetos colaborativos em infraestrutura e construção. São Paulo: Almedina, 2017.

Deakin, Simon. Network Relations in Historical Perspective. In: Amstutz, Marc; Teubner, Gunther (cood.). *Networks: Legal Issues of Multilateral Co-operation.* Oxford: Hart. 2009.

Dinamarco, Cândido Rangel. A Arbitragem na Teoria Geral do Processo. São Paulo: Malheiros, 2013.

Druey, Jean Nicolas. The difficult Legal Access of Networks. In: Amstutz, Marc; Teubner, Gunther (cood.). *Networks: Legal Issues of Multilateral Co-operation.* Oxford: Hart. 2009.

Dubisson, Michael. *Les accords de coopération dans le commerce international.* Paris: Lamy, 1989.

Duguit, Leon. *Traité de Droit Constitutionnel, t. I, 3ª ed.* Paris: Fontemoing, 1927.

Fernandes, Wanderley; Rodrigues, Caio Farah. *Aspectos contratuais da "aliança" em empreendimentos de infraestrutura.* In Fernandes, Wanderley (org.). Contratos Empresariais. Contratos de Organização da Atividade Econômica. São Paulo: Saraiva, 2011.

Floch, Paul Le. *Propriété commerciale et distribution intégrée* in *Le droit de l'entreprise dans ses relations externes à la fin du XXᵉ siècle: Mélance en l'honneur de Claude Champaud.* Paris: Dalloz, 1997.

Forgioni, Paula Andrea. *Contrato de Distribuição.* São Paulo: Revista dos Tribunais, 2008.

_______. *Teoria Geral dos Contratos Empresariais.* São Paulo: Revista dos Tribunais, 2 ed., 2016.

Franco, Vera Helena de Mello. *O Novo Contrato Social: uma análise das relações contratuais modernas.* Trad. de Alvamar Lamparelli. Rio de Janeiro: Elsevier, 2009.

França, Eramos Valladão Azevedo e Novaes. "Affectio Societatis": um conceito jurídico superado no moderno direito societário pelo conceito de "fim social". In: *Temas de Direito Societário, Falimentar e Teoria da Empresa*, São Paulo: Malheiros, 2009.

_______. A natureza jurídica dos fundos de investimento. Conflito de interesses apurado pela própria assembleia de quotistas. Quórum qualificado para destituição de administrador de fundo. In: *Temas de Direito Societário, Falimentar e Teoria da Empresa*, São Paulo: Malheiros, 2009.

_______. *Conflito de interesses nas assembleias de S.A. (e outros escritos sobre conflito de interesses)*. São Paulo: Malheiros, 2014.

_______ (trad.). Wiedemann, Herbert. Excerto do "Direito Societário I – Fundamentos". In: França, Erasmo Valladão Azevedo e Novaes (coord.). *Direito Societário Contemporâneo I*. São Paulo: Quartier Latin, 2009.

Galgano, Francesco. *Trattato di Diritto Civile. Volume Secondo. Le obbligazioni in generale. Il contrato in generali. I singoli contratti*. Milão: CEDAM, 2010.

Gallo, Paolo. *Il contratto*. Giappichelli, 2017.

Gambetta, Diego. Can we trust trust? In: Gambetta, Diego. *Trust: Making and Breaking Cooperative Relations*, Cambridge: Basil Blackwell, 1990.

Gillette, Clayton P. Contractual Networks, Contract Design, and Contract Interpretation: The Case of Credit Cards. In: Grundmann, Stefan; Caffagi, Fabrizio; Vettori; Giuseppe (coord.). *The Organizational Contract: From Exchange to Long-Term Cooperation in European Contract Law*. Burlington: Ashgate, 2013.

Gilson, Ronald J.; Sabel, Charles; Scott, Robert E. Contract, Uncertainty, and Innovation. In: Grundmann, Stefan; Möslein, Florian; Riesenhuber, Karl (cood.). *Contract Governance: Dimensions in Law and Interdisciplinary Research*. Oxford: Oxford University Press, 2015.

Golobardes, Mireia Artigot i; Pomar, Fernando Gómez. Dissecting Long-Term Contracts: A Law and Economics Approach. In: Grundmann, Stefan; Caffagi, Fabrizio; Vettori; Giuseppe (coord.). *The Organizational Contract: From Exchange to Long-Term Cooperation in European Contract Law*. Burlington: Ashgate, 2013.

Gobatto, Marco. Long-Term Relationships, Networks and Exchange of Knowledge. In: Grundmann, Stefan; Caffagi, Fabrizio; Vettori; Giuseppe (coord.). *The Organizational Contract: From Exchange to Long-Term Cooperation in European Contract Law*. Burlington: Ashgate, 2013.

Gomes, Orlando. *Contratos*. Rio de Janeiro: Forense, 2008.

_______. *Obrigações*. Rio de Janeiro: Forense, 2001.

_______. *Introdução ao Direito Civil*, Rio de Janeiro: Forense, 2016.

Gomes Júnior, Roberto Lincoln de Souza. *Consórcios de Empresas: Fundamentos e Regime de Responsabilidade*. São Paulo: Quartier Latin, 2019.

Gonçalves, Carlos Roberto. *Direito Civil Brasileiro, volume 3: contratos e atos unilaterais*. São Paulo: Saraiva, 2011.

_______. *Direito Civil Brasileiro, volume 4: responsabilidade civil*. São Paulo: Saraiva, 2011.

Grau, Eros Roberto; Forgioni, Paula A. *O Estado, a Empresa e o Contrato*, São Paulo, Malheiros, 2005.

Grundmann, Stefan; Caffagi, Fabrizio; Vettori; Giuseppe. The contractual basis of Long-Term Organization – The Overall Architeture. In: Grundmann, Stefan; Caffagi, Fabrizio; Vettori; Giuseppe (coord.). *The Organizational Contract: From Exchange to Long-Term Cooperation in European Contract Law*. Burlington: Ashgate, 2013.

Grundmann, Stefan; Möslein, Florian; Riesenhuber. Contract Governance: Dimensions in Law and Interdisciplinary Research. In: Grundmann, Stefan; Möslein, Florian; Riesenhuber (cood.). *Contract Governance: Dimensions in Law and Interdisciplinary Research*. Oxford: Oxford University Press, 2015.

Guerrero, Luis Fernando. *Os Métodos de Solução de Conflitos e o Processo Civil*. São Paulo: Atlas, 2015.

Heermann, Peter W. Multilateral Synallagmas in the Law of Connected Contracts. In: Amstutz, Marc; Teubner, Gunther (cood.). *Networks: Legal Issues of Multilateral Co-operation*. Oxford: Hart. 2009.

Heldt, Cordula. *The Case of Franchising and Construction Contracts*. In: Amstutz, Marc; Teubner, Gunther (cood.). *Networks: Legal Issues of Multilateral Co-operation*. Oxford: Hart. 2009.

Hirata, Alessandro (trad.). Larenz, Karl. O estabelecimento de relações obrigacionais por meio de comportamento social típico. *Revista de Direito GV*, vol. 2, n. 1, jan-jun, 2006.

Jhering, Rudolf Von. *A evolução do direito*. Salvador: Progresso, 1953

Kataoka, Eduardo Takemi. *A coligação contratual*. Rio de Janeiro: Lumen Juris, 2008.

Kjaer, Poul F. Post-Hegelian Networks. Comments on the Chapter by Simon Deakin. In: Amstutz, Marc; Teubner, Gunther (cood.). *Networks: Legal Issues of Multilateral Co-operation*. Oxford: Hart. 2009.

Klauser, Michael. Governance Mechanism in Long-term Contracts. In: Grundmann, Stefan; Möslein, Florian; Riesenhuber, Karl (cood.). *Contract Governance: Dimensions in Law and Interdisciplinary Research*. Oxford: Oxford University Press, 2015.

Konder, Carlos Nelson. *Contratos conexos: grupos de contratos, redes contratuais e contratos coligados*. São Paulo: Renovar, 2006.

Lamy Filho, Alfredo; Bulhões Pedreira, José Luiz (Coord.). *Direito das companhias*. Rio de Janeiro: Forense, 2009.

Leonardo, Rodrigo Xavier. Capítulo X. Os Contratos Coligados, os Contratos Conexos e as Redes Contratuais. In: Carvalhosa, Modesto. *Tratatado de Direito Empresarial IV. Contratos Mercantis*. São Paulo: Revista dos Tribunais, 2016.

_______. A súmula nº 308 e a Adoção da Teoria das Redes Contratuais pelo STJ. In: Pereira Júnior, Antonio Jorge; Haddad Junior, Gilberto (coord.). *Direito dos Contratos*. São Paulo: Quartier Latin, 2006.

_______. *Redes Contratuais no Mercado Habitacional*. São Paulo: Revista dos Tribunais, 2003.

_______. Responsabilidade Civil Contratual e Extracontratual: Primeiras Anotações em face do Novo Código Civil Brasileiro. *Revista de Direito Privado*, vol. 19, 2004.

Lequette, Suzanne. *Le contrat-coopération: contribution à la théorie générale du contrat.* Paris: Economica, 2012.

Lorenzetti, Ricardo Luis. *Tratado de Los Contratos*, Tomo I, Buenos Aires: Rubinzal Culzoni, 2000.

Lucena, José Waldecy. *Das Sociedades Limitadas.* Rio de Janeiro: Renovar, 2005.

Macedo, Ronaldo Porto. *Contratos Relacionais e Defesa do Consumidor*, São Paulo: Revista dos Tribunais, 2006.

Macneil, Ian. *O Novo Contrato Social: uma análise das relações contratuais modernas.* Trad. de Alvamar Lamparelli. Rio de Janeiro: Elsevier, 2009.

Magen, Stefan. Fairness and Reciprocity in Contract Governance. In: Grundmann, Stefan; Möslein, Florian; Riesenhuber, Karl (cood.). *Contract Governance: Dimensions in Law and Interdisciplinary Research.* Oxford: Oxford University Press, 2015.

Marino, Francisco Paulo De Crescenzo. *Contratos Coligados no Direito Brasileiro.* São Paulo: Saraiva, 2010.

Marques, Cláudia Lima; Benjamin, Antônio Hermam V.; Miragem, Bruno. *Comentários ao Código de Defesa do Consumidor.* São Paulo: Revista dos Tribunais, 2010.

Martinek, Michael. Networks of Contracts and Competition Law. In: Grundmann, Stefan; Caffagi, Fabrizio; Vettori; Giuseppe (coord.). *The Organizational Contract: From Exchange to Long-Term Cooperation in European Contract Law.* Burlington: Ashgate, 2013.

Martins-Costa, Judith. *A boa-fé no Direito Privado, critérios para sua aplicação.* São Paulo: Marcial Pons, 2015.

_______. A Revisão dos Contratos no Direito Brasileiro. *Rivista Dell'Integrazione e Unificazione del diritto in Europa e in América Latina*, n. 16, 2003.

_______; Zanetti, Cristiano de Souza. Responsabilidade Contratual: Prazo Prescricional. *Revista dos Tribunais*, vol. 979, maio, 2017.

Maupa, Ludovic. *L'intérêt commun: une notion conceptuelle et fonctionelle* in *Le droit entre tradition et modernité: Mélanges à la mémoire de Patrick Courbe.* Paris: Dalloz, 2012.

Medina, José Miguel Garcia. Coação Econômica (*Economic Duress*). *Revista dos Tribunais*, vol. 902, dez., 2010, pp. 87-110.

Ménard, Claude. The economics of hybrid organization. *Journal of Institutional and Theoretical* Economics, v.160, 2004.

Messineo, Francesco. *Dottrina generale del contratto.* Milano: Giuffré, 1948.

Mezzalira, Samuel. *Conexão Contratual no Direito Civil Brasileiro.* Dissertação de Mestrado apresentada ao Departamento de Direito Civil da Universidade de São Paulo, em 2011.

Micklitz, Hans-W. Herd Behaviour and Third Party Impact as a Legal Concept. In: Grundmann, Stefan; Möslein, Florian; Riesenhuber, Karl. Contract Governance: Dimensions in Law and Interdisciplinary Research. In: Grundmann, Stefan; Möslein, Florian; Riesenhuber, Karl (cood.). *Contract Governance: Dimensions in Law and Interdisciplinary Research*. Oxford: Oxford University Press, 2015.

Miragem, Bruno. *Curso de Direito do Consumidor*. São Paulo: Revista dos Tribunais, 2018.

Möslein, Florian. Contract Governance within Corporate Governance. In: Grundmann, Stefan; Caffagi, Fabrizio; Vettori; Giuseppe (coord.). *The Organizational Contract: From Exchange to Long-Term Cooperation in European Contract Law*. Burlington: Ashgate, 2013.

Monteiro, Antônio Pinto. *Denúncia de um contrato de concessão comercial*. Coimbra: Coimbra Editora, 1998.

Mouzas, Stefanos. Legal Aspects of Network Architeture of Supply Chains. In: Amstutz, Marc; Teubner, Gunther (cood.). *Networks: Legal Issues of Multilateral Co-operation*. Oxford: Hart. 2009.

Oliveira, Júlia Costa de. Responsabilidade contratual e extracontratual, uni-vos? Comentários ao Recurso Especial n. 1.281.594/SP. Civilistica.com. Rio de Janeiro, a. 7, n. 1, 2018. Disponível em http://civilistica.com/wp-content/uploads/2018/05/Oliveira-civilistica.com-a.7.n.1.2018.pdf. Data de acesso em 6.10.2019.

Oliveira, Rafael Alexandria de. *A exceção do contrato não cumprido*. Salvador: Jus Podivm, 2012.

Penteado, Luciano Camargo. *Integração de contratos incompletos*. Tese de Livre-Docência apresentada ao Departamento de Direito Privado e de Processo Civil da Faculdade de Direito de Ribeirão Preto da Universidade de São Paulo, 2013.

Pereira, Caio Mário da Silva. *Instituições de Direito Civil: contratos, declaração unilateral de vontade e responsabilidade civil*. Rio de Janeiro: Forense, 2018.

_______. *Instituições de Direito Civil: teoria geral das obrigações*. Rio de Janeiro: Forense, 2004.

_______. *Instituições de Direito Civil: teoria geral do direito civil*. Rio de Janeiro: Forense, 2009.

Pereira, Fábio Queiroz. O ressarcimento do dano pré-contratual. São Paulo: Almedina, 2017.

Pinheiro, Luís de Lima. *Contrato de Empreendimento Comum (Joint Venture) em Direito Internacional Privado*. Lisboa: Almedina, 2003.

Pinto, Fernando A. Ferreira. *Contratos de distribuição. Da tutela do distribuidor integrado em face da cessação do vínculo*. Lisboa: Universidade Católica Editora, 2013.

Pontes de Miranda, Francisco Cavalcante. *Contratos de Sociedade. Sociedade de Pessoas*. São Paulo: Revista dos Tribunais, 2012.

_______. *Negócios Jurídicos, representação, conteúdo, forma, prova.* São Paulo: Revista dos Tribunais, 2012.

Propersi, Adriano. *Le joint ventures. Gli accordi fra imprese. Aspetti economico-aziendali, giuridici e fiscali.* Roma: Buffetti, 1998.

Prosperi, Francesco. *I contratti agrari associativi e le loro nuovo forme.* Napoli: Edizioni Scientifiche Italiane, 1988.

Püschel, Flavia Portella. Consequências práticas da distinção entre vício e fato do produto: uma análise de decisões judiciais escolhidas. *Revista de Direito Privado,* vol. 25, jan-mar, 2016.

Requião, Rubens. *Curso de Direito Comercial.* São Paulo: Saraiva, 2000.

Richardson, G. B. The organization of industry. *The Economic Journal,* vol. 22, n. 327, set.-1972, pp. 883-396.

Ripert, George; Roblot, René. *Traité de droit commercial.* 15ª Ed. Paris: LGDJ, 1993.

Rodrigues Júnior, Otavio Luiz. A doutrina do Terceiro Cúmplice: Autonomia da Vontade, o Princípio *res inter alios acta,* Função Social do Contrato e a Interferência Alheia na Execução dos Negócios Jurídicos. *Revista dos Tribunais,* vol. 821, mar/2004.

Salomão Filho, Calixto. *Direito Concorrencial – As condutas.* São Paulo: Malheiros, 2007.

Scalzilli, João Pedro; Spinelli, Luis Felipe. *Sociedade em Conta de Participação.* São Paulo: Quartier Latin, 2015.

Schanze, Erich. *Symbiotic Arrangements. Journal of Institutional and Theoretical Economics (JITE) / Zeitschrift für die gesamte Staatswissenschaft,* Vol. 149, No. 4 (Dec. 1993), pp. 691-697.

Schreiber, Anderson. *Equilíbrio Contratual e Dever de Renegociar.* São Paulo: Saraiva, 2018.

Schunk, Giuliana Bonanno. *Contratos de longa duração e dever de cooperação.* Tese de Doutorado apresentada ao Departamento de Direito Civil da Universidade de São Paulo em 2013.

Silva, Leonardo Toledo da. *Contrato de Aliança: projetos colaborativos em infraestrutura e construção.* São Paulo: Almedina, 2017.

Suñol, Aurea. Trade Secrets vs. Skill and Knowledge. In: In: Grundmann, Stefan; Caffagi, Fabrizio; Vettori; Giuseppe (coord.). *The Organizational Contract: From Exchange to Long-Term Cooperation in European Contract Law.* Burlington: Ashgate, 2013.

Sztajn, Rachel. *Associações e Sociedades: À luz da noção de contrato plurilateral.* In: Wald, Arnoldo (coord.). *Direito empresarial: direito societário, v. 2.* São Paulo: Revista dos Tribunais, 2011.

_______. *Direito e Economia dos Contratos. Os conceitos fundamentais,* São Paulo: Malheiros.

Teixeira, Egberto Lacerda. *Das Sociedades por Quotas de Responsabilidade Limitada*, 2ª ed., São Paulo: Quartier Latin, 2006.

Teubner, Gunther. 'And if by Beelzebub Cast out Devils, ...': An Essay on the Diabolics of Network Failure. In: Grundmann, Stefan; Caffagi, Fabrizio; Vettori; Giuseppe (coord.). *The Organizational Contract: From Exchange to Long-Term Cooperation in European Contract Law*. Burlington: Ashgate, 2013.

_______. Hybrid Networks Beyond Contract and Organisation. In: Amstutz, Marc; Teubner, Gunther (cood.). *Networks: Legal Issues of Multilateral Co-operation*. Oxford: Hart. 2009.

_______. *Network as Connected Contracts*. Oxford: Hart Publishing, 2011.

Tranchant, Laetitia. *La cotraitance*. Aix-en-Provence: PUAM, 2004.

Vasconcelos, L. Miguel Pestana De. *O Contrato de Franquia (Franchising)*. Coimbra: Almedina, 2010.

Villa, Giancarlo. *Inadempimento e Contratto Plurilaterale*. Milano: Giuffrè, 1999.

Wald, Arnoldo; Xavier, Alberto. Pacto de não concorrência – validade e seus efeitos no Direito brasileiro. In: Wald, Arnoldo (coord.). *Doutrinas Essenciais de Direito Empresarial*. São Paulo: Revista dos Tribunais, 2011.

Watanabe, Kassia; Paiva, Nunziata Stefania; Lourenzani, Ana Elisa Bressan Smith. Contract Farming in Brazil – an approach to Law and Economics. *Revista de Direito GV*, vol. 13, n. 1, jan-abr, 2017.

Weitzenboeck, Emily M. *A legal framework for emerging business models: dynamic networks as collaborative contracts*. Northhampton: Edward Elgar, 2012.

Wellenhofer, Marina. Third Party Effects of Bilateral Contracts. In: Amstutz, Marc; Teubner, Gunther (cood.). *Networks: Legal Issues of Multilateral Co-operation*. Oxford: Hart. 2009.

Williamson, Oliver. *Contract, government and transaction cost economics*. New Jersey: World Scientific, 2017.

_______. Comparative Economic Organization: The Analysis of Discrete Structure Alternatives. *Administrative Science Quarterly*, 36, 1991.

_______. The mechanisms of governance. Oxford: Oxford University Press, 1996.

Wolf, Manfred. The protection of contractual networks against interference by third parties. In: Amstutz, Marc; Teubner, Gunther (cood.). *Networks: Legal Issues of Multilateral Co-operation*. Oxford: Hart. 2009.

Zanetti, Ana Carolina Devito Dearo. *Contato de Distribuição: O Inadimplemento Recíproco*. São Paulo: Atlas, 2015.

Zanetti, Cristiano. *Responsabilidade pela Ruptura das Negociações*. São Paulo: Juarez de Oliveira, 2005.

Jurisprudência

TJ-PR, 12ª Câm. Cível, Apel. n. 0028243-66.2015.8.26.0014, Rel.ª Des.ª Denise Krüger Pereira, j. 16.3.2017

TJ-SP, 1ª Câm. Dir. Privado, AI n. 203386-4/5, Rel. Des. Gildo dos Santos, j. 18.9.2001

TJ-SP, 1ª Câm. Res. de Dir. Empresarial, Apel. n. 1050777-70.2017.8.26.0100, Rel. Des. Cesar Ciampolini, j. 6.11.2019

TJ-SP, 2ª Câm. Res. de Dir. Empresarial, Apel. n. 1107617-66.2018.8.26.0100, Rel. Des. Maurício Pessoa, j. 19.10.2020

TJ-SP, 7ª Câm. Dir. Privado, Apel. n. 1654944/2-00, Rel. Des. Paulo Eduardo Razuk, j. 30.1.2006

TJ-SP, 18ª Câm. de Dir. Privado, Apel. n. 0018053-85.2012.8.26.0009, Rel. Des. Henrique Rodriguero Clavisio, j. 11.6.2019.

TJ-SP, 23ª Câm. Dir. Privado, Apel. n. 1075348-47.2013.8.26.0100, Rel. Des. José Marcos Marrone, j. 13.7.2016

TJ-SP, 29ª Câm. Dir. Privado, Apel. n. 0203816-85.2009.8.26.0100, Rel. Des. Hamid Bdine, j. 17.9.2014

TJ-SP, 30ª Câm. de Dir. Privado, Apel. n. 9151467-92.2008.8.26.0000, Rel. Des. Andrade Neto, j. 6.3.2013

TJ-SP, 35ª Câm. Dir. Privado, Apel. n. 0135195-31.2012.8.26.0100, Rel. Des. Gilberto Leme, j. 27.5.2019

TJ-SP, 18ª Câm. Dir. Privado, AI n. 990.10318830-6, Rel. Des. Rubens Cury, j. 14.9.2010

STJ, 3ª T., REsp n. 866.448, Rel.ª Min.ª Nancy Andrighi, j. 11.5.2017

STJ, 3ª T., REsp n. 1.798.089-MG, Rel.ª Min.ª Nancy Andrighi, j. 20.8.2019

STJ, 3ª T., REsp n. 1.698.742-SP, Rel. Min. Paulo de Tarso Sanseverino, j. 26.2.2019

STJ, 3ª T., REsp 764901 – RJ, Relª. Minª. Nancy Andrighi, j. 10.10.2006.

STJ, 3ª T., REsp n. 995.070-SP, Rel. Min. Paulo de Tarso Sanseverino, j. 11.5.2017

STJ, 3ª T., REsp n. 1.729.512-SP, Rel. Min. Moura Ribeiro, j. 21.3.2018

STJ, 4ª T., REsp n. 187.940-SP, Rel. Min. Ruy Rosado de Aguiar Júnior, j. 18.2.1999

STJ, 4ª T., REsp n. 1.251.137-RJ, Rel. Min. Marco Buzzi, j. 14.11.2014

STJ, 4ª T., REsp n. 1.202.688-RJ, Rel. Min. Luis Felipe Salomão, j. 21.10.2015

STJ, 4ª T., AREsp n. 634.152-SP, Rel. Min. Marco Buzzi, j. 25.4.2019

STJ, 4ª T., AREsp n. 814.991-SP, Rel. Min. Raul Araújo, j. 12.9.2019

STJ, 3ª T., REsp 1.426.578 – SP, Rel. Min. Marco Aurélio Bellize, j. 23.6.2015

STJ, 4ª T., Ag. Rg. no AREsp 398.786 – PR, Rel. Min. Marco Buzzi, j. 16.2.2016